北京西城年鉴

BEIJING XICHENG YEARBOOK

北京市西城区地方志编纂委员会办公室 编

2023

方志出版社
Publishing House of Local Records

图书在版编目（CIP）数据

北京西城年鉴．2023 / 北京市西城区地方志编纂委员办公室编．—北京：方志出版社，2023.12

ISBN 978-7-5144-6171-8

Ⅰ．①北… Ⅱ．①北… Ⅲ．①西城区—2023—年鉴 Ⅳ．① Z521.3

中国国家版本馆 CIP 数据核字（2023）第 250438 号

责任编辑：顾洁
责任校对：张玉霞
责任印制：梅中英
出 版 者：方志出版社
地　　址：北京市朝阳区潘家园东里 9 号（国家方志馆 4 层）
邮　　编：100021
网　　址：http://www.zgfzcb.cn
发　　行：方志出版社图书营销中心（010-67110500）
印　　刷：北京中科印刷有限公司
开　　本：889 毫米 ×1194 毫米　1/16
印　　张：29.25
字　　数：1067 千字
版　　次：2023 年 12 月第 1 版
印　　次：2023 年 12 月第 1 次印刷
定　　价：320.00 元

编 辑 说 明

一、《北京西城年鉴（2023）》是年度资料性文献，在中共北京市西城区委和西城区人民政府的领导下，由区地方志编纂委员会办公室主持编纂。本年鉴以马克思列宁主义、毛泽东思想、邓小平理论、“三个代表”重要思想、科学发展观、习近平新时代中国特色社会主义思想为指导，坚持辩证唯物主义和历史唯物主义的立场、观点、方法，遵循实事求是的原则，科学、客观地反映实际情况。

二、本卷年鉴系统记述2022年1月1日至12月31日期间西城区自然、政治、经济、文化、社会、生态建设等方面的基本情况，以及与西城区发展密切相关的内容。

三、《北京西城年鉴》《北京宣武年鉴》分别创刊于2000年、2002年，至2010年分别出版11卷、9卷。2010年行政区划调整，撤销北京市西城区、宣武区，设立新的西城区。《北京西城年鉴》从2011卷起，所记述行政区划范围为原西城区和宣武区合并后新的西城区行政区划。本卷年鉴为总第13卷。

四、本卷年鉴主要采用文章和条目两种体裁，以条目体为主，用语体文记述，直陈其事。文内一般直书月、日，不再书写年份。

五、本卷年鉴采用分类编纂法，设有特载、专文、大事记、区情概览、中国共产党北京市西城区委员会、西城区人民代表大会、西城区人民政府、中国人民政治协商会议北京市西城区委员会、中共北京市西城区纪律检查委员会 西城区监察委员会、民主党派、人民团体、法治、军事、功能街区建设、经济管理、工业 信息化、商贸服务业、金融业、旅游业、建筑业 房地产业、交通 邮电、城市规划与建设、城市管理、生态建设、应急管理、科技、教育、文化、卫生健康、体育、社会生活、街道、人物 荣誉、统计资料、附录35个类目，分目263个，次分目100个，条目2023个，卷首图片80张，文中插图116张，表格61张。

六、本卷年鉴文中除“民主党派”部分外，未标明党派的“市委”均指“中共北京市委”，“区委”均指“中共北京市西城区委”，“党员”均指“中共党员”，“党建”工作均指“中国共产党建设”工作。

七、本卷年鉴数字用法、标点符号用法分别采用国家标准《出版物上数字用法》（GB/T15835—2011）、《标点符号用法》（GB/T15834—2011），计量单位采用国家技术监督局1993年12月发布的《量和单位》系列国家标准。

八、本卷年鉴资料、图片均由各撰稿单位确定专人撰写或提供，并经主要负责人审核，部分资料由编辑部搜集，主要数据和统计资料由西城区统计局提供，业务数据由各相关部门提供。由于统计口径等原因，业务部门的数据与统计资料不一致的，以统计资料为准。

数说西城

辖区面积	50.70 平方千米
年末户籍人口	151.9 万人
年末常住人口	110.0 万人

地区生产总值	5700.1 亿元
第二产业增加值	293.9 亿元
第三产业增加值	5406.2 亿元
规模以上工业企业总产值	625.4 亿元
一般公共预算收入	415.9 亿元
一般公共预算支出	435.0 亿元
社会消费品零售总额	987.3 亿元

居民人均可支配收入	99275.5 元
居民人均消费性支出	54808.5 元

专利授权量	13963 项

医疗卫生机构数

705 个

每千人拥有医院床位数

16.9 张

幼儿园数	84 所
小学学校数	58 所
中学学校数	42 所

社会保障和就业支出	767774 万元
教育支出	817024 万元
一般公共服务支出	418523 万元
卫生健康支出	450797 万元
住房保障支出	282649 万元
公共安全支出	230909 万元
城乡社区支出	1045185 万元

2011 年至 2022 年西城区地区生产总值（亿元）

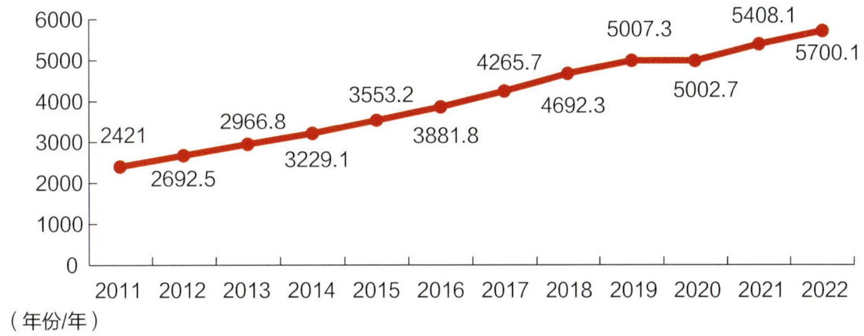

第二产业

增加值占比

5.2%

第三产业

增加值占比

94.8%

2011 年至 2022 年西城区金融业增加值（亿元）

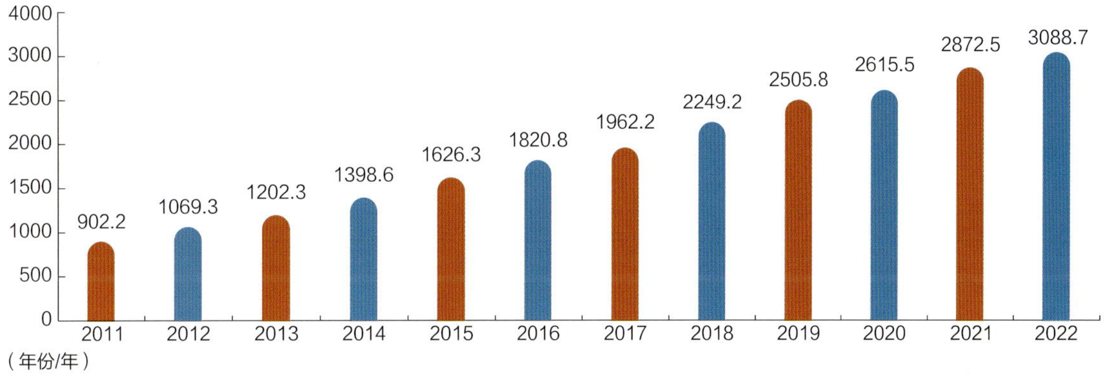

2022 年西城区公共财政预算重点支出（万元）

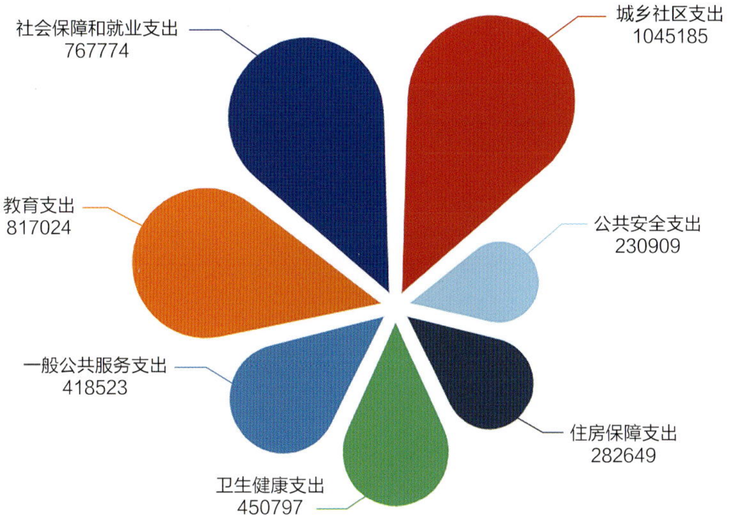

2022 年，

全年完成公共财政

预算收入

415.9 亿元

2022

年度聚焦

NIANDU JUJIAO

①

②

③

图片说明

① 2022 年，西城区聚焦解决群众急难愁盼问题。图为 2 月 9 日，区委书记孙军民（右二）到西长安街街道了解居民需求

（区融媒体中心　供图）

② 2022 年，西城区“两区”建设项目多项指标位于全市前列。图为区委书记孙硕在 9 月 1 日举办的 2022 年服贸会“北京主题日”暨“两区”建设两周年主题活动上作交流发言

（区融媒体中心　供图）

③ 2022 年，西城区创新推动数字经济发展，举办全球数字经济大会西城分论坛。图为 7 月 29 日，区委副书记、代区长刘东伟（左）代表西城区人民政府与中国信息通信研究院签订战略合作协议　（区融媒体中心　供图）

图片说明

① 2022 年 6 月 2 日，区人大常委会主任张立新（右二）检查高考考点疫情应急处突组织工作（区融媒体中心　供图）

② 2022 年，西城区全力做好各项重大活动服务保障。图为 3 月 5 日，区政协主席程昌宏（中）到天桥街道慰问志愿者（区融媒体中心　供图）

③ 2022 年，西城区把学习宣传贯彻党的二十大精神作为首要政治任务。图为 10 月 16 日，区领导集体收看党的二十大开幕会（区融媒体中心　供图）

④ 2022 年，西城区着力提升文化品牌活动影响力，打造老城保护现象级 IP——“白塔夜话”。图为 9 月 8 日第三届“白塔夜话”系列活动现场（于志强　摄）

⑤ 2022 年，西城区不断拓展群众身边绿色空间。图为 6 月，白纸坊街道智能体育公园向辖区居民开放（姜　真　摄）

⑥ 2022 年，西城区高标准完成 2022 年北京冬奥会冬残奥会开闭幕式参演任务。图为 2 月 4 日，北京第二实验小学的同学们在北京冬奥会开幕式上表演（区教委　供图）

党建聚力

DANGJIAN JU LI

图片说明

①3月29日，“2022北京市工人先锋号”北京顺丰速运有限公司陶然亭经营分部快递小哥在分拣快件（于志强 摄）

②6月25日，市公安局西城分局团委获评“全国公安政治工作成绩突出集体”（市公安局西城分局 供图）

③7月8日，市党代表在西城区首家新时代文明实践示范站宣讲市党代会精神（闻 昭 摄）

④7月1日，西城区首家面向基层的马克思主义实践教育基地正式面向公众开放（于志强 摄）

图片说明

① 2022 年，新街口街道西四北六条 37 号院挂牌党建引领居民自治示范院。图为 9 月 3 日，居民和社区干部在院里沟通交流
（于志强　摄）

② 9 月 28 日，德胜街道互联网行业党建联盟成立
（德胜街道　供图）

③ 11 月 2 日，牛街街道春风社区举办“楼院 +”党建创新项目——楼门诗咏会
（牛街街道　供图）

④ 11 月 14 日，新街口街道举办“党建赋能、聚力两新”2022 年第一届“两新”组织运动会
（闻　昭　摄）

喜迎冬奥

XIYING DONG'AO

图片说明

①元旦假期，西单图书大厦前的冬奥志愿者为游客服务（于志强　摄）

②1月10日，区应急局对涉奥场所周边燃气使用单位进行专项检查（区应急局　供图）

③1月25日，2022年西城区全民健身欢乐冰雪季在什刹海后海冰场启动。图为大众趣味冰雪线下体验活动（于志强　摄）

④2月4日，可爱的“小鸽子”——北京小学的孩子们在参加北京冬奥会开幕式后合影（区教委　供图）

⑤2月14日，冬奥示范社区什刹海街道柳荫街社区举办元宵节传统民俗体验活动（姜　真　摄）

图片说明

①以北京冬奥会为契机，西城区参与滑雪项目的青少年人数快速增长。图为2月16日西城区青少年滑雪队在石京龙滑雪场训练（姜 真 摄）

②2月20日，区文化和旅游局在金中都公园北京2022年冬奥会和冬残奥会西城区文化广场举办“一起向未来”主题文艺演出（于志强 摄）

③2月28日，什刹海街道在温馨家园组织辖区残疾人开展“什刹冰雪十三绝 助力北京冬残奥会”主题活动（姜 真 摄）

④3月2日，北京2022年冬残奥会火炬接力城市火种采集仪式在位于西城区的中国盲文图书馆举行（于志强 摄）

⑤北京冬奥会期间，市公安局西城分局开展安保工作。图为冬奥观赛人员远端集结点首都博物馆集结现场（市公安局西城分局 供图）

①

②

③

④

⑤

金融科技

JINRONG KEJI

①

②

③

图片说明

①2月23日，北京金融街资本运营集团有限公司、北京金融街服务中心有限公司与北京广播电视台签署合作协议，搭建全国首个“产融媒”一体化平台（于志强　摄）

②2月23日，第四届西城区企业上市主题交流活动在“金科新区”新动力金融科技中心举办（于志强　摄）

③7月22日，“走进专精特新 助力创新发展”活动在北京金融街i客厅举办（于志强　摄）

④7月27日，西城区承办的HICOOL 2022全球创业大赛金融科技初赛启动（西城园管委会　供图）

⑤8月31日，中关村科技园区西城园企业北京利仁科技股份有限公司在深圳证券交易所上市（西城园管委会　供图）

④

⑤

图片说明

①9 月 16 日，资本市场金融科技创新试点（北京）第二批项目征集启动，西城区 10 家企业 9 个项目入选　　（西城园管委会　供图）

②9 月 26 日，中关村科技园区西城园 8 家企业入选 2022 北京民营企业百强榜单　　（西城园管委会　供图）

③11 月 21 日至 23 日，以“踔厉奋发，共向未来——变局下的经济发展与金融合作”为主题的 2022 金融街论坛年会举行　　（于志强　摄）

④12 月，中关村科技园区西城园管委会完成 2021 年度“科创十条”第一批条款兑现及资金拨付　　（刘　骛　摄）

⑤11 月 22 日，2022 金融街论坛年会“金融活水助力文化产业高质量发展”平行论坛举行　　（于志强　摄）

金融街建设与发展30年

JINRONGJIE JIANSHE YU FAZHAN 30NIAN

图片说明

①1996年，建设中的金融街临西二环街景 （燕　平　摄）

②2012年10月12日，金融街临西二环街景 （贺文龙　摄）

③2012年11月18日，首届金融街论坛举办 （金融街服务局　供图）

①

②

③

④

⑤

图片说明

① 2018 年 5 月 29 日，北京金融街服务局揭牌　（金融街服务局　供图）
② 2019 年 5 月 30 日，金融街合作发展理事会揭牌　（金融街服务局　供图）
③ 2019 年 12 月 5 日，北京金融街在伦敦金融城举办交流活动　（金融街服务局　供图）
④ 2020 年 10 月 21 日至 23 日，金融街论坛年会举办。金融街论坛升级为国家级论坛　（金融街服务局　供图）
⑤ 2022 金融街论坛年会期间，“奋进新征程 · 金融街再出发”展览在主会场展出　（于志强　摄）

国际消费中心城市建设

GUOJI XIAOFEI ZHONGXIN CHENGSHI JIANSHE

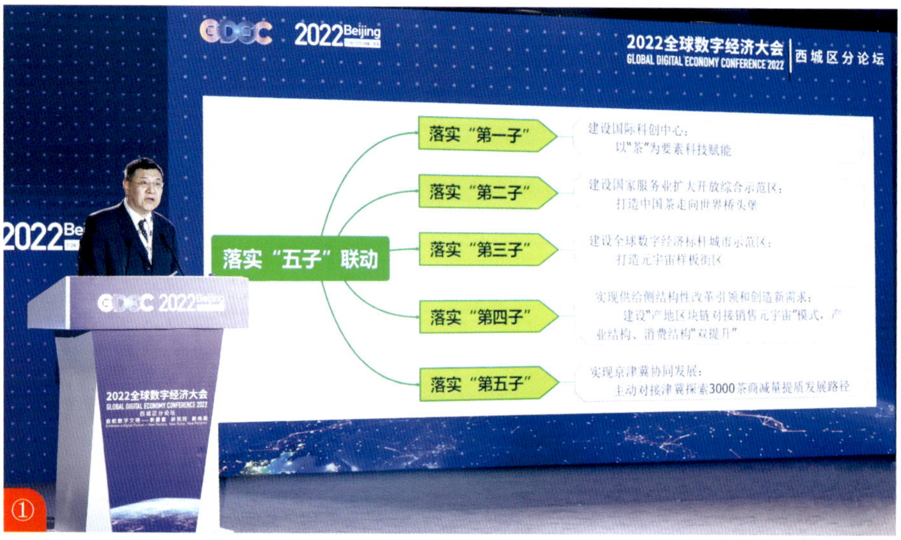

①

②

③

图片说明

①7月29日，在2022全球数字经济大会西城分论坛上，西城区发布马连道产业升级的新举措——打造“马连道国际·茶·数字孪生街区”（马连道指挥部　供图）

②8月29日，第十二届北京西单时尚节启动仪式在线上举行。图为西单商业街（闻　昭　摄）

③9月1日，北京菜市口百货股份有限公司在服贸会上与中国长征火箭有限公司、北京航天长征科技信息研究所签署文创战略合作协议（区商务局　供图）

图片说明

①9月1日至5日，以“红墙意识·古都典范”为主题的西城文旅服务专题展览在2022中国国际服务贸易交易会（简称服贸会）上举办（闻　昭　摄）

②服贸会上，主题为“踔厉奋发、共向未来”的北京金融街展厅展示金融街30年建设发展历程（于志强　摄）

③12月23日，“TimeOut北京2022新生活大赏”颁奖典礼在北京坊举办（王晓曼　摄）

文化中心建设

WENHUA ZHONGXIN JIANSHE

图片说明

1 1月1日，“回望·选择——明清皇帝与历代帝王庙”专题展览举办（于志强 摄）

2 1月19日，由区商务局与中国商业联合会中华老字号工作委员会联合举办的“老字号企业红色基因与发展历程展”开展（于志强 摄）

3 4月17日，2022年“会馆有戏”京彩西城春季演出季活动之沉浸式北京曲剧《茶馆》在报国寺上演（闻 昭 摄）

4 6月16日，区文化馆出品的原创话剧《红墙守护者——西城大妈》在国家话剧院小剧场通过直播方式与观众见面（于志强 摄）

图片说明

①8月4日，由西城区委、区政府参与主办的首届北京动画周启动仪式暨2021年度国产电视动画推优发布活动在北京科学中心举行
（闻 昭 摄）

②8月7日，区文化和旅游局、北京河图组织实施的“万象中轴”数字文化体验项目发布上线，同步命名项目IP形象为“水灵龙”。图为游客在“水灵龙”引导下体验数字中轴线新景观（于志强 摄）

③7月13日，2022年“在什刹海遇见梅兰芳”主题文化活动在广福观举办（王 潇 摄）

④8月20日，2022年西城区“京剧发祥地”系列活动暨“古今辉映、文萃西城”西城区品牌文化沉浸式体验活动——“京剧发祥地”品牌建设专题访谈在大栅栏三庆园举行
（闻 昭 摄）

⑤10月13日，牛街街道举办“打卡牛街地标、感受和合新风”活动
（牛街街道 供图）

城市更新

CHENGSHI GENGXIN

①

②

③

④

图片说明

① 1 月 21 日，广外街道为建设“京雄高铁”沿线的“绿色进京走廊”，拆除 1000 余平方米违章建筑 （刘 骜 摄）

② 7 月，马连道第三区街心公园完成改造提升 （闻 昭 摄）

③ 8 月，位于广外街道新居西里小区的儿童空间正式开放 （刘 骜 摄）

④ 12 月 30 日，天宁寺桥下空间改造项目竣工 （区城市管理委 供图）

图片说明

①上图：3 月，宫门口东西岔胡同整治提升前。下图：9 月，宫门口东西岔胡同整治提升后　　（王明君　摄）

②9 月 23 日，牛街街道钢院社区“楼院 +”老旧小区治理改造后，15 号楼地下通道手绘墙体变身“网红”打卡点　　（牛街街道　供图）

③12 月，德源集团将腾退的简易楼抄手胡同 19 号改造为高品质四合院　　（德源集团　供图）

社会民生

SHEHUI MINSHENG

①

②

③

④

⑤

图片说明

① 1月，天桥街道万明路18号院1号楼综合整治项目竣工（区住房城市建设委　供图）

② 4月20日，西长安街街道热线处置专班统筹协调解决居民屋顶漏水问题（西长安街街道　供图）

③ 5月23日，广内街道在小区门口设立外卖、快递“无接触配送点”（闻　昭　摄）

④ 6月，手帕社区服务站屋顶25℃“空中花园议事厅”建成（金融街街道　供图）

⑤ 6月，月坛街道开始为辖区内70岁以上老人安装“一键呼”应急呼叫智能终端（闻　昭　摄）

图片说明

①7月11日，由区人力资源和社会保障局主办的“业美就在西城——毕业生就业系列直播”在区融媒体中心开展首场直播（左璐璐　摄）

②9月，陶然亭街道红土店社区南里5号楼非机动车停车棚升级改造完成（陶然亭街道　供图）

③10月，陶然亭街道里仁东街3号楼增设爬楼代步器（区住房城市建设委　供图）

④10月4日，广内街道“智能方”长者餐厅开业（广内街道　供图）

⑤10月10日，德胜街道举行养老服务联合体启动仪式（德胜街道　供图）

《北京西城年鉴（2023）》编辑部

北京市西城区行政区划图

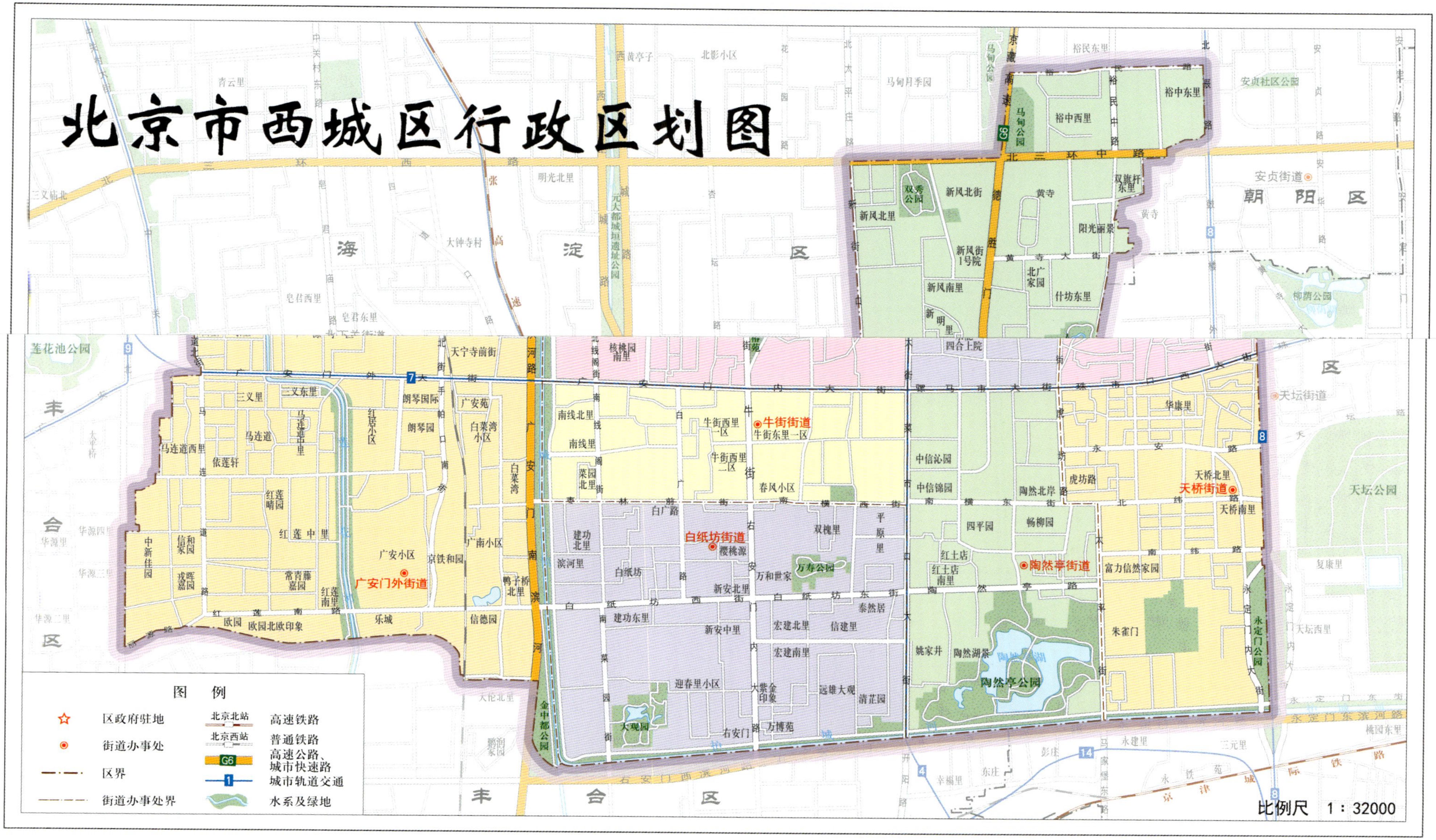

审图号：京S（2021）004号

北京市测绘设计研究院 制

目　录

特　载

专　文

大事记

区情概览

中国共产党北京市西城区委员会

中国人民政治协商会议北京市西城区委员会

中共北京市西城区纪律检查委员会 西城区监察委员会

民主党派

人民团体

法 治

经济管理

金融业

保 险

城市规划与建设

城市管理

生态建设

应急管理

科　技

教　育

文 化

卫生健康

体　育

CONTENTS

BEIJING XICHENG DISTRICT COMMITTEE OF THE CHINESE PEOPLE'S POLITICAL CONSULTATIVE CONFERENCE

BEIJING XICHENG DISTRICT COMMISSION FOR DISCIPLINE INSPECTION OF THE COMMUNIST PARTY OF CHINA & XICHENG COMMISSION OF SUPERVISION

DEMOCRATIC PARTIES

MASS ORGANIZATIONS

RULE OF LAW

MILITARY AFFAIRS

CONSTRUCTION OF FUNCTIONAL DISTRICTS

ECONOMY MANAGEMENT

特 载

在区委十三届五次全会上的报告（节选）

中共北京市西城区委书记　孙　硕

（2022 年 12 月 30 日）

现在，我受区委常委会委托，向全会报告工作。

一、2022 年主要工作情况

今年是党的二十大召开之年，是北京冬奥之年，是实施“十四五”规划承上启下的重要一年，也是新一届区级班子届首之年。一年来，在市委的坚强领导下，区委常委会坚持以习近平新时代中国特色社会主义思想为指导，认真学习宣传贯彻党的二十大精神，深入贯彻习近平总书记对北京一系列重要讲话精神，坚持和捍卫“两个确立”，增强“四个意识”、坚定“四个自信”、做到“两个维护”，坚持以新时代首都发展为统领，把全力服务保障首都功能作为工作的全部要义，自觉践行“红墙意识”，勇担职责使命抓落实、发扬斗争精神抓攻坚、坚持系统观念抓统筹，圆满完成了多项重大任务、有效应对了多种风险挑战、切实实现了多重目标要求，各项工作取得了新的进展成效和丰硕成果。突出抓了以下三件大事。

一是我们坚定扛起服务保障首都功能的职责使命，圆满完成党的二十大、冬奥会、冬残奥会等一系列重大活动服务保障任务。面对节奏紧、标准严、任务重的目标要求，我们弘扬“舍我其谁”的精气神，知责担责、凝心聚力，哪里任务最重，哪里就有各级领导同志坐镇指挥、统筹调度，哪里难题最多，哪里就有党员干部挺身而出、奋勇担当，大家以一往无前的冲锋姿态团结带领全区干部群众知重负重、勇担使命。我们秉持“时时放心不下”的责任感、激发“等不起、慢不得”的紧迫感，持续深化政治中心区一体化防控，迭代实施“长安计划 3.0”，压实意识形态工作责任制，巩固拓展液化石油气罐、电动自行车违规充电等专项治理成果，全面开展“六个一”、拆迁遗留项目、地下管线消隐、全域联动安全防护等专项整治，全力维护核心区安全稳定。培育打造海清苑等“雅而秀”高层级外交外事活动场地。活动保障期间，我们践行“精精益求精、万万无一失”的首善标准，广大公安干警恪尽职守、连续奋战在大街小巷，广大武警民兵力量 24 小时坚守在 2358 个天桥、通道等重要点位，广大交通干警风雨无阻默默守护全区道路有序畅通，广大消防指战员全面细致排查处置每一处风险隐患，广大环卫园林市政工人披星戴月用自己的双手擦亮城市环境的靓丽名片，广大机关干部下沉基层，广大医务、街道、社区工作者坚守一线，246 万人次“西城大妈”等群防群治力量以饱满的热情穿梭在街头巷尾，成为了一道亮丽的风景线。大会胜利闭幕后，我们坚持把学习宣传贯彻党的二十大精神作为首要政治任务，区级班子带头开展专题学习研讨，组织召开专家座谈会，广泛开展“十进”宣讲，以上率下、步步深入，在全区迅速兴起学习宣传贯彻党的二十大精神热潮。躬逢盛会，我们在服务保障一线亲身见证了党的二十大胜利召开、见证了北京成为全球首个“双奥之城”，收获了无上荣光和宝贵精神财富；我们在学习宣传贯彻党的二十大精神中进一步感悟了新时代十年伟大变革的重大意义，进一步感悟了习近平新时代中国特色社会主义思想的真理力量，更加深刻地领悟了“两个确立”的决定性意义，凝聚起新征程上团结奋斗的强大力量。

二是我们直面疫情防控三年来最复杂最严峻局面，全区上下团结一心、共克时艰，挺过了最艰难时刻，提升了应对大战大考的能力。面对上半年来势汹汹的疫情，我们坚持同时间赛跑，坚持每日调度、每日会商、定期复盘，提升常态化防控效果，真正做到有了疫情快速有序处理、有了病例坚决不扩散。面对下半年疫情防控迎来的新阶段新形势新任务，我们不断及时高效优化调整防控措施，更好统筹疫情防控和经济社会发展，着力保健康、防重症、降病亡，确保防控措施转段平稳有序。全区上下以必胜信心、昂扬斗志，全力克服每一项困难，共同度过了最艰难时刻。回首三年抗疫历程，我们经历了2020年的疫情防控阻击战、新发地首发病例遭遇战，经历了2021年的常态化防控持久战，回首一场场大战大考，最让我们难忘的是广大医务工作者以生命赴使命的最美逆行，是广大社区工作者等一线平凡英雄们日日夜夜、寒来暑往的执着坚守，是广大驻区单位和部队并肩作战、落实“四方责任”，是广大可敬的西城居民识大体、顾大局、鼎力支持、全力配合，全区上下风雨同舟、众志成城，共同构筑起了疫情防控的钢铁长城，彰显了西城速度、西城力量、西城担当。特别是我们的干部队伍，在一场场严峻考验中，无私无畏、冲锋在前、攻坚克难，在拱卫红墙、守护群众中转作风、强能力，在经风雨、见世面中壮筋骨、长才干，成长为新征程上经受大考、自信迎考的坚实力量。

三是我们全力克服疫情反复变化、经济下行压力持续增大的不利因素影响，成功举办2022金融街论坛年会和金融街建设与发展30年系列活动，实现了多项指标逆势上扬，发挥了经济“压舱石、定盘星”作用。我们顶住压力、不等不靠、迎难而上，在全市保正增长的客观背景下，一季度地方级一般公共预算收入同比增长24.8%、区级一般公共预算收入同比增长49.8%，实现全市“双第一”，为全市开门红作出了西城贡献。全年地区生产总值预计实现5600亿元，增长3.5%左右，区级一般公共预算收入预计完成416.9亿元，扣除留抵退税因素后同口径增长5.8%，大幅拉升全市平均水平。金融街论坛年会作为防疫背景下党的二十大后在京举办的首个国家级、国际性专业论坛活动，全球370余名重量级嘉宾“线上线下”出席，发布研究报告、案例汇编等项目成果18项，签署战略合作、投融资等项目协议10项，全球合作倡议9项，《人民日报》、新华社、中央广播电视总台等近70家媒体参与报道，全网总信息报道量达10万余条，论坛年会线上点击量达14.6亿人次，国际传播能力显著增强。我们制定出台服务保障国家金融管理中心建设意见等政策措施，首发“服务北交所十条”，首签与北交所长期战略合作协议，首建“北交所金融街服务基地”，首创“产融媒”合作一体化平台，营造以北交所为核心的资本市场生态。我们制定实施促进金融街高质量发展建设三年行动方案，新引进金融机构53家、注册资本金2472.8亿元，创近年新高。成功举办金融街资管峰会、青年金融论坛等系列活动，金融街研究院实现实体化运行。创建“三位一体”监测预警平台，全力防范金融风险。站在建设与发展30年的历史起点上，金融街正以最好的营商环境、最好的合作平台、最好的政策体系、最好的服务机制，向着成为全球开放新高地和世界金融新坐标昂首前行，成为新征程上我们推进减量创新高质量发展的强大底气。

在抓好以上大事的同时，区委常委会坚持把方向、管大局、作决策、保落实，坚持问题导向，转作风、提效能，全面推动各项工作再上新台阶，切实在届首之年展现新气象、新面貌、新成效。

一是坚持因时因势优化调整疫情防控措施，科学精准防控能力进一步提高。面对不断变化的疫情形势，区委常委会坚持以变应变、以快制快，更科学、更规范、更快速、更有效地开展防控。坚持人民至上、生命至上，在抗疫紧要关头发出“致敬每一位西城人”一封信，及时疏导居民情绪、回应群众关切，收获点赞45万次。聚焦看病难、买药难等急难愁盼问题，建立“五大战区”分级分类诊疗体系，建设启用广安体育馆简易发热门诊，最高峰时每天接诊1000余人，有效缓解辖区三甲医院发热门诊就诊压力，开通非急危重症居民就医专线电话，385支家庭医生服务团队下沉至社区。开展“健康送万家”活动，分批次为45万户家庭和8000家“七小”门店送上健康防疫包，让群众“手中有药、心中不慌”，倡导“西城好邻居 我‘药’守护您”，让邻里互助成为西城居民新风尚。建立养老机构与社区卫生服务站“手拉手”转诊急救机制，强化急危重症诊疗救治服务体系建设。以想在前、做在前的实际行动，赢得了社会的广泛赞誉，谱写了可歌可泣的抗疫篇章。

二是坚持稳字当头、稳中求进，经济发展活力进一步增强。发挥“两区”建设政策优势，深化构建“4+N”产业布局，强化“专班机制＋政策集成＋服务管家”投资促进体系，项目投入总金额、项目平均金额均保持全市首位，23个项目入选全市标志性项目。扎实推进金科新区建设，成功举办第二届全球金融科技大会等品牌活动，持续构建金融科技创新发展良好生态，新引进现代财险、理想科技、中电数创等一批重点机构落地，新增2家国家级和16家市级专精特新“小巨人”企业、74家市级专精特新中小企业，累计入驻企业155家，注册资金超1100亿元。创新推动数字经济发展，发布建设全球数字经济标杆城市示范区实施方案，成功举办全球数字经济大会西城分论坛，积极打造马连道国际·茶·数字孪生街区，为高质量发展注入新动力。深入推进国际消费中心城市示范区建设，制定实施“一圈一策”商圈品质提升工作方案，加快西单—金融街、前门—大栅栏等商圈特色化发展，持续发挥“西城消费”平台拉动消费作用，在线服务消费者213.8万人次，综合撬动消费13.5亿元。持续优化区属国有资本布局结构，投资与资产管理业、金融保险业、都市服务业资本规模、营业收入持续增长，调结构促发展成效逐步显现。打好减税降费、助企纾困系列政策组合拳，全年新增减税降费及退税缓税缓费超200亿元，兑现各类支持资金16.3亿元。在全市率先发布助企纾困政策落实指引，为中小微企业减免房租2.9亿元、融资6.9亿元，为参保单位办理社会保险费缓缴5.8亿元，与企业共渡难关。创新“双管家”服务模式，“服务包”企业增至千余家。全面实行登记注册告知承诺制，大力推广“一网通办、全程网办”，在全市率先实现社区政务服务规范化建设全覆盖，实现区—街—社区政务服务系统互联互通，努力让政务服务显温度、有速度，打造“有求必应、无事不扰”营商环境。

三是坚持走好新时代党的群众路线，群众生活品质进一步提升。全力推动西长安街街道群众急难愁盼问题解决，区级主责项目全部完成，并以此为突破口带动同类问题解决。持续深化接诉即办工作，出台推动主动治理、未诉先办实施办法，滚动实施“攻坚克难20题+”，综合成绩保持全市第一。坚持将保就业作为重大任务以应对经济下行带来的就业压力，出台20条专项措施，用“父母心”为高校毕业生照亮就业前行路，户籍高校毕业生就业率达97.3%。持续开展根治欠薪专项行动，维护劳动者合法权益，构建和谐劳动关系。深入实施教育“双减”工作，着力破解“四小”问题，创新开展“小而精”“小而美”特色学校创建，建立区领导直接联系学校制度，启动干部教师交流轮岗工作，教育资源更加优质均衡。纵深推进健康西城建设，持续完善公共卫生应急体系，大力加强急救站点建设，稳步推进月坛、金融街健联体试点建设，“云诊疗”服务试点运行，深化智慧家医优化协同模式，构建高品质健康服务体系，区爱卫办获评爱国卫生运动70周年先进集体。积极破解养老难题，统筹推进养老服务设施建设、“一键呼”、养老助餐等“养老十件事”，把高质量养老服务精准送到老年人“周边、身边、床边”。织密织牢社会救助兜底保障网，区民政局荣获“全国社会救助工作先进单位”称号。持续改善群众居住条件，加快推进百万庄、光源里在施棚改项目建设，扎实推进老旧小区改造，新开工项目40个，完工23个，加装电梯40部，“改”出了居民幸福新生活。

四是坚持把北京城市总规、核心区控规落地落细作为重要抓手，城市品质进一步优化。坚持一张蓝图干到底，切实抓好核心区控规三年行动计划收官，深入开展“疏整促”专项行动，违法建设治理向平房院落内纵深推进，向出租经营类、安全隐患类违建开战，实现10.7万平方米违法建设拆除和35家住宿业“关转提”，以提促疏、以提促治成效不断展现。制定出台城市更新五年行动计划，地安门外大街、旧鼓楼大街精彩亮相，西单更新场、菜西片被评为首届北京城市更新“最佳实践”。超额完成市级1100户申请式退租任务，白塔寺宫门口东西岔启动全市首个直管公房申请式换租项目，并获评2022年十大“北京最美街巷”。开展“最美院落”评选活动，以点带面推动背街小巷环境整治提升进一步走向精细化。持之以恒抓好两件“关键小事”，大力推动物管会向业委会转化，促进业委会规范组建和作用发挥，4个市级治理类小区完成治理任务，加强垃圾分类全链条体系建设，形成人人参与、人人共享的良好社会风尚。智慧城市建设加速推进，5G基站等新型基础设施建设水平始终保持全市领先，“城市大脑”聚焦交通出行、市容环境等重点领域的4个应用场景投入使用、效果明显。下大力气改善生态环境质量，完成16座燃油锅炉房清洁化改造，率先实现“清零”目标，$PM_{2.5}$年均浓度降至32微克/立方米。绿色空间不断拓展，新增城市绿地9307平方米，公园绿地500米服务半径覆盖率达97.7%，完成34公里慢行林荫道路建设，不断提升核心区宜居宜业的环境品质。

五是坚持把文化建设摆在更加突出位置，历史文化名城魅力进一步彰显。大力推动全国文明典范城区创建工作，抓实常态化创建机制，深化群众性精神文明创建，引领带动城市文明程度进一步提升。坚决贯彻“老城不能再拆”重要要求，紧盯中轴线申遗保护任务，统筹开展文物腾退、保护修缮、风貌整治和活化利用，完成原地安门派出所降层、万宁桥周边环境综合整治项目和钟鼓楼紧邻地区环境综合整治项目，国立蒙藏学校旧址修缮完毕，泰安里项目成为全国首个文物活化利用信用融资项目，第二批文物建筑活化利用项目落地签约，推出“万象中轴”数字体验项目，让历史文化“活”起来。推动文化产业高质量发展，出台“文化产业十条”，天宁一号二期、西什库31号等项目顺利推进，15家园区入选市级文化产业园区，首届北京动画周和全国首个动画原创孵化基地成功落地西城。与中央戏剧学院、中央音乐学院、国家京剧院、国家话剧院等国家级艺术院校建立深度战略合作，重大历史题材话剧《万水朝东》成功上演，电视剧《胡同》在央视播出，《什刹海》《幸福里的故事》入围金鹰奖。合作举办第七届“北京十月文学月”活动，持续打造“京剧发祥地”品牌，举办“会馆有戏 京彩西城”系列演出活动60余场，“白塔夜话”升级为更具影响力西城文化IP。“书香西城”建设不断深化，万人拥有实体书店数位居全市前列。公共文化资源更加丰富，各类文化活动更加精彩，居民群众有了更多沉浸式体验。

六是坚持把抓好党建作为最大政绩，政治生态进一步巩固向好。持续深化党的创新理论武装，坚持第一时间跟进学习习近平总书记最新重要讲话指示批示精神，开展理论学习中心组学习24次，常态长效开展党史学习教育。深入落实关于加强区委班子政治建设的决定，带头执行中央八项规定及其实施细则精神，带头落实民主集中制，修订区委工作规则，及时做好区委议事协调机构更新调整，进一步压紧压实党内法规执行责任制、意识形态工作责任制，严格落实重大事项请示报告制度，向市委请示报告33件，以高度的政治责任感抓实市委巡视整改落实，全力做好十三届市委第一轮巡视整改，以实际行动践行“五带头、五表率”。牢固树立大抓基层鲜明导向，以优化工作流程、夯实减会压文、明确职责边界、加大科技赋能等措施为抓手，进一步做实为基层减负。有序开展分领域分主题多层级“双提升”走访调研。教育引导广大党员干部深入走好新时代党的群众路线，构建“1+6”“红墙先锋工程”党建工作体系，全面加强机关、国企、教育、卫生、街道、两新等各领域党建，进一步做实三级党建工作协调委员会，把基层党组织打造成坚强战斗堡垒。坚持鲜明选人用人导向，深入实施优秀年轻干部队伍建设五年发展规划和“五个一”工程，努力建设“政治强、懂专业、善治理、敢担当、作风正”的高素质专业化干部队伍。以永远在路上的清醒纵深推进全面从严治党，持续压实主体责任，做实责任清单，强化政治生态分析研判，开展3轮区委巡察，坚定不移正风肃纪反腐，坚决整治形式主义、官僚主义，全年共立案122件，给予党纪政务处分59人，留置15人，移送检察机关19人，风清气正的良好政治生态持续巩固。

一年来，区委常委会坚持把党的全面领导落到实处，切实发挥总揽全局、协调各方作用。支持和保证区人大及其常委会依法行使职权，深化“代表联系选民月”“万名代表下基层”等活动，围绕年度重点任务，广泛开展视察调研、座谈交流、问卷调查、现场督办，不断拓展民意汇集渠道，不断丰富全过程人民民主的西城实践。充分发挥政协作为协商民主重要渠道和专门协商机构作用，落实学习座谈会制度，开展委员读书活动，加强思想政治引领，广泛凝聚共识。聚焦区域发展中心任务，围绕年度协商工作计划重点议题、民主监督专题、调研课题，以高质量协商议政成果服务高质量发展。深入学习贯彻中央统战工作会议精神，围绕党的统一战线政策提出100周年，广泛开展“学思想、学‘五史’、学文化”主题活动，探索党派建议“直通车”、对口联系街道部门等制度实践，进一步拓展参政议政渠道，区工商联获评首届全国“五好”标杆县级工商联。全面铸牢中华民族共同体意识，加强民族团结进步教育，坚持宗教中国化方向。统筹做好港澳台海外统战和侨务工作。深化依法治区建设，扎实完成法治建设督察整改落实，区法院荣获“北京市模范法院”，区检察院“西检八条”服务举措被全国工商联、最高检评选为“工商联与检察机关沟通联系机制典型事例”，15个社区入选“北京市民主法治示范社区”。工会、共青团、妇联等群团组织进一步发挥桥梁纽带作用，积极建功疫情防控、高质量发展，全国青年发展型城市试点建设扎实推进，区妇联荣获“全国妇联系统先进集体”，我区被列为全国残疾预防重点联系地区。持之以恒做好退役军人、双拥等各项工作，民兵预备役部队积极参与服务保障重大任务，军政军民团结局面持续巩固。在区委的团结带领下，全区上下真正做到了心往一处想、智往一处谋、劲往一处使，步调一致向前进。

回首这一年，全区党员干部担使命、勇开拓，承重压、无怨言，以奋进之势、笃实之行，经受住了前所未有复杂形势的考验，圆满完成了一系列重大任务，开创了各项事业发展新局面，全区先后荣获首批“国家食品安全示范城市”“全国全民运动健身模范区”，各项工作成效显著、成果瞩目、成绩斐然，赢得了社会各界广泛关注，各级各类媒体刊发我区相关报道共计3000余篇条，其中《人民日报》刊发整版1期及报道18篇，10条报道登上央视新闻联播。这些成绩的取得，最根本在于有习近平总书记掌舵领航、有习近平新时代中国特色社会主义思想科学指引，得益于市委的坚强领导和大力支持，更离不开各级党员干部、一线同志们夜以继日地坚守和默默无闻地奉献。在此，我代表区委常委会，向大家一年来的辛勤付出致以崇高敬意和衷心感谢！

与此同时，我们也清醒地认识到，工作中仍然存在一些问题和不足：统筹发展和安全、防范化解各类风险的能力水平还需进一步提升；推动总规控规落地落实还需久久为功，在为中央政务营造更好环境上还有很多工作要做；减量背景下经济发展新动能还需进一步培育壮大，促进产业多元发展还有很长的路要走；群众工作能力还需提升，以改革攻坚精神解决群众急难愁盼问题的实效与群众期待还有差距；全区工作运转效能和干部队伍能力素质还有待进一步提升；全面从严治党仍有薄弱环节，等等。我们要高度重视这些问题，采取有力措施加以解决。

二、持续深入学习宣传贯彻党的二十大精神

党的二十大是在全党全国各族人民迈上全面建设社会主义现代化国家新征程、向第二个百年奋斗目标进军的关键时刻召开的一次十分重要的大会。学习宣传贯彻党的二十大精神是当前和今后一个时期的首要政治任务，更是一项长期性任务。党的二十大精神内容十分丰富，既有政治上的高瞻远瞩和理论上的深邃思考，也有目标上的科学设定和工作上的战略部署。要与习近平总书记对北京一系列重要讲话精神紧密结合起来，全面学习、全面把握、全面落实，切实把党的二十大精神转化为履职尽责的实际行动，转化为干事创业的思路举措，转化为担当实干的务实作风，转化为团结奋斗的强大动力。

一要在坚持以习近平新时代中国特色社会主义思想武装头脑、推动工作上下足功夫。思想就是力量，旗帜就是方向。要坚持学思用贯通、知信行统一，从党和国家有效应对接踵而至的巨大风险挑战中、从新时代举世瞩目的重大成就中、从马克思主义中国化时代化新的飞跃中，深刻领悟“两个确立”的决定性意义，更加自觉

增强“四个意识”、坚定“四个自信”、做到“两个维护”。要坚持紧密联系实践深化思想认识、提升政治站位，全面贯彻习近平新时代中国特色社会主义思想，坚持以总书记对北京一系列重要讲话精神为根本遵循，始终坚持首善标准，大力践行“红墙意识”，确保核心区一切工作始终沿着总书记指明的方向，风雨无阻向前进。

二要在把握和融入新时代新征程党的中心任务上下足功夫。党的二十大指明了党的中心任务，为党和国家事业发展明确了新的时代方位和工作坐标。我们学习宣传贯彻党的二十大精神，就要从首都功能核心区战略定位出发，坚持以新时代首都发展为统领，坚定不移优化提升首都功能。深入落实“城市管理要像绣花一样精细”的要求，紧紧抓住疏解非首都功能这个“牛鼻子”，进一步提升城市治理水平。保持“时时放心不下”的责任感，不折不扣履行好肩负的重大职责使命，坚决维护核心区安全稳定良好局面。

三要在深入推进和落实中国式现代化战略部署上下足功夫。中国式现代化是前无古人的开创性事业，需要我们探索创新。我们要按照党的二十大明确的目标任务，紧密联系核心区工作实际，准确把握新形势新任务新要求，锚定高质量发展方向、坚定站稳人民立场、推进文化自信自强、提升可持续发展水平，以奋发有为的精神把党的二十大作出的重大战略部署转化为核心区发展生动实践，扎实推进中国式现代化西城实践书写新篇章，切实展现核心区在北京率先基本实现社会主义现代化进程中走在前列的责任担当。

四要在保持自我革命的清醒和坚定上下足功夫。实现党的二十大提出的奋斗目标，关键在党，关键在党要管党、全面从严治党。我们要始终保持“赶考”的清醒和坚定，进一步增强推进全面从严治党的政治自觉和思想自觉，深入开展“双提升”工程、系统实施“红墙先锋工程”，把全区各级党组织建设得更加坚强有力、把党员干部队伍建设得更有担当作为，为全区各项事业发展提供坚强政治保证。

五要在坚持团结奋斗、敢于善于斗争上下足功夫。党的二十大报告开篇就强调要做到“三个务必”，通篇贯穿团结奋斗的时代要求，强调要依靠顽强斗争打开事业发展的新天地。市委十三届二次全会深刻指出，北京这些年的发展变化，就是大家一起拼出来、干出来、奋斗出来的。新征程是充满光荣和梦想的远征，新时代是在奋斗中成就伟业、造就人才的时代。我们要持之以恒加强团结、维护团结、增进团结，以区委班子的团结带动全区上下的团结，不断激发奋进奋斗的精气神，不断锤炼干事创业的真本领，以只争朝夕、奋发有为的奋斗姿态，以坚忍不拔、迎难而上的斗争精神，以敢于担当、善于作为的实际行动，不断开辟核心区工作新局面。

三、2023年工作安排

2023年是全面贯彻落实党的二十大精神的开局之年，做好明年工作，意义重大、责任重大。市委十三届二次全会已对明年首都各项工作作出安排，要认真学习、深刻领会，结合西城实际抓好落实。明年工作的总体要求是：以习近平新时代中国特色社会主义思想为指导，全面贯彻落实党的二十大和中央经济工作会议精神，深入贯彻习近平总书记对北京一系列重要讲话精神，坚持稳中求进工作总基调，完整、准确、全面贯彻新发展理念，坚持以新时代首都发展为统领，践行“红墙意识”，以深入实施“双提升”工程打牢基础支撑，以系统实施“红墙先锋工程”强化目标引领，全面增强中央政务功能服务保障能力，全面推进经济高质量发展，全面提高服务居民群众水平，全力塑造服务高效、发展高端、治理精细、宜居宜业的高品质之城，扎实推进中国式现代化西城实践开好局、起好步。

关于明年经济社会发展主要指标安排，综合考虑，地区生产总值增长4%左右；区级一般公共预算收入增长4%；登记失业率控制在3.5%以内；居民收入增长与经济增长基本同步，工作中努力争取更好结果。这是经区委常委会讨论决定的，兼顾需要与可能，衔接了“十四五”规划和现代化建设目标。总的要把握好几个原则：一是注重统筹发展和安全，坚持总体国家安全观，以底线思维严密防范化解各类风险隐患，坚决筑牢核心区安全堤坝。二是坚持实事求是，既要尊重规律、稳中求进，从全区发展的客观实际出发合理制定目标任务，也要坚定信心、奋发有为，力争全年经济发展达到较好水平。三是深化提质增效，大力推进全区工作运转效能和干部队伍能力素质提升，带动各项事业发展水平整体提升。四是树牢首善标准，努力在各项工作中立标杆、作示范，以发展治理新成效展现“红墙先锋”新作为。

重点抓好以下几个方面工作。

（一）全力以赴服务保障首都功能优化，在提升“四个服务”水平上拿出新行动

深入落实“看北京首先要从政治上看”重要要求，以责无旁贷的使命感，持续抓好“四个中心”功能建设、提升“四个服务”水平。

始终把政治中心服务保障摆在首位，大力提升政治中心区空间品质，持续做好中南海、人民大会堂等重点区域周边空间管控和综合整治，扎实推进长安街沿线功能布局优化和环境品质提升，持续打造一流政务环境。把服务保障中央政务和治理“大城市病”、提升群众生活品质结合起来，推动政务功能与城市功能有机融合。健全完善重大活动常态化服务保障机制，深入总结历次服务保障的成功经验，不断深化全区“一盘棋”良好格局。深化“大外联”机制，在区街政务服务大厅全面推

开中央单位和驻区部队事项服务专窗工作模式，有求必应、及时高效做好服务保障。扎实推进全国文化中心功能建设，加紧推动中轴线申遗收官之年各项任务，加快北海医院及东天意市场降层项目保护更新工程及地铁八号线什刹海站、鼓西地块织补等工作，启动庆成宫文物腾退、育才学校新址建设，完成教育学院职工宿舍和血液中心宿舍楼征收腾退工作，展现中轴线壮美空间格局和深厚文化内涵。积极服务国际交往中心建设，高标准高质量做好主场外交活动服务保障工作，精心策划国际友城交往活动，加强务实交流合作，持续优化重点场所外语标识，不断提升国际化环境。加快国际科技创新中心功能建设，持续优化创新发展良好生态，聚焦核心技术研发创新、优质项目挖掘、技术成果转化落地等创新链、产业链关键环节持续发力，不断优化创新创业服务，激发双创活力。

牢牢把握维护核心区安全稳定政治责任，深入贯彻总体国家安全观，纵深推进“长安计划 3.0”，谋划推出“长安计划 4.0”，健全完善核心区危机管控工作机制，落实好重点领域国家安全风险监测预警机制，确保各类风险及时处置、有效化解。牢牢把握意识形态工作主导权，加强科学处置，切实管好用好建好各类意识形态阵地。修订金融风险应急预案、协同联动工作方案，全力维护金融安全稳定。系统推进韧性城市建设，不断提升防灾减灾和应急处置能力，抓紧抓实安全生产工作，巩固各专项治理成果，保障“城市生命线”安全。坚持和发展新时代“枫桥经验”，深化诉源治理与接诉即办机制衔接，高标准完成市域社会治理现代化试点验收，创新发动“西城大妈”“西城小哥”等群防群治力量，建设更高水平平安西城。

（二）蹄疾步稳推动高质量发展，坚决打赢稳增长、强信心、增活力新战役

深入落实党的二十大“推动经济实现质的有效提升和量的合理增长”重要要求，坚持“五子”联动融入新发展格局的有效路径，大力提振发展信心，持续巩固区域经济发展核心竞争力，推动主要经济指标实现平稳可持续增长，力争实现开门红、开局稳，全力打开后疫情时代经济高质量发展新局面。

大力加强国家金融管理中心功能建设。全方位服务保障北交所提质扩容，以北交所为核心优化金融生态圈，完善上下游产业链，聚集一批符合区域发展的创新型中小企业，不断放大北交所功能外溢效应，促进金融更好服务实体经济。着力挖掘新兴金融业增长点，积极打造资产管理产业高地，出台专项政策，支持各类理财子公司、资产管理公司、基金公司、专业投资机构发展。用足用好“两区”建设政策，深化制度机制创新，聚焦“4+N”产业开放体系，推动更多标志性引领性项目落地。办好 2023 金融街论坛年会及系列活动，扎实推动金融街论坛会址建设。

加快国家级金科新区建设。加强政策支持和兑现，服务国家金融科技风险监控中心等一批重点项目落地，大力培育行业领军企业、专精特新“小巨人”企业，加大对“隐形冠军”企业的扶持力度，吸引行业头部专业服务机构入驻，持续推进金科新区主题楼宇改造提升和配套设施升级，办好全球金融科技大会等“一会两赛三论坛”品牌活动，保持和发挥金科新区先发优势。

扎实推进全球数字经济标杆城市示范区建设。落实落细数字经济发展若干措施、“产业十条”等系列政策，加快推进新基建、新场景建设，着力构建新型智慧城市感知体系。持续引进和培育一批数字经济优势企业，推动实施应用场景示范项目，加快打造马连道国际·茶·数字孪生街区、西单·北京坊数字消费街区等重要节点，进一步发挥数字产业驱动、产业数字赋能、数字场景引领作用。

积极推进国际消费中心城市示范区建设。持续推动商圈建设，制定实施西单、地外、西外等重点商圈品质提升三年行动计划，加快首店经济、首发经济发展，激发老字号新活力，打造沉浸式消费新场景和打卡地。充分发挥“西城消费”平台作用，提升文化、体育、健康、养老等消费品质和规模，线上线下多措并举拉动消费增长。大力推动生活服务业转型升级，打造“一刻钟便民生活圈”。

持续推动国资国企发展提质增效。以更高标准促进国有经济高质量发展，推动国有资本布局不断优化，鼓励企业实现数字化转型、成果转化、场景应用，培育新的增长点。加大与央企、市企协同发展创新力度，在金融科技、数字经济、互联网、科技制造等领域开展投资合作。以更实举措增强国资监管效能，持续推进“三降一减一提升”专项行动，以风险防范筑牢发展底线。

着力营造市场化法治化国际化营商环境。坚持良好的营商环境是最强竞争力的理念，全面落实各项惠企政策，积极为中小微企业纾困解难，最大限度激发市场主体活力。深化“放管服”改革，探索政务服务分级分类管理，持续提升智能化服务水平，加快“一件事一次办”场景应用，实现更多政务服务事项“一窗受理、协同办理”。加大企业走访力度，进一步拓展“服务包”覆盖面和实效性，切实为企业解决实际困难，用心当好企业“服务管家”。

（三）坚定不移贯彻以人民为中心的发展思想，在增进民生福祉上交出新答卷

深入落实党的二十大“增进民生福祉，提高人民生活品质”重要要求，紧紧围绕“七有”要求“五性”需求，紧紧抓住人民最关心最直接最现实的利益问题，坚持尽力而为、量力而行，深入办好民生实事，更好满足人民群众对美好生活需要。

全面提升公共服务水平。强化就业优先政策，加强高校毕业生、退役军人、残疾人等重点群体就业支持，

挖潜就业岗位，加强技能培训，以最大合力保障充分就业。加快推进教育现代化，深入拓展办学空间，推动教育资源更加优质均衡，持续巩固“双减”成果，让孩子睡眠更充足、身体更健康。稳步推进干部教师轮岗交流，推动“小而精”“小而美”项目落地见效并形成长效机制。进一步健全完善养老服务体系建设，深化拓展“养老十件事”，满足多样化多层次养老服务需求，让更多西城老人乐享幸福晚年生活。积极开展全国残疾预防重点联系地区工作，努力提升康复服务水平。加大住房保障力度，加紧推进老旧小区综合整治，进一步改善居住环境品质，让更多群众“住有宜居”。

持续深化健康西城建设。深化全民健身工作，促进“一刻钟健身圈”品质提升和居民体质提升，办好“全民健身体育节”“国际金融体育康乐节”“民族民俗体育文化节”等群众体育赛事活动。加强月坛、金融街健联体试点建设并加以推广，拓展“线上＋线下”相结合的家庭医生签约服务，大力推进医疗系统信息化建设，推进“云诊疗”，提供更高品质健康服务。完善公共卫生应急管理体系，持续提升传染病预防控制和公共卫生应急处置能力。科学精准、因时因势优化完善疫情防控措施，全面抓好“乙类乙管”方案细化落实，强化疫情监测，加强数据统计分析，强化医院、养老院、学校等重点机构和场所防护，加强急危重症诊疗救治服务体系和分级诊疗体系建设，优化医疗救治、生活保障、心理疏导等服务供给，更加有针对性地开展爱国卫生运动，最大程度保护人民生命安全和身体健康。

用好接诉即办主抓手。高标准落实接诉即办工作条例，强化主动治理、未诉先办，加强依法治理、源头治理、数据治理，切实提升办件质量，切实解决好群众急难愁盼问题和历史遗留问题。

下大力气推动多元协商共治。更好发挥小院议事厅等协商平台作用，拓展“西城家园”平台建设，提升社区自治能力，组织发动群众广泛参与物业管理、垃圾分类等身边的“关键小事”，构建共建共治共享的基层治理新格局，引领带动群众共同建设美好家园。

（四）久久为功抓好总规控规落地实施，在提升治理效能上取得新进展

深入落实党的二十大“人民城市人民建、人民城市为人民”重要要求，坚持规划引领，科学把握超大城市治理规律，持续优化城市功能和空间布局，不断提高城市品质。

持之以恒抓好核心区控规落地实施。加强区委城工委统筹力度，持续推进体制机制改革创新，科学制定实施核心区控规第二个三年行动计划，推进西单—积水潭桥线性街区环境品质提升，不断扩大投资项目储备。紧紧抓住疏解非首都功能这个“牛鼻子”，坚定不移推进“疏整促”专项行动，持续推动拆违向院内延伸，保持新生违建零增长、开墙打洞动态清零，争创基本无违建区，带动“四个密度”不断降低。

以“绣花”功夫推进城市更新。落实北京市城市更新条例，加快推动市级重点项目落地，持续推进申请式退租、申请式换租，探索核心区平房院落更新及腾退空间再利用新模式，吸引社会资本和居民群众共同参与，促进存量空间高品质利用，努力打造一批“有里有面”的精品街巷、“最美院落”，切实改善重点区域政务环境和群众居住条件。

大力提升城市治理精细化水平。利用大数据、人工智能等科技手段持续提高城市精细动态管理能力，不断丰富“城市大脑”应用场景，让城市管理更显智能化、人民群众更有获得感。深入打好蓝天碧水净土保卫战，深化“一微克”行动，完善扬尘精细化管控，加强挥发性有机物精准治理，开展全流程监管，最大限度守护核心区蓝天白云。因地制宜推进“留白增绿”，不断拓展绿色空间，公园绿地500米服务半径覆盖率达到98%。推动减污降碳协同增效，积极推进碳中和，加强对碳排放单位日常监管，推动低碳试点建设，加快区域绿色低碳发展进程，使绿色成为城市发展的靓丽底色。

（五）守正创新推动文化强区建设，在增强文化软实力和影响力上展现新成效

深入落实党的二十大“推进文化自信自强，铸就社会主义文化新辉煌”重要要求，依托深厚的文化资源禀赋，持续激发文化事业和文化产业创新发展活力，推动文化大区向文化强区迈进。

全力争创全国文明典范城区。实施以创建全国文明城区为龙头的文明精品工程，完善常态化创建工作机制，突出基础建设、长效管理、新风培育和宣传发动，全面提升城市文明程度和综合竞争力。实施以选树宣传道德模范为载体的文明榜样工程，建立一支精神立得住、名字叫得响、事迹传得开的先进模范人物榜样队伍。弘扬社会主义核心价值观，实施“文明吾行”等特色品牌工程。盘活各类红色资源，大力开展爱国主义教育，传承弘扬以伟大建党精神为源头的中国共产党人精神谱系，完善新时代文明实践工作体系，营造积极正向的文化环境和理性正确的舆论氛围，倡导文明行为、弘扬文明新风。

持续深入推进老城整体保护与复兴。大力推动文物修缮和活化利用，启动绍兴会馆、圣祚隆长寺等7处文物修缮工程，完成真武庙、梨园公会等6处在施项目修缮。巩固拓展前两批文物建筑活化利用经验成果，继续推动已签约文物活化利用项目对社会开放。研究制定鼓励社会力量兴办博物馆相关政策，推进京报馆等“类博物馆”挂牌工作。

大力推动文化事业和文化产业繁荣发展。着力提高公共文化服务品质，以“书香西城”建设为载体，推进全民阅读活动深入发展。研究出台繁荣文艺事业若干措施，推动实施“大戏看北京”，持续打造“京剧发

祥地”，传承弘扬大运河文化、宣南文化、茶文化等特色文化，提升“白塔夜话”“十月文学月”等品牌活动影响力，持续深化与中央戏剧学院等国家级艺术院校战略合作。大力支持文艺精品创作，启动电影《李桓英》、电视剧《蒙藏学校》摄制工作，推动电视剧《梦里那片海》网台播出。编制文化产业高质量发展三年行动计划（2023—2025年），用足用好“文化产业十条”，聚焦数字化赋能文化产业发展，以“文化+”为纽带，促进文化产业空间提质增效。

（六）毫不动摇坚持和加强党的全面领导，在深入推进新时代党的建设新的伟大工程上展现新气象

深入落实党的二十大关于党的建设新部署新任务新要求，以永远在路上的坚韧和执着持续深化党的自我革命，以高质量党建引领高质量发展。

坚持以党的政治建设为统领。紧密结合党中央即将在全党开展的主题教育，面向全体党员开展好多形式、分层次、全覆盖的全员培训，持续开展“三级代表走基层”“十进”等宣讲活动，切实形成学习宣传贯彻党的二十大精神的持久热潮，推动党的二十大精神家喻户晓、深入人心。以上率下严格落实关于加强区委班子政治建设的决定，严格执行民主集中制、重大事项请示报告、“三重一大”决策制度，健全完善区委常委会工作规则，不断提高决策的科学化、规范化水平。

广泛凝聚团结奋进的强大力量。持续深化“四个轮子一起转”机制，深化拓展全过程人民民主实践，加强对人大、政协工作的领导，深入贯彻中央和市委人大工作会议精神，更好落实新时代地方人大各项任务。贯彻落实好《中国共产党政治协商工作条例》，支持和保障政协高质量履职，提升政治协商、民主监督、参政议政水平，切实把制度优势更好转化为区域发展治理效能。巩固和发展最广泛的爱国统一战线，健全完善大统战工作格局，打造“联合、结合、整合、融合——统战四合院”工作体系，做好思想引领、机制引领、组织引领，为全区经济社会发展广泛凝聚各方智慧力量。持续深化依法治区建设，抓好法治建设评估结果运用，深化“多元调解+速裁”机制，全面提升法治工作质效。坚持党管武装，深化双拥共建工作，巩固军政军民团结大好局面。

大力开展“双提升”工程。持续深化“该不该、能不能、怎么办”改革，坚持系统观念、以上率下、改革创新、突出实效，通过大思考、大调研、大讨论、大实践，全面提升全区工作运转效能、提升干部队伍能力素质。

深入实施“红墙先锋工程”。着力在抓好机关、国企、教育、卫生、街道、两新六个系统基层党建重点任务上破题，进一步深入构建“纵向同力、横向同心”的城市基层党建工作格局，实现基层党建工作全面进步、全面过硬。

建设高素质专业化干部队伍。注重在关键岗位、艰苦环境、重大任务和基层一线发现、培养、使用干部，健全绩效考核评价机制和容错纠错机制，为担当者担当、为负责者负责、为干事者撑腰，推进领导干部能上能下，激励干部敢于担当、积极作为，让愿担当、敢担当、善担当蔚然成风。坚持党管人才，用好企业培优生等机制做法，强化政策创新及人才服务保障，努力建设高水平人才高地。

坚持以零容忍态度正风肃纪反腐。始终保持正视问题的勇气和刀刃向内的坚定，锲而不舍落实中央八项规定及其实施细则精神，时刻防范“四风”隐形变异新动向，增强对“一把手”和领导班子监督实效，从严从实强化对年轻干部教育管理监督，精准运用“四种形态”，坚持抓早抓小、防微杜渐，严防群众身边的“苍蝇式”腐败，建立基层反腐预防机制，推动监督力量不断向基层延伸，坚决维护政治生态山清水秀。

政府工作报告（节选）

——2023年1月4日在北京市西城区第十七届人民代表大会第三次会议上

北京市西城区人民政府区长　刘东伟

各位代表：

现在，我代表西城区人民政府，向大会报告工作，请予审议，并请区政协委员提出意见。

一、2022年工作回顾

刚刚过去的2022年，是党的二十大召开之年，是北京冬奥之年，也是新一届区政府的届首之年。在市委、市政府和区委的坚强领导下，在区人大、区政协的监督和支持下，我们全面贯彻习近平新时代中国特色社会主义思想，完整、准确、全面贯彻新发展理念，牢牢把握稳中求进工作总基调，全面落实“疫情要防住、经济要稳住、发展要安全”的要求，坚持以新时代首都发展为统领，深入落实区第十三次党代会各项部署，坚定不移强服务、保平安、战疫情、促发展、稳经济、惠民生，较好完成了区十七届人大一次会议确定的各项目标任务。全区地区生产总值实现5700.1亿元，同比增长4.1%，一般公共预算收入扣除留抵退税后、同口径增长5.6%，居民人均可支配收入同比增长2.4%。

一年来，我们高效统筹疫情防控和经济社会发展，主要工作和成效是：

（一）服务保障首都功能展现新作为

以当好红墙卫士的使命自觉，全力维护核心区安全稳定。

重大活动服务保障体系更加完善。高标准完成北京2022年冬奥会冬残奥会开闭幕式参演、火炬传递、闭环酒店等保障任务，驻区企业全方位参与服务，为简约、安全、精彩的奥运盛会贡献西城力量。坚持以服务保障党的二十大为主线，完善平战转换、协调联动、运转高效的工作体系，推动“长安计划”深入实施，每日投入警力3200余人、“西城大妈”和民兵等群防群治力量5.5万人，圆满完成了城市运行、交通保障、环境整治、氛围营造等各项工作，交上了一份优异答卷。

城市安全运行基础更加巩固。深入开展“六个一”“百日安全”专项行动，为居民更换燃气安全配件9.6万户、电插排7万余个，加装电动自行车充电接口3万余个。推进城市韧性提升，全面消除燃气管线占压重大隐患，开展道路空洞检测和海绵化改造，新建升级10座小型消防站、2座实现120急救进驻。风险地图建设实体化运行取得突破，全面构建分级分类标准、管控维度和风险底账。群众安全感满意度全市领先，市域社会治理现代化试点任务全面完成，矛盾纠纷和信访积案深入化解，打击整治养老诈骗专项行动深入推进，常态化扫黑除恶斗争持续深化，重点刑事案件万人发案率全市最低。荣获北京首批“国家食品安全示范城市”称号。

疫情防控更加科学精准。紧紧依靠全区人民共筑疫情防线，有力应对多轮疫情冲击，在疫情防控最关键时刻发出“致敬每一位西城人”一封信，收获点赞45万次，心怀大局的西城人民、心有责任的驻区企业和广大无私奉献的一线抗疫工作者始终是我们最坚实的依靠。根据阶段性防控要求，深入广泛动员各方力量，新招募志愿者11万人，累计40万人次参加志愿服务。因时因势优化完善防控措施，将工作重心从防控感染转到医疗救治上来，建成五片区分级分类诊疗体系，各级医疗机构、医务人员全力做好患者救治，大力支持重点医院扩充ICU床位，建立养老机构与社区卫生服务站“手拉手”转诊急救机制，建设启用广安体育馆简易发热门诊，加开急救专线电话，开展健康送万家活动，分批次为45万户常住居民家庭和8000家“七小”门店送上健康防疫包，千方百计保障群众求医问药。

服务中央政务和协同发展水平稳步提高。建成全市首家线上“服务中央单位和驻京部队服务港”专窗，服务事项进入街道政务大厅全面落地，满意度稳居全市前列。积极融入京津冀协同发展，全力服务支持城市副中心和雄安新区建设。加强结对协作，不断扩大与门头沟区合作范围。深挖西城特色资源，组织7家中央部委、3家央企开展组团式帮扶，为鄂伦春旗等受援地巩固脱贫成果、接续推进乡村振兴作出西城贡献。

（二）高质量发展增添新动能

全力克服超预期因素影响，实现较高基数上的平稳增长，经济大区稳定器作用进一步发挥。

国家金融管理中心服务能级持续提升。制定关于服务保障国家金融管理中心建设的意见。首推“四创”机制，全方位服务北交所发展。国民养老保险、国新发展投资等一批重要机构落地，新增金融机构53家、注册资本金2472.8亿元，创近年新高。新增5家A股上市公司。2022金融街论坛年会及金融街建设与发展30年活动安全精彩举办，全球370余名重量级嘉宾出席，国际化参与程度提级升格。成功举办首届金融街资管峰会。创建“三位一体”监测预警平台，全力防范金融风险。

国家级金科新区建设加速推进。成功举办全球金融科技大会，建立全球金融科技中心城市网络。积极服务国家金融科技风险监控中心建设和资本市场金融科技创新试点工作。新投入高品质产业空间16万平方米。新增2家国家级和16家市级专精特新“小巨人”企业、74家市级专精特新中小企业。星际荣耀入选“全球瞪羚企业”，福佑卡车入选胡润“2022全球独角兽榜”。新引入中移金科控股等10余家头部企业，累计引入155家重点金融科技企业和专业服务机构。中关村西城园高新技术企业总收入等十项指标增速处于示范区前列。

“两区”建设继续领跑。新增“两区”项目177个，投入1504亿元，平均金额8.5亿元，保持全市领先。服贸会“两区”重大项目签约155亿元，排名全市第一。新增老佛爷百货、一起教育科技2家跨国公司地区总部。优化跨境税收智慧化管理机制、创新疫情防控“常态化”下的登记服务体系两个案例入选市“两区”改革创新实践案例。

数字经济活力和投资拉动成效凸显。发布建设全球数字经济标杆城市示范区实施方案，成功举办全球数字经济大会西城分论坛，引进国内首家电信业数字化咨询公司中移数智科技等一批优质企业。打造马连道国际·茶·数字孪生街区，启动全国数字经济产业园联盟链建设，创立开放性对话合作平台“马连连会客厅”。新科广场等“3个100”市级重点工程和新兴盛、大栅栏C3H等区级重点产业项目顺利实现开工。全年建安投资同比增长22.1%。

消费新业态新模式不断拓展。深入推进国际消费中心城市示范区建设，实施高品质商圈改造提升行动，积极引进一批首店、旗舰店。地安门商场化身新地佰重张亮相。“西单时尚节”能级提升，“西城消费”平台开展活动405场，综合撬动消费13.5亿元。出台推进老字号传承与创新发展意见，西城老字号组团亮相进博会，跨界创新发展取得实效。

国企改革蹄疾步稳。以国企改革三年行动为着力点，国资监管效能持续提升，国有资本向优势产业集聚，投资与资产管理、金融保险、都市服务三大业务板块资产占比提升2.8个百分点，调结构成效逐步显现。区属企业资产总额达5692.6亿元，同比增长1.4%，实现营收615.5亿元，同比增长8.2%。

营商环境不断优化。出台“产业十条”促进政策，动态调整优化“1+5+N”产业政策体系，共兑现政策资金16.3亿元。创新“双管家”服务模式，“服务包”企业增至千余家。在全市率先实现社区政务服务规范化建设全覆盖，在金科新区建设首个楼宇政务服务站。全面实行告知承诺制，探索“证照联办”，推动全程网办。在全市率先发布助企纾困政策落实指引，为中小微企业减免房租2.9亿元、融资6.9亿元，与企业共渡难关。

（三）城市环境品质再上新水平

充分发挥核心区控规战略引领和刚性约束作用，推动“四个密度”稳步下降，以“绣花”功夫让中央政务环境更优良、城市生活更美好。

核心区控规三年行动计划取得实效。开展“城市体检”，有效发挥“四师”作用，构建贯穿规划设计、施工建设、运营维护一体的风貌管控机制。出台城市更新五年行动计划，完成1100户申请式退租，启动白塔寺宫门口东西岔全市首个直管公房申请式换租项目，同步获评2022年十大“北京最美街巷”。地安门外大街、旧鼓楼大街实现精彩亮相。西单更新场、菜西片被评为首届北京城市更新“最佳实践”。

“疏整促”专项行动纵深推进。推进住宿业转型提升，完成10.7万平方米违法建设拆除，西长安街街道成为全市首个全面完成架空线入地的街道，天宁寺桥桥下空间变身“公共活力空间”。推进10栋低效楼宇近20万平方米改造。新建便民商业网点21家，成功入选全国城市一刻钟便民生活圈试点地区，居民对“疏整促”工作满意度达到99.2%，创历史新高。

城市动态管理更加精细。开展实验二小等7所学校、医院周边交通疏堵治理，完成5处交通疏堵及18公里慢行系统改造，新增31个错时共享停车场。5G等新型基础设施建设水平保持全市领先，“市容环境大数据分析与处置管理”等4个“城市大脑”应用场景基本完成，智慧城市建设加速推进。

绿色成为城市靓丽底色。新增茶马游园和白纸坊智能体育公园等绿地9300余平方米，完成34公里慢行林荫道路建设和玫瑰公园、南礼士路公园全龄友好型公园改造，群众身边绿色空间不断拓展。细颗粒物（$PM_{2.5}$）年均浓度为32微克/立方米，达到历史最好水平。河湖长、林长制不断推深做实。积极稳妥推动“双碳”工作，综合能耗、水耗保持全市最优，区政府荣获“北京市节能减排先进集体”称号。

（四）历史文化名城“金名片”焕发新风采

坚持以社会主义核心价值观引领全国文化中心建设，不断增强首都风范、古都风韵、时代风貌的城市特色。

老城整体保护与复兴取得重要突破。中轴线保护牵头任务扎实推进，谦祥益、南桪星门等项目全面完成，钟鼓楼周边第五立面品质提升工程实现亮相，“万象中轴”数字体验项目让历史文化“活”起来。完成云南新馆等项目修缮，杨椒山祠等9个项目全力推进。第二批文物建筑活化利用计划全面展开，泰安里成为全国首个文物活化利用信用融资项目。“白塔夜话”升级为更具影响力的文化IP。“全民享·活传承”非遗演出季活动深入开展。

公共文化多姿多彩。推出西城文化月令。创新举办海棠诗会、阅读春天等系列活动，“书香西城”建设持续深化，万人拥有实体书店数保持全市前列。与中央音乐学院、国家京剧院等国家级艺术院校建立深度战略合作，中国原创话剧邀请展等知名活动品牌进一步擦亮。举办“会馆有戏 京彩西城”系列演出，北京动画周落地西城。修订文艺创作扶持政策，《什刹海》等2部电视剧入围金鹰奖，话剧《万水朝东》等精彩呈现。北京四中金帆合唱团获第十九届群星奖。

文化产业活力不断迸发。出台推动文化产业高质量发展若干措施。天宁一号二期等改造项目稳步推进，西什库31号实现竣工验收。十月星吧广场等15家园区被认定为市级文化产业园区，北京DRC工业设计创意产业基地荣获“北京版权保护示范园区（基地）”称号。天桥演艺区入选第一批国家级夜间文化和旅游消费集聚区名单。

文明城区创建更加融入日常经常。全面争创全国文明典范城区，广泛开展“同创文明城市共建美好家园”活动，持续推进文明社区等群众性精神文明创建，新时代文明实践中心建设水平进一步提升，“文明指数”切实转化为人民的“幸福指数”。

（五）人民群众得到更多新实惠

把习近平总书记对我区群众的关心作为鞭策激励，用心用情用力解决好群众急难愁盼问题。

民生保障水平全面提升。努力为每一个西城孩子拓展就业机会，出台20条专项措施，户籍高校毕业生就业率达97.3%。全区登记失业率2.24%，保持全市最优，连续八年获评“北京市充分就业区”。新建7个养老服务驿站，新增家庭养老照护床位500张，安装“一键呼”1.2万部，建设养老助餐点174个，完成134户适老化改造，创建区级巡视探访基本公共服务标准体系，将特困供养、失能失智、高龄独居等老人全部纳入服务范围，初步构建起“234”就近精准居家社区养老服务体系。兜住兜牢基本民生保障底线，健全困难家庭精准识别和帮扶机制，发放各类救助金3亿余元，受益群众1.5万人，西城区民政局获评“全国社会救助工作先进单位”。开展“质量西城”系列提升行动，连续保持A级标准。

教育更加优质均衡有温度。新增幼儿园普惠性学位1380个。19所“小而精”“小而美”学校创建全面展开。推进干部教师交流轮岗。合理安排教育教学工作，做好线下线上动态有序转换。实施西城教育全面赋能计划，“亲子嘉年华”“设计师工作营”等改革项目广受各界好评。“点餐到校”引入少年宫、科技馆等校外资源特色课程，被教育部列为“双减”十大经验之一向全国推广。围绕“四小”问题破解，实施“跳动校园”计划，用一根跳绳牵动学生体质逆袭，2022年度学生体测结果全市第一。

健康西城建设深入推进。全民健身活动更富活力，新增健身步道5.3公里，15个街道各增加1块体育场地，第一届“社区杯”篮球联赛广受群众喜爱，获评国家首批“全民运动健身模范区”。西城代表团在第十六届北京市运动会上获金牌112枚。公共卫生应急体系持续完善，急救站点全部建成，肛肠医院等五家医疗机构“云诊疗”试点运行。月坛和金融街健联体试点建设稳步推进，脾胃病医联体建设正式启动，智慧家医优化协同模式更加深化。建成西城区康复医学中心。利用大数据加强医保基金监管做法被中央深改委采用。累计建成爱国卫生组织1.1万余个，区爱卫办获评爱国卫生运动70周年先进集体。

居民居住条件有效改善。西长安街街道群众急难愁盼问题区级主责项目全面完成，以点带面推动同类问题解决。持续改善胡同环境，东中胡同22号院等获评“最美院落”。百万庄项目C、D地块，光源里项目C2地块棚改项目实现结构封顶。3096套保障性住房竣工交用。老旧小区综合整治项目新开工40个小区、完工23个小区，超额完成市级任务，审核加装电梯40部，为无法安装电梯老楼加装新型爬楼机。

（六）基层治理效能实现新提升

以“接诉即办”为主抓手，打造共建共治共享的美好西城家园。

倾心倾力做好“接诉即办”。落实北京市接诉即办工作条例，出台推动主动治理、未诉先办实施办法，深入开展“暖心行动”“领哨行动”，实施“专项包”机制，推进“攻坚克难20题+”，加大治理类社区、小区工作力度。全年共受理市民热线诉求28.05万件，平均解决率96.1%、满意率96.6%，“接诉即办”综合成绩保持全市第一。7家单位被评为“北京市接诉即办工作先进集体”，14人获“北京市接诉即办工作先进个人”称号。

务实推进基层协商民主。居民身边议事协商阵地深化拓展，完成15个社区议事厅示范点、30个楼门院治理示范点创建。基层民主协商标准化试点高分通过考核评估。“西城家园”实名认证人数达到39.6万人，线上线下协商议事联动更加广泛。统筹整合法律援助、人民调解、律师等资源，健全公共法律服务体系，打造多维法律服务平台，为基层治理注入法治力量。深入开展铸牢中华民族共同体意识宣传教育，推广安德路北社区全国民族团结进步工作经验和北京市第五十六中学民族团结进步教育经验，打造民族团结、宗教和顺的良好社会局面。

持之以恒抓好两件“关键小事”。以解决好群众家门口的事为切入点，引领带动基层治理创新。推动247家物管会转为业委会，双旗杆东里小区获评全国“加强物业管理 共建美好家园”典型案例。推进垃圾分类全链条体系建设，居民垃圾分类意识不断增强，厨余垃圾分出率持续提高。13个小区、10栋楼宇获评2022年第一批北京生活垃圾分类示范小区、示范商务楼宇。

与此同时，双拥、退役军人、国防动员、人防等工作继续加强。妇女儿童、残疾人、红十字等各项事业健康发展。

一年来，我们深刻领会“两个确立”的决定性意义，增强“四个意识”、坚定“四个自信”、做到“两个维护”。深入学习宣传贯彻党的二十大精神，巩固拓展党史学习教育成果。发挥政府党组领导核心作用，压紧压实全面从严治党主体责任，严格落实“一岗双责”，抓好市委巡视反馈问题和经济责任审计问题整改。主动接受各方面监督，坚决落实区人大决议，办理市区人大代表议案1件、建议56件和政协提案229件。认真吸纳和落实代表、委员对政府工作的意见建议，积极回应代表委员关切，持续加强和改进政府工作。纵深推进“该不该、能不能、怎么办”改革，着力打通内部堵点、解决服务群众痛点难点。坚持过紧日子，优化街道预算管理，资金使用效率有效提高。

各位代表，过去一年我们深刻把握“都”与“城”的关系，在防范化解风险中显著提升服务保障能力，在应对复杂环境中稳住发展基本盘，在城市功能优化中让历史文脉与城市繁荣宜居相融并进，在接诉即办实践中厚植为民情怀，为应对重大挑战、抵御重大风险增强了底气，为实现更高质量发展坚定了信心，为满足群众对美好生活的需求夯实了基础。

成绩来之不易、难能可贵。这是习近平新时代中国特色社会主义思想科学指引的结果，是市委、市政府和区委坚强领导的结果，是区人大、区政协监督支持的结果，是全区上下勠力同心、团结奋斗的结果。尤其是在抗击多轮疫情中，广大人民群众始终与我们站在一起，给予我们最大的理解和支持。在此，我代表区政府，向全区人民，向在一线奋战的医护疾控、公安干警、基层干部、社区工作者、快递小哥和广大志愿者们，向给予区政府工作大力支持的人大代表和政协委员，向各民主党派、工商联、各人民团体和社会各界人士，向支持帮助我们的驻区中央、市属单位和解放军、武警部队，表示衷心的感谢！致以崇高的敬意！

看到成绩的同时，我们也清醒地认识到，优化城市功能、打造一流政务环境还有很多工作要做，三年疫情冲击导致的各类衍生风险不容忽视，数字经济等新业态发展还需加快培育，教育养老托育住房等群众关心关切仍要加力解决，发展不平衡不充分问题急需破解，数字治理能力与超大城市发展需要还不匹配，政府效能还要进一步提高。我们要直面问题和挑战，尽心竭力做好工作，绝不辜负全区人民重托。

二、2023年主要任务

2023年是全面贯彻落实党的二十大精神的开局之年，也是实施“十四五”规划承上启下的关键一年。工作总体要求是：坚持以习近平新时代中国特色社会主义思想为指导，全面贯彻落实党的二十大精神和中央经济工作会议精神，深入贯彻习近平总书记对北京一系列重要讲话精神，扎实推进中国式现代化，坚持稳中求进工作总基调，完整、准确、全面贯彻新发展理念，坚持以新时代首都发展为统领，加快融入和服务新发展格局，更好统筹疫情防控和经济社会发展，更好统筹发展和安全，抓好市委市政府决策部署和区委十三届五次全会工作要求落实，着力推动高质量发展，大力提振市场信心，着力保障和改善民生，有效防范化解重大风险，在北京率先基本实现社会主义现代化进程中干在实处、走在前列。

工作中重点把握好以下几点：一是坚持“看北京首先要从政治上看”，把坚持和捍卫“两个确立”、做到“两个维护”体现在履职尽责推动发展的行动上。二是坚持把服务保障首都功能作为工作的全部要义，以“都”的功能谋划“城”的发展，更好服务中央政务、更好服务人民群众。三是坚持把高质量发展作为首要任务，做到“六个更好统筹”，以“十四五”规划中期评估为牵引，推动减风险强安全、减规模提质量、减能耗优效能、减差距促均衡、减负担增效率。四是坚持把增进民生福祉作为根本目标，不断满足群众多层次需求，想群众之所想，行群众之所嘱。

经济社会发展主要预期目标是：地区生产总值增长4%左右；一般公共预算收入增长4%；登记失业率控制在3.5%以内；居民收入增长与经济增长基本同步，工作中努力争取更好结果。

重点抓好六个方面工作。

（一）聚焦服务首都功能，打造平安建设高地

坚决扛起首都功能核心区职责使命，全力守护好城市安全、社会安定、人民安康。

坚决维护核心区安全稳定。牢固树立总体国家安全观，加强各类传统和非传统安全风险防范。迭代实施“长安计划”，强化政治中心区一体化防控，推进平安西城机制建设。推动公共安全治理模式向事前预防转型，完善风险地图预测预警和精细管控功能，提高指挥调度能力，提升应急处突响应速度。全面贯彻落实信访工作条例，深化矛盾纠纷排查化解，落实扫黑除恶长效机制，依法打击违法犯罪，切实营造和谐稳定社会氛围。

系统性推进韧性城市建设。把韧性城市要求融入城市规划、建设、管理全过程，实施市政基础设施整治提升，推动21个老旧小区管线更新改造，强化城市生命线“一网统管”，推进道路空洞检测、大中修等工作，提升交通系统韧性，提高城市安全运行水平。继续开展老旧小区和平房院落海绵化改造。持续巩固深化燃气、电动自行车等专项治理成果，推广液化石油气配送到户。开展汛前“清管行动”等消隐工作。提升公共卫

生应急处置能力，打造以疾控中心为“龙头”、社区卫生服务中心为“网底”、医疗机构为支撑的一体化公共卫生应急管理体系。增强应对生物安全风险能力。巩固国家食品安全示范城市创建成果，强化食品药品安全监管。推动快递物流基础设施建设，推进快递进楼宇。

积极服务中央政务和协同发展。完善多层级对接驻区单位“大外联”机制，深化中央单位和驻京部队在区街政务服务大厅专窗工作模式，提升精准服务水平。加强与友城和驻京机构合作交流。强化与城市副中心、雄安新区协同联动。加强与门头沟区结对协作。全面助力乡村振兴，探索建立乡村产业发展促进会，推动高质量产业在支援合作地区落地生根，带动携手共富，在共享共赢中走在前、做示范。

（二）聚焦经济结构优化，打造高质量发展高地

在“五子”联动中找准定位，锚定“4+N”产业方向，实现更高质量、更有效率、更加公平、更可持续、更为安全的发展。

着力强化国家金融管理中心功能。深化“四创”服务机制，当好属地服务管家，全方位服务保障北交所扩容提质，支持北交所打造服务创新型中小企业主阵地。放大北交所功能外溢效应，打造全链条、全周期北交所金融生态圈，引进一批创新能力强、成长速度快的中小企业，服务支持优质企业在新三板挂牌、北交所上市。高水平举办2023金融街论坛年会。持续推动金融街与伦敦金融城等国际金融中心常态化对话交流合作，不断提升金融街国际影响力。制定资产管理三年行动计划，出台专项支持政策。修订金融风险应急预案、协同联动工作方案，维护金融安全稳定。

加快国家级金融科技示范区建设。强化科技创新支撑，发布“金科十条”2.0政策，办好全球金融科技大会暨北京金融科技周等“一会两赛三论坛”品牌活动，大力支持金融科技机构发展，吸引优质金融科技项目落地，打造创新发展良好生态。推进北京金融科技中心等主题楼宇改造，提升产业承载力，加强西直门外文化休闲广场等商务配套设施建设，提升街区品质。启动中关村西城园体制机制改革提升工作，推动科技企业创新发展能力和质量效益不断提高。

全力打造全球数字经济标杆城市示范区。落实北京市数字经济促进条例，推动软件信息服务业高质量发展，做大做强数字金融、数字文化、数字消费等特色产业，释放数字经济发展动能。紧抓央企数字化转型机遇，服务领军型企业落地，加强央企数字企业统筹和数据平台整合。以马连道国际·茶·数字孪生街区建设为契机，推动“马连连会客厅”平台作用不断深化。加强数字技术与社会公共服务领域深度融合，强化数字基础设施建设，提高数据要素支撑能力，激活数据要素潜能。

全面推进国际消费中心城市示范区建设。提升西单金融街、前门大栅栏、地安门外等重点商圈活力，完善西单商圈管理体制机制，推动商圈数字化转型。做实传统商业“一店一策”，全力推进汉光百货、西单商场改造提升，完成西单购物中心升级改造。加快首店经济、首发经济发展，聚合新品潮品首发首秀活动，打造沉浸式消费新场景和打卡地。激发老字号新活力，推动老字号治理结构升级、经营模式创新、文化传承保护。不断做强“西城消费”全平台促消费功能，深化“西城惠民消费季”等系列主题活动，让消费热起来、经济活起来。

高标准推动“两区”项目引进落地。用足用好北京市服务业扩大开放综合示范区2.0版政策，高标准推进“产业＋园区”开放、“项目＋企业”落地、“品牌＋品质”提升，争取更多先行先试政策和标志性突破性项目，保持引进优质重点项目和企业不少于100个，扩大高水平对外开放。

推动国资国企发展提质增效。持续优化国有资本布局结构，增强企业经营活力，培育新的增长点。不断提升国资监管能力，推进“三降一减一提升”专项行动，健全完善投前评估风险、投中监控风险、投后评价审计的投资风险管理体系，以降本增效提升发展效能，以风险防范筑牢发展底线，推动国资国企健康发展。

打造国际一流营商环境。完善“1+5+N”产业政策体系，充分释放市场主体活力，让国企敢干、民企敢闯、外企敢投。加强“服务包”企业服务保障，促进服务资源高效精准配置。全面落实各项惠企政策，积极为中小微企业和个体工商户纾困解难。落实北京数字服务行动，持续提升智能化服务水平，加快“一件事一次办”场景应用，实现更多政务服务事项“一窗受理、协同办理”。扩大“告知承诺”改革领域，打造极简审批新模式。启动新时代智慧政务服务大厅建设。做好第五次全国经济普查。推进信用体系构建，完善新型监管机制。制定出台建设高水平人才高地意见，高标准做好人才服务，抓好全国青年发展型城市建设试点实施，为青年建功立业搭建平台，营造“近悦远来”良好氛围。

（三）聚焦增进民生福祉，打造美好生活高地

牢记让人民生活幸福是“国之大者”，不断满足“七有”要求和“五性”需求，让人民群众充分共享共同富裕新成果。

尽心提高就业和社会保障质量。全面落实就业优先政策，加强高校毕业生、退役军人等重点群体就业支持，组织岗位开拓和供需对接系列活动，继续争创充分就业区。落实重特大疾病医疗保险和救助制度，做好困难群体救助工作。推进长期护理保险试点，出台配套实施意见。创新监管办法，维护医保基金安全。巩固精准社会救助成果，加强社会救助政策系统集成，推动低收入群体共同富裕。多措并举推进保障住房建设。维护妇女儿童合法权益，完善未成年人保护体系。促进残疾人

事业健康发展，让残疾人生活更有保障、更有尊严。

贴心做好养老托幼服务。主动应对人口老龄化，创新完善就近精准社区居家养老服务体系，深化区街居三级养老服务统筹协调，推进“医、食、住、行”四项普惠养老服务发展。出台居家适老化改造实施细则。规范家庭养老照护床位专业照护和智慧服务，增加家庭养老照护床位500张。织密“父母食堂”服务网络，安装“一键呼”1.8万部。强化养老服务监管，建立准入、评价、退出综合监管机制。完善全生命周期健康服务，加强优生优育健康指导，优化母婴保健，推进区级托育中心建设。

用心办好有温度人民满意的教育。坚持为党育人、为国育才，巩固教育高原、打造教育高峰，更好实现教育优质均衡发展。深入拓展办学空间，提升学位保障能力。坚持“五育并举”融合发展，巩固“双减”工作成效，加强心理健康教育服务，让孩子拥有健康快乐童年。深入推进国家级“双新”示范区建设。加强“小而精”“小而美”特色校建设，推进校园整体规划设计，提高社会认可度。强化教师队伍建设，探索建立中小学教师编制“周转池”，试行幼儿园“员额制”。推动“北京市大中小幼教师育德能力一体化建设研究基地和实践研究示范区”建设。推进教育大数据、教育云和智慧校园等基础建设，提高新技术赋能教育能力。

精心建设更高水平健康西城。提升“一刻钟健身圈”品质，实现月坛体育中心运营、完成德胜体育中心改造，每个街道新增体育场地设施不少于1片。继续办好更接地气、更聚人气、更加精彩的“一节两品”群众体育活动，发挥“双奥”之城优势，推广普及冬季体育项目，推动全民健身和全面健康深度融合。抓好新冠病毒感染“乙类乙管”方案落实，着力推动保健康、防重症、降病亡。持续推进老年人等易感人群疫苗接种工作，加强重点人群健康情况摸底分类。加快护国寺中医院一分部、展览路医院局部和复兴医院发热与急救中心改造。深化医药卫生体制改革，加强月坛、金融街两个健联体试点建设并加以推广。提升社区卫生服务能力，强化家庭医生服务作用，提高基层医疗机构首诊比例。完善“互联网＋医疗健康”便民服务，推进“云诊疗”“云诊断”，以科技赋能构建便民高效的诊疗模式。推进中医药传承创新发展。重视心理健康和精神卫生，探索社会心理服务规范化。以“国家卫生区”长效管理为抓手，深入推进新时代爱国卫生运动和健康促进行动，强化健康普及宣传，树立“人人都是自己健康的第一责任人”意识，践行文明健康的生活方式。

悉心推动生活服务业品质升级。开展高品质一刻钟便民生活圈建设，坚持民意立项和解忧清单机制，打造社区美好生活圈。推动便民服务综合体建设，拓宽“一店多能”“一点多用”等便民生活多样化服务，努力让商务区“国际范”“科技范”更足，生活区“烟火气”更暖。

（四）聚焦强化规划引领，打造品质城市高地

坚持一年一个节点、每年都有新变化，建设功能完善、宜居宜业的政务环境首善之区。

坚持一张蓝图干到底。实施核心区控规第二个三年行动计划，启动街区户外广告设施设置规划编制，抓好长安街等重点地区综合整治、景观优化和风貌塑造。持续降低“四个密度”，深化“疏整促”专项行动，完成5万平方米拆违任务，保持新生违建零增长、“开墙打洞”动态清零，争创“基本无违法建设区”。巩固提升背街小巷整治成果，开展街巷精细化管理和服务工作改革试点，建立城市巡查检查联动模式，全方位提升精细化管理水平。

扎实有序开展城市更新。抓好北京市城市更新条例实施，在椿树街道探索以片区为单元的更新机制。加速推动市级重点项目落地，围绕“两轴一城一环”重点区域，紧抓西单—积水潭桥传统特色街区环境品质提升、观音寺片区保护更新等项目落地实施，推动什刹海、大栅栏等重点街区保护更新项目精彩亮相。持续推进申请式退租、申请式换租，完成户数不少于1000户。加强老旧小区综合整治，做好老楼加装、更换电梯工作，加大简易楼腾退力度。完成250座三类公厕品质提升。建设一刻钟无障碍便民服务圈。

加强城市精细化智慧化管理。继续推进学校医院旅游景区周边交通综合治理工作。推动2处立体停车设施建设。大力推进充电桩建设，探索路侧充电桩建设模式。巩固推广共享单车“入栏结算”成果。依法综合治理电动三四轮车乱象。加快推进治理数字化，丰富“城市大脑”应用场景，实现“城市大脑”提质扩能。

持续改善生态环境。深化“一微克”行动，加强扬尘管控和挥发性有机物精准治理，实现“常态蓝”。确保五个国家及市级地表水考核断面水体水质年平均达标率100%。开展受污染建设用地风险管控，重点建设用地安全利用率达到95%以上。因地制宜推进“留白增绿”，新增城市绿地5000平方米、屋顶绿化5000平方米、垂直绿化1000延长米，公园绿地500米服务半径覆盖率达到98%。开展翠芳园和长椿苑全龄友好型公园改造。加强对碳排放单位日常监管，督促碳排放单位按时完成配额履约，推动低碳试点建设，加快区域绿色低碳发展进程，让“环保”成为行动自觉、“低碳”成为生活方式。

（五）聚焦文化自信自强，打造文化繁荣高地

坚持守正创新，促进历史文脉与现代文明交相辉映，让文化的力量更好浸润人心、引领风尚、促进发展。

着力提高城市文明程度。把学习宣传贯彻党的二十大精神作为首要任务，推动党的创新理论走进基层、走进群众。全力争创全国文明典范城区，将文明创建意识融入城市角落，引导每一位市民成为城市建设的参与

者。加强志愿服务体系建设，让“志愿蓝”擦亮城市文明底色。

以中轴线保护带动老城整体保护与复兴。以匠心守护好千年古都，抓好三年行动计划收官，完成北海医院、地安门派出所等降层改造，推进鼓西地块织补等工作，启动育才学校新址建设，启动庆成宫文物征收项目，完成育才学校宿舍和血液中心宿舍楼征收工作。启动绍兴会馆、圣祚隆长寺等7处文物修缮工程，完成真武庙、梨园公会等6处在施项目。推动已签约文物活化利用项目对社会开放。深化“白塔夜话”与名城委年会联动融合，打造老城保护“现象级 IP”。鼓励社会力量兴办博物馆，促进京报馆等类博物馆挂牌。组织“四节一日”非遗传统文化活动，策划推出非遗万象馆云演播。

积极推进公共文化服务示范区创建。传承保护利用好红色资源。加快西城区图书馆（南馆）、文化馆（南馆）建设，补齐公共文化设施短板。深化图书馆、文化馆总分馆制改革。丰富“京剧发祥地”“会馆有戏”“书香西城”等特色品牌内涵。挖掘打造“大运河源头”、士人文化、茶文化等新亮点。深化与央市各级专业院校全面合作，继续办好中国国际芭蕾舞演出季等品牌文化活动，提升群众文化生活品质。支持精品艺术创作。

持续激发文化创新创造潜力。深入实施“文化+”融合发展战略，落实好文化产业高质量发展三年行动计划，加强数字文化产业园区和特色基地建设，打造数字体验新场景和数字文化新地标。强化金融支撑，吸引更多优秀文化企业落户。举办“打卡鼓西、漫步斜街”文化消费活动，落实第二批国家文化和旅游消费试点城市建设任务，壮大文商旅科融合发展消费新业态。

（六）聚焦基层治理现代化，打造和谐共治高地

加快治理理念创新、治理模式优化、治理手段完善，打造与超大城市相适应的现代城市治理示范样板。

深化“接诉即办”机制。持续强化主动治理、未诉先办，落实“攻坚克难15题+”、每月一题、专题会审等工作机制，对重点难点诉求、集中性诉求、季节性诉求，加强统筹调度、分析研判、协调解决。持续推进治理类社区、治理类小区优化提升，继续开展“暖心行动”和“领哨行动”。加强办件人员能力建设，提升办件响应速度和解决率、满意率。

构建充满活力的基层治理模式。深化向基层赋能，更好发挥小院议事厅等协商平台作用，提升社区自治能力。拓展西城家园政民互动平台功能，提高社区治理信息化、智能化水平。开展伙伴成长计划、品牌工程计划，培育社会组织助力基层治理。制定社工管理办法，建设规范高效的社工队伍。更好发挥群团组织在社会治理中的作用。做好民族宗教工作，以铸牢中华民族共同体意识为主线，以牛街礼拜寺新时代宗教工作经验及模式为依托，积极探索宗教中国化实践路径。深化双拥共建、国防动员，拓展“一街一品一典”特色品牌建设，争创全国双拥模范城（区）十一连冠。

抓实抓细两件“关键小事”。坚持把物业管理、垃圾分类作为撬动基层治理的有力抓手，加强物业管理突出问题专项治理，发挥物业行业党委、物业管理协会作用，强化党建引领破解老旧小区难题。聚焦央产小区管理开展深度合作，探索街道党建协调委员会轮值机制。大力开展垃圾分类政策宣传，加强生活垃圾全流程精细化管理，探索垃圾分类投放正确积分奖励机制，养成居民自主分类良好习惯。

三、持续加强政府自身建设

迈进新征程，对政府自身建设提出了新的更高要求。我们要全面贯彻党的二十大精神，大力践行“红墙意识”、争当“红墙先锋”，坚持把党的全面领导贯穿到政府工作全过程、各领域。

做实干担当的有为政府。发扬“马上就办、办就办好、不留遗憾”的优良作风，追求“事不过夜、案无积卷、夙夜在公”的工作状态。持续推进“该不该、能不能、怎么办”机制改革，聚焦城市管理、民生保障、社会治理等重点领域，加强历史遗留问题攻坚，推动“四点”问题一件一件落地解决。强化绩效考核“指挥棒”作用，为担当者担当、让有为者有位。

做锐意创新的效能政府。加强系统谋划，全面推进数字政府建设，不断提高政府决策科学化、社会治理精准化、公共服务高效化水平。深入实施“双提升”工程，健全复盘反思、培训演练和能力提升机制，构建上通下达、协同联动的工作格局。坚持首善标准，工作不能满足于干了，更要干出加速度、干出高质量，努力使“高效能机关”成为常态、“高素质干部”成为“金名片”。

做公开公正的法治政府。深入贯彻习近平法治思想，深化法治政府示范区建设，把对法治的尊崇、对法律的敬畏转化为思维方式和行为方式。严格落实重大行政决策程序与制度，全面实行权责清单动态调整和公示制度，深化向公众报告工作机制。践行全过程人民民主，严格执行区人大及其常委会决议决定，自觉接受人大法律监督、政协民主监督和其他各类监督，高质量办实办好代表议案建议和委员提案。落实普法责任制，多种方式扩大普法覆盖面。

做人民满意的服务政府。把全心全意为人民服务作为一切工作的出发点和落脚点，把人民群众关心关切的“小事”作为政府工作的“大事”，把群众期盼的事变成政府要干的事。深入推进“放管服”改革，让群众办事更便利。完善“好差评”机制，让服务好不好，群众说了算。

做勤政节约的廉洁政府。严格规范程序，强化审计监督，扎紧制度笼子。锲而不舍落实中央八项规定及实

施细则精神，重点纠治形式主义、官僚主义，防止“四风”问题变异反弹。严肃财经纪律，把每一分钱都花在“刀刃”上，用政府“紧日子”换来百姓“好日子”。严肃查处群众身边腐败和不正之风，持续深化不敢腐、不能腐、不想腐一体推进，推动政府系统廉政建设不断取得新成效。

各位代表，唯有矢志不渝、笃行不怠，方能不负时代、不负人民，唯有苦干实干，才能创造美好未来。让我们更加紧密地团结在以习近平同志为核心的党中央周围，在市委、市政府和区委的坚强领导下，踔厉奋发、勇毅前行，不断书写中国式现代化西城实践新篇章！

名词解释

1.“六个一”专项行动：西城区在全区开展的火灾隐患专项整治行动，指与所有驻区企业和居民见一次面；对辖区常住人口、外来人口、出租经营单位进行一次登记；向驻区单位和居民户宣传一次防火知识；在属地商务楼宇、居民住宅张贴一次防火宣传告示或标识；街道、社区入户排查一遍安全隐患；结合入户工作发放一封防诈骗宣传信。

2.“百日安全”专项行动：西城区在全区范围内开展的“百日提升 喜迎二十大”专项整治行动。

3.“四创”机制：西城区服务北交所推出的四项机制，指首创政策发布、首创战略协议、首创服务基地、首创“产融媒”平台。

4.“两区”建设：中央支持北京开放发展的重大政策，包括建设国家服务业扩大开放综合示范区和中国（北京）自由贸易试验区。

5.马连连会客厅：是在马连道推出的“政府服务、技术路演、资本助力、生态共融”的创新模式，旨在搭建聚焦数字经济发展的政企、企企交流合作深度对话平台。“连连”表示连接政府与企业，寓意“好运连连”，并同步推出了“马莲莲”卡通形象。

6.“西城消费”平台：由西城区商业联合会注册、区商务局指导和支持，组织全区商贸企业创新营销及品牌宣发的特色促消费平台。该平台有微信公众号、视频号、抖音号、直播间及各种主题专栏等项目，组织开展优惠福利、夜间经济等多种形式的促消费活动，助力企业营销及品牌推广。

7.产业十条：西城区出台的《北京市西城区促进产业高质量发展若干措施》，是新发展阶段促进全区产业高质量发展的统领性指导文件，以税源建设为核心，集成融合全区优质产业政策措施，形成覆盖面广、展示度好、吸引力强的产业发展顶层设计，向目标企业集中展示西城区产业发展蓝图、行业培育举措、企业服务手段等禀赋优势。

8.“1+5+N”产业政策体系：为促进区域高质量发展形成的产业政策体系，“1”指一个政策体系，“5”指构建基金、空间、人才、开放、投资等产业要素支撑矩阵，“N”指针对全融、数字经济、文化、科技、专业服务、消费升级、企业服务等重点领域分类施策，支撑全区产业提质增效。

9.“双管家”服务模式：金服局和金服公司组成的“双管家”服务机制，聚焦服务对象需求、创新服务保障机制、优化服务支持模式、提高专业服务水平，为辖区内实体企业提供包括政策、服务、平台、监管沟通绿色通道在内的综合服务方案，促进并支持企业上市发展。

10.“证照联办”改革：优化办理机制，实现营业执照和行政许可一次申请、并联审批。

11.城市体检：综合评价城市发展建设状况，优化城市发展目标、补齐城市建设短板、解决“城市病”问题的一项基础性工作。

12.四师：即责任规划师、设计师、工匠师、经济师，是在街区保护更新中由政府选聘的具有专业素质能力的人员团队。

13.万象中轴：西城区文旅局与北京河图共同组织实施的“万象中轴”数字文化体验项目，市民、游客可在地体验虚拟与现实结合，历史与当下辉映的数字中轴新景观，沉浸式领略增强现实数字文化场景，感受“活”起来的中轴线文化。

14.一键呼：西城区为全面提升老年人获取信息的便利性、需求响应的精准性、服务响应的及时性，为70岁以上的西城区常住户籍老年人安装的应急呼叫智能终端。

15.“234”就近精准居家社区养老服务体系：“2”指两个基本，基本养老服务对象，优先保障城市特困供养、低保低收入、计划生育特别扶助家庭老年人，失能老年人等特殊困难老年人；基本养老公共服务，为基本养老服务对象等有需求的老年人提供巡视探访、养老顾问咨询、呼叫服务等基本服务。“3”指三个强化，强化区级高位统筹协调功能，强化街道属地统筹协调作用，强化社区养老驿站总服务台机制，打通居家社区老年人服务“最后一公里”。“4”指聚焦老年人“吃饭、看病、居家安全、出行便利”等需求，促进居家社区机构养老服务相协调，医养康养服务相结合，推进基本养老服务普惠化发展。

16.“小而精”“小而美”学校：西城区通过区领导联系学校、干部教师流动、教育教学质量提升、校园文化凝练、“大师工作坊”等系列举措，推进规模较小的学校特色发展、高质量提升，构建美美与共、各具特色的教育生态，推动西城区教育高水平优质均衡发展。

17.“双减”：2021年，国家部署开展的进一步减轻义务教育阶段学生作业负担和校外培训负担工作。

18.“跳动校园”计划：以跳绳运动为抓手，提高学生身体素质，培养学生健康生活方式，在意志品质、团结互助、集体荣誉等方面发挥体育育人功能。

19.“专项包”机制：区委、区政府领导在联系街道工作的基础上，对接诉即办工作实行“三包”，即包推进调度、包问题解决、包督促落实，推动分管领域高频难点问题解决。

20. 攻坚克难 15 题 +： 为深化主动治理，推动未诉先办，提升以市民诉求驱动区域治理水平，西城区根据市“每月一题”，聚焦群众普遍反映的突出问题、职责交叉的难点问题、社会关注度高的热点问题，结合区情制定的工作清单，针对老旧小区改造、物业管理、道路养护、停车管理等居民关注的问题，进行高位统筹调度、合力攻坚、开展集中整治破解难题。

21. 西城家园： 践行以居民为中心的服务理念，打造的集宣传、服务、组织动员功能为一体的全新社会治理线上平台。居民既可实时浏览社区动态，也可享受各种便利服务，同时依托平台实现信息的精准推送和群众的有效互动。

22. 两件“关键小事”： 指垃圾分类和物业管理这两项对居民和城市发展都很关键的工作。

23. “该不该、能不能、怎么办”改革： 2021 年西城区政府推出的改革思路和创新举措，建立机关内部“接诉即办”机制，精准回应基层呼声，破解“政策不衔接”“机制不顺畅”“该办不能办”掣肘难题，带动解决一批群众办事难题。

24. 六个更好统筹： 中央经济工作会议提出的更好统筹疫情防控和经济社会发展、更好统筹经济质的有效提升和量的合理增长、更好统筹供给侧结构性改革和扩大内需、更好统筹经济政策和其他政策、更好统筹国内循环和国际循环、更好统筹当前和长远。

25. “五子”联动： 北京市立足新发展阶段、贯彻新发展理念、构建新发展格局的重大举措。“五子”即建设国际科技创新中心、抓好“两区”建设、发展数字经济、以供给侧结构性改革引领和创造新需求、深入推动以疏解北京非首都功能为“牛鼻子”的京津冀协同发展。

26. “4+N”产业： “4”是打造金融业开放合作新高地、增强金融科技发展新优势、强化金融街资产管理中心功能、大力促进数字经济新发展；“N”是在生活服务业、专业服务业、商贸、文化等多个现代服务业领域寻求新突破。

27. 一会两赛三论坛： 即全球金融科技大会，全球金融科技应用场景大赛、北京 FinTech 国际创新大赛，成方金融科技论坛、中关村论坛、金融街论坛之金融科技分论坛。

28. 三降一减一提升： 降杠杆、降两金、降成本、减亏损、提升效益。

29. 一节两品： 一节是西城区开展的全民健身体育节，两品是北京西城国际金融体育康乐节、北京西城民族民俗体育文化节两个品牌活动。

30. 四个密度： 指人口、建筑、商业、旅游密度。

31. “四节一日”非遗传统文化活动： 结合春节、清明、端午、中秋传统节日及文化和自然遗产日，对非物质文化遗产代表性项目和保护成果进行的宣传、展示活动。

32. “红墙先锋”工程： 是西城区推动党的二十大精神落地生根的生动实践，是“红墙意识”在理论和实践层面的再深化再拓展，是推动首都功能核心区党建工作高质量发展的统领性工作。通过构建“1+6”制度体系，围绕政治领导力、思想引领力、组织凝聚力、发展推动力、自我革新力“五力”机制，健全完善上下贯通、执行有力的组织体系，推动全区各级党组织和党员干部在中央政务服务保障上亮旗帜，在引领区域改革发展上当先锋，在全心全意为民服务上作表率。

33. “四点”问题： 在深化改革过程中政府工作存在的堵点、痛点、盲点、难点问题。

34. “双提升”： 指推动全区工作运转效能提升和干部队伍能力素质提升，以自我革命的新实践带动各项事业发展水平整体提升。

（**责任编辑　郝慧芳**）

专 文

金融街建设发展三十周年纪事

2022年是北京金融街建设发展三十周年。30年来，金融街作为国家金融管理中心，见证了波澜壮阔的中国金融改革发展之路，承载了中国金融决策者、监管者和从业者的光荣与梦想。

金融街建设规划构想始于20世纪80年代。1985年，在市委、市政府坚强领导和大力支持下，西城区委、区政府召开了一场规模宏大的“西城区经济社会发展战略研讨会”，提出推动西城“旧城改造”，为建设金融街奠定了基础。1987年，时任中国人民银行行长陈慕华向北京市提出，借鉴国外经验，在北京市西二环一带，建立一个由各大金融机构总部组成的“金融街”。1992年，市政府批复《关于恢复西二环东侧（金融街）开发建设的请示》。1993年，国务院批准《北京城市总体规划（1991年—2010年）》，正式明确在西二环阜成门至复兴门一带建设国家级金融管理中心，集中安排国家级银行总行和非银行机构总部。至此，北京金融街的发展大幕正式拉开。

1994年8月18日，金融街开工建设的第一个项目金龙大厦（现金阳大厦，北京证券交易所所在地）奠基。同年，通泰大厦、投资广场、建行大厦（信达大厦）、平安大厦陆续开工；1997年，金龙大厦正式交付使用，信达大厦竣工；1998年，国企大厦、平安大厦竣工；1999年，投资广场、通泰大厦竣工。2001年至2003年，有21个项目立项，规划建筑面积114万平方米。其中，有北京银行、中国人寿双子大楼，大唐、购物中心、鑫茂、英蓝大厦等；2004年至2006年，有20个项目竣工，建筑面积160万平方米，包括双子大楼、鑫茂、网通、英蓝大厦等。

按照规划建设，金融街区域依广宁伯街和武定侯街划分为南区、中区和北区。南区于2000年基本建成，新增建筑面积约100万平方米。中区于2000年由美国SOM公司进行整体规划设计，2006年底初步建成，新增建筑面积约155万平方米。北区于2001年启动建设，2005年形成区域建设规模，新增建筑面积约200万平方米。初步建成后的金融街核心区建筑面积约455万平方米。随着我国金融改革与发展的快速推进，为满足机构入驻需求，更好服务保障国家金融改革战略。2007年10月，北京市政府通过“关于对金融街区域拓展和发展功能完善的意见”，同意拓展核心区范围，以原金融街规划面积1.18平方千米为基础，向东（太平桥大街以东）拓展0.59平方千米，向西（至南礼士路）拓展0.53平方千米，向南（长安街路南沿线）拓展0.29平方千米，合计拓展1.41平方千米，拓展后的金融街占地面积达到2.59平方千米，与伦敦金融城面积相当。经过拓展建设，新增建筑面积200余万平方米。主要建筑包括工商银行大厦、中国银行大厦、民生银行大厦、国家开发银行大厦、凯晨世贸大厦、招商国际金融中心、远洋大厦、丰汇时代大厦、丰融国际大厦、太平洋保险大厦、丰铭国际大厦、金融街月坛中心。

经过无数建设者的艰辛努力，在昔日杂院连片、危房高达80%的低矮破旧居民区上，金融街已建设成为一座高楼林立、环境优美、功能齐全、机构聚集、人才汇聚、古城风貌和现代文明交相辉映的世界顶级的金融区。至1999年底，工商银行、建设银行、中国银行、交通银行、北京银行、招商银行、浦发银行、平安保险、泰康人寿、华泰财产保险、国信证券等重要金融机构相继入驻金融街。1997年，中国证监会正式入驻金阳大厦。2003年，银监会成立入驻成方街33号，保监会入驻鑫茂大厦北楼，至此“一行三会”全部落户金融街。金融街成为名副其实的中国金融“大脑”，是集决策监管、标准制定、资产管理、支付结算、信息交流、国际合作功能为一体的国家金融管理中心，也成为中国改革开放和首都北京城市现代化建设的缩影和标志。2017年，经党中央、国务院批准的《北京城市总体规划（2016年—2035年）》再次明确："北京金融街集中了国家金融政策、货币政策的管理部门和监管机构，集聚了大量金融机构总部，是国家金融管理中心"。

党的十八大以来，习近平总书记10次视察北京、18次对北京发表重要讲话，为首都发展指明了方向。在习近平新时代中国特色社会主义思想指引下，北京进入推动首都发展的新阶段。党中央、国务院把"两区"建设等一系列国家战略和重大任务放在北京，不断为金融街国家金融管理中心改革发展注入新的历史使命和时代内涵。金融街创新形成"四位一体"服务体制，金融街论坛升格为国家级、国际性专业论坛，北京证券交易所成功开市打造服务创新型中小企业主阵地，金融业的支柱地位和贡献更加突出，在服务重大国家战略、服务国家金融改革、服务北京"四个中心"建设和服务经济社会高质量发展等方面功能和作用更加显著。

勇担国家使命

金融街，不仅是一个地理概念，更是中国金融的地标。在服务国家战略中找准定位、明确使命，是金融街建设发展的重要经验和丰硕成果。

近十年来，一批服务和承载国家金融改革发展的重要金融机构相继在金融街落地，新入驻金融机构751家，注册资本金8600亿元。新入驻机构中一半以上为新兴金融业态，三分之二以上为国家金融改革衍生的重要机构，区域业态结构持续优化，服务国家金融改革发展能力更加突出。

在服务国家战略方面，金融街积极响应"一带一路"倡议，着力打造服务"一带一路"建设先行区。2015年以来，首个由中国发起的国际金融组织亚洲金融合作协会在金融街成立，丝路基金、中拉产能合作投资基金、中俄投资基金、中非发展基金、中葡合作发展基金、中非产能合作基金、中比直接股权投资基金、中哈产能合作基金等一系列由我国主导的投资基金相继在金融街设立，推进中国与各友好国家在金融与基础设施建设、资源开发、产业整合等领域开展全面合作。2021年3月，北京金融法院正式成立，护航国家金融战略实施。2021年9月，习近平总书记在2021年中国国际服务贸易交易会全球服务贸易峰会上宣布，深化新三板改革，设立北京证券交易所，打造服务创新型中小企业主阵地。

在服务金融改革方面，服务第三支柱养老保险的国民养老保险；服务存款保险制度改革的存款保险基金；服务国家宏观经济调控的国家外管局梧桐树投资平台公司；服务金融监管体系改革的中国保险资产管理业协会、中国信托业保障基金、银行业理财登记托管中心；服务中小微企业发展的国家融资担保基金；服务国有企业改革的中国国有企业结构调整基金、诚通基金管理公司、国新资本公司、国新国际公司；服务资管改革的工银理财、中银理财、中邮理财、中国银河资产管理有限公司、中银资产基金、工银资本等重点机构纷纷落户金融街。

在服务金融创新发展方面，引进网联清算、光大云缴费、金融网关信息服务、建信金服、爱保科技、中证股转科技、成方金融科技等新业态金融机构。服务中国人民银行和中国证监会分别率先在京开展金融科技创新监管试点、资本市场创新监管试点。在目前公布的三批22个金融科技创新监管试点项目中，西城区14个项目入选，占全市入选项目总量的64%。在首批纳入试点的16个资本市场金融科技创新监管试点项目中，6家金融机构项目入选，凸显了金融街中国版"监管沙箱"的核心承载区优势。

金融街集聚各类金融机构1900余家，重点金融机构800余家，总部企业175家，有16家位列《财富》世界500强。聚集了"一行两会一局"等国家金融管理部门；工商银行、建设银行、中国银行、邮储银行等国有大型商业银行；国家开发银行、中国进出口银行、中国农业发展银行等国内开发性和政策性金融机构总部；中国人保、中国人寿、中国再保险等半数以上的保险集团总部；北京证券交易所、银行间交易商协会、中债登、中证登、网联清算等重要国家金融基础设施；以及万事达、瑞银证券、高盛高华证券等知名国际金融机构，基本形成以具有行业领导力的金融机构为骨干、多种金融机构协同发展的多元化金融机构体系，几乎所有有关中国金融的重大决策都在这里酝酿、讨论和最终形成，发挥着"中国金融风向标"作用。

实现跨越发展

寸土寸金，金融街成为中国高端产业聚集度最高、金融人才最聚集、人民币资产流量最大、税收贡献最为突出的区域。

党的十八大以来，金融街实现高质量发展。金融街以全市0.02%的面积，贡献了全市近40%的金融业增加值，创造了全市70%的金融业三级税收贡献。金融业成为经济结构中占比最高、对经济增长拉动最大、财政增收贡献最明显的第一支柱产业地位。2021年，金融业增加值达到2872.5亿元，较10年前增长160.6%，年均增长9.4%；金融街从业人员达到23.69万人，相较10年前增长32.2%，其中三分之二为硕士研究生以上学历，近20%为海外留学归国人员，聚集了大量高级金融管理人才；金融业实现三级税收贡献3609.84亿元，较10年前增长52.83%；实现区级税收贡献229.17亿元，较10年前增长81.44%；驻区金融机构资产规模达到129.2万亿元，较 10 年前增长 112.2%，占全国金融资产规模三分之一。金融街地区上市公司资产总额超过 143 万亿元，市值 16.2 万亿元。在全国 A 股市场上占据近 8% 的总市值，贡献了超 26% 的净利润。驻区商业银行资产规模约占全国商业银行的 41%，掌握全国 90% 以上的信贷资金、65% 的保费资金，反映我国国际储备情况的外汇储备资产、黄金储备资产均由驻区机构管理。

这一组组数据见证了金融街建设的辉煌历程和中国金融业改革发展的历史成就。与此同时，金融街积极发挥金融资源集聚和辐射带动效应，不仅提升了北京对其他生产要素及市场主体的吸引力与服务能力，而且增强了对全国金融市场的服务辐射能力，完善提升了首都北京的城市功能。

挺立开放潮头

因改革开放而生，因改革开放而兴。扩大开放是实现高质量发展的必由之路，金融街在不断扩大开放中打造国际合作和竞争新优势。

2000 年由美国 SOM 公司设计的金融街中心广场落成，摩根大通银行、瑞士银行、加拿大皇家银行、高盛高华、瑞银证券等一批知名跨国金融公司相继入驻。截至 2022 年，金融街共有外资金融机构 143 家，包括国际知名的投资银行、商业银行、金融集团、支付组织的中国区总部。英蓝大厦也跻身世界进驻顶尖金融机构最多的大厦之列。正如欧元之父蒙代尔教授所说："在北京，可能有人不知道华尔街，可在华尔街没有人不知道金融街"。

2018 年，习近平主席在博鳌亚洲论坛上宣布多项金融扩大开放政策。2020 年，国务院批复北京设立国家服务业扩大开放示范区、中国（北京）自由贸易试验区，金融街率先发布"金开十条"。从机构开放到业务开放，从业务开放到市场开放，金融街全面服务和承接国家金融改革开放任务，落地包括进一步放宽市场准入、扩大资本账户开放、支持外资金融机构获得更多业务资质等最新开放举措，吸引了一批重要优质国际金融机构入驻发展，对外开放的枢纽作用和地位日益巩固。北京首家新设外资控股券商大和证券注册成立；高盛高华证券获批成为首批外商独资券商之一；全球重要金融基础设施服务机构 SWIFT（环球银行电信协会）与中国人民银行等机构共同设立的金融网关信息服务有限公司在金融街设立。知名外资金融机构高盛集团、摩根大通、瑞银集团也均在金融街设立中国区总部。在北京市"两区"建设项目中，西城区项目总金额、项目平均金额和标志性、突破性项目数量三个主要指标，均位居全市首位。

2020 年，金融街论坛升格为国家级、国际化专业论坛。十年来金融街论坛实现了从无到有、从小到大的跨越，被业界誉为"中国金融改革发展风向标"，成为国家级金融政策宣传权威发布平台、金融与实体经济良性互动平台、中国参与全球金融治理发声平台、国际间金融交流合作平台。刘鹤副总理在 2021 金融街论坛年会开幕式致辞中，寄语金融街论坛在"四个平台"等方面发挥更大作用。中央政治局常委蔡奇同志（时任北京市委书记）指出，金融街论坛成为国家开放发展的重要平台，要高水平举办金融街论坛，提升服务全球金融治理能力。志合者不以山海为远，金融街论坛始终把促进和深化金融全球交流合作，提升首都金融品牌影响力作为重要职责。

作为国家金融管理中心，金融街也见证了我国不断健全金融监管双边合作机制的历程——中国人民银行与 37 个国家和地区的中央银行或货币当局签署了双边本币互换协议，中国证监会与 61 个国家和地区的证券期货监管机构签署了 66 个监管合作谅解备忘录。在维护全球金融稳定的过程中，金融街是不可或缺的重要参与者。在国际交往方面，金融街与伦敦金融城、纽约华尔街、阿布扎比国际金融中心等全球主要金融城市对话交流持续深化。2019 年首次赴伦敦举办"走进北京金融街"活动，与伦敦金融城形成常态化互访机制。

绽放创新魅力

昔日老"动批"今日"新动力"，转型升级再腾飞，国家级金融科技示范区打造转型升级新示范。

30 年前，"动批"是北方地区最大的服装批发集散地。如今的"动批"区域，已没有了往日档口林立、逼仄难行、交通拥堵、环境脏乱等"大城市病"的影子，取而代之的是智慧化高效楼宇，优美宽敞的中心广场，世界一流的城市基础设施及高端的城市综合配套。

2017 年底"动批"疏解完成后，对标纽约"硅巷"之于华尔街、伦敦"硅环岛"之于东区金融城，西城区和海淀区在金融街与中关村之间连接地带的西城北展地区和海淀北下关地区，建设北京金融科技与专业服务创新示范区，实现腾笼换鸟、华丽转型。

金科新区自 2018 年启动建设以来，充分发挥西城金融资源优势和海淀科技创新优势，第一个提出建设金融科技创新示范区，第一个被确定为国内以"金融 + 科技"为产业主题的国家级示范区，第一个探索金融科技创新监管试点，创造了国内金融科技领域"三个第一"。2019 年，"金科新区"成为国家级金融科技示范区。

截至 2022 年，金科新区累计引进中央结算公司、中债清华金融科技研究院、国家金融标准化研究院、北京国家金融科技认证中心、奇安信科技、神州信息、现代财险等重点企业 147 家，注册资本金 1091 亿元，区域内的金融科技企业和专业服务机构总数已超过 200 家，形成了金融科技领域的监管、渠道、运营、第三方支付和网络安全全产业链，成功探索出了一条在减量发展背景下高质量发展的新路径，成为转型升级的"北京样板"。

打造最优服务

“北京为一条街单设了一个局”，创建“四位一体”服务体系，形成“共商 共建 共治 共享”治理新模式，打造国际一流营商环境。

金融街建设和发展30年来，时代在变，市场在变，体制机制也在变，但政府服务驻区机构发展的初心没有变。金融街的服务，在建设之初就秉承“政府＋商会＋企业”的服务理念和模式，以金融产业、金融机构、金融人才的发展需求为导向，不断完善服务配套设施，提升电力、交通、资讯、商务、商业、教育、文化等保障服务能力。各方凝聚在“共建金融街区域环境，共享金融街区域资源，共谋金融街区域发展，共创金融街区域品牌”的共识下，为金融街建设与发展尽心尽力。得益于一流的营商环境，良好的产业基础设施，以及机构、人才、信息聚焦效应，金融街一直是新设金融机构首选之地。

进入新时代，金融街进一步创新服务体制，按照“政府授权＋跨界共治＋专业运作＋市场机制”的架构模式，形成北京金融街合作发展理事会、北京金融街服务局、北京金融街服务中心有限公司、金融街论坛四位一体服务支持体系，全面提升服务能级。金融街合作发展理事会有效发挥跨界共治和沟通交流平台作用。财政部、“一行两会一局”、新华社担任金融街合作发展理事会指导单位，150余家驻区机构担任理事单位，组建资产管理、国际合作、金融科技等专业委员会，汇聚各方智慧，落实共商共建共治共享发展理念。金融街服务局持续深化集监管支持服务、机构运营服务、环境优化服务、关系促进服务、专业研究服务、人才发展服务为一体的“6R”服务体系。建成金融街i客厅，打造开放、多元、智能的金融服务空间。创办《金融街观察》“金融街发布”，提升专业服务水平。出台“金服十条”“金科十条”“金开十条”，充分发挥“政策‘金三角’＋服务‘双管家’”机制优势，更好服务驻区机构。从2019年开始，围绕打造一流环境、优化商业配套、改善交通出行、保障街区安全，金融街持续推进服务配套提升专项行动，得到驻区机构广泛认可。金融街服务中心有限公司围绕落实政府服务、完善街区公共服务、丰富市场服务、创新专业服务、精准个性服务五大使命开展工作，为驻区机构和从业人员提供更加便捷、高效、专业、优质服务。金融街论坛升级为国家级、国际性专业论坛，成为国家开放发展的重要平台。围绕强化日常办会长效机制、强化宣传长效机制、强化发展研究长效机制、强化国际交往长效机制、强化引领产业发展长效机制、强化国家金融管理中心服务长效机制，金融街论坛影响力和溢出效应日益突出。

未来可期

雄关漫道真如铁，而今迈步从头越。新征程上扬帆起航的中国号巨轮，正在中国式现代化建设的航道上勇往直前。党的二十大擘画了全面建设社会主义现代化国家、全面推进中华民族伟大复兴的宏伟蓝图。强调要加快构建新发展格局，着力推动高质量发展，把发展经济的着力点放在实体经济上，这为做好经济金融工作指明了前进方向。

纵观历史上大国之崛起，无不以金融兴盛为标志，强国之鼎盛，无不有赖于具有国际竞争力的金融城市。今天中国正日益走近世界舞台的中央，我们比以往任何时候都更需要建设功能更加强大的国家金融管理中心。

站在“两个一百年”历史交汇点上，三十而立的金融街又站上新的历史起点。全面深入贯彻落实党的二十大精神，以高度的政治责任感和历史使命感，更好服务保障国家金融管理中心发展，坚定不移走好中国特色金融发展之路，为全面建设社会主义现代化国家贡献金融力量，金融街正朝着建设国家金融管理中心功能完备、产业生态优良、国际交流活跃、创新活力迸发、营商环境一流、古城风貌和现代文明交相辉映的世界顶级金融区踔厉奋发、扬帆远航！

［资料来源《人民日报》（2022年11月17日第四版）、《北京日报》（2022年9月5日第五版）相关报道］

附：金融街建设与发展30年大事记

1992年

北京市政府批复《关于恢复西二环东侧（金融街）开发建设的请求》，金融街建设正式启动。

1993年

10月，国务院批准《北京城市总体规划（1991年—2010年）》，正式明确在西二环阜成门至复兴门一带建设国家级金融管理中心。

1994年

第一个项目金龙大厦（现金阳大厦。北京证券交易所所在地）奠基。

1997年

中国证监会正式入驻金阳大厦。

1998 年

金融街项目启动后第一家入驻的金融机构总部——中国建设银行正式入驻。

2003 年

中国银监会成立入驻成方街 33 号、中国保监会入驻鑫茂大厦北楼，“一行三会”齐聚金融街。

2005 年

10 月，国务院批复《北京城市总体规划（2004 年—2020 年）》，明确金融街是国家金融管理中心。

2006 年

金融街中心区整体亮相，昔日的低矮旧区域建设成为一片高楼林立、环境优美、功能齐全的金融区。

2007 年

市政府专题会研究明确将金融街面积从 1.18 平方千米拓展到 2.59 平方千米。

2012 年

11 月，首届金融街论坛举行，金融街研究院揭牌成立。

2013 年

全国中小企业股份转让系统在金阳大厦正式揭牌运营。

2014 年

中央经济工作会议提出重点推进“一带一路”建设。金融街承接国际金融改革开放任务。12 月 29 日，丝路基金在金融街注册成立。

2017 年

国务院批复的《北京城市总体规划（2016 年—2035 年）》中明确：金融街集中了国家金融政策、货币政策的管理部门和监管机构，集聚了大量金融机构总部，是国家金融管理中心。

2018 年

按照“政府授权＋跨界共治＋专业运作＋市场机制”的架构模式，北京金融街服务局、北京金融街服务中心有限公司成立，金融街“四位一体”服务机制改革正式启动。

2019 年

按照国务院批复的《全面推进北京市服务业扩大开放综合试点工作方案》，“国家级金融科技示范区”建设正式启动。

金融街合作发展理事会在金融街论坛年会上正式揭牌成立。

2020 年

金融街论坛年会升格为国家级、国际性专业论坛。

2021 年

3 月 18 日，北京金融法院正式揭牌成立。

9 月 2 日，国家主席习近平在 2021 年中国国际服务贸易会全球服务贸易峰会致辞中宣布“继续支持中小企业创新发展，深化新三板改革，设立北京证券交易所，打造服务创新型中小企业主阵地”。

9 月 3 日，北京证券交易所在金融街注册成立。

11 月 15 日，北京证券交易所正式鸣钟上市。

2022 年

北京金融街建设与发展 30 周年。

［资料来源《北京西城报》（2022 年 11 月 22 日第二版）］

（责任编辑　郝慧芳）

大事记

1月

1日　中共中央政治局委员、中央政法委书记郭声琨到西长安街街道调研冬奥安保工作、基层社会治理工作并慰问一线工作人员。

4日　西城区召开迎冬奥动员部署会暨文明城区创建推进会，对北京冬奥会冬残奥会服务保障相关工作和文明城区创建工作进行总动员、再部署。

12日　西城区召开2022年区政府重点工作任务交办仪式。

20日　市委副书记、市长陈吉宁到西城区督查考核2021年度全面从严治党（党建）工作。

29日　西城区出台《西城区关于服务北京证券交易所发展和促进创新型中小企业在北京证券交易所上市的若干措施（试行）》（简称“服务北交所十条”）。

2月

7日　广外街道获评人力资源和社会保障部第五批“国家级充分就业社区”，成为西城区首个国家级充分就业社区。

21日　西城区出台“十四五”时期金融业发展规划。

22日　人力资源和社会保障部党组书记、部长张纪南到西城区人力社保局走访慰问受表彰的全国人社系统优质服务窗口和优质服务先进个人代表，为受表彰代表颁发奖牌、奖章和荣誉证书并座谈。

23日　“第四届西城区企业上市主题交流活动”举办，西城区与北京证券交易所、全国中小企业股份转让系统有限责任公司签订全面战略合作协议。

24日　《西城区“十四五”时期智慧城市建设规划》发布。

3月

2日　中国残疾人联合会副理事长王梅梅到天桥街道中国盲文图书馆、新街口街道温馨家园参加2022年冬残奥会火种采集和火炬传递仪式。

是日　西城区通信建设管理办公室揭牌，并召开年度5G基础设施建设联席会议。

11日　《落实〈北京市西城区做好当前和今后一个时期就业工作若干措施〉的实施细则》印发。

17日　中国人民银行批准北京金融控股集团有限公司的金融控股公司设立许可，集团成为全国首批获得金融控股牌照的两家机构之一，也是首家地方金融控股持牌机构。

22日　国民养老保险股份有限公司于北京金融街正式开业。国民养老注册资本金111.5亿元，是由工银理财有限责任公司、农银理财有限责任公司、中银理财有限责任公司等17家公司共同发起成立的大型养老保险机构。

28日　市委书记蔡奇到北京市第一五九中学调研义务教育“双减”工作并主持召开市委教育工作领导小组会议。

4月

2日　全国妇联副主席、书记处书记蔡淑敏带队走进西城区广安门内街道“广艺+”市民活动中心、牛街街道儿童早期发展指导中心，专题调研家庭家教家风建设情况。

13日　中央精神文明建设指导委员会副主任郭金龙到什刹海街道郭守敬纪念馆、西海湿地公园、鼓楼西大街（鼓楼西大街33号院）和展览路街道新动力金融科技中心考察调研。

14日　国家民族事务委员会副主任赵勇调研国立蒙藏学校旧址保护修缮工作。

18日　中国共产主义青年团北京市西城区律师行业工作委员会成立大会召开。

5月

5日　西城区与北京师范大学、中国石化销售股份有限公司、中国石化集团销售实业有限公司签署四方战略合作协议。

20日　蔡奇到西城区检查指导疫情处置工作。

24日　陈吉宁到西城区实地检查防疫措施落实情况。

27日　法源寺文保区保护提升

项目入选“2022年首都城市更新优秀案例”。

30日　区科协以云端直播的形式启动“奋进新征程、携手创未来”全国科技工作者日系列活动。

31日　白纸坊街道智能体育公园建设完成。

6月

20日　北京京饮马凯餐厅有限责任公司申报的吕永杰中式烹调师大师工作室被认定为第一批区级技能大师工作室，北京翔达投资管理有限公司清华池浴池被认定为第一批区级技能人才实训基地。

21日　市委常委、常务副市长崔述强到西城区调研经济社会发展和税源建设工作。

23日　耕天下小区南棂星门保护及环境整治项目完成验收。

30日　西城区首家新业态平台调解组织——北京中通运捷快递服务有限公司劳动争议调解委员会在展览路街道挂牌成立。

6月底　原110路公交场站搬迁至原917路公交场站内。

7月

1日　陈吉宁到西城区看望慰问基层党组织和党员。

是日　《西城区关于鼓励和支持高校毕业生就业创业的若干措施》出台。

是日　全市首家面向基层的马克思主义实践教育基地在展览路街道成立，并正式面向社会公众开放运营。

7日　《北京市西城区信息化项目管理办法》印发。

13日　由区委宣传部、什刹海街道、梅兰芳纪念馆、什刹海文化展示中心共同主办的2022年“在什刹海遇见梅兰芳”主题文化活动在广福观举行。

19日　内蒙古自治区赤峰市党政代表团到西城区对接支援合作工作。

21日　中共北京市委决定，刘东伟任中共北京市西城区委员会委员、常委、副书记，提名为北京市西城区人民政府区长人选。

是日　政策性、开发性金融工具落地金融街，由国家开发银行全资设立的国开基础设施基金有限公司设立，注册资本300亿元。

27日　内蒙古自治区呼伦贝尔市鄂伦春自治旗党政代表团到西城区对接支援合作工作。

28日　区十七届人大常委会召开第五次会议。会议经过表决，决定接受孙硕辞去北京市西城区人民政府区长职务的请求，决定接受罗明辞去北京市西城区人民政府副区长职务的请求；决定免去鲁征北京市西城区人民政府副区长职务（挂职结束）。决定任命刘东伟为北京市西城区人民政府副区长，决定其为代理区长；决定任命朱炳文为北京市西城区人民政府副区长。

30日　文化和旅游部党组成员、副部长卢映川到国家话剧院参加“强国兴军筑国防、军民鱼水情更浓”北京市西城区庆祝建军95周年大会。

31日　《西城区进一步促进老字号传承与创新发展的意见》发布。

8月

4日　首届北京动画周落地西城区，启动仪式暨2021年度国产电视动画推优发布活动在北京科学中心举行，活动历时6天。

是日　走进数字生活——2022年西城区“科普之夏”主场活动在普天德胜孵化器数字经济产业园区正式启动。

是日　西城区委书记孙硕，区委副书记、代区长刘东伟到月坛街道调研“接诉即办”工作。

6日　刘东伟到什刹海街道调研街道双拥共建、基层治理以及街区整治更新工作。

11日　陈吉宁到椿树街道召开《北京市城市更新条例（草案）征求意见建议座谈会》。

是日　西城区首次召开疏解腾退空间资源再利用联席会议，会议听取并审议通过北京市城市规划设计研究院编制的《白塔寺街区腾退空间再利用方案》。

19日　商务部等10个部门公布全国第二批城市一刻钟便民生活圈试点名单，西城区为北京市唯一入选的试点地区。

20日　西城区“京剧发祥地”系列活动启动。

23日　蔡奇到西长安街街道调研国立蒙藏学校旧址保护修缮工作。

24日　第21次西城区政府常务会审议通过并印发《西城区落实〈北京市全民科学素质行动规划纲要（2021—2035年）〉实施方案》。

26日　蔡奇到陶然亭街道里仁东街小区、陶然亭街道政务服务大厅调研老旧小区加装电梯工作，并研究“接诉即办”工作。

29日　2022（第十二届）北京西单时尚节启动仪式在线上举行，活动为期两个月。

31日　北京利仁科技股份有限公司在新动力金融科技中心举办敲钟上市仪式。

是日　北京市首家胡同科普小院在大栅栏街道大外廊营胡同揭牌。

9月

1日　蔡奇参加2022年中国国际服务贸易交易会，视察金融街展区，区委书记孙硕介绍金融街30年发展历程和近10年发展成果。

1日至5日　以“踔厉奋发、共向未来”为主题的北京金融街展厅亮相2022中国国际服务贸易交易会金融服务专题展。

2日　北京市商务局、北京市投资促进中心、北京市西城区人民政府在海清苑共同举办“相约西城、共享未来”西城推介会。

4日　由北京市地方金融监督管理局、北京市西城区人民政府、北京金融街服务局、北京证券交易所共同主办的2022中国国际服务贸易交易会金融高峰论坛在国家会议中心举办。

7日 广内街道举办以“海峡两岸话空竹，中秋佳节庆团圆”为主题的第十三届中国北京广内空竹文化节。

13日 孙硕以“四不两直”的方式到什刹海景区调研节日城市运行保障情况，慰问一线工作人员。

20日 蔡奇到西长安街街道钟声胡同1号2号院、长椿街幼儿园参政分园、东中胡同22号院调研解决群众急难愁盼问题。

21日 孙硕走访新华社，与新华社社长、党组书记傅华座谈。

是日 2022年西城区全国科普日主场活动启动仪式在中国华电天宁1号文化科技创新园举办。

22日 第七届北京十月文学月启动活动在天桥艺术中心举行。

27日 应急管理部党委书记、部长王祥喜到西城区消防救援支队府右街特勤站、西城区应急管理局调研检查党的二十大消防安保和国庆假期安全防范工作。

是日 北京市西城区人民政府与白俄罗斯明斯克市列宁区签署北京市西城区人民政府与明斯克市列宁区政府深度开展经贸领域合作备忘录。

是日 蔡奇、陈吉宁到位于展览路街道的北京展览馆参加“奋进新时代”主题成就展开幕式。

28日 金融街论坛年会系列活动——金融街·青年金融论坛暨两岸青年金融论坛举办。

10月

2日 中共中央政治局委员、中央政法委书记郭声琨，中共中央书记处书记、公安部部长王小洪到什刹海街道政治中心区一体化防控战训队调研。

10日 九三学社中央常务副主席邵鸿，九三学社中央副主席、市政协副主席刘忠范到西城区民主党派办公楼调研。

29日 市委副书记、代市长殷勇到西长安街街道东中胡同22号院、西长安街街道办事处、府右街派出所调研群众急难愁盼问题和安全稳定工作。

11月

2日 由北京金融街合作发展理事会资管专委会主办的“坚定赋能实体经济、全面促进高质量发展”2022金融街·资管峰会举办。

7日 殷勇到西城区调研并宣讲党的二十大精神。

14日 西城区与国家京剧院签署战略合作框架协议。

是日 孙硕到金融街街道东铁匠胡同甲15号调研。东铁匠胡同甲15号历经一年整体改造，被评为西城区第二批“最美院落”。

18日 北京市西城区第十七届人民代表大会第二次会议依法选举产生刘东伟为西城区人民政府区长。

是日 陶然亭街道与首开天岳恒公司签署战略合作协议，推动姚家井小区、龙泉胡同部分楼宇改造，成为全区首个以街道为实施主体、社会资本参与的老旧小区综合改造项目。

21日至23日 以“踔厉奋发，共向未来——变局下的经济发展与金融合作”为主题的2022金融街论坛年会举行。

22日 由北京市政府和中国工商银行联合主办的全球系统重要性金融机构会议在北京金融街召开。

是日 由中国建筑运营管理研究院、金融街街道办事处指导，金融街商务楼宇协会主办的2022楼宇经济发展论坛在中国人寿会议中心举行。会上发布《金融街商务楼宇运营管理服务评价指标体系》。

28日至12月27日 中国茶叶流通协会、北京市西城区人民政府、北京展览馆集团共同主办2022北京国际茶叶展、马连道国际茶文化展、线上惠民消费节。

12月

1日 地祇坛交接仪式在西城区教育学院举行。西城区教育学院完成整体搬迁腾退，腾退后相关地块及建筑物移交北京古代建筑博物馆。

是日 西城区“网络安全运营指挥中心”项目作为西城区网络安全防护体系建设的重要组成部分，通过专家评审。

27日 西城区获国家首批“全民运动健身模范区”称号。

30日 马连道东二号路通车。

31日 市委书记尹力，市委副书记、代市长殷勇到西城区检查元旦假期值班值守、城市运行保障、为民服务等工作情况。

是日 地安门百货商场重张开业，更名为“新地佰”。

（责任编辑 陈艳 郝慧芳）

区情概览

建置区划

【概况】 西城区是北京市中心城区之一，位于市中心的西部，东以鼓楼外大街、人定湖北巷、旧鼓楼大街、地安门外大街、地安门内大街、景山东街、南长街、北长街、天安门广场西侧为界，与东城区相连；北以南长河、西直门北大街、德胜门西大街、新街口外大街、北三环中路、裕民路为界，与海淀区、朝阳区毗邻；西以三里河路、莲花池东路、马连道北路为界，与海淀区、丰台区接壤；南以永定门西滨河路、右安门东城根、右安门西城根为界，与丰台区相连。地理坐标北纬 39° 52′ 至 39° 58′，东经 116° 19′ 至 116° 23′。全区东西宽 7.1 千米，南北长 11.2 千米，总面积 50.7 平方千米。2022 年底，西城区有 255 个社区居委会，有常住人口 110.0 万人、户籍人口 151.9 万人。根据《北京城市总体规划（2016 年—2035 年）》，西城区属于首都功能核心区，功能定位是：全国政治中心、文化中心和国际交往中心的核心承载区，是历史文化名城保护的重点地区，是展示国家首都形象的重要窗口地区。（郝慧芳）

【历史沿革】 西城区是战国燕都蓟城所在地，辽、金、元、明、清历代均为京都一部分。1949 年，治安区改行政区。1950 年 5 月，内城并为 5 个区，外城并为 4 个区，辖区属第二、第四、第八 3 个区的全部和第五、第六、第九 3 个区的西半部。1952 年 7 月，撤销第五区，西部分别划归第二区和第四区；9 月，第二区更名为西单区，第四区更名为西四区，第八区更名为宣武区，第六区更名为前门区，撤销第九区，西部划归宣武区。1958 年 5 月 16 日，撤销西单区、西四区，合并成立西城区，辖二龙路、厂桥、月坛、丰盛、西长安街、展览路、福绥境、新街口、德胜门外 9 个街道；6 月，撤销前门区，前门大街以西部分并入宣武区，宣武区辖白纸坊、牛街、广安门外、广安门内、椿树、天桥、陶然亭、大栅栏 8 个街道。1960 年 10 月，丰台区马连道街道办事处辖区划归宣武区。1980 年 6 月，西城区增设阜外街道。1987 年 9 月北京市将朝阳区裕中东里、裕中西里及部分毗邻地区划归西城区。2002 年 9 月，将丰台区莱户营桥东北角处的三角绿地划归宣武区。（2004 年 9 月，西城区街道调整为西长安街、什刹海、新街口、金融街、月坛、展览路、德胜 7 个街道。）

2010 年 6 月，经国务院批准，撤销宣武区、西城区，设立新的北京市西城区。辖德胜、什刹海、西长安街、大栅栏、天桥、新街口、金融街、椿树、陶然亭、展览路、月坛、广内、牛街、白纸坊、广外 15 个街道。（郝慧芳　齐田）

自然地理

【地形地貌】 西城区处于平原区中的“北京缓倾斜冲积平原区”内，地貌单元由古永定河、清水河、温榆河联合冲积而成，全区处于该地貌单元的中部。地面高程 30 米至 50 米之间，由西北向东南缓倾，平均坡度为 1.2‰ 至 1.3‰。景山为原北京城区的制高点。（郝慧芳）

【河湖水系】 西城区有 9 条河流和 12 处湖泊，涵盖区域内所有河湖水系。9 条河流分别为通惠河西城段（含永定河引水渠下段和南护城河西城段）、北护城河西城段、南长河西城段、转河西城段、筒子河西城段、前三门护城河西城段（暗沟）、西护城河（暗沟）、凉水河西城段、水衙沟西城段（暗沟）；12 处湖泊分别为西海、后海、前海、北海、中海、南海、动物园湖、展览馆后湖、人定湖、大观园湖、陶然亭湖、青年湖（已干涸）。9 条河流分属城市河湖、凉水河两大流域，其中城市河湖流域包括通惠河西城段、北护城河西城段、南长河西城段、筒子河西城段、转河西城段、前三门护城河西城段（暗沟）、西护城河（暗沟）；凉水河流域包括凉水河西城段（莲花河）、水衙沟西城段（暗沟）。（褚梦雪）

【气候】 西城区气候属于典型的大

陆性暖温带季风气候，四季分明，春季干旱多雨，夏季炎热多雨，秋季凉爽湿润，冬季寒冷干燥。2022年，西城区（官园代表站）平均气温是14.3℃，最高40.6℃，最低-10.4℃。全年累计降水量483.9毫米，汛期降水量402.6毫米。

（郝慧芳）

历史人文

【文物遗存】 2022年，西城区有文物保护单位371处，其中国家级文物保护单位44处、市级文物保护单位67处、区级文物保护单位81处。北海公园是中国现存历史最悠久的帝王宫苑。始建于唐代的法源寺是北京城内最古老的寺庙之一。始建于辽代的天宁寺塔，是中国现存密檐式砖塔中的典型，也是北京现存最古老的建筑之一。北京市规模最大的清真寺牛街礼拜寺建于辽代，是中国古代建筑形式与阿拉伯建筑风格相融合的典型，成为展示伊斯兰教文化和进行宗教活动的重要场所。始建于明代的历代帝王庙是全国现存唯一一处保存完整的祭祀历代帝王的皇家坛庙。先农坛是明、清两代皇帝祭祀先农神和行耕耤礼的处所，是展示中国古代皇家坛庙文化的重要遗迹。（郝慧芳　齐田）

【革命斗争活动地】 北京西城是马克思主义在中国的重要传播地之一，是中国共产党的重要孕育地之一，是许多重大革命事件的发源地。俄国十月社会主义革命胜利后，中国先进的知识分子开始探索挽救民族危亡的途径，他们在西城地区广泛传播和实践马克思主义，为中国共产党早期组织的建立进行了积极的准备活动。1921年7月中共一大召开后，西城支部作为北京建立的第一批党组织，团结带领人民开展了反帝国主义、反封建军阀的革命斗争。李大钊、毛泽东、周恩来、高君宇、缪伯英等革命先驱，在西城留下了革命斗争的足迹。1937年七七事变，许多地下党员和进步学生从西城奔赴抗日战场。解放战争期间，西城地区是中国共产党开展公开斗争和地下工作的重点地区。在中国共产党的领导下，西城爱国民主力量不断发展壮大，与全国进步力量一起与蒋介石国民党统治集团进行了尖锐复杂的斗争，为迎接北平解放作了大量的准备工作，打下了坚实的群众基础和组织基础。（郝慧芳　齐田）

【宣南文化】 明、清时期宣武地区孕育形成的“宣南文化”是北京文化的重要组成部分。明、清两代，宣南成为北京会馆最为集中的地方，各地举子进京参加会试，使会馆成为北京吸纳和融合各地文化的特殊场所。湖广、湖南、中山、绍兴等著名会馆遗址至今尚存。清代“四大徽班”进京后落脚于宣南，继而众多科班和班社在此扎根，诸多梨园界名人在此生活并进行艺术实践，使京剧最终在这里形成，宣武地区因此享有“梨园之乡”的美誉。天桥早在元、明、清时即已形成文化与商业相对应的特点。民国初期，以戏台、茶园、游乐场为代表的京城平民文化在此发展到鼎盛时期。天桥内的表演、小吃、店铺、茶园、客栈、饭店等突显老北京文化特色。明、清时期形成的琉璃厂文化街，以经营古书字画、文房四宝、珠宝玉器、金石篆刻而闻名于海内外。历史悠久的大栅栏商业街是反映北京商业发展史和展现老北京风情的商业文化街区。

（郝慧芳　齐田）

【商业文化】 蓟城历史上为北方重镇，贸易活动活跃，市面上主要商品有食盐、鱼、枣、栗、马匹、蓟草、粮食、狐裘、布帛、铁器等。唐代，幽州城城北设市，有固定商业区和手工业区，时称“幽州市”，主要行业有白米行、大绢行、布行、屠行、炭行、生铁行、靴行等30余种。辽代，南京城北市场“陆海百货，聚于其中”。金代，中都城内除城北老市场外，又新辟城东市场，主要交易日用百货，大悲阁（今长椿街南口路东）周围设有穷汉市、胭粉市、蒸饼市、柴市等；城内开设崇楼、状元楼、应天楼、大安楼等10余家酒楼。元大都城以积水潭水系为中心，“前朝后市”（后市即现钟鼓楼地区，当时称斜广市）。加之引昌平白浮泉水入城，汇流积水潭，大批漕粮、五岭南北的“广货”、川黔地区的“川货”、沿海港口的“洋货”，源源不断由大运河运进京城。随着漕运的昌盛繁荣，斜广市贸易日益发达。明清时期，境内都城隍庙会热闹非凡，每年五月十五日到七月十五日的什刹海“荷花市场”摊棚林立，百戏杂陈；前门外修建“廊房”，招商居货，西鹤年堂药店、六必居酱菜园、便宜坊烤鸭店等相继开业，猪市、煤市、米市、菜市、骡马市、粮食市、珠宝市等先后开市；同仁堂药店、瑞蚨祥绸布店、步瀛斋鞋店等相继在大栅栏街开业，京师劝工陈列所在廊房头条落成，以大栅栏街为中心的商业区开始形成。民国时期，由于北洋政府和国民政府一些机构建在西城，为适应遗老遗少、政客新贵的需要，1932年在西单北大街陆续建成福德、惠德、福寿、厚德等6家临时商场，后发展为现在的西单商场。同春园等12个带春字的饭馆相继开业，被誉为“长安街上十二春”，西单逐渐成为繁华商业街；西河沿鱼肉菜市场、广安菜市场等建立，先农坛、天桥四面钟、教子胡同等处形成粮食交易市场。新中国成立前，由于军阀混战，日本侵略者劫掠，商业萧条。党的十一届三中全会以后，经拨乱反正，全区商业进入新的发展时期，大力发展集体和个体商业服务业，发挥市场调节作用，增强企业活力，打破行业和条块分割，恢复“老字号”，引进全国名、特、优、新产品，商业服务业逐步呈现繁荣兴旺的景象。（郝慧芳）

区位优势

【政务资源聚集】西城区是党中央、全国人大常委会、国务院、全国政协等党和国家首脑机关的办公所在地，是国家最高层次对外交往活动的主要发生地，是首都“四个服务”（为中央党、政、军领导机关的工作服务，为国家的国际交往服务，为科技和教育发展服务，为改善人民群众生活服务）体现最直接、最集中的地区。2022年，辖区内三级以上中央单位469家，其中副部级以上单位52家。（郝慧芳）

【金融业优势突出】西城区是国家级金融科技示范区，聚集重点金融科技企业、专业服务机构等151家，注册资本金超千亿元。北京金融街是国家金融管理中心，“一行两会”（中国人民银行、中国证券监督管理委员会、中国银行保险监督管理委员会）、大型金融企业总部、重要金融基础设施、北京证券交易所、北京金融法院等设立在金融街。金融街论坛为国家级论坛和国际性专业论坛。2022年，西城区金融业实现增加值3088.7亿元，同比增长7.2%，占全区生产总值比重为54.2%，占全市金融业增加值比重为37.7%。驻区金融机构资产规模达到138.7万亿元，同比增长8%，占全国金融资产规模1/3，实现收入13569.3亿元，实现利润总额6028.1亿元。金融业收入、利润占全市金融业的比重分别为43.56%和38.58%。（郝慧芳）

【文化旅游资源丰富】西城区是北京建城建都的肇始之地、古都北京的发祥地，历史上曾是古蓟城、唐幽州、辽南京、金中都的所在地。西城区是北京历史文化名城的重要承载区，是能够反映北京都城历史变迁的代表性地区，也是能够体现北京建城建都历史变迁全过程的核心地域。西城区内有皇家山水文化、坛庙文化、清代王府文化、士人文化、金融文化、戏曲文化等多种文化类型，特点特色鲜明。2022年，辖区有什刹海、大栅栏等18片历史文化保护区，占全市的45%。有北海、景山、历代帝王庙等各级文物保护单位192处，其中国家级重点文物保护单位44处；有昆曲、北京评书等国家级非物质文化遗产项目36项，北京仿古瓷、北京鬃人等市级非物质文化遗产项目67项，天桥拉洋片、泥塑等区级非物质文化遗产项目208项。辖区内聚集有大量国内顶级文化旅游资源，有国家大剧院、北京天桥艺术中心、首都电影院等文艺活动场所；有国家京剧院、国家话剧院、中央芭蕾舞团、中国广播艺术团等国家级文艺表演团体；有中国地质博物馆、首都博物馆、北京天文馆、北京海洋馆、宣南文化博物馆等人文资源；有北海公园、北京动物园、恭王府、法源寺等著名旅游景点。（郝慧芳）

【公共服务资源优质】西城区教育、医疗卫生、体育等各类优质资源数量众多。2022年，辖区有北京四中、北京八中、实验二小、北京小学、北海幼儿园等大批优质教育资源，分布在11个学区，带动19个教育集团，在教育综合改革中创新实践，扩大优质教育资源学位供给，促进西城教育质量保持高水平优质均衡发展。辖区有各级各类医疗卫生机构705家，其中三级医院18家、三甲医院14家。构建网格化疫情防控机制，完善基层公共卫生服务体系，社区居民健康水平逐年提升，人均预期寿命82.47岁。辖区内体育健身设施分布均匀，建成环二环健身步道，便民健身设施实现社区全覆盖。全区有百姓生活服务中心55家，8类基本便民生活性服务网点3349家，基本便民商业服务功能社区覆盖率、便利性指数100%。（郝慧芳）

2022年经济社会发展

【经济建设】2022年，西城区地区生产总值5700.1亿元，比上年增长4.1%；实现社会消费品零售总额987.3亿元，比上年下降9.4%；固定资产投资（不含农户）比上年下降6.5%；实现税收收入4542.5亿元；实现区级一般公共预算收入415.9亿元，比上年下降2.8%；地方级一般公共预算收入完成915.44亿元，扣除留抵退税因素后增长2.7%，自然口径下降4%。

持续提升国家金融管理中心服务能级。制定关于服务保障国家金融管理中心建设的意见。首推“四创”（首创政策发布，首创战略协议，首创服务基地，首创“产融媒”平台）机制，全方位服务北交所发展。国民养老保险、国新发展投资等一批重要机构落地，新增金融机构53家、注册资本金2472.8亿元，创近年新高。新增5家A股上市公司。举办2022金融街论坛年会、金融街建设与发展30年活动、首届金融街资管峰会。创建“三位一体”监测预警平台，全力防范金融风险。

加速推进国家级金科新区建设。举办全球金融科技大会，建立全球金融科技中心城市网络。服务国家金融科技风险监控中心建设和资本市场金融科技创新试点工作。新增2家国家级和16家市级专精特新“小巨人”企业、74家市级专精特新中小企业。星际荣耀入选“全球瞪羚企业”，福佑卡车入选胡润“2022全球独角兽榜”。中关村西城园高新技术企业总收入等10项指标增速处于示范区前列。

新增“两区”项目177个，投入1504亿元，平均金额8.5亿元，保持全市领先。服贸会“两区”重大项目签约155亿元，排名全市第一。中邮人寿保险获批增资引进境外战略投资者友邦保险，交易引资额创我国保险业历史最高。北京金融控股集团成为首家地方金融控股持牌机构。优化跨境税收智慧化管理机制、创新疫情防控“常态化”下的登记服务体系两个案例入选市“两区”改革创新实践案例。

发布建设全球数字经济标杆城市示范区实施方案，举办全球数字经济100个重大科技创新及高精尖产业项目、100个重大基础设施项目和100个重大民生改善项目大会西城分论坛，引进国内首家电信业数字化咨询公司中移数智科技等一批优质企业。打造马连道国际·茶·数字孪生街区，启动全国数字经济产业园联盟链建设，创立开放性对话合作平台“马连连会客厅”。全年建安投资同比增长22.1%。

深入推进国际消费中心城市示范区建设，实施高品质商圈改造提升行动，引进一批首店、旗舰店。地安门商场化身新地佰重张亮相。“西单时尚节”能级提升，“西城消费”平台开展活动405场，服务消费者213.8万人次，综合撬动消费13.5亿元。出台推进老字号传承与创新发展意见，西城老字号组团亮相进博会，跨界创新发展取得实效。

以国企改革三年行动为着力点，国资监管效能持续提升，国有资本向优势产业集聚，投资与资产管理、金融保险、都市服务三大业务板块资产占比提升2.8个百分点，调结构成效逐步显现。区属企业资产总额5692.6亿元，同比增长1.4%，实现营收615.5亿元，同比增长8.2%。

出台“产业十条”促进政策，动态调整优化“1+5+N”产业政策体系（“1”为促进全区产业发展统领性文件，即《北京市西城区促进产业高质量发展若干措施》；“5”为综合性要素支撑政策矩阵，即基金投资、空间利用、人才集聚、开放发展、投资促进五方面；“N”为针对金融、数字经济、文化、科技创新、专业服务、消费升级、企业发展等优势产业、特色产业及配套领域的个性化、精细化支持政策），共兑现政策资金16.3亿元。创新“双管家”服务模式，“服务包”企业增至千余家。在全市率先实现社区政务服务规范化建设全覆盖，在金科新区建设首个楼宇政务服务站。全面实行告知承诺制，探索“证照联办”，推动全程网办。（郝慧芳）

【政治建设】2022年，西城区坚持把贯彻落实党中央重大决策部署和习近平总书记重要指示批示精神作为首要政治任务，教育引导全区广大党员干部群众坚持和捍卫“两个确立”，增强“四个意识”、坚定“四个自信”、做到“两个维护”，推进年度目标任务完成。常态长效开展党史学习教育，引领干部群众和社会各界从党的百年奋斗历程中汲取智慧和力量。持续开展“红墙先锋在社区、我为群众办实事”实践活动，完成595项办实事项目。

加强党的全面领导。深入落实关于加强区委班子政治建设的决定。第一时间跟进学习习近平总书记最新重要讲话精神，落实“第一议题”制度。做好十三届市委第一轮巡视整改，带头落实民主集中制，修订区委工作规则，做好区委议事协调机构更新调整。严格落实重大事项请示报告制度，修订请示报告重大事项清单。严格落实意识形态工作责任制，制定党委（党组）意识形态工作指导手册。构建“1+6”“红墙先锋工程”党建工作体系，全面加强机关、国企、教育、卫生、街道、两新等各领域党建，做实三级党建工作协调委员会。一体推进全面从严治党，做实责任清单，开展3轮区委巡察。

坚持全过程人民民主，支持人大及其常委会依法行使职权、开展工作，增强人大监督刚性，指导和督促“一府一委两院”自觉接受人大监督。充分发挥政协作为协商民主重要渠道和专门协商机构作用，支持政协加强和改进民主监督，促进协商议政成果转化落实。巩固和发展最广泛的爱国统一战线，密切同各民主党派、工商联和无党派人士合作共事，支持其更好履行职能。做好党外知识分子、党外代表人士、新的社会阶层人士、民族宗教人士以及港澳台、海外等统战各领域工作。发挥好工会、共青团等群团组织桥梁纽带作用。

积极开展政治生态分析研判，完善党（工）委、党组书记抓基层党建工作述职评议考核等工作制度，管党治党责任进一步压实。常态化开展领导干部集体谈心谈话，党内政治生活质量不断提高。鲜明树立选人用人导向，注重在重大斗争实践一线考察识别干部，领导班子结构不断优化、整体功能不断增强。严守政治纪律和政治规矩，建立党（工）委、党组书记点评会前警示教育常态机制，深化警示教育，政治生态持续向好。

落实全面从严治党主体责任。严格落实中央八项规定及其实施细则精神，持续反“四风”。“四不两直”调研检查成为工作常态。强化审计监督和行政问责，加大反腐倡廉力度，开展警示教育，党风政风持续向好。制定进一步推动“转作风、强创新、提效能”的若干措施，从制度、机制、作风等多方面，全面提升干部的政治素质，增强攻坚克难的斗争本领，强化廉洁高效的务实作风。（郝慧芳）

【文化建设】2022年，西城区老城整体保护与复兴取得重要突破。中轴线保护牵头任务扎实推进，谦祥益、南栎星门等项目全面完成，钟鼓楼周边第五立面品质提升工程实现亮相，“万象中轴”数字体验项目让历史文化“活”起来。完成云南新馆等项目修缮，杨椒山祠等9个项目全力推进。第二批文物建筑活化利用计划全面展开，泰安里成为全国首个文物活化利用信用融资项目。“白塔夜话”升级为更具影响力的文化IP。“全民享·活传承”非遗演出季活动深入开展。推出西城文化月令。创新举办海棠诗会、阅读春天等系列活动，“书香西城”建设持续深化。与中央音乐学院、国家京剧院等国家级艺术院校建立深度战略合作。举办“会馆有戏、京彩西城”系列演出，北京动画周落地西城。出台推动文化产业高质量发展若干措施。北京DRC（设计资源协助）工业设计创意产业基地获“北京版权保护示范园区（基地）”称号。天桥演艺区入选第一批

国家级夜间文化和旅游消费集聚区名单。（郝慧芳）

【社会建设】2022年，西城区深入开展“六个一”“百日安全”专项行动。推进城市韧性提升，全面消除燃气管线占压重大隐患，开展道路空洞检测和海绵化改造，新建升级10座小型消防站、2座实现120急救进驻。风险地图建设实体化运行取得突破，全面构建分级分类标准、管控维度和风险底账。市域社会治理现代化试点任务全面完成，打击整治养老诈骗专项行动深入推进，常态化扫黑除恶斗争持续深化，重点刑事案件万人发案率全市最低。获北京首批“国家食品安全示范城市”称号。

进一步释放科技创新资源和潜力，提升科技对金融、文化以及社会民生发展的支撑作用，发布《西城区“十四五”时期科技创新发展规划》。举办第四届西城区企业上市主题交流活动。信息传输、软件和信息技术服务业重点企业实现营收977.5亿元，新迁入优质企业近100家，推动数字经济做强做优做大。培育科技创新优势，辅导培育43家（园区外）企业认定成为国家高新技术企业，服务34家企业入选高新技术企业“小升规”培育清单。推进医疗健康科技创新，西城区多项可持续发展类项目获奖。通过区财政科技专项支持的多个项目成果在冬奥会等国家重大任务中发挥作用，为攻克卡脖子问题贡献西城科技力量。

新增幼儿园普惠性学位1380个。19所“小而精”“小而美”学校创建全面展开。推进干部教师交流轮岗。合理安排教育教学工作，做好线下线上动态有序转换。实施西城教育全面赋能计划，“亲子嘉年华”“设计师工作营”等改革项目广受各界好评。“点餐到校”引入少年宫、科技馆等校外资源特色课程，被教育部列为“双减”十大经验之一向全国推广。2022年度学生体测结果全市第一。

公共卫生应急体系持续完善，急救站点全部建成，肛肠医院等五家医疗机构“云诊疗”试点运行。月坛和金融街健联体试点建设稳步推进，脾胃病医联体建设正式启动，智慧家医优化协同模式更加深化。建成西城区康复医学中心。利用大数据加强医保基金监管做法被中央深改委采用。累计建成爱国卫生组织1.1万余个。因时因势优化完善疫情防控措施，将工作重心从防控感染转到医疗救治上来。

新增健身步道5.3千米，15个街道各增加1块体育场地，第一届“社区杯”篮球联赛广受群众喜爱，获评国家首批“全民运动健身模范区”。西城代表团在第十六届北京市运动会上获金牌112枚。

出台20条专项措施，西城户籍高校毕业生就业率97.3%。全区登记失业率2.24%，保持全市最优，连续八年获评“北京市充分就业区”。推进养老服务体系建设，创建区级巡视探访基本公共服务标准体系，将特困供养、失能失智、高龄独居等老人全部纳入服务范围，健全困难家庭精准识别和帮扶机制。开展“质量西城”系列提升行动，连续保持A级标准。

有效改善居民居住条件。西长安街街道群众急难愁盼问题区级主责项目全面完成，以点带面推动同类问题解决。持续改善胡同环境，东中胡同22号院等获评西城区“最美院落”。3096套保障性住房竣工交用。老旧小区综合整治项目新开工40个小区、完工23个小区，超额完成市级任务，审核加装电梯40部，为无法安装电梯老楼加装新型爬楼机。

落实《北京市接诉即办工作条例》，出台推动主动治理、未诉先办实施办法，深入开展“暖心行动”“领哨行动”，实施“专项包”机制，推进“攻坚克难20题+”，加大治理类社区、小区工作力度。“接诉即办”综合成绩保持全市第一。7家单位被评为“北京市接诉即办工作先进集体”，14人获“北京市接诉即办工作先进个人”称号。

推进基层协商民主。居民身边议事协商阵地深化拓展，完成15个社区议事厅示范点、30个楼门院治理示范点创建。基层民主协商标准化试点高分通过考核评估。线上线下协商议事联动更加广泛。统筹整合法律援助、人民调解、律师等资源，健全公共法律服务体系，打造多维法律服务平台，为基层治理注入法治力量。深入开展铸牢中华民族共同体意识宣传教育，推广安德路北社区全国民族团结进步工作经验和北京市第五十六中学民族团结进步教育经验。

推动基层治理创新。全区业委会（物管会）组建率96.4%，党组织覆盖率、物业服务覆盖率均100%。成立物业行业党委，打造全方位培训体系，提升业委会（物管会）履职能力。发挥央产小区物业联席会机制作用，确定3个区级、10个街道级央产小区试点项目，推动解决物业管理难题。推动247家物管会转为业委会，双旗杆东里小区获评全国“加强物业管理 共建美好家园”典型案例。（郝慧芳）

【生态环境建设】2022年，西城区持续改善生态环境。深化“一微克”行动，加强扬尘管控和挥发性有机物精准治理，实现“常态蓝”。确保五个国家及市级地表水考核断面水体水质年平均达标率100%。开展受污染建设用地风险管控，重点建设用地安全利用率达95%以上。因地制宜推进“留白增绿”，公园绿地500米服务半径覆盖率98%。加强对碳排放单位日常监管，督促碳排放单位按时完成配额履约，推动低碳试点建设，加快区域绿色低碳发展进程，让“环保”成为行动自觉、“低碳”成为生活方式。推进垃圾分类全链条体系建设，居民垃圾分类意识不断增强，厨余垃圾分出率持续提高。建成15个可回收物中转站、265个分类驿站，垃圾减量化、资源化水平不断提升。（郝慧芳）

（责任编辑　郝慧芳）

中国共产党北京市西城区委员会

综　述

2022年，中共北京市西城区委员会在市委坚强领导下，坚持以习近平新时代中国特色社会主义思想为指导，认真学习宣传贯彻党的二十大精神，深入贯彻习近平总书记对北京一系列重要讲话精神，自觉拥护“两个确立”，增强“四个意识”、坚定“四个自信”、做到“两个维护”，坚持以新时代首都发展为统领，自觉践行“红墙意识”，有效应对多种风险挑战，服务保障首都功能，完成多项重大任务。全区地区生产总值实现5700.1亿元，比上年增长4.1%，居民人均可支配收入增长与经济增长基本同步。

完成重大服务保障任务。深化一体化防控，迭代实施“长安计划”3.0，巩固拓展液化石油气罐、电动自行车违规充电等专项治理成果，开展“六个一”（与驻区企业及辖区居民见一次面，对常住及外来人口房屋出租经营情况进行一次登记，当面宣传一次防火知识，为每户居民家中张贴一张防火标识，全覆盖检查一次火灾隐患，为居民发放一封防诈骗宣传信）、拆迁遗留项目、地下管线消隐、全域联动安全防护等专项整治。培育打造海清苑等“雅而秀”高层级外交外事活动场地。组织“西城大妈”等群防群治力量246万人次参与党的二十大等服务保障任务，全方位筑牢辖区安全防线。

落实疫情防控职责。因时因势优化调整疫情防控措施，打造8小时指挥部2.0版，组建15个街道分指并实现实体化运行。建立分级分类诊疗体系，建设启用广安体育馆简易发热门诊，开通非急危重症居民就医专线电话，385支家庭医生服务团队下沉社区网格。开展“健康送万家”活动，分批次为45万户家庭和8000家“七小”门店送上健康防疫包。建立养老机构与社区卫生服务站“手拉手”转诊急救机制，强化急危重症诊疗救治服务体系建设。

推动经济高质量发展。举办2022金融街论坛年会和金融街建设与发展30年系列活动。制定出台服务保障国家金融管理中心建设意见等政策措施，首发“服务北交所十条”，首签与北交所长期战略合作协议，首建“北交所金融街服务基地”，首创“产融媒”合作一体化平台，营造以北交所为核心的资本市场生态。制定实施促进金融街高质量发展建设3年行动方案，举办金融街资管峰会、青年金融论坛等系列活动，金融街研究院实现实体化运行。发挥“两区”建设政策优势，项目投入总金额、项目平均金额均保持全市首位。推进金科新区建设，举办第二届全球金融科技大会等品牌活动。发布建设全球数字经济标杆城市示范区实施方案，举办“全球数字经济大会西城分论坛”。推进国际消费中心城市示范区建设，“西城消费”平台综合撬动消费13.5亿元。

落实城市总规和核心区控规。核心区控规3年行动计划收官，实现10.7万平方米违法建设拆除和35家住宿业“关转提”。制订出台城市更新5年行动计划，西单更新场、菜西片获评首届北京城市更新“最佳实践”。超额完成市级1100户申请式退租任务，白塔寺宫门口东西岔启动全市首个直管公房申请式换租项目。推动物管会向业委会转化，完成4个市级治理类小区治理任务。推进智慧城市建设，5G基站等新型基础设施建设水平始终保持全市领先，“城市大脑”4个应用场景投入使用。改善生态环境质量，提升核心区宜居宜业的环境品质。

健全完善民生服务保障。推动西长安街街道群众急难愁盼问题解决，完成全部区级主责项目。深化“接诉即办”工作，综合成绩保持全市第一。出台保就业20条专项措施，户籍高校毕业生就业率97.3%。开展根治欠薪专项行动，维护劳动者合法权益。深入实施教育“双减”，创新开展“小而精”“小而美”特色学校创建，建立区领导直接联系学校制度。纵深推进养老服务设施建设、“一键呼”、养老助餐等“养老十件事”。完善公共卫生应急体系，加强急救站点建设，深化智慧家医优化协同模式。

推进文化中心建设。推动全国文明典范城区创建。围绕中轴线申遗保护任务，统筹开展文物腾退、保护修缮、风貌整治和活化利用，第二批文物建筑活化利用项目落地签约，推出“万象中轴”数字体验项目。推动文化产业高质量发展，出台“文化产业十条”，首届北京动画周和全国首个动画原创孵化基地落地西城。持续打造“京剧发祥地”品牌，“白塔夜话”升级为更具影响力西城文化IP。深化“书香西城”建设，万人拥有实体书店数位居全市前列。

坚持和加强党的全面领导。压紧压实管党治党政治责任，区委主要负责人严格履行第一责任人职责，班子成员认真履行“一岗双责”。深入落实关于加强区委班子政治建设的决定，修订区委工作规则，做好区委议事协调机构更新调整。常态长效开展党史学习教育。严格落实重大事项请示报告制度，压紧压实意识形态工作责任制和党内法规执行责任制。抓好“中央法规文件在基层”观测点任务落实。有序开展“双提升”走访调研。全面实施“红墙先锋工程”，加强机关、国企、教育、卫生、街道、两新等各领域党建，做实三级党建工作协调委员会，完成595项办实事项目。深入实施优秀年轻干部队伍建设五年发展规划和“五个一”工程，成立西城区人才发展中心，举办2022年金融人才发展论坛。深化“代表联系选民月”“万名代表下基层”等活动，推进高质量协商议政，探索党派建议“直通车”、对口联系街道部门等制度实践。加强民族团结进步教育，坚持宗教中国化方向。统筹做好港澳台海外统战和侨务工作。深化依法治区建设。工会、共青团、妇联等群团组织进一步发挥桥梁纽带作用。军政军民团结局面持续巩固。带头执行中央八项规定及实施细则，做实为基层减负，坚决整治形式主义、官僚主义。做好十三届市委第一轮巡视整改。开展3轮区委巡察。一体推进不敢腐、不能腐、不想腐，风清气正的良好政治生态持续巩固。

（林　燕）

重要会议

【区委常委会会议】2022年，区委召开区委常委会会议43次，完成议题214个。学习传达类议题12个，党的建设议题78个，经济社会发展战略、重大改革议题55个，组织工作及人事任免议题27个，宣传思想文化议题10个，纪律检查议题14个，统一战线议题2个，政法议题8个，群众及人民团体议题5个，议军及双拥议题3个。（梁　迪）

【第十三届委员会第二次全体会议】1月24日，中国共产党北京市西城区第十三届委员会第二次全体会议召开，区委书记孙军民主持会议。会议听取关于党的二十大代表候选人推荐提名及建议人选情况说明，表决通过党的二十大代表候选人推荐人选、《中国共产党北京市西城区第十三届委员会第二次全体会议决议（草案）》。区委委员、候补委员参加会议。（梁　迪）

【第十三届委员会第三次全体会议】4月26日，中国共产党北京市西城区第十三届委员会第三次全体会议召开，孙军民主持会议。区委常委、区委组织部部长唐行安作关于西城区出席北京市第十三次党代会代表候选人预备人选建议人选说明。表决通过监票人名单，投票确定西城区出席北京市第十三次党代会代表候选人预备人选，表决通过《中国共产党北京市西城区第十三届委员会第三次全体会议决议（草案）》。区委委员、候补委员参加会议。（梁　迪）

【党代表会议】5月18日，中国共产党北京市西城区代表会议召开，孙军民主持会议。会议报告西城区出席北京市第十三次党代会代表候选人预备人选产生情况，选举西城区出席北京市第十三次党代会代表。区党代表参加会议。（梁　迪）

【第十三届委员会第四次全体会议】8月14日，中国共产党北京市西城区第十三届委员会第四次全体会议召开，区委书记孙硕主持会议。表决通过《中国共产党北京市西城区第十三届委员会第四次全体会议关于同意辞去区委委员的决定》《中国共产党北京市西城区第十三届委员会第四次全体会议关于递补区委委员的决定》《中国共产党北京市西城区委员会工作规则》《中国共产党北京市西城区第十三届委员会第四次全体会议决议》。区委委员、区委候补委员，区人大常委会、区政府、区政协领导班子成员，区委、区政府各部、委、办、局、双管单位、15个街道、建设指挥部、人民团体、事业单位、区属国有企业党政主要负责人和全区正处职领导干部，区人大常委会、区政协各委室负责人，区纪委委员、区监委委员，各民主党派主委和部分基层党代表参加会议。（梁　迪）

【第十三届委员会第五次全体会议】12月30日，中国共产党北京市西城区第十三届委员会第五次全体会议召开，孙硕主持会议并代表区委常委会作工作报告，区委副书记、区长刘东伟向全会报告2022年全区经济社会发展情况，书面报告2022年区委常委会抓党建工作情况、2022年纪检监察工作情况，表决通过《中国共产党北京市西城区第十三届委员会第五次全体会议决议》。区委委员、区委候补委员，区人大常委会、区政府、区政协领导班子成员，区委、区政府各部、委、办、局、双管单位、15个街道、建设指挥部、人民团体、事业单位、区属国有企业党政负责人和全区正处职领导干部，区纪委委员、区监委委员，各民主党派主委和部分基层党代表参加会议。（梁　迪）

区委综合事务

【概况】2022年，中共北京市西城区委办公室（简称区委办公室）将学习宣传贯彻党的二十大精神贯彻始终，把抓好指示批示精神落实落地作为最忠诚担当，完善保障区委运行工作机制，提高党内法规制度执行力，持续推动为基层减负工作走深走实，纵深推进全面从严治党主体责任履行。坚持在保障区委科学高效运转中当好“前哨后院”，完成年度各项工作任务。（王　成）

【会议服务与管理】 2022年，区委办公室承办区委全会4次，区委常委会会议43次，区党代会1次，区委书记专题会议34次，书记议事协调会议13次，区委常委会（扩大）会议1次，党（工）委、党组书记月度工作点评会4次，区新冠疫情防控工作领导小组会议67次，领导小组专题会议7次，会商会39次，全区性会议46次；组织保障市委主要领导调研3次，区委书记月度工作点评会4次，市委理论学习中心组（扩大）学习7次，全市领导干部会议7次。组织服务保障会议240余次。（梁　迪）

【文件审核制发】 2022年，区委办公室严格执行区委常委会审议通过的2022年度发文计划安排，严肃文件审核纪律，提高文件质量。审核制发京西发13件，京西办发8件，京西办字6件，西办通报8件。（程　熙）

【文书服务】 2022年，区委办公室组织全区各单位完成向区委请示报告重大事项清单备案，定期通报各党（工）委、党组向区委书面请示报告情况。开展全区范围集中培训1次，上门培训多次，通过通知提醒、电话沟通、业务指导等方式督促指导，提升全区各单位办文水平。做好日常文件办理，提升办文时效，做到事不过夜。处理各类文件4824余件，办理给区委主要领导来信240余件，编发区领导批示摘编17期，以区疫情防控工作领导小组或小组办公室名义印发文件54件。（恩媛媛）

【信息工作】 2022年，区委办公室推进信息改革创新和“两办”信息科融合，整合基层单位信息报送渠道，发挥OA政务平台模块作用，“两办”信息科共同操作、标注提醒、统一查询及业务指导。编辑调研与参阅，提高信息服务参谋性和前瞻性，提升信息服务参谋水平。加强科室协作，及时了解领导重要批示指示精神，持续跟踪市区主要领导调研指示精神、月度点评会指示精神、市区重要会议部署，统筹开展信息采编；加强信息选题分析，推进信息报送精细化管理，上报信息被市委采用率84.33%。整合拓展信息资源渠道，实地追踪调研走访，通过点题、约报等方式，开展专题类信息策划。加强信息员队伍建设指导，实时开展点题、约报，为基层单位提供优秀信息学习借鉴平台，帮助信息员交流学习。优化信息刊物内容导向，加大对市区重点工作反映力度，聚焦西城区党的建设、疫情防控、垃圾分类、物业管理条例落实、“接诉即办”等主题。编发普刊241期，特刊74期，调研与参阅26期，获区委主要领导批示89次，区级领导批示256次。（付　爽）

【保密管理】 2022年，区委办公室完成北京冬奥会冬残奥会、党的二十大等重大会议活动服务保障保密任务，配合相关部门完成党的二十大保密突发事件应急处置演练。制发专项保密服务保障检查方案，开展工作人员保密教育，签订保密承诺书，发放保密宣传材料。开展相关环境安全保密检测。对46家重点单位开展现场安全保密检查。强化保密“三大管理”（定密管理、网络保密管理、涉密人员管理）。完成全区涉密岗位、涉密人员数据统计报备。规范全区文件资料委托印制管理，严格禁止违规印制涉密文件资料。创新保密检查方式，在全区开展自查、互查、下沉查、随时查、提级查保密“五查”，组织93家区属单位利用“一键自查”检查软件定期开展本单位计算机自查，在22家保密委成员单位间开展“推磨式”保密互查，组织区委统战部、区卫生健康委等6家单位对二级单位开展“下沉式”检查，建立完善与网信、公安等职能部门的“四位一体”联合监管长效机制，定期开展网络安全检查。做好全国两会、中高考期间保密服务保障。推动保密宣传教育，完善“五位一体”保密培训机制。组织保密大讲堂，邀请专家做保密专题辅导授课，区属单位和企业保密工作主管领导、保密干部290余人参加。开展“送培训进部门”活动，为52家区属单位和13家区属企业保密培训。发挥区委党校和西城区经济科学大学阵地作用，将保密培训作课程作为必修课纳入处级、科级和公务员初任培训体系。全年编发系列保密提醒20条。利用保密宣传资源，在全区组织开展保密宣传月、“4·15”全民国家安全教育日、“12·4”国家宪法日等活动。联合区司法局开展线上保密法律法规宣传活动，在陶然亭公园设展宣传，向群众发放保密宣传品。区委保密办在全市组织开展保密条例知识答题和“保密故事大家讲”微视频征集活动中获优秀组织奖。在市保密局主办《北京保密》杂志刊发文章、工作信息10篇。完善保密工作考核体系，将街道保密工作纳入年度绩效管理考评和平安西城建设考核体系，实现保密考核全覆盖。（杨　京）

【督查与建议提案办理】 2022年，区委督查工作围绕市委决策部署和区委要求，按照市委、区委主要领导批示指示精神，分阶段对全区重点任务和专项工作开展督查督办，全年完成市区两级督查事项1084项；向市委、区委报送专项办理报告65件；编辑各类督查刊物30期。深化拓展基层减负，全年完成年度制发文件和召开会议计划目标。严控督查检查考核总量和频次，实行年度计划和审批报备制度，相关责任部门开展区级督查检查考核7项。

办理政协提案30件，其中党派团体提案23件、委员提案7件，办结率100%。（徐士喆　崔萌政）

【调研活动服务保障】2022年，区委办公室做好服务保障中央、市、区领导调研活动安排，服务保障中央领导调研活动2次，服务保障市委、市政府主要领导调研活动18次。围绕北京冬奥会冬残奥会举办、党的二十大服务保障、中轴线申遗保护、党建引领基层社会治理、社会安全安定等主题，全年服务保障各级各类调研活动、走访接待、检查慰问378次。安排街道社区、楼宇酒店、医疗机构、“七小”门店等疫情防控调研检查188次。发挥“总枢纽”职能，加强全区会议活动统筹协调力度，坚持每周召开四办主任会，提前制订周日程、月预安排，为区四套班子领导决策提供服务。（王　成）

【党内法规执行】2022年，区委办公室严肃请示报告制度，制定《关于做好重大事项请示报告工作的通知》，完成区委向市委请示报告重大事项清单及区人大常委会党组、区政府党组、区政协党组、区法院党组、区检察院党组、各党（工）委、党组向区委请示报告重大事项清单等7个清单，建立定期通报机制。向市委报送请示报告33件，各党（工）委、党组向区委请示报告269件。开展区委规范性文件集中清理，梳理自建区以来区委文件4500余件，废止、宣布失效文件542件。按照中央和市委安排，开展涉计划生育党内规范性文件专项清理废止、宣布失效23件。严格按照《“中央法规文件在基层”观测点工作规程（试行）》《观测问题清单》要求，向中办法规局报送《西城区2022年上半年中央法规文件在基层观测点工作情况的报告》《中共北京市西城区委关于贯彻执行党内法规情况的报告》《北京市西城区积极稳妥开展党内规范性文件集中清理工作》等报告和信息。强化党内法规宣传执行方面指导。编制《常用知识汇编》，提升各单位法规水平。开展“送培训进部门”活动，邀请市委办公厅法规室开展培训1场。（程　熙）

组织工作

【概况】2022年，中共北京市西城区委组织部（简称区委组织部）印发《关于推动全区基层党组织和广大党员持久深入学习贯彻党的二十大精神的通知》《关于在全区组织系统学习宣传贯彻党的二十大精神的通知》，将学习宣传贯彻党的二十大精神与干部教育培训、领导班子建设和基层党组织建设结合，引导全区基层党组织和广大党员学习宣传贯彻党的二十大精神。落实全国、全市组织部长会议及区委全会精神，坚持以党的政治建设为统领，实施“红墙先锋工程”，抓好基层党组织和党员队伍建设，全面提升各领域基层党组织组织力。加强领导班子、干部队伍和人才队伍建设，强化组织部门自身建设，推动组织工作高质量发展，为全区经济社会发展提供坚强组织保证。（陈寒寒）

【红墙先锋工程】2022年，西城区围绕首都功能核心区发展形势任务，拓展“红墙意识”内涵，推进“红墙先锋工程”。构建“1+6”（“1”是指区委制发的《西城区关于开展“红墙先锋工程”推动区域高质量发展实施意见》，“6”是指机关、教育、卫生、国企、“两新”、街道六大领域配套落实方案及任务分解清单）制度体系，围绕政治领导力、思想引领力、组织凝聚力、发展推动力、自我革新力“五力”机制，强化条块结合，系统谋划，整体推进，健全完善上下贯通、执行有力的组织体系，推动全区各级党组织和广大党员在中央政务服务保障方面亮旗帜，在引领区域改革发展方面当先锋，在全心全意为民服务方面作表率。选树80个基层党建优秀案例编印成集，授牌表彰20个案例，选树20个区级党员教育基地（现场教学点），打造“一系统一特色、一街道一品牌、一社区一亮点”基层党建品牌格局。“红墙先锋工程”主题展览亮相北京北站地区，呈现西城区基层党建工作成果。（陈寒寒）

【干部工作制度建设】2022年，区委组织部制定《西城区加强处级领导干部政治素质考察实施办法》，落实“十聚焦十检视”，考察“五关注五必问”，开展干部政治素质正反向测评和政治理论测试，综合研判干部政治表现，推动干部政治素质考核。健全完善《一级至四级调研员晋升办法》，保证最大限度用足用活职数资源。出台《关于选优配强区管企业领导人员实施方案》，提出“五个一批”（从企业内部“选拔一批”、从区属单位“交流一批”、从中央市属国企中“引进一批”、从市场化人才中“选聘一批”、从高校毕业生中“招录一批”）工程，丰富人才渠道，明确人才成长路径，为选优配强区管企业领导人员提供指导。制订区管干部职务调整谈话、宣布制度，落实区委直属党（工）委和区委政法委调整配备委员实施办法，提升干部任免规范化水平。

（陈寒寒）

【处级干部队伍建设】2022年，区委组织部组织“思想政治建设年”活动，抓好领导班子和领导干部思想政治建设。明确重实绩重实干的选人用人导向，注重在新冠疫情防控、“接诉即办”、党的二十大服务保障等方面选拔任用干部。立足结构性、功能性处级领导班子建设和谋划，提出涉及58个处级领导班子调整建议优化处级领导班子结构。调整处级干部274人、职级晋升193人。坚持严把政治关，增加“政治素质考察评价”和“政治理论测试”考察环节，强化政治素质考察的可评议性和可操作性。

（陈寒寒）

【年轻干部队伍建设】2022年，区委组织部实施年轻干部队伍建设

“五个一批”工程，统筹“选育管用”环节，选拔使用适应新时代要求的优秀年轻干部。录用296名优秀大学毕业生，配备12名“90后”优秀正科级干部，选用13名“85后”优秀处级干部，组织优秀年轻干部挂职交流，建成800余人的优秀年轻干部库，实现每个街道配备1名“85后”优秀年轻干部目标。发现储备优秀年轻干部，通过单位推荐、走访调研，甄别和补充入库优秀年轻干部。出台《北京市西城区区管企业培优生管理实施方案》，遴选一批高校应届毕业生作为优秀年轻干部重点培养，搭建企业管理人才库。（陈寒寒）

【干部管理监督】2022年，区委组织部推动选人用人专项检查规范化制度化，出台《西城区结合区委巡察开展选人用人工作专项检查工作实施细则》。巡察22家单位选人用人专项检查情况，发现问题及时反馈，督促各单位整改。梳理十三届区委选人用人专项检查发现的问题，形成问题分析报告并通报。严格执行个人有关事项报告制度，完成全区864名处级干部集中报告。坚持“凡提必核”，查核领导干部个人有关事项报告274人次，其中随机抽查87人次，重点查核187人次。分析上年度科级干部选拔任用工作“一报告两评议”结果，督促落实各单位反馈“一报告两评议”结果整改，提升“一报告两评议”质量和效果。（陈寒寒）

【思想理论教育】2022年，区委组织部围绕首都核心区建设目标和任务，突出干部理论武装、党史党性教育和能力培养，组织区管干部学习贯彻党的十九届六中全会精神轮训，处级干部951人参加。区管干部主体培训班次5期，处级干部328人参加。举办西城区首期青年干部理论读书班，组织调训区属机关、事业、企业青年干部175人。按照中组部、市委组织部培训要求，调训5名局处级干部参加主体培训班次，调训局级干部39人次参加专题培训班，调训处级干部87人次参加专题培训班，调训科级及以下5名干部参加专题培训班。会同区委党校搭建西城区线上干部教育平台“红墙讲堂”，丰富干部教育培训方式，完成干部教育培训5年规划任务。（陈寒寒）

【城市基层党建】2022年，区委组织部围绕全面实施“红墙先锋工程”，深化基层党建体系建设。加强政治机关、模范机关建设，推行“三清单三台账”（基层党建工作重点任务清单、基层党组织规范化建设落实情况自查清单、基础党建基础工作清单；党组织换届工作台账、党支部发展党员工作流程台账、基层党建工作问题整改台账），推动机关党建工作项目化、台账式管理。推动《关于在深化区管国有企业改革中坚持党的领导加强党的建设的实施意见（试行）》《关于选优配强区管企业领导人员实施方案》向二级及以下企业延伸，内部巡察常态化。制订《西城区关于建立中小学校党组织领导的校长负责制的实施方案（试行）》。推动公立医院党建意见和党委领导下的院长负责制。做实“两新”工委统筹协调“1+N+15”（构建区委组织部区委“两新”工委统筹协调、N个行业主管部门和园区发挥职能、15个街道兜底管理的“两新”党建工作格局）党建格局，制订党建引领行业治理专项方案，组建全市首家互联网行业党建联盟，推进红领先锋“益企”成长计划，转化两新组织党建优势，推动区域发展和企业发展动能。（陈寒寒）

【党建引领基层治理】2022年，区委组织部推动党建引领基层治理机制创新，深化党建引领“吹哨报到”“接诉即办”改革。打造“西城家园”治理共同体，健全完善“街道工委、社区党委、网格党支部、楼门院党小组”四级组织体系和工作体系，形成党建引领、多方参与的社区治理格局。做实三级党建协调委员会“清单机制”，推动454家驻区单位、40万人次的志愿者参与基层治理。创新社区分层议事协商“微治理”，实现民生民意立项全覆盖，涌现“圆桌工作法”等为民服务品牌。探索党群服务中心“线上＋线下”“党务＋政务”服务模式，开展“党群阵地@你”系列活动，重点打造20个“品质＋”党群服务中心。以“党建＋物业”解决老旧小区治理难题，打造盆儿胡同62号院治理样板。开展“红墙先锋在社区、我为群众办实事”，解决4大类595项群众急难愁盼问题。推动新就业群体融入基层治理，建立80余个暖心驿站、小哥加油站。（陈寒寒）

【人才工作机制】2022年，区委组织部健全人才工作机制，将区人才工作领导小组调整为区委人才工作领导小组，纳入部分委办局和15个街道，成员单位由28家增至55家。强化区委人才工作领导小组办公室统筹协调人才工作力度，将人才引进、工作居住证办理等职能，由区人力社保局调整至区委组织部，统筹人才政策、资金、项目和服务力度。整合人才工作力量，成立北京市西城区人才发展中心。开展高水平人才高地专项调研，制定《西城区高水平人才高地建设实施意见》，在金融、文化等领域，实施“金塔工程”“水源工程”“三名工程”“登高工程”等人才工程。（陈寒寒）

【人才引进和资助】2022年，区委组织部打造全区招才引智平台，以“青春逐梦，闪耀西城”为主题，组织全区公务员招录单位、区属企事业单位、区域重点机构和“两新”组织等用人单位进高校宣讲招聘，宣传西城引才政策，树立西城品牌，吸引优秀年轻人才到西城区创业。举办HICOOL2022全球创业大赛金融科技赛道初赛，发布《西城区HICOOL大赛人才及创业项目落地支持办法》，从工商注册、资金补助、促进奖励、投融资支持、服务保障等方面制定16条政策措施，最大化释放政策、资源、服务等多维优势的叠加效应，推进优质金融科技和泛科技项目在西城区落地。聚焦金融人才发展引领高水平人才高地建设，举办2022年金融人才发展论坛。支持优秀人才参与国家、市级人才项目申报，推荐“国家、市级百千万工程”“青年北京学者”等20余人。（陈寒寒）

【公务员队伍建设】2022年，区委组织部强化公务员入口管控，推进公务员考试录用，完成2022年度307名公务员招录，其中招录11名优秀社区书记进入公务员队伍。按照市委组织部要求，将6名招录的优秀社区书记纳入街道领导班子担任工委委员，产生示范效应。制定西城区公务员招录、登记流程和留学人员公务员录用手续办理流程，完善转任、调任流程，形成制度完备的公务员管理体系。健全职务职级职数常态化管理机制，实时掌控和精细管理全区各单位职务、职级职数的配备使用情况。完善科级干部选拔任用机制，全年完成职务、职级晋升审核186批次，职务晋升备案342人，职级晋升备案770人，其中提任“90后”科级年轻干部29人，其中正科级8人、副科级21人。建立分层分类培训体系，开展公务员教育培训，提升全区公务员能力素质。推荐评选及宣传“人民满意的公务员”，全区有1人当选全国“人民满意的公务员”、1人当选北京市“人民满意的公务员”。（陈寒寒）

宣传工作

【概况】2022年，中共北京市西城区委宣传部（简称区委宣传部）围绕迎接、庆祝党的二十大胜利召开主线，加强思想理论和意识形态工作，提高文化创新能力、国际传播能力，营造良好的理论氛围、文化氛围、社会氛围。为首都全国文化中心建设、国际一流和谐宜居之都建设，提供思想保证、精神力量、道德滋养和文化条件。（蒋苏菲）

【党的二十大精神宣传贯彻】2022年，区委宣传部以迎接学习宣传贯彻党的二十大为主线，推进理论武装。制订《中共北京市西城区委关于认真学习宣传贯彻党的二十大精神的实施方案》，部署安排全区学习宣传贯彻党的二十大精神。开展习近平新时代中国特色社会主义思想和党的二十大精神宣讲，成立党的二十大精神区级宣讲团，配发相关理论学习书籍5000余册。开展党的二十大精神进机关、进社区、进企业、进学校、进“两新”组织等“十进”宣讲活动，利用新媒体手段推动宣讲，通过“云党课”、线上主题宣讲等形式，将学习贯彻引向深入。全区开展党的二十大精神宣讲活动700余场，受众10余万人次。全区各党委（党组）召开党的二十大精神理论研讨会100余场。（蒋苏菲）

【意识形态工作】2022年，区委宣传部严格执行中办《党委（党组）意识形态工作责任制实施办法》，将意识形态工作纳入重要议事日程。区委常委会每季度听取意识形态领域情况通报，专题研究意识形态工作，区委主要领导就加强意识形态工作提出要求。各相关单位在基层党建述职会和每个月的党（工）委、党组书记工作点评会上，开展意识形态工作点评。制定出台《西城区党委（党组）意识形态工作指导手册》，细化党委（党组）落实意识形态工作责任制考核清单，明确工作标准。加强督导检查，对十三届区委第一轮、第二轮、第三轮巡察22个被巡察的党组织，开展意识形态工作责任制落实情况专项监督检查。将意识形态工作纳入全面从严治党工作考核，对全区各党委（党组）意识形态工作开展日常督查，对55家单位开展动态抽查。严格落实意识形态工作责任制，确保意识形态安全。加强阵地管理，守牢意识形态安全底线。开展意识形态阵地全面检查，摸排风险隐患。开展“扫黄打非”10个专项整治行动，严厉打击非法出版物。加强公共图书馆、实体书店、特色阅读空间意识形态阵地管理。（蒋苏菲）

【主题宣传教育】2022年，区委宣传部围绕迎接宣传贯彻党的二十大精神这条主线，以“强国复兴有我”为主题，从学习体验、主题宣讲、先进模范学习、红色基因教育传承、青少年主题教育等7个方面，开展群众性主题宣传教育活动。组建区级宣讲团和街道、系统、单位特色宣讲团，开展线上线下百姓宣讲活动，邀请相关亲历者、见证者讲述反映个人奋斗和时代变迁的故事。发挥区重大宣传环境布置联席会议作用，健全工作机制，加强宣传阵地日常巡查、重点督查和专项检查。（蒋苏菲）

【爱国主义教育】2022年，区委宣传部组织开展“流动的爱国主义教育基地巡展”“8+名人故居纪念馆联盟”系列文化活动，采用线上线下专题展览、故事宣讲、互动体验等方式，深化爱国主义教育。以重要纪念日和重大活动为契机，开展线上线下探访“西城区初心之旅红色地图”，推出“抗战中的西城”“回眸1949”等专题展，举办“铭记抗战史、奋进新征程”等主题讲座。（蒋苏菲）

【全民国防教育工作】2022年，西城区建立区委全民国防教育工作领导小组，召开第一次领导小组会，明确领导小组议事规则及工作重点任务。区委全民国防教育工作领导小组有20个成员单位。9月17日（第22个全民国防教育日），西城区以“新时代爱国强军谱新篇”为主题，开展多种形式的国防教育活动。组织防空警报试鸣演练，开展防空防灾应急培训与人防知识答题，利用户外大屏、新媒体平台宣传国防

知识。加强军地互动，在各街道和高校开展国防教育和征兵宣传，在全区营造支持国防、参与国防、建设国防的氛围。（蒋苏菲）

【红墙意识教育基地展陈更新】2022年，区委宣传部更新红墙意识教育基地展陈内容，涉及8个板块（图片267张、视频25个）。通过实物、图片、多媒体等形式，展示红墙意识的起源、形成、深化历程，教育引导广大党员干部群众践行红墙意识，争做红墙先锋，当好红墙卫士，守好百姓日子。（蒋苏菲）

【新闻发布会组织】2022年，西城区参加北京市疫情防控工作新闻发布会14场，完成疫情防控情况的网络发布120余次，其中下半年连续近60天每日发布疫情通告。指导区发展改革委、区人力社保局、区商务局做好“西城区中小微企业帮扶指引”“关于鼓励中小微企业及个体工商户人员参与社区疫情防控工作的通知”等政策措施发布，《北京日报》要闻版报道西城区为给辖区企业提振人心、鼓舞士气发布21条措施稳定经济增长。策划组织2022金融街论坛年会新闻发布会、西城区两会新闻发布会等新闻发布和媒体采访活动60余场。（蒋苏菲）

【重大主题宣传报道】2022年，区委宣传部制订《西城区关于深化迎接党的二十大宣传报道工作的落实方案》，成立新闻宣传工作组。聚焦党的二十大开幕会开展主动策划，邀请央视总台、经济日报社等10余家央地媒体走进西城10余个特色点位，报道全区干部群众学习热议党的二十大报告的情况，央视《焦点访谈》、《北京日报》专栏、北京广播电视台《北京新闻》等媒体刊发原创报道120余篇（条）。结合学习贯彻落实党的二十大精神，集中宣传西城区推动实施“红墙先锋工程”，以高质量党建推动区域高质量发展。新华社、《中国组织人事报》一版、“学习强国”学习平台、北京广播电视台北京新闻头条报道，《北京日报》头版刊发《西城启动“红墙先锋工程”》，推出“红墙先锋工程”主题专版，其他媒体刊发相关报道30余篇（条）。围绕“奋进新征程建功新时代”主题，运用“二十大时光”专题开展成就宣传，《新闻联播》《北京新闻》等媒体栏目刊发报道600余篇（条）。（蒋苏菲）

【专项工作宣传报道】2022年，区委宣传部围绕市区中心工作、重点工作，持续做好“两区”建设、疫情防控、“疏整促”、平安建设等专项工作宣传报道。依托“服贸会”平台，多角度报道西城区“两区”建设成果。做好金融街论坛年会宣传报道，组织境内外近70家媒体、400余名注册记者参与论坛年会宣传报道，对接协调采访需求近千次，全网总信息报道量10万余条，线上点击量14.6亿人次。金融街论坛年会宣传重点突出，国际性强，与涉外重点媒体联系，新华社、中国国际电视台、环球时报社等国内对外传播主力媒体密切协作，美国、日本、新加坡、俄罗斯等境外媒体参与论坛年会报道，在国际传播方面取得突破性成果，成为“两区”建设主题报道的成功实践。配合《向前一步》栏目，挖掘西城区“疏整促”工作痛点、难点、堵点问题，强化公共政策解读和公众意见交流，协调什刹海街道、白纸坊街道等拍摄“新街口东街72号金福源饭馆二层违建拆除”“万和世家小区儿童娱乐设施噪声扰民”及疫情防控等3期节目。（蒋苏菲）

【北京冬奥会冬残奥会宣传报道】2022年，区委宣传部围绕北京冬奥会冬残奥会策划媒体集中采访近40场，服务常驻京外媒以及中央市属、地方媒体200余人次，各类媒体刊发原创报道200余篇（条）。配合组织“双奥之城新气象——2022中外媒体北京行”2022北京新闻中心城市形象特色采访活动，走进西城区5个点位，50余家中外媒体围绕文化生活、冰雪运动发展、社会治理、高质量发展等主题发布近百篇原创报道，“北京发布”快手短视频发布的两则西城相关视频，单条播放量均超过200万次，展示北京“双奥之城”魅力。配合冬奥组委新闻宣传部举办“主办城市形象线上观光采访活动”，来自64个国家（地区）奥委会的媒体记者线上观看直播，冬奥组委新闻宣传部向西城区委宣传部致以感谢信；配合国家体育总局、中央广播电视总台北京总站举办“一起向未来、冰雪过大年”暨北京冬奥会倒计时10天活动，报道登上央视《新闻联播》。完成中国盲文图书馆北京冬奥会残奥会火炬接力媒体采访接待服务。（蒋苏菲）

【全国文化中心建设】2022年，区委宣传部发布《北京市西城区“十四五”时期加强全国文化中心建设规划》，编制规划重点任务分工方案，推进规划落实实施。召开西城区推进全国文化中心建设领导小组会议，确定44项年度重点项目。开展“强国复兴有我”群众性主题宣传教育活动。打造区级新时代文明实践综合服务平台，抓好常态化创建，争创全国文明典范城市。推进中轴线申遗任务，统筹开展文物腾退、保护修缮、风貌整治和活化利用，完成地安门派出所降层、万宁桥周边环境综合整治项目和钟鼓楼紧邻地区环境综合整治项目。完成谦祥益文物修缮、先农坛地祇坛南棂星门展示工程、西城区教育学院搬迁腾退。国立蒙藏学校旧址修缮完毕。签约第二批文物建筑活化利用项目。推出“万象中轴”数字体验项目，让历史文化“活”起来。完成北京冬奥会冬残奥会系列城市文化活动组织实施。发布《西城区推动文化产业高质量发展若干措施》，优化产业发展环境。（蒋苏菲）

【“京剧发祥地”品牌系列活动】2022年，西城区持续打造京剧发祥地文化品牌。8月20日，西城区

"京剧发祥地"品牌系列活动启动仪式在大栅栏三庆园举行，发布主题Logo；开展"京剧发祥地"品牌建设专题访谈，邀请梅兰芳纪念馆馆长刘祯、国家京剧院副院长林琳、中国艺术研究院戏曲研究所所长王馗等为发祥地品牌建设献计献策；通过贯穿西城区京剧文化地标，打造"京剧发祥地之旅"活动南北两条线路；推出"京剧发祥地、国粹遇文明"公益广告；区社科联推介新出版的《北京西城京剧文化研究》《北京西城京剧史料辑要》等书。

▲延伸阅读："京剧发祥地之旅"南北两条线路，包含"品、逛、娱、赏"。北线"京剧振兴线"从什刹海出发，途经恭王府大戏楼、梅兰芳故居、人民剧场、中国国家京剧院，梅兰芳大剧院为终点。南线"京剧发祥线"从三庆园开始，途经北京风雷京剧团、百顺胡同、富连成社旧址、安徽会馆、京韵园京剧发祥地地标广场，正乙祠为终点。

（郝慧芳　吴艳梅）

【文化领域改革】 2022年，区委宣传部完成文化领域相关改革任务。推进北京市公共文化服务体系示范区建设，全面提升综合文化中心、社区综合文化室、室外文体广场建设水平。制定出台《西城区推动文化产业高质量发展若干措施》，优化产业发展环境，培育新的服务模式和经济增长点，推动文艺事业高质量发展。（蒋苏菲）

"京剧发祥地"Logo　（区融媒体中心　供图）

【国际传播建设】 7月6日，区委宣传部在Twitter Facebook海外社交平台开通"北京西城"账号，打造海外传播阵地。结合西城区重点工作和重要项目，围绕历史文化名城保护、"两区"建设、金融街论坛、国际消费中心城市建设等主题，制作适于海外传播的宣传产品，向海内外传递西城魅力和文化内涵，扩大西城区的海媒"朋友圈"。海外账号总粉丝数10万余人，发布帖文近300条，阅读量400万人次，互动量20万人次。（蒋苏菲）

统一战线工作

【概况】 2022年，西城区全面加强党对统一战线工作的领导，召开区委统战工作领导小组全体会议1次，区委常委会研究统战工作3次，围绕中心服务大局，取得统战工作新成效。中共北京市西城区委统一战线工作部（简称区委统战部）是中共西城区委主管统一战线工作的职能部门，对外加挂北京市西城区人民政府侨务办公室（简称区政府侨办）牌子，中共北京市西城区委台湾工作办公室（区政府台湾事务办公室）与区委统战部合署办公。西城区社会主义学院是区委统战部所属参照公务员管理事业单位。区委统战部组织疫情防控专题检查，形成报告173篇。统战人士组成志愿服务队下沉社区。各领域统战人士捐款773万余元，筹集防疫物资价值2879万余元，报送疫情防控意见建议404篇。（杨冰茜）

【学习宣传培训】 2022年，西城区建立统一战线学习习近平总书记重要讲话精神工作机制，学习宣传落实党的二十大精神、中央统战工作会议精神、市党代会精神。建立与中央社会主义学院长效合作机制，打造区级社院"5+N"（"5"是指中央社院、市委党校、北京社院、区委党校、区社院，"N"是指各高校、科研单位、政府部门、属地资源、结对地区干部学院等）培训体系。举办西城统战同心大讲堂16场，培训班10期，专题报告会6场，参与培训人员2万余人次。优化历代帝王庙、陶然亭公园等6个区级共识教育实践教学点课程。

（杨冰茜）

【教育实践活动】 2022年，区委统战部制发《西城区统一战线"喜迎二十大·奋进新时代"主题教育活动方案》，开展"同心助力冬奥"、观看统战题材话剧《万水朝东》、"同心跟党走、奋进新时代"健康跑等活动，团结引领统一战线成员增进对中国共产党领导和中国特色社会主义的政治认同、思想认同、理论认同、情感认同。

（杨冰茜）

【民主党派工作】 2022年，区委统战部制发《2022年政党协商计划》《西城区四套班子中共领导干部与党外代表人士联谊交友工作制度》，完善《西城区民主党派与有关部门、街道对口联系制度》。开展调研考察活动24场、撰写调研报告28篇。深化民主党派与有关部门、街道对口联系制度，形成"8个民主党派+15个街道+16个委办局"格局，答复议案提案6次、座谈调研47次、征求意见建议55条。召开"深化多元治理机制，构建核心区社会治理新模式"议政会，向议政会提交调研报告8篇。

（杨冰茜）

【党外代表人士队伍建设】 2022年，完成区委统战部党外代表人士队伍建设"2325工程"。制定《2021—2025西城区党外干部培养选拔工作规划》，举办西城区第三期党外处级干部培训班，向区委组织部推荐符合提任条件的党外干部17名。协助市委统战部开展市级党派组织换届人选审核。完成市人大代表推荐及考察公示、市政协十四届委员会委员人选推荐。

（杨冰茜）

【民族宗教工作】2022年，区委统战部开展"铸牢中华民族共同体意识"主题教育和"爱党爱国爱社会主义"宗教界人士主题教育。开展民族团结进步创建，全面推广北京市56中学经验做法，深入开展"三交三好"（交好朋友、做好邻居、树好家庭，促进各民族广泛交往、交流、交融）主题活动，推进共有精神家园建设。强化从严治教，创建"四进"（开展国旗、宪法和法律法规、社会主义核心价值观、中华优秀传统文化进宗教活动场所）为主题的和谐寺观教堂，推荐市级示范场所9家、区级示范场所4家；严格落实"三级网络两级责任制"，坚持依法依规管理宗教事务，深入学习贯彻《宗教事务条例》，积极巩固和发展"党委领导、政府管理、社会协同、宗教自律"的宗教事务治理格局，不断探索和打造宗教中国化西城实践品牌。坚持以民需为本，充分保障少数民族群众生活需求，完成民族宗教节日服务保障工作。7月7日，西城区召开统战工作领导小组民族宗教工作专题会，部署民族宗教重点工作。副区长陈朝晖出席会议并讲话。区民族宗教领导小组成员单位主管领导40余人参加会议。（杨冰茜）

【民营经济人士统战工作】2022年，区委统战部落实助企纾困工作，开展政企对接活动11场、"企业讲堂"品牌活动6期，13家企业上榜北京民营企业"1+4"百强榜单。组织企业家代表参与10余起案件合规审查与公开听证，与区人民检察院建立民营企业检察保护联络机制，入选全国工商联与检察机关100对沟通联系机制典型事例。推动非公党建工作，新成立支部2个，发展党员6名，组织党务工作者、党员2000余人次参加分层次、全覆盖学习培训。推进党建创新，培育"启明书屋"等"红墙先锋在行动、我为群众办实事"项目3个。区工商联被全国工商联评为全国"五好"标杆县级工商联。（杨冰茜）

【新的社会阶层人士工作】2022年，区委统战部坚持加强思想政治引领，开展"京华新声·喜迎二十大"新的社会阶层人士主题教育，学习宣传贯彻党的二十大精神。加强代表人士队伍建设，推荐4名新的社会阶层代表人士当选西城区百名英才、青年之星，提名推荐6名新的社会阶层代表人士当选区青联第三届委员。加强重点领域新的社会阶层人士统战工作，推动楼宇园区新的社会阶层人士统战工作、网络人士统战工作、自由职业人员统战工作创新发展。（杨冰茜）

【港澳统战及海联会工作】2022年，区委统战部完善港澳统战工作联席会议机制，扩大西城区同香港、澳门地区的交流交往。采取多种形式组织辖区港澳人士学习贯彻习近平总书记在庆祝香港回归祖国25周年大会上的重要讲话精神并组织专题座谈会。结合庆祝香港回归25周年，联合区体育局、广内街道等部门，邀请香港显径屋邨办事处及筲箕湾柴湾坊众会参与广内空竹文化节交流活动。组织北京西城海外联谊会港、澳理事学习党的二十大精神。就涉及香港同胞在京生活普遍存在的共性问题征集意见建议。发挥区域资源优势，助力港澳同胞融入北京和西城新发展格局。鼓励辖区常住港澳同胞及海联会理事参与首都疫情防控。开展同香港、澳门地区各领域基层交流工作。（杨冰茜）

【侨务工作】2022年，区委统战部办理涉侨行政确认56件，办结涉侨12345热线咨询3件，满意率100%。掌握地区侨界人士情况，为符合条件的49名困侨发放补贴，为17名困侨安装智能呼叫设备，为57个困侨家庭发放应急救济包，为4名困侨发放轮椅，向44名困难归侨侨眷捐赠"普惠保"补充医疗保险。完善后备代表人士库，储备侨界代表人士26人。开展"海外青少年眼中的中轴线"国际青少年艺术展、华裔青少年夏令营、"云相聚·北京情思"等交流活动，面向海外侨团、侨领讲好首都故事、西城故事。组织西城侨界"行走的中轴线"沉浸式体验骑行快闪，举办"红墙书香、侨心向党"主题系列活动，打造"明月映初心，天涯共此时"中秋活动品牌，建立"北京设计之都·核心区"等楼宇、新经济组织特色"侨之家"，深化"聚力服务侨界，携手关爱侨心"系列为侨服务项目，团结引导侨界群众，画好侨界最大同心圆。（杨冰茜）

【基层统战工作】2022年，区委统战部落实《中国共产党统一战线工作条例》若干重点任务分工方案，加强对各单位党工委（党组）指导检查。调整充实区委统战工作领导小组成员单位，编制基层统战工作手册，谋划"6+15+N"（6家重点单位+15个街道工委+其他统战工作领导小组成员单位）统战特色活动项目，指导区直机关工委、区教育工委、区卫生健康工委、区国资委党委、西城园工委、金融街服务局党组及各街道结合自身特点，推出统战特色活动项目。（杨冰茜）

【党外人士迎新春座谈会】1月28日，西城区召开党外人士新春座谈会，区四套班子领导出席，各民主党派区委、区工商联负责人及无党派、宗教界人士代表参加。观看西城区统一战线各界人士共同参与录制的视频短片《冰雪汇同心、一起向未来》。各民主党派负责人介绍党派工作情况，对西城区年度工作提出意见建议。孙军民对做好全区统一战线工作提出希望：要加强思想政治引领，广泛凝聚共识。（杨冰茜）

【统战工作部署会】3月15日，西城区召开统战工作部署会，传达学习全国和北京市统战部长会议精神，总结上年度工作，部署年度任务。孙军民出席会议并讲话，袁海鹏士

1月28日，西城区召开党外人士迎新春座谈会　　（区委统战部　供图）

持会议，区领导张立新、程昌宏、翟德罡、唐行安、王波等参加会议。会议要求全区各部门各街道要突出党的政治建设统领作用，自觉把统战工作放在全区经济社会发展的总体格局中来思考谋划，共同筑牢大统战格局。提升思想政治引领力。认真组织开展主题教育活动，鼓励统战成员正面发声，引导建功立业、履职参政；提升“大统战”执行力。统战工作领导小组切实承担起牵头抓总作用与责任，各部门、街道实施好条例履行好职责；提升新时代统战创新力。围绕“巩固提升、深化拓展、扩面提质”工作目标，打造统战工作西城品牌。强化统战部门自身建设，打造过硬队伍，推动统战工作整体质量水平提升。

（杨冰茜）

【统一战线工作领导小组会】 5月5日，西城区召开区委统战工作领导小组暨对台工作领导小组会议，区四套班子领导出席会议。传达学习中央相关会议精神，总结上年度全区对台工作，部署年内重点任务。书面审议《区委统战工作领导小组成员名单》《区委对台工作领导小组成员名单》《西城区民主党派与有关部门、街道对口联系制度》。

（杨冰茜）

对台工作

【概况】 2022年，区台办贯彻落实中央及北京市关于对台工作重大决策部署。巩固深化两岸关系和平发展，促进京台交流合作与融合发展。发挥区域文化资源优势，举办京台青年企业家交流研讨会、广内空竹文化节海峡两岸文化交流活动、金融街论坛系列活动青年金融论坛暨两岸青年金融论坛等交流活动。深化京台各领域交流合作，贯彻落实北京市惠台措施，协调相关职能部门服务台企台商在京发展，营造良好营商环境。开展“我为台胞办实事”活动，服务台胞在京旅游、就业、求学和生活。做好对台宣传，区台办被国台办评为《两岸关系》《台湾工作通讯》刊物宣传工作先进单位。

（刘　杰）

【走访慰问台企台商】 2022年，区台办组织走访慰问台企台商40余次。区委常委、统战部部长王波走访慰问北京台资企业协会荣誉会长、北京君太太平洋百货总经理章启正，代表西城区感谢他为北京冬奥会作出的贡献；副区长陈朝晖线上慰问北京台资企业协会西城分会会长、北京育青食品开发有限公司董事长黄梅郇；副区长陈大鹏电话慰问北京台资企业协会西城分会秘书长、北京凯瑞克司健康管理有限公司董事长陈艳媚等。区台办整理台企台商复工复产意见需求，加强调研分析，与相关部门协调解决台企台商在京经营各类问题10余件。

（刘　杰）

【服务台胞在京就业创业】 2022年初，区台办与区文化和旅游局组织“白塔杯”文化创意大赛。活动结合第六届北京文化创意大赛，特设港澳台赛区，通过新闻媒体、大赛官方网站、主办方微信公众号等渠道发布邀请函，设立报名平台。活动征集到参赛作品5份。依托两岸文创产业交流合作平台，助力参赛人员参与西城区历史文化名城保护项目，促进台胞融入西城区经济发展，实现创业项目尽快落地。（刘　杰）

【服务台胞在京生活】 1月2日，区台办组织台胞参加“同心共筑中国梦、携手奋进新征程”2022新年音乐会，录制祝福北京冬奥小视频，共同发出“我和北京冬奥一起向未来”祝愿。3月8日，邀请全国妇联中国妇女发展基金会专家委员会、妇产专家李少芬，为辖区女性台胞开展“关爱女性、守护健康”线上讲座。年内，以走访慰问、座谈交流、联谊活动等形式开展涉台政策宣传。处理台胞台属台青台生旅游、学习、就业及生活等方面政策咨询、来访来电300余件，为198位台胞接种新冠病毒疫苗461例。组织常住西城区的台湾同胞参与垃圾分类等社区志愿服务。关心关爱辖区独居、年长台胞，开展节日走访慰问、日常生活关怀。协调办理8位台胞子女在西城区就学身份认定手续。

（刘　杰）

【京台青年企业家交流研讨】 7月27日，区台办、区工商联举办2022年京台青年企业家交流研讨会。以“疫情防控常态化下青年企业家的都市服务理念”为主题，通过视频连线形式，邀请京台双方青年企业家代表围绕如何更好发挥企业在城市卫生健康、社区养老照护等方面的作用，以及老字号企业如何传承发展、青年如何实现创业梦想等议题讨论交流。西城、高雄会场约80人参加。（刘　杰）

【十月文学院台湾青年驿站】 8月10日，区台办与团区委共同在十月文学院设立“北京市西城区十月文学院台湾青年驿站”，举办揭牌仪式及台湾文学讲座，向台湾青年赠北京出版集团获奖书籍《甲骨文字典》《平安批》等。驿站成立旨在为京台青年打造畅谈文学梦想、共同进步成长的平台与载体，凝聚更多京台青年同心同行，留住历史文脉，传承中华文明，坚定文化自信。市台办、北京出版集团、区委统战部相关负责人，在西城工作生活的台湾青年、区青联委员30余人参加活动。（刘　杰）

【京台垃圾分类主题交流活动】 9月1日，西城区举办“垃圾分类为城市添彩，京台携手一起向未来”线上交流会，围绕“京台两地城市垃圾分类情况”“京台两地商业街区大厦楼宇垃圾分类工作典型案例”“京台两地社区开展生活垃圾分类情况”等话题，开展经验交流。副区长王中峰，台湾地区相关负责人邓家基出席活动。京台两地环保专家、企业代表、社区居民代表等110余人参加。这是西城区首次以垃圾分类为主题与台湾地区高雄市连线交流，深化西城区与高雄市交流联谊合作。（刘　杰）

【“茶之缘”两岸茶人交流活动】 9月8日，由中华茶人联谊会、北京市茶业协会、北京海峡两岸民间交流促进会、北京中道基金会、北京西城海外联谊会，台湾区茶输出业同业公会、中华国际无我茶会推广协会、台湾中华茶文化学会联合主办，北京老舍茶馆有限公司承办的第四届海峡两岸社团联谊会——“茶之缘”两岸茶人交流会在北京老舍茶馆艺苑举办。市台办、区委统战部、中华茶人联谊会相关负责人，以及来自海峡两岸的40余家社团代表、京台两地的茶企代表等80余人参加活动。中华国际无我茶会推广协会、台湾区茶输出业同业公会、台北市茶商业同业公会、台湾中华茶文化学会等负责人通过视频形式祝贺并交流、分享茶业成果。台湾五行图书、台湾千喜臻品茶馆、马连道茶业指挥部、北京天福茗茶文化相关负责人在活动现场作“抒茶之情缘，道茶之神韵”交流。嘉宾通过茶艺表演、沙龙讨论、茶乐欣赏、点茶体验等形式，促进京台两地茶产业交流、增进两岸茶文化交融。现场举办以“社团联动·交流促融”为主题的海峡两岸社团交流节启动仪式。43个社团（机构）参与。（刘杰　王捷）

【宣传推介活动】 9月15日，中国记协和西城区共同举办台湾地区在京驻点记者采访联谊活动。大陆、台湾地区12家媒体20余名记者走进新动力金融科技中心、什刹海街道兴华社区、梅兰芳纪念馆、鼓楼及万宁桥，近距离、全方位感受金科新区的建设与发展、西城区社区基层治理成效、中轴线申遗保护、历史文化名城保护和中华传统文化传承发展情况。宣传推介西城区历史文化旅游资源，增进媒体间交流交往。（刘　杰）

【首届两岸青年金融论坛】 9月28日，在中央金融团工委指导下，区台办与北京金融街服务局、团区委和建行团委共同主办“汇聚青春力量，共创金融未来”金融街·青年金融论坛暨首届两岸青年金融论坛。市台办主任霍光峰，区委书记孙硕，建行党委委员、副行长崔勇出席活动并致辞。台北富邦银行总经理程耀辉视频致辞。论坛设主题演讲、圆桌交流等环节，两岸青年围绕大数据思维与金融应用等活用大数据思维、驾驭数据生产要素、服务数字经济发展、共促两岸金融融合和数字人才发展等行业对话交流，就正确认识和把握碳达峰、碳中和，持续推动绿色金融改革和创新，服务区域经济高质量发展等探讨。（刘　杰）

【在线非遗教学系列活动】 9月29日，区台办、区文联及中国民协组织“同上一堂非遗课”海峡两岸在线非遗教学系列活动。邀请面塑、彩塑制作等非遗项目文化传承人，以现场展示、线上教学、互动问答等方式与京台两地社区居民近距离交流，60余位台湾民众与40余位北京社区居民线上线下参加活动、互动体验，感受中国传统文化的魅力。（刘　杰）

【两岸数字领域交流合作】 11月5日，区台办与区科协、德胜街道等单位共同组织“说社区数字家庭，话京台携手未来”——德胜论坛第四期暨北京西城区与台湾地区高雄市“数字家庭行动”交流合作会，在两地视频连线，通过主题演讲、问答互动等方式，围绕京台两地智慧社区、数字家庭建设和“安居乐居宜居”目标交流和应用展示，采用现场直播面向全网两地多渠道定向推送，131.22万人次通过线上观看。来自北京、香港、台湾等地企业负责人、数字领域专家和学者、两岸青年等90余人参加活动。（刘　杰）

决策服务与调查研究

【概况】 2022年，中共北京市西城区委北京市西城区人民政府研究室（简称区委区政府研究室）坚持以新时代首都发展为统领，围绕全区工作大局，完成文稿服务和调研任务，出刊《西城调研与决策》12期，推动决策服务和调查研究工作水平实现新提升。（戎庚申）

【调查研究】 2022年，区委区政府研究室发挥全区调研工作联席会统筹协调作用，组织全区调研工作会议，制订年度调研工作要点，明确调研重点和任务安排，确定37个方向100余个课题选题，评选优秀调研课题50篇，形成《北京市西城区2022年度重点课题汇编》《北京市西城区2022年度优秀调研成果选编》。年度市委关注课题《西城区数字经济着力点研究》在《北京调研》第3期刊发。完成市委关注课题《支持北交所做大做强、促进区域高质量发展》《西城区加强韧性城市建设的实践与思考》。组织全区调研工作培训会，创建“圆桌论坛”学习交流平台，围绕走好新时代党的群众路线、年度课题、疫情防控、重大活动服务保障等主题，组织干部交流分享，提升调研干部素质能力。（戎庚申）

【决策咨询】2022年，区委区政府研究室围绕全区中心工作，密切跟踪新冠疫情防控形势变化，完成《决策小建议》10篇，其中《关注社工心理健康的建议》等6篇得到区领导批示。采取重大决策联合攻关，完成《关于西城区投资促进及招商引资体制机制情况的调研与思考》《关于西城区文化产业管理体制机制改革的调研》《关于回民医院转型老年护理机构可行性研究》等研究报告。（戎庚申）

【专家顾问服务】2022年，区委区政府研究室发挥专家智库作用，构建由1个顾问团办公室、9个顾问单位、14个专委会和159名专家成员组成的“1+9+14+159”新一届西城区顾问体系。新一届顾问团围绕统筹新冠疫情防控、经济高质量发展等重点专题，组织有关专家参与全区重大会议、重大调研和重要决策咨询活动，2位专家列席区委、区政府重要会议，6位专家参与社会治理模式系列调研点评、党建与业务融合案例评选，收集汇编专家书面建言文章59篇、专报3期，指导专家顾问在全区战略研究、理论创新、成果宣传、工作评估等方面发挥作用。（戎庚申）

【文稿服务】2022年，区委区政府研究室加强文稿的政治引领、动态把握、规律探索，完成区委十三届四次、五次全会、西城区政府工作报告等全区性大会文稿服务，完成党的二十大精神学习宣传材料、党史学习教育对照检查材料、区委常委会工作要点、“群众路线”党课材料、“红墙先锋工程”部署会等文稿200余篇，其中《以绣花功夫塑造高品质城市》《当好红墙卫士、守好百姓日子》刊登在《北京日报》上，《当好红墙先锋、作出西城贡献》《在新时代首都发展中走在前、作表率》刊登在《北京工作》杂志上，《为当好红墙卫士守好百姓日子提供有力民主法治保障》《凝心聚力当好红墙先锋，踔厉奋发做出西城贡献》刊登在《北京人大》杂志上，《描绘老城保护城市更新新画卷》刊登在《前线》杂志上。（戎庚申）

全面深化改革

【概况】2022年，中共北京市西城区全面深化改革委员会办公室（简称区改革办）加强战略研究、统筹谋划和综合协调，坚持分类推进、突出改革重点，加强系统集成、注重改革实效，形成职责明确、协同高效的运行机制。全年召开3次区委深改委会议，审议通过21项议题。印发《关于进一步强化系统集成推进改革任务落地的通知》，落实10个领域63项改革任务。推进“该不该、能不能、怎么办”改革专班事项。（杨齐飞）

【改革督察】2022年，区改革办制定改革督察计划，组织7项改革任务督察。发挥区委深化改革督察示范引领作用，落实各级督察主体责任。区委领导带领4个区委深改督察组对“主动治理、未诉先办”“街道社区党建”等改革任务督察问效。（杨齐飞）

【微改革、微创新】2022年，区改革办鼓励支持基层改革探索，发扬首创精神，收集各部门各街道典型案例22篇，梳理总结广外街道、德胜街道等7篇“微改革”典型案例经验材料，上报中央和市级改革刊物，其中2篇入选全市典型案例。德胜街道“党建引领五步法”打造央产老旧小区改造破题新模式、广外街道“五众”机制推动参与型分层协商自治入选全市典型案例。（杨齐飞）

【决策咨询服务】2022年，区改革办发挥决策辅助作用，落实改革双周会机制，推进重点改革任务、“党建引领基层治理”“私房院落系统化治理”等全区重点难点工作，召开14次改革双周会。编发《特大城市治理摘报》50期、领导智库文选25期、全面深化改革研究动态49期、专报特稿25期、《改革双周会专刊》18期，获区委、区政府领导批示60余次。（杨齐飞）

【经济体制改革】2022年，区改革办制定《2022年西城区“疏解整治促提升”专项行动工作方案》，完成全年人口调控总任务（31437人次）103%。制定《大栅栏商圈业态导则》《地安门外大街商业业态提升实施方案》，发布《西城区进一步促进老字号传承与创新发展的意见》。印发《落实国企改革三年行动台账》和《西城区国资委出资人监管权力和责任清单（暂行）》。（杨齐飞）

【城市管理体制改革】2022年，区改革办编制《西城区落实首都功能核心区控制性详细规划三年行动计划（2023年—2025年）》。形成《西城区历史文化街区风貌管控指导意见（试行）》征求意见稿。全面启动上年度西城区城市体检，形成《北京城市体检（2021年度）西城区自检报告》《首都功能核心区控制性详细规划实施体检（2021年度）西城区自检报告》。制定西城区停车治理3年行动方案。（杨齐飞）

【生态文明体制改革】2022年，区改革办推进“留白增绿”，完成茶马街游园等城市绿化建设9307平方米。完成玫瑰公园和南礼士路公园全龄友好型公园改造。制定西城区推进碳达峰实施方案。西城区$PM_{2.5}$平均浓度为32微克/立方米，同比改善5.9%。（杨齐飞）

【科技教育体制改革】2022年，区改革办发布《北京市西城区建设全球数字经济标杆城市示范区实施方案》，编制《西城区新型智慧城市感知体系建设三年行动方案》，开展《中小学校党组织领导的校长负责制的三个体系的构建》专题培训。制定《干部教师轮岗交流工作方案和管理细则》《2022年西城区义务教育招生入学工作意见》。（杨齐飞）

【文化体制改革】2022年，区改革办制定《北京市西城区推进公共文化服务体系示范区建设实施方案（2023—2025年）（新修订版）》，形成《推动西城区文艺事业繁荣发展若干措施（初稿）》，出台《西城区推动文化产业高质量发展若干措施》。（杨齐飞）

【协商民主和社会体制改革试点】2022年，区改革办制定《西城区2022年政党协商计划》。完善《西城区基层民主协商指导手册》《西城区基层民主协商案例集》。出台《关于全面提升西城区养老服务能力的实施方案》，完成首批为基本养老服务对象、80岁以上高龄独居老人1.2万部“一键呼”的安装任务。开展“云诊疗”项目建设，在全市率先建立新生儿电子健康档案。（杨齐飞）

【法治建设领域改革】2022年，区改革办出台《北京市西城区人民法院关于持续深化重大敏感案件全流程管理的方案》，完善《西城区人民检察院检察官办案权限清单》和《西城区人民检察院检察官履职清单》。制定《关于进一步深化诉调对接工作实施方案》，创建“西融法庭”，在全市率先建立“法院+街道”诉调对接机制。（杨齐飞）

【党建工作相关制度出台】2022年，区改革办制定《中国共产党北京市西城区委员会工作规则》。制定《“红墙先锋”工程实施意见》。制定实施《关于进一步深化社区党组织书记“赋能计划”的工作方案》。出台《西城区加强处级领导干部政治素质考察实施办法》。（杨齐飞）

【“接诉即办”改革】2022年，区改革办出台《关于进一步压实责任提升办件质量的意见》，创刊《督办与反馈》。制定《2022年西城区接诉即办攻坚克难20题+工作清单》。优化调整《区级派单指导》，构建“全要素”考评框架。完善央产小区2.0版基础数据库。（杨齐飞）

【纪律检查体制改革】2022年，区改革办印发《中国共产党北京市西城区第十三届委员会巡察工作规划（试行）》，制定《关于建立健全区委巡察机构与区纪委区监委有关部门协作配合机制的实施办法》，起草《西城区结合区委巡察开展选人用人工作专项检查工作实施细则》。出台《西城区关于落实〈北京市关于加强对“一把手”和领导班子监督的若干措施〉的任务分解（试行）》。制定《关于深化区直机关纪检监察工委改革的实施办法》。建立“室主任—办案组长—办案人员”三级体系。（杨齐飞）

机构编制工作

【概况】2022年，西城区有区委机关12个、人大常委会机关1个、政府机构33个、政协机关1个、街道15个、群团机关10个、民主党派机关8个、直属事业单位12个。中共北京市西城区委机构编制委员会办公室（简称区委编办）重点做好事业单位改革、机构编制日常管理，理顺核心区体制机制，优化机构编制资源配置，持续推进机构编制法治建设，服务地区发展转型、提升核心区发展品质。6月9日，根据北京市政务服务事项管理要求，区委编办与区科技和信息化局、区司法局、区财政局、区人力社保局、区政务服务局联合印发《北京市西城区权力清单动态管理办法》，推进西城区权力清单管理规范化水平。

（张戈　乔泽蕾　崔珊　宋健）

【区议事协调机构调整】1月14日，经区委、区政府同意，印发《北京市西城区议事协调机构管理办法》，明确区议事协调机构性质、设立、调整、撤销、运行和监督检查等要求。4月11日，设立北京市西城区社区矫正委员会，为区政府议事协调机构，北京市西城区社区矫正委员会办公室设在区司法局。9月8日，设立区委督促检查工作领导小组，为区委议事协调机构，领导小组办公室设在区委办公室；设立西城区委全民国防教育工作领导小组，为区委议事协调机构，领导小组办公室设在区委宣传部。西城区委外事工作委员会加挂北京市西城区推进国际交往中心功能建设领导小组牌子，领导小组办公室设在西城区政府外办。

（梁国瑞　李小明）

【党政机关机构调整】2月21日，经区委编委会研究决定，为区司法局核增政法专项编制，加强行政复议保障；为区商务局增设商务服务科，负责西城区商务服务业发展及建设国家服务业扩大开放综合示范区相关工作；为区国资委增设公司治理科，负责评价监管企业公司治理水平，分类开展授权放权；为区国资委监督科核增编制，强化组织实施区国资委系统巡察；为区财政局增设街道财政管理科，负责西城区街道财政管理相关工作。6月22日，将北京市西城区应急管理综合执法队更名为北京市西城区应急管理综合执法大队，机构规格由科级调整为副处级。10月8日，设立区司法局行政复议一科、二科，专门负责承办西城区行政复议案件、行政赔偿案件；将西城区文化和旅游局（区文物局）文物科更名为文物保护科，增设文物利用科，负责西城区文物建筑合理利用等工作。

（立昀　术轶楠　梁国瑞　李小明　崔珊　宋健）

【事业单位机构调整】2月21日，经区委编委会研究决定，将北京市西城区残疾人劳动就业服务所更名为北京市西城区残疾人社会保障和就业服务中心；将北京市西城区残疾人职业康复中心更名为北京市西城区残疾人康复服务中心；组建北京市西城区文明城区建设促进中心，为区委宣传部所属正科级财政补助公益一类事业单位。3月4日，印发《北京市西城区城市管理指挥中心机构职能编制规定》。10月10日，印发《北京市西城区机关事务服务中心机构职能编制规定》。11月2日，将北京海外学人中心金融街分中心（北京市西城区金融人才服务中心）更名为北京市西城区人才发展中心（北京海外学人中心金融街分中心）。

（梁国瑞　李小明　立昀　术轶楠　崔珊　宋健）

【开发区管理机构调整】10月17日，区委编办落实市委编办《关于明确北京金融街管理机构有关机构编制事项的批复》精神，明确金融街党工委职责、内设机构名称和领导职数。（崔珊　宋健）

区直机关党建

【概况】2022年，中共北京市西城区委区直属机关工作委员会（简称区直机关工委），坚持围绕中心、建设队伍、服务群众，推进机关党建。区直机关系统有直属党组织65个，其中机关党委33个、党总支部10个、党支部22个；所属基层党支部614个；党员12487人，其中机关事业单位在职党员5670人、离退休党员3484人、非公及其他职业党员3333人。（李博洋）

【机关党的思想建设】2022年，区直机关工委为各级党组织发放《党的十九届六中全会（决议）学习辅导百问》800本、党的二十大学习书籍5091套。4月23日，启动区直机关“强国复兴有我”喜迎党的二十大读书分享活动，举办29场，做好党的十九届六中全会精神宣讲工作。5月，组织系统37个团组织学习习近平总书记在中国共青团成立100周年大会上的重要讲话精神；通过机关理论讲堂举办全媒体时代的意识形态工作培训，覆盖64个直属党组织。6月，组织系统在职党（团）员、干部开展学习党的十九届六中全会精神答题活动，62个机关党组织7300余名党团员干部参与答题。7月，组织机关各级党组织学习落实北京市第十三次党代会精神，在“西城机关党建”微信公众号举办中国共产党宣传工作简史学习问答100期。8月，开展“强国复兴有我、我身边的抗疫故事”百姓宣传活动30期；邀请中共北京市委党校教授金国坤为机关系统全体党员干部开展习近平法治思想专题辅导。10月，组织机关党员干部收听收看中国共产党第二十次全国代表大会；组织系统2000余名党员干部参观“奋进新时代”主题成就展。12月，举办区直机关系统学习贯彻党的二十大精神宣讲报告会。全年召开宣传思想文化工作暨意识形态工作会2次。（李博洋）

【党建与业务工作深度融合】2022年，区直机关工委坚持以问题导向，开展64个直属党组织全覆盖调研，收集难点问题和意见建议。8月22日，开展党建与业务深度融合创新案例征集活动，42个机关单位报送创新案例50篇，其中评选优秀创新案例9篇，编印《西城区直机关深度推进党建与业务工作融合优秀创新案例汇编》。10月，向区委组织部选送优秀案例7个。

（李博洋）

【党风廉政教育】2022年，区直机关工委扩大党风廉政教育覆盖面。4月2日，在“西城机关党建”公众号开设“廉润机关”专栏，推出16期，其中“学规守规”系列学习6期。定期对机关系统违纪案件分析研判。开展基层调研，掌握机关纪委和纪检委员履职现状。加强下沉支援社区党风廉政监督工作，强化机关纪委、纪检委员监督职能，开展实地抽查，督促党员干部履职尽责。配发《党员教育管理监督与组织处置手册》和《廉政微电影》光盘，加强对机关党员干部的日常管理监督。（李博洋）

【党性教育系列活动】1月下旬，区直机关工委指导基层党组织开好组织生活会，完成民主评议党员工作。严把发展党员入口关，统筹做好机关系统发展党员工作。4月18日至20日，举办区直属机关工委党员发展对象培训班，经过培养、教育和考察，86名确定为发展对象、基本具备发展条件的干部参加学习。全年发展新党员85人。“七一”前，组织机关各级党组织开展庆祝中国共产党成立101周年系列活动，完善党员大会悬挂党旗、党员佩戴徽章、重温入党誓词等政治仪式，强化党的意识和党员组织观念。采取集中培训与日常教育、个人自学等方式，开展党员学习教育活动。9月14日至16日，举办基层党组织书记培训班，机关各级党组织书记、副书记、委员等千余名党务工作者线上线下参加培训。9月27日至29日，举办新党员培训班，系统各单位200余名新党员线上参加培训。

（李博洋）

【机关党组织规范化建设】 1月至3月，区直机关工委完成区直机关系统党的二十大代表和北京市第十三次党代会代表提名推荐。2月24日，召开上年度西城区直机关基层党建工作述职评议会，31个直属党组织书记现场述职，为全体直属党组织出具《2021年抓基层党建工作综合评价意见》。3月29日，召开党建工作部署会，明确机关党建重点任务，区直机关工委委员、64个直属党组织书记、副书记、委员及二级党组织负责人通过现场和视频会议形式参会。推进基层党建重点任务清单、基层党组织规范化建设落实情况自查清单、基础党建基础工作清单，落实党组织换届工作台账、党支部发展党员工作流程台账及基层党建工作问题整改台账，为机关各级党组织配发《新时代基层党务工作一本通（修订本）》《党支部工作法》700册。4月，指导基层党组织建立6大类基础台账，加强工作指导和落实力度。7月22日，与9位新任职党组织书记开展集体谈话。坚持回头看，结合市、区基层党建工作述职评议会反馈问题，逐条逐项明确责任分工，每月报送整改措施落实情况，督促系统各级党组织压实整改责任、提高整改措施针对性。11月，围绕《中国共产党党和国家机关基层组织工作条例》《中国共产党支部工作条例（试行）》，开展基层党组织设置情况评估。坚持用好党费交纳、主题党日情况月报制度，完善党组织换届、党员发展、双重组织生活季度督促机制，提升党务工作质量。（李博洋）

【机关群团组织活动】 3月5日，机关团工委开展“爱满西城、志愿有我”学雷锋志愿服务主题宣传活动，37个直属团组织开展志愿服务，200余名团员青年参加活动。“三八”节期间，为机关女干部职工送节日祝福包500份。4月19日，区直机关工委举办“北京工会基层组织建设系统”（单位版）使用培训。4月20日，邀请中央团校副教授杨名讲解“党领导中国青年运动的光辉历程”，500余名团员青年线上学习。5月，组织系统直属团组织开展“喜迎二十大、永远跟党走、奋进新征程”主题教育实践系列活动。7月29日，举办工会经费使用与管理培训。8月26日，举办区直属机关“和谐杯”乒乓球比赛。9月17日，组织参加“第三届西城区门头沟区喜迎二十大徒步大会”。9月22日至29日，组织第一届“西工杯”职工5人制足球赛。10月20日，举办工会统计年报培训，推进直属工会组织规范化、信息化建设。7月1日至9月15日，举办“喜迎二十大 、云中健步行”活动。2022年，区直机关工委带领37个直属团组织推进团组织规范化建设。为困难干部职工解决困难，开展特别困难党员干部紧急救助行动，开展“两节”慰问，全年帮扶慰问干部职工8228人次，投入资金175万余元。（李博洋）

【红墙先锋工程】 5月，区直机关工委制发区直机关“双报到”（机关单位党组织到所在地社区报到、在职党员到居住地社区报到）行动计划，深化“红墙先锋在社区、我为群众办实事”实践活动，全年带动机关党员干部落实办实事事项280件。8月，组织机关各单位参与全国文明典范城区创建，16个机关单位认领文明路口开展创建志愿服务、64个机关单位处级领导和全体党员干部维持引导交通秩序，培育城市文明新风尚。10月27日，出台《西城区机关系统关于贯彻落实“红墙先锋工程”的实施方案》和21项重点任务清单。11月22日，召开区直机关系统“贯彻落实党的二十大精神、推动落实‘红墙先锋工程’”专题部署会议，指导基层党组织制订落实“红墙先锋工程”实施清单。（李博洋）

老干部工作

【概况】 2022年，中共北京市西城区委老干部局（简称区委老干部局）推动《关于加强新时代离退休干部党的建设工作的意见》和《关于加强新时代关心下一代工作委员会工作的意见》，坚持党建引领，推动新时代首都功能核心区离退休干部工作提质增效。完善离退休干部制度机制，强化离退休干部“三项建设”，落实政治待遇、生活待遇，提升老干部管理服务水平。开展主题实践活动、示范性学习阵地建设，加强对老干部党校、老干部活动中心和老干部大学建设的指导。管理服务离休干部478人（含易地安置），处级及以上退休干部2900人，离退休干部党支部164个。

（孙高升）

【老干部管理服务】 2022年，区委老干部局梳理离退休干部基础台账，动态建立处级及离退休干部数据库，拓展覆盖科级及企事业单位离退休干部台账，延伸服务社区老党员先锋队等组织，重点完善关心下一代工作委员会“五老”人才库和离退休干部“银发”人才库，为做好离退休干部精准服务、发挥作用提供信息数据支持。按照“一户一策”原则，完成66名抗战时期离休干部家庭适老化改造，帮扶资金19.8万元。全年发放离休干部养老服务津贴73.01万元。开展特困帮扶65人，帮扶资金42.89万元。聚焦离退休干部急难愁盼问题，处理好离休干部历史遗留问题。（孙高升）

【党建引领活动开展】 2022年，区委老干部局贯彻落实中央和北京市关于离退休干部党建工作意见，创新工作模式，打造特色党建品牌。先行先试，探索服务管理新模式。出台《西城区干部荣誉退休制度（试行）》，明确做好退休干部专题谈话、服务对接、荣退仪式、教育培训、关心关爱等要求，印发《西城区退休干部服务手册》，强化退休干部精准服务和教育管理。开展第六届“五星老干部”评选活动，25人获“党建之星”“奉献之星”“学习之星”“公益之星”“文明之星”。推动老党员先锋队工作，实现284支老党员先锋队在15个街道263个社区全覆盖。开展“我在红墙边、喜迎二十大”志愿服务活动。全年老干部参与宣传发动垃圾分类等基层治理79521人次。（孙高升）

【老干部教育培训】2022年，区委老干部局举办离退休干部党支部书记、关心下一代工作骨干、思想政治协会专题学习、理论研讨培训班，组织参与中央组织部老干部局、北京市委老干部局线上线下培训班10余期，2000余人次参与学习培训。开展“喜迎二十大”宣传教育实践活动，8880人次离退休干部参与“银发向党”“银发闪耀”“银发先锋”主题活动。聚焦党的二十大精神学习宣传，“西城老干部”微信公众号、《西城老干部》报设置专栏专刊，刊载离退休干部原创学习交流文章238篇，刊发理论学习专版6期；老干部宣讲团录制宣讲视频7部，受众7800余人次。盘活区域教育资源，深化老干部（老年）大学区—街—居三级体系建设。西城区经济科技大学分校开设社区大课堂精品课程和特色课程33门，服务老年学员450人；区老干部大学（北京宣武红旗业余大学）开设7门12个班次在线课程，培训学员2989人次。（孙高升）

【关心下一代工作】2022年，区委老干部局构建区、街（教工委）、社区（学校）三级关心下一代工作组织体系，完善15个街道关心下一代工作委员会和102个社区关心下一代工作小组。建立完善“五老”人才库，482名“五老”骨干参与“关心下一代大讲堂”思政课、“家校共育、未来可期”等关心关爱青少年特色活动。（孙高升）

【老干部领导小组会】2月23日，区委召开老干部工作领导小组会，会议审议通过上年度老干部工作总结及全年老干部工作要点、区委老干部工作领导小组调整名单、区老干部思想政治工作研究会调整名单。区委老干部工作领导小组组长、区委副书记袁海鹏主持会议并讲话，区委老干部工作领导小组成员参加会议。区委常委、区委组织部部长唐行安传达习近平总书记对全国老干部工作重要指示、全国老干部工作“双先”表彰大会和全国老干部局长会议及北京市老干部工作会议精神。区委组织部副部长、老干部局局长刘开平报告上年度老干部工作、部署全年工作任务及全区老干部工作会议筹备方案。（孙高升）

【老干部工作会】4月12日，西城区以视频会议形式召开老干部工作会，区委副书记袁海鹏主持。会议通报上年度西城区发展情况和西城区工作主要思路和重点任务，总结上年度老干部工作情况，部署全年老干部工作。区委书记孙军民出席会议并讲话，区领导张立新、袁海鹏、朱国栋、唐行安出席会议。区委老干部工作领导小组成员，各单位、各街道老干部工作主要领导、社区书记代表、离退休干部代表、离退休干部党支部书记代表和老党员先锋队队长代表近300人参加会议。（孙高升）

网络安全和信息化管理

【概况】2022年，西城区坚持和加强党对网信工作的全面领导，聚焦重点工作，提高网络意识形态和网络安全责任意识，开展网络文明和网络文化建设，推进行业党建提质增效，推动网络综合治理再上新台阶。中共北京市西城区委网络安全和信息化委员会办公室（简称区委网信办）对外加挂北京市西城区互联网信息化办公室（简称区网信办）牌子。西城区网信服务中心为区委网信办下属事业单位。区委网信办获评中宣部年度舆情信息工作优秀单位。（梁建敏）

【网络意识形态工作】2022年，区委网信办完善西城区党委（党组）网络意识形态工作责任制落实情况自查指标，按季度组织全区87个单位开展网络意识形态工作责任制落实情况自查。印发《西城区网络舆情处置工作实施办法》，编印《涉网络意识形态风险舆情案例汇编》。对卫生健康系统、区属企业等单位开展涉网络意识形态专题培训，提升全区网络意识形态工作能力。制定《西城区关于推进互联网违法和不良信息举报受理处置一体化机制建设的工作方案》。（梁建敏）

【网络诉求处置】2022年，区委网信办抓好诉求办理，办结率、回复率均100%；刊发相关刊物730期，月度报告12期。聚焦北京冬奥会冬残奥会、党的二十大等重要时段开展专项工作。强化核查处置，通过网信应急指挥系统，及时妥善处理。（梁建敏）

【网络安全管理】2022年，区委网信办完善网络安全工作责任制落实情况自查指标，修订网络安全突发事件应急预案，完善重大活动网络安全防御体系。在区属党政机关和区属国企中随机选取重要数据信息系统和网站，组织开展演练。协调处置全区各类网络安全事件，发布Spring框架漏洞、CentOS漏洞等提示，有效处置网络安全风险事件。确保全区政务网络系统及关键信息基础设施的实体安全、运行安全和数据安全。（梁建敏）

【网络安全宣传】2022年，区委网信办结合“4·29”首都网络安全日、国家网络安全宣传周，以“喜迎党的二十大”“同心向党我来说”为主题开展宣传，强化议题设置，发布内容80余条。在全区开展环境布置、标语口号等专项检查。引导全区各单位规范使用网络宣传发布用语和标识，加强规范新媒体平台信息审核发布和账号安全管理。

（梁建敏）

【网络文化建设】2022年，区委网信办开展网络文化建设，制定《北京市西城区关于加强网络文明建设的实施细则》，推广“西狮”微信表情包和“文明狮范”系列微动漫，视频播放量200余万次。举办西城区首届网络文明宣传周，制作发放《西城区网民文明上网规范》80字宣传卡片、《互联网领域法律法规汇编》3000余本、《教您用手机——老年人手机宝典》2万余册。加强知名网络人士联系，邀请“网络大V”参与“新年画”文明城区建设、网络文明等重点宣传，为相关话题增加1000万次以上浏览量及2000余次互动，展示西城区的良好形象，让正能量成为大流量。（梁建敏）

【互联网行业党建】2022年，区委网信办强化互联网行业党委职能，制定《2022年西城区互联网行业党委工作要点》，实施《中共北京市西城区互联网行业党委委员联系指导企业制度（试行）》，区委网信办党委委员“一对一”联系14家重点互联网企业。与区“两新”工委联合开展互联网企业党建品牌调研工作，对百人以上企业实行“手把手”指导，动态实现企业组织联系全覆盖，党建工作整体覆盖率100%。开展互联网企业摸排调研，对接市委互联网企业工委，核实西城区域内正常经营企业184家，确定并发展10家区级重点企业，全年开展常态化互联网企业走访13次。（梁建敏）

党校工作

【概况】2022年，中共北京市西城区委党校（简称区委党校）（西城区行政学院）举办培训班26期，培训学员8970人次，其中处级干部进修班、科级公务员任职培训班等9期，处级领导干部安全生产和应急管理培训班等专题培训10期，入党培训和党员培训班次7期。（郭宗业）

【处级干部进修培训】2022年，区委党校举办处级干部进修班4期，区属各委、办、局、街道177名处级领导干部参加培训。设置“党的理论与习近平新时代中国特色社会主义思想”“党性教育”“能力素质提升”教学单元。开展课堂讲座、小组研讨、全班交流、主题党日活动、支部活动、组织生活会、撰写个人党性分析报告、学员论坛、个人自学、微党课、共产党人精神谱系宣讲及党性书法摘抄、知识竞赛、现场教学等教学活动。（郭宗业）

【处级干部专题培训】2022年，区委党校举办4期处级干部专题自选班，培训学员3298人次。组织学习党的二十大报告、《习近平谈治国理政》第四卷、绿色低碳发展和前沿科技与基层治理培训。邀请中央党校（国家行政学院）、市委党校等高校和区发展改革委负责人和部门领导讲授“习近平总书记关于文化建设重要论述”“学习党的二十大精神，深刻认识和把握以人民为中心的发展思想”“习近平总书记关于全过程人民民主重要论述”“习近平关于总体国家安全观论述摘编”“西城区“双碳”相关工作”等课程。（郭宗业）

【科级公务员任职培训】2022年，区委党校举办科级公务员任职培训班3期，培训学员139人。培训安排党的理论教育、党性教育、公共管理和科级干部素质与能力教育等内容。综合运用专题讲授、研究讨论式教学、班级教学、影视教学、案例教学和小组研讨等培训方式。举办西城区事业单位科级领导干部任职培训班，全区15个街道、20个委办局及6所区属医院的60名学员，接受党的理论教育、党史党性教育、公共管理和科级干部素质与能力、国情市情区情等培训。（郭宗业）

【青年干部理论读书班】2022年，区委党校举办1期西城区青年干部理论读书班。围绕党性教育和理论教育，邀请中央党校和市委党校专家授课，学习党史、党规和党章，提高学员党性修养。开展16次专题授课、8次分组研讨，170余名青年干部参加。（郭宗业）

【安全生产和应急管理培训】2022年，区委党校举办1期西城区处级领导干部安全生产和应急管理培训班，区安全生产委会成员单位处级领导干部及区属企业负责人61人参加。培训安排学习贯彻党的二十大精神及习近平总书记重要讲话精神、公共安全与应急管理重要论述，设置安全生产职责、公共安全与应急管理、安全生产信用体系建设等课程，邀请区纪委区监委开展廉政教育。（郭宗业）

【科研咨政和智库建设】2022年，区委党校组织完成12项科研咨政和智库建设课题，包括5项校外课题（市级课题4项）和7项校内课题，其中3项获市级奖励，获北京市思想政治协会重点课题优秀等次，获市委党校课题良好等次，获北京市党建研究会课题二等奖。完成13项党史教育等课题立项，包括9项校外课题（市级课题5项）和4项校内课题立项（区委副书记牵头1项）。全年发表理论文章17篇，包含国家级刊物1篇，省市级刊物7篇，区级刊物6篇。完成市委组织部“加强干部教育培训主阵地建设问题研究”课题调研。向区委、区政府报送决策咨询报告3篇，其中1篇《关于我区居民小区生活垃圾源头精细化治理中存在的问题及建议》获区领导批示、1篇刊登在《西城区改革双周会专刊》上。（郭宗业）

【精品课程建设】2022年，区委党校加强案例教学、模拟教学、情景教学、现场教学等课程建设，打造综合性课程体系。8个现场教学基地列入市委党校系统、区委组织部系统“党性教育基地”，其中“李大钊故居现场教学”和“大栅栏历史文化街区城市有机更新现场教学”纳入“北京市支援合作地区干部人才培训师资库”。7月，“沈家本故居现场教学点”正式挂牌。实施“模块＋专题”新课开发，形成涵盖理论、党建、“四史”等课程。组织新课试讲评审，申报新课选题20门，其中10门新课入选，培育党校精品课程。建立精品课程常态机制，连续3届获市委党校系统精品课奖。选派9名教师备课，参加西城区党的二十大精神宣讲团。

（郭宗业）

党史工作

【概况】 2022年，中共北京市西城区委党史工作办公室（北京市西城区地方志编纂委员会办公室）［简称区委党史办（区志办）］服务保障全区党史学习教育常态化长效化，推进《中国共产党北京市西城区组织史资料（2010—2021）》编写，开展《北京西城革命史词典》修订，开展党史学术研究，推进党史资料征集。以史志宣传月为契机，推出“红色西城话百年”主题巡展，开展西城红色文化系列宣讲，制作推广系列史志文化短视频等，持续推动史志宣传教育工作创新发展。

（陈璐阳 李璇）

【《中国共产党北京市西城区组织史资料（2010—2021）》编写】 2022年，区委党史办（区志办）根据《北京市党史和地方志工作五年规划（2020—2025）》要求，推进《中共北京市西城区组织史资料（2010—2021）》编写。协调全区100余家参编单位，调研区委组织部等重点部门，完成5000余人次领导名录征集、编辑和审核，撰写全书概述、综述、节下序，完成征求意见稿12.2万字；向全区参编单位征求意见。

（陈璐阳）

【《北京西城革命史词典》修订】 2022年，区委党史办（区志办）贯彻落实《中共中央关于党的百年奋斗重大成就和历史经验的决议》精神，吸收西城党史最新研究成果，开展《北京西城革命史词典》修订。制定修订方案，完成目录和检索方式编排、条目增删、条头词修改、勘误史实、更新表述、筛选配图等内容，完成征求意见稿约20万字，组织党史专家审稿。

（陈璐阳）

【学术研讨活动】 2022年，区委党史办（区志办）参加由中央党史和文献研究院、国家文物局指导，市委宣传部、市委党史研究室、中国李大钊研究会、北京市社会科学界联合会主办的首届“北大红楼与伟大建党精神”学术研讨会，组织撰写论文《中国共产党早期北京革命活动中女高师的作用地位及其旧址的保护利用》，入选《北大红楼与伟大建党精神学术研讨会论文集》，出席中山公园来今雨轩举办的学术研讨活动。

（陈璐阳）

【党史资料征集】 2022年，区委党史办（区志办）征集整理西城区年度政治、经济、社会、党建等资料400余条，约5万字。根据编研任务和党史学习教育需要，持续建设党史图书资料库和数据库。完成《中共北京市委执政纪事（2020）》《北京市第十二次党代会以来大事记（2017.6—2022.6）》《北京市推进京津冀协同发展大事记（2018.3—2022.2）》《中国共产党北京历史大事记（2021）》《踔厉奋发、笃行不怠——党的十九大以来首都发展纪实》《中国共产党北京历史（第二卷）》等6部书稿资料报送和意见反馈。

（陈璐阳）

【《会馆里的红故事》编写】 2022年，区委党史办（区志办）围绕西城区域内丰富的会馆特色，挖掘会馆里的红色资源，拟定编写方案，细化编写大纲，明确基本原则，确定基本结构，统一编写体例和语言风格，以崭新视角解读党史人物、党史故事、会馆文化，传承红色基因，弘扬历史文化。完成西城会馆文化、会馆里的红色故事两部分资料稿。

（李 璇）

【党史专题巡展】 2022年，区委党史办（区志办）对照中国共产党成立、抗日战争、新中国成立全市三大红色文化主题片区，推出“红色西城话百年”系列展览，组织开展“铁肩担道义，妙手著文章——纪念李大钊同志英勇就义95周年专题展”“抗战中的西城”“回眸1949”专题巡展。在华电集团、大栅栏街道、京报馆、区检察院等单位展出25场，直接受众4000余人次；在“北京西城”“西城史志网”“千龙网·中国首都网”等推出云展览7场。

（李 璇）

【史志文化宣讲】 2022年，区委党史办（区志办）发挥史志青年宣讲团优势，围绕西城红色文化特色主题，组织宣讲团成员走进西城区初任公务员培训班、团区委、华远集团、什刹海街道、厂桥小学等单位宣讲“中国共产党早期北京革命活动在西城”“觉醒年代的青年与北京西城”“抗战中的西城”等13场。

（李 璇）

【史志文化视频展播】 2022年，区委党史办（区志办）采取大屏小屏、多平台叠加的宣传方式，陆续在“学习强国”学习平台，史志北京、北京西城、千龙网·中国首都网、北京时间等媒体平台推出“足迹”“红色西城话百年”“西城史志文艺节目”“中轴”等4个系列短视频25个，从不同角度展示革命先驱的伟大奉献精神，以及红色遗迹遗址、历史文化地标所承载的深厚历史记忆。

（李 璇）

【党史学习教育资料包编制】 2022年，区委党史办（区志办）梳理、编研宣教成果，集中出版的图书、讲课的内容、举办的展览、录制的视频、创编的史志文艺节目等主要成果，图文并茂地展示西城党史特色亮点内容。通过书包、课表、展厅、多媒体、素材库等5部分，明确提供图书赠送、展陈布置、随展讲解、专题党课、视频展播等多项

8月31日，区委党史办（区志办）赴驻区某部队开展“学习党史必修课，发扬拥军好传统”主题活动

［区委党史办（区志办）供图］

服务内容，引导广大党员干部通过“读”书、“听”课、“观”展、“看”视频、“走”实地等立体化学习，深入学习和传承北京西城厚重的革命文化和优秀的历史文化。（李　璇）

【参加党的二十大精神报告会】 2022年，区委党史办（区志办）组织3名史志青年党员代表参加北京市学习贯彻党的二十大精神宣讲团西城区报告会，在座谈会上就近年来西城区党史编研成果、宣教工作交流发言，汇报为学习宣传贯彻党的二十大精神设计制作“西城区党史学习教育资料包”的新举措，交流做好党史学习教育常态化长效化工作的经验。（李　璇）

【史志服务工作】 2022年，区委党史办（区志办）发挥优势，围绕中心，服务大局，为全区推动党史学习教育常态化和全国文化中心建设提供基础服务保障。为全国文明城区创建工作领导小组提供文字、图片资料。参与西城区红墙意识教育基地展陈提升工作，负责“绝对忠诚”展陈内容的完善更新提升。组建审核团队做好史实把关，为区委宣传部、区纪委区监委、区文化和旅游局、市规划自然资源委西城分局、区委党校、区图书馆、区档案馆等单位，审核舞台剧、期刊、画册、展览、微信文章等10余种100余件次，共30万余字，500余幅图片。协助北京广播电视台《这里是北京》栏目，录制《古今辉映、文萃西城》纪录片，从“李大钊在西城”“我是革命者”等方面讲述李大钊、高君宇、缪伯英、邵飘萍、荣耀先等革命者的光辉事迹。开展送书送学活动，向街道社区、驻区部队、企业园区、地区单位等赠送《中国共产党北京市西城区历史（1921—2012）》《革命者》《红色西城话百年》《北京市西城区志》等各类史志书籍60种2000余本。

（陈璐阳　李璇）

【史志宣传阵地拓展】 2022年，区委党史办（区志办）加强与传统媒体和新媒体联系，在“北大红楼”“史志北京”“北京西城”“智慧广外”及《北京西城报》《西城追忆》等媒体报刊平台上发表《中国共产党早期北京革命活动中女高师的作用地位及其旧址的保护利用》《马列主义的“点种”——李大钊与北京女高师》《左翼文化在西城》《党的历史上第一部正式党章诞生》等20余篇文章，报送信息31条。人民网、北京时间、千龙网、中国首都网、北京新闻等媒体报道史志活动50余次。（李　璇）

【史志宣传月】 10月，区委党史办（区志办）开展以“喜迎盛会、史向未来”为主题的西城史志宣传月活动。通过“九个一”活动（推出一系列党史基本著作转化成果、开辟一个红色文化学习专栏、举办一组主题巡展、组织一系列宣传活动、开展一系列短视频展播、编制一个党史学习资料包、编写一本精品年鉴、推进一部地名志编写、配合录制一部纪录片），组织和参与线上线下各类史志主题活动30余次，举办专题展览10场、史志宣讲4场。

（李　璇）

（责任编辑　晏　畅）

西城区人民代表大会

综　述

2022年，北京市西城区人民代表大会常务委员会（简称区人大常委会）学习贯彻习近平法治思想、习近平总书记关于坚持和完善人民代表大会制度的重要思想，学习宣传贯彻党的二十大精神，贯彻习近平总书记对北京重要讲话精神，深刻理解“两个确立”，增强“四个意识”，坚定“四个自信”，做到“两个维护”，坚持党的领导、人民当家做主、依法治国有机统一，深入贯彻中央和市委、区委人大工作会议精神，认真落实市、区第十三次党代会部署要求，坚持以新时代首都发展为统领，聚焦首都功能核心区职责使命，紧扣人民群众重大关切，践行“红墙意识”，追求和践行首善标准，依法履行各项职责，推动工作取得新成效、实现新发展。全年召开常委会会议9次，主任会议22次，常委会审议议题72项，作出决议决定7项，形成审议意见书17份，任免国家机关工作人员119人次，接受2名区政府领导人员辞去职务。区十七届人大二次会议依法选举83名北京市第十六届人民代表大会代表和西城区人民政府区长。提升区人大常委会法治建设水平，依据政府采购规定，选聘1家律师事务所作为区人大常委会常年法律顾问机构。

推动制度机制创新完善。修订西城区人民代表大会议事规则，规范完善代表大会议事制度。制定西城区人大代表列席区人大常委会会议办法，保障代表参与常委会工作。完善机关规范化管理，制定常委会网站管理办法等6项制度。建立任务清单制度，首次制定实施党组民主生活会整改任务、常委会年度工作任务2项清单，确保全年目标任务完成。坚持驻会主任办公会制度，定期听取机关各部门汇报，协调落实各项任务。探索代表家站建设、议案办理、预算监督等工作新机制，促进相关工作制度化规范化。

（李　锟）

重要会议

【十七届人大常委会会议】 2022年，区十七届人大常委会召开会议9次，审议议题72项。听取和审议区政府关于西城区地方政府债务情况及预算调整方案报告；听取和审议区政府关于西城区2021年环境状况和环境保护目标完成情况报告；听取和审议区政府关于中小企业发展情况报告；听取和审议区人大常委会执法检查组关于开展《北京市非机动车管理条例》执法检查情况报告；听取区人大常委会法制办公室关于备案审查工作情况报告；听取和审议区政府关于西城区2022年新增第二批次政府债务及预算调整方案的报告；听取和审议区人大常委会执法检查组关于开展《北京市接诉即办工作条例》执法检查工作情况报告；听取和审议区政府关于西城区2021年决算（草案）报告、关于西城区2021年预算执行和其他财政收支的审计工作报告、关于西城区2022年上半年国民经济和社会发展计划执行情况的报告、关于西城区2022年上半年预算执行情况的报告；听取和审议区政府关于西城区重大建设项目推进情况报告；听取和审议区政府关于西城区2021年国有资产管理情况综合报告、关于2021年企业国有资产管理情况专项报告；听取和审议区政府关于国际消费中心城市示范区建设情况报告；听取和审议区政府办理区十七届人大一次会议关于落实积极应对人口老龄化国家战略，全面提升养老服务能力的议案情况的报告，专题询问养老服务工作；听取和审议区政府关于推进义务教育阶段“双减”工作情况报告；听取和审议区政府关于西城区城市规划实施工作情况报告；听取和审议区政府关于西城区2021预算执行和其他财政收支审计查出问题整改情况报告、关于西城区2022年1—9月预算执行和预算调整情况报告等事项。（李　锟）

【十七届人大常委会主任会议】 2022年，区十七届人大常委会召开主任会议22次（详见表2），审议议题87项。研究区人大常委会2021年工作要点（草案）和2021年区人大常委会会议、主任会议预安排（征求意见稿）；研究确定关于检查《中华人民共和国安全生产法》和《北

11月16日，北京市西城区第十七届人民代表大会第二次会议召开　　（区人大常委会　供图）

京市安全生产条例》贯彻实施情况方案；研究《北京市西城区人大常委会规范性文件备案审查办法》修订稿；研究《西城区人大常委会法律顾问工作规则》，决定会后印发实施；以金融街发展建设三十周年为契机，听取区政府关于金融街建设发展三十年有关情况的报告；研究北京市西城区人民代表大会常务委员会关于西城区人民代表大会换届选举决定（草案）；研究北京市西城区人民代表大会代表换届选举工作方案（草案），北京市西城区选举委员会办公室主任、副主任、成员名单草案，西城区选举委员会各分会组成人员名单草案，区选举委员会、选举办公室、选举委员会分会、选区工作组职责草案；研究北京市西城区人民代表大会常务委员会关于开展第八个5年法治宣传教育决议（草案）；研究区十七届人大一次会议有关事项等。（李　锟）

【区委第六次人大工作会议】 3月3日，中共北京市西城区委召开第六次人大工作会议，学习贯彻中央人大工作会议和市委第六次人大工作会议精神，部署西城区人大工作。会议传达习近平总书记在中央人大工作会议重要讲话精神和会议精神，传达市委第六次人大工作会议精神及中央《关于新时代坚持和完善人民代表大会制度，加强和改进人大工作的意见》和市委《关于贯彻落实中央人大工作会议精神，以首善标准做好新时代人大工作的意见》。区人大常委会委员组成人员和部分区人大代表参加会议。（李　锟）

【十七届人大二次会议】 11月16至18日，北京市西城区第十七届人民代表大会第二次会议在中国职工之家举行。349名代表出席会议。大会依法选举产生孙硕等83名北京市第十六届人民代表大会代表，选举刘东伟为西城区人民政府区长；新当选的北京市西城区人民政府区长刘东伟进行宪法宣誓；会议审议《北京市西城区人民代表大会议事规则（修订草案）》和关于《北京市西城区人民代表大会议事规则（修订草案）》说明，表决通过《北京市西城区人民代表大会议事规则》。（李　锟）

表1　　2022年北京市西城区十七届人大常委会会议一览表

时间	次别	主要内容
2月24日	第2次	审议通过区十七届人大常委会代表资格审查委员会组成人员名单，新任命的人员宪法宣誓；传达学习北京市十五届人大五次会议精神；听取区十七届人大一次会议代表议案、建议情况分析报告；审议通过区人大常委会2022年工作要点和会议议题预安排，决定印发实施，并向社会公布；审查区政府落实区人大常委会关于公共卫生应急管理体系建设情况报告审议意见的书面报告；审查区政府落实区人大常委会关于第七次全国人口普查工作情况报告审议意见的书面报告；决定任命鲁征为北京市西城区人民政府副区长（挂职至2022年4月）；审议并表决通过区人民政府、区监委、区人民法院、区人民检察院提请的其他任免议案。区十七届人大一次会议选举的区人民检察院检察长祁治国和此次会议任命的部分人员宪法宣誓
4月28日	第3次	听取和审议区政府关于西城区地方政府债务情况及预算调整方案的报告，听取区人大财政经济委员会预先审议情况的汇报。会议决定，批准区政府提出的《关于西城区地方政府债务情况及预算调整方案的报告》和2022年西城区预算调整方案；由区人大常委会预算审查办公室根据会议的审议意见，整理起草审议意见书，经主任会议研究后，交区政府研究处理；听取和审议区政府关于西城区2021年环境状况和环境保护目标完成情况的报告，听取区人大城建环保委员会预先审议情况的汇报会议决定，由区人大常委会城建环保办公室根据会议的审议意见，整理起草审议意见书，经主任会议研究后，交区政府研究处理；听取和审议区政府关于中小企业发展情况的报告，听取区人大财政经济委员会预先审议情况的汇报。会议决定，由区人大常委会财政经济办公室根据会议的审议意见，整理起草审议意见书，经主任会议研究后，交区政府研究处理；听取和审议区人大常委会执法检查组关于开展《北京市非机动车管理条例》执法检查工作情况的报告。会议决定，由区人大常委会法制办公室根据会议的审议意见，整理起草审议意见书，经主任会议研究后，交区政府研究处理；听取区人大常委会法制办公室关于备案审查工作情况报告；依法审议区人大常委会主任会议提请的人事任免事项，听取区人大常委会代表资格审查委员会的审查意见，决定接受陈守军因工作调动辞去北京市西城区第十七届人民代表大会代表职务的请求。会议审议通过区人民法院提请的人事任免事项，向新任命人员颁发任命书

续表 1

时间	次别	主要内容
6 月 30 日	第 4 次	听取和审议区政府关于西城区 2022 年新增第二批次政府债务及预算调整方案的报告；会议决定，批准西城区 2022 年新增第二批次政府债务及预算调整方案；听取和审议区人民法院关于深入开展民事诉讼程序繁简分流改革试点工作情况的报告。会议决定，由区人大常委会法制办公室根据此次会议的审议意见，整理起草审议意见书，经主任会议研究后，交区人民法院研究处理；听取和审议区人大常委会执法检查组关于开展《北京市接诉即办工作条例》执法检查工作情况的报告。会议决定，由区人大常委会社会建设办公室汇总整理本次会议的审议意见，起草审议意见书，经主任会议研究后，与执法检查相关的资料，交区政府研究处理
7 月 28 日	第 5 次	听取和审议区政府关于西城区 2021 年决算（草案）的报告、关于西城区 2021 年预算执行和其他财政收支的审计工作报告、关于西城区 2022 年上半年国民经济和社会发展计划执行情况的报告、关于西城区 2022 年上半年预算执行情况的报告。会议表决通过北京市西城区人民代表大会常务委员会关于批准西城区 2021 年决算及其报告的决议和关于批准西城区 2021 年预算执行和其他财政收支情况审计工作报告的决议。会议决定，由区人大常委会预算审查办公室牵头起草审议意见书，经主任会议研究后，交区政府研究处理；听取和审议区政府关于西城区重大建设项目推进情况的报告。会议决定，由区人大常委会城建环保办公室根据会议的审议意见，整理起草审议意见书，经主任会议研究后，交区政府研究处理；审查区政府落实区人大常委会关于开展《北京市非机动车管理条例》执法检查工作情况报告审议意见的书面报告，区政府落实区人大常委会关于中小企业发展情况报告审议意见的书面报告，区政府落实区人大常委会关于西城区 2021 年环境状况和环境保护目标完成情况报告审议意见的书面报告，区政府落实区人大常委会关于西城区地方政府债务情况报告审议意见的书面报告；审议并表决通过关于接受孙硕辞去北京市西城区人民政府区长职务请求的决定，关于接受罗明辞去北京市西城区人民政府副区长职务请求的决定；审议并表决通过免去鲁征北京市西城区人民政府副区长职务的决定；审议并表决通过任命刘东伟为北京市西城区人民政府副区长，决定其代理北京市西城区人民政府区长；审议并表决通过任命朱炳文为北京市西城区人民政府副区长；新任命人员宪法宣誓
8 月 30 日	第 6 次	听取和审议区政府关于西城区 2021 年国有资产管理情况的综合报告、关于 2021 年企业国有资产管理情况的专项报告。会议决定，由区人大常委会预算审查办公室汇总会议的审议意见，整理起草审议意见书，经主任会议研究后，交区政府研究处理；听取和审议区政府关于国际消费中心城市示范区建设情况的报告。会议决定，由区人大常委会财政经济办公室汇总会议的审议意见，整理起草审议意见书，经主任会议研究后，交区政府研究处理；听取和审议区政府办理区十七届人大一次会议关于落实积极应对人口老龄化国家战略，全面提升养老服务能力的议案情况的报告，对养老服务工作进行专题询问。会议决定，由区人大社会建设办公室牵头起草审议意见书，经主任会议研究后，交区政府研究处理。其间，区人大常委会组成人员围绕积极应对老龄化的相关措施、老年人助餐点服务配置、构建云诊疗、智慧医养服务体系建设、老年人家庭医生服务等方面的问题进行现场询问，区政府副区长陈大鹏和区商务局、区卫生健康委负责人回答询问；听取和审议区人大常委会执法检查组关于开展《中华人民共和国兵役法》执法检查工作情况的报告。会议决定，由区人大社会建设办公室牵头起草审议意见书，经主任会议研究后，交区政府研究处理；审议通过区人大常委会关于补选西城区第十七届人民代表大会代表的决定和补选代表工作的实施方案；审议并表决通过区人民政府、区人民法院提请的人事任免议案
9 月 29 日	第 7 次	听取和审议区政府关于推进义务教育阶段“双减”工作情况报告。会议决定，由区人大常委会教科文卫办公室汇总会议的审议意见，整理起草审议意见书，经主任会议研究后，交区政府研究处理；听取和审议区政府关于西城区城市规划实施工作情况的报告。会议决定，由区人大常委会城建环保办公室汇总会议的审议意见，整理起草审议意见书，经主任会议研究后，交区政府研究处理；审议西城区人民代表大会议事规则（修订草案），决定对修订草案作进一步修改和完善后，交各代表团会前活动时讨论，之后，提交区十七届人大二次会议审议；审议通过关于召开西城区第十七届人民代表大会第二次会议的决定；审查区政府落实区人大常委会关于开展《北京市接诉即办工作条例》执法检查工作情况报告审议意见的书面报告和区人民法院落实区人大常委会关于深入开展民事诉讼程序繁简分流改革试点工作情况报告审议意见的书面报告；审议并表决任命李翰阳为北京市西城区人民政府副区长（挂职至 2023 年 9 月），新任命人员宪法宣誓

续表 1

时间	次别	主要内容
10 月 27 日	第 8 次	听取和审议区政府关于西城区 2021 预算执行和其他财政收支审计查出问题整改情况的报告、关于西城区 2022 年 1 月至 9 月预算执行和预算调整情况的报告。会议决定，由区人大常委会预算审查办公室汇总会议的审议意见，整理起草审议意见书，经主任会议研究后，交区政府研究处理；听取和审议区人大常委会代表资格审查委员会关于补选区第十七届人民代表大会代表的代表资格审查报告和关于代表资格审查情况的报告，确认补选的区十七届人大代表刘东伟的代表资格有效，440 名区人大代表的代表资格有效；审议通过关于举行区十七届人大二次会议的有关事项；审查区政府落实区人大常委会关于西城区重大建设项目推进情况报告审议意见的书面报告和关于全域无隐性债务试点工作完成情况的书面报告；审议并表决通过区政府和区人民法院提请的任免议案，区政府新任命人员宪法宣誓
11 月 24 日	第 9 次	听取和审议区政府关于十七届人大一次会议代表议案、建议办理情况的报告；通过关于召开西城区第十七届人民代表大会第三次会议的决定；审查区政府落实区人大常委会关于西城区 2021 年决算报告和 2022 年上半年预算执行情况报告审议意见的书面报告，关于西城区 2021 年预算执行和其他财政收支审计工作报告审议意见的书面报告，关于西城区 2021 年国有资产管理情况综合报告和西城区 2021 年企业国有资产管理情况专项报告审议意见的书面报告，关于国际消费中心城市示范区建设情况报告审议意见的书面报告，关于区十七届人大一次会议关于落实积极应对人口老龄化国家战略，全面提升养老服务能力的议案办理情况报告审议意见的书面报告，关于开展《中华人民共和国兵役法》执法检查工作情况报告审议意见的书面报告；审议并表决通过区检察院提请的免职议案
12 月 22 日	第 10 次	初步审议区政府、区人民法院、区人民检察院和区人大常委会工作报告，决定将这四项报告作适当修改后交各街道代表联组讨论；听取和审议区人大常委会关于区十七届人大一次会议代表议案、建议办理情况的报告；听取和审议区人大常委会代表资格审查委员会关于代表资格审查情况的报告，依法确认 440 名区人民代表大会代表的代表资格有效；审议通过关于举行区十七届人大三次会议的有关事项；审查区政府落实区人大常委会关于推进义务教育阶段“双减”工作情况报告审议意见的书面报告；区政府落实区人大常委会关于西城区城市规划实施工作情况报告审议意见的书面报告

（李　锟）

表 2　　2022 年北京市西城区十七届人大常委会主任会议一览表

时间	次别	主要内容
1 月 18 日	第 2 次	研究 2022 年区人大常委会会议、主任会议议题预安排；研究关于西城区人大常委会教科文卫体办公室更名及部分职能调整的请示；研究西城区人大各专委会对口联系的区委和“一府一委两院”工作机构；听取关于西城区第十七届人民代表大会第一次会议期间各代表团对政府工作的审议意见、建议汇总情况汇报
2 月 9 日	第 3 次	研究人事事项；研究区人大常委会 2022 年工作要点；研究 2022 年区人大常委会会议、主任会议议题预安排；研究区十七届人大一次会议代表议案、建议；研究区十七届人大常委会代表资格审查委员会组成人员名单草案；研究区人大常委会 2022 年学习计划；听取关于区十七届人大常委会第二次会议有关议题准备情况的汇报
2 月 23 日	第 4 次	研究人事任免事项
3 月 10 日	第 5 次	研究确定区十七届人民代表大会预算监督代表小组名单；研究确定区人大常委会关于贯彻落实《北京市非机动车管理条例》执法检查方案
4 月 14 日	第 6 次	研究人事事项；研究确定区人大常委会关于对区政府办理区十七届人大一次会议议案的监督工作方案；研究确定区人大常委会关于检查《北京市接诉即办工作条例》实施情况的工作方案；研究确定区人大常委会关于检查《中华人民共和国兵役法》实施情况的工作方案；听取区政府关于落实“五有”，构建“六力齐发”退役军人服务新模式情况的报告；听取区政府关于核心区城市更新立法需求专题报告；研究区十七届人大常委会预算监督顾问名单；听取关于区十七届人大常委会第三次会议有关议题准备情况的汇报

续表 2

时间	次别	主要内容
5 月 12 日	第 7 次	研究确定区人大常委会关于西城区 2021 年环境状况和环境保护目标完成情况报告的审议意见书；研究确定区人大常委会关于中小企业发展情况报告的审议意见书；研究确定区人大常委会关于西城区地方政府债务情况报告的审议意见书；研究确定区人大常委会关于开展《北京市非机动车管理条例》执法检查工作情况报告的审议意见书
6 月 16 日	第 8 次	听取区政府关于推进数字经济发展情况的报告；听取区政府关于首都功能核心区控制性详细规划三年行动计划（2020—2022 年）实施情况的报告；听取关于区十七届人大常委会第四次会议有关议题准备情况的汇报
7 月 14 日	第 9 次	听取区政府关于化解信访积案专项工作情况的报告；听取关于创建全国文明城区工作情况的报告；听取区人民检察院关于开展未成年人检察工作情况的报告；研究确定区人大常委会关于开展《北京市接诉即办工作条例》执法检查工作情况报告的审议意见书；研究确定区人大常委会关于深入开展民事诉讼程序繁简分流改革试点工作情况报告的审议意见书；研究北京市西城区人大代表列席区人大常委会会议办法（草案）；听取关于区十七届人大常委会第五次会议有关议题准备情况的汇报
7 月 26 日	第 10 次	研究人事任免事项
8 月 9 日	第 11 次	研究人事事项；听取区政府关于西城区健康联合体建设试点工作进展情况的报告；研究确定区人大常委会关于西城区 2021 年决算报告和 2022 年上半年预算执行情况报告的审议意见书；研究确定区人大常委会关于西城区 2021 年预算执行和其他财政收支审计工作报告的审议意见书；研究确定区人大常委会关于西城区重大项目推进情况报告的审议意见书；听取关于西城区第十七届人民代表大会第一次会议代表建议及办理情况报告的说明；研究补选区人大代表事项：①宣读区委的推荐意见；②研究区人大常委会关于补选代表的决定（草案）；③研究区人大常委会关于补选代表工作实施方案（草案）；听取关于区十七届人大常委会第六次会议有关议题准备情况的汇报
8 月 29 日	第 12 次	研究人事任免事项
9 月 15 日	第 13 次	听取区政府关于西城区服务央产老旧小区改造工作情况的报告；听取区政府关于西城区中轴线申遗保护项目推进情况的报告；听取区政府关于金融街建设和发展三十年有关情况的报告；听取区政府关于以基层治理现代化为指引，全力构建西城区大调解工作格局情况的报告；研究西城区人民代表大会议事规则（修订稿）；研究确定区人大常委会关于西城区 2021 年国有资产管理情况综合报告和企业国有资产管理情况专项报告的审议意见书；研究确定区人大常委会关于国际消费中心城市示范区建设情况报告的审议意见书；研究确定区人大常委会关于区政府《关于落实积极应对人口老龄化国家战略全面提升养老服务能力的议案办理情况报告》的审议意见书；研究确定区人大常委会关于《中华人民共和国兵役法》执法检查情况报告的审议意见书；研究关于举行区十七届人大二次会议的决定草案；听取关于区十七届人大常委会第七次会议有关议题准备情况的汇报
9 月 28 日	第 14 次	研究人事任免事项

（李　锟）

人大监督

【专项工作监督】2022 年，区人大常委会听取审议区政府关于城市规划实施情况、重大建设项目推进情况、上年度环境状况和环境保护目标完成情况等报告，监督核心区控规 3 年行动计划实施情况、中轴线申遗和全国文明典范城区创建工作。推动区政府以规划实施为引领，以城市更新为抓手，持续优化中央政务环境和市民工作生活环境。把握减量背景下经济高质量发展新要求，听取审议区政府关于中小企业发展情况、国际消费中心城市示范区建设情况等报告，监督数字经济发展情况、金融街建设发展 30 年情况。为优化企业发展环境、培育区域经济发展新动能提供支持。回应群众关切，听取审议区政府关于推进义务教育阶段“双减”情况报告，监督西城区健康联合体建设试点、央产老旧小区综合整治、助残服务、就业、养老等民生热点问题。加强司法工作监督，听取审议区法院关于深入开展民事诉讼程序繁简分流改革试点情况报告，监督构建西城区大调解工作格局、区检察院开展未成年人案件检察情况，推动通过法治方式为民解纷、为民服务。（李　锟）

【财经审查监督】2022 年，区人大常委会推进预算绩效监督，制定方案，采取 8 项措施：开展预算绩效全过程监督、财政政策监督、街道预算管理监督、“双重项目”（重点支出、重大投资项目）监督、政府债务监督、推进预算绩效监督全覆盖、推进人大各专门委员会绩效监督和部门预算专项审查。监督绩效审查监督嵌入预算审查全过程，强化政府部门“花钱必问效、无效必问责”绩效理念。优化街道预算管理体制，完善共性预算定额标准，推动街巷物业、垃圾分类两项预算定额重新测算，节约公共支出成本，促进财政资金合理配置。完善政府债务审查监督机制，听取审查西城区地方政府债务情况报告，防范化解政府债务风险。深化“双重项目”监督，审查2022年度新增项目开展绩效目标。坚持开展计划预算法定议题监督，落实“年审+季审”要求，财政经济委员会每季度听取审议区政府计划预算执行情况，依托区人大各专委会监督下年度区政府部门预算专项审查。依法批准决算和预算调整方案。强化审计监督，听取审议区政府审计工作报告和审计查出问题整改情况报告，将审计查出问题及整改情况纳入部门预算审查内容，推动监督结果应用。开展国有资产监督，听取审议区政府关于西城区上年度区政府国有资产管理情况综合报告、企业国有资产管理情况专项报告及专项审计报告，推动政府管好用好国有资产。（李　锟）

【执法监督检查】2022年，区人大常委会开展兵役法、北京市非机动车管理条例、北京市“接诉即办”工作条例3项执法检查。完善“检查报告+问题清单+督促整改”机制，紧盯重点领域，把准关键环节，强化督促整改，推动法治中国首善之区示范区建设。围绕北京市非机动车管理条例贯彻实施，通过组织人大代表参加“身边路边周边”检查、进家站征求意见、集中检查、暗访、问卷调查、现场督办等方式，深化执法检查效果。508名市区人大代表参与，参与率100%。检查《北京市接诉即办工作条例》执法情况，检查街道、政府部门、驻区企业、工地，听取区政府有关部门、部分街道汇报。召开“最美”办件集体、“最美”办件人座谈会，提升“接诉即办”水平。采取小规模多批次实地检查、电话访谈、个别走访等方式开展检查，推动《中华人民共和国兵役法》在全区落实。推进规范性文件备案审查，听取审议上年度区政府备案审查工作情况报告，依法审查《北京市西城区人民政府组织实施房屋征收拆迁强制执行工作规程》。（李　锟）

议案建议

【概况】2022年，区十七届人大一次会议期间，代表提出1件议案，经议案审查委员会审查，大会主席团批准，白纸坊代表团马洪延等12名代表提出“关于落实积极应对人口老龄化国家战略，全面提升养老服务能力的议案”议案（第001号），交区人民政府办理，由区人大常委会审议。收到代表建议38件，交区人民政府办理。按照办理代表建议要求的5种类型归纳，38件建议中，属于财政经济方面4件，占比10.5%；属于城建环保方面13件，占比34.3%；属于交通管理方面4件，占比10.5%；属于教科文卫方面8件，占比21.1%；属于社会法治建设方面9件，占比23.6%。闭会期间，收到代表平类建议11件，交区人民政府办理。区十七届人大一次会议期间，区政府承办人大议案1件、代表建议38件。1件议案办理情况，经区人大常委会审议通过；38件代表建议全部按期办复，其中已经或部分解决、采纳的24件，占比63%；列入计划解决的11件，占比29%；作为工作参考的3件，占比8%。代表签署满意的31件，同意的7件。区政府承办代表平类建议11件，全部办复。（李　锟）

【区十七届人大一次会议重点建议摘要】《关于缓解庄胜广场北侧拥堵的建议》提出，庄胜广场北侧的香炉营头条在西口与宣外大街交会，是交通拥堵点。因毗邻地铁二号线、四号线出口，南北走向人流密集穿越无红绿灯的人行横道（庄胜广场北侧—肯德基段），宣外大街从南向北的机动车须从庄胜广场北侧的“香炉营头条”进地库，形成右转车辆与南北向人流的人车混行交叉。早高峰期间，从地铁口出来的上班人群和驾车上班人群交叉，秩序混乱，非常拥堵。建议：在香炉营头条西口（庄胜广场北侧—肯德基段）已有的人行横道设置红绿灯，控制人流车流，缓解机动车早高峰右转拥堵；在全区其他类似的拥堵路口，设置人行横道红绿灯。

《关于多措并举精准施策缓解停车难问题的建议》提出，提高重要民生实事线索征集，最大程度地体现市民群众诉求。西城区居民对停车方面意见较为突出。65.6%的被调查者认为，“解决老旧小区、胡同居民停车难问题”是西城区“便利性”方面需要保障和改善的首要问题，在全市各区中比重最高。超1/4的被调查者认为“停车设施有偿错时共享、智慧停车”措施无明显成效，居无明显成效民生实事项目的前3位。显示西城居民在对停车难呼声较高的同时，对相应工作成效的认可度尚需提升。建议：根据西城社区空间现状，准确测算区域居住停车缺口。综合考虑周边公共建筑配建的停车场资源、车位占用率，针对不同区域特点精准施策。综合考虑挖潜补建停车设施、共享机关事业单位内部停车位，协调经营性备案停车场，以优惠价格向周边居民提供有偿错时共享车位等方式弥补停车缺口。借鉴海淀区做法，对相应企业给予一定补贴；在完成西城区停车资源管理与应用平台建设基础上，分析平台数据，推进精细化区域停车治理。

《关于在“书香西城”建设中关注特殊群体需求的建议》提出建议：区政府推进“书香西城”建设，关注老年人、孩子、残疾人、阅读障碍者等特殊群体的需求，做好惠民文化工程，为居民提供均等化服务；设立专项资金，支持有关机构和平台采集配置大字版图书、电子读物、盲文书、数字资源、智能听书机、电子显示器、注视放大器等辅助设备，满足特殊人群个性化阅读需求；坚持政府主导，发挥或借助专业机构、社会力量的优势和资源，采取合作、公益、志愿服务等方式，支持惠民文化工程；实施公共文化服务设施建设项目及“文博图”场所数字化、智能化建设，结合特殊人群的阅读、学习、就业需求，提供资源配置，优化服务保障，保证特殊人群实现无障碍地获取和交流信息。（李　锟）

【代表建议督办】 2022年，区人大常委会代表联络室针对代表提出的38件建议，做好归类和分析，明确建议督办重点，提出督办措施，形成议案、建议情况分析报告，分别向“五长”会议、主任会议、常委会会议汇报。区人大常委会主要领导高度重视，多次强调要把办理工作作为推进全过程人民民主、支持代表依法履职、改善民生的大事抓好落实，强化督办力度，提高建议办理质量。主管副主任参加区委2022年区人大代表建议办理工作交办会，向承办部门提出高质量办理要求。建议代表联络部门与区政府办公室协调沟通，综合分析办理重点，完善办理机制，促进代表建议落实。结合新冠疫情防控实际，区政府有关部门主动征询代表意愿。在“上门走访”基础上，加大视频连线力度，实现远程会商、“线上”沟通，确保代表参与、监督办理全过程。加大沟通频次，及时了解代表想法，细致做好解释。开展区级建议“回头看”，对代表关心的难点、热点问题持续关注督办。落实代表在“选民月”期间征求选民意见形成的代表建议。对于短期内解决不了的问题，责成相关部门建台账、明责任、定时限，继续督办。对办理系统升级改造，提高督办效能。区人大常委会代表联络室与区政府办公室加强沟通，做好建议交办承办单位询问进展，了解承办单位落实代表建议计划和联系代表情况。疫情防控期间，通过电话、微信等形式与代表沟通，宣传政府有关政策规定，与代表共商共研，寻求解决途径。询问建议办理结果与办理态度反馈情况，受访代表均表示满意。（李　锟）

【分类督办】 2022年，区人大常委会按照新老结合、有效衔接原则，组建新一届代表建议办理监督员队伍，采取重点督办与分类督办相结合方式，召开重点建议督办会、代表建议分类督办会，推动建议办理质量。召开代表建议分类督办会。召集建议办理的主办“大户”部门，向提出建议代表和代表建议办理监督员亮出办理情况成绩单，邀请代表对建议办理把脉问诊。代表点评建议办理结果，政府部门现场解释，提出改进措施。（李　锟）

【协调督办】 2022年，区人大常委会统筹协调机制。完善人大常委会各专门委员会督办机制。将代表建议分类送交各专门委员会，实行分类督办，推进建议办理。坚持区人大常委会主任、副主任牵头重点督办，各专门委员会分类督办，代表联络部门整体协调督办机制。确保议案办理取得群众满意效果。区人大常委会将监督“养老议案”办理，列为落实中央、市区人大工作会议精神，实践全过程人民民主的重点任务。区人大常委会主任会议研究通过《北京市西城区人大常委会关于对区政府办理区十七届人大一次会议议案情况的监督工作方案》，成立议案办理全过程监督领导小组，明确监督要求。区人大常委会主任张立新主持议案办理工作协调会，提出代表议案督办要求，带领部分区人大代表到白纸坊、新街口街道养老驿站视察调研。发挥人大代表作用，依托“代表联系选民月”活动平台，组织代表深入代表家站，广泛征求人民群众意见建议。区人大常委会开展专题询问，促进议案办理过程成为全过程人民民主实践过程。区人大议案办理工作全过程监督领导小组办公室同区政府议案办理工作领导小组办公室密切联系，及时了解议案办理进展，协调解决问题，推动议案办理落实。区人大常委会主要领导重点督办“关于缓解庄胜广场北侧拥堵的建议”“关于在‘书香西城’建设中关注特殊群体需求的建议”“关于西城区培育建设国际消费中心城市示范区的建议”“关于修整好金融街区域道路铺砖的建议”及“关于多措并举精准施策缓解停车难问题的建议”。（李　锟）

【建议及办理情况公开】 2022年，区人大常委会根据《北京市人大代表建议、批评和意见及其办理情况公开工作意见》和《西城区人大代表建议、批评和意见及其办理情况公开工作办法》要求，将代表建议及办理报告通过区人大常委会网站公开，扩大建议办理影响和社会效果。（李　锟）

代表工作

【人大代表构成】 2022年，北京市西城区第十七届人民代表大会代表共440名，其中女性165名，占比37.5%；少数民族44名，占比10%；连任代表139名，占比31.6%。

【代表联系选民月活动】 2022年，区人大常委会开展代表联系选民月活动。聚焦养老服务、“接诉即办”等热点问题，代表采取上门走访、座谈交流、实地调研等方式听民声、汇民意、聚民智。参与代表412名，参与率94%，联系群众3421人次，征集群众意见建议294件。运用现场解释说明、街道协调处理、责任部门办理、市人大代表建议的分级分类处理机制，推动问题解决，涉及老人就餐多样化需求、老人智能手机应用培训、平房院落环境提升、社区卫生站药品个性化服务、小区停车规范管理、商户占道经营等问题处理。（李　锟）

【立法调研及建议征集】 2022年，区人大常委会组织首都功能核心区城市更新立法需求调研。坚持高位

4月16日，区人大代表到广内街道核桃园社区代表联络站联系选民，征集意见建议

（区人大常委会　供图）

统筹，坚持开门调研，坚持问题导向，邀请部分市区人大代表全程参与，通过问卷调查、典型案例分析、走访座谈、视察调研等形式，广泛征求社会各界意见建议，聚焦核心区城市更新典型案例和现实问题，提出5个方面立法建议，多数建议被市人大采纳。征求《北京市城市更新条例（草案）》和《北京市节水条例（草案）》立法意见建议，组织开展“万名代表下基层”活动，61名市人大代表、327名区人大代表参与。召开座谈会、代表单位交流研讨等方式，广泛征求选民意见建议，区人大常委会将收集的461条立法建议上报市人大，让来自人民群众的“金点子”成为立法为民的“金钥匙”。（李　锟）

【全过程民意汇聚机制】 2022年，区人大常委会加强代表大会会前民意收集，利用代表日常联系选民、集中参加“代表联系选民月”活动、开展视察调研等形式，广泛收集市民群众对区级国家机关工作意见建议，筑牢人大审议各项报告的民意基础。完善代表大会审议意见处理机制，将代表对区人大工作审议意见纳入常委会年度计划。将代表对区政府工作审议意见汇总整理180条，交区政府研究处理，区人大常委会主任会议专题听取区政府研究处理情况报告。拓展区人大常委会民意汇集渠道，围绕年度重点任务，通过视察调研、座谈交流、问卷调查、现场督办等方式，征集人大代表和市民群众意见建议，让民意在人大持续汇聚。扩大群众对区人大常委会工作参与，邀请市民旁听区人大常委会会议。（李　锟）

【代表家站规范化】 2022年，区人大常委会围绕“全覆盖建好家站、规范化管好家站、常态化用好家站”目标，推进人大街工委制度，完善人大代表“月进站、季回家、年述职”机制。按照就近就便原则，指导街道将440名区人大代表安排15个街道代表之家、227个社区代表联络站联系群众、听取民意、开展述职。发挥人大代表家站宣传站、民意窗、连心桥作用，围绕学习宣传贯彻党的二十大精神和市第十三次党代会精神，组织人大代表在代表之家学习研讨，回代表联络站宣传宣讲党中央大政方针和市委决策部署。围绕“接诉即办”、养老服务、立法等民生热点问题，人大各街道工委组织市区人大代表活动715场次、参与代表3125人次，其中在代表家站接待群众5400余人次，让人民群众感受有事找代表、代表在身边。11月10日，区人大常委会在市人大常委会组织召开的代表家站工作经验交流会上作典型发言。（李　锟）

【人大代表服务保障】 2022年，区人大常委会分两期开展代表集中履职培训。学习党的十九届六中全会精神、中央人大工作会议精神、财经审查监督和履职业务知识，以视频会议方式邀请人大代表参加区人大常委会党组理论学习中心组扩大学习。完善人大代表年中区情通报会内容，增加区政府主要领导与人大代表问答环节，交流人大代表关心的问题。落实区人大常委会组成人员联系区人大代表制度，45名常委会组成人员与来自基层一线、驻区企业、两新组织等领域的90名区人大代表建立联系。完善人大代表自主选择列席区人大常委会会议和参加执法检查、视察调研机制，有59人次人大代表列席区人大常委会会议，1310人次代表参与视察检查、调研座谈。向全体区人大代表征集监督议题建议，汇聚代表智慧。区人大代表积极参与北京冬奥会冬残奥会服务保障和全国文明典范城区创建等活动。调查研究街道社区工作者疫情防控状况，形成为街道社区工作者增加专项补助等建议，以市人大代表平时建议方式提交市人大常委会，推动解决街道社区工作者待遇问题。（李　锟）

专门委员会

【概况】 2022年，区人大下设法制、财政经济、教科文卫、城建环保、社会建设5个专门委员会。根据职能，将建议督办与议题调研、代表视察、执法检查相结合，提高建议督办针对性和专业性。（李　锟）

【法制委员会】 2022年，区人大法制委员会按照《中华人民共和国各级人民代表大会常务委员会监督法》要求和区人大常委会安排，协助完成常委会议题和主任会议题，组织

法制委员会成员开展执法检查、视察调研等监督活动。组织视察调研活动6次，参加市区代表864人次，协助区人大常委会审议议题3项，主任会议题3项，配合市人大完成执法检查、专项监督各1项。配合市人大，协助区人大常委会开展《北京市非机动车管理条例》执法检查。围绕6个方面检查重点，检查调研8个重点区域，组织508名市、区人大代表围绕“身边、路边、周边”开展执法检查，代表参与率100%。组织304名市、区人大代表进“家站”，向部分群众直接发放问卷，征集1913名群众参与对非机动车管理意见建议。将市人大代表反馈的检查清单和群众问卷反映的问题，交区政府及有关部门研究处理，督促问题有效解决。根据市人大民族宗教侨务外事办要求，配合做好民族团结进步专项监督工作，协调区民族宗教办公室、牛街街道工委办事处和牛街街道牛街西里二区、德胜街道安德路北社区及部分人大代表、群众代表参加市人大民宗侨办视频座谈会，汇报民族团结进步情况。协助区人大常委会听取审议区法院关于深入开展民事诉讼程序繁简分流改革试点情况报告。听取区检察院未成年人检察工作情况报告。组织区人大代表视察调研区政府全力构建大调解工作格局情况，参观什刹海街道公共法律服务站，听取市公安局西城分局、区人民法院、区民政局、什刹海街道、广内街道调解工作，区司法局汇报调解情况。（李　锟）

【财政经济委员会】 2022年，区人大财政经济委员会召开会议5次，专题审议1次，组织委员代表视察调研13次，399人次委员代表参加活动。完成常委会议题22个，主任会议题15个，形成审查意见书7份提交政府有关部门，通过决议5项。发挥财经委的审查监督职能，财政经济委员会选取熟悉财经预算工作的20名人大代表，组成区十七届人大常委会预算监督代表小组，经区十七届人大常委会第八次主任会议审议通过。聘请预算、审计等领域专家学者7人，组建区十七届人大常委会预算监督顾问，经区十七届人大常委会第三次会议审议通过。两支队伍的组建，为财经委履职提供支持。推进预算绩效监督，制定专项工作方案。成立以区人大常委会主任张立新为组长的领导小组，优化街道预算管理体制，完善共性预算定额标准，坚持绩效审查监督和预算审查监督一体化。加强监督关口前移，区人大常委会主要领导督办，组织委员代表和街道，听取区财政局优化街道财政体制情况，听取区城管委关于街巷准物业管理（街巷保洁）、垃圾分类、违法建设拆除等共性经费预算定额测算情况，提出意见建议。通过绩效监督，促进财政资金合理配置，节约公共支出成本，提升公共产品服务质量。

将企业国有资产调研纳入全区代表参与议题。开展企业国有资产专题调研，通过线上+线下形式，组织区人大代表、财经委委员、预算监督代表小组成员、预算监督顾问，听取区国资委关于区属企业国有资产管理情况和资产保值增值情况报告、金融街资本运营集团公司和华天饮食集团有限公司国有资产管理情况，为区人大常委会审议做好准备。推进人大预算联网监督应用，在区人大第十七届第一次大会期间开展人大预算联网系统同步使用，与会代表实现实时查阅相关数据信息文件。强化日常维护，完善数据内容，实现全口径全过程全方位跟踪财政预决算情况，为人大开展预决算审查监督提供智能化的技术支持和服务。履行经济监督法定职责，严格落实《全国人民代表大会常务委员会关于加强经济工作监督的决定》和《北京市国民经济和社会发展计划审查监督条例》要求。每季度组织召开区人大财经委会议，听取区政府关于国民经济和社会发展计划执行情况的报告。严格按照区十七届人大一次会议批准的西城区2022年国民经济和社会发展计划报告决议，持续监督，用好财政经济委员会、预算监督顾问和预算监督代表小组3支队伍力量，对区政府经济社会发展提出意见建议。组织代表通过现场直播方式观看西单更新场、华威大厦“一店一策”升级改造情况，通过线上会议平台监督审议区政府落实国际消费中心城市示范区建设情况。组织委员代表视察调研金融街发展建设30年发展成果，围绕推动金融科技创新和数字经济发展、助力北交所打造服务创新型中小企业主阵地等方面提出意见建议。（李　锟）

【教科文卫委员会】 2022年，区人大教科文卫委员会组织会议5次，代表和委员100余人次参加，听取和审议专项报告3项，跟踪监督审议意见落实1项。邀请区科信局专家为教科文卫委员会委员做数字科技发展专题培训，学习西城区“十四五”时期科技创新发展规划、促进数字科技发展扶持政策、西城建设全球数字科技标杆城市示范区情况。配合市人大立法调研，区人大教科文卫委员会与区文化和旅游局研读《北京市公共文化服务保障条例（草案）》，对第十三条“设施建设与管理”提出修改意见。组织委员代表听取区政府关于区政府推进数字科技发展情况报告，就信息网络建设、数据交流平台搭建、推动数据互认共享、场景开发和应用、人才引进等方面提出意见建议。组织专题座谈会听取区政府关于健康联合体建设试点报告，代表对健康联合体建设规划、完善体制机制政策、政策宣传引导、大数据信息平台建设及基层社区卫生机构能力建设等方面提出意见建议。组织委员和部分人大代表召开座谈会，听取和预先审议政府推进义务教育“双减”情况报告，了解学校、教师及学生对“双减”政策理解和认识，了解困难和问题，为区人大提出审议意见提供支撑。形成预先审议意见提交区十七届人大常委会第七次会议审议。结合监督议题和市区上下联动等工作，开展属地社区参与全过程人民民主实践探索的民意收集和议题征集，完善人民代表大会会前民意收集机制，拓展监督议题征集渠道，广泛征求人民群众的意见建议，将社会普遍关注问题纳入区人大监督视野，形成监督议题，推动问题解决。履行代表职责，广泛吸纳民意汇集民智，推进全过程人民民主实践在社区落实。落实“月进站、季回家、年述职”工作。围绕《北京市城市更新条例（草案）》《北京市节水条例（草案）》《北京市接诉即办工作条例》实施和养老产业发展、养老能力建设等问题，参加市人大“万名代表下基层”征求意见建议活动，参与区人大代表回选区所在的社区征求群众意见。协调区发展改革委与相关部门领导走访驻区企业，解决企业困难。组织召开专委会会议初步审查区教委下年度部门预算，提出意见建议。监督审查审计问题整改情况，听取整改情况报告。（李　锟）

【城建环保委员会】 2022 年，区人大城建环保委员会召开委员会 5 次，审议研究 6 项议题。其中 3 项常委会议题，3 项主任会议议题。预先审议区政府 2021 年环境状况和环境保护目标完成情况；视察调研和预先审议全区重大建设项目推进情况；预先审议关于城市规划实施工作情况的报告。提出预先审议意见 3 份，提供区人大常委会审议参考。形成区人大常委会审议意见 3 份，经区人大常委会主任会议研究，送交区政府整改落实。听取区住房城市建设委关于《首都功能核心区控制性详细规划三年行动计划（2020 年—2022 年）》完成情况汇报；听取区文化和旅游局关于西城区中轴线申遗保护项目推进情况汇报；听取区住房城市建设委关于全区服务央产老旧小区改造情况汇报。组织 4 次首都功能核心区立法需求的专题调研座谈，听取市区人大代表、区政府有关部门意见建议。视察真武庙五里项目和“天宁 1 号”文化科技创新园，了解老旧小区改造引入社会资本情况和老旧厂房更新改造情况。完成《西城区城市更新立法需求调研分析报告》。受市人大常委会委托，完成《北京市住房租赁条例（草案二次审议稿）》《北京市节水条例（草案）》征集意见。汇总 1986 位市民群众意见建议 199 条，形成立法意见建议 69 条。履行预算监督职能，初步审查区园林绿化局预算编制情况，提出初步审查意见。（李　锟）

【社会建设委员会】 2022 年，区人大社会建设委员会组织代表活动和会议 19 次，参加代表 160 人次，形成调研报告 6 篇，形成审议意见书 4 篇。制定《区人大常委会关于检查兵役法实施情况的工作方案》《区人大常委会关于检查北京市接诉即办工作条例实施情况的工作方案》《区人大常委会关于对区政府办理区十七届人大一次会议议案情况的监督工作方案》，围绕常委会 3 项议题开展监督检查。组织区人大常委会执法检查组成员，采取电话访谈等方式，深入区政府部门、街道、社区实地检查《北京市接诉即办工作条例》贯彻情况。听取相关部门汇报，召开“最美”办件集体、“最美”办件人参加的座谈会，预先审议区政府贯彻实施条例情况自查报告，区人大常委会委员、区人大社会建设委员会委员、区人大代表 27 人次参加执法检查活动。组织区人大常委会执法检查组成员，协调做好疫情防控和执法检查。实地检查德胜街道、区退役军人服务中心、区武装部，听取政府工作部门和街道办事处汇报，查阅配套政策文件和工作台账，预先审议区政府实施《中华人民共和国兵役法》情况报告，区人大常委会委员、区人大社会建设委员会委员、区人大代表 24 人次参加执法检查活动。完成《西城区人大常委会执法检查组关于兵役法执法检查情况的报告》。组织委员和代表视察同和居月坛店、广外街道市民服务中心就业情况，听取广外街道关于国家级充分就业街道创建情况汇报和区人力社保局关于区政府就业情况汇报。组织委员和代表视察区退役军人服务中心政务服务大厅、白纸坊街道退役军人服务站和半步桥社区退役军人服务站，查看退役军人接待窗口、老兵之家设置情况，听取区退役军人局关于退役军人服务保障体系建设情况汇报，形成《关于区退役军人服务保障工作情况的调研报告》。组织委员和代表听取区文明办关于西城区文明城区常态化创建情况汇报，组织座谈交流，形成《关于西城区创建全国文明城区工作情况的调研报告》。组织委员和代表听取西城区开展治理重复信访、化解信访积案情况汇报的座谈交流，形成《关于区政府化解信访积案专项工作情况的调研报告》。组织委员初步审议区人防办关于下年度部门预算编制情况，将审查情况和意见建议提请区人大常委会主任会议审议。（李　锟）

（**责任编辑　晏　畅**）

西城区人民政府

综　述

2022年，西城区人民政府落实市第十三次党代会部署，坚定不移强服务、保平安、战疫情、促发展、稳经济、惠民生，完成区十七届人大一次会议确定目标任务。

推动高质量发展。制定关于服务保障国家金融管理中心建设的意见。全方位服务北交所发展。举办2022金融街论坛年会及金融街建设与发展30年活动、全球金融科技大会，建立全球金融科技中心城市网络。新增“两区”项目177个，预计投入1504亿元，平均金额8.5亿元，保持全市领先。服贸会“两区”重大项目签约155亿元，排名全市第一。发布建设全球数字经济标杆城市示范区实施方案，举办“全球数字经济大会西城分论坛”。打造马连道国际·茶·数字孪生街区，启动全国数字经济产业园联盟链建设，创立开放性对话合作平台“马连连会客厅”。推进国际消费中心城市示范区建设，实施高品质商圈改造提升行动，引进一批首店、旗舰店。地安门商场化身“新地佰”重张亮相。“西单消费节”能级提升，“西城消费”平台开展活动405场，综合撬动消费13.5亿元。推进老字号传承与创新发展意见，西城老字号组团亮相进博会，跨界创新发展取得实效。创新“双管家”服务模式，“服务包”企业增至千余家。在全市率先实现社区政务服务规范化建设全覆盖，在金科新区建设首个楼宇政务服务站。发布助企纾困政策落实指引，为中小微企业减免房租2.9亿元、融资6.9亿元。

着力提升城市环境品质。出台城市更新五年行动计划，完成1100户申请式退租，启动白塔寺宫门口东西岔全市首个直管公房申请式换租项目。地安门外大街、旧鼓楼大街实现亮相。西单更新场、菜西片获评首届北京城市更新“最佳实践”。西长安街街道成为全市首个全面完成架空线入地的街道，天宁寺桥桥下空间变身“公共活力空间”。新建便民商业网点21家，入选全国城市一刻钟便民生活圈试点地区。开展北京第二实验小学等7所学校、医院周边交通疏堵治理，完成5处交通疏堵及18公里慢行系统改造，新增31个错时共享停车场。5G等新型基础设施建设水平保持全市领先，“市容环境大数据分析与处置管理”等4个“城市大脑”应用场景基本完成。新增茶马游园和白纸坊智能体育公园等绿地9300余平方米，完成34千米慢行林荫道路建设和玫瑰公园、南礼士路公园全龄友好型公园改造，拓展群众身边绿色空间。

打造历史文化名城“金名片”。推进中轴线申遗牵头任务，完成谦祥益、南棂星门等项目，“万象中轴”数字体验项目让历史文化“活”起来。完成云南新馆等项目修缮，推进杨椒山祠等9个项目，国立蒙藏学校旧址本体修缮及周边环境整治项目竣工。“白塔夜话”升级为更具影响力的文化IP。出台推动文化产业高质量发展若干措施。十月星吧广场等15家园区被认定为市级文化产业园区，北京DRC工业设计创意产业基地获“北京版权保护示范园区（基地）”称号。天桥演艺区入选第一批国家级夜间文化和旅游消费集聚区名单。

保障服务民生民计。社会事业发展和公共服务水平在全市保持领先，就业保持稳定，连续8年获评“北京市充分就业区”。新建7个养老服务驿站，新增家庭养老照护床位500张，创建区级巡视探访基本公共服务标准体系，将特困供养、失能失智、高龄独居等老人全部纳入服务范围。健全困难家庭精准识别和帮扶机制，发放各类救助金2亿余元，受益群众1.5万人。开展“质量西城”系列提升行动，连续保持A级标准。新增幼儿园普惠性学位1380个。“点餐到校”引入少年宫、科技馆等校外资源特色课程，被教育部列为“双减”十大经验之一向全国推广。急救站点全部建成，试点运行肛肠医院等5家医疗机构“云诊疗”。推进月坛和金融街健联体试点建设，启动脾胃病医联体建设，完成西长安街街道群众急难愁盼问题区级主责项目，以点带面推动同类问题解决。

落实区人大决议，办理市区人大代表议案1件、建议56件和政协提案229件。吸纳和落实人大代表、政协委员对政府工作的意见建议，回应人大代表、政协委员关切，加强和改进政府工作。推进“该不该、能不能、怎么办”改革，打通内部堵点、解决服务群众痛点难点。坚持过紧日子，优化街道预算管理，提高资金使用效率。（潘　江）

重要会议

【区政府常务会议】2022年，区政府召开政府常务会议35次，讨论议题112个。重要议题有：关于《西城区法治政府建设规划（2021—2025年）》情况汇报、关于《西城区“十四五”时期生态环境保护规划》情况汇报、关于《西城区“十四五”时期产业发展规划》有关情况汇报、关于《西城区“十四五”时期历史文化名城保护规划》情况汇报、关于《西城区“十四五”时期加强全国文化中心建设规划》编制情况汇报、关于《促进金融街高质量发展建设三年行动方案（2022—2024年）》情况汇报、关于制定《西城区促进产业高质量发展若干措施》情况汇报、关于《西城区创新优化营商环境培育和激发市场主体活力实施方案》情况汇报等。（潘　江）

【区政府重点工作任务交办会】1月12日，区政府办召开区政府重点工作任务交办会。区委副书记、区长孙硕与副区长签订责任书，与两家责任单位代表签订任务书。区领导向各责任单位颁发重点工作任务书。金融街服务局、大栅栏街道办事处表态发言。（潘　江）

表3　　2022年西城区人民政府常务会议一览表

次别	时间	主要议题
第2次	1月12日	听取关于人事任免的汇报
第3次	1月19日	听取关于《西城区法治政府建设规划（2021—2025年）》情况汇报、关于《西城区“十四五”时期生态环境保护规划》情况汇报、关于《西城区“十四五”时期产业发展规划》情况汇报、关于《西城区“十四五”时期历史文化名城保护规划》情况汇报、关于《西城区“十四五”时期加强全国文化中心建设规划》编制情况汇报
第4次	1月26日	听取关于西城区2021年安全生产工作和安全生产督察情况汇报，关于西城区2021年消防工作情况和2022年工作思路汇报，关于西城区2021年信访工作情况和2022年工作思路汇报，关于西城区2021年市民热线工作情况汇报，关于西城区2022年人大代表议案、建议及政协委员提案承办情况汇报，关于《西城区建设全球数字经济标杆城市示范区实施方案》情况汇报，关于《西城区关于服务北京证券交易所发展和促进创新型中小企业在北京证券交易所上市若干措施（试行）》情况汇报、人事任免有关情况汇报
第5次	2月16日	听取关于《北京市西城区人民政府2021年法治政府建设年度情况报告》情况汇报，关于西城区2022年为群众拟办重要实事情况汇报，关于2021年市区政府工作报告重点任务、办实事落实情况及2022年分解情况汇报，关于《西城区“十四五”时期金融业发展规划》情况汇报，关于《西城区“十四五”时期加强国际交往中心功能建设规划》情况汇报，关于《西城区“十四五”时期人口发展与调控规划》情况的汇报、人事任免情况汇报
第6次	2月23日	听取人事任免、关于《西城区“十四五”时期智慧城市建设规划》情况汇报、关于《西城区“十四五”时期体育事业发展规划》情况汇报、关于2021年区政府重要会议工作情况及2022年区政府重要会议议题计划编制情况汇报、关于2021年污染防治攻坚战完成情况和2022年污染防治攻坚战行动计划汇报
第7次	3月2日	听取关于《西城区“十四五”时期基本公共服务发展规划》情况汇报、关于西城区“疏解整治促提升”专项行动2021年完成情况和2022年工作计划汇报、关于谭鑫培京剧艺术展览馆工程房屋征收项目发布征收决定情况汇报
第8次	3月9日	听取人事任免情况汇报
第9次	3月23日	听取关于《西城区“十四五”时期科技创新发展规划》情况汇报、关于设立西城区社区矫正委员会情况汇报
第10次	3月30日	听取关于《西城区“十四五”时期住房保障发展规划》情况汇报、关于《西城区“十四五”时期市政道路建设规划》情况汇报、关于西城区人民政府教育督导委员会工作情况汇报
第11次	4月13日	听取会议通报西城区2022年第一季度消防安全形势分析；关于西城区2022年第一季度消防安全工作和第二季度重点工作汇报、关于西城区2022年第一季度安全生产工作和二季度重点工作汇报、关于《西城区城市更新行动计划（2021—2025年）》编制情况汇报、关于2021年度西城区依法行政专项工作数据监测情况汇报、关于西城区2022年义务教育阶段入学工作情况汇报

续表 3

次别	时间	主要议题
第 12 次	4 月 20 日	听取关于西城区 2022 年第一季度城市管理工作情况及第二季度重点工作汇报、关于西城区 2022 年第一季度污染防治攻坚战工作情况及第二季度重点工作汇报、关于西城区 2022 年第一季度“疏解整治促提升”专项行动工作情况及第二季度重点工作汇报、关于西城区 2022 年第一季度经济社会发展形势分析情况汇报、关于西城区中小企业发展情况汇报、关于西城区地方政府债务情况及预算调整方案报告
第 13 次	5 月 17 日	听取关于《促进金融街高质量发展建设三年行动方案（2022—2024 年）》情况汇报、关于制定《西城区促进产业高质量发展若干措施》情况汇报、关于《西城区创新优化营商环境培育和激发市场主体活力实施方案》情况汇报、关于研究制定《关于进一步加强西城区投资促进工作推动经济平稳健康发展的若干意见》情况汇报、关于《西城区支持低效楼宇改造提升的若干措施》修订工作情况汇报
第 14 次	6 月 1 日	听取关于西城区 2022 年新增政府债务及预算调整报告
第 15 次	6 月 23 日	听取关于《西城区贯彻实施〈北京市接诉即办工作条例〉报告》情况汇报、关于《北京市西城区信息化项目管理办法》修订情况汇报、关于《西城区进一步促进老字号传承与创新发展的意见》情况汇报、关于落实《北京市统筹疫情防控和稳定经济增长的实施方案》情况汇报
第 16 次	7 月 13 日	听取关于西城区 2022 年上半年安全生产工作情况和下半年重点工作汇报、关于西城区 2022 年上半年消防安全工作情况和下半年重点工作汇报
第 17 次	7 月 20 日	听取关于《西城区“十四五”时期民兵建设发展计划》情况汇报、关于《西城区 2022 年上半年国民经济和社会发展计划执行情况的报告》情况汇报、关于西城区 2021 年决算和 2022 年上半年预算执行情况汇报
第 18 次	7 月 25 日	听取人事任免情况
第 19 次	8 月 3 日	听取关于《健康西城 2030 规划纲要》阶段性评估报告（2019—2020）有关情况、西城区 2021 年上半年市民服务热线工作情况汇报
第 20 次	8 月 17 日	关于落实《中华人民共和国兵役法》情况汇报、《关于落实积极应对人口老龄化国家战略，全面提升养老服务能力的议案情况的报告》情况汇报、关于西城区 2022 年上半年行政执法工作分析情况汇报
第 21 次	8 月 24 日	听取关于《西城区落实北京市全民科学素质行动规划纲要（2021—2035 年）实施方案》情况汇报、关于西城区上半年税源建设工作情况汇报、关于《西城区建设国际消费中心城市示范区工作情况的报告》情况汇报
第 22 次	8 月 29 日	听取人事任免情况汇报
第 23 次	8 月 31 日	听取关于《西城区推动文化产业高质量发展若干措施》有关情况汇报
第 24 次	9 月 14 日	听取关于西城区 1—8 月支援合作工作情况汇报、关于北京市西城区与河南省安阳市缔结友好城市情况汇报、关于西城区 1—8 月信访工作情况及重复信访积案化解专项工作开展情况报告、人事任免情况汇报
第 25 次	9 月 21 日	听取关于西城区 2022 年政府投资计划调整情况汇报、关于西城区第二批文物建筑活化利用项目情况汇报
第 26 次	9 月 28 日	听取关于西城区推进义务教育阶段“双减”工作情况汇报、关于人事任免情况汇报
第 27 次	10 月 1 日	听取关于西城区全域无隐性债务试点工作完成情况汇报、关于西城区 2022 年 1—9 月预算执行和预算调整情况汇报、关于《西城区 2021 年度预算执行和其他财政收支审计查出问题整改情况报告》情况的汇报、人事任免情况汇报
第 28 次	10 月 26 日	听取关于 2022 年前三季度污染防治攻坚战工作情况及下一步工作思路汇报、关于西城区 2022 年前三季度“疏解整治促提升”专项行动工作情况及下一步工作思路汇报、关于西城区 2022 年前三季度经济社会发展形势分析及下一步工作思路汇报、关于西城区 2022 年第三季度安全生产工作情况及下一步工作思路汇报；关于西城区 2022 年第三季度消防安全工作情况及下一步工作思路汇报、关于西城区 2022 年第三季度行政执法工作情况及下一步工作思路汇报
第 29 次	11 月 3 日	听取关于《西城区推进碳达峰实施方案》情况汇报、关于《西城区行政许可事项清单》情况汇报、关于西城区 2022 年河长制工作情况汇报

续表 3

次别	时间	主要议题
第 30 次	11 月 9 日	听取关于 2022 年前三季度区未保工作情况和下一步工作思路汇报、关于区十七届人大一次会议代表议案和建议办理工作情况汇报
第 31 次	11 月 24 日	听取关于兑现 2021 年度西城园“科创十条”政策（第一批条款）情况汇报、关于兑现中国大唐集团财务有限公司等十四家金融机构产业政策情况汇报、关于申请大栅栏观音寺片区老城保护更新项目资金情况汇报、关于德外安康地块拆迁历史遗留问题情况汇报、关于向区军休安置中心出借财政资金情况汇报
第 32 次	12 月 7 日	听取关于支付西城区常态化检测经费（2022.6.12—10.31）情况汇报
第 33 次	12 月 12 日	听取关于《北京城市总规、核心区控规实施体检西城区自检报告（2021 年度）》情况汇报、关于西城区落实粮食安全责任制情况汇报、关于西城区 2022 年食品药品安全工作情况汇报、关于《西城区委区政府关于服务保障国家金融管理中心建设的意见》情况汇报、关于西城区全面实施预算绩效管理情况汇报、关于《北京市西城区残疾预防行动计划（2022—2025 年）》情况汇报、关于 2023 年元旦、春节期间走访慰问工作安排情况汇报、关于 11 月经济形势分析及下一步推进复工复产工作建议汇报
第 34 次	12 月 14 日	听取关于 2023 年区政府工作报告起草情况汇报、关于西城区 2022 年国民经济和社会发展计划执行情况与 2023 年国民经济和社会发展计划草案情况汇报、关于西城区 2022 年预算执行情况和 2023 年预算草案情况汇报、关于西城区 2022 年政府投资计划执行及 2023 年政府投资计划安排情况汇报
第 35 次	12 月 28 日	听取关于西城区 2022 年环境状况和环境保护目标完成情况汇报、关于申报国家儿童友好城市建设试点有关情况汇报、关于给予国家金融监管部门资金支持情况汇报

（张凯奇）

重要活动

【23 件实事完成】 2022 年，西城区完成 23 件实事。①完成 23 个老旧小区综合整治项目，超额完成年度任务目标。②完成 4814 间平房翻建、修缮，其中翻建 830 间、修缮 3984 间；完成 106 栋楼房综合修缮和 188 个平房院落雨污水管线改造，超额完成年度任务目标。③完成全部 33 个院落海绵化改造工作，提前完成年度任务目标。④完成加装 40 部电梯工作，超额完成年度任务目标。⑤对新街口、月坛等 7 个地区的居民开展采暖季电采暖设备更新工作，完成 4000 余台电采暖设备更新。⑥完成平房区院内 50 座未达标厕所改造任务。⑦开展多轮次“一警六员”实操实训，培训合格人数 4 万余人。⑧推动并巩固全区 938 个重点单位、263 个社区及一般单位微型消防站力量建设，完成全市自防自救平台注册各种形式消防队站 2121 个。⑨完成绿化建设 5007 平方米、屋顶绿化 5096 平方米、垂直绿化 3000 延长米，超额完成年度任务目标；完成首都绿化美化花园式社区创建 5 个、花园式单位创建 2 个，超额完成年度任务目标。⑩完成 40 条慢行林荫路建设，超额完成年度任务目标。⑪完成 14 座二类公厕修缮任务。⑫普查和维修全区小区内照明设施，消除设施损坏现象，安装太阳能路灯 248 盏。⑬完成西绒线胡同等 5 条道路大修工程。⑭新增有偿错时共享停车位 843 个，超额完成年度任务目标。⑮完成北京大学人民医院、广安门医院周边交通综合治理工作，完成实验二小等 9 所学校交通治理工程。⑯为有需求的居家老年人安装“一键呼”设备，完成安装 1.2 万台，超额完成年度任务目标。⑰完成 500 张家庭养老照护床位签约及设备配置工作。⑱完成北京大学第一医院、北京友谊医院 2 家母婴友好医院创建。⑲完成新建生活性服务业网点 21 个，超额完成年度任务目标。⑳完成基本医疗保险定点医疗机构新增工作，41 家零售药店通过评估。㉑在肛肠医院、展览路医院、新街口社区卫生服务中心和德胜社区卫生服务中心开展信用就医试点，试点范围为门急诊和部分住院服务。㉒开展各类公共文化活动 3338 场次，参与群众约 960.82 万人次。㉓ 15 个街道完成新增体育场地健身设施建设任务。（石　萌）

【与北交所签订战略合作协议】 2 月 23 日，西城区政府、全国中小企业股份转让系统有限责任公司和北京证券交易所签订战略合作协议。签约各方围绕“提高服务国家金融管理中心能力，促进中小企业创新发展，支持北交所和全国股转系统市场建设发展，建立健全风险防范和处置合作机制”4 个方面开展合作。（潘　江）

【与国家京剧院签署战略合作框架协议】 11 月 14 日，西城区与国家京剧院签署战略合作框架协议。双方将共同丰富京剧艺术创作和演出，共同促进京剧品牌化项目建设，共同助力公共文化服务体系建设及京剧文化的普及与传播，共同加强文旅融合示范项目打造，共同推进研学实践基地建设，共同深化“京剧发祥地”品牌成果等。（潘　江）

政务服务

【概况】 2022年，西城区政务服务管理局（简称区政务服务局）聚焦企业和群众需求，推进政务服务运行标准化、服务供给规范化、企业和群众办事便利化，三级政务服务体系不断完善。更多政务服务实现网上办、掌上办、一次办，实现跑动次数比例下降8%。"三维体验员""企业小管家"等西城经验获国办专刊刊登。（张祚珩）

【政务服务改革】 2022年，区政务服务局推动营商环境迭代升级。落实"一张清单管许可"目标，编发区级行政许可清单，统筹全区29家责任部门编制区级行政许可事项，历经3轮市区联动，形成涵盖198项区级行政许可事项清单，在政府门户网站向社会公布。深化进厅事项委托受理和授权审批改革，建立区级政务服务事项分级分类管理机制，超比例完成90%的任务目标。形成包括358项事项例外清单、21项事项取消划转清单，被市政务服务局采纳推广。统筹48个部门开展"一把手走流程"行动，推动央产房房改售房、企业上市合法合规信息查询等5项多部门审批事项实现联审联办，实现跑动次数比例下降8%。继续扩大告知承诺事项涵盖领域，涵盖市场准入、工程建设等领域209项，实现超市（便利店）、书店"证照联办"。建立企业服务专办机制，选拔综合窗口骨干与产业部门干部组建企业小管家服务团队，形成"管家＋窗口＋线上"多渠道服务格局，为企业上门推介产业政策、现场业务帮办等服务，为30个区级重点引进企业"快速安家"。（张祚珩）

【政务服务体系建设】 2022年，区政务服务局完善政务服务体系建设，延伸政务服务覆盖范围。整合更多事项进驻区级政务服务大厅，整合不动产大厅涉企业务、涉外签证业务与外国人工作许可业务进驻区级政务大厅，提升区级政务服务大厅国际化水平。推动专业大厅政务服务标准化建设，将政务服务元素植入公安政务服务分中心建设全过程；运用系统联通，实现公安事项与区级大厅政务服务同步办理，成为全市专业大厅与政务服务深度融合样板。扩大街居政务服务体系辐射范畴，完成两个街道的社区政务服务规范化建设全覆盖，出台街居一体化推进方案，实现电子证照在社区应用，实现所有街道257个社区政务服务规范化建设全覆盖。聚焦服务特色产业，推进"党务＋政务"工作，在金科新区新动力金融科技中心建设首个楼宇政务服务站，提供563个高频事项咨询受理，在金融街论坛启动运行。"足不出楼办政务"服务举措被媒体报道。统筹各级大厅推进国际交往语言环境建设，全面提升涉外服务能力。（张祚珩）

11月14日，北京市西城区人民政府与国家京剧院举行战略合作框架协议签约仪式（于志强 摄）

【数字政务建设】 2022年，区政务服务局加快实施数字政务建设，提升便利化水平。区、街、社区政务服务系统实现互联互通，综窗2.0系统在区级大厅上线运行，同步部署区、街、社区政务服务窗口，实现收件、受理、审批、出件全流程标准化，电子证照、电子印章和电子档案等数据复用便捷化，线上线下服务评价一体化，实现全程网办率100%。在电影放映单位设立审批、建筑拆除工程备案等事项实现电子印章应用。在区级、街道大厅分别实现电子营业执照、身份证等97类电子证照调取应用。上线"中央单位和驻京部队服务港"，将区、街政务服务中心"1+15专人专窗"（1个区级政务服务大厅、15个街道政务服务大厅）服务延伸线上，实现"一口进，一口出"服务新模式，实现42个区级、40个街道级特色服务事项在线咨询和申报。（张祚珩）

【政府政务公开】 2022年，区政务服务局围绕企业群众关注重点，深化政府重点工作全过程公开。统筹各部门主动公开信息2.5万余条，新冠疫情防控、优化营商环境、公共文化服务等重点领域信息公开1565条。深化政府会议开放，区政府常务会议信息公开25件。区级大厅、各街道政务服务大厅开设政务公开专区16个，编辑出刊区政府公报2期，为公众提供查阅。出台落实《北京市深化政务公开促进政策服务工作办法》工作指引，强化政策9个环节服务，深化民意征集，在区政府网站对18件政策性文件进行意见征集；以问答、图解等形式对61件政策文件解读，促进政策知晓度和到达率提升。每季度开展对外公开联系电话核查，建立专项或临时公开电话台账，在公开咨询联系电话栏目、政策文件栏目集中公开，提升政务咨询服务效能。（张祎珩）

【政府信息公开】2022年，区政务服务局代区政府受理信息公开申请166件，同比下降62.6%，主要围绕房屋征收拆迁、疏解腾退、政府请示批复等。按照《政府信息公开条例》规定，坚持优化办理机制和严格依法依规答复两手抓。完善政府信息公开指南，确保全区依申请公开受理渠道畅通。实现区政府为主体的信息公开类行政复议、诉讼案件零败诉。指导全区各公开主体办理信息公开申请802件，同比下降40.8%。通过案例分析、案卷评查及拓展培训等方式，提升全区依申请公开服务水平。全区信息公开类案件败诉率降低。（张祎珩）

【政府网站建设】2022年，区政务服务局推进政府网站集约化建设，网站功能不断丰富。通过优化政府网站栏目、升级政策搜索、适老化、区长信箱等功能，提升政府网站信息获取便捷性。推动政策精准直达快享，设置"西城区助企纾困政策集成""惠企政策兑现"等专栏，及时发布企业、群众关注信息，优化政策解读，增加分类展示。探索政府网站与政务新媒体融合发展，在政府网站一级栏目建设"政务新媒体"专栏。丰富区政府英文版网站信息，优化服务功能，强化网站管理，出台《北京市西城区人民政府英文版网站管理制度》《西城区政府网站及政务新媒体"三审三校"工作制度》。区政府网站在全市政府网站及政府系统政务新媒体检查排名第一（北京市政府网站与政务新媒体季度考核）、排名全国（2022年中国政府网站绩效评估）第四。在北京市政府网站与政务新媒体考核中，每个季度均排名第一，取得年度排名第一。（张祎珩）

【政务服务大厅业务办理】2022年，区政务服务大厅接待办事人员252142人次，日均接待1013人次，环比上年度增加2.6%。其中接待外籍人员1535人次。疫情防控期间，政务大厅采取最小单元接待、综合窗口人员轮班等方式处置涉疫人员到访，实现全年线下服务不间断。在区级政务服务大厅设立政策兑现窗口，为演出场所、餐饮门店等市场主体兑现区级控疫情稳发展助企纾困专项补贴，企业最多跑一次即可获取补贴。全年推进事项授权委托，新承接市级下放事项85个，涉及16个委办局进驻区级政务中心集中受理。推动234项专业大厅事项进驻区级大厅办理，实现区大厅及专业大厅多点办理。全年大厅综合窗口收到表扬信160封，锦旗16面，办不成事窗口收到各类诉求33件。全年收到"12345"有效投诉9件，全部解决且满意率100%。（张祎珩）

【政务服务咨询热线】2022年，西城区66007070政务服务咨询热线全年接听公众来电430739通，业务解答626581件，其中电话咨询解答622363件，网上咨询解答4218件（含西城e办事3534件、互动响应平台684件），接通率99.93%。业务解答企业咨询261653件，个人咨询364928件。聚焦办事流程、服务效能等问题，形成3万余件业务转办单，推动个人档案查询、医保报销等事项办理流程优化、运用"快问快答"方式解答公共政策。增加外呼功能，与产业部门联手精准推送助企纾困政策。咨询热线接到来电表扬337件，连续3年获（国家级，由中国电子商会呼叫中心与客户关系管理专业委员会评选）"十佳市政及公共事业热线"奖。（张祎珩）

外事与港澳事务

【概况】2022年，北京市西城区人民政府外事办公室（简称区政府外办）落实区委外事工作委员会办公室职责，加强党对外事工作的领导。服务外交和服务区域高质量发展同向发力，探索国际友城工作新格局，加强涉外管理服务，推进国际交往中心核心承载地建设。（刘姝婕）

【国际交往中心功能建设】2022年，区政府外办推动成立西城区推进国际交往中心功能建设领导小组。以区政府名义印发《西城区"十四五"时期加强国际交往中心功能建设规划》，明确职责分工，推进年度任务落实。牵头完成市政府对区政府绩效考评任务。围绕西单金融街商圈、大栅栏商圈等重点场所，开展外语标识专项核查，重点公共场所外语标识正确率居全市第一。举办2022金融街第四届外语风采汇演，联合区政务服务局为全区24个政务服务中心大厅约300名窗口工作人员开展涉外礼仪与接待外语培训，优化区域国际营商环境。举办西城区国际交往中心功能建设干部素质培训班，加强专业复合型人才培养。编制29期《国际信息参阅》，向区委、区政府提供海外经验借鉴。参加北京市国际交往中心功能建设系列宣传活动，展示西城区工作成效，多个参赛作品获奖，区政府外办获市政府外办颁发的组织奖。（刘姝婕）

【外交外事服务保障】2022年北京冬奥会和冬残奥会期间，区政府外办以冬奥签约酒店为重点，从外语标识核查、外语志愿者储备、涉外礼仪培训、翻译机配备等方面入手，全方位参与各项赛事服务保障；开展暖心行动，为外方客人及相关人员准备生日礼物；发动6个友城政府、友好组织送来视频祝福，烘托友好热烈的冬奥氛围。承接在京外国记者走进什刹海活动。结合国家、北京市对外结好周年节点，承办与日本、韩国、英国等各类主题交流活动。依托区内优质资源，培育海清苑等"小而美""雅而秀"高层级外交外事活动场所。（刘姝婕）

【区域开放发展服务】2022年，区政府外办协助办好2022金融街论坛年会，提升论坛国际影响力和国际参与度。聚焦国际消费中心城市及“两区”建设，举办西城区与白俄罗斯明斯克市列宁区企业线上推介会，两区近40家企业参加，推动双方务实合作。加强涉外资源统筹利用，精准服务世界知识产权组织中国办事处等国际组织。创新开展“外事服务包，助企海外行”系列活动，将APEC商务旅行卡申办、外国人来华签证邀请函核发和领事保护链接融合，为企业提供“套餐式服务”。组织动员居民参加北京市2022年“祖国在你身后”领事保护情景剧大赛，区政府外办获市政府外办、市文明办、市文化和旅游局、市政府侨办颁发的优秀组织奖。

（刘姝婕）

【国际友城交往活动】2022年，区政府外办完善跨部门联动机制，探索国际友城工作新格局、新路径。组织召开国际友城座谈会，邀请前驻外大使，全国友协、市友协及北京市社科院专家等共同谋划西城区国际友城工作，为区域高质量发展新格局扩大国际友城“朋友圈”。以北京与巴黎大区结好35周年及2022中意文化旅游年为契机，同法国、意大利相关城市开展沟通交流，为结好奠定基础。探索与英国伦敦金融城、摩洛哥卡萨布兰卡金融城等城市当地政府建立国际友城关系，完善西城区国际友城布局。利用“云外事”交往模式，巩固友城关系，开展务实合作。（刘姝婕）

【涉外服务管理】2022年，区政府外办坚决做好疫情防控，建立市区协调联动机制，强化防疫统筹。协调解决各类涉外事项，回应外籍人士诉求。调研在区外籍人士和涉外机构、企业有关情况，为涉外服务和政策制定提供支撑，提升涉外管理水平。关注关爱驻外人员和机构，及时发布安全提醒，最大程度维护西城区海外企业、项目和人员生命财产安全及合法权益。

（刘姝婕）

【港澳工作】2022年，区政府外办落实港澳工作要求，履行区政府港澳事务办公室职责。深入学习调研，夯实港澳工作基础。宣传贯彻习近平总书记在庆祝香港回归祖国25周年大会暨香港特别行政区第六届政府就职典礼上重要讲话，与区属相关部门联合举办辅导报告及座谈会；开展涉港澳情况调研，做好服务管理。加强金融务实合作，助力京港澳携手发展。邀请香港嘉宾通过录播和连线方式参与金融街论坛；参加第27届澳门国际贸易投资展览会；参加京港洽谈会，推介区域资源、洽谈合作。落实务实为民理念。注重教育领域合作，提升人文交流水平。（刘姝婕）

服务联络

【概况】2022年，西城区对外联络服务办公室（简称区外联办）协调有关部门做好为驻区中央国家机关及所属事业单位、外省市驻京机构的综合服务。组织西城区与外省市、友好城市合作交流，组织协调外省市来访接待、区级领导赴外省市考察调研。统筹西城区支援合作，组织实施支援合作的中长期规划和政策措施。组织协调有关部门、单位开展支援合作（对口协作、对口合作等），支持对口支援和协作地区巩固脱贫攻坚成果。落实制度标准、评估考核办法组织实施。协调和督促落实相关部门完成市政府下达的服务中央国家机关及所属事业单位、外省市驻京机构以及支援合作的折子工程。疫情防控期间，区外联办建立区领导“包联”部委、外联办“服务专员”机制，加强防控政策宣讲、协调和服务保障。制订《西城区应对30例及以上阳性病例保障驻区中央和国家机关运行工作预案》，制发“一部一册”应急工具箱，保障服务驻区中央和国家机关政务运行和防疫安全。（韩颖　张璇）

【“四个服务”新模式】2022年，区外联办围绕构建服务新模式编制印发方案，组织全市首个构建“四个服务”新模式专家座谈会。落实常态联系机制，区领导带队走访国务院办公厅、国家发展改革委、工信部、生态环境部、国家药监局等多家重点部委，宣传区情，凝聚区域共识。依托新模式，西城区各部门、街道为中央单位提供服务近1万项（次）。落实群众急难愁盼问题、“接诉即办”等重点任务，办理热线诉求39件，社区领哨报到15次，清理央产直管公房15间，清理集体户17人。牵头负责北新华街110号院（产权单位最高人民法院）文物腾退项目，协助西长安街街道向16家中央部委发函促请拆违及整治公房出租。梳理汇总群众急难愁盼问题，督办12个涉中央产权单位项目进度情况。组织产权单位和街道、社区召开工作推进会，协助推动天桥街道华仁路1号楼4单元老楼改造、什刹海街道东煤厂胡同39号院下水道改造及大翔凤胡同6号院房屋破损改造。组织产权单位和属地街道、社区2次现场协调会，协调展览路街道万明园小区7号楼开放电梯、12号楼更换电梯等事宜。（张　璇）

【央地资源共享】2022年，区外联办争取中央单位支持事项260余项。中央单位支持办学场地，增加普惠学位270个。以长椿街幼儿园参政胡同分园开办为样本，打造央产单位提供空间支持解决核心区公共服务设施新模式。全国政协机关、中央党史和文献研究院等8家驻区部委提供50个教育基地、展馆及文化资源，支持西城区中小学生开展爱国主义教育。国家卫生健康委、中国科学院等单位支持西城区民主党派人才库建设。（张　璇）

【驻京机构管理保障】2022年，区外联办落实市委要求，协同区文化和旅游局、区市场监管局和属地街道加大辖区内驻京机构管理，走访驻区驻京机构88次。通过发放服务

指导手册，实现对92家驻京机构管理服务全覆盖，确保党的二十大期间驻京机构安全稳定。（张　璇）

支援合作

【概况】2022年，西城区加大对内蒙古自治区喀喇沁旗、鄂伦春自治旗和青海省玉树州囊谦县等3地资金和项目帮扶力度，组织区支援合作工作领导小组工作会议，分解支援合作任务清单75项，落实37个小组成员单位。区政府主要领导带队调研对接受援地。坚持定期调度机制，推进工作开展，实现支援合作各项考核指标较上年度均有增长。以产业帮扶为重点助力支援合作地区乡村振兴，安排区级财政资金4760余万元，产业项目资金占比62%。动员同仁堂集团、金融街研究院等支持受援地产业发展，直接受益农户23万余人。推进“组团式”人才帮扶，选派教师、医生等专业人才65人开展人才帮扶，帮助受援地打造带不走的人才队伍。组织发动和引导7家部委、4家央企、2家国企参与支援合作。探索成立乡村产业高质量发展促进会，为各界力量参与帮扶搭建平台，凝聚各方合力。开展学校、医院、社会组织、企业、街道等结对帮扶，动员社会力量捐款捐物1635万元。夯实劳务协作，为受援地提供就业岗位2429个，实现就业2800人。奖补受援地就业实训基地，促进支援合作地区群众稳定就业增收。

（叶　丹）

【统战部门支援协作】2022年，区委统战部组织各民主党派、知联会、新联会与内蒙古自治区鄂伦春自治旗6个村、门头沟区8个村开展对口支援合作，广大民营企业投身“万企兴万村”行动，开展义诊、健康讲座、农业技术帮扶等活动。实施新阶层人士助力乡村振兴品牌项目“新苗计划”，全年面向青海省玉树市、囊谦县教育帮扶、内蒙古自治区喀喇沁旗“大手拉小手”主题项目，资助学生431名，资助助学金45万元。（杨冰茜）

【民主党派支援合作】2022年，民革西城区委组织党员参加民革中央“同心庆双节·我为帮扶下一单”活动；促成党员企业与内蒙古自治区鄂伦春自治旗乌鲁布铁镇新兴村签订支援合作协议，捐赠防疫物资N95口罩2000个，一次性医用口罩2000个、医用防护服50套。民盟西城区委发挥乡村振兴专委会作用，购买和帮助销售内蒙古自治区对口帮扶村因疫滞销农产品500余公斤，价值5万余元；开展农业科技培训，免费土壤检测；向门头沟区和内蒙古自治区帮扶地区及河南省南阳市南水北调移民学校捐书近3500册，组织“走进自然与生活中的科学”暑期科学系列活动。民建西城区委协调会员企业与内蒙古自治区鄂伦春自治旗鲁布铁镇向阳村建立帮扶关系，向困难群众捐赠价值1.1万元生活物资。为门头沟区雁翅镇芹峪村拍摄民宿美食宣传视频，助销农特产品。医药卫生界会员赴河北省丰宁县开展帮扶活动，接诊患者近200人次。民进西城区委在内蒙古自治区喀喇沁旗开展“大手拉小手”捐资助学活动，捐助3万余元。在河北雄安新区开展教育培训，培训教师100余人。在贵州省毕节市金沙县、赫章县开展“同心彩虹——教育改变家乡”教育、医疗帮扶，培训教师和医生5000余人次，问诊病人100余人。组织会员参加民进中央“安龙农产品走进民进——我为消费助农下一单”系列活动。九三学社西城区委组织社员在内蒙古自治区鄂伦春自治旗、北京市门头沟区对口协作。组织建筑、规划领域专家社员赴门头沟区雁翅镇高台村，与高台村负责人研究村貌改善、产业提升等问题；组织社内专家多次开展线上培训讲座、实地帮扶调研活动，编制《北京市门头沟区雁翅镇高台村农康旅产业开发运营及景观设计方案》；与区知联会共同组织10余名社内医学专家赴门头沟区高台村、田庄村开展大型义诊活动；联系爱心企业向高台村捐赠3000株欧李苗并完成栽植；通过视频直播形式，组织社内医学、法律专家远程为内蒙古自治区鄂伦春自治旗乌鲁布铁镇春林村村民开展医疗、法律科普。农工党西城区委落实区委统战部乡村振兴工作总体部署，与内蒙古自治区鄂伦春自治旗乌鲁布铁镇新发村签订帮扶协议。调研当地基本情况和医疗帮扶需求，举办“慢性阻塞性肺疾病的防控”线上健康知识讲座，向58个建档立卡贫困户捐赠生活物资。推进门头沟区雁翅镇付家台村结对帮扶，与村委会签订帮扶协议，调研付家台村老龄化问题、产业发展情况，捐赠1500个N95口罩。举办“环境与健康宣传周”线上系列主题活动，开展“老年人肌肉衰减的营养干预”视频讲座，向农工党党员普及老年人营养健康知识。中成康富支部向贵州省大方县卫生健康局捐赠康华云健康机器人1台，价值55万元。致公党西城区委与内蒙古自治区鄂伦春自治旗乌鲁布铁镇春林村开展对接活动。召开“科技帮扶春林村乡村振兴”为主题的线上对接交流会，组织专家党员帮助诊断春林村乡村振兴等问题，提出相关建议。为春林村捐赠2000元防疫物资、50套图书礼包。响应致公党中央倡议，号召党员帮扶重庆市酉阳县，通过“酉好货”致公电商平台，发动党员自愿采购当地优质产品，全年消费25669.86元。致公党西城区委为致公党中央帮扶的贵州省毕节市七星关乡朱昌镇捐赠近万元防护服。台盟西城区委联合农工党西城区委帮扶内蒙古自治区鄂伦春自治旗乌鲁布铁镇新发村，组织农工党党员和台盟盟员开展线上健康知识讲座，向58个建档立卡贫困户捐赠生活物资等活动。继续参与台盟北京市委“助梦启航”活动，31位盟员与驻会干部为门头沟区付家台小学优秀师生捐款5050元。（魏威　宋小华　李娟　刘笑岩　宋淙淙　白天鸣　梁训新　丁冬）

【人民团体对口支援】 5月，区妇联启动“春蕾计划——梦想未来”女童教育帮扶项目，面向对口支援合作地区家庭困难、品学兼优女童开展助学活动。资助内蒙古自治区赤峰市喀喇沁旗困难女童170人9.97万元、内蒙古自治区鄂伦春自治旗困难女童187人10.14万元、青海省玉树藏族自治州囊谦县困难女童114人11.13万元。12月，区青联组织开展“红墙助学”成长帮扶计划，为青海省玉树州囊谦县、内蒙古自治区喀喇沁旗、鄂伦春自治旗等对口支援地区品学兼优学生赠送800份“红墙助学”爱心礼包。开展线上技能培训，链接北京市优质课程资源，为对口支援地区青年开展直播带货、《中华人民共和国民法典》普及、农产品种植等多项技能培训课程，230余人次参与。开展“鸿雁传书，书信手拉手活动”，通过书信来往30名青少年与对口支援地区青少年进行结对。实施“服务千村计划”，吸纳科学技术、教育、经济、金融、法律、医药卫生、文化艺术体育、互联网与信息服务等领域70余人，组建5支服务团，与对口支援地乡村结对帮扶，以普法宣传、健康知识讲座、美丽乡村建设等内容为主题开展线上讲座16场，覆盖乡村青少年450人次。区科协通过科普辐射助力东西部地区协作发展，为内蒙古自治区鄂伦春自治旗和喀喇沁旗两地各配送107种1720册青少年科普读物。

（申骏　杨超　屈佳雯　吕庆娟）

【企业定点支援】 2022年，北京天恒置业集团有限公司与内蒙古自治区喀喇沁旗王爷府镇希庄村村委会签署支援合作协议，采购当地农产品（价值1万元）进行商贸帮扶；与内蒙古自治区喀喇沁旗十家满族乡楼子店村村委会签署支援合作协议，采购当地农产品（价值1万元）进行商贸帮扶。9月，北京金融街投资（集团）有限公司组织“衣暖情深，爱心同行”冬衣募捐爱心活动，为内蒙古自治区鄂伦春自治旗乌鲁布铁镇新兴村、新发村对口扶贫地区捐赠1100余件冬衣。

（王丹　郭岩松）

【教育定点支援】 2022年，全区组织6名教师、2名校长赴内蒙古自治区鄂伦春自治旗完成“组团式”教育人才帮扶专项工作。安排内蒙古自治区鄂伦春自治旗、喀喇沁旗43名和拉萨市12名干部教师到西城区26所学校开展跟岗学习。落实西城区30名干部教师赴内蒙古自治区喀喇沁旗、鄂伦春自治旗开展为期3个月、7个月和13个月的教育人才援派。组织14所学校完成支援合作对口帮扶协议续签。推动优质教育资源共享共建，共同提升基础教育发展质量，北京八中、北京小学、复外一小等学校分别与经开区和河北省张北等地区完成教育结对合作协议签署。以京张携手成功举办2022年北京冬奥会冬残奥会为契机，促进京张两地教育协同发展，加强两地4所中小学校在后冬奥时期开展关于奥林匹克教育、冰雪运动普及等方面交流合作。根据区委、区政府要求，按照《北京城市副中心产业提升市级专班2022年任务清单》和“四区结对”教育领域公共服务对接任务，及《关于推动生态涵养区生态保护和绿色发展结对协作框架协议》和《2022年京津冀协同发展及疏非控人任务交办表》要求，面向与城市副中心、门头沟和河北雄安新区有教育协作任务学校，开展工作进展季报工作。10月8日，北京宣武红旗业余大学响应骨干教师中长期对口扶贫工作，学校选派社区教育中心老师王俊明前往内蒙古自治区喀喇沁旗锦山蒙古族中学开展为期7个月支教。12月，区教委按照助力乡村振兴的战略部署，以一年一度的科研月为契机，同喀喇沁旗、鄂伦春自治旗100余位中小学教师汇聚云端，线上同频研学，推动京蒙两地教育协同发展。

（姚吉磊　杨海蓉）

【卫生健康对口支援】 2022年，区卫生健康委选派挂职管理干部3人、专业技术人才35人，结对帮扶内蒙古自治区喀喇沁旗和鄂伦春自治旗。选派挂职管理干部5人，结对帮扶青海省玉树州囊谦县人民医院。接收内蒙古自治区喀喇沁旗20名、鄂伦春自治旗37名医疗卫生专业技术人员，参加为期30天跟岗培训，组织开展带教、临床技能学习，帮助受援地区医疗卫生专业技术人员提升临床技能和医疗救治水平。

（王　彤）

【银行业专业支援】 2022年，国开行北京市分行发放春耕备耕专项贷款80亿元，发放乡村振兴贷款139亿元，支持首农食品集团等企业发展现代农业，支持供销集团、物美集团保障农资农副产品供应。农行西城支行通过帮扶结对、加大信贷支持力度、优先采购农副产品等方式，巩固拓展脱贫攻坚成果同乡村振兴有效衔接工作。购买河北武强县、贵州黄平县农副产品，助力当

9月23日，九三学社西城区委、西城知联会赴门头沟区开展乡村振兴帮扶义诊活动

（九三学社西城区委　供图）

地农副产品销售。建行西四支行围绕农业龙头企业、集体经济组织等涉农主体加大重点产业信贷投放力度，为中国建筑某局有限公司供应商办理涉农贷款4.6亿元，解决乡镇企业融资难问题。支行与北京市民宿协会、马蜂窝旅游联合以“民宿+互联网平台+新金融”模式，引入京郊2600余家优质民宿入驻建行生活平台。建行西单支行投放乡村振兴涉农贷款1.22亿元，计划完成率98.64%。光大银行北京分行支持乡村振兴，发行主题卡1.3万余张，保障4万余名农民工工资按时足额支付9.9亿元。民生银行北京分行践行乡村振兴战略，涉农贷款余额比上年新增近22亿元。开展党建扶贫、消费扶贫、科研扶贫，同河南滑县老店镇桑寨村党支部、焦虎镇五官村党支部开展党建结对子，分别捐赠10万元，用于援建党建综合体。采购河南滑县农产品130万元，引入无偿帮扶资金50万元。与中国农业大学联合设立“中国民生银行——中国农业大学产业发展合作基金”，定向支持河南滑县发展。促成中国农业大学与滑县打造农业科技示范田项目。

（张磊　周岳昊　杨志欣　王珺　潘远发　崔谊楠）

【保险业专业支援】 2022年，中人保财险西城支公司为农村居民光伏用电提供风险保障，承保农户90888户，支付赔款132.53万元，提供风险保障82439.76万元。太平洋产险北京分公司探索城市型公司服务乡村振兴战略新路径，通过“保险+公益+互联网”创新服务模式，中标中国乡村发展基金会“加油宝贝”保险项目，依托保险精准救助机制，为欠发达地区低收入家庭儿童提供综合健康保障，从源头上阻断因病、因意外事故致贫返贫，巩固脱贫攻坚成果。平安人寿北京分公司参与乡村振兴工作，平安人寿北京分公司参与乡村振兴，员工购置价值91万元的农产品。中国太保寿险北京分公司为服务交通不便及农村偏远客户，建立线上服务体系，支持“智云保”远程投保方式，“云柜面”“慧保全”远程业务办理及“太慧赔”线上理赔申请，“一站式”满足服务需求，全年云柜面服务15096笔，慧保全4738笔，智云保59316笔。

（杨路　杨晓旌　戴书敏　李晶晖）

【证券业专业支援】 2022年，东兴证券股份有限公司协助漳州圆山发展有限公司发行福建省首单上交所乡村振兴公司债，发行规模10.5亿元，助力解决乡村发展资金瓶颈。（赵祥宇）

【商贸服务业专业支援】 2022年，金象复星公司通过区社工委、民政局向内蒙古自治区鄂伦春宜里镇乃木河村捐赠TOAMIT除菌卡1500个，价值5.25万元；捐赠藿香正气口服液600盒，价值3576元。

（董　斌）

【电信业专业支援】 2022年，电信北京分公司贯彻落实集团公司乡村振兴工作部署，结对帮扶新疆喀什疏附县，为疏附县新建的第三中心小学提升教育教学工作的信息化、电子化能力，捐赠智慧黑板35套，价值121.8万元。集中采购新疆疏附县特色产品，采买帮扶产品总计313.93万元。（陈晓萌）

【劳务帮扶技能培训】 2022年，区人力社保局制订9个劳务协作帮扶项目，提供帮扶资金212.9万元。实施中式面点、家政服务、养老护理等9个培训项目，对793名农村劳动力及脱贫人口开展29期职业技能培训。对30名乡村振兴带头人开展创业培训，建立4个乡村振兴带头人实训基地，吸纳554名农村劳动力实现就业。（贾子辰）

【支援合作交流互访】 7月27日，内蒙古自治区鄂伦春自治旗委书记晋洪生率团到西城区对接支援合作，与西城区主要领导座谈交流。12月18日至19日，西城区委副书记、区长刘东伟率西城区代表团一行6人到内蒙古自治区鄂伦春自治旗调研对接支援合作。12月23至24日，刘东伟率团一行8人到内蒙古自治区喀喇沁旗调研对接支援合作。代表团参观锦山镇现代农业产业园，与当地党政主要负责人座谈交流。（叶　丹）

信访工作

【概况】 2022年，西城区信访办公室（简称区信访办）围绕服务党和国家大局、维护群众合法权益、化解信访突出问题、促进区域社会和谐。西城区获评“全国信访工作示范区”，区信访办获评“全国信访系统先进集体”，区房屋管理局应急与信访科、区城市管理委员会、什刹海街道办事处平安建设办公室信访科获评北京市人民建议征集工作先进集体，大栅栏街道办事处科长马志刚、区人力资源和社会保障局信访办主任方向伟获评北京市人民建议征集工作先进个人。（赵丽敏）

【信访联席会议】 2022年，西城区委常委会、区政府常务会研究审议西城区信访工作4次。召开全区信访联席会议（扩大）会议，统筹协调矛盾问题和积案化解。发挥15个街道信访联席会议机制作用，协调化解矛盾问题，推动治重化积。

（赵丽敏）

【信访难题和矛盾化解】 2022年，区信访办按照国家信访局、市信访办关于连续开展3年重复访治理工作部署，将治重化积工作纳入考核指标，启动“日通报、周调度、月评估”机制，通过召开协调推进会，律师、心理咨询师参与接访，印发《集中治理重复信访化解信访积案攻坚工作专刊》《每周来信来访》，直报区委、区政府领导及各单位负责人，确保解决重复访治理问题。区信访办组织信访矛盾纠纷排查，建账分类登记和解决矛盾纠纷（隐患）问题。聘请人民建议特邀建议人，广泛收集办理建议，提升信访事项“三率”（及时受理率、按期答复率、群众满意率）。建立以区信访接待大厅为中心，辐射各街道（部门）的接待室，增强基层源头预防和排难解纷能力。推进市域社会治理现代化试点，完成平安西城建设任务。（赵丽敏）

【《信访工作条例》宣传】2022年，区信访办将《信访工作条例》（简称《条例》）纳入区委理论学习中心组、党校培训和街道“两委”学习内容，邀请国家局、市信访办专家解读培训，区委主要领导围绕如何做好群众工作讲党课；启动《条例》“宣传月”活动，通过录制快板书宣传片、印发《条例》辅导读本、宣传海报等方式宣传，增强群众依法有序信访意识。动员全区政法、卫生、教育等系统参加国家信访局组织的《条例》线上答题活动，获得积分和参与人数排名全市第一。组织信访宣传活动，编发、转发“今日头条”文章55条。（赵丽敏）

区直机关事务管理

【概况】2022年，北京市西城区机关事务服务中心（简称区机关服务中心）统筹推进机关新冠疫情防控、办公用房调配、公务用车管理、公共机构节能、重大项目建设、固定资产管理、物业服务保障等工作，加强机关事务标准化、信息化建设，提升机关事务服务管理效能，保障机关安全稳定运行。（邵晨）

【节约型机关创建】2022年，区机关服务中心落实《北京市节约型机关创建考核验收评分细则（2021版）》，加强监督检查和考核，督促各单位粘贴节能宣传标牌标识、配齐各类垃圾桶、更换节能灯具、废物循环再利用、加装节水设备。4月20日，组织第3批节约型机关创建工作部署会。参与第3批节约型机关创建的16家单位经过现场检查、评估书面创建报告，通过区级节约型机关创建考核验收。推动区级党政机关反食品浪费成效评估，排查51家区级党政机关食堂，定期填报北京市机关事务综合服务平台食堂管理台账信息数据，推动落实区级党政机关食堂反食品浪费通报制度。（邵晨）

【公务用车管理】2022年，区机关服务中心强化区级党政机关公务用车全区“一张网”管理，对接北京市机关事务管理局，实现资源共享，以“基础数据、综合调度、实时监督、运行管理、统计分析”为主线，完善区级党政机关公务用车综合管理平台建设。落实《西城区党政机关公务用车管理办法（试行）》，对纳入综合平台管理的车辆实行统一编制、统一标准、统一购置经费、统一采购审核、统一处置。提高公务用车新能源汽车购置比例，报废更新新能源公务用车19辆，实现各办公区配套基础设施全覆盖。保障重大活动及重点任务应急用车调配。（邵晨）

【办公用房调配】2022年，区机关服务中心成立区政务服务大厅周转用房搬家工作领导小组，部署装修改造、搬迁实施、服务保障、人员配备，协调物业管理、设备维保、资产配置、消防安保，服务保障区政务服务大厅新址搬迁。依据《北京市西城区党政机关办公用房管理实施细则（试行）》，结合委办局办公需求，严控办公面积标准，统筹调剂和规范管理区域办公用房。根据国务院及市区有关小微企业租金减免文件精神，统计协调、政策解读和跟踪服务区内行政事业单位的房租减免，确保优惠政策落实。（邵晨）

【重点项目建设】2022年，区机关服务中心推进西直门内大街275号装修改造项目，完成项目立项和招标，取得施工许可证，推进楼内拆除及室外围挡、临设搭建。落实“菜园街”“光源里”“百万庄、车公庄”公益性对接项目，调研施工现场，掌握施工进度，了解对接用房详情，做好后续与设计、使用单位对接，确保全年重点项目推进。（邵晨）

【固定资产管理】2022年，区机关服务中心加强固定资产管理。严格执行《区机关事务服务中心内部控制制度手册》，规范固定资产购置、调拨、领用、报废程序，全年为机关各办公区配备办公家具1000余件，维修办公家具1100余件。为各办公区30余家单位、新增工作人员、临时组建部门和临时借调人员配备更新办公家具492件。调研走访机关各单位，重视当年配发办公家具满意度调查，提高固定资产配置效率和使用效益。（邵晨）

【膳食管理】2022年，区机关服务中心加强机关膳食服务质量检查考核，机关食堂实行“每天巡查、每周督查、月度排名、季度考核、年度评优”，定期开展满意度调查，加强结果运用，提升餐饮服务质量。服务保障党的二十大等重要会议、重要活动餐饮任务。（邵晨）

（责任编辑　晏畅）

中国人民政治协商会议北京市西城区委员会

综　述

2022年，中国人民政治协商会议北京市西城区委员会（简称区政协）及常委会是中国人民政治协商会议的地方组织，履行政治协商、民主监督、参政议政职能。第十五届区政协有委员437人，其中中共党员173人，非中共党员264人；男262人，女175人；汉族393人，9个少数民族44人；常务委员79人。政协第十五届委员会常委会学习落实习近平新时代中国特色社会主义思想，学习宣传贯彻中共二十大精神，推动西城区高质量发展，把握人民政协性质定位，充分发挥专门协商机构作用，提高政治协商、民主监督、参政议政水平。全年组织重点协商活动47次，召开专题议政的常委会会议1次、专题协商会4次、议政会1次、区情通报会1次，开展专项民主监督3项，形成协商报告4篇、调研报告4篇、民主监督报告3篇，转化形成建议案1项、《领导参阅》7期。

区政协常委会坚持以习近平新时代中国特色社会主义思想凝心铸魂。将学习宣传贯彻中共二十大精神作为首要政治任务，坚持运用政协制度化学习体系，在政协党组会议、主席会议专题学习，政协常委会会议邀请西城区基层二十大代表宣讲辅导。坚持以新时代人民政协理论创新成果强化引领，学习领会习近平总书记关于加强和改进人民政协工作重要思想，增强做好新时代政协工作的思想自觉、政治自觉和行动自觉。

区政协始终坚持将政协履职融入首都和西城发展大局，围绕“疫情要防住、经济要稳住、发展要安全”要求，聚焦区委、区政府中心工作和人民群众急难愁盼问题，建言献策助力高质量发展。健全协商工作体系，完善协商议题征集、协商计划制定机制，搭建协商议政平台，形成以区委下发年度政协协商工作计划为主线，以政协全体会议为龙头，以专题议政性常务委员会会议、专题协商会、协商式民主监督为重点，以议政会为特色，以提案办理协商、对口协商、界别协商为常态，各党派团体和政协委员参与的协商议政格局。为委员履职搭建参政议政平台，将协商、调研、提案、视察等内容整合，创设“提案+课题”“多会场+线上”“先勘察再研讨”等模式，营造线上线下同步、场内场外联动氛围，达到广泛知情明政、深入调查研究、深度资政建言效果。着眼提升资政建言质量，培育发展新动能，推动全球数字经济标杆城市示范区建设，利用设立北交所新机遇，促进金融与科技高质量发展，彰显助力经济高质量发展的政协智慧。着眼增进民生福祉，围绕落实教育“双减”、加强青少年心理健康干预、提升社区养老服务质量、加强困难群体优质保障、推进平房院落申请式退租等群众最为关心问题议政，彰显人民政协为民情怀。加强排水管网管理、整治违法建设、推进公共法律服务体系建设等问题调研协商。推进民主监督，参与首都超大城市治理。创新协商议政实践，充分发挥人民政协作为最广泛的爱国统一战线组织的重要作用，坚持大团结大联合，努力寻求最大公约数，画出最大同心圆，汇聚强大正能量。以委员读书活动为载体，推动书香政协建设凝聚共识。区政协立足新时代人民政协新方位新使命，抓住届首之年契机，加强制度化规范化程序化建设。完善8个专门委员会，强化专委会基础作用，推动政协履职活动。完善财政预算、社会治理、城市管理3个民主监督组，推进民主监督。落实《中国共产党政治协商工作条例》《关于加强和改进新时代区政协工作的实施意见》精神，围绕政协党的建设、履职工作、委员管理等方面推进制度建设，制订、修订各类制度17项，推进研究相关制度3项。推进协商议题和协商形式相结合，完善协商形式、内容、程序等机制，夯实政协履职基础。

区政协注重委员政治思想和能力建设。举办系列专题学习、培训和研讨交流活动。7月1日，区政协召开“贯彻落实中央民族工作会议精神”专题报告会。邀请国家民委政策法规研究司司长张谋作报告，围绕中央民族工作会议精神、习近平总书记关于加强和改进民族工作的重要思想解读。7月25日，区政协组织委员培训系列讲座第一讲暨学习贯彻北京市第十三次党代会精神专题辅导报告。邀请北京市第十三次党代会报告起草组成员为全体委员作辅导报告。7月29日，区政协联合区委统战部、区政府港澳办召开“学习贯彻习近平主席在庆祝香港回归祖国二十五周年大会暨香港特别行政区第六届政府就职典礼上重要讲话精神”专题报告会，国务院港澳事务办公室政研司副司长曹庆涛作专题报告。8月5日，区政协举办委员培训系列讲座第二讲暨“学习中共党史、读懂人民政协”专题辅导报告，邀请原中国人民政协理论研究会秘书长原冬平作《学习中共党史，读懂人民政协》专题辅导报告。8月12日，市政协“我是政协委员”宣讲报告会在西城区“聚力·金融街”党群服务中心举行，市政协常委、副秘书长任学良作“新时代政协委员的责任与担当”主题宣讲。8月31日，区政协举办委员培训系列讲座第三讲暨反映社情民意信息工作专题辅导报告会，邀请北京市政协研究室信息处处长何远全作反映社情民意信息专题辅导报告。9月6日至7日，区政协举办“牢牢把握人民政协性质定位”理论研讨会，42名委员撰写理论文章，90余名委员参加线下研讨交流，邀请北京市政协副秘书长、研究室主任陈煦作“把握新时代人民政协性质定位，发挥专门协商机构作用”辅导报告。（朱　珊）

重要会议

【第一次常委会会议】2月23日，政协北京市西城区第十五届委员会常务委员会第一次会议召开，区政协主席程昌宏主持会议。会议审议通过《政协北京市西城区委员会专门委员会通则》《政协北京市西城区第十五届委员会常务委员会关于设置专门委员会的决定》《政协北京市西城区第十五届委员会常务委员会关于任命专门委员会主任委员、常务副主任委员、副主任委员、委员的决定》《政协北京市西城区第十五届委员会常务委员会关于任命副秘书长的决定》《政协北京市西城区第十五届委员会常务委员会2022年工作要点》，通报区政协主席、副主席、秘书长工作分工。（朱　珊）

【第二次常委会会议】7月18日，第十五届委员会常务委员会召开第二次会议，程昌宏主持会议。会议传达学习北京市第十三次党代会精神、北京市政协“学习贯彻习近平总书记重要指示　深化委员读书活动”推进会精神，听取区政协第十五届委员会第一次会议党派团体提案办理工作报告。审议通过《政协北京市西城区委员会常务委员会2022年度上半年工作情况和下半年工作安排》《政协北京市西城区委员会全体会议工作规则》《政协北京市西城区委员会常务委员会工作规则》《政协北京市西城区委员会关于建立习近平新时代中国特色社会主义思想学习座谈会实施办法（试行）》《政协北京市西城区委员会反映社情民意信息工作办法》《政协北京市西城区委员会提案工作办法》《政协北京市西城区委员会提案审查工作细则》《政协北京市西城区委员会重点提案遴选与督办工作细则》《政协北京市西城区委员会委员履职工作规则》。区委常委、区委统战部部长、区政协党组副书记王波应邀参加会议。（朱　珊）

【第三次常委会会议】8月25日，第十五届区政协常务委员会召开第三次会议（专题议政性常务委员会会议）。区委副书记、区政府代区长刘东伟出席并讲话。程昌宏主持会议。区委常委、区政府副区长聂杰英作情况报告。会议围绕“抓住设立北交所新机遇，推动西城区金融与科技高质量发展”专题协商议政。听取聂杰英关于“紧抓北交所设立战略机遇，实现经济高质量发展”情况报告、区政协课题组围绕“抓住设立北交所新机遇，推动金融与科技高质量发展”开展协商议政调研情况及意见建议说明。部分政协委员围绕议政主题发言，提出意见建议。审议通过《政协北京市西城区第十五届委员会常务委员会关于“抓住设立北交所新机遇，推动西城区金融与科技高质量发展”的建议案》。（朱　珊）

【第四次常委会会议】11月25日，第十五届区政协常务委员会召开第四次会议，程昌宏主持会议。会议邀请中共二十大代表、北京第二实验小学校长芦咏莉作中共二十大精神专题报告。会议听取区政协十五届一次会议以来委员提案办理情况通报、2022年度西城区纪检监察情况通报。会议审议通过《政协北京市西城区委员会关于组织政协委员学习宣传贯彻中共二十大精神的工作计划》。柴丽敏、张毅、徐娜、冯

2月23日，政协北京市西城区第十五届委员会常务委员会第一次会议召开　（区政协　供图）

奎、朱继东5位常委述职。区政府办、区纪委区监委相关负责人应邀参加会议。（朱　珊）

【第五次常委会会议】12月23日，第十五届委员会区政协常务委员会召开第五次会议。会议以线上会议形式召开。程昌宏主持会议。会议审议通过《关于召开中国人民政治协商会议北京市西城区第十五届委员会第二次会议的决定》《政协北京市西城区第十五届委员会第二次会议日程》《政协北京市西城区第十五届委员会第二次会议决议起草委员会建议名单》《政协北京市西城区第十五届委员会第二次会议界别联组召集人建议名单》，审议《政协北京市西城区第十五届委员会第二次会议议程（草案）》《中国人民政治协商会议北京市西城区委员会常务委员会工作报告（讨论稿）》《中国人民政治协商会议北京市西城区委员会常务委员会提案工作报告（讨论稿）》。（朱　珊）

协商议政

【概况】2022年，区政协围绕"落实教育'双减'要求，提升学生综合素养""进一步完善养老服务体系，提升社区养老服务质量""推动全球数字经济标杆城市示范区建设、积极培育西城发展新动能""多元主体参与平房（院落）改造，推进城市更新项目实施"开展专题协商，围绕"深化多元治理机制，构建核心区社会治理新模式"召开议政会。组织议政会1次，专题协商4次，形成专题协商报告4篇、领导参阅1篇，报送区委、区政府。（朱　珊）

【专题协商】8月2日，区政协召开"推动全球数字经济标杆城市示范区建设，积极培育西城发展新动能"专题协商会。程昌宏出席会议并讲话，区政府副区长桑硼飞出席会议。区科技和信息化局通报关于推动西城区数字经济发展情况。区发展改革委、区教委、区科技和信息化局、区城市管理委、区文化和旅游局、西城园管委会等部门相关负责人到会听取意见建议。8月18日，区政协召开"落实教育'双减'要求，提升学生综合素养"专题协商会。程昌宏出席会议并讲话，桑硼飞出席会议。区教委通报西城区"双减"工作落实情况。区教委、区体育局、区文化和旅游局、区卫生健康委、区科技和信息化局、区财政局、市规划自然资源委西城分局等部门负责人到会听取意见建议。9月1日，区政协召开"多元主体参与平房（院落）改造，推进城市更新项目实施"专题协商会。程昌宏出席并讲话，区委常委、常务副区长朱国栋出席。区住建委通报了多元主体参与西城区城市更新工作情况。区住房城市建设委、区城市管理委、市规划自然资源委西城分局负责人到会听取意见建议。9月27日，区政协召开"进一步完善养老服务体系，提升社区养老服务质量"专题协商会。程昌宏出席会议并讲话，区政府副区长陈大鹏出席会议。区民政局通报西城区养老服务情况。区民政局、区发展改革委、区人力社保局、区住房城市建设委、区商务局、区卫生健康委、区医保局和月坛、广内街道等负责人到会听取意见建议。（朱　珊）

【区情通报会】9月7日，区政协与区委统战部联合召开西城区区情通报会，程昌宏主持。区委常委、区长刘东伟为政协委员及各民主党派、人民团体作区情通报。表示要贯彻习近平总书记对北京一系列重要讲话精神，以新时代首都发展为统领，贯彻落实市第十三次党代会精神，坚决落实"疫情要防住、经济要稳住、发展要安全"要求，高效统筹疫情防控和经济社会发展，克服复杂外部环境和疫情冲击等超预期因素影响，"十四五"规划年度任务扎实有序推进，经济社会平稳运行。区委统战部负责人、政协委员及党派团体成员400余人线上线下参加会议。（朱　珊）

【议政会】10月9日，区政协、区委统战部联合召开议政会，各民主党派、工商联和无党派人士代表围绕"深化多元治理机制 构建核心区社会治理新模式"主题协商议政发言。区委书记孙硕出席会议并讲话。程昌宏主持。10位民主党派、工商联和无党派人士代表参加调研，提出意见建议。区委、区政府相关部门负责人到会听取意见。党派团体成员、政协委员近400人线上参加会议。（朱　珊）

【街道联组工作】2022年，区政协将专门协商和街道的基层协商结合，探索"协商在基层"模式，围绕养老、垃圾分类、低收入人口救助等方面微协商。落实《政协北京市西城区委员会关于加强委员工作站（室）建设的意见》，加强委员工作站（室）建设，发挥政协委员履职为民作用。（朱　珊）

民主监督

【概况】2022年，区政协加强和改进政协民主监督工作，修订《政协北京市西城区委员会民主监督组工作规则》，完善社会治理民主监督组、财政预算民主监督组、城市管理民主监督组。围绕"西城区公共法律服务体系建设""西城区财政预算情况""整治违法建设，改善居住环境"内容开展民主监督。形成《领导参阅》3篇，报送区政府相关领导。（朱　珊）

【社会治理民主监督】2022年，区政协社会治理民主监督组开展"西城区公共法律服务体系建设"专项民主监督。监督组委员通过线上通报区情、线下视察座谈、日常汇总文件材料等方式监督。形成"西城区公共法律服务体系建设工作情况"专项民主监督报告，报告肯定西城区公共法律服务体系建设情况，指出存在的问题，提出意见建议。（朱　珊）

【财政预算民主监督】 2022年，区政协财政预算民主监督组就《关于西城区2021年决算的报告》《关于西城区2022年上半年预算执行情况的报告》和《关于西城区2021年财政预算执行和其他财政收支情况的审计工作报告》，组织召开财政预算民主监督评议会议。王志忠主持，近20名委员参加并对报告提出意见建议。区政协财政预算民主监督组完成《西城区政协财政预算民主监督组对西城区2021年财政决算和2022年上半年预算执行情况的意见和建议》，评价上年度决算报告和2022年度上半年预算执行情况，指出问题，提出意见建议。（朱　珊）

【城市管理民主监督】 2022年，区政协城市管理民主监督组就西城区“整治违法建设，改善居住环境”情况，开展专项民主监督活动。经过与区城市管理执法局等相关单位多次座谈、对广内等4个街道开展视频调研活动、召开民主监督工作报告（初稿）研讨会，形成“整治违法建设，改善居住环境”情况专项民主监督报告，指出问题，提出6条建议。（朱　珊）

提案工作

【概况】 2022年，区政协提到政协委员提案322件，立案241件，立案率为74.84%。其中集体提案31件，占立案总数的12.86%；委员提案210件，占立案总数的87.14%。按照归口办理原则，送交63个部门办理，办复率100%。提案采纳落实198件，占立案总数的82.16%；列入计划拟解决的22件，占立案总数9.13%；作为工作参考的21件，占立案总数8.71%。不符合立案条件的提案81件，占提案总数25.16%，分别以信息、委员来信、提案线索等方式办理。（朱　珊）

【政协提案委员会会议】 4月20日，区政协提案委员会召开会议。区政协副主席、政协提案委员会主任王毅出席会议并讲话，34名委员参加。李高霞宣读政协提案委员会主任委员、常务副主任委员、副主任委员、委员名单；专委会工作一室主任、政协提案委员会常务副主任白洁对《政协北京市西城区委员会提案工作办法（讨论稿）》《政协北京市西城区委员会提案审查工作细则（讨论稿）》《政协北京市西城区委员会重点提案遴选与督办工作细则（讨论稿）》及政协提案委员会2022年度工作说明，部分委员书面反馈修改意见。（朱　珊）

【提案办理模式创新】 6月9日，区政协创新提案办件方式，提高沟通效率，搭建对话桥梁。与北京金融街服务局、北交所开展区政协委员“走进北交所”线上座谈会暨区政协机关党组理论学习中心组学习调研活动，落实政协委员关于北交所提案10余件，听取委员意见建议，共商共建共治。北京金融街服务局负责人主持，王志忠出席，8名委员参加。（朱　珊）

【提案培训会】 8月9日，区政协采取线上+线下相结合方式举办提案知识专题培训会，特邀北京市政协提案委员会常务副主任阮培颖作“新时代新使命新作为——以高质量提案擘画同心圆聚力助发展”辅导报告。程昌宏、李琳光、李高霞出席会议，王毅主持会议，203名委员参加。（朱　珊）

6月23日，区政协组织政协委员视察北京河图联合创新科技有限公司北京坊商圈场景体验项目。图为活动后合影
（区政协　供图）

调研与视察

【概况】 2022年，区政协围绕“加强心理健康干预促进青少年心理健康发展”“关于完善西城区困难群体保障政策”“抓住设立北交所新机遇，推动西城区金融与科技高质量发展”“推进排水管网管理，提升汛期城市安全保障能力”开展调研视察。形成建议案1篇，《领导参阅》3篇，报送区委、区政府。（朱　珊）

【北京坊商圈视察】 6月23日，区政协组织20余名委员视察北京河图联合创新科技有限公司（简称“北京河图”）北京坊商圈场景体验项目。听取北京河图公司的技术汇报，试用移动终端及AR眼镜体验河图3D厘米级导航、AR数字街景等新产品、新场景，现场体验“星光巨塔”等新场景应用，就延展场景及服务应用，实现市场化快速落地推广等方面提出意见建议。
（朱珊　谢雨珂）

【数字经济交流】 7月7日，区政协组织35名委员线上考察学习中国联通数字经济情况。中国联通集团负责人介绍中国联通服务政府建设和数字经济发展情况。李良等5位委员就党政智治、数字教育、数字化转型、大数据在各省政府中运用情况和5G+平台+终端+应用的赋能细节等问题与中国联通集团技术人员交流。（朱　珊）

【人才服务调研】 7月28日，区政协组织8名政协委员考察调研科技部人才交流开发服务中心。科技部人才交流开发服务中心负责人介绍人才中心建设等情况。双方围绕“充分利用北交所设立的新机遇，推动西城区经济和科技高质量发展”调研课题，就人才中心与地方政府和企事业单位合作模式及困难问题、西城区相关单位和属地企业的合作项目及意见建议交流。（朱　珊）

【养老服务视察】 8月4日，区政协组织43名委员开展“进一步完善养老服务体系，提升社区养老服务质量”专题协商线上视察活动。西城区3家社区养老服务机构负责人以视频、图片和文字等形式介绍养老服务情况。月坛街道办事处负责人介绍街道发挥党建引领统筹推进，打造养老服务体系建设情况。区民政局负责人介绍全区养老服务情况及存在的困难和问题。李小波、梁军、崔淼、徐斌等委员就调动社会力量参与社区养老、中老年人再就业意愿调查、家庭医生签约率和上门率等问题，与区民政局及相关社区养老服务驿站负责人交流。

（朱　珊）

【示范教育视察】 8月30日，区政协民族和宗教委员会、港澳台侨委员会组织50余名委员视察西城区民族团结示范校——56中学、区民族团结示范街道——德胜街道及德外法源清真寺。56中学、德胜街道、安德路北社区负责人介绍开展中华民族共同体意识教育情况。

（朱　珊）

专门委员会

【概况】 2022年，专门委员会根据区政协常委会工作计划，组织各界委员撰写提案、围绕区中心工作和重点工作建言献策、提交社情民意信息。通过组织委员开展履职活动，发挥政协委员主体作用和专门委员会基础性作用。组织履职活动142次，7793人次参加，举办各类学习活动44次，参加委员5151人次。形成调研报告4份、领导参阅3份。

（朱　珊）

【提案委员会】 2022年，区政协提案委员会推动提案工作创新发展，组织政协委员与政协各参加单位运用提案建言资政。根据提案工作新形势，完善提案全周期工作制度。建立提案办法、提案审查、重点提案遴选与督办等专项规定制度体系，修订《政协北京市西城区委员会提案工作办法》《政协北京市西城区委员会提案审查工作细则》《政协北京市西城区委员会重点提案遴选与督办工作细则》等制度。结合提案特点规律，注重提案办前、办中协商；坚持领导领衔督办、互联网云上办理、抽查督办、多方会办；建立协同联动、定期反馈、检查评议、跟踪督办、示范引领等环节的“两注重”（注重提案办前、办中协商）、“四坚持”（坚持领导领衔督办、互联网云上办理、抽查督办、多方会办）、“五建立”（建立协同联动、定期反馈、检查评议、跟踪督办、示范引领）模式。（朱　珊）

【学习委员会】 2022年，区政协学习委员会召开成立大会和主任会议，明确职责，制定年度计划，围绕理论学习、委员读书等研究提出方案。组织学习委员会委员参加全国政协“奋进新征程百名委员说”首场报告会、参观首都博物馆“读城——探秘北京中轴线”展览和视察北京大兴机场等活动。学习委员会成员注重在理论学习、参政议政等履职方面发挥示范作用，在“学思读书群”带头领读导读，参与“同读一本书”委员接力读书活动，运用专业特长和资源优势，围绕学习贯彻中共二十大精神，面向群众开展宣讲解读。（朱　珊）

【教文卫体委员会】 2022年，区政协教文卫体委员会组织委员履职活动15项，277人次委员参加。成立110名委员组成的教文卫体专委会，制定《政协北京市西城区委员会教文卫体委员会主任委员工作规程》。成立教文卫体委员会文史工作领导小组，以界别为依托，成立20个委员履职活动小组。成立中共党员委员临时党支部。围绕“落实教育‘双减’要求提升学生综合素养”开展专题协商，为办好人民满意的教育建言献策。围绕青少年心理健康问题，开展“加强心理健康干预促进青少年心理健康发展”专题调研。立足讲好西城故事，开展文史研究，成立区政协文史工作领导小组，推进政协文史资料编辑。确定编辑出版《最美中轴线》摄影集，成立《最美中轴线》编委会。

（朱　珊）

【社会和法制委员会】 2022年，区政协社会和法制委员会制定《区政协社会和法制委员会专题协商工作流程》《区政协社会和法制委员会专题调研工作流程》《区政协社会治理民主监督组专项民主监督工作流程》，为新任委员熟悉专委会工作奠定基础。组织“关于进一步完善养老服务体系，提升社区养老服务质量”专题协商、“关于完善西城区困难群体保障政策”专题调研和“关于西城区公共法律服务体系建设工作情况”专项民主监督。专委会组织主题通报会议、座谈交流研讨会10次。协商议政活动10次，300人次委员会参加。邀请区民政局等

单位及部分街道负责人围绕“养老工作、社会保障、劳动就业、法制建设”等内容授课，提升委员履职能力。（朱　珊）

【经济科技委员会】2022年，区政协经济科技委员会成立中共党员临时党支部。组织“推动全球数字经济标杆城市示范区建设，积极培育西城发展新动能”专题协商。组织“充分利用北交所设立的新机遇，推动西城区经济和科技高质量发展”专题调研，召开专题议政性常务委员会会议，形成《政协北京市西城区第十五届委员会常务委员会关于“抓住设立北交所新机遇，推动西城区金融与科技高质量发展”的建议案》。组织委员评价上年度区级财政决算情况、评价上半年预算执行情况，及专项民主监督上年度区级决算和上半年预算执行情况。组织经科委员之家活动2次，推进企业上市和委员企业入驻西城座谈。（朱　珊）

【城建环保委员会】2022年，区政协城建环保委员会组织学习、调研、视察、培训、会议等活动30余次，参加活动委员700余人次。组织“多元主体参与平房（院落）改造，推进城市更新项目实施”“推进排水管网管理，提升汛期安全保障能力”专题调研，专项民主监督“整治违法建设，改善居住环境”情况，形成1份调研报告、1份领导参阅。（朱　珊）

【民族和宗教委员会】2022年，区政协民族和宗教委员会组建中共党员临时党支部，制定民族和宗教委员会工作计划。组织“学习贯彻中央民族工作会议精神”专题报告会和《学习贯彻全国宗教工作会议精神》座谈会，政协委员、机关干部、民族工作干部500余人参加。组织委员开展“发挥政协独特作用，积极推动中华民族共同体意识形成更大社会共识”系列视察活动，200余名政协委员参加。组织委员走进德外清真寺，邀请委员张锋作《伊斯兰教对世界文明的主要贡献》专题讲座，50余名政协委员参加。做好斋月和开斋节走访慰问。（朱　珊）

【港澳台侨委员会】2022年，区政协港澳台侨委员会组建中共党员临时党支部，制定港澳台侨委员会工作计划。促进海峡两岸暨香港、澳门民间交往交流交融，引导港澳台侨各界人士参与国家建设和西城发展。围绕习近平总书记“七一”重要讲话精神，邀请国务院港澳办领导为委员做辅导报告，政协委员、在西城工作和生活的港澳人士等500余人参加。与区侨联联合组织侨界委员开展“探访南中轴·丈步国之轴”西城区侨界人士助力中轴线申遗文化体验活动，20余名委员参加。配合区委统战部做好在西城工作和生活的港籍人士工作。（朱　珊）

（责任编辑　晏　畅）

中共北京市西城区纪律检查委员会 西城区监察委员会

综　述

2022年，中共北京市西城区纪律检查委员会、北京市西城区监察委员会（简称区纪委区监委）履行党章和宪法赋予的职责，发挥监督保障执行、促进完善发展作用，贯彻落实中央纪委、市纪委全会精神，统筹做好纪检监察各项工作。规范区委机关纪检监察规范性文件的审核与备案，制定《西城区纪委区监委与西城区委审计委员会办公室、区审计局问题线索移送及协作配合工作机制》《关于建立健全区委巡察机构与区纪委区监委有关部门协作配合机制的实施办法》等规范性文件5份。

增强政治意识，强化监督执纪能力。区纪委区监委把学习习近平新时代中国特色社会主义思想作为最根本的政治任务，全年组织42次理论学习中心组专题学习，学习领会习近平总书记重要讲话和重要指示批示精神，举办党的二十大精神专题培训班，将理论学习成果转化为贯彻落实措施。制发学习案例选编和教育汇编，巩固拓展党史学习教育成果。坚持把政治纪律和政治规矩挺在前面，加强监督检查党中央重大决策部署和习近平总书记重要指示批示精神落实情况，推进政治监督具体化常态化，立案审查违反政治纪律案件3件，处分3人。把握意识形态工作阵地，编写西城区纪检监察专报197期。完成主要调研报告4篇、调研报告17篇，其中《民生领域腐败和作风问题研究》获2022年度市纪检监察系统调研成果一等奖。

坚决惩治腐败，实现全年立案数量不降反升。查处一批大案要案，在市场监管、国有企业等重点领域。

紧盯“四风”（形式主义、官僚主义、享乐主义奢靡之风）问题，加强基层监督。深挖彻查作风问题背后的腐败行为和腐败案件中的作风问题。调整第四审查调查室为民生监督室，聚焦紧急就医、安全生产、小区停车、违建拆除等重点民生诉求筛查督办，解决好群众急难愁盼和历史遗留问题。

加强廉洁文化建设。“廉洁西城”官方微信推送图文249期747条，订阅读者35225人，阅读量35万次；官方网站推送图文9463条，点击量187万余次；官方微博推送3011条，粉丝14271人。区纪委区监委在中央纪委国家监委网站、《中国纪检监察报》、人民网、新华网等中央媒体上刊发信息203条，在北京纪检监察网等市级媒体上刊发信息527条。

加强模范引领。全系统涌现多名先进典型，第五审查调查室主任曲涛获评“全国纪检监察系统先进个人”，第五审查调查室获评“北京市先进纪检监察组织”，6名干部获评“北京市优秀纪检监察干部”。

（王　翀）

重要会议

【区纪委常委会会议暨区监委委员会议】 2022年，区纪委区监委召开区纪委常委会会议暨区监察委员会会议29次，审议议题160个，落实机关部分内设机构更名及职责调整、区纪委十三届二次全会筹备、全面从严治党（党建）工作考核动态抽查、北京冬奥会冬残奥会服务保障专项监督、车辆管理办法和福利费管理使用办法等制度、意识形态报告、各类专项监督和重大案件审查调查。

（王　翀）

【区第十三届纪律检查委员会第二次全体会议】 2月15日，区纪委十三届二次全会召开。会议学习贯彻习近平总书记在十九届中央纪委六次全会重要讲话精神，全面落实十九届中央纪委六次全会和市纪委十二届七次全会要求，回顾上年度全面从严治党成效，部署2022年工作。区委书记孙军民讲话。区委副书记、区长孙硕，区人大常委会主任张立新，区政协主席程昌宏等四套班子领导出席会议。市纪委监委第五监督检查室干部元炜程参加会议。区委常委、区纪委书记、区监委主任牟少华主持会议并作报告。会议要求，深入学习贯彻习近平总书记重要讲话精神，切实把思想和行动统一到推进全面从严治党的部署要求；坚持不懈把全面从严治党向纵深推进，推动核心区高质量发展提供有力保障；自觉践行伟大建党精神，努力建设高素质专业化的纪检监察干部队伍。（王　翀）

监督检查

【概况】2022年，区纪委区监委坚持将纪律和规矩挺在前面，聚焦“关键少数”，做深做细“一把手”监督，营造风清气正的政治生态。从严从细强化监督，紧盯“四风”新表现新动向，深挖彻查作风问题背后的腐败行为和腐败案件中的作风问题。执纪执法为民、纠风治乱为民，一体推进民生监督，增强群众获得感、幸福感、安全感。（王　翀）

【冬奥会和冬残奥会专项监督】2022年，区纪委区监委制发《关于冬奥会冬残奥会筹办监督工作方案》，紧盯远端集结点、火炬接力点、涉奥酒店、德胜、月坛、北京北站等重要区域，依托“1+3+N”（“1”即党风政风监督室；“3”即第一至第三监督检查室；“N”即基层纪检监察组织）监督体系，开展全覆盖、全环节、全链条滚动式监督检查，全程跟进监督每个时间节点任务落实情况，开展远端集结点监督5次，完成3993人次观众集结疏散服务保障监督任务。（王　翀）

【疫情防控专项监督】2022年，区纪委区监委紧盯防疫重点环节，监督《西城区新型冠状病毒感染防治工作总方案》落实情况。印发《西城区纪委区监委新型冠状病毒感染防治监督工作方案》，编制《工作日报》92期、《工作参考》167期，为监督执纪提供依据。分析疫情防控的痛点、难点、堵点，形成101份专报及时呈送市纪委、区委，为领导决策提供参考。（王　翀）

3月2日，区纪委区监委2022年监督工作会议召开　（区纪委区监委　供图）

【“一把手”监督】2022年，区纪委区监委制订《关于对西城区落实“一把手”监督的监督实施方案》，将落实情况列为全面从严治党（党建）工作考核和政治生态分析研判评价指标。细化区纪委区监委“一把手”工作任务，制订西城区纪委区监委、区委巡察办落实加强对“一把手”和领导班子监督牵头任务的任务分解表，突出具体化常态化，做深做细“一把手”监督。（王　翀）

【党内监督与其他9类监督贯通协调机制】2022年，区纪委区监委组建专项调研团队，加强党内监督与区内其他9类监督主体部门（人大监督、审计监督、统计监督、财会监督、民主监督、群众监督、舆论监督、行政监督、司法监督）沟通对接，研讨信息共享、监督协作、线索移送、案件办理及成果运用，推进各类监督力量整合、程序契合、工作融合。（王　翀）

【首都核心区经济社会发展专项监督】2022年，区纪委区监委围绕西城区“十四五”时期目标任务和年度重点工作，梳理分析区委常委会工作要点、区政府重点工作任务等重点内容，形成监督清单。制订监督方案，聚焦“两区三平台”［两区：国家服务业扩大开放综合示范区和中国（北京）自由贸易试验区，三平台：中国国际服务贸易交易会、中关村论坛和金融街论坛］建设、京津冀协同发展、国有企业改革、“疏解整治促提升”专项行动，持续开展监督检查，每季度向市纪委市监委报告监督情况。（王　翀）

【“接诉即办”专项监督】2022年，区纪委区监委汇编并印发《接诉即办专项监督工作手册》660册，对排名靠后单位约谈101次，核查发现办件部门及人员存在履职不到位、态度作风问题工单30件，发现职能部门问题29个，督促整改26件，批评教育帮助和处理30人，制发提醒函2份，通报曝光1件次4人。核查市级督办的疫情防控、安全生产、紧急就医等工单188件，跟进市级关注工单165件。检查72处反映防疫不力的线下培训机构、装修工地和安全生产等点位，对问题突出点位，督促主责单位举一反三，规范流程和标准，完善应急保障机制，高效解决群众诉求。（王　翀）

【西长安街街道群众急难愁盼问题专项监督】2022年，区纪委区监委针对西长安街街道群众急难愁盼问题涉及的施工项目较多等特点，梳理细化10项监督重点，采取“四不两直”方式，持续开展监督检查。对于主体责任落实不到位的单位、部门，发挥监督职能推动各单位细化责任、按时完成任务。（王　翀）

【扫黑除恶专项监督】2022年，区纪委区监委将政治建设贯穿扫黑除恶常态化监督全过程和各方面，严格落实区扫黑办《重点工作提示》，对工程建设、金融放贷、医疗卫生、交通运输等重点行业领域开展监督。研究落实《关于落实全国扫黑办特派督导反馈问题整改措施任务分工方案》，紧盯问题整改情况，向市纪委市监委报送监督情况报告。定期参加区扫黑除恶专项工作例会，督促区委政法委对发现区扫黑除恶成员单位、公职人员相关问题线索移交区纪委区监委。（王　翀）

【安全生产专项监督】2022年，区纪委区监委制订《西城区纪委区监委2022年推进贯彻落实安全生产十五条举措监督工作清单》，明确6方面25项工作的责任部门，推动安全生产专项整治3年行动完成2022年度目标任务169项，1150项上账隐患全部验收整改。（王　翀）

【市委巡视整改监督“回头看”】2022年，区纪委区监委制发监督“回头看”方案，统筹纪检监察组织综合运用查阅资料、听取汇报、个别谈话、随机抽查、列席会议等方式，对市委巡视整改工作“回头看”检查，形成监督情况报告。对于发现的情况，督促整改落实。（王　翀）

【全面从严治党检查考核和政治生态分析研判】2022年，区纪委区监委梳理全区80家单位落实全面从严治党（党建）主体责任的检查考核情况，制发反馈单并指导各单位开展问题整改，持续强化成果运用。区纪委区监委制订《一体推进2022年西城区全面从严治党（党建）工作考核和政治生态分析研判工作的实施方案》，明确检查考核重点，调动成员单位参与年度检查考核。组成检查组14个，现场检查单位59家。完成各单位政治生态分析研判自查报告和监督报告。区纪委区监委落实市反腐倡廉建设领导小组《关于对西城区2021年全面从严治党（党建）工作考核暨政治生态分析研判问题清单的反馈》意见的整改任务，制订《关于对西城区2021年全面从严治党（党建）工作考核结果暨政治生态分析研判问题清单整改的方案》，围绕重点问题，明确25家责任单位，将问题责任到岗、明确到人，压紧压实整改责任。（王　翀）

【低保领域专项监督】4月至6月，区纪委区监委通过大数据比对监督检查，核查低保问题数据870条，发现涉嫌违规领取低保问题数据信息5类36条，涉及低保人员24人、金额56万余元，退缴补贴资金14.37万元；推动建立和完善制度3项；发现2条涉及监察对象的问题线索。（王　翀）

【养老领域专项监督】4月至11月，区纪委区监委围绕养老人员档案管理、养老人员审核流程等情况，实地走访检查360余家次，筛查涉及养老领域“接诉即办”工单300余件。约谈30余人次，批评教育2人，制发纪检监察建议书1份、函询通知书1份；推动完善制度5项、解决各类养老服务问题11个；整改因死亡未及时上报误领津补贴涉及496人，涉及追缴津补贴资金67.20万元。（王　翀）

审查调查

【概况】2022年，区纪委区监委受理问题线索832件，处置问题线索770件，立案122件，结案80件。给予党纪政务处分59人，经立案审查调查未给予党纪政务处分只给予组织措施处理的3人，涉嫌违法犯罪移送检察机关19人。（王　翀）

【信访举报和检举控告】2022年，全区各级纪检监察组织接受信访举报646件次，比上年下降0.9%。其中检举控告类512件次，比上年下降3.4%。检举控告类信访举报中，初次举报472件次，占比92.2%；重复举报40件次，占比7.8%。自收335件次（基层上交151件次），比上年下降13.9%。上级下转311件次，比上年增长18.3%。（王　翀）

【监督执纪“四种形态”】2022年，区纪委区监委依据监督执纪“四种形态”（第一种即党内关系要正常化，批评和自我批评要经常开展，让咬耳扯袖、红脸出汗成为常态。第二种即党纪轻处分和组织处理要成为大多数。第三种即对严重违纪的重处分、做出重大职务调整应当是少数。第四种即因严重违纪涉嫌违法立案审查的只能是极少数）处理595人次。其中第一种形态519人次，占“四种形态”处理总人次的87.2%；第二种形态45人次，占比7.6%；第三种形态4人次，占比0.7%；第四种形态27人次，占比4.5%。（王　翀）

【开发区领域腐败问题专项整治】2022年，区纪委区监委推动财政、审计等部门审计西城园管委会2019年至2021年政策兑现相关专项的拨

付情况、申报资料，结合资料反映的情况和资金量规模，延伸审计有关企业。（王　翀）

【追逃追赃工作】2022年，区纪委区监委发挥监察体制改革形成的制度优势，加强与公安机关协作配合，推进追逃追赃工作。3月28日，抓获藏匿在安徽省亳州市的犯罪嫌疑人周某。（王　翀）

【经商办企业专项整治】2022年，区纪委区监委紧盯经商办企业等重点问题，做到应查尽查、一查到底。处理违规经商办企业54人，其中立案8人、诫勉14人、批评教育16人、谈话提醒16人。（王　翀）

【调研巨额财产来源不明案件】2月，区纪委区监委专题调研2019年1月1日以后立案调查且移送司法机关的巨额财产来源不明案件。分析办案实践的困难和疑惑，提出解决问题的建议和思路。（王　翀）

【案件质量评查】8月至9月，区纪委区监委对2020年5月至2021年12月办结的160件纪检监察案件进行质量评查。采取逐卷审查、集体讨论等方式自查自纠。督促整改质量评查过程中发现的手续程序、案件管理等问题。（王　翀）

区委巡察

【概况】2022年，区委巡察机构统筹谋划十三届区委巡察全覆盖，制订十三届区委巡察规划。区委巡察机构6次向区委常委会、区委书记专题会汇报巡察工作。组织开展十三届区委3轮巡察，对22家单位及87个社区党组织开展常规巡察，发现问题203个，移交问题线索23个。（王　翀）

【巡察监督贯通融合】2022年，区委巡察机构深化与区纪委区监委协助配合机制。制定《关于建立健全区委巡察机构与区纪委区监委有关部门协作配合机制的实施办法》，区纪委区监委选派25名纪检监察干部参加巡察。巡前通报立案处分、信访等情况百余件。与区委组织部共同出台《西城区结合区委巡察开展选人用人工作专项检查工作实施细则》。巡察同步开展选人用人专项检查和落实意识形态工作责任制专项检查。与审计监督对表年度计划，区审计局提供审计报告13份。（王　翀）

【巡察成果运用】2022年，区委巡察机构压实巡察整改责任，落实“双反馈”机制（向一把手反馈、向领导班子反馈），指导17家单位党组织召开巡察整改专题民主生活会。发挥巡察综合监督平台作用，区委巡察工作领导小组统筹安排区委巡察组，联合区纪委区监委相关监督检查室，监督检查十二届区委巡察部分单位整改落实情况。坚持巡察发现问题“一张清单到底”机制和区委书记专题会议点人点事督办机制，确保事事有交代、件件有着落。（王　翀）

【巡察干部培训】2022年，区委巡察机构加强巡察力量，在全区范围抽调75名优秀干部，编成17个组参加巡察。组织干部学习贯彻落实党的二十大精神，开展学习周活动，学习党规党纪、巡视巡察制度。举办3期巡察干部培训班，保证队伍规范化、专业性。加强巡察机构党组织建设，把支部建在组上。（王　翀）

党风廉政建设

【概况】2022年，区纪委区监委聚焦作风建设，持续整治“四风”问题，聚焦群众利益，推进基层正风肃纪。深化以案为鉴，以案促改，教育党员干部筑牢思想防线。各级纪检监察组织履行监督首责，坚持挺纪在前，抓早抓小，促进党风政风清正廉明。全年查处违反中央八项规定精神案件3起（含指定管辖1起），给予党政纪处分3人。（王　翀）

【廉洁文化和警示教育】2022年，区纪委区监委和中央纪委国家监委合作制作4部“漫说‘莲’洁”系列漫画，增强廉洁文化的渗透力和感染力。制作2部正风肃纪警示教育片《疏忽值守酿恶果》《步步失守的“一把手”》，警示违纪违法的代价，推动以案为鉴、以案促改、以案促治。（王　翀）

【市委巡视迎检】2022年，区纪委区监委做好十三届市委第一轮巡视迎检，接受3类、14项、43个问题反馈意见。制定123条整改措施，狠抓整改落实，确保巡视整改实效。（王　翀）

【纠治“四风”】2022年，区纪委区监委强化日常监督，在元旦、春节、“五一”、“十一”等重要时间节点，专项监督检查全区各单位“四风”情况，统筹安排警示教育、约谈提醒、专项检查、大数据分析比对等内容，加强对节日期间作风建设的监督检查。（王　翀）

【西城区警示教育大会】12月23日，西城区“以案为鉴、以案促改”警示教育大会召开，区委书记孙硕讲话。区委常委、区委副书记袁海鹏主持会议。会议以视频会议形式召开，播放警示教育片《疏忽职守酿恶果》《步步失守的“一把手”》，通报自上年警示教育大会以来受处分的处级干部名单。区四套班子领导、区人民法院院长、区人民检察院检察长，区有关部门主要负责人，全区各委办局、各街道、事业单位、企业领导班子成员参会。区纪委区监委领导班子成员，区委巡察办主任，区纪委委员，区委巡察组组长、派驻纪检监察组组长、街道纪（工）委书记在相应单位参会。会议提出，

12 月 23 日，区纪委区监委召开西城区“以案为鉴，以案促改”警示教育大会　（区纪委区监委　供图）

西城区主要存在着漠视组织纪律和组织原则、违反中央八项规定精神、违反廉洁纪律、“一把手”违纪违法、国资系统和区管企业干部违纪违法、履职尽责不力、违反国家法律法规 7 个方面的突出问题。会议强调，要深刻汲取违纪违法典型案例的教训，始终保持警惕常在、警钟长鸣；要高度重视西城区全面从严治党存在的各项问题，坚持管党治党不放松、正风肃纪不停步、反腐惩恶不手软，不断增强自我净化、自我完善、自我革新、自我提高能力，努力推动全面从严治党取得更大战略性成果。（梁　迪）

【纪检监察系统警示教育】12 月 29 日，区纪委区监委强化纪律教育和警示教育，召开全区纪检监察系统警示教育大会，区委常委、区纪委书记、区监委主任牟少华出席会议并讲话。区纪委区监委机关、全区各派驻纪检监察组、派出纪工委（监察组）和社区纪检专员、社区纪检委员及区管企业纪检监察干部等 700 余人参加会议。会议传达学习全市纪检监察系统警示教育大会精神和全市纪检监察干部要求，观看警示教育片，通报违纪违法典型案例，教育引导核心区广大纪检监察干部坚持以案为鉴，深刻汲取教训，时刻绷紧廉洁自律这根弦，打造自身正、自身硬的纪检监察铁军。（王　翀）

（责任编辑　晏　畅）

民主党派

中国国民党革命委员会北京市西城区委员会

【概况】2022年，中国国民党革命委员会北京市西城区委员会（简称民革西城区委）有支部32个，党员1251人。党员中有全国人大代表1人，全国政协委员2人；市人大代表1人，市政协委员7人；区人大代表5人，区政协委员23人；民革中央委员2人，民革市委委员13人（其中主委1人、常委3人、委员9人）。市特约工作人员3人，区特约工作人员10人；区新的社会阶层人士联谊会会长1人、副会长1人、理事2人；西城区统战系统专家库成员10人，区街道规划顾问5人；民革中央和民革市委专委会委员92人。（魏　威）

【参政议政】2022年，民革西城区委围绕中共西城区委、区政府中心工作和区域发展全局性、战略性问题，组织党员参加参政议政会议。参加区政协、中共西城区委统战部政党协商会4次、议政会1次。民革西城区委各专门委员会撰写《关于破解西城区老旧小区治理难题的若干建议》《以“城市大脑”驱动数字经济标杆城市示范区建设，助力政府科学化决策》《关于落实积极财政政策、推动消费城市建设的建议》《依托“腾退空间再利用”，以“宣南”文化商业示范区为抓手，推动首都功能核心区城市更新的高质量发展》《深入服务中小微企业、监管科技，加快推进“金科新区”发展》《落实“文化+”融合发展战略，推进西城文化产业创新发展》《关于西城区文旅产业创新发展的调研》和《关于城市社会灾害中社区居民自救互助体系构建的调研报告》等8篇调研报告。向西城区人民政府、中共西城区委统战部及民革市委等部门报送意见和建议365篇，其中社情民意信息328篇，被民革中央采用19篇，全国政协采用1篇，市政协采用45篇，中共北京市委采用1篇，市领导批示3篇，区委区政府采用7篇。编写《西城民革》刊物2期。按照《民革西城区委信息调研表彰办法》，民革西城区委评选信息工作优秀支部10个，信息工作先进个人11名，参政议政先进个人20名。向政协西城区第十五届一次全会提交《破解西城智慧养老产业发展难题，有效推进智慧养老落地基层社区》《进一步做大做强西城区金融业，助力北京市‘两区’建设提质增效》2篇党派提案。（魏　威）

【组织建设】1月，民革西城区委召开区委三届五次主委会议及区委领导班子民主生活会，制定《民革西城区委理论学习中心组学习制度》；召开上年度工作总结会；慰问老党员及困难党员。2月，向民革市委报送十八支部和三十支部民革党员之家情况。3月，召开民革西城区委三届六次主委会议、民革

1月14日，民革北京市西城区第三届委员会第五次主委会议召开　（民革西城区委　供图）

西城区委三届四次全委会议；推荐区青联委员候选人7人，推荐1名支部主委参加北京市社会主义学院基层组织负责人培训班。5月，组织新党员参加西城区社会主义学院民主党派新成员培训班。6月，召开民革西城区委三届七次、八次主委会议和三届五次全委会议。7月，组织44名代表参加民革北京市第十四次代表大会，13名西城区民革党员当选为市委委员，其中常委3人、委员10人。8月，召开新党员座谈会2期。9月，开展区委班子走访委员所在单位党委和支部工作；召开新党员座谈会1期。10月，成立民革北京市西城区第三届委员会内部监督委员会，设主任1人、副主任2人、委员4人；推荐西城区民主党派城市规划、建筑设计人才7名；推荐北京市民革市级层面代表人士6名；推荐民革北京市委法律服务志愿者联谊会会员人选6名。12月，推荐北京中山医学会会员人选10名。（魏　威）

【学习教育活动】1月，民革西城区委参加民革市委党史学习教育总结会，制订《“喜迎二十大·奋进新时代”主题教育暨“矢志不渝跟党走、携手奋进新时代”政治交接主题教育工作方案》；组织祖国和平统一专委会委员和台胞台属参加民革市委台胞台属迎新春联谊会。4月，组织社会与法制专委会与民革北京市委联合举办读书会。5月，参加市“党的统一战线政策提出100周年理论研讨会”征文，提交作品2篇。7月，组织党员参加学习中央统战工作会议精神报告会。8月，组织祖国和平统一专委会14名委员参加民革北京市委“解决台湾问题与推进祖国统一进程”主题台情报告会。9月，组织党员参加纪念中国抗战胜利77周年活动、北京第三十六届卢沟桥醒狮越野跑活动、区社会主义学院“中国之问、世界之问、人民之问、时代之问的最新回答——认真学习《习近平谈治国理政》第四卷”专题讲座。10月，组织党员收听收看中共二十大开幕会；组织区委委员、监委会委员学习中共二十大精神；组织党员参加中共西城区委统战部二十大精神宣讲会、西城区统一战线学习贯彻中共二十大精神专题报告会、民革北京市委学习中共二十大精神知识答题活动。11月，组织党员参加西城区社会主义学院“全面建设社会主义现代化国家的纲领性文件——学习二十大报告的体会”统战大讲堂、中共西城区委统战部《万水朝东》话剧观赏活动。12月，组织党员参加民革北京市第十六届委员会委员（扩大）会议暨学习贯彻中共二十大精神宣讲报告会、中共西城区委统战部新年音乐会观赏活动。（魏　威）

【社会服务】1月，民革西城区委参加民革市委社会服务工作会；55名党员参与同心抗疫行动。5月，推荐2名党员担任中关村科技园门头沟园民主党派专家服务站专家。6月，向展览路街道捐赠牛奶、方便面等急需物品，慰问百万庄北里抗疫一线人员；落实中山博爱基金会、民革中央企业家联谊会、民革北京市委会联合捐赠活动，向区卫生健康委捐赠价值5.25万元的植物饮料3000箱。（魏　威）

中国民主同盟北京市西城区委员会

【概况】2022年，中国民主同盟北京市西城区委员会（简称民盟西城区委）有盟员2629人，基层委员会2个，支部73个。区盟员中有第十四届全国人大代表2人；第十四届全国政协委员3人，其中常委1人。第十六届市人大代表2人；第十四届市政协委员4人，其中常委1人。第十七届区人大代表7人，其中副主任1人、常委1人；第十五届区政协委员27人，其中常委5人（含副秘书长1人）。第十三届民盟中央委员8人，其中常务副主席1人。第十三届民盟北京市委委员10人，其中副主委1人，常委2人。中国工程院院士1人。民盟西城区委获2022年度民盟中央基层组织建设先进集体、民盟中央社会服务工作先进集体、西城区民主党派调研工作优秀单位。（宋小华）

【参政议政】2022年，民盟西城区委参加中共西城区委政党协商会2次，参加区政协、中共西城区委统战部组织的7次专题协商、议政会、政协全会，11位盟员作会议发言或提交书面报告。参加民盟中央课题3项，以民盟西城区委名义承担盟市委课题5项。成立8个重点课题组，调研“中轴线及老城水系保护与利用研究”“数字经济”“韧性城市建设”和“社区养老”等课题。联合民建西城区委、区政协经济科技委员会开展区政协年度重点调研课题“抓住设立北交所新机遇，推动西城区金融与科技高质量发展”，为区域金融与科技高质量发展建言献策。与民盟智库承办民盟市委“北京中轴线建筑文化价值阐释与保护传承学术研讨会”。组织北京市中轴线建筑文化价值阐释与保护传承学术研讨会。完成22篇调研报告，其中《以加快拓展数字生活消费新空间为突破助力全球数字经济标杆城市示范区建设》《北京中轴线及老城水系保护与利用研究》获西城区民主党派优秀调研成果奖一等奖；3篇获优秀调研成果奖二等奖；5篇获优秀调研成果奖三等奖；中共西城区委政党协商会议和区政协、中共西城区委统战部联合召开的议政会发言2篇，区政协会议发言2篇，党派提案2篇，一般提案3篇。年内，区盟员报送社情民意信息200余篇，多篇建议得到民盟中央、全国政协、中共北京市委、市政府、市政协等部门重视和采纳。（宋小华）

【组织建设】2022年，民盟西城区委发展新盟员56人，其中主界别盟员28人，高层代表性人士2人。调入盟员17人，调出盟员5人，去世4人。15个专委会召开成立会

8月3日，民盟西城区委文化、艺术专委会成立大会召开（民盟西城区委 供图）

议，相互交流明确方向。优化提升支部班子建设，完成4个支部换届，开展优秀盟员和支部评选活动，规范支部达标率90%以上。推荐区青联委员10名。文旅部支部盟员吴为山当选为民盟中央副主席，8位盟员当选民盟中央委员。新一届人大政协换届中，4位盟员当选北京市政协委员，2位盟员被选为北京市人大代表。2022年，第三届盟区委召开7次主委会议，全委扩大会议1次。通过《民盟西城区第三届委员会五年规划》，制定调查研究、评选先进、内部监督等制度。落实理论学习中心组学习制度。落实区委委员联系支部制度，推进支部工作。（宋小华）

【学习教育活动】2022年，民盟西城区委举办学习贯彻中共二十大会议精神暨民盟西城区委秋季培训班，邀请代表专家报告。印制《西城盟讯》学习二十大精神专刊。创新“矢志不渝跟党走、携手奋进新时代”主题教育方式，在纪念中共统一战线政策提出100年之际，举办西城区统战人士大联合健康跑系列活动。以迎冬奥为契机，开展“健康迎冬奥，一起向未来”健步走活动。创新开展四期“盟心悦读”系列党史盟史读书活动和两期“西盟讲堂”专题讲座。推进统战理论研究和盟史整理，多篇研究文章获盟市委奖项。（宋小华）

【社会服务】2022年，民盟西城区委组织防疫志愿团，参加新街口、椿树街道疫情防控，向上海市捐助价值10余万元的抗疫物资。（宋小华）

中国民主建国会北京市西城区委员会

【概况】2022年，中国民主建国会北京市西城区委员会（简称民建西城区委）有会员2672人，基层支部21个，其中综合性支部18个，单位支部3个。会员中有第十三届全国政协委员1人；第十五届北京市人大代表3人，其中常委1人；第十三届北京市政协委员7人，其中常委2人；第十七届西城区人大代表8人，其中常委1人；第十五届西城区政协委员44人，其中常委4人。（李 娟）

【参政议政】2022年，民建西城区委围绕民建北京市委调研成果征选方向及中共西城区委、区政府中心工作开展调研，完成《关于进一步完善基层社会治理中志愿者参与及管理机制的研究与思考》《抓住设立北交所新机遇、推动金融与科技高质量发展》《关于推动西城区传统老字号企业数字化转型的调研》《高质量发展北京非物质文化遗产产业研究》等8篇调研报告；收集社情民意信息264件，上报民建北京市委、中共西城区委统战部、西城区政协246件，78件被全国政协、民建中央、北京市政协、民建北京市委等单位采纳，1件被中共北京市委主要领导批示；向西城区政协提交党派团体提案2件，完成党派团体提案答复工作。参加西城区政协、中共西城区委统战部协商议政，选派代表作主题发言。（李 娟）

【组织建设】2022年，民建西城区委召开9次主委会议、3次全委会议，商定民建西城区委重大工作。召开支部主委会、参政议政会、重点课题推进会等，研究部署具体工作。举办新会员培训学习活动4次，探索建立新会员学习与培训支部会

11月10日，民建西城区委与区发展改革委就加强协作、持续促进区域经济高质量发展等内容举办座谈会（民建西城区委 供图）

员转入普通支部模式，为2批、100名会员分配支部。向民建北京市委、中共西城区委统战部、西城区青联等推荐人才400余人。修订《民建西城区委专委会通则》《民建西城区委支部、专委会经费支出暂行规定》《民建西城区委调研课题管理和成果奖励暂行办法》《民建西城区委社情民意信息报送评比表彰暂行办法》。2022年，民建西城区委发展新会员89人，平均年龄39岁，经济界别会员占78%。从其他地区转入12人、转出4人，去世2人。会员马庆春、王亮、王磊、付广军、刘雪芹、李海丽、杨尚宝、吴洪斌、邵强、段江波、高巍、韩东彦、穆士卿获评民建中央定点帮扶工作先进个人，朱继东的《中共百年奋斗的历史经验为参政党建设提供的重要启示》获北京市社会主义学院“共话百年统战”党的统一战线政策提出100周年征文一等奖，朱继东的《学习传承“十个坚持”全面加强参政党建设》获民建中央2022年重点理论研究课题优秀成果奖一等奖。

（李　娟）

【学习教育活动】2022年，民建西城区委组织会员学习宣传贯彻中共十九大、二十大精神，加强对习近平新时代中国特色社会主义思想的理解和领悟，推进“四史”教育，传承民建优良传统。开展“矢志不渝跟党走、携手奋进新时代”主题教育，以中共二十大召开、中共百年统战史、民建北京市委换届等重大事项为抓手，举办讲座、征文等活动，1篇征文获北京市社会主义学院“共话百年统战”党的统一战线政策提出100周年征文一等奖。向民建北京市委网站、西城统战微信公众号投稿74篇，采纳70篇。

（李　娟）

【社会服务】2022年，民建西城区委组织会员在疫情防控、街道共建、对口帮扶等方面捐款捐物价值184.794万元，提供人力支持691人次。向什刹海街道捐赠防寒被194套、遮阳伞150把；向牛街街道、白纸坊街道捐赠降温马甲80件；向全区15个街道和团区委捐赠健康果饮850箱；成立疫情防控志愿服务队，参与服务374人次；捐款3万元慰问陶然亭街道困难群众；为门头沟区雁翅镇芹峪村拍摄民宿美食宣传视频，助销农特产品；33名法律界会员参与大栅栏街道、什刹海街道法律援助，接待群众100余人次。

（李　娟）

中国民主促进会北京市西城区委员会

【概况】2022年，中国民主促进会北京市西城区委员会（简称民进西城区委），有基层支部54个，会员1710人。区会员中有全国政协委员3人；市政协委员4人；区人大代表4人，区政协委员23人，区青联委员5人；国家监察委员会特约监察员1人，区纪委区监委特约监督员2人；市特约工作人员5人。民进西城区委获中央统战部“各民主党派、工商联、无党派人士为全面建成小康社会做贡献先进集体”与“民进北京市委社会服务先进集体”称号。民进西城区委表彰结对共建先进支部26个、参政议政先进支部17个、社会服务先进个人77名、参政议政先进个人53名。6个支部获评“民进北京市委2021年度会员发展工作先进组织”，1人获评中央统战部和各民主党派中央、全国工商联联合颁发的“各民主党派、工商联、无党派人士为全面建成小康社会作贡献先进个人”，3人获评“民进中央信息化建设先进个人”，9人获评“民进北京市委2021年度会员发展工作先进个人”。（刘笑岩）

【参政议政】2022年，民进西城区委参加区政党协商会、区政协议政会、双月协商会，两次作主题发言。向西城区政协提交《以媒介融合促进北京“宣南文化”的新建构》《大力推动智慧物业，提升西城基层治理水平》党派集体提案。专委会组织课题组成员把握区情，开展调研活动。向民进北京市委报送调研9篇，其中《世界游戏语境下提升中国文化传播效能的研究报告》获北京市民主党派参政议政优秀调研成果三等奖。向中共西城区委统战部报送调研9篇，其中《进一步完善养老服务体系，提升社区养老服务质量》《以媒介融合促进北京“宣南文化”的新构建》获西城区民主党派优秀调研成果奖一等奖，《人群密集公共场所卫生防护能力现状调研报告》《关于提升北京市社区工作者职业发展力的调研》《关于〈北京市进一步减轻学生作业负担和校外培训负担工作〉的调研报告》获西城区民主党派优秀调研成果奖三等奖。民进西城区委向民进北京市委和中共西城区委统战部报送社情民意信息251条。其中16条被民进中央采用，99条被民进北京市委采用，31条被北京市政协采用，34条被中共西城区委统战部采用，4条被西城区政府采用；获北京市领导批示1件，西城区领导批示1件。民进西城区委获“民进北京市委参政议政特等奖”等称号。（刘笑岩）

【组织建设】2022年，民进西城区委发展新会员54人，其中硕士博士研究生23人，占比42.6%；中、高级职称职务23人，占比42.6%；教育、文化、出版界25人，占比46.3%，公有制经济界12人，占比22.2%，医卫界4人，占比7.4%，科技、政府机关、新阶层及其他人士13人，占比24.1%；平均年龄39岁。调入3人，去世69人。

（刘笑岩）

【学习教育活动】2022年，民进西城区委召开中共二十大学习动员部署会；组织全体委员召开学习中共二十大精神座谈会；组织基层支部举办系列学习中共二十大报告。组织班子成员参加统战部西城区统战人士学习落实中共市第十三次党代会精神座谈会和中国共产党北京市西城区第十三届委员会第四次全体会议。组织代表人士参加西城区统一战线学习宣传和贯彻落实中央统战工作会议精神座谈会并做发言。组织骨干会员参加北京市民主党派中青年骨干政治培训班。组织新会员参加西城区民主党派新成员培训班。组织会员参与学习宣传贯彻中国共产党第二十次代表大会精神专题报告会、西城区民主党派学习中共中央党外人士会议精神座谈会、区情通报会等会议，参加中共西城区委统战部、西城区社会主义学院“西城同心大讲堂”。紧扣“矢志不渝跟党走、携手奋进新时代”主题，通过专题报告、文艺会演、公益讲座、主题征文等方式宣传教育。举办“以史为鉴、开创未来”党建携手助力薪火田庄——建党百年报纸捐赠仪式暨书法家送春联助力冬奥活动，向门头沟区田庄村捐赠100幅从1921年到2021年记录百年历史重大事件、具有深厚历史记忆的党史百年展览报纸；举办“弘扬优秀传统文化、喜迎二十大胜利召开”迎国庆、庆重阳活动；组织会员集中学习中共北京市第十三次代表大会精神和民进北京市委十三次代表大会精神，参加民进北京市委“铸牢中华民族共同体意识大讲堂”等系列活动。全年出版《西城民进》6期。（刘笑岩）

【社会服务】2022年，民进西城区委走进白纸坊街道右北大街社区，开展“立足双减、亲子共学”教育沙龙、“讲家训、传美德、树家风”中华传统美德教育、“家庭教育大讲堂”等系列活动。5月，组建志愿者团队前往西长安街街道，白纸坊街道右北大街社区、平原里社区，广内街道核桃园社区等地区支援物资转运等服务。近百名会员志愿者参与街道志愿服务300余人次。组织会员为疫情防控捐款捐物，筹集捐款5万余元，由民进西城区委统一安排购买，向民进北京市委转赠N95医用防护口罩2700个，防护服400套。向白纸坊街道捐赠矿泉水513箱，向西长安街街道捐赠水果60箱、牛奶20箱、点心35箱和矿泉水25箱。为首都抗疫捐赠药物、医用口罩及洗手液等价值1000万元物资。（刘笑岩）

中国农工民主党北京市西城区委员会

【概况】2022年，中国农工民主党北京市西城区委员会（简称农工党西城区委）有基层支部36个，党员1456人。党员中有全国政协委员1人；北京市人大代表1人，北京市政协委员2人；西城区人大代表2人，西城区政协委员20人（其中副主席1人，常委4人，副秘书长1人）；西城区特约监察员3人。农工党西城区委及所属复兴医院支部、广安门医院支部、经济一支部、宣武医院支部、展览路医院支部、中国疾控中心支部获评农工党北京市委2021年度先进集体，108名党员获评2021年度优秀党员，33名党员获“农工党北京市委2021年度单项工作先进个人”表彰。（白天鸣）

【参政议政】2022年，农工党西城区委立足界别优势，围绕“健康西城、绿色西城”主线履职尽责。召开参政议政工作会议，总结表彰上年度工作情况，部署全年工作。在区政协十五届二次全会上提交党派提案《落实“文化+”融合发展战略、推进西城文化产业创新发展》和《西城区重点人群血脂防控现状调研与先进管理策略探索研究》。在区政协、中共西城区委统战部联合议政会作《加快推进西城区公共卫生应急管理体系建设实现可持续发展》主题发言。向农工党北京市委、中共西城区委统战部报送党派调研8篇，其中调研报告《西城区重点人群血脂防控现状调研与先进管理策略探索研究》获中共西城区委统战部调研成果奖一等奖，《加快推进西城区公共卫生应急管理体系建设实现可持续发展》《支持北交所做大做强，打造服务专精特新中小企业主阵地》获中共西城区委统战部调研成果奖二等奖，《加强“应急与灾难救护”培训，完善西城“防灾型社区”建设》获中共西城区委统战部调研成果奖三等奖。向农工党北京市委、区政协、中共西城区委统战部报送社情民意信息169件，其中132件社情民意信息被全国政协、农工党中央、中共北京市委等部门采纳，“关于尽快落实检测样品低温存储设备设施的建议”“面对疫情冲击合理保护医疗资源防止医疗挤兑”“关于大规模检测及后续管理的建议”获市领导批示。报送西城区建议“直通车”2件，其中《关于加强核心区

1月13日，民进西城区委在门头沟区雁翅镇田庄村举办“以史为鉴、开创未来”党建携手助力薪火田庄——建党百年报纸捐赠仪式暨书法家送春联助力冬奥活动（民进西城区委　供图）

冷链行业监管的建议》获区领导批示。（白天鸣）

【组织建设】2022年，农工党北京市委调研区委基层组织建设工作。落实市委会换届工作，提名52名党员代表参加农工党北京市委第十四次代表大会。宋玫、戚畅当选农工党北京市委常委，冯斌、朱江、张晓光、张雪艳、陈楠、柯敬东、郝明虹当选农工党北京市委委员。戚畅、常纪文当选农工党中央委员。农工党西城区委领导班子定期召开主委会集体研讨决策重大决策、事项，落实集体领导和分工负责制，紧扣中心工作履职尽责。举办年度新党员培训会，介绍农工党西城区委基本情况和区统战概况，开展社情民意信息培训。组织发展新党员53人，组织关系转入7人，转出11人。做好后备干部培养考察，完善后备党员人才库，推荐提名张雪艳、李伟、高政、唐承克当选为西城区第三届青联委员。（白天鸣）

【学习教育活动】2022年，农工党西城区委学习宣传贯彻中共二十大精神，筑牢多党合作共同思想政治基础，开展“矢志不渝跟党走、携手奋进新时代”政治共识专题教育活动，组织党员收听收看中共二十大开幕会并撰写学习体会，举办“学习贯彻党的二十大精神，巩固和发展最广泛的爱国统一战线”“深化政治交接，巩固政治共识”等专题讲座，组织参观香山革命纪念馆主题展览，举办中共北京市第十三次党代会精神、北京冬奥精神交流座谈会。提升思想宣传工作，组织党员参加“喜迎二十大、奋进新征程”“共话百年统战”“北京‘双奥之城’文史资料征集”主题征文活动，1篇征文获市委统战部优秀奖，3篇征文被市政协文史采用拟录入《北京文史》双奥专辑。全年编辑出版《西城农工》4期，出版同心抗疫特刊，宣传党员抗疫故事。（白天鸣）

【社会服务】2022年，农工党西城区委号党员主动参与疫情防控，组建由50名党员组成的同心抗疫志愿服务队，多次前往金融街二龙路社区、广外街道茶马社区开展志愿服务，服务居民8596人次。区委142名党员参与防疫工作，238名医务工作者党员坚守医疗救治和疫情防控岗位。党员参加首都统一战线同心抗疫行动，爱心捐赠防疫和生活物资，捐赠口罩1万个、全套防护服120套、端午慰问品1200份、矿泉水55箱、电风扇63台。（白天鸣）

7月29日，农工党西城区委举办“矢志不渝跟党走、携手奋进新时代”政治交接主题教育培训

（农工党西城区委　供图）

中国致公党北京市西城区委员会

【概况】2022年，中国致公党北京市西城区委员会（简称致公党西城区委）有18个综合党支部，1个医疗卫生总支，4个单位支部，党员830人。党员中有全国人大代表1人；市人大代表2人，市政协委员3人；区人大代表1人（其中常委1人），区政协委员21人（其中副主席1人、常委3人、副秘书长1人）；致公党中央委员3人（其中常委2人），致公党市委委员7人（其中专职副主委1人、常委2人）。致公党西城区委获评致公党中央社会服务工作先进集体和宣传思想工作优秀集体；党员陆晓琳、张宪生、郭然获评“致公党中央社会服务先进个人”。（梁训新）

【参政议政】2022年，致公党西城区委党员参与致公党北京市委重点课题5个，普通课题5个。提交中共西城区委统战部调研报告5篇，其中《场景驱动西城数字经济标杆城市示范区建设》获一等奖，《立足区域优势资源，创新发展西城数创文化》《加快推进“一网统管”建设，快速提升基层智能化治理水平》获二等奖，《推动西城区业委会、物管会依法履职的问题与对策》获三等奖。全年召开3次调研课题专项会议。向致公党北京市委、中共西城区委统战部、区政协、区社院报送社情民意信息148篇，致公党中央采用20篇，致公党市委采用132篇，中共北京市委统战部采用1篇，市政协采用42篇，全国政协采用1篇，上级领导批示1篇。（梁训新）

【组织建设】2022年，致公党西城区委推荐6名党员当选致公党中央委员，11名党员当选致公党市委委员。调整12个支部班子成员，组建成立参政议政专委会、青年专委会、老龄专委会、社会服务专委会等机构。新发展党员70人。致公党西城

7月14日，西城区代表参加中国致公党北京市第十次代表大会后合影　（致公党西城区委　供图）

区代表参加致公党北京市第十次代表大会。参政议政专委会开展“致十学堂”研学活动，邀请专家线上发言，为全区党员提供学习平台。青年委员会带领青年党员开展学习交流活动。青年委员会组织党员撰写学习致公党中央十六大心得。老龄专委会组织全区老党员重阳节演出活动。（梁训新）

【学习教育活动】 2022年，致公党西城区委多次召开主委会、全委会及全委扩大会，学习中共十九大及十九届历次全会精神和中共二十大精神、致公党十六大精神，学习传达中央、市、区相关会议精神。结合致公党北京市委“矢志不渝跟党走、携手奋进新时代”政治交接主题教育，利用网络新媒体、党员微信群、西城统战同心大讲堂等线上载体，组织区委委员、支部班子、骨干党员学习。组织全区党员参与西城统一战线“奋进新时代、共筑中国梦”系列主题教育。按照致公党中央“书香支部”创建要求，围绕致公党北京市委“京致阅读”开展读书活动，在正乙祠举行“京致阅读”活动。全区18个支部及多个专委会开展阅读活动30余次。组织新党员参加“他和她的故事”采访录制，举办清明节“缅怀司徒美堂先生，弘扬致公优良传统”活动，为致公党创始人司徒美堂扫墓。组织12名新党员参加线上西城区民主党派新成员培训班，在全区开展传承致公情微宣讲活动。（梁训新）

【社会服务】 2022年，致公党西城区委与陶然亭街道结对共建，“致公党爱心讲堂”落地陶然亭街道党群活动中心。为陶然亭辖区青少年捐赠图书礼包100套。致公党西城区委社会服务工作委员会为全区老党员准备爱心台历、购物车等重阳礼物；协调北京蓝天救援队为市民主党派大楼及周边防疫消杀；向复兴医院和陶然亭街道办事处捐赠防疫物资。（梁训新）

九三学社北京市西城区委员会

【概况】 2022年，九三学社北京市西城区委员会（简称九三学社西城区委）有34个支社，社员1723人。区社员中有九三学社中央副主席1人、委员3人，九三学社市委副主委1人、常委1人、委员7人；全国政协常委1人、委员2人；市人大代表5人，市政协委员3人；区人大常委会常委1人、代表8人，区政协副主席1人、常委4人、委员12人；外区人大常委会常委1人、代表1人，外区政协常委1人、委员5人，区青联委员4人。九三学社西城区委被九三学社中央组织部评为“组织信息系统数据维护工作先进集体”，《西城九三》刊物获评九三学社中央宣传部“2022年度九三学社全国市级组织十佳期刊”，1个支社获评九三学社中央“九三学社2021—2022年社会服务先进集体”；社员中1人获评九三学社中央第六批“九三楷模”，1人获评九三学社中央“九三学社全国宣传思想工作先进个人”，2人获评九三学社中央“九三学社组织工作先进个人”，3人获评九三学社中央“九三学社2021—2022年社会服务先进个人”。（宋淙淙）

【参政议政】 2022年，九三学社西城区委向中共西城区委统战部报送调研报告6篇，其中《改进口袋公园设计、提升人民群众满意度》获调研报告评比一等奖；《在减量大背景下进一步构筑西城区总部经济高质量发展格局的对策与建议》《紧抓改革契机、加强宣传推广、创新产品服务——西城区老字号企业转型发展难点和对策》获二等奖；《推动数字经济标杆城市示范区建设，培育西城发展新动能》《进一步强化城市体检专项评估与诊断、落实中央城市体检成果》获三等奖。九三学社西城区委获中共西城区委统战部调研工作优秀单位。报送信息394篇，被全国政协采用21篇，九三学社中央采用4篇，市政协采用9篇，九三学社北京市委采用122篇，《西城信息》采用10篇，获批示1篇。向区政协提交提案2篇。（宋淙淙）

【组织建设】 2022年，九三学社西城区委新发展社员80人，转入11人，转出6人，去世29人，全区社员1723人。成立九三学社北京市西城区城市建设支社，九三学社西城区委有支社34个。发挥各工作委员会作用，承担相应条块任务。参政议政工作委员会围绕区域年度重点工作、结合社员专业特色确定调研方向，完成年度调研报告。妇女与老龄工作委员会持续开展社员书法班活动，在春节等重要时间节点，组织学员撰写书法作品，展示教学成果；协办“军地鹊桥会·情定七夕节”青年交友联谊活动，增加“九三红娘群”品牌影响力。妇女与老龄工作委员会、青年工作委员会联合举办2场法律、金融知识科普讲座。社会服务工作委员会运用“海馨健康小屋”平台开展公益医学科普讲座，参与区委对口协作地区服务。（宋淙淙）

【学习教育活动】 2022年，九三学社西城区委坚持以习近平新时代中国特色社会主义思想为指导，推进“喜迎二十大·奋进新时代”主题教育、“矢志不渝跟党走、携手奋进新时代”政治交接主题教育，探索宣传思想工作新思路。组织全区社员收听、收看中共二十大开幕会。会后收到百余名社员学习体会投稿，在“西城九三”微信订阅号刊发《中共二十大报告在九三学社西城区社员中引发热烈反响》系列摘编文章7期。全年整理学习资料6期。组织社员赴京西山区中共第一党支部纪念馆参观学习2次；组织全区近400名社员观看红色主旋律电影《证明》；开展“迎重阳、庆国庆剪纸活动”。出版刊物《西城九三》4期，同步出版电子刊。官方认证的微信订阅号“西城九三”正式运营，发布原创文章202篇，多篇文章被“北京党派e点通”转发，推送主题教育等系列专题文章，搭建讲好西城九三故事和多党合作故事平台。（宋淙淙）

【民主监督】 2022年，九三学社西城区委按照《西城区民主党派与有关部门、街道对口联系制度》要求，与区住房和城市建设委员会、德胜街道分别召开座谈会，组织社内专家围绕老旧小区综合整治等问题调研、开展民主监督。区内担任人大代表、政协委员和特约人员的社员，开展对有关部门监督。（宋淙淙）

【社会服务】 2022年，九三学社西城区委响应中共西城区委统战部号召，动员社员建立100人的志愿者队伍，支援对口联系街道疫情防控。组织社员志愿者先后8次参与德胜、天桥街道的“七小”门店防疫检查、抗疫物资分发；九三学社西城区委志愿服务队事迹被北京电视台新闻频道采访报道，德胜街道赠送锦旗致谢，天桥街道授予九三学社西城区委“优秀志愿服务集体”称号。（宋淙淙）

7月28日，九三学社西城区委组织部分社员到京西山区中共第一党支部纪念馆举办“矢志不渝跟党走 携手奋进新时代”主题教育（九三学社西城区委 供图）

台湾民主自治同盟北京市西城区委员会

【概况】 2022年，台湾民主自治同盟北京市西城区委员会（简称台盟西城区委）有2个支部，盟员111人。盟员中有全国政协委员1人（任副主席）；市人大代表2人（其中常委1人），市政协委员2人；区人大代表1人（任常委），区政协委员7人（其中常委4人）；台盟中央委员2人（其中主席1人）；台盟市委委员9人（其中副主委1人、常委3人）。（丁 冬）

【参政议政】 2022年，台盟西城区委完成《以“社区青年汇”促进新时代青年工作的调研》和《政务服务数字化建设问题分析和建议》调研报告，其中前者获2022年度台盟北京市委优秀调研报告二等奖，后者获2022年度西城区民主党派优秀调研成果奖三等奖。在区政协和中共西城区委统战部联合召开的“深化多元治理机制，构建核心区社会治理新模式”议政会上，台盟西城区委作《促进社区社会组织在基层治理中发挥更大作用》大会发言。与中共西城区委开展政党协商和民主协商3次，对中共北京市西城区委全会工作报告和市人大代表候选人建议人选、区人民政府区长候选人建议人选等提出意见建议。台盟西城区委主委庄文静列席中共西城区委十三届四次全体会议。全年报送社情民意信息110余条，其中史晓亮撰写的《关于完善台胞居住证服务功能的建议》等8条信息被全国政协等部门采用。台盟西城区委获台盟第十届中央委员会地市级参政议政突出进步奖。2位盟员获评台盟北京市委2022年度参政议政先进个人。3位盟员获台盟北京市委2022年度信息先进个人三等奖。（丁 冬）

【组织建设】 2022年，台盟西城区委召开6次主委会议、4次全委（扩大）会议。召开西城区盟员大会，选举西城区出席台盟北京市第十二次代表大会代表，推荐台盟北京市第十二届委员会委员。20位西城代表参加台盟北京市第十二次代表大会，2位西城盟员分别当选台盟北京市委副主委、秘书长，2位区委班子成员当选台盟北京市委常委。新发展盟员1名。组织盟员参加北京市民主党派新成员培训班和基层组织负责人培训班、西城区民主党派新成员培训班。举办“同心筑梦讲堂”2期，邀请2位台湾青年介绍两岸书画艺术交流情况和台湾美食文化。推荐考察2位青年盟员担任西城区青联委员。推荐1位两岸婚姻盟员家庭参选2022年“西城最美家庭”，推荐1位盟员家庭参选“首都最美志愿家庭”。1月，以电话和邮寄慰问品等方式慰问70岁以上老盟员。3月，以市区联动的形式组织盟员赴位于通州区的航天育种与科学方法主题研学基地参观。9月，慰问从事教育事业盟员、在京台湾青年；组织盟员到中国国际展览中心新馆现场观摩汽车产品，体验特色互动活动。10月，赴昌平区慰问西城台盟最年长盟员。

（丁　冬）

【学习教育活动】2022年，台盟西城区委组织盟员收看中共二十大开幕会，台盟西城区委领导班子成员等近30位盟员座谈感想、撰写学习体会。组织盟员参加首都统一战线、台盟北京市委、西城区统一战线学习宣传贯彻中共二十大精神动员部署会，以线上线下结合方式召开台盟西城区委学习宣传贯彻中共二十大精神动员部署会。台盟西城区委代表以线上和线下方式参加台盟中央学习贯彻中共二十大精神座谈会、台盟北京市委学习党的二十大精神专题宣讲会、西城区统一战线学习宣传贯彻中国共产党第二十次代表大会精神专题报告会，参加由中共北京市委、中共北京市委统战部和北京市政协分别举办的中共二十大精神宣讲报告会。台盟西城区委召开三届七次全体委员（扩大）会议暨中共二十大精神学习会，举办“聚焦二十大、奋进新征程”微信答题活动，40余位盟员参与答题。组织盟员赴北京展览馆参观“奋进新时代”主题成就展，给盟员配发中共二十大精神学习辅导材料。组织盟员参加全国两会精神报告会和十九届六中全会精神辅导报告会，举办为期1周的“数览十九届六中全会”线上学习答题活动。2位盟员及家属参加台盟中央两岸书画院在京举办的喜迎中共二十大暨台盟成立75周年书画作品展。1位盟员参加市妇联“清风北京·廉洁齐家”家风作品征集活动。组织盟员观看统战题材话剧《万水朝东》。4位盟员代表参加台盟第十一次全盟代表大会。3位盟员参加台盟中央宣传部举办的“我的入盟初心和履职故事”征集活动。编印纸质版《西城台盟简报》2021年3～4期合刊，完成宣传报道90余篇。同期制作全彩色在线电子版杂志，微信推送给盟员、其他区级组织和统战群体等。通过“西城统战”和“北京台盟”微信公众号发送报道30余篇。

（丁　冬）

9月12日，台盟西城区委组织盟员和在京台商、在京台湾青年举办手工制作月饼活动

（台盟西城区委　供图）

【涉台工作】2022年，台盟西城区委创新举办“青声青语”台湾青年在京生活线上分享活动，首次通过移动网络与台湾岛内同胞进行实时连线。邀请两位台青助力两岸茶人“茶之缘”交流会，现场演奏民乐曲目。盟员参加台盟北京市委举办的京台青年读书会活动，与在京台湾青年共同走进社区，参加志愿服务。加强组织活动创新和涉台特色品牌开拓，走访北京海峡两岸社区发展研究中心，围绕社区活动形式、中国传统文化和两岸婚姻等座谈。中秋节期间，台盟西城区委组织盟员和在京台商、在京台湾青年举办手工制作月饼活动。（丁　冬）

【社会服务】2022年，台盟西城区委盟员及专职干部27人次参与广内街道抗疫。慰问社区防疫志愿者，向广内街道捐赠100箱桶装方便面，联络在京台商企业赠送510份台湾特色爱心糕点盒。筹集防疫用品支援北京防疫，捐赠N95口罩、防护服等防疫物资3780件。（丁　冬）

（责任编辑　晏　畅）

人民团体

西城区总工会

【概况】 2022年，北京市西城区总工会（简称区总工会）履行维权服务基本职责，推动构建和谐劳动关系，加强工会系统自身建设。全区采集合格会员信息323275人，工会会员互助服务卡办理263914张，发展并标识新业态职工会员32656人。新建服务阵地覆盖党群服务中心16家。派出100余批4000余人次协助属地开展防疫工作。区总工会投入1407万元，购买物资慰问医护人员、防疫一线人员18.5万人次。12月，全区各级工会投入946万元，为会员职工发放防疫包58998份。

（刘世鹏）

【工会组织建设】 2022年，区总工会完成“十百千”建会专项任务，新建千人以上“两新”企业工会组织1个，百人以上工会组织42个，单独基层工会183个，新增联合工会覆盖单位1252家。全区建会率72.48%，百人以上单位建会率96%以上。建立“区级沟通日”督导机制。街道、商务楼宇每周至少召开一次职工沟通会，丰富会议内容，搭载法律咨询等服务项目。全年召开职工沟通会1333场、企业沟通会2130场。创新“车载沟通会”形式，延伸打造“流动工会服务站”。通过扫码、微信小程序“指尖入会”18533人，全区职工入会率85%。代收工会经费3.5亿元，比上年增收1300万元。落实小微企业经费全额返还政策，全年返还6820户次小微企业工会经费2180万元。创建街道服务站站长月度交流会机制，举办基层组织建设“部长接待日”活动。

（张　艳）

【劳模工匠管理】 2022年，西城区获评全国工人先锋号1个、全国五一劳动奖章1名、首都劳动奖状4个、北京市工人先锋号6个、首都劳动奖章16名。春节期间慰问劳模、先进人物745人次，发放慰问金80万元。组织147名劳模健康体检。区总工会召开“喜迎二十大，永远跟党走，踔厉奋发新时代，笃行不怠向未来”暨西城区庆“五一”表彰座谈会，全区2万家基层工会和22万职工会员线上观看，新华网、人民网、西城报等线上关注量150万人次。创新打造西城职工红色主播，利用3D运动测量与动作捕捉技术实现虚拟主播“小慧”与真人主播同框，通过动漫、短视频等形式，讲红墙、讲工会、讲劳模。将劳模宣讲、朗诵抗疫日记、推送快闪短视频、新业态新就业群体技能展示等多种形式有机融合，多维度、立体化营造劳动光荣、知识崇高、人才宝贵的社会风尚。

（张燕峰　臧璐）

【职工权益维护】 2022年，区总工会发动基层力量，将公益律师、集体协商指导员、工会服务站社工以及新业态就业群体职工纳入工会信息员队伍。选树首创期货公司等2家民营企业，巩固既往首原物业公司等7家企业成果，助推企业和谐劳动关系建设。推动集体协商提质增效，全区签订集体劳动合同1111份，覆盖企业6759家、职工155902人，百人以上企业集体合同签订率保持95%以上。组织职工参与“聚合力·促发展”职工代表提案征集活动和民主管理微视频大赛，11件提案和作品获市级奖项，区总工会获优秀组织奖。发挥工会调解作用，调解劳动争议案件701件，调解成功率24.2%，实现连续三年提升。成立全区首家新就业形态企业调解组织。创新普法形式，定期组织工会干部及职工旁听劳动争议案件仲裁庭审。利用街道“双沟通”会，发放新《中华人民共和国工会法》等宣传材料万余份。以新就业形态群体劳动争议案件为重点，编发《西城区劳动争议调解案例汇编》2000本。关注职工职业健康，组织1.1万名职工参与新《中华人民共和国安全生产法》线上答题。

（任震宇）

【职工文体活动】 2022年，区总工会成立西城区职工合唱团，原创歌曲《红墙脚下》入选北京市总工会“喜迎二十大，奋进新征程”第三十七届“五月鲜花”歌咏比赛展演活动。举办“抗击疫情，西城在行动”主题摄影比赛，66万人次线上浏览关注。举办“2022年西城区

8月5日，区总工会、区体育局联合举办2022年西城区全民健身拔河比赛（区总工会 供图）

全民健身拔河比赛”，16支队伍200人参赛。举办喜迎二十大“西工杯”职工五人制足球比赛，29支队伍400余人参赛。（王怀起）

【工会会员服务】 2022年，区总工会开展服务项目114个，服务会员125718人次。建立“西城区总工会职介”微信群，组织企业、职工按需参加线上招聘会。职工互助保险投保983万元，理赔2033人次，理赔金531万元。“暖·互助”二次报销受益职工71706人次，金额2165万元。温暖基金帮助20人，支付13.26万元。“金秋助学”救助10名困难职工子女，支付8.6万元。发动“一元捐（十元捐）”活动，5219名职工捐款8.7万元。建立困难职工应急处理联动机制，帮助4名困难职工脱困。推进职工服务综合体建设试点工作，引入两家企业为职工提供优质个性化服务。拓展区级“职工心灵驿站”，建成心理咨询室和心理减压室，录制10节心理自愈课程。办理“12351”职工热线派单525件，办结率100%。（朱 莉）

【阵地建设】 2022年，区总工会新建职工之家6家、暖心驿站21家，15个公共服务阵地获评全国“工会最美站点”。向新建阵地及“最美站点”拨付经费175.2万元，配备爱心防疫包、急救箱500件。开展“两节”送福字、暖冬棉被、全家餐等活动，服务新就业形态劳动者2000余人次。将体检中心“搬进”快递分拣中心，为807名快递送餐小哥提供体检服务。区级工会经费为基层工会购买社会组织服务25项123.34万元，实现精准服务基层职工会员。（张 艳）

【产业工人队伍建设】 2022年，西城区成立推进产业工人队伍建设改革协调小组，依托行业岗位练兵及技能比拼，打造“跟着工匠学手艺”线上课堂，激发职工学手艺、强技能热情。完成工匠涵养期问题调研报告。创新校企合作、工学结合形式，通过“互联网+”线上线下方式，组织开展“喜迎二十大，共植绿色心愿”——生态园艺种植拓展与实践活动、“送你一只音乐口罩，共谱疫情防控乐章”心理减压和“接诉即办”办件流程等专项培训。注重优秀创新领军人物培养，加大创新、智造类课程培训力度。（臧璐 吴双）

【区总工会三届二次委员会议】 2月22日，区总工会第三届委员会第二次全体会议召开，会议审议通过《关于陈振海等同志替补为北京市西城区总工会第三届委员会委员的决定（草案）》《北京市西城区总工会第三届委员会第二次全体会议选举办法（草案）》等文件，选举产生区总工会第三届委员会，陈振海当选为区总工会主席。会议审议通过《西城区总工会2021年工作报告》和《西城区区总工会经费审查委员会2021年工作报告》。（刘世鹏）

共青团西城区委

【概况】 2022年，中国共产主义青年团北京市西城区委员会（简称团区委），下设北京市西城区志愿服务指导中心（直属事业单位），西城区青年联合会秘书处、西城区青年工作联席会议办公室设在团区委。全区有团组织2495个、社区青年汇24家、专兼职团干部2740人、青少年事务社工14人、社区青年汇社工24人、团员20154人。完成1720个团支部对标定级工作，完成率100%。新增社会领域团组织307个，新发展团员2634人，北京共青团系统录入率和电子档案上传率均为100%。团区委在团中央县域共青团基层组织改革扩大试点工作中获评“优秀”；1人获评全国优秀共青团干部；7家单位获评建团100周年“北京市五四红旗团委”，7个团支部获评建团100周年“北京市五四红旗团支部”；10人获评建团100周年“北京市优秀共青团干部”，10人获评建团100周年“北京市优秀共青团员”。（闫磊 王迪）

【青少年思想引领】 2022年，团区委学习贯彻落实习近平总书记在庆祝中国共产主义青年团成立100周年大会上重要讲话精神。5月10日，组织三帆中学少先队员、团员代表、青联委员代表等50人到人民大会堂聆听习近平总书记重要讲话，组织39个直属团组织、区青联、新业态新就业群体等1万余名团员青年收看大会直播。召开共青团北京市西城区三届四次全体（扩大）会、区青联常委（扩大）会等会议，专题学习习近平总书记在庆祝中国共产主义青年团成立100周年大会上重要讲话精神。推出“党旗所指团旗所向——西城青年跟党奋进的100年”主题展览，组织46场线下参观活动，覆盖1700余人次，线上VR浏览量31.8万次。（王迪　陈晓蕊）

【志愿者组织管理】 2022年，全区有实名注册志愿者297260人，占全区常住人口26%，其中有时长实名注册志愿者166168人，占全部实名志愿者55.9%；开展志愿服务项目3991个，记录时长460万小时；注册志愿团体4991个。认定北京市星级志愿者11558人，其中一星志愿者4763人、二星志愿者3153人、三星志愿者1991人、四星志愿者1320人、五星志愿者331名。2022年首都志愿服务项目大赛中，获评金奖2个、银奖3个、铜奖5个、提名奖3个。2022年宣传推选首都学雷锋志愿服务“五个100”先进典型活动中，4人获评“首都最美志愿者”，3个组织获评“首都最佳志愿服务组织”，4个项目获评“首都最佳志愿服务项目”，6个社区获评“首都最美志愿服务社区”，4个家庭获评“首都最美志愿家庭”。第六届中国青年志愿服务项目大赛中，获评金奖1个、银奖2个、铜奖3个。（何　铮）

【冬奥会冬残奥会志愿服务】 2022年，团区委在西单商业区、什刹海景区、北京西站周边等重要交通枢纽、商业网点和旅游景点，开展以“红墙有我、志愿冬奥”为主题冬奥会冬残奥会城市志愿服务，覆盖全区15个冬奥城市志愿服务站点、6个冬奥示范社区、21个重点社区。制作冬奥志愿服务宣传短片《看见》和《西城青年和北京冬奥，一起向未来》，展现西城志愿者风采，弘扬志愿精神。开展西城青年“激情冰雪，相约冬奥”主题线上冬奥知识竞赛活动，策划冬奥会冬残奥会赛会期间，在各城市志愿服务站点和重点社区开展特色群众性宣传活动，营造冬奥文化氛围和城市志愿服务氛围。截至冬残奥会闭幕，西城区通过“志愿北京”平台，实名招募城市志愿者1550名，累计服务时长8392小时。（何　铮）

【主题教育实践活动】 2022年，团区委以学习宣传贯彻党的二十大精神为主线，动员1727个团组织，围绕宣传贯彻党的二十大精神、学习党的青年运动史、新时代伟大成就、建团100周年大会精神4个专题模块开展学习教育活动，参加学习团员59096人次，团支部覆盖率100%。录制发布“党旗所指，团旗所向——西城青年跟党奋进的100年”主题团课，线上浏览量1.6万余人次，将团课制作成光盘，下发给直属团组织用于开展学习。举办基层团干部“学习贯彻党的二十大精神”2022年西城区青年马克思主义者培养工程暨基层团干部培训班，参训团干部100余人。多途径开展宣讲活动，在“青春西城”全媒体开设多个专栏，发布“青马学员说”微宣讲视频8个、“一起来学二十大”微宣讲视频40余个。（王迪　陈晓蕊）

【社区青年汇项目】 2022年，团区委统筹24家社区青年汇，开展首都文化主题教育、青少年暑期课余成长服务、“社区青年汇喊你回家过节”、青春路标等各类活动922场次，社会服务项目57个，服务青少年13675人次，新增活跃青少年4505人。1家市级店和4家区级店获全市优秀社区青年汇、4个群体活动和4个社会服务项目获优秀活动项目。（王　迪）

【新业态新就业青年群体服务】 2022年，团区委发挥“社区青年汇”“小哥加油站”等阵地作用，组织开展“喊你回家过节”品牌项目，在春节、中秋等节日期间，开展暖心活动20余场次，服务“两新”领域青年400余人次。在新街口快递分拣中心“小哥加油站”绘制新业态文化墙，完成新街口快递分拣中心示范站点改造提升。指导各街道团工委开展“小哥说”活动，以青年视角用影像展现“小哥”生活，优秀视频在“青春北京”等平台中展播。（王　迪）

【青年马克思主义者培养工程】 2022年，团区委按照《西城区青年马克思主义者培养工程实施方案》相关要求，面向54名西城区青年马克思主义者培养工程学员，围绕理论学习、红色教育、实践调研等方面开展全链条式培养，带领学员参与北京冬奥会志愿服务、到中国华电“天宁1号”文化科技创新园调研实践、集中学习聆听“抗战中的西城”主题巡展讲座、参加“宣贯二十大，青马学员说”主题微宣讲活动等。（王　迪）

【全团带队】 2022年，团区委、区少工委组织开展“喜迎二十大，永远跟党走，奋进新征程”——争做“红墙小先锋”线上主题教育，通过“学讲话”“宣队誓”“学队史”“敬队礼”等仪式教育强化使命担当，8万余名少先队员线上参与活动；开展“红墙先锋在我身边，从小学先锋，长大做先锋”主题活动，以“看变化、听变化、说变化”为主线，从少年儿童视角讲述新时代伟大成就，择优选出50个微宣讲视频在“青春西城”微信公众号展播；在全国少工委学习宣传贯彻党的二十大精神专题学习会上，西城区作为地方少工委代表进行交流发言。组织动员少先队员在国事活动中传承红色基因。9月30日，西城区31名少先队员在天安门广场参加烈士纪念日向人民英雄敬献花篮仪式，百余名少先队员参加冬奥会开幕式表演。开展“我是战‘疫’小勇士”作品征集活动，动员组织青少年积极投身疫情防控，共征集绘画2000余幅、征文500余篇、视频170余个。深化少先队改革，推荐27个中队申报创建首批“全国红领巾中队”，对照创建标准有序推进创建活动。推动少先队社会化发展，全区15个街道及12家少年宫、科技馆、美术馆100%建立少工委，党组织书记担任少工委主任；举办“红墙下的红领巾成长营”，打造少先队员家门口成长空间站，主要围绕政治启蒙、价值观塑造、文化传承、美育提升、国情体验、社会观察等内容开展活动和实践项目，全年开展活动153场，覆盖少先队员4000余人次。“红墙下的红领巾成长营”获评首都精神文明建设委员会颁发的2022年度“首都未成年人思想道德建设创新案例”。（李　立）

【困境青少年精准帮扶】2022年，团区委依托“北京共青团线上系统”精准帮扶模块，面向全区困境青少年开展需求摸底工作，核准调整系统库内人员台账。开展区级帮扶项目4个，为744名帮扶对象提供至少2项服务。发放8.58万元慰问金，走访特困青少年15名、困难青少年133名。推进“青春助跑·学习伙伴”帮扶计划，招募大学生志愿者为50名困境青少年提供学业辅导和成长陪伴，服务1112次2923小时。深化“家有儿女”亲职能力提升项目，建立覆盖100户困境青少年家庭的线上社群，针对需要重点关注家庭开展6次小组活动，为120人次提供家庭跟踪和个别辅导服务。（李　立）

【“面对面”倾听活动】2022年，团区委通过开展“面对面”倾听活动调研形成的《西城青年生育意愿与完善配套生育措施》调研报告，获评团中央全国县区级优秀调研报告。将团中央下拨的“面对面”调研经费补助用于支持陶然亭街道“青少年爱国主义教育与实践育人”调研，形成“西城区政协第十五届委员会第一次会议第0034号提案”——“关于在西城区利用驻区单位资源加强中小学爱国主义教育的提案”。（李　立）

【“阳光地带”服务项目】2022年，团区委组织“阳光助成长”普法自护项目活动24场。“阳光筑心桥”心理疏导项目个案服务70余次，团体辅导2次，覆盖12个困境家庭。“阳光驻希望”未成年人司法保护项目为5个未成年被害人，17个涉诉未成年提供疏导、训诫服务188次。深化“阳光进校园”青少年法治及自护教育公益巡讲项目，开展活动60场，覆盖青少年4万余人次。开展“阳光护航·我是小小普法员”创意征集活动，征集作品985幅，作品数量较上年增长50%。（李　立）

【青少年法治教育】2022年，团区委督促全区法治副校长为学校师生开展宣传活动或提供相关法律相关服务不少于2次，全年累计开展法宣活动300余次，覆盖青少年5.2万余人次。与区人民检察院、区委教工委、区教委联合举办第二十三届“西检杯”，围绕“学习二十大，同心护未来”主题开展演讲比赛、征文宣讲和绘画征集活动，全区70余所中小学、300余名师生参与。围绕新修订的未成年人保护法、预防未成年人犯罪法，策划制作《团小西历险记：共同成长，守护未来》普法动漫。与法院联动，依托24家社区青年汇，举办“读懂反电信网络诈骗‘硬核’亮点”普法宣传活动。（李　立）

【全国青年发展型城市建设试点】2022年，西城区作为北京市两个全国青年发展型城市建设试点地区之一，实施《北京市西城区关于开展全国青年发展型城市建设试点的实施方案》，明确“西城让青年大有可为”和“青年在西城大有作为”两大工作目标，通过试点探索，解决青年急难愁盼问题，更好服务青年成长发展，发挥青年创新创造潜能，培育讲政治、能扛活、有情怀的“西有青年”，实现西城高质量发展与青年高质量发展良性互动。《北京西城：城市与青年共起舞》在《中国共青团》杂志封面故事刊出。《全国青年发展型城市建设试点进展情况通报》2次报道西城区经验和做法。（李　立）

【“西城拾光”融媒体产品上线】2022年，团区委策划制作“西城拾光·青年与西城共成长”线上融媒体产品，以漫画为基础，结合多种交互形式，用青年声音、青年视角，展现西城发展变化及青年成长。10月22日，第1期“西城拾光·青年与西城共成长”融媒体产品在“青春西城”微信公众号发布，展现“金科新区”发展新貌和西城区建设成果。11月24日，第2期“西城拾光”融媒体产品上线，从鼓西大街、西海湿地看街区更新，展示西城环境保护取得的成效以及民生福祉取得的成果，“西城拾光”第1期、第2期融媒体产品线上累计阅读量超20万人次。（陈晓蕊）

【高考志愿填报指导活动】6月28日，团区委开展“红墙筑梦、青春启航”高校咨询及志愿填报指导直播活动，邀请清华、北航等8所高校招生办负责人在线宣讲，帮助考生及家长了解招生政策、做好学业发展规划，近3000人观看直播。（陈晓蕊）

【服贸会参展】8月31日至9月5日中国国际服务贸易交易会期间，团区委以“西城让青年大有可为、青年在西城大有作为”为主题在首钢园1号馆区参展。通过展示“青春红游记”、AR体验区以及西有青年文创产品，展现西城与青年共舞的青春风采。展会期间展位共计接待接待游客1400余人次，在服贸会筹备阶段和开展期间，青春西城公众号对其进行专题报道，客户端浏览量达6.7万人次。（陈晓蕊）

【金融街·青年金融论坛暨两岸青年金融论坛】9月28日，团区委联合北京金融街服务局、区台办、中国建设银行团委举办首届“金融

9月28日，团区委联合北京金融街服务局、区台办、中国建设银行团委举办首届“金融街·青年金融论坛暨两岸青年金融论坛” （团区委 供图）

街·青年金融论坛暨两岸青年金融论坛”。两岸青年围绕大数据思维与金融应用、绿色金融等议题开展研讨交流，对话金融热点，共商金融合作，从“西城让青年大有可为”和“青年在西城大有作为”两个维度服务引领青年，探索为青年建功立业搭建平台，助力青年为金融街发展增添青春活力。 （王 迪）

【“青春红游记”红色文化学习体验项目】 12月23日，团区委发布“青春红游记”第三季，选取钟鼓楼、万宁桥、万春亭、正阳门、天桥、永定门6个点位，用万宁桥镇水兽“水灵龙”卡通形象贯穿始终，串联系列红色教育线上游主题活动，通过问答、认证等多条路径，带领广大青少年品读中轴文化、感受中轴之美，引导西城青少年“游古都文脉、温百年历程、传红色基因”。“青春红游记”第一季、第二季、第三季线上累计参与人次突破200万次。 （陈晓蕊）

西城区妇女联合会

【概况】 2022年，北京市西城区妇女联合会（简称区妇联）有15个街道妇联、263个社区妇联，72个党政机关、事业单位妇委会（妇工委），6个非公经济、新业态新就业群体、社会组织妇委会（妇工委），24个企业、商务楼宇和产业园区妇委会（妇工委）。各街道妇联完成换届，选举出妇女代表1359人，妇联执委546人。推进街道妇联主席由同级党政领导班子中的女性领导兼任工作。推荐评选首都最美巾帼奋斗者3名，北京市最美妇联执委2名、北京市最美妇联执委1名。开展寻找“最美家庭”活动，全区评选出“全国最美家庭”1户、全国五好家庭1户、“首都最美家庭”13户、“西城最美家庭”160户。 （刘洪娟）

【家庭教育服务】 2022年，区妇联以主题活动、亲子课堂、公益童书馆3个主线开展各类家庭亲子活动71场，覆盖15个街道，惠及2700个家庭5400余人次。通过网络征文、阅读开展“书香·家·春秋”家庭阅读主题活动1次。举办“幸福女性系列课堂”系列培训活动，涵盖传统手作、家庭种植、插花体验等内容，举办各类活动11次，服务500余人次。 （胡艳萍 谢军）

【失独家庭关爱】 2022年，区妇联为失独老人开展关爱系列项目线上活动，包括声乐、交友等活动。组织失独家庭成员参加活动37次，服务370人次。 （胡艳萍）

【青年交友联谊活动】 2022年，区妇联组织“爱在一起、缘聚西城”交友联谊线上活动5场，辖区内机关事业单位、央企、国企、驻区部队等单身青年，共计1000余人次参与活动。 （胡艳萍）

【巾帼宣讲团】 2022年，区妇联组织开展“巾帼大学习·今天我来读”云接力活动和“我奋斗家国美”“强国复兴有我”短视频宣传展示活动。全区筛选30条视频和组织拍摄10条视频在区妇联微信平台展播，其中北京市妇联推荐5条精品视频，中国妇女报微信公众号选用1条。 （邱兴玉）

【巾帼志愿服务队建设】 2022年，西城区成立1个区级巾帼志愿服务队、15个街道级巾帼志愿服务队、263个社区级巾帼志愿服务队，覆盖率100%，同步在“志愿北京”平台发布志愿服务项目，完成414户“志愿家庭”注册。 （申 骏）

【文明家庭创建】 2022年，区妇联推出“我们的节日”系列主题活动，采用现场参观、文化体验、手工制作、灯谜活动等方式，吸引150万人次线上观看，《中国妇女报》、北京妇女网等媒体报道近10条。 （邱兴玉）

【送温暖活动】 1月4日，区妇联启动元旦春节期间走访慰问活动，慰问老妇救会主任、“两癌”（乳腺癌和宫颈癌）特困妇女、大病特困妇女以及特殊困难妇女等各类困难人员375人，慰问金20万元。组织最美家庭、社区编织队、巧娘团体和爱心人士200户家庭编织围巾200份，送给环卫女工、防疫一线人员及新业态就业等群体。5月，启动“春蕾计划——梦想未来”女童教育帮扶项目，对西城区家庭困难、品学兼优8名女童开展助学资助服务，资助款4300元。六一儿童节前夕，走访慰问27户孤、病、残、障等困难儿童家庭，慰问款2.7万元。 （谢军 申骏）

1月4日，区妇联开展“两节”走访慰问活动 （区妇联 供图）

【新业态新就业领域妇工委建立】 3月1日，西城区陶然亭街道快递分拣中心成立新业态、新就业领域妇女工作委员会，同步挂牌“妇女之家”，打造在新业态、新就业领域妇女活动主阵地。 （周惠娟）

【“三八”主题活动】 3月7日，西城区召开各界妇女纪念“三八”国际妇女节座谈会。邀请冬奥会火炬手、时代楷模、全国三八红旗手、北京市优秀巧娘等各领域优秀女性代表，交流工作体会和人生感悟。区委副书记袁海鹏出席并讲话。 （邱兴玉）

【区“十四五”时期妇女儿童发展规划发布】 4月1日，《西城区“十四五”时期妇女儿童发展规划》以区政府名义对外发布，其中妇女发展规划涉及健康、教育、经济、参与决策与管理、社会保障、家庭建设、环境、法律等8个领域的62项具体内容；儿童发展规划涉及健康、安全、教育、福利保障、家庭、环境、法律等7个领域的55项具体内容。 （谢 军）

【国际家庭日主题活动】 5月15日，区妇联线上举办“相亲相爱一家人，家风家韵家最美”主题活动，全国文明家庭代表及“西城最美家庭”代表参加，近14万网友参与直播互动。 （谢 军）

【“六一”主题活动】 6月5日，区妇联线上举办“亲子心向党，喜迎二十大，筑梦伴成长，一起向未来”庆“六一”主题活动，以线上立体阅读形式，普及航空科技、地理文化等知识，全区200户家庭500余人参加活动。 （胡艳萍）

【港澳台侨联谊活动】 7月，区妇联在庆祝香港回归祖国25周年之际，以“爱国爱港，筑梦美好家园”为主题，组织港澳台侨联谊会会员，开展书法、绘画、视频等作品征集活动，共抒爱国情怀，征集作品20余件。 （周惠娟）

【“两癌”筛查服务】 8月，区妇联组织开展关爱新业态新就业群体等女职工“两癌”筛查服务，在西城区妇幼保健院为150名非京籍女家政员、女快递员、女服务员等提供“两癌”免费筛查。 （申 骏）

【春蕾教育实践活动】 8月10日，区妇联启动“春蕾计划—梦想未来”北京行动之西城区“中轴文化历史研学游”女童教育实践活动，围绕“中轴的红飘带”“古迹文化探访”“胡同文化探访”等三条路线进行15场以爱国主义、优秀传统文化为主题的研学实践，进一步增强女童对民族文化自豪感和认同感，每场活动惠及30名女童。 （申 骏）

【普法讲座活动】 9月，区妇联开展“巾帼喜迎二十大，维权送法进万家”普法宣传系列讲座活动，邀请公益律师和人民调解员，用“以案释法”形式，重点围绕民法、妇女权益保障法、未成年人保护法、老年人防诈骗等与妇女儿童和家庭利益切身相关法律知识，24场普法讲座送到15个街道，800余名居民受益。 （申 骏）

【妇女干部培训】 2022年，区妇联依托“汇贤学堂”云课堂举办西城区女干部领导力提升线上直播专题培训班2期。9月5日至9日，围绕习近平总书记重要讲话精神、性别平等、女性领导者情商和领导力、政务礼仪、言语表达艺术、养生与健康管理6个方面进行培训，近5000人次参与直播。9月19日至23日，围绕家庭家教家风、群团作用发挥、社会工作应用、心理压力调适、健康与养生之道5个方面进行培训。区妇联机关干部、各街道和社区妇联主席、执委、妇联专职社工，党政机关事业单位妇委会（妇工委）委员，近1000人参加培训。 （周惠娟）

【家庭教育普法活动】 12月10日，区妇联与区司法局联合主办，晨夕法律服务中心承办的“家庭教育有妙‘法’”圆桌论坛活动线上开讲，采用普法广播剧、法治情景剧、专家解读法律等形式，剖析家庭教育中较为集中的问题和困惑，542个家庭线上参与。 （胡艳萍）

西城区科学技术协会

【概况】2022年，北京市西城区科学技术协会（简称区科协）有直属事业单位西城区科技协作中心（企业创新服务中心）。基层组织有9个企业科协，15个街道科协。西城区全民科学素质工作领导小组设在区科协，包含52家成员单位。西城区被获评中国科协认定为2021—2025年度第一批全国科普示范区。区科协发挥桥梁纽带作用，开展特色和传统科普品牌活动，激发科技人才创新活力，提升全民科学素质，打造“有温度可信赖”科技工作者之家。西城区获评中国科协2021—2025年度第一批全国科普示范区。区科协获北京市科协系统优秀集体荣誉、京津冀公民科学素质大赛组织奖、北京市全国科普日活动（第十二届北京科学嘉年华）优秀组织单位、北京市科协金桥工程优秀组织单位、第二十三届北京青年学术演讲比赛优秀组织单位。（吕庆娟）

【《西城区落实〈北京市全民科学素质行动规划纲要（2021—2035年）〉实施方案》发布】2022年，区科协牵头组织各成员单位制订《西城区落实〈北京市全民科学素质行动规划纲要（2021—2035年）〉实施方案》，经第21次西城区政府常务会通过正式发布。明确西城区公民具备科学素质比例2025年达到30%、2035年达到国际创新型城市同等水平目标。出台《2022年西城区全民科学素质工作任务分工》，落实52家成员单位工作职责，推进工作落实。（吕庆娟）

【与市科协签订战略合作框架协议】2022年，西城区人民政府与市科协签订战略合作框架协议，旨在促进科技赋能区域可持续发展、构建“大科普”新格局、提升青少年科学教育水平、提升基层科协组织服务能力等方面互相促进、共同发展。区金融服务办落实框架协议内容，面向全区科技企业举办“多元化融资助力科创企业高质量发展”线上主题沙龙活动，宣传西城区及北京证券交易所支持科创企业发展政策，服务科创企业发展，来自北京及全国各地科创企业及相关领域近百家单位120余名代表线上参会。（吕庆娟）

【科普活动品牌创新】2022年，区科协创树“西城科普YI+人”新品牌（打造“道义、公益、博弈、创意”等板块，通过科技工作者科普志愿者“我”群体引领，吸引带动学习、生活、工作在西城的“你”群体，共同参与西城区“全国科普示范县（市、区）”建设，营造爱科学、学科学、用科学浓厚的西城区科普一家人社会氛围），以推进全民科学素质建设为核心，从道义、疫情防控、公益、创意等10个方面，开展弘扬科学家精神、打造数字科普、志愿科普服务等活动。制作科普志愿者标识和马甲，亮明身份，提高知名度和科普志愿者荣誉感。区科协机关事业单位工作人员客串科普准达人“西小科”，通过“科普新动线”打卡科普资源场馆、场所，助力“科技馆之城”建设和全民科学素质提升。实施“一街一品”特色科普品牌，项目活动参与人数达8000人次。重点培育打造德胜街道“党建引领科普联盟”，从百姓科普大课堂、科普阅读、地质灾害防治、青少年人工智能等方面助力“聚力德胜，互联网行业党建联盟”建设；什刹海街道“中轴线科普驿站”，面向青少年开展科普计划先导课程、信息学竞赛和文化创意活动；大栅栏街道“科普胡同小院”，针对“一老一小”群体开展“智享银龄”和“乐享研学”科普主题服务；广内街道“广艺+”市民文化中心，开展“少儿科普大课堂”“未来成长营”“艺家科普嘉年华”主题活动，打造老百姓家门口科普场所。重点支持区医学会“践行红墙意识，助力西城科普”、区老医药卫生工作者协会“弘扬健康文化，倡导健康生活”、区文化和旅游产业协会“网络科普夕阳红，喜迎党的二十大”3个科普协作项目落地实施。（吕庆娟）

【科技创新服务】2022年，区科协开展“金桥工程种子资金”项目申报，2个项目获得支持。北京普天德胜科技孵化器有限公司获评“院士专家服务中心创新基地”。九一先智集团入选北京市科协10家智库培育基地。在北京普天德胜科技孵化器联合楼宇科协建立数字经济科技工作者站点，在西城区青少年科学技术馆建立青少年教育工作者站点，在西城区医学会建立卫生健康科技工作者站点。组织开展2022年北京最美科技工作者、第十八届北京青年女科学家奖等18项推优荐才活动，推荐30家单位56人参与。北京市第三十五中学科技教育中心主任杜春燕获评2022年北京最美科技工作者。指导九一先智科技集团、北京达博有色金属焊料有限责任公司成立科协，扩大科协组织覆盖面。举办德胜论坛第4期“说社区数字家庭，话京台携手未来”——北京西城区与台湾高雄市“数字家庭行动”交流合作会，通过现场直播，面向全网两地多渠道定向推送，在线观看人数、视频和图片阅读量131.22万人次。（吕庆娟）

【区科协第三届委员会第二次全会】3月30日，区科协召开第三届委员会第二次全会暨西城区全民科学素质工作会，调整部分委员，作2021年度工作报告和部署2022年度工作。普天德胜孵化器楼宇联合科协和西城区青少年科技馆经验交流。会议采取线上形式进行，92名委员参加会议。（吕庆娟）

【企业科协成立】4月24日，九一先智科技集团科学技术协会成立大会暨第一届第一次科协代表大会在91科技大厦召开，九一先智科技集团科协成立。9月28日，北京达博有色金属焊料有限责任公司科学技术协会成立大会暨第一届第一次

科协代表大会召开，北京达博科协成立。（吕庆娟）

【科技工作者日活动】 5月30日，区科协以云端直播形式启动“奋进新征程，携手创未来”全国科技工作者日系列活动。以“传承”“祝福”“凝聚”“颂扬”四大主题板块，展现西城区科技工作者辛勤付出和突出贡献。市科协党组成员、副主席陈维成，区委副书记袁海鹏出席活动并向广大科技工作者致以问候。区科协党组书记、常务副主席张玮向“2022年北京市最美科技工作者”获得者杜春燕献花祝福。活动现场有注册科普志愿者，点亮、发布“西城区科普志愿者标识”等环节。7家企业科协科技工作者代表参加活动。“北京日报”官方快手、“北京西城”官方抖音、新浪直播间、“西城科普进行时”和广艺家视频号进行直播，线上观看人数4.6万余人次。随后开展科学家精神宣讲、科学家精神主题巡展、“未来科学家”科普成长营等系列活动。（吕庆娟）

【“科普之夏”活动】 8月4日，区科协在普天德胜孵化器数字经济产业园区启动走进数字生活——2022年西城区“科普之夏”主场活动。正式发布2022年“科普之夏”进社区活动8大类科普项目，启动2022年“科普新动线”打卡行动，现场邀请蓝箭航天公司资深专家做航天科普讲座，进行脊柱侧弯数字测评、体适能智能运动测评、人民医院眼视光中心近视防控VR等数字创新成果体验。街道科普志愿者、科技工作者和学生60余人参加。组织11家科普资源单位进社区，开展全民科学素质建设科普活动60场，3000余人受益。（吕庆娟）

【全国科普日活动】 9月21日，区科协在中国华电天宁1号文化科技创新园举办“2022年西城区全国科普日主场活动”启动仪式。市科协一级巡视员何劲松，副区长桑硼飞出席活动。区全民科学素质工作领导小组成员单位、快递小哥、保安、社区科普志愿者等80余人参加活动。现场举办“5G催化XR视界更宽广”主题科普讲座，展示“奇妙的纤维”科普、琥珀虚颜——元宇宙数字人体验、脑科学体验——AI脑波赛车、戏曲机器人展示及表演等15项科技创新成果，进行低碳科普宣传，其他成员单位结合实际在全区范围内集中开展20余场形式多样的科普日活动。（吕庆娟）

【青少年科技教育】 9月至12月，区科协与区教委、区科信局共同举办第四十三届“创新实践、快乐成长”学生科技节，开展西城区青少年科技创新大赛、西城区青少年机器人大赛、西城区中小学生金鹏科技论坛等科技竞赛活动26项，全区约10万人次学生参加。西城区青少年科技创新大赛，遴选出竞赛类项目452个，科技实践活动、少年科幻画展示类项目1685个参加市赛。组织第十七届西城区科技园丁、优秀科技辅导员评奖活动，评出科技园丁奖80名，优秀科技辅导员奖89名。实施北京青少年科技后备人才早期培养计划、英才计划等青少年人才培养类项目，组织开展青少年科技教师交流培训。（仵书超）

【科普干部培训】 12月28日至29日，区科协举办2022年度西城区领导干部公务员科学素质提升线上培训班，全民科学素质工作领导小组成员单位、机关事业单位领导及干部、各街道社区科普协会专兼职科普工作者、企业科协、科技类学协会相关人员3795人次参加培训。区科协会同区委组织部、区委党校利用“红墙讲堂”，围绕人工智能、金融科技、新技术应用等内容，举办为期1周的处级干部线上专题自选班。（吕庆娟）

西城区归国华侨联合会

【概况】 2022年，西城区有基层侨

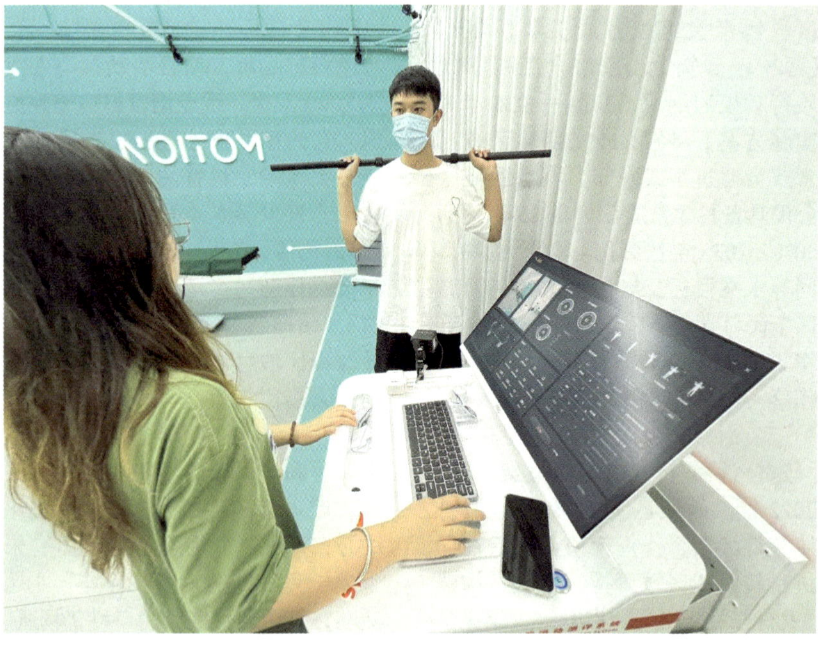

8月4日，2022年西城区“科普之夏”活动启动。图为科普工作者现场为学生做脊柱侧弯数字测评

（区科协 供图）

联组织16家，“侨之家”19个，“留学人员之家”3个。西城区归国华侨联合会（简称区侨联）发挥侨联组织独特优势，团结带领全区广大归侨侨眷和海外侨胞，凝聚思想共识、服务中心大局、拓展海外联谊、深化为侨服务，推动西城区侨联事业再上新台阶。广内街道侨联获2021—2022年度全国侨联系统“侨胞之家”典型选树单位。（闫丽霞）

【学习教育活动】2022年，区侨联加强政治引领，推动学习宣传贯彻习近平新时代中国特色社会主义思想，深刻领会和贯彻落实习近平总书记关于新时代党的统一战线工作的重要思想、群团工作和侨务工作重要论述，开展统一战线史和侨史教育，组织侨界群众学习党的十九届六中、七中全会精神，中央统战工作会议和市十三次党代会精神。学习宣传贯彻党的二十大精神，提高侨界政治站位。组织全体党员干部和侨界人士集体收听收看党的二十大开幕会，通过微信公众号收集分享海内外侨界反响，研究制订学习宣传贯彻方案，组织党组理论学习中心组专题读书班，面向在职退休全体党员干部宣讲会议精神，在中国华侨国际文化交流基地——“十月文学院”召开侨界代表人士主题座谈会。组织专题读书班，强化“红色侨联”思维，讲好党史中的“侨”故事。（闫丽霞）

【参政议政】2022年，区侨联履行参政议政职能，发挥侨界人大代表、政协委员和侨联委员智力人才优势，配合中国侨联、北京市侨联开展知识产权保护、助企纾困等走访调研工作，组织“委员企业面对面·纾困解难战疫情”座谈会，切实解决侨界企业实际困难。完成团体及委员个人调研成果8篇，向区政协提交“落实全国文化中心建设规划，加大高端设计人才吸引力”等团体提案2篇，向市侨联提交“关于加强侨资企业知识产权保护的建议”等高质量建议10余篇，获评市侨联信息工作先进集体二等奖。（闫丽霞）

【“侨之家”建设】2022年，区侨联延伸基层组织覆盖，在“北京设计之都·核心区”“智能方·长者餐厅”建立“侨之家”。开展聚力服务侨界，携手关爱侨心——“侨心向党，喜迎二十大”为侨服务项目。9月2日，完成线上“中医治未病与养生理念”讲座。9月5日至8日陶然亭街道和月坛街道侨之家分别举办绘制中秋团扇、画兔爷，感受传统文化魅力。10月，开展“暖心敬老，文化惠侨”百名老侨共读书活动，为老侨赠送暖心文化礼包并组织线上诵读。（闫丽霞）

【护侨维权服务】2022年，区侨联建立涉侨纠纷调解组织，加强与区法院联系，推动涉侨纠纷多元化解工作，5位侨界公益律师注册为人民法院调解平台调解员。完善志愿服务体系，引领侨界群众参与同心抗疫、重大活动服务保障、城市治理环境提升等行动，发布倡议，组织侨界群众、归国留学人员代表参与志愿服务800人次，捐款16.1万元。启动第三批侨界空巢老人陪伴计划，为24户侨界空巢家庭申请“小度在家”智能陪伴产品。参与北京市“同心抗疫、京侨暖巢”志愿服务项目。为19名困难归侨侨眷申领发放市侨联、区红会困难补助金1.7万元。（闫丽霞）

【助力北京中轴线申遗】2022年，区侨联落实北京市侨联《助力全国文化中心建设重点任务》，助力北京中轴线申遗。联合区政协港澳台侨专委会、致公党西城区委等区内涉侨单位，以“西城侨界助力北京中轴线申遗”为主题，开展系列活动。举办“我眼中的中轴线”国际青少年艺术展，面向海内外青少年征集以北京中轴线为主题的画作，举办优秀作品展览；开展“南中轴·夜天桥”——西城侨界助力北京中轴线申遗主题日活动，包括骑行体验南中轴线、侨界群众快闪演出等内容；组织“探访南中轴，丈步国之轴”文化体验活动，围绕南中轴线建筑、历史、民俗文化展开文化之旅，体会中轴线上人文历史与城市变迁；举办“感受中轴线魅力”线上阅读分享活动。（闫丽霞）

【读书分享活动】2022年，区侨联举办“侨心向党心，喜迎二十大”——侨界读书会系列活动。4

4月19日，区侨联举办首场“红墙书香　侨心向党”活动　（区侨联　供图）

月 19 日，首场“红墙书香”活动在教育部中外语言交流合作中心举办，邀请中央广播电视总台侨联、中国外文局侨联、北京建筑大学侨联及西城区侨办、致公党西城区委、北京海外学人中心金融街分中心等西城区涉侨单位参加，侨界人士朗诵诗歌《读中国》，小提琴独奏《思乡曲》、中德双语朗诵《共产党宣言》、海外青少年朗诵唐诗宋词、国学经典，此次读书活动的领读人、西城曲协主席王玥波，分享阅读《红墙大事》一书。西城区各级侨联组织、基层侨之家和归国留学人员 100 余人通过腾讯会议线上观看活动直播。在《平安批》推荐领读活动中，向侨界代表人士、各级侨务工作者、归国留学人员等赠送《平安批》百余册，在“读侨史、传家风”线上分享活动中，邀请原华侨博物馆馆长黄纪凯和侨界代表人士讲述潮汕侨商“下南洋”奋斗故事。全年举办 4 期读书分享活动，推荐《红墙大事》《古都北京中轴线》《中国共产党北京市西城区历史》等书目。（闫丽霞）

【助力冬奥活动】2022 年，区侨联助力北京冬（残）奥会举办，开展“西城侨界和北京冬奥一起向未来”线上＋线下文化作品展，征集视频、诗歌、摄影、书画等各类作品 70 余幅，组织西城区侨心艺术团录制宣传短片，参与统战系统冬奥“一起向未来”快闪视频拍摄。

（闫丽霞）

【走访侨界代表人士】2 月 22 日，区委副书记袁海鹏走访慰问侨界代表人士北京诺亦腾科技有限公司董事长、北京市侨联副主席（兼）、西城区侨联常委刘昊扬。参观“诺亦腾”动作捕捉体验区、成果荣誉展示墙，体验 VR 互动项目，了解 VR 技术在医疗等领域的最新应用。区领导分别与 6 名侨界代表人士结为党外朋友，两节期间区侨联慰问海外侨胞在京亲属 13 人次，走访侨界重点人士 25 人。（闫丽霞）

【区侨联三届二次全委（扩大）会】3 月 24 日，区侨联召开三届二次全委（扩大）会议，作《奋进新征程，建功新时代，以实际行动迎接党的二十大胜利召开》工作报告，部署 2022 年区侨联重点任务，通报 2021 年区侨联系统获奖情况，传达中国侨联、北京市侨联会议精神。部分常委、委员结合自身工作作“如何更好开展参政议政、调查研究工作”和“参与冬奥会医疗保障工作”履职交流。发布《西城区侨联委员会委员履职规则》，全体委员出席会议，15 个街道统战部长，侨联主席、副主席、秘书长列席会议。

（闫丽霞）

【“亲情中华·为你讲故事”夏令营】6 月 21 日，区侨联举办“亲情中华·为你讲故事”“北京情思·双奥之城”网上夏令营活动，来自法国小熊猫学校和巴黎精英中文学校的海外华裔青少年参加，开启 10 天云端文化之旅，采用“讲故事”＋“实景直播”夏令营授课模式，吸引 120 余名华裔青少年参加，定制“我在西城过周末”等特色课程。

（闫丽霞）

【中秋主题活动】9 月，区侨联清举办“天涯共此时”侨心向党庆中秋、喜迎党的二十大主题线上系列活动，以歌声、舞蹈、剪纸、朗诵等艺术形式传心声、表心意。邀请海外侨胞、华裔新生代、归侨侨眷、归国留学人员共庆佳节，推出剪纸作品，小提琴二重奏《思乡曲》，舞蹈《采茶谣》《中国的脊梁》，法国巴黎精英中文学校师生朗诵《华夏颂》，法国小熊猫学校的视频《大写的中国》等作品。（闫丽霞）

【市侨联调研“侨之家”】11 月 2 日，市侨联党组成员、副主席苏泳带领海外联谊部、社会工作部一行调研“侨之家”建设工作和新侨企业，走访北京设计之都大厦、广内街道侨之家、智能方（北京）科技发展有限公司，了解西城区新侨企业发展、楼宇和新经济组织“侨之家”建设、“示范侨之家”工作情况。听取产业服务平台建设情况和为侨服务阵地、新侨企业融入社区治理工作汇报。参观“全球城市伴手礼展厅”“‘未来设计师’柔性智造平台”党群服务阵地、智能方——长者餐厅和智慧社区第三空间。与区侨联领导班子座谈交流，听取工作汇报，肯定“侨之家”建设成果，要求扩大侨联工作覆盖、组织覆盖，推动在楼宇、新经济组织中的“侨之家”服务阵地建设。

（闫丽霞）

【侨联工作培训班】11 月 28 日至 30 日，区侨联与区社会主义学院共同举办西城区 2022 年侨联工作培训班，区侨联党组书记、主席，区委统战部副部长（兼）付新宇做开班动员。依托政道学堂网络平台，邀请专家学者授课，区侨联委员、基层侨联干部等 100 余名侨界代表参加。（闫丽霞）

西城区青年联合会

【概况】2022 年，北京市西城区青年联合会（简称区青联）有委员 299 名，其中常务委员会委员 60 名，设主席 1 名、副主席 11 名。区青联是在中共北京市西城区委领导下的人民团体，是北京市青年联合会的团体会员，是以西城共青团为核心力量的西城区各青年团体的联合组织，是北京市西城区各族各界青年广泛的爱国统一战线组织。

（杨　超）

【学习教育活动】2022 年，区青联举办“学习宣传贯彻党的二十大精神”专题学习班 3 期，以界别为单位开展座谈、专题研讨13场，组织开展学习全国两会精神、国家安全环境新变化、全媒体时代意识形态工作等专题讲座3场，累计参与近700人次。（杨　超）

【青年人才培育】2022年，区青联发挥人才优势，助力经济社会发展，举办首届金融街·青年金融论坛暨两岸青年金融论坛，挂牌建立“北京市西城区港澳青年交流基地”。开展“青春领哨”行动试点，探索社区治理新模式。推动青联力量参与“未诉先办”，为社会综合治理提供助力。持续做好人才培育和典型选树，对第三届、第四届“百名英才——优秀青年人才”获评人选进行跟踪回访、倾听声音，推荐优秀青年参与“西城青年之星”选树活动，为区域发展储备优秀青年人才。（杨　超）

【公益服务活动】2022年，区青联建立青年突击队助力防疫工作。号召青联委员捐赠电风扇、防暑饮品、防蚊虫喷雾等防暑降温物资，总价值12万余元。以线上直播方式开展“相约冬奥·一起向未来——‘西有青年’云端陪你过大年”主题活动，观看量133万余人次，微博阅读和线上观看总量600万余人次。利用警察节、医师节、教师节等节日，开展走访慰问活动。（杨　超）

【青联换届】12月26日，北京市西城区青年联合会（简称区青联）召开三届一次全体会议，完成换届工作。新一届区青联委员会设13个界别：科学技术界别、教育界别、社会科学界别、经济界别、金融界别、法律界别、文化艺术体育界别、新闻出版和新媒体界别、医药卫生界别、社会组织和社会服务界别、技能人才界别、互联网和信息服务界别、宗教和港澳台侨界别。在推荐、协商、联审、考察、公示、会议确认等程序基础上，产生委员299名，委员人选重点突出金融、经济、科技创新、数字经济等领域人才，凸显新时代统战属性，兼顾广泛性、先进性、影响力、年轻化等方面特点。委员平均年龄33岁，其中非中共党员135人，占比45.15%；少数民族31人，占比10.37%；女性125人，占比41.8%；一线劳动者47人，占比15.72%；特邀委员7人，占比2.34%。（杨　超）

西城区工商业联合会（商会）

【概况】2022年，北京市西城区工商业联合会（简称区工商联）有会员3305户，其中企业会员2771户，团体会员、个人会员534户。基层组织18个，其中包括15个街道商会、1个行业商会和2个联谊会（女企业家联谊会、青年企业家联合会）。有常委61人、执委121人。会员中有市人大代表4人、市政协委员8人；区人大代表26人、区政协委员44人。发展新会员37户，成立数字经济、法制建设、乡村振兴、文化教育、咨询委员会5个专委会。提交团体提案4份，委员提案18份。区工商联获评全国“五好”标杆县级工商联、全国工商联调查点工作先进基层单位，调研课题《更好发挥统一战线优势作用，促进保障北交所打造服务创新型中小企业主阵地》获全国工商联系统2022年理论研究三等奖，5名非公企业家获西城区第四届“百名英才”称号，会员企业裕昌置业公司获评“2022年全国和谐劳动关系创建示范”单位，牛街清真商会获评2021年—2022年全国“四好商会”。（屈佳雯）

【光彩公益项目】2022年，区工商联引导民营企业参加“万企兴万村”行动和光彩公益事业。区工商联组织3家会员企业为内蒙古自治区鄂伦春自治旗宜里镇3个村脱贫户捐款4万元。奇安信公益基金会向内蒙古自治区鄂伦春自治旗卫生健康委捐赠1.8万只价值9万元的医用N95口罩。会员企业奇安信、汇通投资等公司向香港、吉林省等地捐款捐物，总价值300余万元。10月14日，区工商联走访全国工商联社会服务部，汇报、交流和研究对口支援合作工作。（屈佳雯）

【会员企业服务活动】2022年，区工商联与北京金融街服务局、银行金融机构共同举办3场金融服务对接会，为参会会员企业解读相关政策，介绍金融产品及服务项目，进行交流座谈，建立联系。与相关职能部门合作，组织11场助企纾困政策宣讲与对接活动，开展“企业讲堂”品牌活动6期。召开民企纠纷多元调解工作座谈会，组织企业家代表参与10余起案件合规审查与公开听证工作，与区人民检察院建立民营企业检察保护联络机制，形成区人民检察院保护民企发展八条措施，联合举办多场普法培训。区工商联2项与公检法司机关建立沟通联系机制做法获评全国工商联系统典型案例。（屈佳雯）

【非公企业党建】2022年，区工商联非公企业党委新成立基层党支部2个，新发展党员6名。组织党务工作者参加线上培训6次，累计310人次参加；组织党员参加各级各类培训2000余人次，达到参训全覆盖。培育“启明书屋”、生态厕所等“红墙先锋在行动，我为群众办实事”项目3个。260名党员注册为西城志愿者，参与志愿服务3000余人次，捐款捐物总价值248125元。区工商联新任执常委企业党组织全部设立“党员爱心驿站”。开展“奋进新百年、建功新时代”主题征文活动，收到投稿66件；举办“喜迎二十大主题党日暨征文颁奖”活动，为征文获奖企业家和非公企业党员颁发奖牌和证书。

（屈佳雯）

【参政议政】 2022年，区工商联提交团体提案4件，委员提案18件。《更好发挥统一战线优势作用，促进保障北交所打造服务创新型中小企业主阵地》获全国工商联系统2022年理论研究三等奖，《充分发挥统一战线优势，打造服务创新型中小企业主阵地的思考和对策建议》获评2022年度北京市工商联系统参政议政优秀调研成果一等奖，《关于开展商会调解培育培优行动的建议》获评2022年度北京市工商联系统参政议政优秀调研成果三等奖。

（屈佳雯）

【主席、会长会及执委会】 2月14日，区工商联召开十一届一次主席、会长（扩大）会议，区工商联副主席、商会副会长及常委50余人参加会议，副区长、区工商联主席、区商会会长宋玫出席会议并讲话。会议审议通过《西城区工商联2022年工作要点》《西城区工商联企业家副主席、副会长、执常委履职情况评价办法（试行）》《北京市西城区工商业联合会关于设立专门委员会的实施意见（试行）》，通报西城区女企业家联谊会和青年企业家联合会成员调整情况。各街道商会会长围绕如何更好地发挥商会作用，加强商会建设等方面作交流发言。7月22日，区工商联召开十一届二次执委会暨履职培训会，区工商联驻会领导班子，副主席、商会副会长、执常委参加学习。会上传达市第十三次党代会精神，邀请专家以"找准角色定位，在服务新时代首都发展中展现工商联职位的担当与价值"为主题，围绕"工商联大家庭""站前台唱主角"两方面授课。10月16日，区工商联召开十一届二次主席会长会，观看党的二十大开幕会并座谈交流感想。（屈佳雯）

【学习教育活动】 8月2日，区工商联召开理论学习中心组扩大学习会，学习习近平总书记在中央统战工作会议的重要讲话精神、《中国共产党统一战线工作条例》和《关于加强新时代民营经济统战工作的意见》精神，全体机关干部参加学习。9月2日，区工商联召开民营企业家学习中央统战工作会议精神座谈会，区工商联驻会领导及民营企业家参会，向企业家导读中央统战工作会议精神，传达北京市工商联第十五届会员代表大会精神。企业家结合企业自身建设、创新商会发展、投身光彩事业等实际工作，谈学习会议精神体会。（屈佳雯）

【街道商会工作会】 8月5日，区工商联召开2022年街道商会、行业商会半年工作会。区工商联驻会领导班子成员及16个商会会长出席会议，通报区工商联2022年上半年工作完成情况及下半年工作重点，领学《北京市西城区工商业联合会关于加强和改进商会工作的指导意见》，对《西城区工商联企业家副主席、副会长、执常委履职情况评价办法》《北京市西城区工商业联合会（商会）会员发展和管理办法》征求意见和建议。16位商会会长分别汇报工作，并对区工商联工作和商会发展提出意见建议。（屈佳雯）

（责任编辑　张　立）

法 治

政法委与综治

【概况】 2022年，中共北京市西城区委政法委员会（简称区委政法委）深入贯彻落实《中国共产党政法工作条例》和市委实施办法，围绕党的二十大等重大活动保障任务主线，扎实推进“长安计划”3.0，全力以赴抓好防风险、保安全、护稳定各项工作，持续护航核心区政治社会大局和谐稳定。年内，区委常委会专题研究部署全区政法工作1次，听取扫黑除恶、市域社会治理现代化试点、反邪教、全区安全稳定形势等工作7次。区委政法委协助区委组织部对政法干部晋升进行考察，并派员列席各单位民主生活会，不断提升党领导全区政法工作的能力水平。 （邬 希）

【重大活动保障】 2022年，区委政法委完成党的二十大等重大活动保障任务。坚持将北京冬奥会冬残奥会、全国两会、党的二十大等重大活动安保任务一体谋划、高位统筹，提前搭建由区委政法委主要领导担任总指挥的指挥体系，建立健全维稳安保机制和方案支撑体系，建立“一通报两调度一碰头”风险预警防范处置机制，健全多管齐下、立体交叉的督导检查模式，健全完善专群结合工作机制，统筹推进专项安保、维护政治安全、矛盾纠纷排查化解等各项措施落地落实。 （邬 希）

【社会矛盾防范化解】 2022年，区委政法委在“两节”、全国两会、北京冬奥会安保、党的二十大安保等重点时段，连续启动信息会商工作机制，开展风险检查，持续加大源头安全保障力度。围绕京津冀一体化协同发展、疏解非首都功能、背街小巷整治等工作开展风险检查，完成对市、区重大项目风险评估报备13件，未发生安全问题。 （邬 希）

【社会治理现代化试点】 2022年，区委政法委组织领导市域社会治理现代化试点工作，研究制定第二版《西城区市域社会治理现代化试点工作指引》，围绕政治安全、公共安全等组织开展六大专题调研，开展试点工作区级初评。强化综治中心建设，实现辖区与同级公安机关双向互联互通，在挂账重点地区整治等工作中发挥重要作用。深入推进平安创建工作，研究制订《西城区“平安街道”创建工作意见》，进一步夯实平安创建工作基础。 （邬 希）

【平安西城建设】 2022年，西城区夯实平安建设基础，开展信息网络、自然资源、交通运输、工程建设四个重点行业领域和教育、金融放贷、市场流通新三大行业领域整治，开展打击整治养老诈骗专项行动，坚决铲除养老诈骗滋生土壤。推进联合执法、并肩治乱，集中清整“黑车”“黑摩的”“黑旅游”及“黄牛”票贩等突出问题，净化社会治安环境。 （邬 希）

【法治建设领域改革】 2022年，区委政法委统筹推进持续完善执法司法责任体系建设，探索建立调解、复议、诉讼在内的多元解纷机制，在全市率先实现“法院+街道”诉调对接全覆盖，加强对执法不严、违法不究、司法不公等执法司法突出问题的制约监督，落实防止干预司法“三个规定”。 （邬 希）

【法治保障服务】 2022年，区委政法委统筹推进深入开展公益诉讼。持续优化营商环境，“专业调解+司法确认”一站式解决路径化解金融纠纷1万余件，探索“司法保护+行业保护+执法保护”的“老字号”保护新模式。开展“无讼社区”创建，依托“民调进所”“穿警服副书记”等机制推进矛盾纠纷多元化解。完善公共法律服务体系建设，规范化推进热线、网络、实体三大平台全面融合。推进“八五”普法规划实施，深化“诉源治理直通车”工作机制，全力保障群众法治需求。 （邬 希）

【政法队伍教育】 2022年，区委政法委持续加强政法队伍教育整顿，强化政治理论武装，推动习近平新时代中国特色社会主义思想大学习大研讨大培训常态化、制度化，系统开展习近平法治思想学习宣传研讨实践活动，将学习党的二十大、十九届六中全会精神同贯彻落实习近平总书记关于政法工作的重要论述相结合，开展政治轮训。（邬　希）

法治政府建设

【概况】2022年，西城区坚持以人民为中心，推进法治政府建设。区委全面依法治区委员会共召开委员会会议1次，制发文件3件。完成区委全面依法治区委员会2022年工作要点和北京市西城区法治建设评估（2022年度）工作。出台区“八五”普法规划重点任务分解。西城区司法局（简称区司法局）牵头完成中央依法治国办对北京市法治政府建设督察涉及西城区的各项整改任务。推动全区对习近平法治思想的深入学习。组织开展法治政府建设示范项目、重大行政决策案例和行政执法指导案例评审。完成市依法治市办对西城区法治建设实地督察的迎检工作。（仲　欣）

【司法行政改革】2022年，区委全面依法治区委员会完成行政复议体制改革任务，调整机构设置和加强队伍建设，增设区政府行政复议接待站（点）。加强社区矫正机构建设，依法成立区街两级社区矫正委员会，组织召开西城区矫正委员会第一次全体会议，制发《北京市西城区社区矫正委员会工作规则》。（仲　欣）

【合法性审核】2022年，区司法局做好区政府重大决策事项及文件合法性审核工作，审核政府决策、文件等140余件次，政府协议17件；做好规范性文件备案工作，以区政府名义报送备案2件，接受区政府所属工作部门备案11件；清理规范性文件2次；协助市立法工作共计10件；完成区委区政府法律顾问团和法治建设专委会日常工作及换届工作，组织律师和委员参与区委区政府重大决策咨询论证工作50余件次。（仲　欣）

【行政复议】2022年，西城区不断规范复议工作机制，发布《关于做好区政府统一行使行政复议职责有关工作的通知》，逐步实现区政府一个行政复议窗口对外实行集中受理、集中审理、集中决定，共受理行政复议申请476件，审结复议案件409件。（仲　欣）

【行政应诉】2022年，区司法局做好行政应诉工作，代理以西城区政府为被告的行政诉讼案件276件，代理行政复议案件52件，审查违法建设强拆申请26件，代理检察监督案件6件。（仲　欣）

【行政执法监督】2022年，西城区持续深化行政执法“三项制度”，将行政执法情况与“接诉即办”群众需求较为集中的领域进行比对分析，每季度形成行政执法数据分析报告提交区政府常务会、区委常委会审议，促进执法效能和社会效果双提升。完成全区1872名行政执法人员新版行政执法证件统一换发工作。组织3次行政执法资格考试，119人参加，考试通过率92.52%，进一步夯实行政执法工作基础。（仲　欣）

【依法行政培训】2022年，西城区继续把习近平法治思想列入区处级干部依法行政专题研讨班和法治人才培训班课程目录，针对全区各部门、各街道党政一把手、法治机构主要负责人等多种主体进行培训，四期共2000余人次，做到全战线、全覆盖培训轮训。（仲　欣）

公　安

【概况】2022年，市公安局西城分局坚持全力保障党的二十大胜利召开、系列国事外事活动安全顺利、以中南海为核心的政治中心区绝对安全和社会大局安定有序。开展“转作风、办实事、树形象”主题实践活动，聚焦事关群众切身利益“小案件、小纠纷、小事情”，帮助群众急难愁盼问题。活动期间收到锦旗455面、表扬信170封，以及“110”“12345”等渠道打来的表扬电话281件、口头表扬500余件。全年西城区刑事、秩序类警情同比下降12%和60%，安全性指标继续位列全市首位。做好新冠疫情安全保障工作。（张　龙）

【网络安全治理】2022年，市公安局西城分局以“全民反诈”APP注册为主要手段，制作反诈宣防倒排工期表和入户推进图，组织社区民警逐门逐户宣传。利用微视频、微信群、网上警务室等新媒体加大网上宣传。全区共安装注册“全民反诈”APP55.5万人次，占全区实有人口的37.25%，同比上升97.44%，安装注册率56.12%。全年电信诈骗案件立案1557起，涉案金额1.6亿元，破案487起，刑拘75人。加强警企联合反诈宣传。3月，市公安局西城分局团委联合中国移动通信集团北京有限公司团委在西城公安分局更新场警务站举办“警企联合话反诈，青春助力保平安”反诈系列宣传活动。活动中，被群众誉为“反诈老范”的大栅栏派出所民警范萃军结合自身工作经历，讲解多个反诈案例，传授严防电信诈骗的知识。分局主要领导讲述身边真实的电诈案例，从深刻立意、党团引领和科技赋能三方面强调做好反诈工作的重要性，提出开展警企联合反诈的具体合作意见。双方就警企合作的业务互补性展开深入交流。9月23日，丰盛派出所联合中国光大银行北京分行、中国人民银行营业管理部、中国银行保险监督管理委员会北京监管局、区金融服务办在北京地质礼堂举办“反诈勇担当，同心筑坚墙”反诈公益活动，宣传反诈知识，普及金融知识，增强公众防范意识，40余人参与。（张　龙）

【治安突出问题整治】2022年，市

6月7日，刑侦支队深入社区开展反诈宣传　（市公安局西城分局　供图）

公安局西城分局对近三年以来涉地下流动赌场、聚众赌博、网络赌博、跨境赌博、组织卖淫、介绍卖淫等警情线索进行细致梳理分析，确定高发场所、部位，综合运用发动群众举报、开展网上巡查等多种方式，全面梳理网上网下情况线索，规范现场核查工作要求，跟进开展侦查调查、打击处理等工作，充分利用大数据平台等科技手段，在实现精准打击的基础上，强化升级黄赌问题“非现场打击”模式，固化完善环食药知领域“行刑衔接”工作机制，全力“打团伙、断链条、摧网络”，确保“案不漏人、人不漏罪”。（张　龙）

【社会面秩序治理】2022年，市公安局西城分局持续开展“三清三个一批”（天天清、滚动清、反复清，收网打击一批、核录遣返一批、关停整治一批）常态化清查工作，实时更新基础信息。联合多方执法力量，不间断滚动清查检查部位71.6万余处次，查获车辆4721辆次，排查并消除消防安全等隐患问题2700余件次，持续净化辖区社会面治安秩序。推进故宫周边、什刹海地区综合整治，依托“吹哨报到”“接诉即办”机制，牵动城管、卫健、民政、交通等部门，建立完善横向到边、纵向到底的综治体系，充分发动群防群治力量，持续加强各类违法犯罪线索全链条打击、各类社会乱象联合执法高限处罚。以“故北模式”为样板，向“6+N”（“6”指社会面治安秩序突出问题的六个类型、六类地区点位和六项常态化打防管控措施；“N”指除上述社会面治安秩序突出问题、地区点位和常态化打防管控措施以外的补充、新增内容，包括问题、措施等）秩序整治挂账点位推广，重点解决“黑车”“黑摩的”、号贩子等顽瘴痼疾，构建完善共建共治共享的立体化社会治安防控体系。年内，开展集中清理整治行动44波次，累计查获各类扰序人员及盗非类违法犯罪人员262人次（“黑车”“黑摩的”39人次、“黄牛”14人次、号贩子10人次、无照游商6人次、呲活揽客27人次、散发小卡片4人次、盗窃非机动车162人次），向有关部门移交车辆39辆，累计救助流浪乞讨人员110人次；办理登记年检犬7036只，查处各类违法养犬案件786件次（其中罚款715件次、罚款金额13.81万元，没收犬71件次），收容救治无主犬717只。（张　龙）

【行业监管服务】2022年，市公安局西城分局加强公共安全监管、改进治安管理服务，提升公共服务能力，依托治安管理平台智能警务系统，激发社区民警行业监管效能，实现从业信息全采集、日常检查全覆盖、问题隐患全消除。以“三清三个一批”“铁拳”“清洁”等专项为抓手，以“关停一批违规经营单位、处罚一批制度不落实企业、取缔一批黑开场所、拘留一批违法经营人员”为目标，持续强化网上网下检查频次和效率，倒逼企业形成规范自觉性。推进33项治安审批业务进驻政务服务大厅，实现区级治安高频政务服务事项100%“一窗通办”。分类推进行政审批制度改革，优化备案事项办理程序，提高审批效率，优化对企服务，让群众“只进一扇门、最多跑一次”。创新加强事中事后监管，强化“双随机、一公开”检查，分级分类开展信用监管，实现行管企业“无事不扰、无处不在”的精准监管，把落脚点放在着力解决群众办事难、办事慢、办事繁、来回跑等问题，提升监管效能和水平。（张　龙）

【严打涉枪爆危化品违法犯罪】2022年，市公安局西城分局更新完善列管的106家从业单位、销售企业基础台账，采取日常定期督导检查、战时超常规管控措施，持续夯实阵地控制，依托打击整治枪爆违法犯罪专项行动，拓展线索来源渠道，严打涉枪爆危化品违法犯罪。年内，累计出动警力4000余人次，排查厂房、大院3000处次、危险物品从业单位318家次、刀具销售企业100家次、“五小”门店800家次，张贴各类宣传画5000余张，发放各类宣传材料3万余份，收缴气枪12支、仿真枪4支、各类子弹75发、易制爆化学品490克，发现整改违规销售刀具问题21件。（张　龙）

【“一站式”办案服务】2022年，市公安局西城分局进一步推动执法办案管理中心提质增效，固化完善驻中心检察监督工作机制、速裁法庭工作机制、法律援助律师工作机制、未成年人服务帮教工作机制，发挥中心内部前置派驻的手机信息采集、法医鉴定、毒检以及物价鉴定等“一站式”办案职能优势，搭建“一站式”自助办案服务区，实现办案文书集中统一邮递，随身附物统一邮递，集中实现罚没款、保证金实时缴存，医院检验报告自助打印等功能，更好地满足基层派出所一站式办案需求，最大限度丰富完善执法办案管理中心职能，精准高效支撑执法办案实战。（张　龙）

【区政务服务中心公安分中心建成使用】2022年，市公安局西城分局推进区级公安服务“一窗通办”区政务服务中心公安分中心建设。统筹配合分局建设专班完成政务分中心标识设定、中心办理政务服务事项梳理以及相关软硬件建设。8月9日中心正式投入使用。分中心设21个办事窗口，现场办理涉及治安、户政、交管、禁毒、网安、出入境共132项业务，被纳入市公安局落实“放管服”改革20项便民措施向社会公布。（张　龙）

【出入境接待大厅改造完成】2022年，市公安局西城分局完成出入境接待大厅全面改造升级，增设“一桌办”“智慧办”“自助办”等多种受理模式，实现出入境业务“不打烊”。启用无障碍卫生间、爱心母婴室、爱心饮水站、宠物驿站等差异化服务设施，最大化满足群众需求。开展工作人员业务技能、政务礼仪培训，持续推进出入境服务标准化、统一化、温暖化。年内，受理各类证件5905个、智能签注机办理签注80次，发放证件5320个，收到锦旗和表扬信10余件，零投诉、零失误运行。（张　龙）

【看守所执法办案服务】2022年，市公安局西城分局看守所发挥“特殊战场”职能作用。夏季治安打击百日会战期间，组建深挖扩线小组，结合各专项行动开展有针对性的线索挖掘工作。安保工作期间在分局会商会上作典型发言，市公安局监管总队以专刊的形式刊登看守所的突出战果。执行封闭勤务期间，办案单位提讯和律师会见绝大部分利用远程视频系统，看守所在分局各单位协助下，合理利用资源，弥补远程提讯和视频会见的短板和不足，配足配齐监区内提讯力量，利用封闭勤务工作的特点，周末及节假日正常开展提讯、会见工作，满足办案单位提讯和律师的会见需求。年内，看守所办理远程提讯986次，远程律师会见2106次，跨区远程律师会见110次，云开庭227次。（张　龙）

【校局合作共建】2022年，市公安局西城分局坚持汇聚优质资源，推动资源共享，促进公安实战与理论研究融合发展，与中国人民公安大学、北京警察学院等院校签署校局合作协议，坚持优势互补、实现共建共赢。邀请中国人民公安大学和北京警察学院专家教授开展专题讲座，院校领导和教师到西单更新场警务服务站、反特巡支队反恐大队调研，校局双方就如何延伸拓展校局合作范围、丰富形式内容等，围绕教、学、练、战各方面开展全方位、多角度、深层次的交流。利用院校智库作用，加强与院校科研项目团队合作，其中警务支援大队会同公安大学网络安全学院完成市公安局“基于警用车辆的智慧平台”研究科研项目并通过验收；刑侦支队与中国人民公安大学围绕《高真空金属镀膜技术增强指纹显现》共同申报“公安部2022年度基本科研业务费科技类项目”，进入形式审查阶段。（张　龙）

【实战练兵】2022年，市公安局西城分局开展政治学习456期11724人次，政治轮训4期152人，专业培训996期18276人次，基础培训192期1704人次。以市局组织开展的比武竞赛为抓手，在实战中检验效能，固化成功做法，认清短板弱项，开展一级练兵12次886余人次，参加市局比武9次；开展二级集中培训3次162人次，二级实战练兵5场次1252人次；开展三级培训87次，派出所和交通大（中）队一线民警767人次参加。开展送教到岗5批次，出动教官15人，培训116人。（张　龙）

【警种融合执法培训】2022年，市公安局西城分局构建三种执法培训推进模式融合执法工作。坚持常态开展跨警种融合执法、跨部门并肩治乱、跨地区警务合作，深化重点要素、重点地区、重点领域安全隐患排查整治。全年开展各部门联合融合执法加强“黑车”“黑摩的”打击整治交通秩序专项整治31次；依托“北京交警”APP展开即查即录14729次、即查即处92815次；依托“融合共治”APP开展车辆违停执法5627次。邀请市公安局教官团针对警种融合执法培训送教到岗2次，组织分局和交通支队教官二级培训3次，1500余名分局民警、150名余交通民警参加。（张　龙）

【反恐防恐宣传演练】2022年，市公安局西城分局组织反恐演练活动32场。在西单、金融街地区组织50余个商家、单位的安保力量参与反恐防恐“宣传+演练”“演练+检查”活动2次。区反恐办聘请专家对加油站、属地派出所、区应急局等石油石化相关部门人员开展行业标准解读和反恐防暴培训、对全区的中小幼安保力量开展专项培训，牵动属地派出所开展辖区重点目标的日常化培训，提升相关单位的防范能力。为增强群众反恐防恐意识，开展反恐宣传活动15次，发放宣传品5万余件，受众4.5万人次。9月9日，西城区反恐办在奋斗小学开展以“反恐防恐进校园，共筑教育安全线”为主题的反恐防恐宣传演练进校园活动。市反恐办、区反恐工作领导小组、区消防救援支队、区教委、区应急局、金融街街道等成员单位负责人出席活动。德胜街道、西长安街街道等15个街道工委主管反恐防恐工作负责人，北京四中、实验二小等金融街街道13所中小学和幼儿园安保负责人观摩活动。活动内容有校园防范恐怖袭击综合演练——刀斧砍杀恐怖袭击的应对处置；校园安保力量、属地派出所、特警、刑侦、消防救援等多部门的协同配合；奋斗小学400余名学生参加特警、警犬、消防器材设备现场互动体验；全校4000余名学生通过视频同传参加反恐防恐主题课堂，反恐专家讲授防范电信诈骗、防范火灾、防范恐怖袭击、防范校园霸凌等知识。该活动被中央电视台新闻频道、中国警察网、《北京日报》等30余家媒体报道。（张 龙）

【高考安全保障】 2022年，市公安局西城分局完成高考安全保障工作。考前全面检查全区考点的人物技防、反恐防恐措施的落实。每日投入警力，专门负责考卷的转运、存放、护送工作。部署各属地派出所与学校领导、考点负责人对接，在每个考点门前部署警力，确保考试环境安全、安静。（张 龙）

【西单更新场警务服务站开放运行】 1月10日（第二个中国人民警察节），市公安局西城分局西单更新场警务服务站正式面向社会开放运行。警务服务站位于西单更新场北侧武功卫胡同临街区域，占地面积约182平方米，设置服务、宣传两大功能区域。可办理身份证丢失补办、更新，一键查询出入境记录，线上缴费，房贷查询等100余项业务。通过“网络迷雾”“真假难辨”“电诈魔音”等项目沉浸式体验“电信诈骗”图圄，提升公众安全防范意识。（张 龙）

【打击冬奥假冒商标及商品诈骗】 年初，市公安局西城分局分别接到关于某网络平台店铺销售“北京冬奥会”假冒注册商标服装、微信群销售“冰墩墩”诈骗报案。通过梳理案件线索，分局快速锁定并抓捕犯罪嫌疑人，现场起获涉北京冬奥标识和其他品牌的衣物共1.7万余件和烫印工具。经审查，犯罪嫌疑人被刑事拘留。（张 龙）

【外国人服务窗口试运行】 7月12日，市公安局西城分局外国人服务厅进驻区政务服务中心，投入试运行。分局大队主动与区政务服务中心、北京海外学人中心金融街分中心等部门沟通配合，推进外国人签证证件受理、“两证联办”等措施，为外国人提供贴心、便利的服务。服务辖区外籍人才引进工作，召开多场次外国人出入境服务政策宣介会，介绍外籍专家教师、留学生等申请居留许可业务流程，提供政策指导。截至年底，累计办理外国人签证526件。（张 龙）

【政治中心区第一次应急处突实战演练】 7月28日，市公安局西城分局在府右街派出所举行政治中心区第一次实战演练暨培训工作启动仪式。分局领导班子成员、市公安局教官团和分局相关职能部门、战训队、政治中心区各派出所相关负责人参加，对各类应急处突科目实战演练情况逐流程、逐环节、逐细节复盘和点评。（张 龙）

【民警子女进警营活动】 8月26日，市公安局西城分局举办“续写红墙下的忠诚故事”2022年西城公安分局民警子女走进警营（反特巡和战训队专场）活动。分局25名民警携子女及家属共54人参加，观看驯犬、枪操演示，参观警用装备展、战训队两周年回顾展，学唱《战训之歌》。警娃们在反特巡训练基地了解攀岩科目并实践。（张 龙）

【警用电动自行车配发仪式】 10月15日，市公安局西城分局举行警用电动自行车配发仪式，分局投入经费近500万元购置400余台警用电动自行车、充电柜，加强基层警用装备建设，强化社会面管控，提升应急处置能力。（张 龙）

检 察

【概况】 2022年，西城区人民检察院（简称区检察院）深入践行“红墙意识”，自觉融入区域治理，依法能动履职，各项检察工作取得新进展。创新“一案一策、精准监督”工作模式，监督落实涉经济领域专项挂案清理工作。全年受理各类案件4881件，同比上升35.2%，其中主动履职的公益诉讼、诉讼监督案件同比分别上升138.2%和17.1%。办理群众信访1768件次，兑现“7日内程序回复、3个月内办理过程或结果答复”的承诺。依法发放司法救助金12.5万元。（张 擎）

【经济犯罪案办理】 2022年，区检察院从严追诉非法集资等扰乱金融秩序犯罪，依法逮捕95人、起诉54人，追赃挽损近7亿元。在办理许某某等人非法吸收公众存款案中，多方调查取证追捕追诉涉案大股东，挽回损失4600万元。（张 擎）

【公益诉讼案办理】 2022年，区检察院主动摸排各类公益诉讼线索243件，全部立案办理。妥善办理垃圾分类、损害绿化、污染大气、污染水质等系列公益诉讼案件；结合区情区位排查涉老公益诉讼案件线索，办理涉老民事、行政公益诉讼系列案件。制发诉前检察建议，督促区体育局、区文化和旅游局落实公共体育馆老年人优待义务、公共图书馆适老化服务义务管理职责；系统排查督促消除银龄老年公寓、牛街民族敬老院的各项安全隐患。9月6日，区检察院与区应急局在全市率先建立安全生产领域公益诉讼协作机制，围绕燃气、危化品、人防工程、消防安全等重点领域，深入排查风险隐患，督促相关部门完善监管措施。（张 擎）

【未成年人检察】 2022年，区检察院完善“一站式”询问、全覆盖心理疏导等机制，落细落实强制报告、从业禁止、犯罪记录封存等未成年人特殊保护制度，尽力减少“次生伤害”。办理的牛某猥亵儿童案获评“北京市依法维护妇女儿童合法权益典型案例”。（张 擎）

【诉讼监督案办理】 2022年，区检察院开展刑事诉讼监督，挖掘问题线索499件，监督立案47件、监督撤案17件，发出纠正违法通知书、检察建议等250余份，监督意见采纳率100%。办理各类民事诉讼监督案件507件，同比上升95%，提出的再审检察建议全部获得采纳。开展大标的额民商事案件审判专项监督，加强司法裁判自由裁量权监督制约。办理各类行政诉讼监督案件244件。（张 擎）

【职务犯罪侦查】 2022年，区检察院协同完善监察调查与刑事司法衔接机制，会同区纪委区监委建立线索双向移送、监检协作工作机制，及时向纪检监察机关通报、移送党员及公职人员涉嫌违纪违法问题线索，助力净化党员干部队伍。受理职务犯罪30件32人，立案查办政法干警渎职、贿赂犯罪案件6件6人。办理的M、N全国连锁饮品企业运营经理常某某职务侵占案，获评最高检典型案例，王某职务侵占案入选市人民检察院参考性案例。（张 擎）

【法治宣传】 2022年，区检察院广泛开展法治宣传，到区党政机关、企事业单位、社区、学校开展法治讲座130余场次。持续打造“新起点说法”“反诈课堂”等系列普法栏目，推出“家长必修课”“网络游戏反诈”等自制普法视频，录制法治宣传视频。“危险、拟象与谈资”“家长必修课”获评最高人民检察院“法治进校园”精品网课优秀奖。《洗脱——一起司法救助典型案例引发的思考》获2021年度全国政法优秀新闻作品二等奖。（张 擎）

【农民工讨薪支持起诉】 2022年，区检察院常态化开展农民工讨薪支持起诉专项工作，第四季度办理支持起诉案件80余件，为农民工讨回劳务报酬80余万元。开辟创新支持起诉工作领域，就企业破产清算组未推动解决员工欠发工资问题向清算组制发社会综合治理检察建议40余份。建立健全支持起诉工作模式，依托定制查询平台形成本院民生热线数据库；实现部门统筹融合履职，与区人力社保局、区司法局法律援助中心、区法院协作，针对案件办理环节分别形成联动机制，做好矛盾纠纷化解争取诉源治理；发挥专业化优势，因案制宜打开“诉讼难”问题突破口，注重精准施策，分类分批办理案件，为农民工群体维护自身民事权益提供有力支持。（张 擎）

【营造法治化营商环境】 2022年，区检察院推进涉案企业合规改革试点，与区工商联、区市场监管局等共建第三方监督评估机制。办理涉税犯罪案件，为国家挽回税款4亿余元。加强知识产权司法保护，牵头建立司法、执法、行业三方联动的“老字号”保护新模式，优化检察联络服务机制，有效维护“老字号”商誉。与区工商联建立民营企业保护检察联络机制，制定“西检八条”服务举措，打通检企服务绿色通道，被全国工商联、最高检评为“工商联与检察机关沟通联系机制典型事例”。（张 擎）

【打击整治养老诈骗】 2022年，区检察院开展打击整治养老诈骗专项行动，从严惩处养老诈骗犯罪，帮助挽回损失160余万元。编制养老反诈短片《画骗》，被市院“京检在线”公众号首发，被最高人民检察院公众号转发。（张 擎）

【与延庆区检察院结对共建】 2022年，区检察院落实《北京市检察机关基层院结对共建工作实施方案》精神，持续推进与延庆区检察院结对共建工作，围绕补短板、强优势、破难题、树品牌，通过“三强化、三聚焦、四着力”的结对共建工作模式，从党建、业建、队伍建设三方面共同发力，与延庆区人民检察院合力破解制约双方发展的突出问题，实现两院检察工作更高水平协同发展。（张 擎）

【“明道讲堂”特色品牌】 4月14日，区检察院首期“明道讲堂”开讲。区检察院落实中政委、最高检关于将政治建设融入业务培训的指示精神，以同堂培训和领导干部上讲台为切入口，全力推进强化法律职业共同体建设，打造西城检察“明道讲堂”检察教育培训特色品牌。首期讲堂被人民网、最高检官网、法治网、正义网报道，新浪网、搜狐网等20余家网站转载报道。全年开展3期，覆盖区政法单位900余人次。（张 擎）

【《受处理处分党员、监察对象教育管理工作办法》出台】 4月18日，区检察院为做好纪律审查和监察调查的“最后一公里”和监督执纪“后半篇文章”，发挥党纪政务处理处分的警示、惩戒、教育作用，根据相关党内法规和市院相关规定，制定出台《西城区人民检察院关于受处理处分党员、监察对象教育管理工作办法（试行）》，完善机关管理制度，形成既有正面引导、又有“负面清单”，既有监督、又有保障，既有惩戒、又有问责的制度体系，维护权力运行规范透明的良性局面，扎牢不敢腐、不能腐、不想腐的制度“笼子”。（张 擎）

【世界知识产权日活动】 4月25日，区检察院与市人民检察院第四分院联合开展世界知识产权日活动，在老舍茶馆举办以“老字号知产保护百日谈，检察能动履职共创未来”为主题的大栅栏“老字号”知识产权保护检察联络机制百日回顾座谈会，回顾“能动履职、突破创新，开创老字号知识产权保护新局面”百日工作，发放《亮出检察蓝、护航老字号》百日宣传品，通报相关工作，与企业负责人交流座谈。（张 擎）

【宽严相济典型案例】 6月14日，区检察院第三检察部办理贯彻宽严相济刑事司法政策，依法对一起在西城区美廉美超市（白纸坊店）以不扫码结账行窃的嫌疑人作出相对不起诉决定，通知嫌犯所在的主管单位，依法制发检察意见书及检察建议书。该单位在接到文书后高度重视，来院当面通报处理结果并配合检察机关完善企业规制。该案以双赢多赢共赢的监督理念持续深入融入社会治理，达到办理一案治理一片的效果。（张 擎）

【“消”字号专项监督】 6月至9月，区检察院第六检察部贯彻落实最高人民检察院部署要求，开展“消”字号抗（抑）菌制剂非法添加公益诉讼专项监督活动，深入现场摸排线索，调查核实违法情况，履行公益诉讼检察监督职能，向区卫生健康委制发诉前检察建议并得到整改回复。区卫生健康委对涉案药店执法监督，依法处理涉案产品，并将生产企业违法线索移送相关部门，开展溯源治理，同时定期专项抽检。（张 擎）

【助推区域金融诉源治理】 6月21日，区检察院贯彻中央意见和市委实施意见，探索行政违法行为监督。结合全面深化行政检察监督依法护航民生民利专项活动，以类案监督为驱动，针对115件金融行政违法行为开展专项治理，向中国证券监督管理委员会、中国证券监督管理委员会北京监管局、中国人民银行营业管理部、西城区社会保险基金管理中心制发5份类案检察建议，均获采纳。（张 擎）

【特邀检察官助理聘任工作】 7月，区检察院首次开展特邀检察官助理聘任工作，从区商务局、北京金融街服务局、区人力社保局、区生态环境局、区市场监管局等单位聘任特邀检察官助理5名，涵盖知识产权、金融、证券、税务、劳动争议仲裁、生态环境、资源保护、行政执法等专业领域。特邀检察官助理以不定期协助办案、交流研讨等方式协助履职，为金融检察、民事检察、行政检察、公益诉讼检察、行刑衔接等工作注入专业人才力量，年内累计协助办案171件。（张 擎）

【职务犯罪财产刑执行专项检察】 7月至8月，区检察院对区法院2018年1月1日至2022年6月30日间作出判决且已生效的39件职务犯罪判决的涉财产部分执行情况开展专项检察，重点对立案执行数额、办案周期、查封扣押物品处理、结案方式等进行检察，通过调取卷宗、询问原承办法官等方式开展调查核实，制发书面监督意见1份，口头纠正意见1份，均得到被监督单位的书面回复。（张 擎）

【参与市院首次监狱交叉巡回检察】 7月至8月，区检察院抽调干警参与市检察机关对全市六所监狱开展的首次交叉巡回检察工作。通过审查卷宗、实地检察、调阅资料、复听亲情电话等检察方式，将工作重点放在监狱对服刑人员教育改造的执法规范化、专业化、制度化监督上，强化对服刑罪犯的权益保障，在巡回检察中贯彻总体国家安全观。（张 擎）

【政协委员提案办理恳谈会】 7月7日，区检察院组织召开政协委员提案办理恳谈会，就政协委员关于“持续优化法治化营商环境，积极推动建立西城区涉案企业合规第三方监督评估工作机制”的提案进行汇报并听取进一步的意见建议。政协委员提出：加大对涉案企业合规工作宣传力度，探索更多企业合规案件类型，结合区域特点以街道商会为切入点，请检察官进民营企业开展普法宣传，助力企业行稳致远，推动建立现代化企业治理结构，促进企业良性发展等意见建议。（张 擎）

【青年突击队成立】 7月8日，区检察院举行青年突击队成立启动仪式，响应“党有号召，团有行动”号令，彰显青年在“急、难、险、重、新”任务中的凝聚力和战斗力，出色完成多次应急特殊任务，展现出青年能干事、敢担当的精神风貌，以实际行动诠释“红墙意识”，彰显“西检担当”。（张 擎）

【涉非公经济控告申诉来源立案监督】 7月13日，区检察院监督西城公安分局撤销一起涉嫌非法吸收公众存款案。采用“打通外循环、疏通内循环”的创新监督撤案工作模式，落实最高检涉非公经济控告申诉来源立案监督要求，依托侦察监督与协作配合办公室职能作用，发挥控告申诉业务优势，开展监督撤案工作，维护公民合法权益。（张 擎）

【拟不起诉案件公开听证会】 7月26日，区检察院第三检察部召开拟不起诉案件公开审查听证会。检察机关就事实认定、法律适用和案件处理等问题听取听证员以及案件当事人、辩护人、相关办案人员的意见。在履行检察职能的同时，做到向社会宣传法律、让人民群众在实际案件中体会到司法正义。（张 擎）

【助力小微金融业务风险防范】 7月29日，区检察院第五检察部在依法审查办理民事诉讼监督案件的同时，依法能动履职，制发类案检察建议。对某金融机构在小微企业金融业务贷前审查、担保审查及不良资产转让领域存在的问题提出检察建议，加强金融借款特别是小微金融业务规范操作和流程管理，依法规范金融不良债权转让相关手续，

7月8日，西城区人民检察院青年突击队成立　　（区检察院　供图）

充分用好现代科技手段防范信贷风险，化解矛盾纠纷，助力金融领域诉源治理。该机构收到检察建议后查找问题、剖析原因并书面回复制度完善措施。（张　擎）

【首次看守所巡回检察】8月4日，区检察院开展首次区看守所巡回检察，通过对刑罚执行、监管执法等方面的全面检察，促进看守所提高执法规范化水平，消除监管场所安全隐患。分析研判检察中发现的问题，有针对性地向看守所及驻所检察室反馈意见，指派专人跟进，督促整改落实，确保巡回检察取得实效，力求监管执法和检察监督双赢共赢。（张　擎）

【与北京证券监管局共建座谈】8月25日，区检察院与中国证券监督管理委员会北京监管局开展共建座谈，以“检察大数据战略”赋能新时代法律监督，立足“四大检察”（刑事检察、民事检察、行政检察、公益诉讼检察）协同发展，以类案检察建议推动国家治理体系和治理能力现代化，协同会商释放执法效能，助推区域金融诉源治理。（张　擎）

【首例刑附民公益诉讼提起成功】8月25日，由区检察院提起的西城区首例侵犯公民个人信息刑事附带民事公益诉讼案在区法院公开开庭审理。该案中6名被告非法获取、倒卖众多公民学历个人信息，涉及全国各地，侵害不特定多数公民的人格权益和财产权益。区法院全部支持区检察院提出的赔礼道歉、消除危险、赔偿损失等3项公益诉讼请求，6名被告均未上诉。区检察院紧紧围绕公民个人信息安全，依法能动履职，推动《中华人民共和国个人信息保护法》公益诉讼条款落实。（张　擎）

【行政生效裁判监督再审检察建议获采纳】9月27日，区检察院针对一起长达28年，涉北京城市总规和首都功能核心区拆迁安置补偿纠纷，向区法院提出再审检察建议获采纳。此案系全市基层院首例行政生效裁判结果监督再审检察建议获采纳案件，实现行政生效裁判结果监督监督率及行政生效裁判案件提出监督意见采纳率零的突破。（张　擎）

【国家检察官学院教学实践示范基地申报成功】10月25日，经过申报、推荐、筛选、评议等程序，区检察院成功申报新一批国家检察官学院教学实践示范基地，合作期限为3年。双方充分挖掘教学实践示范基地的检察特色，共同开展检察课程开发和理论研究，推动基地成为特色检察工作的现场教学点、典型教学案例的生成点和培育点。联合举办学术研讨会、案件论证会、座谈会等学术会议，就检察实务中热点难点前沿问题推荐选题或稿件，合作开展地方特色检察文献研究，学院为基地提供文献信息服务。（张　擎）

【参与“黑自流”专项法律监督】10月6日，区检察院参与市人民检察院“黑自流”（黑加油站点、自备储油罐、流动加油车）专项法律监督工作，研判市人民检察院提供的“黑自流”点号线索、联合公安机关现场走访、调查摸排，最终排除安全隐患，率先在试用院中实现该专项工作的闭环。通过区级专班成员单位的多方共建共治，将“黑自流”专项工作的闭环成效常态化巩固。（张　擎）

【“西检杯”法律知识竞赛】12月，区检察院举办第二十三届“西检杯”西城区中小学生思想道德法律知识竞赛决赛，首次增设小学组竞赛，邀请市院领导、法学教授担任评委，凸显检察机关在预防未成年人犯罪、保护未成年人合法权益中的作为和作用，提升辖区在校学生的法律素养和自护能力。该竞赛获评北京市人民检察院第二届优秀文化品牌。（张　擎）

法　院

【概况】2022年，北京市西城区人民法院（简称区法院）围绕“努力让人民群众在每一个司法案件中感受到公平正义”目标，坚持服务大局、司法为民、公正司法，忠实履职，推动各项工作取得新成效。全年新收案件总量63073件，同比下降11.10%；审（执）结案件64840件，同比上升2.09%；法官年人均结案407.8件，审判综合质效考核指标位居全市法院前列。年内，区法院获得荣誉18项，其中区法院集体获评全国2021年度司法宣传和通联工作先进单位、2021年度公告代理工作表现突出集体、新闻宣传工作优秀组织单位、2021年度北京诉讼服务先进法院、第四届北京市模范法院、北京法院第一届司法政务技能比赛组织工作先进单位等。区法院民一庭党支部“壹心汇★真情办”党建创新项目获评首都法院党建工作优秀创新案例、少年法庭获评北京法院少年法庭工作先进集体。（王浩东）

【刑事审判】2022年，区法院审结刑事案件551件，判处685人，受理自诉案件23件，涉疫情防控犯罪案件2件，涉邪教组织犯罪案件4件，决定或解除强制医疗犯罪案件4件，收押人犯14人次，受理涉众型经济犯罪案件10件，审结40件，涉案金额82.6643亿余元，涉及投资人130万余名。关于金融犯罪的调研报告被中共中央办公厅采用。开展打击整治养老诈骗专项行动，市、区挂账案件全部高效办结，涉案金额9450余万元。从严打击“收藏品”诈骗团伙，判处刑罚14人。依法审结故意伤害、盗窃、诈骗等多发犯罪196件，审结危险驾驶犯罪68件。审结侵犯公民个人信息等电信诈骗辅助犯罪19件，坚决斩断帮助链条。常态推进扫黑除恶，2名干警获市级嘉奖。审结市高院指定管辖的贩毒案13件，遏制新型毒品“大麻素”蔓延势头。坚决惩腐肃贪，审结职务犯罪15件。（王浩东）

【民商事审判】2022年，区法院健全“12368”热线“一号响应”机制，“12368”热线快速响应基层治理主体司法需求283个，数量居全市前列，助力矛盾前端化解。审结各类民商事案件40192件。审结金融民商事案件15162件，引导规范金融交易。与市、区两级金融领域调解组织深化合作，推动金融诉源治理。“一站式”解纷机制创新发展，在全市首推“异时异地”网络签约，《人民法院报》两次刊文推介。审结知识产权案件5851件，在《达坂城的姑娘》《康定情歌》等民歌著作权系列案中，创立“平行整理人”概念，保护群众集体智慧作品。审结涉教育、就业等民生案件4169件。审理涉“双减”纠纷62件，在全市首次适用情势变更原则解除涉“双减”房屋租赁合同，为处理类案树立规则。审结家事案件2964件，判决负担主要家庭义务的无过错方充分获益，入选“北京市依法维护妇女儿童合法权益典型案例”。在离婚纠纷中引入社会观护制度，由最高人民法院向全国推广。主动发布典型案例，审结男子聚餐醉酒死亡案、为圆孩子“童星梦”被骗案、“护犊”家长殴打幼童案等。（王浩东）

【行政审判】2022年，区法院审结行政案件1091件（其中诉讼案件929件、非诉执行案件161件、行政审判监督案件1件），审理涉积分落户等户籍行政案10件，支持从严审批落户资格，坚决打击虚假申报行为。审结占用冬奥车道交通处罚案，促进交通监管规范化，并对滥用诉权行为作否定评价。审结不服拆违行政案24件，助力“疏整促”深入推进。加强府院联动，构建“诉前防控、诉中联动、诉后普法”全流程工作机制，推动行政争议实质化解。调研2021年涉区行政案件并形成报告，区政府召开党组会就依法行政专题研究。分析2019年至2021年涉街道办事处行政案件，就应对执法权下沉、推进基层执法提出建议。为三级行政机关授课、开展座谈研讨等19次。（王浩东）

【案件执行】2022年，区法院执结案件28399件，发放案款25.72亿元。在全市率先建立执行财产线索接转中心，7条路径拓宽线索来源，专人专管实现快速查控，累计接收线索305条，处置变现1330.97万元，市高院专程调研并充分肯定，工作经验被最高人民法院推广。网络查控案件25437件。网络拍卖通过线上直播、VR展示、法官解说提升财产溢价率，成交17亿元，同比上升25%。引入路侧停车查询系统，及时获知被执行人车辆位置信息，助力精准查控。因案施策、善意执行，执结一临街商铺腾退案，助力企业复工复产，入选最高人民法院典型案例。为全区发展战略和市场改造升级腾退北京音像大厦50余租户、1.1万余平方米。执结涉北京第十四中学、鸦儿胡同小学房屋腾退案，保障优化教育资源。（王浩东）

【家庭教育指导视频课程】2022年，民二庭少年法庭工作领导小组与心理学家专家联动制作完成《同心守护、共育未来》家庭教育指导视频课程，针对案件审理中离婚双方都不愿抚养子女的情况，当庭播放并进行教育，旨在督促家长切实承担起对未成年人实施家庭教育的主体责任，避免做“失职父母”，维护未成年的合法权益。（王浩东）

【品牌读书会创建】2022年，区法院在建设“忠诚、严谨、博大、奋进”的首善法院的进程中，创建“候英·善读”品牌读书会。3月24日，区法院举办第一期读书会，以“法律思维与青年善为”为主题，市高院审管办主任张农荣，区法院领导、部分中层干部、干警代表等参加。7月21日，区法院联合西城团区委举办“西有青年·遇见最美中轴”——2022年“书香满西城”读书活动启动仪式暨“候英·善读”读书会，通过“领读＋共读”的阅读模式促进细读深读。（王浩东）

【典型案例被最高法选用】3月8日，十三届全国人大五次会议听取最高人民法院院长周强关于最高人民法院工作的报告，其中区法院审理的“号贩子逃跑摔伤索赔案”作为全国法院典型案例写入报告，引发代表委员及社会各界热议和好评。3月15日，最高人民法院发布消费者权益保护典型案例，其中由区法院审理的“婴儿水育馆预付卡退费案”作为十个典型案例之一向社会予以公布，为维护消费者合法权益起到了良好的社会指引作用。（王浩东）

7月21日，区法院联合西城团区委举办“候英·善读”读书会　　（区法院　供图）

【典型案例新闻通报会】 3月11日，区法院召开“涉人身保险纠纷消费者权益保护典型案例”新闻通报会，介绍近年来区法院为促进人身保险纠纷实质化解、提高案件审判质效的重要举措，发布“投保人未履行如实告知义务，保险公司有权拒赔”等5起人身保险纠纷典型案例并释法析理。4月24日，区法院召开“涉地理标志商标纠纷民事案件典型案例”线上新闻通报会，介绍地理标志商标侵权纠纷案件呈现的特点以及区法院为推动地理标志商标保护的措施。8月4日，区法院召开“助力中小微企业发展典型案例”新闻通报会，通报聚焦七大维度持续推动优化营商环境相关工作，发布典型案例并提出法官建议，推动营商环境法治化建设，助力中小微企业健康发展。11月8日，区法院召开积极推动行政争议实质性化解典型案例新闻通报会，介绍区法院聚焦“诉前”“诉中”“诉后”三大维度，开展行政纠纷全链条、精准化治理，持续推动行政争议的诉源治理、实质化解的机制做法，行政庭庭长王玲发布四起典型案例并释法析理。11月29日，区法院召开“‘四融四联’深化诉源治理工作典型案例”新闻通报会，介绍法院深化诉源治理工作的整体情况并发布典型案例，为探索和发展新时代“枫桥经验”提供西法智慧。

（王浩东）

【全国首例“杂技作品”著作权纠纷案】 4月21日，最高人民法院举行新闻发布会，通报全国法院2021年知识产权司法保护总体情况，并发布2021年中国法院十大知识产权案件和50件典型知识产权案例。其中由西城区法院一审、北京知识产权法院二审的中国杂技团有限公司与吴桥县桑园镇张硕杂技团等著作权权属、侵权纠纷案入选2021年中国法院十大知识产权案件。该案是全国首例涉“杂技作品”的著作权权属、侵权案件，区法院详细阐述以杂技动作技巧为主要表现形式的“杂技作品”的认定规则及其著作权保护范围，系完善著作权司法保护体系的一次有益探索。　（王浩东）

【“爱心帮扶、精准普法”活动】 5月6日，区法院法官赵海、院工会主席肖平等前往北京消费帮扶双创中心开展“爱心帮扶、精准普法”活动，赵海为商户提供法律咨询，并就新冠疫情下助力乡村振兴等工作座谈交流，解答了如何保护农民的合法权益、如何维护当地市场秩序、消费帮扶过程中出现的法律问题等，凝聚法治力量，助力乡村振兴。

（王浩东）

【家庭教育指导活动】 5月15日，区法院以全国家庭教育宣传周为契机，开展“‘未’爱启航，法润成长”家庭教育指导系列活动，推出普法微动画《@所有家长，不依法带娃要承担法律后果》，用生动的故事、通俗的语言、鲜活的画面，形象有趣地解读和宣传《中华人民共和国家庭教育促进法》，北京法院网、京法网事等多家媒体报道。

（王浩东）

【首份《家庭教育指导令》】 5月24日，区法院民二庭向一起未成年人刑事案件被告人父母发出首份《家庭教育指导令》，对被告人及其父母进行家庭教育指导。《家庭教育指导令》内容包括被告人应加强法律知识的学习；被告人的父母要加强对被告人学习和生活的监管，在过程中应采取适当的沟通方式；被告人的父母不仅要物质上保障被告人的生活，还要更加关心、关注其生理、心理状况和情感需求，及时纠正其不良行为，防止其再次走上违法犯罪的道路。通过教育指导唤醒监护人家庭教育的自觉，为监护人指出家庭教育的努力方向。　（王浩东）

【国际禁毒日线上普法】 6月24日，区法院联合西城团区委、西城团教工委举办“法护青春·远离毒害”国际禁毒日普法“云课堂”活动，西城区的多所中小学学生、近20家社区青年汇的青年参与，号召青年增强遵守法律法规意识，严守法律红线，坚决远离毒品，共同营造绿色无毒社会环境。　（王浩东）

【府院联动座谈会】 7月13日，区法院与市人力资源和社会保障局就行政复议与应诉工作相关问题召开府院联动座谈会，借助府院联动平台，加强沟通交流，加大人社领域源头治理、诉源治理工作，更好地推动实质解决行政争议，共同助力法治政府建设。

（王浩东）

【金融纠纷诉源治理座谈会】 7月19日，区法院与北京银保监局召开金融纠纷诉源治理座谈会，会议介绍2021年以来金融纠纷多元化解机制运行情况和取得的成效，北京银保监局对各金融机构的监管情况以及联合行业协会开展的诉源治理工作情况。北京银保监局表示要加强沟通联动，积极配合金融街法庭的多元解纷工作，与区法院共同探索创新金融纠纷多元化解模式。（王浩东）

【法治政府建设联合调研】 7月26日，市司法局、市人力资源和社会保障局、市发展和改革委员会相关负责人一行到区法院开展法治政府建设府院联动调研座谈，旨在有机贯通各机关工作，形成全层级覆盖、宽领域、常态化的联动格局。（王浩东）

【养老诈骗典型案例普法宣讲】 7月26日，区法院召开“涉养老诈骗典型案例”新闻通报会，播放“西法号”普法直通车微动漫《“银发族”请警惕养老诈骗！》，介绍养老诈骗的典型案例并发出法院提示。8月19日，区法院养老诈骗专项行动办公室发挥“以案释法”功能，为展览路街道车公庄社区居民开展养老诈骗典型案例线上宣讲，介绍养老诈骗的常见类型，讲解典型案例，提示社区居民要增强防骗意识、避免落入陷阱。10月27日，区法院联合辖区内“无讼社区”开展养老诈骗典型案例普法宣讲活动，阐述诈骗罪、合同诈骗罪、非法吸收公众存款罪、集资诈骗罪的概念和区别，强化防范养老诈骗的风险意识，5个社区的居民线上参与。（王浩东）

【网络立案及诉讼服务宣讲】 7月28日，区法院以“优化营商环境宣传月”活动为契机，与西城律师协会联合举办网络立案及诉讼服务宣讲会，宣传区法院在网上立案、诉讼服务等方面开展优化营商环境的工作举措，展示区法院在推进优化营商环境中的积极作用。（王浩东）

【行政执法业务座谈】 8月17日，区法院行政庭与区应急管理局召开座谈会。城管执法人员和法官面对面沟通交流，探讨行政执法、行政应诉及非诉执行申请执行过程中的相关问题，进一步建立良性互动机制，规范行政执法行为，提升执法人员办案能力，提高行政执法效率，促进依法行政。（王浩东）

【“为群众办实事”征求意见建议】 8月24日，区法院邀请区人大代表及街道、企业、律师、群众、媒体代表召开座谈会，会前参观区法院诉源治理直通车工作站，会议听取区法院“为群众办实事示范法院”创建工作整体情况和12368分平台的运行情况，并征求意见建议。市高院诉服办主任崔秀春、区法院副院长及诉讼服务部门相关负责人等参加。（王浩东）

司法行政

【概况】 2022年，西城区司法局（简称区司法局）下辖15个街道司法所、3个公证处、1个区法律援助中心、1个区社区矫正中心、1个区法治促进中心。年内，区司法局办理律师类投诉查处和行政处罚及“接诉即办”308件，办理公证类“接诉即办”106件，接待司法鉴定投诉97人次，受理投诉案件14件。区司法局获北京市司法行政系统先进集体、北京市宪法知识竞赛优秀组织奖。（仲 欣）

【公共法律服务】 2022年，区司法局完善公共法律服务体系建设，规范化推进热线、网络、实体三大平台全面融合。全区各单位落实普法责任制，开展新冠疫情防控、宪法和民法典等法治宣传教育活动2000余场。新建市级民主法治示范社区15个。广泛开展新媒体普法，利用公交地铁站台普法，扩大覆盖面。加强公证行业质量监管，全年为民办理公证136498件，接待群众262835人次。落实优化营商环境举措，全区三家公证处均实现不动产＋公证服务一站式办理。（仲 欣）

【法律援助服务】 2022年，区司法局主动做好弱势群众权益保护工作，建立老年人咨询申请绿色通道、开展农民工专项维权服务活动，组建成立妇女未成年人法援律师团。全年办理法援案件1468件，现场法律咨询40773件，热线法律咨询47335件，接线满意率99.9%以上，位居全市第一名。（仲 欣）

【人民调解工作】 2022年，区司法局受理调解案件51347件，调解成功42718件，成功率83.19%；涉“接诉即办”案件2566件，调解成功1960件，成功率76.38%。维护广内街道调解中心试点工作成果，推进大调解工作向各街道延伸。4月22日，北京市西城区经济与金融纠纷人民调解委员会在金融街挂牌成立，区委常委、政法委书记缪剑虹等现场揭牌，监管机构、企业集团、金融机构代表参加仪式。调解委员会由北京金融街商会发起设立，是西城区首家经济与金融纠纷人民调解组织，是体现西城区金融街特色的法治名片。8月5日，区政协党组成员、副主席彭秀颖一行到区公共法律服务中心调研人民调解工作，了解人民调解的工作模式、机构设置、人员配备、经费保障、制度建设及调解工作开展情况，肯定了在探索多元化调解组织建设和调解员队伍建设方面的经验和做法。希望通过现代化传播方式广泛宣传引导，在社会治理公共服务方面多元融合，扩大覆盖面，提高社会认知度和知晓度，更好地服务广大人民群众。区司法局局长李程等陪同。（仲 欣）

【社区矫正】 2022年，区司法局强化社区矫正工作，深入开展隐患排查。4月26日，西城区社区矫正委员会召开第一次全体会议。副区长、区社区矫正委员会主任王中峰等出席会议并讲话。市司法局、区委政

4月22日，由北京金融街商会发起设立的北京市西城区经济与金融纠纷人民调解委员会在金融街正式揭牌成立（区司法局　供图）

法委、区司法局、区社区矫正委员会相关负责人及15个街道办事处主管领导、司法所长参加会议。会议宣布西城区社区矫正委员会成员名单，审议通过《北京市西城区社区矫正委员会工作规则》。（仲　欣）

【普法宣传】2022年，区司法局加大普法依法治理工作力度，制发西城区“八五”普法规划重点任务分解，推动“谁执法谁普法”普法责任制落实，全区各单位、各街道落实普法宣传教育活动2000余场。新建市级民主法治示范社区15个。利用公交、地铁站台广泛开展新媒体普法。落实媒体公益普法责任，在北京电视台都市阳光栏目开设《“八五”普法·你我同行》专栏。区司法行政工作被《法治日报》、《民主与法制时报》、人民网、中国普法微信公众号等各级各类媒体报道100余次。2月26日，“普法进万家、法律启蒙课”作为“开学法治第一课”云开讲，活动由区司法局和区妇联主办，晨夕普法团队与区妇女儿童发展中心共同承办，70余户家庭参加直播。直播课以小故事和案例释法的形式讲解《中华人民共和国民法典》《中华人民共和国未成年人保护法》等法律知识，引发孩子们思考与讨论。（仲　欣）

【消费者权益保护专项普法宣传】3月15日，区司法局以“消费者权益保护”为主题开展法律宣讲直播，西城区各单位采取多种形式开展“3·15”专项普法宣传活动。普法志愿者讲解数字时代消费者侵权的具体场景和维权途径，引导大家以法律的视角看待生活中的侵权事件，深入了解消费者权益保护的相关知识，提高消费风险防范意识。（仲　欣）

【区律师行业团工委成立】4月18日，中国共产主义青年团北京市西城区律师行业工作委员会成立大会召开。区司法局党组成员、副局长、区律师行业党委书记赵培良，共青团北京市西城区委员会副书记袁帅为西城区律师行业团工委揭牌。会后，西城区律师行业团工委召开第一次委员工作会议。（仲　欣）

【区委全面依法治区委员会守法普法协调小组第四次全体（扩大）会议】4月28日，中共北京市西城区委全面依法治区委员会守法普法协调小组召开第四次全体（扩大）会议。区委常委、宣传部部长、区委全面依法治区委员会守法普法协调小组组长翟德罡主持会议并讲话。区委全面依法治区委员会守法普法协调小组成员及全区各街道、各单位普法依法治理工作和宣传工作分管领导、工作人员等200余人以视频形式参会。会议审议通过《〈区委宣传部、区司法局关于在全区开展法治宣传教育的第八个五年规划（2021—2025年）〉重点任务分解》《2022年西城区普法依法治理工作要点及考核指标》等相关文件。（仲　欣）

【区委全面依法治区委员会调解工作专项指导小组第一次（扩大）会议】7月14日，西城区召开2022年西城区委全面依法治区委员会调解工作专项指导小组第一次（扩大）视频会议。25家成员单位的主管领导及部门负责人、15个街道主管领导、司法所、公安派出所所长等参加会议。会议由主管副区长、调解工作专项指导小组常务副组长王中峰主持，区委常委、区委政法委书记、区委全面依法治区委员会副主任、调解工作专项指导小组组长缪剑虹讲话，北京市司法局领导参会指导工作。（仲　欣）

【金融街论坛年会议题承办】11月21日，2022年金融街论坛年会在京开幕。其中“合规法律服务赋能‘专精特新’企业高质量发展”议题由西城区司法局承办。议题分主题演讲和对话交流两个阶段。主题演讲环节由西城区副区长王中峰主持，司法部律师工作局局长赵振华、北京市人民政府副秘书长尹航、北京市司法局局长崔杨、全国律师协会副会长王清友、中国证券投资基金协会副会长高天红、对外经济贸易大学涉外法治研究院常务副院长黄勇、中保投资有限责任公司党委副书记贾飙等分别演讲。对话交流阶段，嘉宾们分别从专精特新企业融资与专精特新企业合规两个方面深入交流。（仲　欣）

（责任编辑　叶　婷）

军 事

人民武装部

【概况】2022年，北京市西城区人民武装部（简称区人武部）按照军委、陆军、卫戍区党委和区委区政府决策部署，贯彻习近平新时代中国特色社会主义思想和习近平强军思想，以习近平视察卫戍区重要讲话精神为遵循，以迎接党的二十大召开为主线，统筹国防后备力量建设，民兵建设、征兵工作及双拥共建工作取得成绩。年内，区人武部获评北京市征兵工作先进单位。

（王红光）

【重大活动保障】2022年，全国两会、北京冬奥会冬残奥会、党的二十大召开期间，区人武部每天组织民兵在重要点位24小时看护、巡视。1月25日至29日，部署民兵执勤工作，召开执勤动员部署会，完成民兵政治考核，发放执勤器材和防疫物资6013件。2月3日，北京卫戍区领导检查北京冬残奥会期间，检查西城区民兵执勤哨位，慰问执勤民兵，对执勤工作提出要求。10月13日，区委书记孙硕率工作组检查西长安街街道负责党的二十大服务安保任务部分民兵执勤点，检查民兵执勤工作，询问民兵职责，查看执勤装备，了解后勤保障情况。

（王红光）

【兵员征集】2022年，区人武部制订《西城区街道（高校）征兵工作考核实施细则》，加强区征兵办公室正规化、制度化建设，规范常态办公日常运行、经费、保障、管理等工作。组织预定新兵役前教育，规范征兵政审和审批定兵程序，宣传征兵政策，街道专武干部深入社区楼门、平房院落逐户摸排适龄青年基本情况，完成2022年度兵员征集任务，兵员质量明显提高。3月11日，西城区召开2022年春季征兵定兵会议，宣读2022年男兵征集定兵原则及兵员去向、拟定新兵名单及集体研究形成的定兵决议，区领导，区人武部、区教委、区卫生健康委、区退役军人事务局、市公安局西城分局、15个街道和11所高校负责人，区廉洁征兵监督员参加会议。（王红光）

【民兵组织整顿】2022年，区人武部组织街道武装部部长召开协调会3次，多次走访重点街道、编兵单位，与部分区国防动员成员单位领导座谈交流，完成年度西城区民兵组织整顿任务。制订西城区《2022年度民兵组织整顿练兵备战方案》，坚持把民兵工作纳入基层社会治理体系，适当压减规模，编组普通民兵和基干民兵（包括应急力量和支援力量），把民兵改革任务纳入区委监察范围，促进民兵编组任务落地落实，达到基础队伍强大、基干力量精实、应战应急一体的建设目标。

（王红光）

【国防教育】2022年，区人武部广泛开展国防教育暨征兵宣传进社区活动，组织军事题材影视巡展、英模进校园、主题党团日活动等。在“9·3”抗日战争胜利纪念日、“9·30”烈士纪念日、“12·13”国家公祭日开展红色教育实践活动。经常性开展爱国主义、集体主义、拥军优属教育，推动全民国防教育对象、地域、时间、内容和手段五个全覆盖。（王红光）

【练兵备战】1月，区人武部制订民兵安保执勤“1+4”方案体系，制作区域执勤图表，下发教育训练大纲，开展岗前教育培训，加强安保执勤规范和应急情况处置训练。7月，分7批次组织民兵轻武器实弹射击训练考核，民兵军事素质明显提高。8月，组织15名教练员和91名民兵集训，25名民兵参加卫戍区组织的首都民兵比武竞赛活动，取得了2个项目前3名、4个项目前6名，总成绩第二名的成绩。10月20日，区领导采取“四不两直”方式，组织对辖区4处过街天桥和立交桥民兵看护情况进行现场演练，随机设置情况、现场下达指令，执勤民兵及时报告，市公安局西城分局指挥中心就近派警力支援，迅即处置，检验了重要点位看护和警民联防联动能力。（王红光）

【专武干部管理】3月至7月，区人武部组织街道武装部部长参加北京卫戍区国防动员系统专题授课学习。11月，举办学习宣传贯彻党的二十大精神专武干部培训班，15个街道33名专武干部参加。组织专武干部培训，强化各级党委爱武、管武、建武责任，15个街道工委书记兼任街道人武部政治教导员，各街道党（工）委严格落实专武干部选拔任命程序，调整配齐专武干部，抓好教育管理。（王红光）

【党管武装】3月8日，西城区召开人武部党委全体（扩大）会议暨党管武装工作会议，总结部署工作，表彰先进，区委书记出席并讲话，33个区国防动员委员会成员单位主要领导和15个街道工委书记、武装干部参加。2022年，区委坚持把党管武装工作纳入全区工作总体布局，纳入绩效考评体系，协调推进服务保障首都功能与国防后备力量建设同步前行，确保党管武装政策落实到位、工作推进到位、制度执行到位。各街道党（工）委履行政治责任，落实双重领导、双向兼职、党委议军、现场办公、工作述职、第一书记教导员、军事日等制度。区人武部发挥职能作用，按照法规文件，落实军地相关部门在国防建设中的具体职责、督导落实基本制度、研究解决重大事项，确保党管武装各项工作在全区规范和落实。（王红光）

【国防动员】3月8日，区人武部组织国防动员委员会成员单位召开会议，调整议事协调机构领导成员，谋划全年工作，部署重点任务。年内，严格落实国防动员改革任务，加紧推进《国防动员"十四五"规划》制定实施，协调区发改委、区城管委、区退役军人事务局和区统计局等政府部门，围绕军事斗争准备需要，修改完善战时国防动员行动预案和保障计划，勘察战时人口疏散地和路线，建立数据库，统筹平时与战时、应急与应战、民用与军用一体设计，齐头推进、共同落实。优化国防动员系统，着眼战时需要，健全国防动员指挥机构，完善组织协调机制，开展全要素、全过程训练演练，有效提升国防动员组织指挥能力。（王红光）

【议军会议】8月5日，西城区召开十三届区委第一次议军会议，研究审议《西城区"十四五"时期民兵建设发展计划》。会议听取并同意区人武部关于西城区"十四五"时期民兵建设发展计划编制情况的汇报。年内，区人武部按照部署的建设任务细化方案计划，统筹协调、科学筹划民兵建设布局、路径和目标，不断提升备战打仗能力、服务保障首都功能，在维稳执勤、抢险救灾、疫情防控等急难险重任务中发挥积极作用。（王红光）

【《兵役法》落实报告通过审议】8月17日，区人武部关于落实《中华人民共和国兵役法》（以下简称《兵役法》）有关情况报告经第20次区政府常务会审议通过。区人武部发挥全区兵役工作的牵头协调作用，准确把握新时代兵役工作的战略定位和时代方位，围绕兵役宣传、兵役登记、兵员征集、抚恤优待、退役安置等主要环节，贯彻落实青年入役、服役、退役兵役政策，解决《兵役法》实施中的困难和问题。针对首都功能核心区兵役工作面临的新形势、新任务，深入摸排调查适龄青年状况，广泛开展《兵役法》政策解读，增强适龄青年兵役登记的主动性，激发户籍应征青年参军热情。（王红光）

【"军事日"活动】8月25日，区人武部组织举办西城区四套班子领导"军事日"活动暨民兵点验授旗仪式，区领导、法检"两长"和各街道工委书记、各街道武装部部长、民兵排以上干部和民兵骨干300余人参加。区领导走进军营了解部队一日生活，参观连队荣誉室，观摩军事科目训练汇报表演，体验轻武器实弹射击，为区民兵应急营等民兵分队授旗。（王红光）

驻区武警部队

武警北京市总队执勤第三支队

【概况】2022年，武警北京市总队执勤第三支队围绕迎接保卫和学习贯彻党的二十大主线，坚持稳中求进工作总基调，坚持"五个一流"标准，坚持"五个紧紧扭住"要求，聚焦主线强引领，担当使命抓备战，盯抓基层厚底蕴，倾力服务提效能，依规整肃严党建，实现了支队高质量发展开题起势的目标。武警北京市总队执勤第三支队获评武警北京市总队全面建设形势好的党委班子、抓建基层先进支队、执勤先进单位、安全工作"六无"单位。（郭宝锟）

【思想政治建设】2022年，武警北京市总队执勤第三支队坚持从政治上建设和掌握部队，把迎接保卫和学习贯彻党的二十大作为首要政治任务摆上位、贯到底，跟进抓好党的二十大精神学习贯彻和宣讲转化工作。深入学习贯彻习近平强军思想，以"五个一""四学"等载体抓实理论武装，突出"五个带头"，掀起学习贯彻党的二十大精神热潮，持续强化思想引领和理论熏陶。盘活用好驻地红色资源，每月组织"佳片有约"红色电影展播，常态开展"红墙卫士讲武堂"，筑牢官兵思想根基。统筹推进思想政治教育，固化"五课"模式、"滚动课堂"，强力推进主题式"三互"活动、书香军营和支部学习室建设，教育的深度实感创新性持续提升。针对意识形态领域斗争，及时组织收听收看党报评论、官媒发声，紧跟时事热点开展"怎么看怎么办"群众性大讨论，推出7类强军文化套餐，部队内部更加纯洁巩固。2人分别被总队评为"十佳"和"优秀"政治教员，全年累计在中央和军队媒体刊载外网？新闻153篇。（郭宝锟）

【基层建设】2022年，武警北京总队执勤第三支队坚持重心下移抓基层，制订《2022年支队按纲服务指导基层计划》《2022年支队抓建基层措施办法》，每月下发工作统筹清单，压紧压实常委包大队、科室挂中队“两个责任”，分阶段分批次组织当兵蹲连、蹲点帮建。贯穿全年抓实纲要培训，严格落实“五项制度”“五抓”措施，基层基础更加厚实，执勤二大队被总队表彰为“四铁”先进大队。在政策框架内最大力度解决官兵面临实际困难，最大限度保障官兵合法权益，研究制订机关为基层办实事清单10项共37条，100余名官兵受益受惠。

（郭宝锟）

【执勤训练】 2022年，武警北京市总队执勤第三支队深入贯彻武警部队新时代执勤安保规范化集训精神，推进“八个体系”建设，开展各类勤务规范调研，常态盯抓“四勤”落实，武装巡逻勤务试点和中央首长路线警卫勤务流程在总队推广，6个执勤典型事例受到武警部队、总队通报表扬。深化拓展“四联”机制，研练6类47种典型场景，编制《聚焦实战情况处置指导手册》，研究成果《处置首都地区重要目标群体性事件“多域循环防控战”战法》入选武警部队优秀成果录。完成北京冬奥会冬残奥会、党的二十大等重大安保任务。支队参谋长崔晓伟被总队评为军事训练先进个人，葛磊、李春雷被总队评为执勤安保先进个人。（郭宝锟）

【后勤保障】 2022年，武警北京市总队执勤第三支队坚持“三个服务”工作导向，紧跟军事行动开展方案准备、专业训练、人才培养、物资前置，实战实保更加有力。开展“后勤管理年”活动，全面整治深挖积弊，从严规范行业运行，推进“两大体系”建设和资产“两年攻坚行动”，推动资产打码贴签、账目盈亏处理、积压资产报废，严肃规范地方保障性经费使用，行业管控更加严格。抓好装备器材配套建设，升级改造营房设施，分配公寓住房19套，严谨办理评残补助。

（郭宝锟）

【部队管理】 2022年，武警北京总队执勤第三支队开展“迎盛会、严纪律、正秩序、树形象、保安全”作风纪律教育整顿，深化“六无”群众性创安活动，用好安全工作协调督导机制，突出重点时期、重大任务、重要节点，深入开展安全警示教育、安全大检查，扎实做好重点关爱对象帮扶转化工作，动态更新“三个不放心”数据库，梳理安全风险“明白账”，严密组织“四查四防”清理整治、群众性建安创安活动，坚持重点问题重拳整治、重点病号会商助诊、重点对象跟踪转化。（郭宝锟）

【党风廉政建设】 2022年，武警北京市总队执勤第三支队坚持建过硬班子带过硬部队，严密组织党史学习教育专题民主生活会，深入开展“加强政治建设，纯正政治生态”教育整顿，合力推进“三年集中移交”清零结案。汇编《基层经常性党务工作流程规范手册》，督导党建法规学习、党内作用发挥、组织生活开展，每季度开展“素描式”基层党组织考评。开展基层风气整治，总队组织党委班子民主测评满意率100%。（郭宝锟）

武警北京总队执勤第四支队

【概况】 2022年，武警北京总队执勤第四支队按照“政治第一、精锐标准、使命为重、打牢基础”的工作指导，突出“建精锐、担使命、防风险、打基础”工作重点，聚力抓引领铸军魂、抓备战谋打赢、抓基层打基础、抓党建强组织、抓作风纯生态，实现了“任务完成好、疫情零感染、安全无事故、全面打基础”目标。（周　婷）

【思想政治建设】 2022年，武警北京总队执勤第四支队严密组织党的二十大精神学习宣传，紧跟习近平新时代中国特色社会主义思想和习近平强军思想步伐抓实党委中心组理论学习，创新“学习贯彻二十大、携手奋进新征程”情景式党课。统筹推进主题教育、基础教育、经常性教育和专项教育，配合开展主题式“三互”和“强军风采”文化活动，全面铺开“五心”品质培塑和支部学习室建设，常态开展政治考核和群众性讨论辨析。执勤五中队排长卫浩宇获评总队第七届“精锐标兵”，政治工作部组织科干事温泽宇获评总队“十佳”政治教员。

（周　婷）

【基层建设】 2022年，武警北京总队执勤第四支队把握动散抓建特点，系统组织专题培训，进行政治工作帮带式检查指导，稳慎推进警官调整晋升、战士军衔转换和警士骨干配备，持续深化“争在平时、比在平时”载体运用，各级按纲建队质效提升明显。严格落实“五项制度”，统筹安排下基层蹲点帮建，开展“暖心行动”和“三帮”活动，跟踪落实40条办实事清单，妥善解决官兵家庭涉法问题，协调干部子女入学，帮助随军家属落户，移交老干部。（周　婷）

【执勤训练】 2022年，武警北京总队执勤第四支队深入贯彻新时代执勤安保规范化集训精神，完成北京冬奥会冬残奥会、全国两会和党的二十大安保任务。深化落实军委军事训练会议精神，提升部队军事训练水平。支队获评总队优秀执勤支队。（周　婷）

【后勤保障】 2022年，武警北京总队执勤第四支队开展“后勤管理年”活动，推进机动大队营房和教导队训练场地建设，清理违规住房，驾驶员增驾考核通过率100%，支队连续4年行车零抄告。一点一策制订防疫应对措施，补充配发新冠疫情防控物资、采集核酸标本、实地巡诊。武警北京总队执勤第四支队司务长集训获总队总评

第一。（周　婷）

【部队管理】2022年，武警北京总队执勤第四支队开展“聚力迎盛会、扎实保稳定”建安创安活动，上下联动组织涉网涉密清查、“四查四防”专项清理和密切内部关系教育整顿，持续开展“用小措、抓点滴、促养成”活动，严密组织“防松治散”专项教育整顿和每季知兵考核，统筹安排预防骨干培训，三线并进对在外人员逐一联系、精准管控，支队连续28年实现安全无事故。（周　婷）

【党风廉政建设】2022年，武警北京总队执勤第四支队研究制订班子成员“十个带头”措施，专题召开民主生活会，严抓组织生活制度落实，严密组织党代表、人大代表选举，推进全军“三大组织”联建联创试点任务，细化基层党组织“五抓”工作清单。落实纪委定期学习、培训和形势分析制度，推进深入整治基层风气活动，采取覆盖“微巡察”方式纠治“微腐败”和不正之风，严肃查处单位、个人违纪问题。（周　婷）

退役军人事务

【概况】2022年，北京市西城区退役军人事务局（简称区退役军人事务局）坚持贯彻落实党中央关于退役军人工作的方针政策、决策部署和市、区有关工作要求，完成退役军人移交安置、就业创业、拥军优待和落实军队离休退休干部政治待遇和生活待遇等目标任务。在全市率先完成示范型退役军人服务站建设，224个社区退役军人服务站全部通过市、区创建验收。组织开展红色宣讲、“同唱一首歌”“一起向未来、助力冬奥会”“强国兴军筑国防、军民雨水情更浓”等活动。（喻　欢）

【抚恤优待政策落实】2022年，区退役军人事务局完成全区优抚对象年度确认工作，统筹落实优抚对象定期抚恤补助待遇，为符合条件的病故军人遗属发放一次性抚恤金。为春秋两季区入伍士兵购买并发放电子书、水杯等生活用品，讲解相关优抚优待政策，鼓励他们在军营建功立业，为义务兵家庭发放优待金及家庭补助3237.93万元，发放立功受奖奖励金8.35万元。1月，开展“两节”送温暖活动，走访慰问各类优抚对象，发放慰问金261万余元。8月，走访慰问在乡老复员军人、立功受奖军人家庭、残疾军人、烈士遗属等重点优抚对象，印发《西城区优抚对象医疗补助暂行办法》宣传优待抚恤政策。（喻　欢）

【烈士褒扬纪念】2022年，区退役军人局完成1174名烈士档案资料梳理，推动信息“云端”电子化管理。4月，开展“2022·奋进·清明祭英烈”活动，在西城区7处零散纪念地点敬献花篮，引导社会各界开展网上祭扫活动。在区退役军人事务局微信公众号推出“百年功庆日、不忘播火人”英烈事迹栏目，由少先队员、志愿者诵读英烈事迹，喜马拉雅平台同步推出。9月30日，西城区举办烈士纪念日公祭活动，在陶然亭公园高君宇烈士墓前缅怀革命烈士并敬献花篮，区四套班子领导、各街道负责人、人民团体负责人，烈属代表、老战士代表、学校师生代表、解放军和武警官兵代表、公安干警代表及各界干部群众代表等160余人参加。（喻　欢）

【退役军人就业安置】2022年，区退役军人事务局统筹各类资源服务退役军人就业安置，完善就业创业服务机制，实现精准化就业扶持。在区退役军人事务局微信公众号开设“就业创业服务”和“政策法规”专栏，快捷定制技能培训课程、登记求职信息、查询就业岗位、学习政策法规。5月，召开西城区退役军人领导小组工作会，审议通过2022年西城区转业军官、符合政府安排工作退役士兵和随军家属预分计划。7月，以线上形式举办首届退役军人创业沙龙主题活动，劳动就业政策专家、退役军人创业先锋和部分有创业意愿的退役军人代表参加。举办2场双选洽谈会和13场线上招聘会，累计接收转业军官9人、符合政府安排工作的退役士兵14人、自主就业退役士兵262人、逐月领取退役金退役军人27人。（喻　欢）

【退役军人服务保障】2022年，区退役军人事务局大力推进退役军人和其他优抚对象建档立卡和优待证办理工作，区、街道、社区三级服务保障体系多措并举，合理设立受理网点263个，简化办理流程、提供便捷服务，全年共受理优待证申请43292人，完成率70.21%，区级审核通过率100%。推进服务保障体系规范化标准化建设，巩固提升“一街一品”，创建“全国示范型退役军人服务站”，西城区创建示范性社区退役军人服务站224个，全部通过市、区验收。开展首批逐月领取退役金的退役军人“一站式”接收报到工作。（喻　欢）

【先进评选表彰】2022年，区退役军人事务局评选出“红墙卫士”30人、“好军嫂”30人，表彰优秀退役军人66人、优秀基层退役军人工作者55人。制作《军旗在心、时代有为》西城区优秀退役军人榜样风采电子海报，编印《庆祝中国人民解放军建军95周年·我曾经有过穿军装的样子》征文集。军休干部卜金宝获评第七届北京军休榜样。

（喻　欢）

【军休服务管理保障】1月11日，西城区军休安置事务中心在牛街西里二区15号楼举行揭牌仪式，是全市军休系统首个区政府直属的正处级事业单位。年内，全面贯彻落实军休干部政治待遇和生活待遇政策，落实集中采购、慰问品邮寄上门等

1 月 11 日，北京市西城区军队离休退休干部安置事务中心在牛街西里二区 15 号楼举行揭牌仪式

（区退役军人事务局 供图）

措施，不断完善各项制度、加强内部管理、转变服务方式，积极解决历史遗留问题。完成 781 份待移交军休干部档案审核，接收军休干部 701 人，完成 10 名军休干部跨省跨区调整服务关系接收工作。组织 2846 名军休干部健康体检，申办军休干部医保卡 969 张。7 月，为 155 名老党员发放“光荣在党 50 年”纪念章，增强军休干部老党员的荣誉感。8 月，集中走访慰问离休、高龄、独居、空巢军休干部 4440 名。完成军休第五休养所整体装修改造，满足军休干部活动需求。

（喻 欢）

双拥工作

【概况】 2022 年，西城区以新一届全国双拥模范城创建为目标，做好疫情防控、军地融合发展、军地互办实事、军民共建和双拥创建等工作。根据区机构改革情况，调整完善双拥工作领导小组成员单位，修订工作职责；补充联络员队伍，建立新的沟通和协调平台。区委书记、区长任区双拥工作领导小组组长，区委常委会 2 次听取双拥工作汇报，区四套班子领导带头慰问部队、参加国防教育、参加重大双拥活动。保障完成春秋新老兵转运工作。

（李章开）

【拥军优属】 2022 年，区退役军人事务局制订为部队办实事清单，明确服务内容、项目及完成时限。开展“关爱送军嫂，温情暖军心”主题活动，100 名军嫂参加。奖励优秀官兵，29 名立功受奖军人获奖励金 5.8 万元。开展驻区部队“关爱子弟兵”活动，19 名家庭困难官兵获帮扶助困金 10 万元。妥善安置 2 名公务员身份的随军家属，支出 15 万元为 172 名军属提供免费体检服务，投资 5 万元为部队培训理发技术员 20 名。8 月 1 日，西城区开展“八一”走访慰问驻区部队活动。区委书记孙硕，区委副书记、代区长刘东伟率队走访军委联合参谋部、军委政治工作部、军委装备发展部和军委国防动员部，向驻区部队官兵致以节日问候，并就进一步加强军地交流、深化双拥共建工作与部队领导座谈。（李章开）

【拥政爱民】 2022 年，驻区部队支持西城区各项建设事业，完成党和国家重要会议、重大活动的安全维稳与服务保障任务。连续 15 年开展帮困助残送温暖活动，每年筹资 37.5 万元，慰问 750 户困难居民。参与全国文明城区创建、“疏整促”专项行动，在城市治理、便民利民、参与公益事业及植树造林等工作中表现出色。开展爱老助老、帮困助学活动，近 1000 名空巢老人和贫困学生得到官兵照顾和资助。部队医疗机构坚持开展便民义诊、免费理发等学雷锋活动。有关部队选派优秀官兵，完成学生军训任务。

（李章开）

【文化双拥】 2022 年，区退役军人事务局聘请军休干部陈先义、毛文戎，为第三支队全体新兵及新训干部骨干宣讲战斗精神及革命传统教育，帮助入伍新兵早日实现由社会青年向合格军人转变，打牢红色根基；区退役军人事务局安置科联合退役军人服务中心在武警执勤三支队开展“政策进军营”活动。协调区委党史办到武警三支队六中队开展“军民携手奋进强军有我”党史教育暨赠书活动，受赠图书 600 余册。（李章开）

【庆祝建军 95 周年活动】 7 月 30 日，西城区在国家剧院举办以“强国兴军驻国防、军民鱼水情更浓”为主题的庆祝人民解放军建军 95 周年活动。文化和旅游部、市退役军人事务局、北京卫戍区、驻区部队领导和区四套班子领导出席。火箭军后勤部政治委员孙昌兵、区委书记孙硕先后致辞；区长刘东伟宣读表彰通报，30 名“红墙卫士”、30 名“好军嫂”和双拥模范单位获表彰。部队官兵、烈士军属、军队离退休干部等各界代表 400 余人参加活动，并观看文艺演出。（李章开）

【双拥领导小组会议】 8 月 3 日，西城区召开 2022 年双拥工作领导小组会，总结 2021 年以来的双拥工作，部署新一轮双拥创建工作。为适应新时代双拥工作要求，及时掌握部队困难和需求，制定《西城区委常委常态化联系部队机制》。

（李章开）

【双拥结对共建】 10 月 27 日，西城区与平谷区签订《北京市西城区、平谷区结对创建全国双拥模范城合作协议》，建立结对创建工作机制，

携手开展新一届全国模范城创建工作。9月，西城区与69316部队193分队开展结对共建。（李章开）

人民防空

【概况】2022年，北京市西城区人民防空办公室（以下简称区人防办）坚持统筹推进早期人防工程治理、人防训练演练、人防指挥保障、行政审批和人防工程建设维护。

（郑　亮）

【人防工程综合整治】2022年，区人防办提前3个月完成年度早期人防工程治理任务。2021年至2022年累计完成工程量占巡视整改任务总量的73%。北京电视台《北京您早》栏目以“纪念新中国人民防空创立72周年：守好安全生产关”为题，采访报道西城区早期人防工程回填工作。办结区政府“该不该、能不能、怎么办”改革创新“四点”问题1件。（郑　亮）

【人防工程防汛】2022年，区人防办加强人防工程防汛应急管理，安排4支人防应急抢险队布控全区15个街道、24小时在岗执勤。全年完成人防工程抢险9处，其中回填8处、抽水及其他1处。汛期出动安全生产检查人员926人次，检查人防工程重点防汛部位463家次，做到底数清、情况明。（郑　亮）

【应急指挥体系建设】2022年，区人防办在全市首次开展全流程临战人口疏散演练。按照“京盾—2022”北京市人民防空综合演练部署，完成人口疏散地域建设，组织区、街、社区多层级开展临战疏散演练，首次完成疏散地域接收演练科目。北京电视台《首都晚间报道》栏目以“全民国防教育日：西城区开展疏散演练、增强居民自救互救能力”为题，全程跟踪报道演练工作。加强对防空警报器的日常调试、巡检，完成全市警报试鸣演练工作。高点监控覆盖面，建设质量位居全市前列，实现同市人防办指挥所、区总值三班室全联通。

（郑　亮）

【人防工程建设监管】2022年，区人防办全过程监管人防工程建设，运用“多规合一”平台完成人防工程建设标准，开展在建、新建人防工程规划审查及易地建设审批工作，对在建人防工程开展全过程质量监督管理，为新建人防工程办理人防工程竣工验收备案手续。创新开展早期人防工程口部房使用管理全年办理早期人防工程口部房使用申请17件、人防工程使用许可236件、新能源充电桩申请16件。

（郑　亮）

【人防工程维护】2022年，区人防办完成14处防空地下室维护维修工作。人防工程使用费应收尽收，全年收缴人防工程使用费1900万元。查处人防工程违规住人，发现并处置住人工程6处，清退违规居住人员28人，全区人防工程违规住人动态清零。清理整治、执法检查人防工程火灾防控，完成2轮全区在用人防工程全覆盖安全检查，行政执法检查296人次，责令整改单位25家，重点监管使用单位58家，保障重要会议、重点时段人防工程安全无事故。（郑　亮）

【人防宣传教育】2022年，区人防办利用腾退出的人防工程，建设社区人防宣传教育基地。开展社区人防建设，安装应急厅、宣传栏、疏散引导标识等硬件设施；指导社区制定疏散应急方案，组织社区开展应急疏散演练活动；培养人防建设社区志愿者，发放志愿者个人装备，组织志愿者培训。开展“五进”（进社区、进机关、进学校、进企业、进网络）活动，邀请人防专家为机关干部进行人民防空知识培训，开展形式多样的社区宣传活动，在学校开展人防设备展示及互动；依托人防抢险专业队伍，通过抢险演习演练、专题报告、散发宣传资料等形式将人防知识融入企业之中；利用新媒体、网站平台等刊登人防工作动态及常识。（郑　亮）

（责任编辑　叶　婷）

功能街区建设

大栅栏琉璃厂

【概况】2022年，北京大栅栏琉璃厂建设指挥部（简称大栅栏琉璃厂指挥部）统筹协调推进大栅栏、椿树、广内、牛街区域内城市更新和重大项目建设，不断提升街区的风貌品质、文化品质、宜居品质、建设品质和管理品质。强化与市区相关单位衔接，系统推进核心区科学规划建设管理，巩固完善首都城市科学管理体系新机制。在区各委办局和街道支持配合下，坚持规划引导、重点带动、产业优化、环境提升，完成全年目标任务。（刘　杰）

【观音寺片区老城保护更新项目】2022年，西城区历史文化街区风貌管控试点项目观音寺片区立面修缮方案通过专家论证，开工32个门牌，6处院落改造工程完工。协调配合区城市管理委推进观音寺片区内大栅栏西街、铁树斜街、琉璃厂等7条街巷启动市政基础设施改造提升工程，经大栅栏琉璃厂指挥部前期调度实现雨污分流、燃气工程落地。配合大栅栏街道办事处推进片区景观节点打造工作，观音寺小广场、五道庙小广场设计方案通过专家论证。探索已腾退空间资产利用模式，完成大栅栏及观音寺片区产业定位研究，引入中国城市规划设计研究院和首开集团等优质合作机构与社会资金，从单纯的商业租赁模式逐步向街区管理、街区运营转化，签约商户17处，出租面积2143.3平方米，经营范围包括餐饮、博物馆、书画售卖、办公等主要业态。挖掘相关区域历史文化资源，鼓励引入商户经营风格与区域历史文化风貌相融合，结合杨梅竹斜街业态更新成功经验，完善业态综合管理体系，促进腾退空间资源利用可持续运营。（刘杰　李腾　马前）

【中轴线文化遗产保护项目】2022年，大栅栏琉璃厂指挥部继续推动北京中轴线文化遗产保护，谦祥益文物保护修缮项目完成验收。正阳门箭楼南望景观视廊环境整治项目完成整治38处，拆除违建面积2000余平方米。（刘杰　李腾）

【椿树地区城市更新】2022年，大栅栏琉璃厂指挥部坚持问题导向开展现状评估，牵头起草《椿树城市更新行动计划（2022—2025年）（征求意见稿）》，结合实际初步提出指导思想、总体目标、基本原则、项目类型、实施路径和保障措施等6个方面内容，形成项目表和重点任务清单。通过规划先行，科学引领椿树地区未来发展的城市空间结构、基础设施建设、公共空间提升、产业布局升级和文化价值彰显；通过对街区资源、任务的时空统筹和区域统筹，助力各类项目高效有序推进，为系统解决椿树地区拆迁腾退历史遗留问题创造条件。

（刘　杰）

【菜西片区老城保护和城市更新项目】2022年，菜市口西片区改造项目完成1050平方米恢复性修缮和7间户申请式改善工作。编制《菜西项目产业规划方案》，菜西公共空间改造提升工程完工。（刘　杰）

【前门大栅栏商圈改造提升】2022年，大栅栏琉璃厂指挥部配合前门大栅栏地区改造提升市级专班，编制《前门大栅栏商圈改造提升五年行动计划》，包括总体计划方案、改造提升3项清单（项目清单、政策清单、业态清单）、概念规划及城市设计等。定期收集汇总各部门涉及大栅栏商圈地区改造提升的相关重点工作进展情况，及时上报市级专班。（刘杰　马前）

【大栅栏C3项目】3月28日，大栅栏C3项目取得市发展改革委立项核准。4月20日，取得建设工程规划许可证。8月4日，取得建筑工程施工许可证。8月5日，正式进场施工，实施主体为北京永兴置业有限公司。（刘杰　李梦羽）

天桥演艺区

【概况】2022年，北京天桥演艺区建设指挥部（简称天桥演艺区指挥部）统筹协调白纸坊、陶然亭、天桥地区落实总规和控规，推进街区更新等工作。贯彻落实首都城市战略定位和北京市城市总体规划，围绕首都核心区控规落地实施和北京市中轴线申遗工作，坚持规划引领、突出重点、加强统筹，推动天桥地区街区保护更新、南中轴线申遗保护综合整治、区域项目整体统筹等工作。（白　玉）

【天桥地区街区保护更新项目】2022年，天桥演艺区指挥部组织前端公司实施天桥地区街区保护更新项目。文化探访路街巷景观及立面改造提升项目总投资约2607万元，围绕文化探访路重点打造，加强文化精华全面系统展示，优化空间营造与步行体验，落实街区风貌环境特色塑造，留学路、铺陈市、校尉营景观及立面改造提升3月15日开工，改造立面70余个，涉及房屋面积约2100平方米、墙体约6500平方米，除路面铺装外整体工程基本完成。天桥演艺区文化探访路市政基础设施改造提升项目总投资约3471万元，围绕文化探访路打造，在留学路、铺陈市胡同、校尉营胡同、鹞儿胡同实施雨污分流改造、老旧管线更新等。除路面铺装待架空线入地工作随后完成外，整体工程基本完工，更新雨污水管线约2800米、雨污水检查井148个。（欧昕雨）

【天桥广场区域环境整治提升项目】项目位于北纬路与南中轴路交会处，南临北纬路，东临天桥南大街，西至天桥斜街，北至天桥艺术大厦。场地面积约7000平方米，包括天桥杂技剧场、德云社及北区小广场等。根据区域相关上位规划要求和现状问题分析评估，计划通过建筑立面改造、历史印记展示、公共空间更新等方式，推进区域功能完善、历史风貌协调、环境优化提升；通过查证相关文字图片资料，运用设计手法，赋予景观装饰和景观小品历史记忆符号，实现与周边建筑风貌、风格的协调，打造服务周边居民游客舒适、美观、和谐的人居环境空间，展示弘扬天桥地区长久的历史文化记忆。项目形成第一阶段概念方案，9月27日，经北京中轴线申遗保护工作办公室专题会议审议原则性通过。11月，首都城市环境建设管理委员会办公室将该项目纳入2023年首都环境建设市级重点项目名单予以资金支持。（欧昕雨）

【大吉7#地块城市更新项目】项目位于菜市口东南部，东至福州馆前街，南至南横东街，西至菜市口大街，北至骡马市大街，全部为国有建设用地。原为大吉危改小区工程项目（又称“中信城危改项目”）7#地块，规划为住宅用地。该地块于2021年转为恢复性修建和保护性修缮，延续传统风貌项目，通过申请式退租模式开展项目工作。项目范围内涉及国有住宅约448户、63个院落，涉及11处国有非宅，建筑面积约0.47万平方米。前期危改项目实施过程中，住宅签约158户，非宅除公厕外其余完成拆迁。项目范围内剩余前期未签约居民290户，其中公房158户、私房132户，计划实现退租120户。11月12日，项目正式启动并发布公示《致居民的一封信》。11月15日，启动入户政策宣讲、居民信息收集及预签约工作。截至年底，完成入户222户（公房101户、私房121户），占总户数比例76.55%；签订意向书100户（公房58户、私房42户），占总户数比例34.48%。（欧昕雨）

【北纬路征收项目】北纬路市政道路拓宽征收项目于2014年7月3日启动征收工作，涉及80户居民，17个单位。截至年底，完成居民户征收工作、14个单位签订征补协议，剩余3个单位。（薛　堃）

【永安路征收项目】永安路市政道路拓宽房屋征收项目于2016年4月6日启动，涉及道路红线内192户居民、3个单位的征收。截至年底，完成189户居民征收，剩余3户居民，1个单位产。（薛　堃）

【华康里文物保护腾退项目】项目东至华严路11号东墙，南至华严路，西至板章路，北至华康里8号北墙。华严路11、13、15、17、19、21号，华康里1、3、4、5、6、7、8、9、11号，板章路24、26、28、30、32号，共有承租户117户，建筑面积1675.98平方米。项目主体及实施主体为宣房集团。华康里文物腾退于2017年12月4日启动。截至年底，腾退116户，剩余1户。指挥部会同区文化和旅游局、宣房集团与相关部门研究具备可实施性腾退收尾工作路径。2022年，完成腾退文物部分修缮工程。（薛　堃）

【泰安里文物社会化利用项目】项目位于仁寿路6、8、10、12、14、

6月，耕天下小区南棂星门项目施工完成（天桥演艺区　供图）

16号及香厂路6号，建设面积3120平方米。文物本体腾退及修缮工作完成后，于2020年启动社会化利用工作。截至年底，作为西城区首批文物建筑活化利用项目完成二期各项修缮工作，筹备泰安里文化艺术中心亮相。（薛 堃）

【中轴线申遗工作阶段性成果】2022年，育才学校腾退专班召开9次会议研究决策项目推进工作。2月，育才学校新建项目设计方案通过北京市推进全国文化中心建设领导小组专题会议审议，取得北京市规划和自然资源委员会批复和“多规初审”意见，完成相关地块交接工作；育才学校教职工宿舍楼项目完成入户调查，摸清户数、人口、产权等基本情况，办理前期手续和征收手续工作，启动征收；天桥商场项目完成方案设计，启动实施；完成西城区教育学院项目、耕天下小区南椓星门项目。（刘 强）

中关村科技园区西城园

【概况】2022年，中关村科技园区西城园（简称西城园）拥有北京市文化创意产业基地和示范基地、中关村广安军民融合特色产业基地、北京未来城市设计高精尖创新中心和3家国家级孵化器、5家国家级众创空间。年内，西城园入统高新技术企业总数1201家；从业人员15.6万人；工业总产值1440.76亿元；总收入4601.01亿元；进出口总额227.14亿美元；实缴税费150.38亿元；利润总额154.72亿元；资产总计18079.26亿元；科技活动经费支出总额198.57亿元。举办2022全球金融科技大会、2022全球金融科技应用场景大赛、HICOOL 2022全球创业大赛，吸引120个项目参赛。服务北京率先实施金融科技创新监管工具、资本市场金融科技创新监管试点，“金科新区”项目分别占全市65%、56%。“金科新区”核心区建设基本完成，起步楼宇——新动力金融科技中心入选国家发改委盘活存量资产扩大有效投资典型案例。截至年底，“金科新区”入驻企业达161家，注册资金超1100亿元。兑现“金科十条”“科创十条”、中小微企业减免房租等政策支持资金近1.95亿元，惠及企业和孵化机构579家次。道亨软件挂牌新三板、利仁科技在深交所主板上市。建立首家区政府机关博士后科研工作站，恒华伟业、网神信息、星际荣耀、北方矿业、天翼电子商务有限公司入选博士后科研工作站分站。走访企业283家次，解决个性化需求183项。“金科新区”在全球率先发起“全球金融科技中心网络”，中国建科成功申报“双碳”领域的第一家国家级技术创新中心，奇安信建设北京市首批且唯一的网络安全领域技术创新中心，国内第一家以数据要素为主营业务的公司中电数创落地园区。培育引进国家级专精特新“小巨人”企业2家，市级专精特新“小巨人”企业16家、中小企业74家。园区高新技术企业1083家，其中国高新699家。北京普天德胜科技孵化器有限公司获北京市知识产权优秀工作站，其中北京金丰和科技企业孵化器有限责任公司连续2年获第一名。北京设计之都发展有限公司、北京京仪融科科技孵化器有限公司获评市创业孵化示范基地。北京星际荣耀空间科技股份有限公司入选胡润中国瞪羚企业。（曾庆艳）

【北京中关村国家文化和科技融合示范基地通过考核】4月7日，科技部发布《科技部办公厅 中央宣传部办公厅关于国家文化和科技融合示范基地绩效评价结果的通知》，西城园作为全国首批通过认定的国家文化和科技融合示范基地分园，吸引、培育北京元隆雅图文化传播股份有限公司、咪咕文化科技有限公司、北京洛可可科技有限公司等一批示范性强的文化科技领军企业，打造设计之都、DRC工业设计基地、中国北京出版创意产业园区等文化产业基地，在文化和科技融合发展领域取得突出成绩，凭借特色鲜明、示范性强、管理规范、配套完善等综合优势，通过绩效考核。（曾庆艳）

【园区企业助力国内绿色电力消费】4月26日，北京电力交易中心向北京冬奥会冬残奥会组委会正式颁发国内首张绿色电力消费凭证，凭证由北京电力交易中心和园区企业国网区块链科技有限公司运营的国网区块链司法鉴定中心出具，同批发放的绿色电力消费凭证168个，对应绿色电量10317万千瓦时，涉及9家电力用户、25家新能源发电企业。（曾庆艳）

【园区企业道亨软件挂牌新三板】7月14日，北京道亨软件股份有限公司正式在全国股转系统挂牌公开转让，证券简称“道亨软件”，证券代码873756。西城园管委会发挥“双管家”服务团队优势，加强辅导培育、加大重点企业服务协调力度，自提交申报文件至取得全国股转公司同意挂牌函，历时39天，创造服务企业挂牌新三板的新速度。（曾庆艳）

【HICOOL 2022全球创业大赛初赛金融科技赛道举办】7月27日，由北京海外高层次人才协会主办，西城区承办的HICOOL 2022全球创业大赛初赛金融科技赛道正式启幕，大赛共有来自全球91个国家和地区的5016个参赛项目和6672名人才参与，其中金融科技赛道120个项目进入初赛。活动以线下北京和线上全球模式进行角逐，评委导师从项目背景、运营状况、发展前景、技术优势等方面进行全方位评审和把关，挖掘优质创业项目。（曾庆艳）

【西城展区亮相HICOOL 2022全球创业者峰会】8月26日，HICOOL 2022全球创业者峰会开幕式在中国国际展览中心（新馆）举行。西城展区将科技蓝和成长树巧妙结合，展现科技企业蓬勃发展的生命力，中关村西城园咪咕文化科技有限公司、天翼电子商务有限公司、北京元隆雅图文化传播股份有限公司、工银科技（北京）有限公司等4家企业参展。展区设置金融科技、人才生态、企业创新三个模块，立体化呈现西城区在推动国家级金融科技示范区建设、推进优秀杰出金融人才聚集区建设、助推企业创业创新等“两区”建设及科技创新成果。（马原　曾庆艳）

【利仁科技深交所上市】 8月31日，西城园企业北京利仁科技股份有限公司在新动力金融科技中心举办深交所上市仪式。利仁科技股份有限公司于1998年成立，专注于从事厨房与家居小家电系列产品研发、设计、生产与销售，2016年8月在新三板挂牌，2020年底摘牌并赴深交所上市，2022年4月股票发行审核委员会会议审核过会。公司股票代码001259，发行价格19.75元/股，发行市盈率为22.99倍，此次拟募资4.5亿元，用于小家电技改扩产项目、信息化建设及补充流动资金。（曾庆艳）

【中电数创（北京）科技落地西城】 9月15日，由中国电子新组建的中电数创（北京）科技有限公司落地西城，注册资本金5000万元，旨在打造国内领先的以数据作为要素交易的科技型企业，定位于国家数据安全基础设施投资运营商、国家数据要素系统解决方案服务商，向各级政府、关键行业提供“数据安全工程、数据要素工程和数据产业工程”三大业务，促进高标准数据要素市场体系建设。（曾庆艳）

7月27日，HICOOL 2022全球创业大赛初赛金融科技赛道举办（西城园管委会　供图）

8月26日，国家级金融科技示范区在HICOOL2022全球创业者峰会西城展区亮相（西城园管委会　供图）

【资本市场金融科技创新试点总结会】 9月16日，在中国证监会指导下，由市金融监管局、北京证监局、西城区联合举办的资本市场金融科技创新试点（北京）总结暨第二批试点动员大会在“金科新区”新动力金融科技中心召开，来自监管部门、地方政府、行业协会、市场机构、科技企业和科研院所等百余家单位的相关负责人通过“线上+线下”多种方式参加会议。会议总结首批资本市场金融科技创新试点项目并发布《资本市场金融科技创新试点（北京）案例集》，首批16个项目涵盖资本市场核心机构、证券期货经营机构和科技企业等多维主体，涉及大数据、隐私计算、区块链等前沿技术应用，体现了科技助力资本市场高质量发展的最新成果，首都资本市场数字化转型取得成效。其中西城区10家企业9个项目入选。（马原　曾庆艳）

【普天德胜入选院士专家服务中心创新基地】 9月19日，市科协公示2022年北京市科协科创公共服务平台重点项目评审结果，园区企业北京普天德胜科技孵化器有限公司入选，成为西城区首家院士专家服务中心创新基地。截至年底，普天德胜累计孵化上千家企业，诞生上市企业23家、“隐形冠军”企业1家、专精特新企业35家、国家高新技术企业超80家、中关村高新技术企业超110家、瞪羚企业240家、中关村金种子企业29家。（曾庆艳）

【博士后科研工作站落户西城园】 9月20日，全国博士后管委会办公室下发《关于2022年第一批次博士后科研工作站新设站备案情况的函》，批准北京市8家单位设立博士后科研工作站，中关村科技园西城园管理委员会位列其中。园区高新技术企业北京恒华伟业科技股份有限公司、网神信息技术（北京）股份有限公司、北京星际荣耀空间科技股份有限公司、北方矿业有限公司为博士后科研工作站分站。

（曾庆艳）

【西城园2家孵化机构获评市创业孵化示范基地】 10月31日，市人力资源和社会保障局发布《关于确定第六批北京市创业孵化示范基地的通知》，确定20家创业载体为第六批北京市创业孵化示范基地，园区北京设计之都大厦、北京京仪融科科技孵化器有限公司入选。

（曾庆艳）

【2022全球金融科技应用场景大赛】 11月11日，由中关村西城园管委会主办，北京金融科技研究院学术指导，北京清芬新金融研究院承办的2022全球金融科技应用场景大赛举办，大赛采取"揭榜挂帅"形式，面向持牌金融机构公开征集金融科技应用场景，商务和技术两大维度对项目进行打分，最终评选出"最具创新力奖"。（曾庆艳）

【全球金融科技中心网络成立】 11月22日，"全球金融科技中心网络"（Global FinTech Hub Network）在2022金融街论坛年会"数字经济与金融科技"平行论坛上启动，呼吁各国金融中心城市发挥资源优势，织密全球合作网络，分享审慎监管经验，深化技术创新合作，强化科技成果推广应用，共同助力金融科技产业生态发展，共建金融科技治理新体系，共享金融科技发展新机遇。网络建设以金融科技领军城市或发展速度较快的城市为基础，邀请当地金融监管部门、传统金融机构、新兴持牌金融机构、金融科技企业、学术机构等金融科技各业态的知名机构共同参与交流。网络将协助合作城市伙伴开展一系列高层次、有实效的交流活动，建设良好的国际金融机构与业界交流机制。网络理事会执行主席由金融科技中心代表轮流担任，年会由执行主席在当地举办。海外联络点设在伦敦和新加坡。（曾庆艳）

【奇安信获批建设国家新一代人工智能开放创新平台】 11月，西城园企业奇安信科技集团股份有限公司获得科技部最新一批国家新一代人工智能开放创新平台企业，建设"软件安全国家新一代人工智能开放创新平台"，基于人工智能技术持续研究快速有效发现软件安全问题的方法，面向软件开发、软件应用、安全分析三类用户提供服务并通过开放平台支持创新创业，带动行业内企业和个人共同研究运用人工智能解决软件安全问题。（曾庆艳）

【新动力入选盘活存量资产扩大有效投资典型案例】 12月6日，国家发展改革委办公厅发布《关于印发盘活存量资产扩大有效投资典型案例的通知》，公布24个盘活存量资产扩大有效投资典型案例，"金科新区"的"新动力金融科技中心改造升级项目"以探索创新"基金+城市更新"轻资产受托经营合作模式，通过资产所有权与资产经营权分离，盘活存量空间资源，实现产业转型升级，成功引入国家金融标准化研究院、现代财险等重点企业30余家，企业注册资本总额近230亿元，初步形成国家队、独角兽与生力军组成的优质企业集群，走出了以低效楼宇改造提升为抓手加快推进城市有机更新的新路径，凭借优异成绩入选案例。（曾庆艳）

【奇安信获批市网络安全技术创新中心】 12月，西城园区企业奇安信集团牵头建设的"自主可控网络安全技术创新中心"获得北京市科学技术委员会、中关村科技园区管理委员会批准，成为北京市首批网络安全领域的技术创新中心，从基础技术、应用技术和支撑技术三个层面开展技术攻关，实现安全与计算深度融合，打造领先的专项网络安全能力，为国家全面推进信创工程提供可靠的能力支撑，促进北京市网络安全产业发展。（曾庆艳）

【中国建科获批建设国家建筑绿色低碳技术创新中心】 12月30日，科技部发布《关于支持建设国家建筑绿色低碳技术创新中心的函》，同意由西城园区企业中国建设科技集团股份有限公司牵头组建"双碳"领域首个国家技术创新中心——国家建筑绿色低碳技术创新中心，主要围绕国家战略，聚焦建筑领域绿色低碳发展瓶颈，以切实降低建筑碳排放、提高建筑绿色性能为目标，建设国际领先的绿色低碳技术创新高地。（曾庆艳）

表4　中关村科技园区西城园部分企业获奖一览表

获奖时间	单位名称	项目	所获奖项
4月15日	国网区块链科技公司	面向绿色低碳的可信调控技术与平台	第49届日内瓦国际发明金奖
4月27日	金丰和孵化器工作站	2021北京市知识产权优秀工作站	第一名
			第二名
	康华伟业孵化器工作站		第五名
	普天德胜孵化器工作站		

续表 4

获奖时间	单位名称	项目	所获奖项
5 月 6 日	金科新区	首创新大都园区项目	优秀案例
		新动力金融科技中心改造提升项目	
7 月 27 日	建信金服科技发展有限公司	2022 中国金融科技竞争力 100 强榜单	2022 中国金融科技竞争力 100 强
	中移动金融科技有限公司		
	北京车与车科技有限公司		
	博雅正链（北京）科技有限公司		
	网联清算有限公司		
7 月 27 日	网联清算有限公司	2021 中关村金融科技 30 强榜单	2021 中关村金融科技 30 强
	博雅正链（北京）科技有限公司		
	中移动金融科技有限公司		
	建信金服科技发展有限公司		
	北京车与车科技有限公司		
	北京神州数字科技有限公司		
8 月 12 日	奇安信科技集团股份有限公司	科学技术进步奖	科学技术进步奖一等奖
8 月 12 日	咪咕文化科技有限公司	科学技术进步奖	科学技术进步奖二等奖
	北京恒华伟业科技股份有限公司		
9 月 26 日	奇安信科技集团股份有限公司	北京民营企业百强	第 70 位
9 月 26 日	奇安信科技集团股份有限公司	北京民营企业科技创新百强	第 7 位
	北京星际荣耀空间科技股份有限公司		第 67 位
	北京柠檬微趣科技股份有限公司		第 83 位
	北京安博通科技股份有限公司		第 85 位
9 月 26 日	北京元隆雅图文化传播股份有限公司	北京民营企业文化产业百强	第 35 位
	北京三夫户外用品股份有限公司		第 83 位
9 月 26 日	北京中海沃邦能源投资有限公司	北京民营企业中小百强	第 77 位
9 月 26 日	奇安信科技集团股份有限公司	北京民营企业社会责任百强	第 18 位
	北京恒华伟业科技股份有限公司		第 83 位
12 月 21 日	工银科技（北京）有限公司	工银 BRAINS 智能反洗钱平台项目	金融创新成果奖三等奖
	北京金融大数据有限公司	北京金融公共数据专区	金融创新成果奖三等奖
	天翼数智科技（北京）有限公司	天翼数据融通平台	金融创新成果奖三等奖
12 月 28 日	奇安信科技集团股份有限公司	云计算平台网络安全防护建设、IPTV 网络安全管理系统	网络安全技术应用试点示范项目
	国网电子商务有限公司	IPv6 网络资产发现与管理解决方案	
	咪咕文化科技有限公司	全栈安全根社区基础软件适配实践	
	国网冀北电力有限公司	网络智能协同联动安全运营体系建设项目	
	北京安博通科技股份有限公司	网络安全威胁感知决策指挥系统	

（曾庆艳）

什刹海阜景街

【概况】2022年，北京什刹海阜景街建设指挥部（简称什刹海阜景街指挥部）统筹协调推进什刹海和新街口区域规划、建设、管理、发展工作，以“抓好党建促发展、落实控规做传承、抓好项目惠民生”为目标，多措并举，综合统筹推进钟鼓楼紧邻地区环境综合整治项目实施。地安门商场改造工程完工。

（石　鹏）

【钟鼓楼紧邻地区环境综合整治项目】截至6月底，钟鼓楼紧邻地区环境综合整治项目完成344处第五立面品质提升，拆除违建3100余平方米；西北片区完成屋顶修缮整治64处，4条胡同公共空间整治；东南、西南片区完成沿地安门外大街9处重点整治对象的屋顶修缮改造，16组院落内二层违建拆除等。带动历史文化街区治理由街入院，由平面到空间，实现钟鼓楼周边平房四合院及沿地安门外大街商业店铺第五立面风貌、公共空间环境整体提升，改善钟鼓楼俯瞰眺望景观。项目于上年6月启动，10月12日，项目完工通过专家验收。（石　鹏）

【地安门商场重张】12月31日，改造后的地安门商场重新开业。经营面积10421.69平方米，经营范围为地下一层至地上四层，经营业态包括餐饮、零售、水吧、办公等。

（石　鹏）

北展地区

【概况】2022年，北京北展地区建设指挥部（简称北展指挥部）统筹推进以动物园服装批发市场（简称“动批”）为重点的展览路地区内低端业态和小商品批发市场疏解、改造、业态调整升级工作，牵头推进“动批”区域内环境综合治理和城市形象品质提升相关工作；协调德胜街道、展览路街道街区整理及重点项目建设，利用区域各种资源引导批发市场有序疏解和产业有效提升；参与研究区域内资源利用、业态调整相关政策制订，编制中长期发展规划和专项规划；协调辖区内重大项目论证、立项、引进和落地工作。发挥党建引领作用，建立党组织统筹协调机制，搭建“指挥部党支部＋社区党支部＋改造升级项目部”三位一体架构，建立支部牵头、党员带头、企业助力、群众参与的工作机制，推动“金科新区”核心区域、西外文化休闲广场及六铺炕、车公庄两个街区等公共空间改造提升。结合属地街道搭建的平台，听取片区居民、属地单位意见和需求，及时调整设计改造方案，做到民意立项落地落实。（杨　林）

【“金科新区”环境品质提升】2月22日，经过整治环境品质提升，以“智慧、人文、绿色”为主题的“金科新区”核心区域正式亮相。“金科新区”核心区域主要道路西外南路完成基础改造和周边交通组织调整，打造1.6万千米闭环慢行步道。继续完善金科广场绿化提升、整体布置和运维管理，成为“动批”地区城市复兴标杆和“金科新区”全新网红打卡地。西外文化休闲广场升级改造项目列入市级重点区域改造提升工程，北展指挥部会同区发改委、区城市管理委、华融基础公司等单位推进，年内取得立项批准，完成现场围挡搭建，具备进场施工条件，达成年度绩效考核目标。（杨　林）

【重点楼宇转型】2022年，北展指挥部结合原“动批”及周边区域疏解成果，推进楼宇改造升级进度，严守市区禁限目录，把腾退空间用足用好，加速区域产业升级、腾笼换鸟。原世纪天乐市场改造项目超额完成年度计划目标，完成A座改造提升及B座外立面亮相。原聚龙市场、官批市场、天秀市场改造项目全部按期完成年度目标，取得施工许可，工程启动施工。（杨　林）

【街区公共空间更新利用】2022年，北展指挥部完成六铺炕片区公共空间改造项目施工招标、资金拨付、施工许可办理等前期工作，由北京鑫雅市政建设工程有限责任公司负责施工；车公庄街区道路空间综合整治项目在指挥部督导下推进施工招标、资金申请等前期工作，完成施工总量50%，达成年度目标。（杨　林）

【商户疏解工作】2022年，北展指挥部在区领导及区住房和城市建设委协调下妥善解决京鼎大厦历史遗留问题，贯通公司股东知情权诉讼胜诉，强制清算组启动入驻商户诉讼程序，获取京鼎公司经营信息，有序清退入驻商户。原“动批”商户疏解收尾工作平稳推进，累计接待商户信访100余人次，处理“接诉即办”案件59件，解决网络平台信访案件30件，通过倾听商户诉求、耐心解答政策、细致宣讲法规，告知商户依法维权、合法信访。

（杨　林）

马连道地区

【概况】2022年，北京马连道建设指挥部（简称马连道指挥部）贯彻落实区委构筑高质量发展新优势、持续促进城市品质全面提升、服务全国文化中心建设等要求，突出重点项目带动、核心街区引领，全面提升马连道空间品质，马连道文化创意街区项目启动三大重点点位改造，马连道公共空间品质提升项目通过专家评审，完成两大点位智慧设施和改造绿化，马连道东二号路实现通车。在2022全球数字经济大会西城分论坛上，西城区发布打造马连道国际·茶·数字孪生街区。筹备茶文化电影《斗茶之王》（暂定名），打造街区新品牌“马连连会客厅”，搭建政企、企企交通平台，做好督导企业保防控和协调各方助企纾困稳经济工作。（耿爱华）

【服务企业促发展】2022年，马连道指挥部会同区发展改革委线下实地走访，线上“一对一”访谈企业、社会组织，以部门协调会等多种形式深入了解疫情期间企业运营困难，广泛听取建议，研究分析对策，统筹相关部门在房租减免、留抵退税、普惠融资、阶段性缓缴社保费和中小企业账款清欠等方面落实市区稳经济一揽子政策措施，更新发布落实指引，帮助企业纾困解难，推动区域经济稳步发展。（耿爱华）

【马连道文化创意街区项目】2022年，马连道指挥部组织完成马连道茶城、家乐福、百安居前公共空间地面铺设花岗岩约8000平方米、人行道铺设透水砖约4000平方米、埋地下电缆线约2000米。（刘继红）

【马连道路公共空间品质提升项目】2022年，马连道指挥部加快政府专题会申报，完成专家评审，明确第三区绿地改造和马连道文化智慧街区项目并入和统筹实施，植入双拥元素，第三区和茶马北街西段两个点位改造建成智慧设施59处，石材铺装、绿化、安装曲线栏杆等约1600平方米，栽种景观树49株。（刘继红）

【手帕口南街综合项目与红莲北里联动项目】2022年，马连道指挥部协调手帕口南街综合项目及红莲北里项目联动实施纳入“在途项目”，实现减量增效、改造提升，红莲北里项目完成方案设计深化，推进报审工作；手帕口项目结合儿研所用地调度会要求，与首都儿科研究所、华容基础设施投资有限公司、广外街道等涉及单位沟通，开展规划综合实施方案编制工作。规划综合实施方案暂定范围包括该区域6个地块，与广外街道定期对接沟通手帕口项目按各地块实际情况分批推进。（刘继红）

【广外地区道路征收建设】2022年，马连道指挥部加快马连道东二号路红线内房屋征收工作，会同征收部门与产权方达成一致，完成华润医药配电室改移，推进道路规划占线一揽子工作，12月30日道路通车。马连道东二号路建成后命名为茶马东路，双向两车道，长250米，宽25米，两侧人行道宽4.5米，配套有交通、雨污水、照明绿化、电力、电信、给水等工程。（刘继红）

【广外地区街区更新】2022年，马连道指挥部结合广外地区街区49个织补更新地块，研究制订落实西城区详规3年行动计划，关联地块打包整治，解决单个街区难以实现地块更新问题。推进马连道文化创意街区项目，完成马连道茶城、家乐福门前及百安居门前公共区域硬质铺装，推进马连道公共空间品质提升项目，完成第三区绿化改造（常乐坊公园），茶马北街街心公园建设。（刘继红）

【茶文化电影筹备】2022年，马连道指挥部对接相关部门、媒体、茶产地等资源，筹备马连道茶文化电影《斗茶之王》，通过反映普通茶人的奋斗故事，把北京马连道茶叶一条街和福建产茶区两地联系起来，从北京城市的包容，福建产茶区独特风格的在地文化，以及进入高质量发展阶段对传统文化传承和发展几个维度，用新主流电影方式描绘乡村振兴，打造一部社会效应和经济效应双丰收的优秀影视作品。影片拟由北京功业影业有限公司拍摄，开展策划和项目前期开发工作，完成电影立项，被市委宣传部（市电影局）列为2023重点扶持项目和纪念“一带一路”10周年献礼影片。（赵新芳）

【街区宣传品牌创新】2022年，马连道指挥部通过推出“马连连会客厅”，搭建政府与企业、高校、科技金融机构多方对话交流平台，引入科技、金融等相关行业资源与茶产业融合发展，吸引培育跨界市场主体双向多选合作共赢的营商环境，在马连道地区打造供求多元化的西城区企业沙龙俱乐部，以茶为媒，以茶会友，搭建政府开放性对话平台，为企业谋求更多合作机会，为西城区深度宣传推介产业政策打造常态化政企、企企对话新品牌，举办各类对话活动67期。（赵新芳）

【马连道国际·茶·数字孪生街区建设】7月29日，在2022全球数字经济大会西城分论坛上，西城区发布打造马连道国际·茶·数字孪生街区，创新探索在网络平台搭建数字化马连道茶叶街，开拓减量背景下产业数字化高质量转型之路。协同区发展改革委、区科信局、西城园管委会、广外街道办事处等单位，结合数字经济发展特点和城市更新推进步伐，推动数字产业化和产业数字化模式创新，将数字经济创新发展贯穿到街区产业升级工作，注重示范带动，提高发展质量与效益，紧抓马连道茶文化核心价值，延续街区历史文脉，推动街区现有企业和楼宇合作共赢，协调主要街区与周边区域的联动关系。（赵新芳）

和谐宜居示范区

【概况】2022年，北京西城区和谐宜居示范区建设指挥部（简称和谐宜居指挥部，原北京金融街指挥部）统筹“三金海”（三里河—金融街—中南海）和谐宜居示范区建设相关工作，协调推进和谐宜居示范区项目建设及搬迁等工作。配合相关部门和属地街道做好“七小门店”“地下空间”等环境整治和疏解提升工作。配合中关村科技园区西城园管委会推进西城园广安街区建设。推进长安街（西城段）南北长街纵深一公里城市设计工作。推进国立蒙藏学校旧址修缮及环境整治工作、砖塔胡同风貌保护及设施提升工程、南北长街历史文化名城保护腾退工程及环境整治提升项目、砖塔胡同老城保护和城市更新项目、力学胡同周边城市保护更新项目、国家大剧院西侧人口疏解项目、新一代商城装修改造项目、灵境胡同恢复性

修建项目、新兴盛项目、丰盛东区项目。（孙　悦）

【长安街沿线地区城市设计】 2022年，和谐宜居指挥部协调相关区属部门和单位，推进长安街（西城段）南北长街纵深一公里城市设计方案编制工作，设计方案提交首规委办审核。（孙　悦）

【砖塔胡同风貌保护及设施提升工程】 2022年，和谐宜居指挥部完成砖塔胡同风貌保护及设施提升工程，包括沿街房屋立面提升、强电挂墙箱地箱改移、市政道路改造提升三部分工程作业。沿街院落立面提升施工单位招标、歌华有线电箱改移施工单位、相关监理单位比选工作完成。房屋翻建工程陆续开工。（孙　悦）

【南北长街历史文化名城保护腾退及环境整治】 2022年，和谐宜居指挥部协调推进南北长街历史文化名城保护腾退工程及环境整治提升项目。项目北至北长街北口，南至南长街南口，东至织女桥东河沿，西至西华门，涉及被征收居民485户。上半年，完成百子湾居民房源签约对接工作。年底，完成项目征收收尾等工作。（孙　悦）

【砖塔胡同老城保护和城市更新项目】 2022年，和谐宜居指挥部推进解决老旧平房安全问题，改善居民居住条件和环境。砖塔胡同老城保护和城市更新项目第一标段保护性修缮及恢复性修建工作竣工。第二标段砖塔1号院、8号院竣工，砖塔16号院除门窗涂料外其他工程完工。第三标段、第四标段施工单位完成招标工作，开始部分院落房屋内部装修工作。（孙　悦）

【力学胡同周边城市保护更新项目】 2022年，和谐宜居指挥部推进力学胡同周边城市保护更新项目。项目于4月19日完成退租签约442户（应签约560户），退租率78.9%，腾退出整体院落9处。提出申请共有产权房111户，其中合顺家园56户、美澜湾55户。启动腾退房屋修缮工作，与设计单位、西长安街街道、区城管委、规自委西城分局对接沟通，深化项目整体规划设计方案和部分院落空间设计工作。（孙　悦）

【国家大剧院西侧人口疏解项目】 2022年，和谐宜居指挥部推进国家大剧院西侧人口疏解项目。项目于6月复工，截至年底竣工院落50处，累计竣工面积约3400平方米。11月底新增招商院落7处，建筑面积508.6平方米，年底累计招商46处，建筑面积3024.55平方米。可出租院落面积48处3281.38平方米，招商出租率92.17%。（孙　悦）

【新一代商城装修改造】 2022年，和谐宜居指挥部推动新一代商城装修改造工程完工。升级改造后的新一代商城总建筑面积47787.98平方米，地上10层、地下4层，原为老旧小商品市场，改造升级为甲级办公楼，成为民间资本参与城市更新的典型案例。11月启动招商工作。（孙　悦）

【灵境胡同恢复性修建项目】 2022年，灵境胡同恢复性修建项目完成一标段87、89、91、93号院地基、结构、屋面防水施工完成，围墙完成60%。85号院地基完工，大木结构施工。二标段66、62号院地基、结构施工完毕，围墙完工。70号院南房、东西厢房结构、围墙、屋面防水施工完毕。截至年底，完成项目工程总量约90%。（孙　悦）

【新兴盛项目】 2022年，和谐宜居指挥部推进新兴盛项目一级开发供地项目土地入库工作。新兴盛项目位于市核心区，东至下岗胡同，西至太平桥大街，南至太平桥（南）大街，北至二龙路西街，为金融街重点建设项目。规划建设用地面积约4.8万平方米，其中新兴盛危改项目（即协议出让用地）约2.8万平方米，由北京建铭房地产开发有限公司开发建设，与地铁19号线太平桥站一体化结合建设，该站B、C两个出入口均位于项目用地范围内；新兴盛危改项目一级开发供地项目（即一级开发用地）约2.05万平方米，已由西城区规划和自然资源综合事务中心完成土地收储。（孙　悦）

【丰盛东区项目】 2022年，和谐宜居指挥部组织完成丰盛地区城市保护更新项目工作方案编制工作，丰盛危改小区东区项目总用地面积116588.36平方米，其中建设用地面积106981.72平方米，代征市政道路9606.64平方米，分为A、B、C、D、E、F、G共7个区，居民约2600户。（孙　悦）

（**责任编辑**　孙凤霞）

经济管理

宏观经济调控

【概况】2022年，西城区地区生产总值实现5700.1亿元，同比增长4.1%。一般公共预算收入扣除留抵退税后、同口径增长5.6%，人均地区生产总值、全员劳动生产率、居民人均可支配收入等重要经济社会发展指标，保持全市第一。居民人均可支配收入为99275.5元，同比增长2.4%。城镇登记失业率2.24%。社会消费品零售总额实现987.3亿元，同比下降9.4%。固定资产投资（不含农户）同比下降6.5%，其中建安投资同比增长22.1%。规模以上工业企业累计完成工业总产值625.4亿元，同比增长4.4%，累计完成工业销售产值631.9亿元，同比增长5.9%，产销率为101.3%，产销衔接良好。北京市西城区发展和改革委员会（简称区发展改革委）发挥综合协调职能，促进全区经济向更高质量发展，有力有序推进“十四五”规划任务落地落实。全力克服超预期因素影响，实现较高基数上的平稳增长，经济大区稳定器作用进一步发挥。

（张惠霖　韩钰）

【京津冀协同合作】2022年，西城区支持雄安新区和北京城市副中心建设，增强与津冀两地联动，推动京津冀协同发展。教育协作领域，完成雄安新区北海幼儿园分园及北京四中分校工程建设。黄城根小学通州校区采取师徒结对、专题培训等多种方式助推青年教师快速成长。北海幼儿园副中心园通过科研年会、道德讲堂等方式提升教师专业素养。民生协作领域，年度对6474人次赴津冀蒙异地康养老年人发放补贴，累计380万余元。加强医疗领域对接合作，有22家二、三级医院开展京津冀检验结果互认，互认项目增至36项。金融协作领域，三地人民银行推出“京津冀产业链金融支持计划”区域性金融协同产品，优化区域产业链信贷营商环境。通过“京绿通”专项再贴现定向支持京津冀绿色企业签发或收受的票据，降低绿色企业实际融资成本，助力京津冀金融市场一体化建设。产业协作领域，区属企业积极推进京津冀项目布局发展。金融街控股推进12个京津冀项目开工建设。天恒集团利用城市更新经验，开展河北涞源旧城改造开发类项目。华天集团加强京津冀地区连锁店开发和管理，菜百、张一元等企业继续在津冀开设新店。统筹协调推进西城区与城市副中心产业协同发展结对工作，重点聚焦项目对接引进，动态更新符合城市副中心功能定位的业务板块及产业共性关键技术平台合作项目。推动北京市燕保投资有限公司落地通州区，公司注册资本11.91亿元，核心业务包含市场化股权投资和商业资产运营等领域；推荐新华文创投资管理有限公司整建制落地通州区，公司注册资本5000万元，3月更名为“北京孚石投资管理有限公司”，核心业务包含投资管理和资产管理等领域。

（高佳莉　王红）

【疏解腾退空间再利用】2022年，“动批”疏解再利用作为减量发展与高质量发展样板入选市京津冀协同发展亮点项目典型案例。区发展改革委推动发布《白塔寺街区腾退空间再利用方案》，明确白塔寺片区已腾退空间再利用的具体业态和办理经营证照流程，有效破解平房院落疏解腾退空间再利用难题。建立街道可腾退空间动态更新机制，梳理出26处18.9万平方米的有可能腾退空间。由属地街道采用“吹哨报到”机制牵头前期腾退工作，有针对性地补足区域内基础教育、公共基础设施、街道社区用房等功能短板，打造疏解腾退再利用闭环。截至年底，西城区累计疏解腾退空间建筑面积152.1万平方米，利用117.7万平方米，利用率77.4%。

（高佳莉）

【“疏解整治促提升”专项行动】2022年，西城区以“双控”“四降”为目标，进一步深化疏解、强化整治、优化提升，统筹开展全区违法建设拆除、核心区住宿业整治提升等41项“疏整促”专项行动，制订《西城区2022年“疏整促”专项行动工作方案》，推动解决重点难点问题，年度任务全部完成。在北京市对16个区和经开区“疏整促”工作成果的绩效考评中，西城区连续两年取得满分成绩。全年专项行动民意调查显示，西城区居民对“疏整促”工作满意度持续上升，整体满意度98.8%。（吴小敏）

【低效楼宇改造提升】2022年，区发展改革委发挥政府资金引导作用，给予百盛大厦等5个重点低效楼宇改造投资补助2524.5万元，带动社会投资约4亿元。推动楼宇高质量发展，鼓励引导楼宇从酒店、商业百货、老旧写字楼、空置厂房等用途，转型为高品质商务办公楼宇，产业提升方向以金融科技、文化创意及配套服务设施为主，增加产业发展空间11.2万平方米。突出绿色低碳、开放共享理念，楼宇改造后综合节能率均达15%及以上，注重城市功能织补，为周边居民提供停车、休闲等开放式共享空间。5月，第13次区政府常务会议审议通过《西城区支持低效楼宇改造提升的若干措施（修订版）》，实现4个升级：支持范围升级，新增对承载“两区”建设、文化发展、消费升级、公共服务功能的重点楼宇给予支持；绿色节能升级，项目改造后综合节能率须达15%及以上，鼓励开展“零碳建筑”示范建设；引导力度升级，将补助资金发放方式由一次性拨付调整为两次拨付，支持楼宇引入高精尖产业方向的企业入驻；服务机制升级，建立完善区域楼宇提升专项组联席会议制度，负责低效楼宇改造提升全流程服务，实施“一楼一策”，充分调动楼宇方改造积极性，加快推进低效楼宇改造提升。（方　欣）

2022年，“疏整促”专项行动核心区住宿业整治提升——华乐颂乐器主题酒店改造完工（上图为改造前，下图为改造后）（区发展改革委　供图）

【“十四五”基本公共服务规划】2022年，《北京市西城区“十四五”时期基本公共服务发展规划》发布。明确发展目标，即补齐基本公共服务短板，高质量满足基本需求，高标准保障多元需求，完善公共服务设施体系，推进基本公共服务产品惠及全体人民；聚焦教育、卫生、文化、体育、就业、社会保障、养老托育、住房保障、生活服务、城市安全等十大民生领域发展需求，提升区域公共服务精准性、有效性、普惠性；优化区域公共服务设施配置，集约整合公共事务用地、混合用地和商业设施资源，提升区域公共服务设施可及性、便利性、多用性；创新基本公共服务供给模式，通过完善招标机制、竞争机制、互助服务和自我服务机制，形成政府主导、多元主体参与的基本公共服务供给格局；制订基本公共服务重点项目清单，从组织、人才、资金、信息化、监督5个方面完善保障机制，为规划落地提供支撑。（方　欣）

【“一老一小”整体解决方案】2022年，西城区深入实施积极应对人口老龄化国家战略，为更好地满足辖区老年人健康服务和婴幼儿照护服务需求，编制《北京市西城区“一老一小”整体解决方案》，制定西城区养老托育服务主要发展指标24项，其中养老领域18项、托育领域6项，构建完善服务体系、优化服务设施空间布局、深化医疗养育融合、支持配套产业发展等14项重点任务，为加快建立“首善标准”的区域综合养老托育服务体系，扩大服务供给，提升服务质量，推动资源融合联动，推进西城区“一老一小”事业高质量发展创造条件，该方案获国家发展改革委评审通过。（韩　洁）

【西城区儿童友好城市建设】2022年，西城区开展儿童友好城市建设工作，提升未成年人关爱服务水平，加强宣传西城区儿童友好工作成效，坚持“儿童优先，普惠共享；西城特色，开放包容；因地制宜，探索创新；多元参与，凝聚合力”原则，深入街道社区走访调研。制订《西城区儿童友好城市建设方案》《西城区儿童友好城市建设实施方案》，成立西城区儿童友好城市建设工作领导小组，并以区政府名义向市发展改革委、市妇儿工委办公室申报国家级儿童友好城市试点。（吴亚南）

【西城区与门头沟区结对协作】2022年，《2022年西城区与门头沟区结对协作共同推动生态涵养区生态保护和绿色发展工作计划》印发，确定14项年度具体任务，做深做实4方面工作：坚持绿色发展，进一步深化两区生态文明建设领域，在美丽乡村建设、生态富民等领域打造更多亮点工程；坚持资源共享，进一步扩大教育、卫生、文化、体育等民生领域交流，助力门头沟区提升基本公共服务水平；坚持优势互补，开展重点领域项目合作，推进西城区园林绿化废弃物处理中心、救助福利设施项目在门头沟区选址；坚持合作共赢，发挥两区各自优势，在产业协作、集体经济薄弱村帮扶、双碳合作等项目建设领域取得新的突破，尽最大努力实现1+1>2的结对协作效应，以两区合作服务首都发展。（吴亚南）

【公共服务设施配置优化研究】2022年，区发展改革委完成《基于西城区人口发展的公共服务设施配置优化研究》，聚焦具备公益性、由政府提供、居民无偿享受的基本公共服务领域，根据第七次人口普查数据，深入分析新时期西城区老龄人口比重、学龄人口比重不断扩大，居民人均可支配收入水平不断提升，人口结构呈现显著变化等特征及未来发展趋势，总结西城区人口发展状况及公共服务设施配置情况，并结合各阶段西城区人口结构变化产生的需求变化及公共服务设施配置短板，重点研究与人口结构变化密切相关、民生发展更为关注的养老、托育、医疗卫生、教育、文化、体育、社区服务7个领域设施的优化配置，提出推动区域基本公共服务更加便利、均衡、优质、高效发展的措施建议。（方　欣）

【公共资源交易平台服务】2022年，西城区公共资源交易平台管理与服务相融合，“应进必进”成效明显。平台推出利企便民主动服务、线上线下协同服务、入场交易暖心服务、深化改革创新服务，运行效率显著提高，交易承载能力大幅增强，有效推动西城区公共资源交易工作稳步向前。2022年度累计各领域入场项目850项，交易金额43.47亿元，其中政府采购814项，建筑工程36项。入场率由2021年度24.51%提高至2022年度96.18%，后4个月入场率100%。深化监管系统建设，优化营商环境，助力构建诚信、有序的公共资源交易市场。实现各类交易信息“应公开尽公开”；通过信用信息记录和归集，信用信息共享与共用，将服务融于点滴，将管理融于有序，全年为政府采购、建筑工程领域入场交易项目提供远程监管服务、开评标音视频直播点播服务及采购人现场数字监标等服务共计800余户次，共享各类交易、监管数据信息共计9000余条，推动西城区社会信用体系建设。强化科技支撑，电子化交易持续深入推进。突出电子服务系统发布、交互、汇集、储存各类信息的枢纽作用。推行“不见面”服务，在线项目受理、信息发布、标室预约、专家抽取、“不见面”开标等环节发挥积极作用，有效保障各类项目在特殊时期有序进行。服务西城区预算单位、社会采购代理机构累计1700余户次、投标企业3009户次，累计抽取专家551次。（时　祎）

【价格管理】2022年，区发展改革委重点加大生活必需品市场价格监测力度，开展蔬菜、副食品、日用消费品、成品油、黄金饰品、居民服务收费等重要商品及服务的价格监测工作，常规重要商品和服务价格监测184项123471条数据；根据《北京2022年冬奥会和冬残奥会住宿、餐饮价格监测工作方案》，完成餐饮、住宿共40户企业价格监测日报任务，获取数据145554条；助力疫情防控，对规模以上的41个超市和47个百姓生活服务中心进行价格工作指导，走访近千次，全年蔬菜价格处于全市较低水平，猪肉、鸡蛋价格涨幅相对较缓；完成7所公办高中住宿费、4所公办养老机构基本养老服务费、1处国有景区（宋庆龄故居）门票成本审核工作；会同区市场监管局完成全区涉企收费专项检查和教育收费专项检查（含校外教育收费）。（兰明宇）

【价格认定】2022年，区发展改革委开展案件财物价格认定，全年完成价格认定事项790件，标的金额410万元。其中刑事案件787件，标的金额348.1万元；涉纪案件3件，标的金额61.9万元。主要包括：盗窃类案件537件，认定金额185.04万元；故意毁坏财物类案件199件，认定金额85.11万元；寻衅滋事类案件29件，认定金额26.13万元；诈骗类案件3件，认定金额5.29万元；危害公共安全类案件4

件，认定金额17.6万元；危险驾驶类案件2件，认定金额6.2万元；抢劫类案件3件，认定金额1.24万元；合同诈骗类案件1件，认定金额16.8万元；高空抛物类案件4件，认定金额2.9万元。（李　鑫）

【投资促进工作意见】2022年，区发展改革委印发《关于进一步加强西城区投资促进工作推动经济平稳健康发展的若干意见》，结合西城区资源禀赋优势及“4+N”产业发展方向，分类构筑以平台、产业功能、专业渠道、应用场景、产业链和关键核心技术等8种模式为支撑的投资促进工作体系架构，进一步明确西城区投资促进工作的发展目标和重点领域。（陈　瑀）

【重点企业走访服务】2022年，区发展改革委制订《2022年区领导走访服务重点企业工作方案》，统筹5个部门、15家街道，分别对接区领导，按时完成区领导联系的423家重点企业走访服务工作。为提升服务重点企业效果，保障政策执行的稳定性和延续性，确保政企联系渠道持续畅通，企业仍在往年度走访清单中的，其对接服务部门、街道仍保持相对稳定。（陈　瑀）

【综合贡献奖励】2022年，区发展改革委发挥政策激励作用，研究制订奖励方案、细化评分标准、完善奖励结构、优化兑现流程，组织开展企业综合贡献奖励申报、评审工作。坚持经济效益与社会效益相结合，设置年度贡献奖励、发展贡献奖励、协同发展奖励3个单项奖励，444家企业获奖，奖励金额合计8.996亿元。（陈　瑀）

【高精尖产业政策支持】2022年，西城区以强有力的高精尖产业政策为企业落地提供可预期、稳定的政策环境。重点支持示范效应大、辐射带动能力强、高附加值、高影响力、用地少、用人少、用电少、用水少、无污染的企业，推动优化高精尖经济结构，促进区域经济社会高质量发展，共支持资金7356.92万元。（陈　瑀）

【企业“服务包”】2022年，区发展改革委认真履行服务企业“总管家”职责，用好企业“服务包”平台，落实市、区、街道三级“服务包”制度，形成总管家、行业管家、服务管家的重点企业服务体系，“一企一策”为企业量身定制“服务包”，及时回应企业诉求。截至年底，1004家企业被纳入平台服务，形成全程网办的服务模式。（陈　瑀）

【高校毕业生就业支持】2022年，区发展改革委结合疫情期间高校毕业生就业困难形势，成立专项工作组，专题研究推进“生、企”就业对接工作，动态掌握就业困难高校毕业生就业进展，定向推送符合条件的岗位信息。推动11家央企通过网络开展招聘宣讲，协调13家央企代表共同研究高校毕业生就业与企业人才需求相结合的工作措施，促成企业与就业困难高校毕业生达成意向，助力高校毕业生就业。（陈　瑀）

【企业闭环生产】2022年，区发展改革委组织626家企业开展闭环生产培训，加强企业人员调配闭环、生产组织闭环及物资保障闭环管理，指导企业根据到岗率要求设定最小人员规模和最少运行环节，减少不必要的行政和后勤辅助人员。鼓励具备住宿条件的闭环生产企业实行集中住宿，做好分区防护。根据物资来源地严格落实消杀要求，生产废弃物资经安全处理后及时清运出环。规范闭环生产流程及其细则，持续优化空间、班组、流程等设置，减少因生产组织造成的人员聚集，做到按最小单位分区分隔、错时错班生产。（陈　瑀）

【重构优化西城区1+5+N产业政策体系】2022年，西城区在延续“西城区1+5+N产业政策体系金名片”的基础上，综合考虑政策前瞻引导性、制度突破性、要素支撑性和资金保障性，在政策体系中剔除计划类、意见类、方案类等政策文件，保留、修订、新出台具有可操作性的资金支持类政策。转变“宏观—中观—微观”分类模式，按照“顶层设计有统领、综合要素有支撑、细分领域有抓手”的原则，重新定义体系框架内涵，确保更加适应新的发展形势。组织开展年度产业政策评估评价，查找政策体系存在问题，提出具体修改建议，引导各产业部门正确把握政策制定方向。（王　红）

【西城区《产业十条》】2022年，西城区制订出台《北京市西城区促进产业高质量发展若干措施》(简称《产业十条》)。围绕发展方向、企业入驻、要素支撑、产业培育、精准服务、管理机制等方面整合形成十条政策措施，集中呈现西城具体资源禀赋比较优势，着力打造西城产业发展生态的政策展示新窗口，最大限度发挥政策叠加效应和集成创新合力，借助政策促产业“增量”“存量”双提升。（王　红）

【专业服务业支持政策兑现】2022年，西城区发挥财政激励效应，完成2021年度专业服务业支持政策兑现。区发展改革委创新线上申报方式，结合行业特点细化完善工作方案、申报指南及各奖项评分标准。围绕法律、会计、咨询与评估、人力资源、知识产权、信用、广告等细分行业，给予金融街专业服务团、高端品牌奖励、发展贡献奖励三方面支持，奖励共涉及专业服务业企业40家次，金额690万元。搭建平台引导获奖企业开办专业培训课程，发挥专业服务业对驻区企业的指导及支撑作用，扩大政策影响力，提升专业服务发展新能级。（王　红）

【高附加值优秀企业培育】2022年，西城区充分发挥产业创投引导基金投资效能，培育高附加值优秀企业，改变财政资金分散式支持企业的传统做法，首次以直投模式对科技创新型企业索信达（北京）数据技术有限公司投资1亿元，集中资金扶优扶强，着力培育行业标杆，持续增强政府与企业、行业的联结紧密度，建立长效支持对接机制，有效促进行业发展。（王　红）

【行政执法检查】2022年，区发展改革委制订年度行政执法检查计划，按照“谁审批谁监管、谁主管谁监管”的原则，实施投资项目、招投标、节能、价格监测等领域行政执法检查，完成行政执法检查1042项。（王盈怡）

【楼宇查询模块投入使用】2022年，区发展改革委有效整合利用部门数据及商采数据，升级西城区宏观经济大数据平台中“重要楼宇贡献度”模块，该模块覆盖西城区全部商务楼宇，可实现按街道、空置面积、租金等条件快速筛选搜索，并全面展示商务楼宇的米均税收、注册单位数、空置面积等热点指标，深化楼宇管理颗粒度。拓展招商引资服务载体，应用数字化手段持续跟踪楼宇数据动态变化，为西城区招商引资工作提供切实参考，助力投资促进和楼宇经济效能提升。

（武筱雯）

【人口结构变化对经济高质量发展的研究】2022年，区发展改革委会同区统计局、专业智库联合开展《西城区人口结构变化对“十四五”期间经济高质量发展的影响》研究。结合西城区人口结构变化，从人口变动综合分析对经济发展的潜在影响，提出决策建议28条，为西城区构建与人口结构特点相适应的高精尖经济体系提供决策参考。

（武筱雯）

【经济领域改革】2022年，区经济体制改革专项小组结合实际，制订《经济体制改革专项小组2022年改革工作要点》，确定7大方面22项改革任务，包括服务保障首都功能、推动营商环境持续优化、强化区域协同联动、深化财税金融改革、增强国有经济活力等领域。统筹成员单位建立改革工作“三本账”（任务账、进度账、成果账），及时准确掌握改革任务落地实施方面的动态，形成上下联动、左右协调、齐抓共管的局面。建立信息共享长效机制，加强部门间信息互通，保证及时、准确、客观地掌握改革动态及相关信息，增强专项小组凝聚力，提出有前瞻性的改革意见。（祝欣伟）

【优化营商环境改革】2022年，西城区深入贯彻落实市委、市政府关于深化“放管服”改革优化营商环境的工作部署，进一步完善西城区营商环境“1+N”政策引领体系，研究制订《西城区创新优化营商环境培育和激发市场主体活力实施方案》，以区政府办公室名义印发，确定改革台账任务166项，打造了一批可复制可推广的改革案例，探索出更多优化营商环境的“西城经验”。出台《关于落实北京市助企纾困优化营商环境若干措施》，确定20项区级对接举措，涉及清单任务25条，推出一批针对性强、见效快、兑现方便的改革举措，推动政策精准直达快享，不断优化营商环境。（祝欣伟）

【中小企业清欠工作】2022年，按照《国家保障中小企业款项支付条例》和《北京市防范和化解拖欠中小企业账款专项行动方案》等文件要求，西城区开展辖区内防范和化解拖欠中小企业账款专项行动工作。成立区清理拖欠民营企业中小企业账款协调工作组，由主管副区长担任组长，区发展改革委、区财政局、区国资委、区市场监管局等部门、各街道办事处为成员单位，统筹推进全区清欠工作。截至年底，西城区政府部门和区属国有企业拖欠中小企业账款清偿率和化解率均100%。（赵　鹏）

【固定资产投资调度】2022年，全区上下以核心区控规落实为指引，以“抓新开、抓续建、抓增量、抓储备”为路径，坚持高位调度，广泛走访对接，争取资金支持，以超常规力度千方百计追抢投资进度，固定资产投资工作取得显著成效。全年固定资产投资完成188.5亿元，建安投资完成64.5亿元，同比增长22.1%，有效发挥投资对经济社会发展的引领带动作用。（于家齐）

【政府投资计划执行】2022年，西城区全面贯彻新发展理念，融入新发展格局，加强协调调度，狠抓任务落实，区域基本公共服务水平不断提高，城市空间形态和功能持续完善，政务服务保障水平稳步提升。2022年政府投资计划安排项目319个，区级资金26.16亿元，全年累计完成投资22.31亿元，有效发挥政府投资的引导带动作用。

（霍丽姗）

【政企战略合作】5月，西城区与相关单位签订《西城区人民政府、北京师范大学和中国石化销售股份有限公司、中国石化集团销售实业有限公司战略合作协议》，围绕协议落地事项，针对全区可利用的老旧小区空间资源开展实地调研，将西城区与中石化房屋资源租赁方案框架形成整体方案。（王　红）

【盘活存量资产典型案例】12月，国家发展改革委公布盘活存量资产扩大有效投资典型案例，西城区新动力金融科技中心改造升级项目作为北京市首个推荐项目，入选全国典型案例并获全国推广。该项目突破传统项目以地产开发为主体思路的城市更新模式，探索创新“基金+城市更新”轻资产受托经营合作模式，通过资产所有权与资产经营权分离，盘活存量空间资源，实现产业转型升级，建成“新一代智慧城市综合体”，走出一条以低效楼宇改造提升为抓手加快推进城市有机更新的新路径。（方　欣）

节能减排调控

【碳达峰碳中和工作】 2022年，区发展改革委对标市级相关政策方案，牵头起草《西城区推进碳达峰实施方案》，通过区政府常务会审议并印发。起草《北京市西城区碳达峰碳中和工作领导小组工作规则和办公室工作规则（报审稿）》《北京市西城区碳达峰碳中和领导小组建议组成名单和建议人选名单（报审稿）》，加快推进北京市西城区碳达峰碳中和领导小组设立。（刘淑蕊）

【清洁能源替代】 2022年，区发展改革委协调推进落实首都功能核心区燃油锅炉改造工作。西城区13座燃油锅炉获得市级支持资金1980.5万元。（刘淑蕊）

【推动形成绿色发展方式和生活方式】 2022年，区发展改革委制订《中共西城区委生态文明建设委员会推动形成绿色发展方式和生活方式工作小组2022年工作要点》，牵头开展节约型机关、绿色家庭、绿色学校、绿色社区、绿色出行、绿色商场、绿色建筑等创建行动。探索与美团公司合作，在金融街地区试点塑料污染治理等低碳示范工作。（刘淑蕊）

【节能目标责任制落实】 2022年，区发展改革委对辖区能耗3000吨标煤以上的60家用能单位开展能效对标及节能目标责任制考核工作，强化用能单位节能主体责任，确保西城区完成北京市政府下达的节能“双控”指标任务。（刘淑蕊）

【节能降耗项目支持】 2022年，西城区安排1235万元区级补助资金，支持7个节能技术改造项目、5个节能先进奖励项目、30个能源审计项目、3个清洁生产审核项目。兑现2021年节能降耗项目区级资金补助2192.05万元。（刘淑蕊）

【节能执法】 2022年，区发展改革委对32家用能单位、3家节能服务机构以及1家固定资产投资项目节能审查企业开展节能监察工作。（刘淑蕊）

【节能宣传】 2022年，区发展改革委牵头开展以“绿色低碳，节能先行”为主题的节能宣传周活动和低碳日活动。制作节能宣传片，通过“西城发改”公众号每天推出1个宣传主题，宣传内容涵盖政策措施、法律法规、先进产品、技术和解决方案，优秀技改项目、先进节能经验，低碳生活、绿色办公小常识等。（刘淑蕊）

【新能源项目发展】 2022年，西城区进一步支持分布式光伏等新能源项目发展，完成华电大厦屋顶分布式光伏等4个新能源项目备案，新增装机容量831.59千瓦。区发展改革委联合区城管委等部门开展新能源项目安全督导检查，对区发展改革委备案过的在运行的和即将投入使用的新能源项目（光伏发电项目13个、热泵项目21个）进行全覆盖式安全监督检查及整改核查。（刘淑蕊）

国有资产监督管理

【概况】 截至2022年12月底，西城区区属国有企业资产总额5587.47亿元，所有者权益1603.48亿元，其中归属于母公司所有者权益1094.9亿元，全年累计实现营业总收入754亿元，上缴税金83.9亿元。与上年同期相比，区属企业主要财务状况变化幅度不大，整体趋稳。在业务板块中，金融保险业、都市服务业成为新崛起板块，是区属企业经济效益主要贡献产业，营收分别同比增长32.25%、7%，均处于盈利状态。北京市西城区人民政府国有资产监督管理委员会（简称区国资委）是西城区政府直属特设机构，受区政府委托履行出资人代表职责，不承担其他社会公共管理职能。2022年，区国资委机关办理信访诉求121件次、现场接待群众来访21人次；区国资系统在考核周期内，办理市、区级转派热线案件13583件（不含协同案件），解决率、满意率实现双提升。2022年，区属企业发挥党建引领作用，践行国企担当。北京金象复星医药股份有限公司组建90人工作专班，服务西城区医疗物资储备转运，累计投入5300余万元保障防疫物资应急供应；北京贯通建徽酒店作为区周转酒店，派出120余人进行保障服务；北京华天饮食控股集团有限公司组织所属企业为防疫保障等人员供餐14万余份，北京华远三农科技产业有限公司通过自有仓储和紧急配送系统，为居民提供近百种生活必需品；北京环雅丽都投资有限公司完成涉疫环卫保障工作，累计出动4.5万余人次作业人员、4000余次车辆，重点管控垃圾2000余吨；北京蓟城山水投资管理集团有限公司与华润医商集团医疗器械有限公司合作成立西城绿通医学检验实验室，提升区级检测能力；区属企业持续加大中小微企业帮扶力度，开展减免服务业小微企业和个体工商户房屋租金工作，为京内外2500余租户减免房租5亿余元。（温顺达）

【国资国企稳中求进】 2022年，面对疫情及经济下行多重冲击，区国资委按季度召开经济形势分析会，走访企业500余次，努力促进企业纾困解难增效；北京金融街投资（集团）有限公司加快存货去化回流现金，保障流动性安全，全年销售签约市场排名第56位，连续19年获“沪深上市房地产公司综合实力TOP10”；北京华天饮食控股集团有限公司在传统媒体和新媒体两端发力，克服疫情对餐饮行业经营的不利影响，实现平稳发展；北京天恒置业集团有限公司复兴商业城、新街口百货精准定位银发市场激发百姓需求，地安门商场重张亮相，成为什刹海地区促消费、旺市场新地标；北京华方投资有限公司白塔寺药店入围“中国药店单店榜100强”

第33名，开发小程序平台线上看诊、跨界合作创建“耀咖啡”品牌；北京市西城区菜市口百货商场有限公司从产品、供给、渠道等多端发力，国有资本放大倍数达4.21倍；北京天桥盛世投资集团有限责任公司旗舰影院西单店在全年停业近3个月的情况下，全国影院票房排名仍位居第二，天桥演艺区获“全国版权示范园区（基地）”和“市级文化产业园区”称号。（温顺达）

【产业布局优化】 2022年，区属企业紧抓国际科创中心、“两区”[国家服务业扩大开放综合示范区、中国（北京）自由贸易试验区]建设重大契机，数字经济、5G、人工智能等产业变革新机遇，以西城区国资国企改革发展“十四五”规划为引领，将调结构优布局作为国企改革三年行动重点任务，推动国有资本布局更加科学合理、主业更加聚焦突出。北京金融街资本运营集团有限公司围绕新一代信息技术、新能源、新材料、高端装备制造领域布局，进一步靶向资本市场，永信至诚科技集团股份有限公司等7家所投企业成功上市；完成北京河图联合创新科技有限公司增资，加快构建河图产业生态集群；新动力金融科技中心初步形成具有示范效应的金融科技产业承载空间，入选国家发改委盘活存量资产扩大有效投资典型案例。北京金融街投资（集团）有限公司成为恒泰证券实际控制人，为完善集团金融板块布局迈出关键性一步，其教育板块落地泰国；长城人寿保险股份有限公司渠道业务结构持续优化，实现连续四年盈利，长城财富保险资产管理股份有限公司资管规模1200亿元，资产管理市场化能力进一步提升。北京天恒置业集团有限公司金融科技产业园新增落户企业26家，形成汇聚160余家科技企业、注册资本金520亿元的高质量产业资源池；集团聚焦大健康产业，作为北京市“物业+养老”服务试点企业，推动新街口街道项目试点运营。北京市华远集团有限公司助力金科示范区建设任务高质量开展，世纪天乐市场蜕变为金融科技中心，外立面整体亮相。北京广安控股集团有限公司改善融资结构，发行中票两期，存量风险有序化解。北京华方投资有限公司金丰和孵化器获“北京市小微企业创业创新示范基地”“知识产权优秀工作站”称号。截至12月底，房地产业资产结构占比同比下降3.32个百分点，投资与资产管理业、金融保险业和都市服务业资产结构占比同比分别上升0.84、2.48、0.12个百分点，国有资本逐步向优势产业集聚，布局持续优化。（温顺达）

【城市更新项目实施】 2022年，区属企业高质量推动城市更新。完成蒙藏学校项目；白塔寺宫门口东西岔启动全市首个直管公房申请式换租项目，获评2022年十大“北京最美街巷”；菜西项目作为全市首个申请式退租项目持续推动公共空间优化及基础设施改造，获评城市更新“最佳实践”案例，菜西退租工作团队获北京市“工人先锋号”称号；地外大街、旧鼓楼大街立面整体亮相；法源寺文保区项目获评“2022年首都城市更新优秀案例”；北京蓟城山水投资管理集团有限公司、北京环雅丽都投资有限公司作为核心区城市运行保障企业完成北京冬奥会、全国两会、党的二十大等重大活动服务保障工作；北京宣房投资管理集团有限公司启动马连道供热改造项目，实现供热智慧化精细化管理；北京德源兴业投资管理集团有限公司大幅度提升居民居住质量，完成120万平方米小区供暖管线改造，惠及万余户居民。区国资系统深入贯彻落实“疏整促”专项行动，累计实现用工规范化351人，提前并超额117%完成疏解任务；持续开展“领哨行动”，解决帮办事项29项；落实支援合作工作任务，定向捐赠帮扶资金合计约74.3万元。（温顺达）

【国企改革三年行动收官】 截至2022年底，区国资系统68项改革主体任务基本完成，区属企业党的领导和党的建设不断加强，以管资本为主的国资监管机制不断健全完善，国企改革发展持续走深走实，国企改革三年行动实现高质量收官。2020年至2022年，新增金融街物业股份有限公司、北京市西城区菜市口百货商场有限公司两家上市企业，市场化经营机制更加高效；系统内106家全民所有制企业完成公司制改革，区属企业中国特色现代企业制度更加完善；337家企业完成党建入章程工作，13家一级企业实现董事会应建尽建，北京金融街投资（集团）有限公司开展董事会授权试点工作，北京金融街资本运营集团有限公司实现外部董事占多数；出台国资监管权责清单，以管资本为主的国资监管体制更加健全；批复北京华天饮食控股集团有限公司作为首个国有资本投资公司试点，完善运营平台、投资公司试点建设；区属一级企业实现分类考核、分类监管，鼓励支持区属企业探索实践中长期激励措施；健全内部审计、违规经营投资责任追究、领导人违纪薪酬扣减等多项制度，多维度构建完善国资监管体制。（温顺达）

【法人治理结构完善】 2022年，区属企业以建设中国特色现代企业制度为核心，逐步建立起权责法定、权责透明、协调运转、有效制衡的法人治理结构。各企业落实国有企业党委制订重大事项决策清单和前置研究讨论清单，规范“三重一大”权责划分，推动党建入章程工作落地落实，及时完成党组织换届，在制度层面具体落实企业党委（党组织）“把方向、管大局、促落实”的作用。13家企业实现董事会应建尽建，结合实际建立董事会专门委员会，发挥外部董事作用，制订出台外董管理、评价等3项制度，推动董事会结构更加合理、决策更加高效，有效发挥“定战略、作决策、防风险”作用。经理层向董事会报告工作机制逐步完善，在金融街集团开展董事会向经理层授权试点，明确授权原则、管理机制、事项范围、权限条件，保障经理层权有所依、行有所据、力有所使，有效发挥“谋经营、抓落实、强管理”作用。着力推进二级及以下企业经理层成员任期制和契约化管理，督促企业进一步完善选人用人体制。（温顺达）

【区属企业监督考核】2022年，区国资委不断加强企业投、融资管理，审核11笔重大债务融资，引导企业加强投资项目风险研判；加强产权管理，办理国有产权管理事项211件，完成国有资产评估核准、评估备案12项；动态监测企业经营情况、资产负债率水平、现金流等，对异常情况及时预警；强化月报数据分析，为加强国资监管提供数据支持；开展“三降一减一提升”（降杠杆、降“两金”、降成本、减亏损、提升效益）专项行动，加强成本管控，引导企业深化管理，增强抵御风险能力；修订投资管理办法，推动企业规范投资管理，层层压实责任；修订“三重一大”、内控、内部审计等12项制度，规范内部管理；开展清理拖欠款工作和企业违规经营投资责任追究自查工作，国有资产监督与管理并重的制度框架基本建立；持续推进区属企业“瘦身健体”，年内清理“僵尸”企业5家，7家企业压减层级缩短链条，国有经济活力、控制力、抗风险能力不断增强；强化“大党建”理念，发挥考核指挥棒作用，将党的领导和党的建设融汇于企业负责人业绩考核，党建工作在班子及班子成员绩效考核、企业业绩考核中的权重提升到50%。（温顺达）

【区属企业人才队伍建设】2022年，区国资委落实《关于中央企业在完善公司治理中加强党的领导的意见》，印发《西城区国有企业“十四五”人才发展规划》，落实人才发展与企业发展同步谋划。坚持党管干部、党管人才原则，以《区属二级及以下国有企业领导人员选拔任用工作指导意见》为指引，督促企业进一步完善选人用人体制。调研部分区管企业人才队伍建设情况，围绕怎么做好区管国企人才队伍建设座谈交流；按照区委组织部《关于选优配强区管企业领导人员实施方案》，开展区管企业培优生招聘工作。（温顺达）

【平安国企建设】2022年，区国资委与区属13家一级企业签订责任书，高标准完成年度安全生产和消防考核，全年督查检查企业849家次，排查企业安全隐患809项，隐患整改率100%，确保区属企业安全生产形势平稳向好，完成“百日提升、喜迎二十大”、区安全生产大检查、“三年行动”等各类专项检查，在区安全生产综合考核中被评为先进部门。（温顺达）

【历史遗留问题办理】2022年，北京金融街资本运营集团有限公司解决石景山五芳园历史遗留问题，31户居民取得产权证；北京德源兴业投资管理集团有限公司解决尚勤胡同13号信访积案，完成房屋大修。（温顺达）

民营经济

【中小企业梯度培育】2022年，西城区进一步支持中小企业高质量发展，加强专精特新企业培育力度，持续优化专精特新企业梯度培育，全区专精特新企业的服务能力和服务水平得到有效提升，继续在优化营商环境、鼓励科技创新、加大融资支持、完善平台服务等方面持续发力并取得积极成效。截至年底，西城区有专精特新中小企业145家，国家级专精特新“小巨人”企业6家。西城区专精特新企业重点培育方向为高新技术服务业，特别是科学研究和技术服务业及信息传输、软件和信息技术服务业等行业发展势头良好。从行业领域看，专精特新企业集中分布于科学研究和技术服务业。（赵　鹏）

【中小微企业政策帮扶】2022年，西城区深入贯彻落实北京市人民政府《关于继续加大中小微企业帮扶力度加快困难企业恢复发展的若干措施》《北京市积极应对疫情影响助企纾困的若干措施》相关要求，推动政策措施有效落地，发布《北京市西城区〈关于继续加大中小微企业帮扶力度加快困难企业恢复发展的若干措施〉落实指引》《北京市西城区关于〈北京市积极应对疫情影响助企纾困的若干措施〉落实指引》，明确区级落实任务、责任部门及联系方式，并向社会公布，确保企业有需求、政府有回应，最大限度减少疫情对经济社会发展影响，

7月28日，区国资委召开“三降一减一提升”工作部署会暨上半年专项工作总结会（刘思岐　摄）

从实从细帮助市场主体纾困解难，有序有力推动经济回稳向上。

（王 红）

【中小微企业房租减免补贴】 2022年，西城区针对重点领域中小微企业最为关切的房租减免问题制订务实举措。出台《北京市西城区关于高新技术、室内体育健身、民办幼儿园等领域中小微企业房租减免补贴的措施》，更大限度发挥财政资金引导带动作用，鼓励辖区内非国有房屋出租方积极承担社会责任，采取免收、退还等方式为承租其房屋的高新技术企业、室内体育健身场所、民办幼儿园（含社区办园点）减免租金，合理分担经济损失，帮助企业共渡难关。（王 红）

【中小微企业税收优惠】 2022年，为支持制造业中小微企业发展，促进实体经济发展，国家延续为制造业中小微企业缓缴部分税费的政策。西城区累计办理制造业中小微企业延缓缴纳税费238户，缓缴税费金额5374.9万元；办理缓缴退税166户，退税金额1322.7万元。在新的组合式税费支持政策中，大规模增值税留抵退税政策是力度最大的政策。政策实施后，西城区办理部分行业中型企业和小微企业留抵退税18亿元。小型微利企业普惠性税收政策对中小企业在增值税、企业所得税等主要税种上持续加大优惠力度，对符合条件的中小企业减征“六税两费”。其中提高小规模纳税人起征点免征增值税10166.2万元，惠及企业27961户；小规模纳税人阶段性免征增值税1070万元，惠及企业489户；小规模纳税人、小型微利企业、个体工商户免征“六税两费”1896.7万元，惠及企业5690户。（赵 鹏）

【中小微企业首贷贴息】 2022年，西城区对符合申报条件的11家中小微企业给予首次贷款贴息补助，贴息金额共计159484.93元，进一步降低中小微企业融资成本，助力企业健康发展。（王雅婧）

财 政

【概况】 2022年，北京市西城区财政局（简称区财政局）落实“疫情要防住、经济要稳住、发展要安全”的要求，积极发挥财政职能，统筹推进各项工作，取得明显成效。财政资金运行成效、税源建设等考核评估在全市分列第三、四名，区财政局团支部获北京市五四红旗团支部荣誉称号。（王雅婧）

【财政收入】 2022年，西城区受疫情反复和大规模减税降费影响，组收工作面临空前压力和挑战，持续加强税源建设，努力挖潜增收。第一季度区级和地方级收入增幅均居各区首位；上半年实现“时间过半、任务过半”，区级收入自然口径增幅居城六区首位。全年一般公共预算收入完成415.94亿元，扣除留抵退税因素后增长5.6%，自然口径下降2.83%；地方级一般公共预算收入累计完成915.44亿元，扣除留抵退税因素后增长2.7%，自然口径下降4%。（王雅婧）

【财政支出】 2022年，西城区一般公共预算支出完成435亿元，同比增长5%。进一步调整优化支出结构，全年支出进度、支出增幅均保持较高水平。八大功能科目累计完成380.8亿元，同比增长7%，高于一般公共预算支出：一般公共服务支出完成41.9亿元，国防支出完成0.5亿元，公共安全支出完成23.1亿元，教育支出完成81.7亿元，社会保障和就业支出完成76.8亿元，卫生健康支出完成45.1亿元，节能环保支出完成1.6亿元，城乡社区支出完成110.1亿元。

（王雅婧）

【预算管理】 2022年，西城区着力构建节约型财政保障体系，切实将过紧日子要求落到实处。理政策、定标准、促规范、控成本、保需求，优化街道财政预算管理。制订完善街巷服务、垃圾分类、办公用房维修改造、未达标厕所（户厕）改造等10余项预算定额标准。建立专项转移支付资金管理、固定资产投资项目预算管理等制度办法。加大财政评审、绩效评价工作力度，推进公共服务领域降本增效。进一步明晰边界，推进政府购买服务负面事项管理。加强政府债务管理，完成西城区隐性债务整体清零任务。

（王雅婧）

【税源建设】 2022年，西城区积极应对疫情反复、大规模留抵退税等因素影响，实现“稳存量、育增量、保增长”的整体目标，完成市区两级收入任务。切实履行税源专班牵头作用，完善“周碰头、月协调、季调度”机制，涵养和培育重点税源企业，全市税源建设考核名次较上年提升5名。区领导带头走访企业，各成员单位共同发力，充分发挥走访服务“压舱石”作用，累计走访各类企业10363户次，新引进46家优质企业，累计贡献区级税收1.68亿元，实现区域财政收入可持续增长。强化重点企业“服务包”制度，37户市级“服务包”企业贡献地方级税收180.83亿元，625户区级“服务包”企业贡献区级税收293.65亿元。加强分析研判，开展企业外迁预警挽留工作，提前预警疑似纳税异常企业。（王雅婧）

【助企纾困】 2022年，西城区强化资金统筹，落实惠企利民政策。加强政策制定和兑现，与各部门协同配合，助力企业复工复产。办理留抵退税超180亿元，较上年同期增加2.5倍，规模位列全市第二，用“真金白银”为企业注入发展活力。牵头实施“以工代赈”政策，累计投入1792万元，惠及1324家小微企业，直接受益5348人。做活做优政府投资引导基金，重点支持产业转型升级和促进“高精尖”产业发展。精准落实中央直达资金，统筹市级补助、一般债券等多种财力

来源，有力支撑全区经济社会平稳运行。（王雅婧）

【街道财政预算管理】2022年，西城区优化街道财政预算管理，围绕《北京市街道党工委和办事处职责规定》，把握街道工作职责、治理规律、执行标准和运行特点，发挥财政在基层治理中的基础和重要支柱作用，构建与首都核心区基层治理体系和治理能力现代化相匹配的财力保障机制，统分结合、规范口径、统一标准，合理测算，建立财政事权和支出责任相匹配，统筹兼顾、结构优化、厉行节约、注重实效的街道财政预算管理体制，通过高质量的财政预算管理推进首都核心区基层治理水平的提升。（王雅婧）

【盘活存量资金资产】2022年，西城区创新建立行政事业单位公物仓平台，制定《西城区行政事业单位公物仓管理办法》，首推正向激励机制，充分利用现有资产管理信息系统，形成实体库与虚拟仓相结合的国有资产管理模式，提高资产使用率。细化资产管理，探索建立房屋资产管理系统，引入房屋出租、出借等审批程序，便于区政府开展房屋分配、调整、统计等管理工作。（王雅婧）

【财政电子票据应用试点】2022年，西城区创新票据管理，为北京市综合执法大数据平台建设提供处罚电子票据试点经验。在上年5个街道办事处城市综合执法队率先开展综合执法大数据平台开展简易处罚财政电子票据应用试点的基础上，继续推广扩大试点范围。经过各部门的通力合作，完成西城区城市综合执法局本级、各街道办事处综合执法队的系统对接测试，以及执法人员的线下培训，具备使用财政电子票据进行简易执法程序的收入同步上缴条件，为北京市此项工作的全面推广做出有益尝试。（王雅婧）

【政府采购农副产品工作】2022年，西城区持续运用政府采购政策支持乡村振兴农副产品采购工作。通过开展业务培训指导，采取一对一帮扶、在线解读政策等方式，有效消除预算单位采购顾虑，解决实际操作中的难点问题。2022年西城区预留份额金额3213.85万元，截至12月27日，已完结交易总额3880.13万元，预留份额完成比例120.7%，全市排名第二，完成年度支持乡村振兴政府采购农副产品工作。（王雅婧）

【政府债务管理】2022年，西城区发行新增一般债券6.98亿元用于教育、医疗等重点领域，发挥撬动作用，保重点、拉增速、促增长；两批次政府再融资一般债券53.86亿元，用于历史遗留问题化解及重大项目推进。筑牢安全底线，化隐债、强监管、防风险，完成西城区139.55亿元的隐性债务整体清零任务，加强债务风险评估，健全“借、用、管、还”全过程监管体系，推动政府债务管理长效机制建设。（王雅婧）

【财政资金支持方式创新】2022年，西城区做活做优政府投资引导基金，累计拨付资金120亿元，重点支持产业转型升级和促进“高精尖”产业发展，撬动资本总额2491亿元，财政资金杠杆放大倍数高达17.93倍，投资收益及利息收入1.06亿元。完善“服务+保险”保障机制，建立小额快赔处理机制，扩大保险保障范围，将公众利益关系密切的社区卫生服务中心（站）、急救中心（站）纳入保障领域。（王雅婧）

【街道财政运行绩效监测评价】2022年，西城区在全市范围内率先开展街道财政运行成本绩效分析，入选北京市优秀案例。对全区15个街道开展行政运行、城市运行、民生保障、垃圾分类等领域成本预算绩效分析。结合各级巡视、审计的关注重点、成本支出规模等研究形成西城区街道成本专项财政运行综合绩效监测评价指标体系、工作手册及评分排名办法。通过搜集多层次、多维度的数据，全面推动西城区同类事项、跨部门支出的监督评价工作，分析财政运行成本状况，剖析问题根源，查找成本管理“盲区”，完善预算管理机制。（王雅婧）

税　务

【概况】2022年，西城区有纳税人73743户，其中单位登记纳税人57626户、个体纳税人16117户。国家税务总局北京市西城区税务局（简称区税务局）聚焦主责主业，持续推进首都功能核心区税收工作的纵深化发展，充分发挥税收在稳定经济大盘、服务区域治理上的基础性作用。（徐　驰）

【退税减税】2022年，区税务局扛牢压实退减缓免税费政策政治责任，坚持“快退税款、狠打骗退、严查内错、欢迎外督、持续宣传”五措并举的工作策略，完善“事前预审、事中审核、事后抽检”风险防控机制，确保2022年新的组合式税费支持政策在西城落地落实。构建“1+10”工作格局，成立以区税务局领导班子为核心的退税减税政策落实工作领导小组，下设实体化运行办公室和10个工作组，加强对退税减税工作的督导。制定退税减税办公室工作规则，设立64个退税减税党员先锋岗，成立1支青年突击队，选树8名退税减税先进典型，以“首善标准”扛牢退税减税责任落实。全年新增减税降费及退税缓税缓费超220亿元。（徐　驰）

【税费收入】2022年，西城区始终坚持依法依规组织收入原则，持续对重点行业、企业以“服务包”机制开展帮扶支持，加强跨境税源监管和非税收入储备，努力培育新的税收增长点。全年累计完成税费收入5287.1亿元，其中税收收入4542.5亿元、一般公共预算收入

889.5 亿元、区级收入 427 亿元，承接市区两级重点工作及民生实事等任务 12 项，完成各项目标任务。
（徐　驰）

【助力“两区”建设】2022 年，区税务局统筹推进支持“两区”建设各项措施落地落实，加大对辖区科创企业、中小微企业、专精特新“小巨人”企业的关注力度，加大对“隐形冠军”企业的扶持力度。加强与区内各委办局间的横向交流配合，完善“三管家”服务机制，拓展“服务包”覆盖范围，围绕重点行业、企业开展多维度调研分析，发挥辖区产业特色，对有迁入意向的重点税源企业，精准对接，全程提供支持协助，引入纳税千万级以上纳税人 6 户，助稳区域税源结构高质量发展。
（徐　驰）

【依法治税】2022 年，西城区规范税务执法体系建设，严格审核重要案件的查办程序及拟回复意见，对涉税争议或疑难问题提供法律意见，保护税务行政相对人合法权益，有效降低税务部门被行政复议和被诉讼风险。落实京津冀办税事项便利化政策，持续优化企业涉税涉费事项京津冀跨省通办。打造税收普法品牌，区税务局青年志愿服务队与展览路第一小学通过线上连线形式开展“税收小课堂”。全面配合审计署哈尔滨办审计工作。强化税收共治，实行行政执法“三项制度”，推动税收执法向柔性执法、说理式执法迈进，全面提高执法效能。西城区税务局获评全国行政执法先进集体。
（徐　驰）

【税费管理】2022 年，西城区持续做好税费管理及优惠政策落实工作。增值税方面，稳步做好留抵退税风险防控，盯紧风险识别、分析、应对等关键环节，强化留抵退税“一册三表”维护质量；开展增值税发票分类分级事后查验，增强增值税发票事后管理的准确性；完成全区首次成品油经销企业发票增量的集体审议，确保纳税人正常用票需求。所得税方面，开展个税汇算工作，组建个税汇算讲师团队，举办行业“大讲堂”5 次，惠及纳税人 2 万余次；开设“境外汇算微课堂”，辅导境外汇算人群千余人，获实时点赞近万次；落实全年一次性奖金个人所得税优惠政策，对扣缴单位和纳税人进行汇算提醒，开展点对点政策宣传，确保全覆盖；聚焦金融业等重点行业领域，开展“点菜”式针对性培训，定向筛选符合优惠政策的纳税人缴费人，确保各项优惠政策落地生根；支持科技创新发展，通过电子税务局“定制 E 服务”向两万余户企业发送提示，提醒企业享受研发费用加计扣除优惠政策。财产和行为税方面，贯彻落实印花税法，向辖区内金融业、保险业、证券业等纳税人精准推送政策，做好首个大征期征管工作；加强土地增值税日常台账管理，细化落实土地增值税清算审核，做好土地增值税风险防控；加强税源精细化管理，开展车船税、环保税等税种风险排查；确保房产税、城镇土地使用税应征尽征。社保费和非税收入方面，推进智能型社保缴费服务，引入 AI 语音对话机器人拓展“非接触式”智能化服务，代替人工坐席面向缴费人提供大批量自动外呼服务，推进宣传辅导向自动化、高效化、规范化转变；保障缴费人权益，提高社保费辅导缴费工作效率，该年度社保费未申报等事项提醒接通率 81%；完成海域使用金、国有土地使用权出让收入、矿产资源专项收入、无居民海岛使用金 4 项政府非税收入划转征收工作。
（徐　驰）

【纳税服务】2022 年，西城区持续优化营商环境，不断提高纳税人满意度。推动便民春风行动落实，制订便民办税春风行动方案 2.0 版，形成 120 条便民措施。利用多媒体推动“非接触式”办税，在微信公众号设置“服务问需”专栏推送“问需求优服务”调查问卷；为各派出机构、办税服务厅设置纳税人缴费人意见建议征集箱，畅达沟通反馈渠道；利用“好差评”系统做好纳税人办税回访服务，关心回应纳税人诉求；通过电子税务局向辖区内 8746 户企业推送红利账单，帮助企业清算“红利账”。构建起“导＋办”的纳税服务新格局，在辖区内将“小呼中心”与“在线导办”两种咨询渠道融合，以“语音”＋“图文”相结合的方式为纳税人、缴费人提供个性化服务。广泛开展助企纾困，发挥服务企业“管家”作用，与区工商联建立常态化协作机制，互设企业“贴身管家”行动专员，建立税商诉求信息共享机制，搭建多层级互通渠道，助力辖区内民营企业高质量发展。
（徐　驰）

【征收管理】2022 年，西城区夯实税源管理基础，把控税源发展动态，建立常态化预警机制。完善基础数据信息，建立常态化自查机制，稳步推进征管基础数据质量提升。优化电子税务局办税流程，持续监控电子税务局业务每日受理情况，制订电子税务局业务受理质量提高方案。突出金融行业管理特色，开展常态化数据监控与筛查，持续推进纳税人分类分级管理制度。精准对接有意向迁入的税源企业，全程提供支持和协助，持续推动优质企业落户西城。
（徐　驰）

【国际税收】2022 年，西城区服务“走出去”企业，维护中国企业在境外的税收权益，严控非居民享受协定待遇后续管理工作流程，助力企业享受协定政策红利。构建科学高效的非居民税收监管方式，搭建重点项目的风险数据库，持续加强后续管理。分析对外付汇和税务申报数据，定期交叉比对，提高非居民税收管理水平。探索建立“科代所”国际税收专业化管理模式，加强对传统征管服务的数字化更迭，助力好服务开放型经济发展，区税务局报送的《优化跨境税收智慧化管理机制》案例入选北京市“两区”建

设第二批改革创新实践案例，并作为该年度唯一税收业务相关案例在全市范围内推广。（徐　驰）

【税务人才队伍建设】2022年，区税务局科学构建2022年考评体系，建立规则导向考评机制，探索绩效激励加分、“强制差异化”考评模式等手段，科学编制考评指标，发挥考评指标聚焦税收主业的作用。将人才队伍建设、加强青年干部培养工作纳入“三个打造”（打造首善税务机关、打造智慧税务、打造一流营商环境）和“两个支撑”（人才支撑和基层支撑）工作大局中，强化岗位交流力度，发挥“劳模之星示范岗”引领作用，培养更多业务能手。加强“三师”人才（税务师、注册会计师、律师）及领军人才储备力度，培养选拔青年干部，多路径打通晋升通道。以干部需求为导向、能力建设为核心，在线上线下结合和集中培训学习的基础上，坚持分级分类培训，组织新入职及军转干部参加网络初任及线上培训学习，坚持推进增值税、所得税、法治等培训讲座。持续优化练兵比武方案，营造“比学赶帮超”良好氛围，多名干部在税务总局大比武中取得优异成绩，并在多个单项比赛中摘得北京地区参赛队员最佳战绩。（徐　驰）

【税务宣传】2022年，区税务局探索建立以政治生活馆为核心的党建阵地，开展“青春心向党、学史砺初心”读书分享会、对外经济贸易大学税务专业研究生社会实践、区域化党建等各类活动60余场，参与人数1500余名，编发内部宣传刊物《西税韶华》。作为先进代表在区直机关工委党建工作会上，分享优秀经验做法，推广“西税标杆”，持续推动党建与业务深度融合，打造“党建红+税务蓝”的特色品牌。全年获“北京市五四红旗团委”“首都学雷锋志愿服务项目‘五个100’先进典型”等8项集体荣誉、9项个人荣誉。（徐　驰）

审　计

【概况】2022年，西城区加强对重点领域、重点部门、重点资金的审计监督，稳步推进审计监督全覆盖。北京市西城区审计局（简称区审计局）完成审计项目44个，查出主要问题金额66981万元，其中违规金额4635万元、管理不规范金额62299万元；审计发现非金额计量问题279个；审计处理处罚金额7248万元，其中应上缴财政3853万元、应减少财政拨款或补贴782万元、应调账处理金额2612万元；审计促进整改落实有关问题资金7170万元；核减投资额23525万元；出具审计报告和专项审计调查报告55篇；审计提出建议134条；促进被审计单位建立健全规章制度21项；向社会公告审计结果11篇。向市委审计委员会报送请示报告事项42件次；向区委区政府报送41件次，提交审计信息52篇，被采用20篇次。（赵　曦）

【重大政策措施落实跟踪审计】前三季度，区审计局着力促进重大政策措施落实，围绕中央和市级重大政策和区委区政府重要部署，开展重大政策措施落实情况跟踪审计。落实过紧日子要求，聚焦“六稳”“六保”（六稳指稳就业、稳金融、稳外贸、稳外资、稳投资、稳预期；六保指保居民就业、保基本民生、保市场主体、保粮食能源安全、保产业链供应链稳定、保基层运转）工作任务。重点关注租金减免政策、中小企业账款清欠政策落实情况及中央直达资金拨付管理使用情况等，促进财政资金惠企利民。配合开展市区联动审计工作，关注上级政策在西城贯彻执行情况。（赵　曦）

【预算执行审计】2022年，区审计局以数据分析为助力，对区本级财政和全区一级预算单位开展全覆盖预算执行审计，聚焦财政财务真实合法效益，关注全区财政运行情况，“三本预算”统筹衔接情况，政府债务借用管情况，过紧日子要求落实情况、直达资金管理使用情况等。加大延伸审计力度，从资金申报、拨付到资金使用、绩效管理，全方位、全链条开展审计监督。针对区住房城市建设委、区妇联、区信访办等开展部门预算执行审计，重点关注收支预算与部门职能及年度工作内容匹配、国有资产管理及配置、全面预算绩效管理、政府购买服务等事项。从预算编制与执行、专项资金使用、落实过紧日子要求等方面提出针对性建议，促进财政资金提质增效。（赵　曦）

6月15日，区税务局第一税务所业务骨干为纳税人讲解组合式税费支持政策（刘涛　摄）

【大数据审计】 2022年，区审计局坚持科技强审，推进大数据在审计中的应用。数据分析审计中，查出疑点问题195个，最终形成审计问题106个，疑点转化率54.36%，数据分析审计模式进一步完善。在预算执行审计数据分析运用基础上，研究大数据审计和经济责任审计、专项审计的具体结合，在基层垃圾分类专项审计项目中推进运用大数据审计分析，提高审计效率。调研报告《大数据信息化背景下重大项目稽查路径探究》获北京市审计机关2019至2021年度优秀调研成果一等奖。（赵　曦）

【经济责任审计】 2022年，区审计局对10名处级领导干部开展经济责任审计。加强权力制约和廉政风险防范，促进领导干部树牢经济风险意识，履职尽责、担当作为。以任中审计为主，强化任期内监督，任中审计比例80%；持续推进街道党政同步审计全覆盖，选取金融街、白纸坊和展览路3个街道开展党政同步经济责任审计；对区生态环境局领导同步开展经济责任审计和自然资源资产离任审计，关注相关政策措施的落实、管理、治理任务完成及部分项目资金的管理使用情况。（赵　曦）

【民生审计】 2022年，区审计局围绕与人民群众切身利益紧密相关事项开展审计。对教育、卫生、节能减排、垃圾分类等重点项目资金管理使用情况开展专项审计，重点关注民生政策落实、民生项目推进及资金使用中的难点和痛点，揭示民生资金在政策落实、资金使用、项目运营等方面存在的突出问题。从规范管理、推动工作方面提出建议。街巷物业专项审计调查项目获评市优秀审计项目三等奖。（赵　曦）

【固定资产投资审计】 2022年，区审计局审计位于丰台区张仪村、高立庄、南苑的3项西城区保障房投资项目。重点关注保障性安居工程项目有关政策落实、履行基本建设程序、资金筹集管理使用、项目建设管理情况等，发现和反映政府投资领域存在的问题和关键风险，提出优化政府投资管理、促进有效投资的审计建议。（赵　曦）

【企业审计】 2022年，区审计局围绕区人大监督重点，开展区属国有企业资产管理情况审计，关注企业总体资产负债情况、国有资本投向布局、国有企业改革及国有资产监管等情况，首次在审计工作中引入企业行业标准值和绩效评价体系。开展华天饮食集团董事长经济责任审计项目，围绕贯彻重大经济方针政策和决策部署、完善法人治理和管控体系、落实自身战略发展任务和绩效目标等内容，促进国有资本市场化经营机制改革稳步推进和国有资产保值增值。（赵　曦）

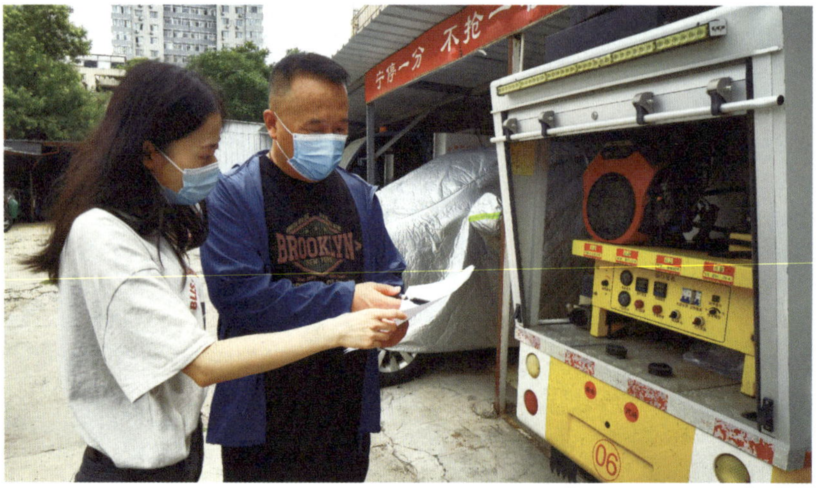

7月，区审计局赴金融街街道开展党政同步经济责任审计，现场盘点街道固定资产　（区审计局　供图）

【内部审计】 2022年，区审计局制订《2022年内部审计工作的指导意见》，重点推进辖区各单位加强对本单位内部审计工作的进一步指导，在完善相关制度、确定内审项目、提升人员素质等重点环节取得突破。调动内部审计力量，指导监督区教委、区卫生健康委、区属国有企业组织实施内部审计项目。根据审计署《内部审计统计调查制度》工作要求，组织开展全区内部审计统计工作。配合开展换届人选资格、社区“两委”干部资格联审349人次。（赵　曦）

【审计整改】 2022年，区审计局构筑审计整改动态管理机制，出具审计报告时编制问题清单，实行问题编号，督促被审计单位将问题整改落实到位；创新方式方法提升整改效果，针对问题形成原因及性质，提出更具针对性的整改建议，有效发挥“审计一点、规范一片”的作用；强化审计整改跟踪检查力度。及时跟进整改落实情况，适时进行“回头看”，巩固整改成效。推动将审计整改成果转化为治理效能，发挥审计揭示问题、规范管理、防范风险的作用。（赵　曦）

【审计项目计划执行控制】 2022年，区审计局加强审计项目计划执行控制，确定14个关键节点跟踪进度，建立周小结工作制度，确保按期完成年度审计项目计划，实现当年事当年毕。（赵　曦）

【审计宣传及队伍建设】 2022年，坚持研究型审计，高质量报送信息，获评2022年度全市审计系统优秀信息工作单位。组织参与审计署“1982年宪法确立审计监督制度四十周年”主题征文活动，两篇文章分获二、三等奖。响应全市审计系统“专业能力提升年”目标任务，打造“西审在线”学习平台，推进学习型机关建设。全局干部参加全市审计职业技能竞赛，11人晋级复赛，1人获全市第二名；区审计局获评优秀组织单位。（赵　曦）

统　计

【概况】2022年，西城区秉承“为区服务、为企服务、为民服务”的理念，以强化统计监督为抓手，以确保数据质量为核心，以提供优质服务为宗旨，统筹统计调查、大型普查等重点工作，服务区域高质量发展，助力区域精细化治理。北京市西城区统计局（简称区统计局）、北京市西城区经济社会调查队（简称西城经济社会调查队）共同开展统计工作，编发各类统计分析、统计资料、统计专报200余篇，编发经济信息400余篇，按照计划公开统计数据101笔，统计信息60条，为区服务提供查询数据24万余笔。围绕区“十四五”规划，选取区域热点问题开展11项课题研究。持续开展“七有”“五性”监测、金融企业数字化产业发展、消费市场、商用楼宇高质量发展情况等领域统计监测工作。对全区800余家企业进行统计执法检查。筹备西城区第五次全国经济普查工作，开展投入产出试点选取工作。承接办理接诉案件15件，其中3件被评为优秀工单。2022年，区统计局发挥专业优势助力疫情防控工作。先后抽调30人参与区疫情应急资源数据库建设、数据统计等工作。运用统计思维，设计制作传播链示意图、疫情防控一览图等，服务区委区政府科学决策。围绕疫情下餐饮企业转型升级、中小微企业经营情况、劳动力和就业状况等开展调查调研，加强分析研判经济运行、人口变动等疫情前后热点问题，数据支持全市“六保”“六稳”工作。（刘　艳）

【统计研究】2022年，区统计局聚焦热点难点自主开展统计研究。围绕区“十四五”规划，选取区域热点问题自主开展11项课题研究，包括基于“两区”建设背景下的服务业行业集中度课题研究和西城区金融科技方法制度的研究，努力促进成果转化，提升为市区两级服务效率。编发统计分析239篇，其中31篇获区领导批示44次。（刘　艳）

【统计监测评价】2022年，区统计局强化监测评价助力高质量发展。持续开展“七有”“五性”监测、金融企业数字化产业发展、消费市场、商用楼宇高质量发展情况、营商环境等多方面、全方位统计监测，以“标准+数据+情况”形成数字经济分析报告。创新推进区建设国际消费中心城市示范区的统计监测指标体系，报送消费市场数据等资料20余篇。发挥研判预警服务稳经济。梳理纳统标准，与区经济工作部门沟通对接，服务全区调度工作。加强投资项目管理，助力实现一季度投资开门红，以及上半年、三季度投资两位数增长，为区域经济高质量发展提供有力支撑。（刘　艳）

【第五次全国经济普查工作筹备】2022年，区统计局筹备西城区第五次全国经济普查工作，组建区五经普筹备领导小组及办公室，创新增设筹备指导组。制订预算经费申报指导意见，召开街道“五经普”预算编报调度会。开展投入产出试点选取工作。（刘　艳）

【民生领域统计】2022年，区统计局做好监测调查，服务民生保障。紧扣“双控四降”加强人口监测，推进年度人口抽样调查，涉及全区15个街道218个社区、1.8万个建筑物、15.7万个住房单元、1.4万调查户。通过周报“一张表”体现“疏整促”进展情况，开展“疏整促”民意调查，完成相关专报17篇，其中3篇获区领导批示。第七次全国人口普查工作顺利收尾，形成16篇约53万字研究成果汇编，获评北京市第七次全国人口普查先进集体。强化“钱袋子”“菜篮子”民生监测，完成五年一次的住户调查大样本轮换工作，涉及15个街道50个调查小区7336宅7905户摸底工作和500户调查户的落实工作，开展西城区住户收支与生活状况调查工作。对区内主要食品价格变动情况进行日监测，服务保供稳价。聚焦民生需求提升监测水平，承接“12345”案件15件，其中3件被评为优秀工单，作为综合协调服务部门，局队在2022年度全区“接诉即办”考评工作中排名第三。开展西城区老年人养老需求调查、“未诉先办”重点问题、2023年重要民生实事项目线索等专项调查，其中形成的《西城区健康养老白皮书》继2020年之后再次通过服贸会发布。持续推进妇女儿童监测工作，为妇儿规划、未成年人保护方面工作提供数据和对策建议，撰写为青少年拟办实事重点工作项目，因妇儿监测工作突出，局队被授予北京市妇女儿童工作先进集体称号。服务生态环境建设，全面深入分析各行业能源结构变化情况，开展生态产品总值核算工作，完成区域内80余个公园、20余个景区的地图坐标绘制工作。开展双碳背景下全区能源消费发展趋势研究，为完成节能降耗目标提供统计支撑与服务。（刘　艳）

【依法统计】2022年，区统计局、西城经济社会调查队抓普法、强执法、注重诚信品牌建设，获评全国依法治理创建活动先进单位称号。稳步推进“八五”普法规划逐年落实。全年开展领导干部会前学法4次、普法培训5次，有效提高局队领导干部的法治思维能力。深入贯彻落实《关于更加有效发挥统计监督职能作用的意见》规定精神，落实统计法进党校常态化机制，为区处级正职进修班授课。结合住户大样本轮换、人口抽样调查等重点工作解读统计法律法规，指导单位统计人员依法做好统计工作。借助外脑，转变视角，法律顾问助力依法行政建设。聘请专业律师事务所作为局队法律顾问，深度参与局队重要合同、依申请公开等文件的审核工作，提出法律意见，有效防范法律风险。关口前置，高效管理，进一步加大执法力度。严格遵循“双随机、一公开”原则，对5个街道开展第二批统计巡查，累计完成各类统计执法检查815家。全年开展日常常规检查，和区市场监管局、区发展改革委开展联合执法。全年普通程序立案处罚16家，当场简易处罚41家。优秀统计执法案例作为区优秀案例报送市级参评。及时公示抽取检查名单、检查结果名单、行政处罚名单、发布新政策文件等。执法过程中严格执行全过程记录制度，使用执法记录仪，实现全程留痕。强化“诚信统计”品牌建设，推行统计单位信用评级，新增3家诚信统计单位。参与北京市共铸诚信文明活动和西城区诚信典型选树活动，向诚信统计单位宣讲，引导企业积极参与申报。（刘　艳）

【统计宣传】2022年，区统计局抓好宣传阵地，打造多平台多渠道宣传格局。聚焦主业，以“喜迎二十大、统计奋进新征程”为主题，开展第九届政府统计开放日，线上线下同步播出。活动分数“历”发展、数“利”民生、数“力”志愿、数“励”诚信、数“立”征程5个篇章，首次以“西数知晓”栏目发布西城十年发展成绩单。内网发布信息1002篇，被采登503篇。整合“西城统计”微信公众号、“北京西城统计”抖音号等宣传平台，推进新媒体宣传精品化、高效化建设。年内微信公众号推送文章488篇，阅读量13.9万人次。西城统计公众号在全国市级统计调查系统综合影响力TOP50榜单中稳居前30之内；发布抖音72次，观看量10.67万人次。加强宣传职能性，促进部门交流转换，向《中国统计》《中国信息报》《数据》《北京西城报》《西城论坛》等报送信息，有34篇被采登，协助北京广播电视台“数说北京”栏目组拍摄5期节目。（刘　艳）

【打造“党建＆志愿+”模式】2022年，区统计局发挥全国首家统计志愿者团队引领作用，西城统计“据”力志愿者联盟将党建引领、统计特色、志愿服务三者有机结合，创新打造“党建＆志愿+”模式，以“聆听统计声音”“携手统计‘童’行”等特色志愿活动为契机，助力大样本轮换、政府统计开放日举办、人口抽样、年定报、冬奥会宣传等工作，开展线上活动21项，为统计工作注入志愿精神，为志愿服务开辟专业领域。西城统计“据”力志愿者联盟获评第五届西城青年之星——志愿公益之星；“统计有我志愿同行——统计社会公益志愿活动”获2022年首都志愿服务项目大赛西城区初赛银奖。（刘　艳）

9月2日，西城区经济社会调查队在中国国际服务贸易交易会——2022智慧康养高峰论坛上发布《2022年北京市西城区健康养老白皮书》（区统计局　供图）

市场监督管理

【概况】2022年，北京市西城区市场监督管理局（简称区市场监管局）推进西城区市场综合监督管理，规范和维护市场秩序。按照国家市场监管总局《关于加强市场监管所标准化规范化建设的指导意见》和北京市市场监管局关于市场监管所建设的相关要求和指示精神，区市场监管局全域启动17个市场监管所标准化规范化建设。区市场监督管理局反复研析423部法律法规，2117项职权，1930项行政处罚职权，通过执法指导、案卷评查、模拟演练、案例教学、经验宣传、以干代训等方式加强依法行政能力。5人参加执法资格考试并100%通过。12人取得特种设备安全监察员A类证，占全市25%。在全市综合执法大练兵大比武中获优秀组织奖和团体三等奖。5个市场监管所获评示范所，9个市场监管所获评规范所。基层党组织标准化规范化建设工作走在全市前列。2022年，区市场监管局牵头区进口冷链食品疫情防控指挥部和区市场防疫组，统筹16个主管部门和15个街道办事处高效做好冷链等市场防疫。加强防疫检查，整改防疫不到位商家，通过“北京西城”公众号公示1371户次。全覆盖检查29家检测机构及实验室，加强医用防疫物资抽检。追访“四类药品”（退烧、止咳、抗病毒、抗生素类药品）购药信息，加强取消实名制购药后的药品监管。4月，为做好防疫应急状态下西城区的保供稳价工作，区市场监督管理局第一时间成立保供稳价工作组，连夜调度综合执法大队、相关科室和17个市场所，实名制确定42个商超点位的点长。点长佩戴“西城区市场疫情防控组防疫专员”袖标，与商超同作息、全天候、零距离地一对一驻场管理。提前了解商超物资上架和储备情况，紧盯生活必需品销售，灵活机动地指导商家及时补货，确保货架不空。及时做好信息对接、货源组织、物资保障等工作。

（王俊生）

【重大活动服务保障】2022年，区市场监管局以系统观念优化完善“一个组织体系、一支服务队伍、一套保障模式”，完成党的二十大、全国两会、2022北京冬奥会冬残奥会、金融街论坛等重大活动服务保障，做到安全“零事故”、服务“零差错”、队伍“零感染”。保障重点单位1054台（套）特种设备、涉奥医院7000台件计量器具安全运行。办结34件涉奥商标侵权案，办案量全市第二。

（王俊生）

【“小颖话营商”宣传品牌】2022年，区市场监管局继续打造“小颖话营商”宣传品牌，撰写优化营商环境相关宣传文案，通过诙谐幽默、简单易懂的方式讲解登记政策，并由北京西城官方账号发布短视频，累计发布视频64期，全网播放量近2000万次。

（王俊生）

【“小鹏易办事”服务品牌】2022年，区市场监管局继续打造以业务骨干李鹏为代表的“小鹏易办事”服务品牌，坚持永远不说“不”字的工作理念，以企业和群众需求为导向，提供便利快捷的服务。提出材料齐全的即时办结，存在问题的一次性告知、当天办结，不符合法律法规的耐心讲解政策，引导企业、群众依法依规办理登记业务。梳理出68项区级“证照分离”改革事项，推动白塔寺街区腾退89个门牌办理营业执照和相关许可证，全程电子化设立企业比例超过97%，核准时间缩短至0.4个工作日。

（王俊生）

【“两区”建设服务】2022年，区市场监管局建立“两区”重点项目联动机制，挖掘重点储备和入库项目22家。升级双管家模式，服务30家大型企业落地西城。全面实行告知承诺制，实现即时核准。将“证照联办”拓展至药械领域。办理“三品一械”行政审批4736件，发证4540件。新设主体3125户，期末实有67856户，其中企业55666户，比上年减少3.45%；个体12189户，比上年减少2.33%；企个比4.57∶1。

（王俊生）

【市场主体全生命周期登记注册业务回访机制】2022年，区市场监督管理局建立市场主体全生命周期登记注册业务回访机制。采取电话回访的形式，按照每月新设办件总量100%、注销办件总量100%、变更办件总量20%的比例，对审批办结事项及事中事后监管情况进行满意度跟踪调查回访。重点围绕办理流程是否清晰，提交材料是否繁琐，系统是否稳定流畅，工作人员服务态度、业务是否熟练、是否一次性告知，业务办理过程是否便利，政策宣传和解读是否到位等进行跟踪服务、巩固完善。及时研究解决问题，更好地提升群众、企业办事服务体验。

（王俊生）

【市场综合执法】2022年，区市场监督管理局常态化开展扫黑除恶斗争，全力争创全国文明典范城区，实现无传销社区全覆盖。牵头全区公平竞争审查，在2021年度考核中获A类成绩。开展“铁拳行动”“筑安行动”“药品安全”“强制性认证”“亮剑2022”“扫黄打非”“净空2022”等检查，强化生活消费品、互联网、医疗服务、保供稳价等执法，做出行政处理决定2468件，罚没2318.69万元。查办违反“双减”要求典型案件，处罚1178万余元。完善行刑衔接和联席会议机制震慑违法行为。区市场监督管理局100%完成“疏整促”任务，累计治理不规范餐饮1061家，培育市级品质餐饮示范店1092家，打造15条阳光餐饮示范街。靠前开展“前门大栅栏商圈改造提升”“白塔寺片区腾退空间利用”等项目中餐饮布局和许可。

（王俊生）

【巡视探访基本公共服务国家级标准化试点建设】2022年，区市场监督管理局牵头推进西城区巡视探访基本公共服务国家级标准化试点（老龄巡视探访领域全国首个标准化试点）建设。主要围绕巡视探访服务过程中建档签约、上门访视、需求调查、养老顾问、呼叫服务等基本公共服务，适度拓展到助餐、助浴、助洁、助医等非基本公共服务，通过建机制、列事项、建体系、促实施和建立完善基础信息数据库等，全方位推进标准化试点建设。形成“社区养老服务总服务台”模式，构建“一键呼叫”等多维服务模式，拓展多元化集约式服务力量，创新服务和监管信息化管理模式。相关成果转化为1项地方标准和2项国家标准。发布《西城区深入开展质量提升行动方案（2022—2023年）》《2022—2023年西城区标准化工作要点》，在产品、服务、工程质量领域全面开展质量提升行动。推进“西城区基层民主协商”国家级社会管理和公共服务标准化试点以优异成绩通过终期考核评估。

（王俊生）

【“知识产权强国”行动】2022年，区市场监督管理局激活商标申请注册活力，西城区每万人口有效发明专利拥有量全市第二，商标有效注册量全市第四。9家单位被认定为2022年度北京市知识产权试点单位，3家单位被认定为2022年度北京市知识产权示范单位。截至年底，西城区有北京市知识产权试点单位98家、北京市知识产权示范单位33家。推进知识产权与金融支持相结合，专利和商标质押总额86.1亿

元，全市第一。（王俊生）

【市场监管“接诉即办”】2022年，区市场监督管理局办理“接诉即办”诉求14914件，解决率和满意率高于区委办局平均水平。深化“主要领导调度、主管领导牵头、队所‘一把手’负责”办理体系，优化“中心调度、队所承办、科室指导、领导问效”联动机制，落实“未诉先办、易诉快办、难诉专办、群诉优办、重诉严办”工作模式。依托“接诉即办”大数据指挥平台，及时预警热点和趋势性问题，深化未诉先办。牵头区预付费问题工作专班，履行统筹组织协调职责，初步形成“专班统筹、行业分治、多元解纷、未诉先办”治理格局，预付式消费诉求较上年下降35%。新街口街道市场所获评北京市“接诉即办”工作先进集体、西城区“接诉即办”最美集体，刘佳音、宋文荣获评“接诉即办”最美办件人。（王俊生）

【工业产品和特种设备监管】2022年，区市场监督管理局开展燃气安全整治，发放安全挂图400份，检查相关燃气及配件315户次，立案7件，没收不合格燃气设备40台（根）。开展燃气特种设备“回头看”检查，巩固非居民液化气罐“清零”成果。完成12家特种设备生产单位证后检查，开展电梯维保企业对标达标提升专项行动，10家企业获市场监管总局认可。排查电梯维保、有限空间作业、供暖季锅炉、电梯、起重机械、厂（场）内机动车辆等安全隐患，检查特种设备13296台（套），整改问题设备697台（套），立案12件，罚没18.2万元，警示教育电梯使用单位2303家。抽检电线电缆、学生用品等21类产品193组。开展电动自行车专项整治，检查5866户次，立案5件，罚没25.08万元，在全市市场监管系统进行两次典型汇报，相关经验呈报市政府并供各区借鉴。落实大气污染防治计划，抽检成品油等57组，未发现问题。加大塑料污染查处力度，立案19件，罚没20.8万元。强化医用设备、电子秤、眼镜支配场所、加油站等计量监管，检测强检计量器具32368台，承担市区两级定量包装抽检任务2884件。开展能效水效检查、标准物质管理，危险化学品及包装物质量安全检查，强化成品油和VOCs监管，均未发现问题。（王俊生）

2022年，区市场监管局加强知识产权监督检查。图为9月14日，工作人员检查酒类商品是否存在商标侵权违法行为（杨灵敏 摄）

【市场法治宣传】2022年，区市场监督管理局利用“3·15”国际消费者权益日、“4·15”全民国家安全教育日、“4·26”世界知识产权日和5月民法典宣传月等重要时间节点，科学细分社区居民、企业员工、在校师生、老年群体不同普法需求，通过线上线下相结合，开展模拟庭审、专题讲座、大屏幕展示、公众号宣传等形式多样的普法宣传活动。“八五”普法期间开展普法宣传活动2000余次，全力打造经营者守法经营、消费者依法维权的良好氛围，提升经营主体对普法依法治理工作的满意度、获得感。坚持独立运营“西城市场监管”微信公众号、微博账号，设计打造“当好红墙卫士”“我为群众办实事”“优化营商环境”“创城故事”“守好百姓日子”等多个品牌栏目，每天至少1条原创内容，累计发布484篇文章，近30万人次阅读。（王俊生）

【计量专利技术研发】2022年，为了高质量高效率开展医用计量仪器检定工作，区市场监督管理局创新研发“一种信号模拟输出扩展器及使用其的检测装置”的专利技术。该技术能在检定仪器设备上增加一定的外部设备，在不影响标准信号精度的前提下，把一个信号扩展到多个信号，增加信号输出数量，在相同的时间内同时检定多台设备，能够大大提高工作效率，有效推动医用计量仪器检定工作效率难题的解决。（王俊生）

食品药品监督管理

【概况】 2022年，西城区以首善标准推动食品药品高质量发展与高水平安全齐头并进，食品监督抽检合格率99.06%，药品监督抽检合格率100%，全年未发生食品药品安全事件，连续七年获评北京市食品药品安全考核A级。10月13日，经国务院食品安全委员会批准，西城区被国务院食品安全委员会办公室命名为北京市首批“国家食品安全示范城市”。（王俊生）

【食品安全“两个责任”贯彻实施】 2022年，西城区通过包保制度机制压实食品安全属地管理责任，通过包保干部督促指导企业履行食品安全主体责任。成立领导小组，组建工作专班，制订区级实施方案，完善区、街道、社区领导干部实施对应层级包保食品安全主体的责任清单。将长期服务保障重要会议的单位、银行总部集配食堂等提级包保，确定区领导包保A级主体11家；对涉及民生保障的百姓生活服务中心及中央单位食堂等提级包保，街道领导包保B级主体822家；其他C、D级主体7168家由社区干部包保。督促企业主体责任落实到人，全区各类食品生产经营单位8001家，配备食品安全总监609名、食品安全员8019名，实现食品安全风险精准防控。（王俊生）

【重大活动食品安全服务保障】 2022年，区市场监管局完成党的二十大、北京冬奥会冬残奥会、金融街论坛等重大活动食品安全服务保障。实施24小时全时在线全程监管，派出56名市场监管干部驻场，零差错保障24万余人次代表和嘉宾的就餐安全，实施签封流转全流程监控，保障9.1吨北京小吃零风险供应。（王俊生）

【食品安全类诉求解决】 2022年，区市场监管局将规范餐饮业食品安全纳入“接诉即办”每月一题，梳理多发共性问题、被诉集中的企业和区域，采取约谈总部、加大检查频次、曝光公示等治理措施，食品安全类诉求量比上年减少12.93%。（王俊生）

【重点药械保障】 2022年，区市场监管局牵头西城区药品保供专班，统筹做好疫情防控药品，尤其是特殊时期市场短缺药品的监测、供应、配送工作。加强药品质量、价格监管。通过京药通平台、药品疫情防控物资小程序等渠道，动态掌握辖区药品零售企业防疫物资的市场供应销售情况。1月15日起，通过“京药通”平台实时报送“四类药品”购药人实名制信息，累计上传、追访68.7万条，加强取消实名制购药后的药品监管。（王俊生）

【食品安全监督检查】 2022年，西城区扎实开展“守底线、查隐患、保安全”专项行动，全覆盖检查辖区食品经营主体8583家次。指导放心肉菜市场超市开展食品安全承诺践诺活动，引导经营者主动承担社会责任。将连锁餐厅、“网红”餐厅、美食城等高风险餐饮主体列为重点检查对象，持续开展餐饮业大检查，问题处理力度在全市排名靠前。（王俊生）

【校园食品安全守护行动】 2022年，西城区严格落实食品安全校长（园长）负责制，将食品安全纳入平安校园建设考核。开学季对256家中小学及托幼机构、4所高校全覆盖检查，对18家学生餐配送企业进行“专人日查”。将“明厨亮灶”监控系统纳入校园技防中控室集中统一管理，实现“互联网+明厨亮灶”。严格执行学校（幼儿园）集中配餐等各项学生餐管理制度。（王俊生）

【“两品一械”监管】 2022年，区市场监管局重点排查投诉举报较为集中的药品和医疗器械，对辖区药品零售企业全覆盖监督检查。持续开展医疗器械“线上清网，线下规范”治理，检查流通领域医疗器械经营企业，各级医疗机构医疗器械，二、三级医疗机构的医疗器械。开展药品安全专项整治行动，以疫情防控产品、无菌和植入性医疗器械、儿童化妆品等高风险产品为重点品种开展检查。制订《2022年药品医疗器械化妆品安全统一监测方案》，组织药品抽检360批次，合格率100%。（王俊生）

【食品药品安全执法】 2022年，西城区持续开展“铁拳”行动，食品类行政处罚122起，罚没款246万元，药品类49起，罚没款84.7万元。持续开展“昆仑2022”行动，深化执法联动协作机制，开展联合执法11次，破获销售假冒注册商标的商品（假酒）案1起，刑事拘留2人，抓获45名购买、使用假健康证的违法人员，高压震慑违法犯罪活动。（王俊生）

【食品安全宣传教育】 2022年，西城区在全市率先出台《西城区加强食品安全宣传教育、提升公众健康素养的实施意见》，通过“食育十条”（一是全面落实从业者食品安全知识与法规培训教育；二是开展面向消费者的食品安全知识普及活动；三是开展面向消费者的食品安全知识普及活动；四是加强对特殊群体的食品安全宣传教育；五是将食品安全教育、营养健康知识科普与精神文明建设、普法教育相结合；六是开展主题多样、形式丰富的食品安全宣传活动；七是充分发挥西城区食品安全科普教育基地优势；八是提升食品安全监管人员工作能力和水平；九是引导公众科学认知食品安全问题；十是将食品安全宣传教育纳入基层治理重要内容）推动公众对食品安全与营养健康的认知和良好行为习惯的养成，提升西城区公众健康素养。依托西城区食品药品科普基地，在全国食品安全宣传周、全国科普日、全国安全用药月开展多种科普宣传活动，在北京市全国科普日活

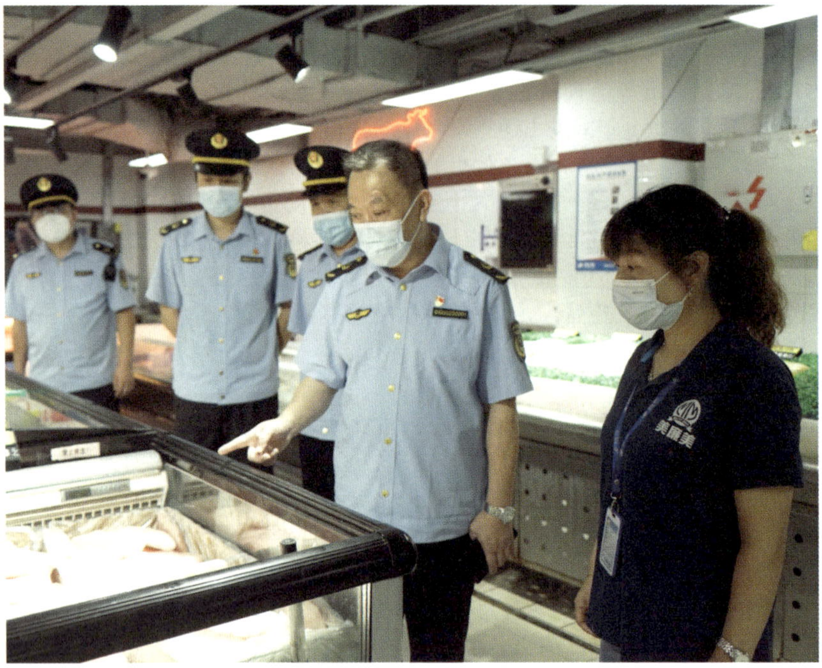

8月21日，区市场监管局领导带队检查冷链食品安全情况　（杨灵敏　摄）

动中获优秀组织奖。　（王俊生）

【助力首批国家中医药服务出口基地建设】 1月24日，西城区召开关于落实北京市生物医药全产业链开放重点任务推进会，会议指出要高度重视和大力支持辖区国家中医药服务出口基地建设，探索中医药产业的产品转化、贸易服务、知识产权保护等。在知识产权政策研究与支持、药品出口相关政策对接方面建立沟通服务机制，协调成员单位助力首批国家中医药服务出口基地（中国中医科学院广安门医院）建设，起草《北京市西城区关于支持国家中医药服务出口基地发展的实施意见》，成员单位协作配合，创新推进，促进西城区中医药产业高质量发展。　（王俊生）

信用管理

【概况】 2022年，西城区不断完善信用服务信息化系统，持续畅通信用数据归集共享渠道，优化区域信用环境，推动信用承诺在企业经营等方面实现广泛应用。在区政务服务中心设立信用查询窗口，涉及13个重点领域实现信用分级分类监管。“信用西城”专栏（网站）参评国家级信用平台网站工作，并获全国2022年度“标准化平台网站”称号。作为北京市唯一区县参加国家发改委举办的“2022年全国信用信息共享平台、信用门户网站和全国中小微企业融资综合信用服务平台”观摩会并进行典型经验交流，全方位、多角度地向全国各地介绍西城区信用工作的建设成果和创新实践经验。　（丁琳　夏月杰）

【企业监管信息共享平台】 2022年，西城区企业监管信息共享平台以推进信用监管和协同共治为抓手，以区级部门监管数据的归集共享为基础，对企业进行信用风险画像，并深入挖掘数据价值，依托共享平台开展企业信用分级分类监管、跨部门双随机抽查、联合惩戒等探索实践，建立完善全区“两库一清单”，形成由基础数据库、风险数据库和预警数据库等组成的检查对象库，包括全区44个行政部门、4081名执法者的人员库，311大类1985个小类检查事项清单，有效提升市场监管的靶向化、智能化和精细化水平。为进一步加强数据归集的时效性和全面性，多次与大数据中心对接，就企业基础数据和各委办局处罚数据，建立西城区企业监管信息共享平台与区大数据交换平台的数据接口，拓展数据归集的深度与广度。通过“主体名下归结果”，将相关信息记入市场主体信用记录，形成多维度企业信用画像。该平台入选西城区“微改革、微创新”典型案例。　（王俊生）

【信用监管】 2022年，区市场监管局持续对失信被执行人及各部门黑名单实施登记限制措施。协助法院与50余户失信被执行人取得联系，其中11户已履行相关法定义务，解除了联合惩戒。强化企业经营异常名录、严重违法失信名录监管工作。因通过住所无法取得联系、未按时申报年报、年报数据弄虚作假等原因，列入经营异常名录1865户次，移除经营异常名录1402户次。因列入经营异常名录满3年未改正违法行为，列入严重违法失信企业名单260户，解除严重违法失信名录79户。对提出申请的208户企业进行信用信息查询，并出具无违法违规记录证明，涉及企业上市、评奖评优、冬奥表彰、增发股票、招投标、注吊销证明等多种事项。为相关部门核查企业信用信息1530户次，充分发挥企业信用信息在政府评先评优、政策扶持等方面的应用。　（王俊生）

【信用修复】 2022年，区市场监管局依据《关于做好行政处罚信息公示信用修复工作的通知》要求，主动作为、靠前服务失信企业开展信用修复工作。协助相关部门在企业信用信息网和“信用中国”开展信用修复。服务1740户企业查询信用信息和1722户企业修复信用。区科技和信息化局明确专人负责，确保信用修复审核及时、准确，做到“日监测、日协同、日汇报”，完成信用修复的市场主体记录323例。　（王俊生　李刚）

【信用宣传】 2022年，区市场监管局优化更新《企业信息查询办理指南》宣传折页，并作为惠企新政的延伸服务纳入企业“开业大礼包”，在企业开办之初即进行信用宣传及诚信教育。主动深入辖区商务楼宇、园区、企业，发放信用宣传材料，引导市场主体将诚信理念转化为自觉行动，营造诚实守信的营商环境。（王俊生）

【“双随机、一公开”抽查】 2022年，区市场监管局制订全区工作方案，按照全区各部门权力清单，梳理包含47项内容的“部门联合抽查事项清单”，动态更新涵盖2586名执法人员的检查人员名录库。全年完成42批次本部门和跨部门“双随机、一公开”（在监管过程中随机抽取检查对象，随机选派执法检查人员，抽查情况及查处结果及时向社会公开）抽查任务。（王俊生）

【撤销冒名登记工作】 2022年，区市场监管局按照《市场主体登记管理条例》及实施细则，以及国家市场监管总局及北京市市场监管局的指导意见，依法做好撤销冒名登记工作，有效保护被冒用人合法权益，惩戒冒名登记行为。累计受理身份信息被冒用案件48件。（王俊生）

【违法失信行为约束惩戒】 2022年，按照《全国失信惩戒措施基础清单》和《北京市失信惩戒措施补充清单》，区科技和信息化局依法依规开展失信行为的认定、记录、归集、共享、公开、惩戒等工作。加大信用信息公示力度，依托公示系统，对重点领域屡禁不止、屡罚不改以及严重违法失信的企业，实施集中公示、重点曝光。区市场监管局将4个市场主体列入严重违法失信名单并对社会进行公示，对提升市场主体守法诚信经营、维护区域性良好市场秩序具有积极推动作用。1月18日，区市场监管局将违法从事经营性拼装、改装电动自行车的公司列入严重违法失信名单。这是自2021年9月1日国家市场监管总局出台《市场监督管理严重违法失信名单管理办法》以来，西城区首个被列入严重违法失信名单的市场主体。该工作接受央视采访，并被国家市场监督管理总局作为典型案例推广。（夏月杰　王俊生）

【公共信用信息归集共享】 2022年，区科技和信息化局依托区信用信息服务系统，归集全区信用数据，与区政务服务大厅和“信用北京”实现互联互通。归集行政监督检查、行政确认、行政强制、行政奖励、行政裁决5类行政管理信息，并同步至北京市“大数据平台信用数据报送系统”，进一步完善信用信息归集机制。（李　刚）

【“双公示”工作】 2022年，西城区落实国家和北京市“双公示”（行政许可、行政处罚结果公示）工作要求，将“双公示”工作纳入区政府绩效考评，安排专人监测“双公示”数据填报情况，定期开展数据核查及整改，确保报送的数据高质量、全覆盖、无遗漏。发布行政许可信息6277条、行政处罚信息4535条。（李　刚）

（责任编辑　郝慧芳）

工业　信息化

工　业

【概况】年内，西城区规模以上工业企业呈现良好发展态势，产、销均保持增长，累计完成工业总产值625.4亿元，同比增长4.4%；累计完成工业销售产值631.9亿元，同比增长5.9%；产销率101.3%，产销衔接良好。工业运行基本特点：能源供应业稳居首位。规模以上工业企业中，7家能源供应业企业累计完成产值521.2亿元，与上年同期相比增长4.4%，占西城区规模以上工业企业的83.6%，占比与上年同期相比持平，生产情况良好。在工业总产值排名前十的企业中能源供应业企业为5家，累计完成产值519.7亿元，成为拉动区域工业增长的主要因素。能源供应业是西城区工业经济支撑行业，在生产、销售等方面表现出较强优势。大中型企业支撑作用明显。11家西城区大中型工业企业累计完成工业总产值561.5亿元，占规模以上工业企业的90.1%，与上年同期相比增长4.4%，合计上拉全区规模以上工业总产值增速3.9个百分点；累计完成工业销售产值562.1亿元，与上年同期相比增长4%，合计上拉全区规模以上工业销售产值增速3.6个百分点。工业总产值排名稳定。西城区规模以上工业企业完成工业总产值居城六区第三位，占北京市的2.7%。（刘　艳）

【统筹工业企业高质量发展】2022年，区发展改革委全力保障产业链物资畅通稳定，协助区域企业办理市级工业企业应急物资调拨证明，通过北京市智慧货运综合服务平台为10家企业共计办理175批次申请；推荐国家电网有限公司申报2022年度国家级绿色供应链管理企业；推荐北京邮票厂申报北京市高精尖产业发展资金奖励，获得市级奖励50万元；推荐北京印刷集团有限责任公司“出版物印制智能化项目”申报“新智造100”项目奖励；开展工业重点企业统计月报试点工作，做好重点工业企业跟踪服务。（刘淑蕊）

【京工科技工业基地项目】3月3日，北京世纪金工投资有限公司总经理屈建江一行6人组成的项目验收小组赴江西省上饶市，验收京工科技工业基地项目。该项目从选址到立项，历经勘察、设计、监理、施工、审计和建设各阶段。验收小组对包括综合办公楼、厂房在内的所有建筑进行实地查验。现场召开项目验收会议，由项目部汇报项目开工至竣工的相关情况。验收小组根据查验情况，会签工程验收单，项目通过验收，正式投入使用。9月，上饶京工科技工业基地某管壳项目，全部设备安装调试完毕，正式投入使用。某管壳项目经前期市场调研、车间布局规划、设备及试样采购，试生产阶段中不断突破工艺难点，进入到批量生产阶段。（刘运哲　张磊）

【科通公司发展成果】9月，科通公司凭借在特种元器件制造领域的专精程度获工业和信息化部2022年第四批国家级专精特新“小巨人”企业。同月，科通公司凭借出众的自主创新能力和研发能力，高素质的科技人才队伍等优势，获批北京经济技术开发区企业科协单位。在新型固体继电器、固体功率控制器（SSPC）、定制型板卡等产品研发方向制定差异化的技术路线。在光MOS结构、混合结构、智能化、SSPC及板卡等产品的研发工作中，实现产品系列化、多样化、小型化、高功率密度和部分产品批量化生产目标。申请“一种基于固态功率控制器的运放恒流驱动电路”等6项发明专利。结合国产化进行开关二极管芯片、发光二极管芯片等器材的替代和统型，每年为企业节约原材料成本近100万元。（张　磊）

信息化

【概况】2022年，北京市西城区科学技术和信息化局（北京市西城区大数据管理局）（简称区科技和信息化局）扎实推动信息化和大数据管理的各项工作任务，创新推进智慧城市建设，大数据发展取得新进展。印发《西城区“十四五”时期智慧城市建设规划》。建成视频专网与政务网安全交换边界，推动视频专网与政务网实现双向互通助力“雪亮工程”。建密建强5G基站，持续普及千兆光网，不断提升基础云服务水平。着力解决群众急难愁盼问题，重点建设拥堵治理、污染防治等4个“城市大脑”应用场景。全面优化“西城家园”社会治理平台，开发“邻里节”“敲门群组”“养老顾问”“法律直通车企业通道”等功能模块，推动“文明实践栏目”改版上线。打造汇聚6大领域26小类数据和400个功能点的“领航西城”数字驾驶舱，与“西城家园”“蓝信”共同构建起指挥调度、居民和企业办事、政务办公的“指尖西城”服务体系。全面增强政府网站惠企便民能力，开发“惠企政策兑现服务平台”等10个专题栏目，其中“体验西城年味、感受冬奥文化”和“政务新媒体”受到全市通报表扬。聚焦医疗救助、婚姻登记等重点服务群众事项，提供56项超4700万条数据服务，在“政务新媒体检查”中位列全市第一。（丁　琳）

【信软业经济运行情况】 2022年，西城区信息传输、软件和信息技术服务业166家重点企业实现全年营业收入977.46亿元，位列全市第三，同比增速4.6%，固定资产投资23.7亿元，远超2亿元的任务目标。

（郗　卓）

【企业投资项目备案情况】 2022年，西城区全年备案企业投资（信息化）项目18个、投资金额35.9亿元。企业在网上申报过程中的任何问题，区科技和信息化局提供一对一服务专项解答，实现事项办结率100%，企业满意率100%。

（张　超）

【“西城家园”助力基层治理】 2022年，区科技和信息化局在“西城家园”平台基础上持续开展各项业务专题的建设，深化社区治理各项内容，持续助力提高全区基层治理能力和治理水平。丰富平台服务资源建设邻里节、敲门群组、社区管理、文明实践点单派单、养老从业人员管理等居民关心的民生领域应用，“西城家园”的用户关注度和活跃度，全年平台社区实名认证用户从30.7万人增长至39.7万人，访问量超1400万人次。（谢凯强）

【区政府网站建设】 2022年，区科技和信息化局落实《北京市人民政府办公厅印发〈关于坚持以人民为中心推进一体化网上政府建设的工作方案〉的通知》任务，完善北京西城政府网站集约化平台建设，完成区人大网站改版、区政府网站10个专题栏目建设、重点领域专栏内容整合改版、人文西城专栏改版和数据迁移、新媒体融合平台建设、数据发布栏目优化升级，实现区政府网站与信用系统、区政务服务局办事服务事项系统的数据对接等工作。在市政务服务局组织的2022年4个季度全市政府网站与政府系统政务新媒体检查中，西城区政府网站总分均排名全市第一。西城区政府网站“体验西城年味、感受冬奥文化”栏目和“政务新媒体”栏目受到市政务服务局通报表扬。在工信部2022年《中国政府网站绩效评估报告》中，西城区政府网站位列全国区县网站第五名，被评为优秀全国区县级网站。（谢凯强）

【区空间数据治理与服务平台】 2022年，区科技和信息化局按照《西城区大数据顶层设计》及西城大脑的应用需求要求，基于区政务云环境，汇聚集成城市运行各领域空间相关业务数据，进行空间数据治理融合，按照实体建库的方式，开发西城区空间数据治理与服务平台（简称“一张图”）。“一张图”为全区公共数据在生产采集—汇聚管理—共享利用—融合展示等数据流通环节提供标准空间数据服务能力，实现公共数据一次采集多次使用，业务数据实时空间化以及空间数据业务化，为各业务场景建设提供高效便捷、高质量的空间支撑，提升数据利用价值。通过共用全区“一张图”，将西城区公共视频图像统采共用，业务数据实时落图服务，实现西城区城市大脑在共享单车治理、交通运行检测、市容环境分析等多个专题中支撑领导辅助决策。通过数据的一次采集多次使用，避免数据重复采集、节省人力成本、优化业务流程、提高数据流通率和时效性。

（王紫菜）

【目录链统筹全区数据资源】 2022年，区科技和信息化局建设西城区目录链平台，汇聚城市运行、物联感知、政务服务等领域数据目录和业务API接口资源（API全称：Application Program ming Interface，中文译为：应用程序接口，是一组定义、程序及协议的集合，通过此接口实现计算机软件之间的相互通信），建设多领域数据专题目录。对接交通领域社会外部数据，建立外部数据目录专区，为城市大脑等应用提供数据服务支撑。为西城区各委办局和街道提供目录基础数据治理和梳理服务，进一步完善目录数据基础内容。初步建立基于数据全周期的评估管理方法，实现目录数据管理平台与项目管理的联动，为项目管理提供数据支撑。建立数据接口资源的实时监测，使在平台上运行的数据API稳定可用。进一步完善和建设系统各模块，实现西城区全区数据基础资源和API资源互通共用，更好支撑西城大脑等应用建设。该平台建设实现对全区各部门、各街道政务数据目录的统筹管理和底层技术支撑，避免新的“孤岛”产生。（许　兵）

【数字经济示范区实施方案发布】 1月28日，西城区发布《北京市西城区建设全球数字经济标杆城市示范区实施方案》，提出到2030年，西城区将着力打造成为数字产业驱动、产业数字赋能、数字场景引领的全球数字经济标杆城市示范区，即建成全感知高安全的数据原生城区，建成全球原始创新的数字金融中心、彰显古都魅力的数字文化中心，建成央企数字化转型与新兴数字产业的集聚高地、特色与活力兼备的数字消费高地、精治善治的数字治理高地，全面构建“一城区两中心三高地”的数字经济发展新优势。

（仇启宇）

【智慧平安小区基础设施建设】 2月23日，经前期论证、实地踏勘、多轮专家评审、报区政府审议通过，区科技和信息化局完成市公安局西城分局西城区智慧平安小区项目——基础设施建设项目审查。该项目以社区智能化安防体系建设和大数据汇集应用为核心，建设西城区智慧平安小区建设的前端、网络、应用支撑、安全等内容，切实提高城市安全管理水平，保护人民群众生命财产安全。区科技和信息化局重点支持安全稳定、民生服务领域信息化项目，促进信息化赋能城市管理和民生服务。（田一丹）

【西城区智慧城市建设规划】 2月25日，《西城区“十四五”时期智慧城市建设规划》（简称《规划》）发布。《规划》围绕让群众感到生活、工作更安全、更便捷、更高效、更舒适的新型智慧城市建设宗旨，以“数字西城”建设为核心任务，夯实信息网络设施、数据要素体系两个智慧城市建设基础支撑，打造“指尖西城”“健康西城”等重点工程，持续完善智慧公共安防、智慧政务、智慧城市管理、智慧公共服务、智慧产业等五大体系，在区域数字经济、数字政府、数字社会、数字生态建设取得新成果。助力全球数字经济标杆城市示范区、国际消费中心城市示范区、国家级金融科技示范区、国家服务业扩大开放综合示范区、公共文化服务体系示范区创建发展。（夏月杰）

【区通信建设管理办公室揭牌】 3月2日，区科技和信息化局组织召开西城区通信建设管理办公室揭牌仪式暨2022年5G基础设施建设联席会议。会议通报介绍由工业和信息化部联合中央网信办、国家发展和改革委、教育部、财政部、住房和城乡建设部、文化和旅游部、国家卫生健康委、国务院国有资产监督管理委员会、国家能源局、中国国家铁路集团有限公司和北京市政府印发的《提升北京市重点场所5G网络覆盖工作方案》，传达北京市重点场所5G无线覆盖工作部署会会议精神，部署北京市“241”和西城区“241+”5G网络攻坚行动建设任务，介绍西城区5G基站建设情况及协同推进工作计划。

（王立民）

【关键信息基础设施防汛保障】 6月1日，按照市、区防汛抗旱指挥部指示要求正式开展年度上汛通信保障。区科技和信息化局抓实全区政务外网及关键信息基础设施保障，调配骨干力量，安排全时值守，持续关注雨前、雨中设备运行状况，及时进行数据分析检测，增加日常巡查巡检频次，随时处理问题，完成汛期关键信息基础设施安全运行保障任务。（彭育韬）

【《北京市西城区信息化项目管理办法》发布】 7月7日，《北京市西城区信息化项目管理办法》印发，提出“统筹规划、共建共享、绩效跟踪、闭环管理”的原则，明确信息化项目应重点保障和改善民生，重点强调规划引领和统筹集约建设，加强网络和信息安全管理，强化项目全流程管理和监督考核，进一步加强全区信息化的总体设计、统筹管理和集约建设，规范和指导全区信息化项目实施。（田一丹）

【信息化项目需求申报培训会】 7月28日，区科技和信息化局组织召开2023年度信息化项目需求申报培训会。市密码管理局、市公安局西城分局、区密码管理局、区科技和信息化局相关负责人出席会议。会上区科技和信息化局针对最新发布的《北京市西城区信息化项目管理办法》以及2023年信息化项目申报工作注意事项进行培训，全区各单位近120人参加培训。（李庆坤）

【党的二十大期间网络安保】 9月16日起，区科技和信息化局部署落实全区政务机房关键信息基础设施及网络平台安全保障工作，会同全区各涉网单位进行前阶段网络设施安全检查、复查和整改，完善方案预案，调配增强技术力量，提前组织重保应急响应演练等测试。落实区政务机房软硬件重保巡检、设施维护和数据配置要求，强化预警、态势感知和应急响应。实施各类服务器和办公计算机病毒防护，强化系统漏扫、病毒查杀、补丁更新，党的二十大期间，全区政务网络和设备设施运行正常。（崔　珂）

【筹建网络安全运营与指挥中心】 10月，为加强西城区网络安全防护体系建设及运行保障，学习借鉴国家及北京市重大任务网络安保成功经验，由区科技和信息化局牵头的“网络安全运营指挥中心”建设计划明确落地。西城区网络安全运营与指挥中心在区大数据工作领导小组的统领指导下，集西城区网信、科信、公安等网络安全主管部门作用于一体，选聘专业的安全企业技术服务团队，建立立足中心，面向全区的联合处置机制，常态化开展全区政务网络、平台系统安全服务和运行保障管理。（彭育韬）

【重点行业区域感知设备摸底】 12月，为贯彻落实《北京市大数据工作推进小组办公室关于印发〈北京市新型智慧城市感知体系建设2022年实施方案〉的通知》等有关部署要求，协助推进西城区感知体系建设，区科技和信息化局开展对首批全区教育、公安、生态环境、城市管理、园林绿化等重点行业、重点区域感知设备开展总量摸底和台账注册工作。要求重要行业和地区的感知设备台账注册率不低于摸底总量的30%，数量误差控制在1%以内。（马云翔）

（责任编辑　郝慧芳）

商贸服务业

综　述

2022年，西城区高效统筹疫情防控和经济发展，推动商贸流通、消费促进、生活性服务业稳步发展。制订西城区应对疫情物资保障及保供稳价组工作方案，成功应对4月下旬和5月中旬的市场供应突发事件。完善防疫物资、生活必需品、菜篮子等3个区域临时应急物资储备库管理，先后为15个街道和相关单位紧急调拨物资，为西城区疫情防控提供物资保障。牵头做好区级党委政府落实粮食安全责任制工作，市级年度区级党委政府落实粮食安全责任制考核工作获“优秀”等级。入选全国第二批城市一刻钟便民生活圈试点地区，新建21个基本便民商业网点，提升改造百姓生活服务中心2个。受疫情影响，实现社会消费品零售总额987.3亿元，比上年下降9.4%。

（柴晓虹　赵杰平　杜颖　丁宁）

“两区”建设

【概况】2022年，西城区新增“两区”项目177个，较年度指标增幅161%；项目总金额1504亿元，较年度指标增幅145%。项目平均金额8.5亿元。新增项目数、新增项目金额、项目落地率均超额完成市级指标；项目总金额、项目平均金额连续两年均居全市首位。申报18个“两区”建设制度创新案例；2个案例入选市“两区”建设第二批改革创新实践案例，在全市推广。（马岩　郭映辰）

2022年，西城区新建21个基本便民商业网点。图为部分新建网点　（区商务局　供图）

【“两区”建设改革创新案例申报】8月29日，西城区申报北京市“两区”建设第二批改革创新案例18个，其中2个案例入选，向全市推广。《优化跨境税收智慧化管理机制》案例对传统征管服务模式进行数字化更新迭代，跨境涉税事项网上申报率达99.6%，助力税款“应征尽征”、材料“应简尽简”、优惠“应享尽享”，推动西城区国际税收收入整体规模排名全市前列。《疫情防控“常态化”下的登记服务体系创新》案例，创新“联审联办”场景机制、“零接触”服务方式和“小颖话营商”服务品牌，新增最快10分钟取照，通过“证照联办”最快2.5小时即可获取营业执照和食品经营许可证。（马　岩）

【“相约西城、共享未来”西城推介会】9月2日，市商务局、市投资促进中心、区政府在海清苑共同举办“相约西城、共享未来”西城推介会。面向国内外商会代表、驻华外资企业代表、世界500强企业家代表、知名金融机构代表、媒体等，聚焦高水平开放、高质量发展，展示西城区建设成果，宣传建设项目、区位和政策优势，推介西城区营商

9月1日，西城区在2022服贸会“北京日”暨“两区”建设两周年主题活动上与“两区”重点项目签约
（区商务局　供图）

环境，投资和消费促进资源等。推介会由副区长陈朝晖主持，商务部投资促进事务局副局长于广生、市商务局副局长赵卫东、市投资促进中心副主任唐永宏，区委副书记、代区长刘东伟先后致辞；区委常委、副区长聂杰英以“开放共促发展、以合作共创未来”为主题作专题推介；联合国工业发展组织投资和技术促进办公室（中国·北京）主任武雅斌与西城区分享合作签约项目；区商务局、区发改委、区金融街服务局、区科信局、区文旅局、西城园、金服公司等部门作为“服务管家”与企业代表见面交流。推介会现场以展板形式展示西城区“两区”建设两年以来成果及金融、金融科技、数字经济、专业服务等政策清单；菜百、内联升、瑞蚨祥、一得阁等中华老字号、马连道茶文化，通过沉浸式场景体验，展现西城区深厚的历史文化底蕴。（洪　娟）

【服贸会参展】8月31日至9月5日，区商务局牵头组团参加中国（北京）国际服务贸易交易会。西城交易团线上注册参展企业495家，搭建展台321个，成果预筹各类项目17个，其中金额类项目11个金额7.42亿美元。在服贸会“北京日”暨“两区”建设两周年主题活动上，区委书记孙硕以“坚持制度创新引领，打造开放发展高地”为主题作“两区”建设创新经验发言。会上，刘东伟代表区政府与1个重要国际组织和金融、金融科技领域2家重点企业签约，签约总金额155亿元，排名全市第一。聂杰英受邀在“投资北京会客厅”上作西城“两区”招商引资主题推介。在首钢园区搭建金融服务、文旅服务特色主题展区，全面展示发布“两区”建设两周年高质量发展成绩单。市委书记蔡奇视察金融街展区。

（贾明达　马岩）

【“两区”建设工作会】9月22日，西城区召开建设国家服务业扩大开放综合示范区工作领导小组会议。区委书记孙硕出席会议并讲话。会议审议通过《西城区建设国家服务业扩大开放综合示范区工作领导小组调整方案》，总结“两区”建设两年来的工作成效，部署下一步重点工作指标与任务安排。区商务局汇报“两区”建设整体进展，市金融街服务局、西城园管委会、区税务局、区市场监管局作经验介绍。

（马　岩）

【总部经济发展】2022年，西城区总部企业达478家，较上年度增幅约10%，占全市总部企业总量的11%，体现了首都功能核心区减量背景下高质量发展的特征与优势。年内，拉法耶特百货（北京）有限公司、一起教育科技有限公司被新认定为跨国公司地区总部。

（马岩　贾明达）

粮油经销

【粮食流通监管】2022年，区商务局严格粮食流通事中事后监管，严肃查处违法违规行为，监督检查辖区内11家重点涉粮企业粮食流通全覆盖。经检查，企业均认真执行国家粮食流通统计制度，设专人负责粮食购销存活动统计、报送、保管等工作，统计台账记录普遍全面详细、数字准确、账账相符，未出现囤积居奇、哄抬粮价、计量作弊等扰乱粮食市场秩序违法违规行为。针对检查中发现的个别企业登记不规范等问题，检查人员现场培训企业工作人员，指导企业及时整改问题。（柴晓虹）

【粮食科技宣传】5月21日至28日，区商务局组织开展“2022年粮食和物资储备科技活动周”活动。宣传推广年度活动主题“科技兴粮兴储，创新有你有我”，宣传科技法律法规、科技创新成果，开展优质粮油进社区、进家庭、进企业、进机关等活动，张贴主题宣传海报500余张，向消费者和社区居民发放主题宣传手册1000余份，2000余人参与线上线下活动。（柴晓虹）

【社会粮油供需平衡调查】6月，西城区完成2022年度社会粮油供需平衡调查。调查选取辖区城镇居民30户、餐饮企业70家（含有关单位食堂）作为调查样本，数据显示年内全区居民口粮消费折合原粮为149754吨，同比下降0.14%，主要以面粉、大米为主，折合原粮消费小麦和稻谷分别占粮食消费总量的56.14%和40.19%；全区居民年消费食用油20240吨，同比增长4.17%，主要以菜籽油、葵花油、花生油为主，分别占消费总量的27.72%、23.37%、19.57%，辖区居民粮食供需基本平衡。居民家庭期

末库存相当于33天消费量，满足日常生活和突发情况应急需要。

（柴晓虹）

【粮食安全宣传】10月16日（第42个世界粮食日），区商务局组织开展“2022年世界粮食日和全国粮食安全宣传周活动”。宣传推广年度世界粮食日主题“不让任何人掉队，更好生产、更好营养、更好环境、更好生活”和粮食安全宣传周主题“保障粮食供给，端牢中国饭碗”。宣传科学储粮、健康饮食、节粮减损等科学常识，引导涉粮企业和百姓共同关注国家粮食安全，维护全球粮食安全。有关单位张贴发放活动宣传品千余张。（柴晓虹）

生活性服务业

【便民服务网点建设】2022年，西城区新建基本便民服务网点21家，其中蔬菜零售2家、便民早餐1家、便利店11家、美容美发2家、末端配送（快递柜）4处、“第三空间”1处（居民在家庭第一空间、工作单位第二空间之外的街区生活服务与公共交流空间）。截至年底，全区有八类基本便民服务网点3349个，连锁化率54.4%，基本便民商业服务功能社区覆盖率100%。利用大数据手段，通过对全区八类基本便民网点实地调查，制订发布并动态更新《社区商业生活服务业建设导则》。坚持民意立项常态机制，加强供需精准对接。与街区更新有机衔接，注重商业与民生、环境、文化和谐共生，打造社区生活网红店和“静美”街区，推动“小而美”“小而精”服务配套逐步实现全覆盖。深挖利用西城有限空间资源，打造国际消费中心城市“一网托底”的一刻钟社区美好生活圈。引进国内外龙头企业不断扩大发展规模，推动国有企业发挥示范作用。（丁　宁）

【百姓生活服务中心提质升级】2022年，按照北京市《标准化菜市场设置与管理规范》工作要求，区商务局重点推进月坛街道万发恒顺菜市场和展览路街道百万庄百姓生活服务中心完成提质升级工作。对房顶、外墙等硬件进行翻修升级，增加蔬菜水果零售面积、调整业态布局、增设居民需求的便民服务项目。年内，全区有百姓生活服务中心55家。（丁　宁）

【《社区商业生活服务业建设导则》实施】2022年，区商务局结合网点监测与核验相关工作，持续统筹推进《社区商业生活服务业建设导则》实施，更新15个街道导则，包括街道基本情况、配置标准、提升路径、发展建议、工作举措、扶持政策和保障措施等主要内容，为各街道提供个性多元、动态更新的“一街一则”支持，深入对接百姓需求，实施“民生工程民意立项”机制，打造生活性服务业精细化便民商业服务圈。其中，月坛街道参照建设导则根据居民所需所想，因地制宜增补小型便民综合体，集便民理发、洗衣洗鞋代收、制衣织补、家电维修、家政服务等一体的便民服务设施，满足居民实际需求。广内街道参照建设导则，通过“民生工程民意立项”建设“智能方长者餐厅”，弥补地区老年用餐服务资源不足问题，可为重度失能失智老人免费送餐上门，让老年人体验到“舌尖上”的关爱，让居民生活更加便利。（丁　宁）

【一刻钟便民生活圈试点地区】8月，西城区入选北京市唯一的全国第二批城市一刻钟便民生活圈试点地区。确定德胜街道阳光丽景社区、西长安街街道西单北社区、新街口街道西里二区社区、金融街街道砖塔社区、椿树街道椿树园社区、陶然亭街道新兴里社区、展览路街道团结社区、月坛街道三里河二区社区、牛街街道西里一区社区、广外街道名苑社区10个街道社区作为西城区一刻钟便民生活圈试点社区。

（丁　宁）

国际消费中心城市示范区建设

【北京坊运营】2022年，北京坊项目签约面积合计39613.6平方米（含公区面积631.9平方米），占全场总租赁面积的80%。年内新签约面积4287.43平方米，占全场总租赁面积的9%。开业商户35家，面积34949.79平方米。4月，松鹤楼新店入驻北京坊，玺源居迁入北京坊。10月21日，缦图摄影开业。11月1日，泡泡玛特盲盒机摆放完毕。11月23日，“TimeOut北京2022新生活大赏”颁奖典礼在北京坊举办。经过此前7天的大众投票及专家评选，最终揭晓年度展览、年度健康生活品牌、年度个性化阅读空间、年度新零售空间、年度家庭创新亲子品牌、年度酒店式公寓、年度新生活单品、年度新晋打卡地、年度创新商业地标、年度城市更新地标、年度期待商业地标及年度奥特莱斯共12项评选的专业之选和大众之选获奖名单。

2022年，北京坊举办多场文化活动，以丰富的文化体验、艺术内容为基础，以多元活动和空间改善为抓手，嫁接多方资源，梳理内部生态，细分多圈层年轻及亲子客群。策划3场自主IP活动：新春文化坊会、东邻西坊生活节、生活方式设计节。引入4场文化艺术IP展览：宫西达也的绘本世界特展、诶笔希艺术书展、新华书店5G新阅读体验馆、港澳视觉艺术双年展。5场空间美学提升美陈展览：年画展——露天美术馆、中轴线摄影展——露天美术馆、绿洲花园美陈装置、冬日·花园秘境美陈装置、冬季树木亮化；举办北京中轴线创意市集文化活动、北京中轴线遗产传承与创新大赛优秀作品展。1月25日至2月7日，中共中央宣传部文艺局、中央文明办二局、文化和旅游部公共服务司、中国美术家协会、中国民间文艺家协会、中共北京市委宣传部、西城区委、西城区政府在北京坊联合主办新春文化坊会——“赏年画过大年”主题年画展，助力弘扬传统文化，创新赋能街区商业组织。展览展出270余幅重点年画作品，展出面积近4000平方米（含露天美术馆），累计参观人数9000余人次。人民日报社、新华社等10余家主流媒体做出20余期专题报道，发布200余篇新闻报道。微博、抖音话题点击量2.1亿人次。7月28日至31日，第七届诶笔希艺术书展在北京坊劝业场文化艺术中心举办，共148家艺术出版单位参展，40家国际出版单位委托展出上千种类的艺术出版物。网络开票8800张，媒体及机构1000张，总观展人数近万人。9月10日至12日，组织非音奇趣音乐／戏剧快闪——绿洲花园主题美陈，举办9场音乐快闪、3场草地围炉音乐会和27场戏剧互动演出，使音乐、艺术与街区融合共生，打造城市微度假目的地。12月中旬，参与“2022港澳视觉艺术双年展”，活动由文化和旅游部、香港特别行政区政府文化体育及旅游局、澳门特别行政区政府社会文化司联合主办，聚焦“艺术与科技”主题，香港、澳门、内地三地30余位／组艺术家参与，线上线下联动开展。8月5日至10月30日，“宫西达也的绘本世界”创作40周年大展在北京坊举办，展出面积1000平方米，为首次全国最大规模个展，涵盖宫西达也从1983年至2022年创作的57部绘本作品，通过沉浸式场景展出200余幅手稿及画作。微博、抖音话题点击量近千万人次。累计参观人数2.7万人次，票房及衍生品收入216.7万元。

（王晓曼　齐田　刘杰　马前）

【“西城消费”平台服务】 2022年，区商务局发挥“西城消费”平台数字赋能作用，陆续开展4大板块、21个系列、24个主题、405场次活动，累计覆盖商户335家次，在线服务消费者213.8万人次，综合撬动消费13.5亿元。（杜　颖）

【“一店一策”改造】 2022年，西城区按照“一店一策”工作要求，完成新地佰改造项目（改造后的地安门商场更名为新地佰，企业名称一直为北京地百商贸有限公司）。新地佰秉持“中国式新生活”主题和“高品质、重文化、强吸引”定位，囊括潮玩零售、国潮餐饮、艺术文化和高端办公等多元业态。商场于12月开业，一层与B1层商户开始营业，其他楼层商户完成签约。验收完成谦祥益改造项目。作为全国重点文物保护单位，谦祥益改造被列为中轴线申遗保护西城区重点项目。通过外立面修复工程，排除文物建筑安全隐患改善外立面形象，提升前门——大栅栏商圈整体环境风貌。（耿嘉俊）

【商圈品质提升】 2022年，区商务局研究出台《西单金融街商圈综合提升实施方案》《西单金融街商圈业态导则》，完成商圈一统多分方案。确定地安门外商圈、西直门商圈四至范围，报市商务局备案。进一步修改完善《地安门街区业态调整提升实施方案》《地安门商业区业态发展指导细则》《西直门商圈业态调整提升实施方案》，打造区域重点商圈。（党文君）

【西单金融街商圈】 2022年，西城区持续推进国际消费中心城市示范区建设，西单金融街商圈积极开展重点商场改造和品牌引进，区域商业活跃度保持较高水平。完成西单金融街商圈综合提升实施方案、西单金融街商圈业态导则、商圈“一统多分”综合改造提升方案。协调西单商场、西单购物中心、汉光百货外立面改造、西单空中连廊等重点项目方案深化和前期手续办理。举办西单时尚节等高品质商业促消费活动，拉动区域重点商业企业销售额增长、客流量有序恢复，商圈全年实现销售收入超90亿元。（党文君）

【地安门外商圈】 2022年，西城区积极推动传统商圈转型升级，打造区域消费新地标，推进地安门外商圈深化提质。修订地安门外商圈综合提升实施方案、商业业态导则。协调地外158项目、新地佰改造等重点工程推进和品牌引入，其中新地佰于年底重张开业，引入星巴克等30余家国内外知名品牌，覆盖潮玩零售、国潮餐饮、艺术文化和高端办公等多元业态。（党文君）

【西直门商圈】 2022年，西城区贯彻市、区两级政府关于西直门商圈提质升级指示精神，高品质推进国际消费中心城市示范区建设，将西直门商圈定位打造地区级活力消费圈。修订西直门商圈综合提升实施方案。协调新科广场改造、西外休闲文化广场一期等重点项目改造提升和品牌引进。西直门凯德MALL举办跨年活动、周年礼、抖音探店等品牌促消费活动，拉动商圈商业业态升级。（党文君）

【大栅栏商圈】 2022年，西城区深入贯彻市、区两级政府关于大栅栏商圈改造提升的指示精神，加快建设国际消费中心城市示范区，立足大栅栏地区历史、文化等特色优势，积极推进商圈品质综合提升。配合前门大栅栏商圈提升市级专班，落实前门大栅栏商圈改造提升5年行动计划（2021—2025），完成大栅栏地区业态发展导则。北京坊推进“文化＋体验＋商业”融合发展，举办新品速递、特色文化等活动，北京坊二期项目启动工程建设和品牌引进，打造“中国式生活体验区”，提升商圈消费活力。大栅栏商业街深度赋能老字号创新发展，全年累计客流量约310万人次，实现区域商业发展有序恢复。

（党文君）

【北京西单时尚节】 8月29日至10月31日，区商务局围绕“精耕高品质发展新生态、构筑国际消费新西城”主题，举办2022（第十二届）北京西单时尚节。坚持科技引领、数字赋能，贯穿线上＋线下、平台+现场、虚拟+现实场景模式，呈现7大版块、95家次、144场次活动，“西城消费”平台共投放消费券52万张，统筹让利2302.5万元，在线服务消费者49.5万人次，带动商业企业会员增长19.6万人次，综合撬动消费10.45亿元，配合活动及品牌推广宣发公众号推文71篇次、网络宣传108篇次、视频16篇次，阅读量132.7万人次。

（杜　颖）

老字号振兴发展

【第二届西城区老字号餐饮文化节】 9月29日，西城区第五届时尚美食节暨第二届老字号餐饮文化节开幕，持续至12月。活动依托“西城消费”平台，开设时尚人气美食评选活动专区，开展餐饮特色菜品人气美食网络评选；同步启动“第二届老字号餐饮文化节”活动专区，设置多层次满减让利活动，发布《百年字号、品在西城》专辑，开展西城区老字号餐饮文化巡展。

（赵杰平　杜颖）

【老字号餐饮振兴发展计划】 2022年，区商务局继续实施西城区老字号餐饮振兴发展计划，采取线上线下相结合方式，制作《百年味道、吃在西城》第二辑，开辟“西城消费”平台线上活动专区等系列内容，展示老字号餐饮匠心品质、文化魅力，提升品牌客群覆盖力、行业引领力，推动餐饮老字号传承创新发展，引导和扶持老字号高质量发展，推动老字号数字化转型提质。

（赵杰平　史倩）

【《西城区进一步促进老字号传承与创新发展的意见》制订】 2022年，区商务局制订并发布《西城区进一步促进老字号传承与创新发展的意见》，通过促进老字号治理结构升级、促进老字号人才队伍建设、推动老字号经营模式创新、加强老字号文化传承保护、扩大老字号品牌宣传推介5大措施，建立健全老字号传承创新发展的支持体系，通过加强组织领导、强化分层分类指导、加大资金支持力度、统筹多元支持政策4个方面，提出落地实施《意见》保障性措施。（赵杰平　史倩）

对外及对港澳台经济贸易

【概况】 2022年，西城区利用外资（含港澳台）总体向好。新设外商投资企业23家，同比下降45.2%；吸收合同外资742177万美元，同比增长701.1%；实际利用外商直接投资130443万美元（按可比口径同比下降45.5%），全市排名由上年的第七位提升至第三位；实际利用外资分行业位列前三位的是金融业、信息传输及计算机服务和软件业、住宿和餐饮业。西城区进出口总额8265亿元，同比增长67.4%，占全市比重22.7%，占比位居第二。其中出口额1156.6亿元，同比增长25.9%，占全市比重19.6%，占比位居第三；进口额7108.4亿元，同比增长77%，占全市比重23.3%；比位居第二。

（郝家莹　贾明达　郭文志）

【对外贸易经营者备案登记】 2022年，区商务局办理对外贸易经营者备案登记151件，同比上升7%。其中新办67家，同比下降4%；变更84家次，同比上升25%；注销1家，下降75%；迁出2家。

（郝家莹　贾明达　郭艳芳）

【服务外包】 2022年，西城区服务外包新增合同签约金额4.61亿美元，服务外包执行金额0.76亿美元。完成驻区5家企业申报市服务外包奖励材料初审工作，其中办理北京市服务外包企业新录用人员补助1家4人、一般服务出口项目类1家、技术出口2家、离岸外包业务类1家。（贾明达）

【外资外贸企业服务】 2022年，区商务局统筹发挥稳外资外贸工作合力，针对重点企业开展“服务小分队”式走访服务，向驻区外资外贸企业宣传西城区在全市率先出台的《〈关于继续加大中小微企业帮扶力度加快困难企业恢复发展的若干措施〉的落实指引》，为重点企业高管返京、申请外籍高层次人才永久居留权、复工复产等提供全面服务。在区政务大厅开设外籍人才工作和居住“两证联办”窗口；创新“企业管家”全程帮办导办落户全过程“陪伴式”服务机制，为拟引进外资机构和驻区机构提供综合服务方案，“两区”重点引进外资企业实现当日办照。汇集区内“金开十条”“服务北交所十条”等4个部门6个政策，形成西城区产业政策“一图读懂”汇编，受到企业欢迎。

（郝家莹　贾明达）

【与香港投资企业合作】 12月，区商务局利用北京赴香港首办境外投资推介会的契机，向香港企业宣传区域产业优势和营商服务政策，同多家重点企业交流，取得积极效果。12月14日，在北京国家会议中心举行的第25届京港洽谈会上，西城区签约项目金额79.35亿美元，排名全市第一。（马　岩）

电子商务

【中国国际进口博览会推介活动】 11月6日至10日，西城区参加第五届中国国际进口博览会（上海）。进博会期间，菜百股份与汇丰银行（中国）建立长期合作关系，签约1150万美元的金融服务采购合同。11月10日、11日，西城区分别参加北京市投资促进服务中心线上举办的第五届进博会外资企业专场推介会和重点产业专场推介会。

（贾明达　马岩）

【与白俄罗斯列宁区企业举办线上推介会】 9月27日，西城区与国际友城白俄罗斯明斯克市列宁区在新动力金融科技中心举办企业线上推介会。区委副书记、代区长刘东伟与列宁区区长罗曼·梅利尼克分别致辞，介绍两地最新发展、产业园区建设及企业发展等情况。区委常委、副区长聂杰英解读“两区”政策和“金开十条”等吸引外资入驻系列配套扶持政策。王府井集团北京长安商场有限责任公司（中）、北京中科钛领科技有限公司（中）、明斯克第2冷冻联合工厂（白）等40余家企业、10家企业代表作项目推介和交流，涉及商业流通、高新技术、食品酒类、纺织服装等多个领域。两地政府“云”签署《北京市西城区人民政府与明斯克市列宁区政府深度开展经贸领域合作备忘录》，扩展“两区”建设国际友城招商合作链，为推动两地间企业引进来、走出去，扩大双向投资和经贸合作打开新空间。（洪　娟）

【“两展一节”线上茶业博览会】 11月28日至12月27日，中国茶叶流通协会、西城区政府、北京展览馆集团共同主办2022北京国际茶叶展、马连道国际茶文化展、线上惠民消费节（简称2022“两展一节”线上茶业博览会）。在线注册企业超过500家。在“中国茶叶流通协会”微信小程序、“西城消费”微信公众号原有平台基础上增加“乐享北展”微信公众号、黑龙江茶业产业发展促进会微信公众号为新展示平台，增设哈尔滨大发国际茶城分会场。设立文旅成果专区、海峡两岸文创产品专区、国茶轮播和茶叶百科专区、线上茶空间展示专区。通过“中国茶叶流通协会”微信视频号、“西城消费”抖音号进行“直播带货”。（章建平　洪娟）

烟草专卖

【概况】 2022年，北京市西城区烟草专卖局（公司）（简称区烟草专卖局）开展卷烟营销和烟草专卖管理工作。销售卷烟29661箱，同比下降4.1%；单箱销售金额3.85万元，同比每箱增加2308元；实现利税17281万元，同比下降0.54%。查办各类涉烟违法案件65起，其中大要案件24起。查获违法卷烟363.61万支，总案值264.78万元。其中查获真烟358.82万支，假、私卷烟4.8万支，刑拘2人。（王　宣）

【烟草市场监管】 2022年，区烟草专卖局综合研判卷烟异常波动，开展“蓝剑2022·平安烟草”专项行动，打假打私与治理真烟异常流动相结合，突出违法大户和市场倒烟两个重点，强化部门联动，加强联合执法，借助专业力量和技术优势，严厉打击各类涉烟违法行为。应用数据库手段提升“双随机、一公开”检查和重点户监管的科学性，实现市场监管“无事不扰”又“无处不在”。坚持线上线下同步开展“茶烟”等类烟产品和“军”字号卷烟专项治理。结合法规宣传开展“中国烟草”标识标牌集中整治。严格核实校园周边许可证情况，与区教委建立长效机制，实时更新学校台账，定期对校园周边开展精准监管。坚持12313和12345两条热线疫情防控期间“不打烊”，采取“线上传递，直达现场”的工作模式，高效处理举报投诉，做好群众服务。（王　宣）

【校园周边治理】 2022年，区烟草专卖局贯彻落实《北京市控制吸烟条例》，联合区市场监管局开展辖区校园周边无证户治理工作。聚焦实地核查“预警”。在零售许可新办、延续等环节实地核查工作中，重点关注“距离限制边缘”持证零售户，适时启动三部门复核预警。距离周边中小学、少年宫100米至150米的零售户登记造册，实现动态联动，做到“心中有数”。聚焦联合协作“预警”。与区教委相关部门建立内部工作协调机制，实时更新辖区有正规资质中小学、少年宫名册，定期对辖区学校周边持证户开展监管工作。密切与区市场监管局协作，搭建齐抓共管格局，针对校园周边无证户定期开展拉网式排查，形成多方位联动，净化未成年人成长环境。重点对金融街街道、德胜街道等学区无证户逐一走访检查。出动执法人员80余人次、执法车辆4辆，查处7所校园周边无证户。（王　宣）

【行政许可服务】 2022年，区烟草专卖局规范、明确西城烟草行政许可材料审核、新办与延续专卖零售许可有效期限参照标准，建立行政许可审批期限科内督查机制，提高专卖执法质量。全面规范新办、延续等许可证事项实地核查处理标准，确保在实地核查环节处理全过程记录拍摄合法、真实、全面、准确，执法过程可回溯。加强许可审批规范化管理，发挥“好差评”作用，压实“差评”责任追究机制，改进工作、优化服务。接待咨询各种事项群众900余人次，向零售户发放宣传材料200余份，按时办结率100%。在西城政务大厅满意度调查中满意度100%，多次获得行政许可相对人好评。（王　宣）

【优化营商环境】 2022年，区烟草专卖局推广许可证网上办理，对需要办理许可证新办、延续手续的零售户根据实际分类提供“一对一”专项帮扶。开通“行政许可绿色通道”为办事人网上申请、现场申请提供便利；制作、打印“网上办理小提示”，逐一指导办事人；将不方便外出办事人作为“特殊帮扶对象”，办理过程全程分阶段引导。（王　宣）

【电子烟监管】 2022年，区烟草专卖局成立电子烟工作专班，开展电子烟政策学习贯彻、宣传解读，依法有序推进电子烟零售许可核查、审批等工作。深入调研全面掌握辖区电子烟经营情况，熟练掌握“1+2+N”电子烟监管制度体系（1即《烟草专卖法实施条例》，2即《电子烟管理办法》和《电子烟》强制性国家标准GB41700—2022，N即多份政策性文件为保障的监管体系），起草《西城烟草电子烟监管方案》，明确市场监管重点。（王　宣）

【规范执法管理】2022年，区烟草专卖局制作专卖管理工作“一口清”清单，拍摄执法难点教学视频，为现场提供参考标准。落实执法视频月度考评机制，全年考评执法视频500余条。开展专卖执法规范季培训活动，应用执法模拟仿真系统，分组开展实景演练，提高执法人员应急处突能力与综合素质。（王　宣）

【烟草法规宣传教育】2022年，区烟草专卖局围绕首善之区法治烟草建设目标，制定西城烟草“八五”普法规划，整体推进普法宣传、法制监督和执法规范，有效提升法治宣传工作质量和水平，以《中华人民共和国烟草专卖法》颁布纪念日契机，开展“6·29”线上烟草专卖法律法规宣传活动。开展领导干部学法用法专题培训。将法治教育嵌入具体工作环节，严格企业法律审核，加强专卖执法监督，强化社会法治服务。开展“法律进零售终端”活动，利用微信公众号开展普法宣传。（王　宣）

商贸管理

【概况】2022年，西城区商务局（简称区商务局）协调整顿和规范市场经济秩序，参与推动商务领域信用建设，开展诚信兴商典型案例征集；按有关规定对拍卖、成品油等特殊流通行业进行监督管理；做好单用途商业预付卡备案管理；推进商业无障碍环境建设；组织开展具有行业特点的宣传教育和培训，指导、督促商务领域重点单位安全生产工作。受理“12345”市民热线投诉举报2994件，其中预付式退费2126件，占比71%；表扬18件。（柴晓虹　赵杰平　杜颖　丁宁）

【商务行业安全生产管理】2022年，区商务局做好重要节日和重大活动安全服务保障工作，推进安全生产3年行动、商务行业燃气安全排查整治和平安创建活动，检查单位1500家次、出动2260人次，其中商业零售730家次、餐饮单位770家次，发现一般性隐患733个，均整改。开展商务行业安全生产宣传、教育、培训，利用线上线下组织310余家规模以上餐饮和零售企业安全生产负责人，落实“新安法”“285号令”及用火、用电、电动自行车、危化品使用安全、燃气安全、有限空间作业、应急演练等方面培训。“安全生产月”“119消防月”期间，组织企业开展隐患自查自纠、应急演练等活动，分别组织指导帕米尔食府、长安商场等企业应急演练，相关企业观摩，企业各联组相互学习，完善企业应急预案，提高企业员工处理突发事件能力。推动企业安全生产标准化达标工作，完成16家规模以上餐饮和零售企业三级安全生产标准化达标创建工作。（杨尚宗）

【商业无障碍环境建设】2022年，区商务局贯彻落实市委、市政府关于无障碍环境建设工作要求，提升区内无障碍设施规范化、精细化、常态化管理水平。北京冬残奥会期间，日常巡查重点商超，加强宣传，督促无障碍设施维护。巡查过程中发现的问题及市民诉求要求企业立即整改。（赵杰平　史倩）

【诚信兴商典型案例征集】2022年，区商务局开展诚信兴商典型案例征集活动，通过评选北京市菜市口百货股份有限公司、北京瑞蚨祥绸布店有限责任公司、北京内联升鞋业有限公司、北京正兴德茶叶有限公司、北京福奈特洗衣服务有限公司、北京王府井集团长安商场有限责任公司、北京汉光百货有限责任公司、北京港佳好邻居连锁便利店有限责任公司、北京西西友谊商城有限公司、北京贯通建徽酒店等企业获评“诚信兴商十大典型案例”，推动企业形成人人知诚信、人人讲诚信的良好风尚。（赵杰平）

【拍卖企业初审及年度核查】2022年，区商务局完成辖区35家拍卖企业新设初审工作和变更、延续、注销拍卖经营许可批准证书工作及55家拍卖企业2021年度核查初审工作。（张晓燕）

【单用途商业预付卡备案管理】2022年，区商务局要求备案企业从资金管理制度、实名登记制、限额发行制、非现金购卡制、单用途卡章程和购卡协议等方面进行单用途商业预付卡自查。做好每季度系统审核，完成35家企业备案。（赵杰平）

【行业公厕管理】2022年，区商务局依据《北京市主要行业公厕管理服务工作标准》，加强重点商超日常巡查，按照标准对消毒液配比、工作人员佩戴N95口罩、行业公厕卫生、标识张贴等加强宣传，督促整改。为市民群众提供整洁、舒适的如厕环境。（赵杰平　史倩）

【重点企业获市商业专项资金支持】2022年，区商务局组织辖区商贸企业申报2022年市商业流通发展资金，其中北京聚宝源电子商务有限公司聚宝源创新概念店等15个项目获得市商业专项资金667万元。项目涉及商业品牌首店建设、老字号传承发展、生活性服务业品质提升等方面。（柴卫红）

【成品油流通行业管理】2022年，区商务局组织辖区16家加油站完成上年度成品油零售经营资格年检；完成法人变更2家，做好信息“双公示”（行政许可、行政处罚等信用信息作出决定后网上公示）；完成成品油行业国民经济动员调查表填报；完成辖区成品油流通安全生产管理专项检查。（柴卫红）

【物资保障和保供稳价】2022年，西城区制订疫情物资保障及保供稳价组工作方案，做好防疫物资、生活必需品、菜篮子等3个区域临时应急物资储备库管理，建立“6+3+18”市场供应体系［“6”指6

个紧急供应集散地（另设6个后备地），接收应急物资在辖区的一级集散与分发；“3”指全区超市、百姓生活服务中心和重点便民菜店组成的三级供应平台，实现社区生活必需品供应全覆盖；“18”指15个街道各建立菜篮子供应联组与区发改委、区金融服务办、区外联办3家单位，组成供应保障联盟，保障街区及驻区重点机构整体供给能力]，构建四类应急场景，保障区域市场异常波动情况下的有效供给。成功应对4月下旬和5月中旬市场供应突发事件。组织辖区内骨干企业为区域居民提供蔬菜包36367份，为18家保供企业办理车辆保供通行证205个，做好重点保供企业配送人员“白名单”管理工作。在疫情感染高峰期，确保药品、抗原试剂、N95口罩等物资及时供应，保障45万户家庭、8000家“七小”门店健康防疫包发放。为15个街道和相关单位多次紧急调拨物资。

（柴晓虹　丁宁）

【助企纾困】2022年，按照市商务局《关于给予2022年度本市大型商场疫情期间补贴资金的通知》要求，西城境内庄胜百货、北京中基信和置业有限公司、汉光百货、华润置地（北京）股份有限公司——西单更新场、西单商场、长安商场西城分公司、金融街购物中心、西西友谊、长安商场、天虹商业管理有限公司、复兴商业城、西单大悦城、北京坊（大栅栏永兴置业有限公司）、拉法耶特百货（北京）有限公司、北京华威大厦有限公司、北京君太太平洋百货有限公司等16家大型商场，在疫情期间坚持营业，减免措施符合通知要求，获得疫情期间减免租金补贴共330万元。年内，区商务局制订《西城区2022年控疫情稳发展助企纾困工作方案》，对疫情防控期间严格执行防疫措施并承担保障市场供应的大型综合商场及购物中心、综合性生活超市、百姓生活服务中心实体门店，分别给予持续保供奖励、防疫支出补贴；符合条件的重点餐饮经营单位，通过开展促消费活动，以消费券配资形式给予补助，助力活跃餐饮市场。为111家企业拨付帮扶资金1799.5万元。

（赵杰平　杜颖）

商贸企业选介

北京市西城区国有资产经营（集团）有限责任公司

【概况】2022年，北京市西城区国有资产经营（集团）有限责任公司（简称国资集团公司）做好区属改制企业离休干部、退休人员管理和服务，完成管理政府托管金融机构股权投资任务，管理开发国资公司存量资产，承担政府新划拨转制资产管理开发和人员安置。1月，成立国资集团公司董事会，召开第一届董事会一次会议，标志着集团向现代化管理、科学化发展迈出了一步。落实离退休人员管理，做好慰问、服务。退管中心接收转企改制单位离退休人员106人，年末在管人员2843人，为转企改制单位职工队伍稳定、企业轻装上阵提供有力保障。全年实现经营收入总额52343.11万元，比上年同期增长6.35%。

（刘玮　温顺达）

【历史遗留问题解决】7月，集团党委专题研究金工公司多年未解决的党组织换届问题，坚持早介入、重指导，严把“质量关”，制订《金工公司党总支选举工作方案》，成立专项指导组，督促指导金工公司按既定程序，完成金工党总支选举工作。

（刘　玮）

【抗战老干部服务】9月，按照区老干部局《关于开展西城区抗日战争时期离休干部居家适老化改造工作的通知》要求，公司离退休中心工作人员与两位抗战老干部家属沟通联系，与区老干部局工作人员一起通过入户评估的方式，为老干部量身定制适老化服务内容，帮助老干部解决实际困难。

（刘　玮）

北京菜市口百货股份有限公司

【概况】2022年，北京菜市口百货股份有限公司（简称菜百公司）获中国质量检验协会颁发的全国产品和服务质量诚信示范企业、全国产品和服务质量诚信领先品牌、全国质量诚信标杆企业，国际消费全球趋势大会组委会颁发的2022国际消费品质中国·优质服务示范企业，国际铂金协会颁发的2022年度实至名归奖，北京十大商业品牌活动组委会颁发的2022年度北京十大商业品牌，北京市应急管理局颁发的北京市安全文化建设示范企业，中华少年儿童慈善救助基金会、中国SOS儿童村协会、西城区心飞扬青少年志愿服务中心颁发的首届全国青少年志愿服务艺术展最佳公益伙伴。举办非遗传承系列活动、北京菜百黄金珠宝博物馆暑期科普夏令营、志愿服务项目等。全年实现营业收入109.9亿元，同比增长5.61%。

（龚　磊）

【珠宝展、博览会、服贸会参展】1月11日，菜百公司参加2022世界珠宝发展大会暨海南国际珠宝展，出席私享鉴赏会，分享《菜百首饰文创产品设计研发》。2月23日，菜百公司参加由区政府、市地方金融监督管理局、北京证监局和北京证券交易所联合主办的西城区企业上市主题论坛展览，现场向嘉宾展示菜百公司特色产品及特色编织技艺。7月26日，菜百公司作为北京市“中华老字号”企业代表参加以“共享开放机遇，共创美好生活”为主题的第二届中国国际消费品博览会，展出“菜百传世”及部分联名文创产品。9月1日，菜百公司参加2022年中国（北京）国际服务贸易交易会（首钢园展区）。菜百公司与中国长征火箭有限公司、北京航天长征科技信息研究所签署战略合作协议。11月5日，菜百公司参加第五届中国国际进口博览会，展出品牌“菜百传世”古法黄金及众多首饰文创饰品。与汇丰银行（中国）

有限公司签订业务合作意向书，寻求建立长期业务合作关系。

（龚　磊）

【企业公益活动】3月5日，菜百公司主办“非遗文化传承，编织千年‘中国情结’”菜百黄金珠宝博物馆微课堂活动。预约参与人员可学习编织等手作技能课程。5月16日，由菜百公司（北京菜百黄金珠宝博物馆）、北京四中国际校区、中国地质博物馆、NGTC珠宝玉石首饰国检集团北京教育科技有限公司（原国检珠宝培训中心）共同打造的社会化公益科普项目——2022北京四中国际校区“商业与设计”活动课程启动。6月11日，菜百公司联合NGTC珠宝玉石首饰国检集团北京教育科技有限公司专业老师利用线上直播授课形式，面向儿童及青少年开启“菜百云课堂”课程，讲授黄金珠宝知识。7月16日，在菜百公司总店举行2022北京菜百黄金珠宝博物馆暑期科普夏令营——北京市青少年志愿服务艺术展启动仪式暨中国SOS儿童村“爱心助孤基地”揭牌仪式。活动由菜百公司、菜百黄金珠宝博物馆主办，西城区心飞扬青少年志愿服务中心协办，中国SOS儿童村协会为公益合作单位。夏令营面向社会心飞扬青少年志愿服务组织开设线下课程，内容有黄金珠宝知识、非遗文化传承（编绳剪纸）、动物行为学（虫珀里的科学故事）等。北京市青少年志愿服务艺术展以公益为主题，展出内容包括光盘行动、自然环境保护、贺岁文化、首饰知识等。8月20日，菜百公司参加“志愿小家庭 和谐大社会”首届中国青少年志愿服务艺术展开幕仪式。发布“菜小宝·地球卫士”科普环保志愿项目，志愿者可参与“集印令”打卡盖章互动、讲解菜百黄金珠宝博物馆展区展品、介绍首届中国青少年志愿服务艺术展等，宣传环保及公益理念，传播志愿精神，弘扬传统文化。

（龚　磊）

【企业团体标准制定】4月16日，菜百公司参与制定的《企业ESG披露指南》团体标准发布。8月15日，菜百公司参与制定的团体标准T / CGA 35-2022《投资金条》、团体标准T / CGA 36-2022《投资金条经营服务规范》批准发布。该标准由中国黄金协会提出、归口、发布。11月14日，菜百公司参与制订的《古法金镶嵌钻石饰品》团体标准发布。该标准由中国黄金协会提出并归口。

（龚　磊）

【兔年贺岁金银条菜百首发】9月20日，由中国金币集团有限公司发行、上海金币投资有限公司总经销的2023癸卯（兔）年贺岁银条在菜百公司全国首发。癸卯（兔）年贺岁银条有6个规格，分别是1000克、500克、200克、100克、50克、15克；最大发行量分别为600条、1500条、3000条、2.1万　条、3.6万条、1万条，成色均为99.9%。11月10日，由中国金币集团有限公司发行、上海金币投资有限公司总经销的2023癸卯（兔）年贺岁金条在菜百公司全国首发，北京独发。癸卯（兔）年贺岁金条有6个规格，分别是1000克、500克、200克、100克、50克和30克；最大发行量分别为140条、400条、1500条、1.19万条、1.8万条和9000条，成色均为99.99%。

（龚　磊）

北京汉光百货有限责任公司

【概况】2022年，北京汉光百货有限责任公司（简称汉光百货）建筑面积7万平方米，汇集品牌超400余家。先后引入60余家国内首店或北京首店，护肤品牌Augustinus Bader为亚洲首店。经营品类涵盖美妆、珠宝、男女装、童装、家品、运动、餐饮等。2月，《北京西城报》围绕“数字人民币落地西单商圈消费场景”主题，对汉光百货手持PDA使用数字人民币支付进行采访报道。4月4日，北京电视台新闻频道“首都经济报道”栏目围绕“西单智慧商圈引领消费新体验”，对汉光百货数字化收银流程进行采访报道。8月，“首都经济报道”栏目纪念“国际消费中心城市建设一周年”在汉光百货取景、采访。2022年，汉光百货连续20年获得北京市税务局颁发的纳税信用A级企业，获西城区共铸诚信活动领导小组西城区诚信单位称号，入选大众点评2022年度五星商场，获北京市商务局电商处颁发的2022北京网络直播促销月特色直播场景奖，获西城区2022年度消防安全工作先进单位。入选2022年西城区诚信兴商典型案例。获深圳市腾讯计算机系统有限公司2022微信公开课数字化先锋企业称号。

（张　冉）

【汉光百货大厦升级】2022年，汉光百货对商场环境分区域进行优化。2月至4月，升级改造大厦二层女鞋区域，女鞋区更加宽敞明亮，分区更为明显。提高母婴室、卫生间等公共基础设施的舒适性，升级消费者购物体验。

（张　冉）

【品牌引进】2022年，汉光百货引进儿童运动服饰品牌Moodytiger北京首店、法国香氛品牌Diptyque、安踏冠军店、国产品牌波司登入驻，满足顾客多样化需求。

（张　冉）

【自营店铺】2022年，汉光百货自营店铺新增设汉光精选运动配件店。店铺设置在地下一层，汇集成人及青少年游泳、跑步、滑雪、瑜伽和运动修复等专业装备，引进十几个运动品牌，满足成人及青少年运动配件的一站式购物需求。

（张　冉）

【线上线下消费融合】2022年，汉光百货线上购物小程序上线“逛逛”栏目，导购将推荐的商品信息发布到“逛逛”，顾客可选择自己有兴趣的商品进入查看。汉光购物卡可以储进线上购物小程序钱包，结账用电子钱包付款，无需去收银台。探索短视频领域，拍摄制作平台短视频，将线上产品与实体商场结合起来。依托AI技术，打造AI主播，制作AI主播主持短视频内容，将实体、线上与科技相结合。6月，入驻抖音平台，新增公域宣传渠道，截至年底，服务近1万人次。11月，启动视频号常态化直播，2个月累计参与品牌约200个。（张　冉）

【企业公益活动】8月，公司员工参与文明城区创建道路交通指挥志愿活动。年内，汉光公益基金捐款11万元制作《戏林回忆》纪录片，并将艺术资料捐赠与北京师范大学附属实验中学。通过评剧艺术家口述史，引导学生参与文化遗产的保护与传承。（张　冉）

北京华方投资有限公司

【概况】2022年，北京华方投资有限公司（简称华方公司）统筹企业经营发展和安全生产，较好完成年度工作任务。华方公司拥有北京华方文化发展有限公司、北京金象复星医药股份有限公司、北京贯通经贸集团、北京华方养老投资有限公司等20余家所属企业的全部或部分国有产（股）权，对其履行“投资、监督、调控、服务”等出资人职能。投资涵盖商业地产（房屋租赁、企业孵化器、酒店、特色餐饮）、健康服务（老年服务、康养、品牌医药、中医医馆）、非遗文创、资本运作等4大业务板块。截至年底，华方公司资产总额19.35亿元，比上年同期18.94亿元增加0.41亿元，同比增长2.16%；负债总额7.73亿元，比上年同期6.97亿元增加0.76亿元，同比增长10.92%；所有者权益11.62亿元，比上年同期11.97亿元减少0.35亿元，同比下降2.95%。资产负债率39.96%，负债规模及结构合理。全年营业收入11.86亿元，比上年同期12.72亿元减少0.86亿元，同比下降6.74%；利润总额–2692.59万元，比上年同期2570.14万元减少5262.73万元。华方公司及下属企业两次落实政府租金减免政策，累计减免409家中小微租户6个月租金6425.66万元（涉及养老行业租户减免1年租金）。华方公司受理“接诉即办”50件，除2月考核周期1件双否案件外，其余月份考核周期主责案件响应率、满意率、解决率均为100%。下属企业北京市皮鞋厂获评首都精神文明单位。金丰和孵化器通过国家备案众创空间、北京市众创空间年度考核，获得北京市小型微型企业创业创新示范基地和北京市知识产权信息公共服务网点、商标品牌指导站、年度知识产权优秀工作站、西城园孵化机构年度考核优秀企业等称号。康华伟业孵化器通过北京市小型微型企业创业创新示范基地2021年度绩效评价、中关村西城园孵化机构2021年度考核、北京市2022年度科技型中小企业资质。知识产权服务站连续5年获优秀工作站。白塔寺药店入围中国药店单店单榜100强第33名、中国药店价值榜（潜力企业）第34名；白塔寺东单医药公司入围中国药店单店单榜100强第62名。白塔寺药店张海鸥在北京市第十二届商业服务业技能大赛《医药商品购销员》决赛中取得第七名，获优胜选手称号。（窦鲁鑫）

【国企改革方案实施】2022年，华方公司贯彻落实《北京市西城区人民政府办公室关于印发〈西城区国企改革三年行动实施方案（2020—2022年）〉的通知》及区国资委《落实西城区国企改革三年行动实施方案台账》提出的各项重点任务，围绕9个方面62项具体措施，抓重点、补短板、强弱项，推动改革方案落实。（窦鲁鑫）

【华方五年发展规划】2月，区国资委通过《华方公司发展规划（2021—2025）》方案。华方公司围绕首都功能核心区战略定位，贯彻落实首都总体规划各项要求，服务首都功能核心区战略定位、发展目标。服务西城区功能定位，稳健经营、科学发展，实现新发展目标。提升总部管控能力和企业盈利能力；构建基础业务、成长业务组合，完善法人治理结构。持续开展疏非控人、环境整治、安全生产、商业地产业态优化提升等工作。发展医药、大健康、养老产业，构建优质均衡公共服务体系，为首都功能核心区提供优质服务保障。（窦鲁鑫）

【房产租赁市场化管理】2022年，华方公司采用市场化方式推进经营管理，聘请第三方对145处房产进行市场化租赁价格评估，出台房屋租金市场化方案，调整租金标准，有效增加房产价值效益，提升未来收入。华方公司本部出租房屋合同额度总计7748.14万元，较上年6015.23万元上涨28.81%。（窦鲁鑫）

【企业线上销售】2022年，金象复星公司参与“互联网+”创新，发挥白塔寺药店品牌优势，与京城医疗机构及知名中医合作，利用互联网医院等平台，打造医生IP，开发金象小程序平台线上看诊、小程序直播、小程序健康课堂功能，实现门店线上线下一体化。北京华方餐饮管理有限公司基于品牌影响力，与互联网行业线上线下各渠道合作，提供给客户在不同时间、不同空间进行下单消费服务。线上营销成为疫情期间增加营业收入的重要方式。（窦鲁鑫）

【财务管理改革】2022年，华方公司细化预算管理，分析和预测市场环境结合企业实际情况开展预算编制工作，量化公司整体经营活动，细化年度经营计划，对工资总额实行预算管理，有效控制成本费用。落实“三降一减一提升”专项工作，实现企业降本增效；完善企业经营业绩考核。改变单一财务指标主导考核局面，将经济责任、政治责任、社会责任等纳入企业负责人经营业绩考核与薪酬挂钩，鼓励企业创新发展理念，有效发挥业绩考核作用。（窦鲁鑫）

【"金科新区"建设服务】2022年，金丰和孵化器、康华伟业孵化器结合北京建设国家服务业扩大开放综合示范区和自由贸易试验区的历史契机，聚焦科技创新、服务业开放和数字经济高精尖产业，助力服务西城区"金科新区"建设。借助区域优惠政策及品牌优势制订招商引孵政策，实现腾笼换鸟和产业升级；激发金融、科技、信息、文化等现代服务业活力，培育数字经济、共享经济、线上办公等新业态新模式，推动科技与文化、数字经济与实体经济在创业园深度融合；完善知识产权工作服务体系，辅导入驻企业申报高新资质享受政策支持，对接金融机构，提升金融服务品质；加强孵化器自身建设，提升品牌知名度。（窦鲁鑫）

【品牌建设】2022年，华方公司做好品牌登记管理工作。发挥品牌及老字号优势，对企业拥有的品牌、商标等无形资产进行全面梳理并建立台账。华方系统完成商标注册的商标标识42个，其中被认定为中华老字号品牌2个，地方老字号品牌1个，非遗项目品牌4个。打造白塔寺药店、帕米尔食府、华方文化、华方雕漆、华方宫毯、华方养老相关品牌。华方餐饮公司与知名商联体合作发展餐饮连锁店，新增1家门店。（窦鲁鑫）

【助力企业发展】2022年，华方公司走访调研下属企业23家，制订《关于继续加大中小微企业帮扶力度加快困难企业恢复发展的若干措施》等相关政策，下发《关于认真做好2022年涉企优惠政策落实工作的通知》，确保涉企优惠政策得到落实。北京市电讯工具厂有限责任公司享受房产税减半缴纳、北京华方文化发展有限公司享受增值税退税、北京华方餐饮管理有限公司与北京贯通经贸集团有限责任公司享受社保缓缴、北京金象复星医药股份有限公司及北京轻工印刷文化服务中心享受"六税两费"减征及小型微利企业所得税优惠政策。（窦鲁鑫）

北京华天饮食控股集团有限公司

【概况】2022年，北京华天饮食控股集团有限公司（简称华天集团）有老字号品牌23个，其中中华老字号20个、北京老字号23个，非遗主体16个。实现营业收入6.09亿元，比上年减少16.95%，利润总额0.025亿元。按原口径实现营业总收入16.2亿元，利润总额8688.5万元。华天集团推进公司制改革，改善公司治理结构、提高治理水平，健全权责法定、权责透明、协调运转、有效制衡公司法人治理机制。制订和完善董事会议事规则、监事会议事规则、专委会议事规则、总经理办公会议事规则等制度，明确董事会的结构、职责、定位和运行机制，发挥党组织、董事会、经理层等治理主体作用，推进华天集团现代企业制度建设。组织制订《国企改革三年行动方案台账》，每月跟踪各项工作进度，更新2100余份材料。华天集团获2022北京餐饮十大品牌食品安全诚信单位、2022年度北京商业卓越进取品牌等称号，获2022年西城区总工会"抗击疫情、西城在行动"主题摄影比赛优秀组织奖、第五届西城青年之星、疫情防控特别贡献奖。办理"接诉即办"案件178件（含协同案件21件），较上年上升52.8%。案件响应率100%。为180余户承租户减免租金3300余万元，减轻服务业小微企业和个体工商户经营负担。（李娅然）

【品牌连锁发展】2022年，华天集团持续推进品牌连锁和新零售业态，双引擎布局线上线下创新发展。旗下子公司开发网点3家。马凯餐厅高端店开店筹备工作有序推进。庆丰公司继续探索向小平米、智慧型门店转型，形成《小平米装修手册试用版》，完成新零售项目设计。华饮天食推出第一期6款自加热产品，累计销售近2万份。同和居饭店客房装修改造工程竣工验收；延吉餐厅、二友居二七剧场店工程完成验收进入营业。制订发布华天集团《菜品创新考核管理办法（试行）》，各企业全年完成156道创新菜品。（李娅然）

【营销活动开展】2022年，华天集团转变经营模式。通过数字技术后台支撑精准运营，形成线上外卖、外带自提、团体供餐的新业务结构。累计发布、传播相关报道8万余篇。通过BTV财经频道、《北京日报》等媒体节假日及话题宣传报道近30次，传统媒体与新媒体两端发力，提高老字号品牌传播度。通过CCTV财经频道、中国烹饪协会抖音号等第三方平台美食主题宣传20余次。开展年货节、冰雪美食节、线上美食节、消费季等专题活动策划、落地推广7次，华天集团直营企业线上销售实现8300余万元。全年发放悦享卡价值1370余万元，组织参与"西城惠民消费季，华天美食'耄耋'节"活动。开展西城区餐饮"老字号"品牌传播与发展市场调研、北京"世界美食之都"市场调研。IP文创形成产品、漫画两大系列，融入VI体系，提升文创产品知名度和影响力。线上科技结合线下养老，11家门店纳入第一批社会化养老助餐点实现上线养老助餐小程序。华天集团旗下餐厅通过北京卫视等进行媒体推广宣传品牌、菜品，坚持菜品创新步伐，为北京冬奥会助力推出特色创新菜品。（李娅然）

【企业人才队伍建设】2022年，华天集团推动人才培养发展和老字号技艺传承，制定完善《总部绩效考核管理办法》《总部社会人才招聘管理办法》《直属企业领导人员薪酬管理暂行办法》等制度，加强技能人才梯队建设，持续推进华天集体技艺传承工作，保障老字号技艺有序传承。第二批集体技艺传承企业审批4家，新增学员78人。通过社会招聘、校园招聘管理岗位人员10

人。组织基层企业优秀技术骨干参加北京市第十二届商业服务业技能大赛，3 人获市级决赛第二名、18 人获金牌。年内，基层优秀技术骨干中，4 人获西城区第五批非物质文化遗产代表性传承人称号、2 人获北京老字号工匠称号、1 人获北京市优秀共青团员称号、1 人获第五届西城青年之——劳动追梦之星称号。 （李娅然）

【企业安全管理】 2022 年，华天集团落实企业食品安全管理体系和“4311 工作要点”（4 即洗手步骤要规范，餐用具、各水池等使用要规范，洗消操作要规范，清洁工具定位摆放要规范；3 即冷藏冷冻设施温度有记录，晨检制度有记录，卫生间清扫、检查有记录；1 即消杀处理到位；1 即防范食品中异物污染到位），修订企业《食品安全、菜品质量、服务卫生工作评价考核管理办法》。华天食安智慧管理平台项目一期上线运行，实现食品安全工作线上线下联动。以案释法、实操实训，推进安全生产教育演练全覆盖工作，提升职工安全意识和应急抢险自救能力。完成北京冬奥会冬残奥会、全国两会、党的二十大等重大活动、重点时期企业安全保障任务。 （李娅然）

北京金源投资管理有限公司

【概况】 2022 年，北京金源投资管理有限公司（简称金源公司）下辖北京金源千业超市有限公司、北京牛街清真食品超市有限公司、北京正兴德茶叶有限公司、北京永安茶叶有限公司，拥有实体门店 16 个，线上店铺 8 个。控股企业 1 家——北京金诚信恒再生资源利用有限公司，自营网格化流动回收网点 33 处，联营再生资源回收网点及生活垃圾分类驿站 58 处。参股企业 2 家——北京国金酒店管理有限公司、北京聚宝源饮食文化科技有限公司。金源超市陶然亭店店长牛洁在北京市第十二届商业服务业技能大赛中获金牌店长竞赛亚军，正兴德牛街店店长杨小华获金牌店长竞赛优秀店长，牛街清真食品超市店长戴坦恒、金源超市白纸坊店店长张冲、正兴德白纸坊店店长纪计会、正兴德大栅栏店店长俞茜茜获金牌店长竞赛优胜店长。金源公司实现全年营业收入 45134.65 万元，利润总额 4679.31 万元，纳税总额 3055.08 万元。 （高　雅）

【正兴德营销活动】 2022 年，北京正兴德茶叶有限公司开展“香茗迎新春、茶香庆佳节”、第二十届春茶节、正兴德毫尖节等营销活动。利用易拉宝、POP 宣传材料、各店促销及明星商品码放位置突出营销活动内容，设置免费品尝台，通过买茶送茶、买茶送礼品、茶具折扣优惠等多种促销活动吸引消费者，促进门店经营。 （高　雅）

【老字号非遗文化传播】 7 月 7 日，市级非物质文化遗产“正兴德清真茉莉花茶制作技艺”传承人王会明做客“中轴非遗——遗脉相承”直播间，讲述正兴德茶庄历史、清真茉莉花茶非遗技艺，包括茉莉花茶初制、精制、分级、窨花到拼配制成成品茶的过程。直播活动历时 2 个小时，光明网、微博、抖音和快手等平台同步直播，在线观看累计超过 90 万人次。正兴德茶庄、永安茶庄制作打卡印章，顾客可在购物同时打卡老字号纪念章。借助微信、抖音、小红书等平台向消费者宣传介绍老字号，让更多人了解、知晓老字号非遗文化内涵。 （高　雅）

【电商营销活动】 2022 年，金源公司电商参与“年货节”“6·18”“双十一”等平台促销 72 次，线上整体销售额 2592.51 万元，成交数量 145705 笔，粉丝数量 13 余万人。活动前期制订多种营销方案及预售版、狂欢版宣传彩页促进营销活动，提升顾客参与度及兴趣度。 （高　雅）

【资源回收业务拓展】 2022 年，金源公司控股企业北京金诚信恒再生资源利用有限公司与广外椿树馆社区、三义东里社区、红莲南里社区，白纸坊街道右内西街社区、万博苑社区等 23 个党支部开展“资源回收、利国利民”专题共建活动 27 次。开通再生资源回收小程序，注册会员 690 人，订单总数量 1863 单，通过小程序累计回收旧物品 211625 千克，解决老百

7 月 6 日，金诚信恒公司与社区开展“资源回收 利国利民”专题共建活动 （金源公司 供图）

姓废旧物品处理难问题。拓展经营新业态，发挥搬运及物流优势，开发搬家搬运业务，提供搬家服务247次。（高 雅）

【助力区域发展】5月3日，金源公司抽调50余名党员和职工协助牛街清真超市和正兴德牛街店做好开斋节期间门店安全工作。当日，牛街清真超市和正兴德牛街店接待顾客4200余名。8月26日，金源超市陶然亭店参加陶然亭街道市民服务中心组织的惠民服务进社区活动，准备充足的粮油、水饮、清洁用品等商品供居民购买。牛街派出所和牛街清真食品超市联合开展“全民反诈”APP宣传活动。金源公司历经4年，为朝阳区南新园小区5户房改售房居民办理房产证，居民赠送“贴心管家、尽职尽责热心服务”锦旗一面（5户房产为原宣武区住房制度改革办公室分配给原宣武区物资管理局的康居用房，于20世纪90年代按政策分配给困难职工居住。由于年代较久，又涉及企业改制产权变更，产权变更手续较为复杂，故一直未能办理产权变更，成为历史遗留问题）。（高 雅）

北京金座投资管理有限公司

【概况】2022年，北京金座投资管理有限公司（简称金座公司）拥有所属企业志同达劳务服务有限公司、大栅栏自行车有限责任公司、北京奥霓裳制衣有限公司3家子公司和劳务服务分公司；公司控股、参股企业8家。金座公司统筹部署系统企业工作，克服诸多困难与挑战，保持公司经济平稳发展。公司及所属全资企业实现主营收入5482万元，同比减少37.2%，实现利润2319万元，同比减少54.9%，上缴税金976万元，同比减少56.2%。（王继红）

【吸收合并工作】2022年，金座公司股东会决定，同意金座公司吸收合并北京金桥贸易有限公司。7月6日，在《中华工商时报》发布合并公告，合并形式为吸收合并。合并后北京金桥贸易有限公司注销，债权债务由金座公司承担。12月5日，历时近半年金座公司对所属全资企业北京金桥贸易有限公司完成吸收合并工商变更换照工作。（王继红）

【瑞蚨祥品牌建设】1月12日，金座公司所属投资企业瑞蚨祥参加区商务局组织的“2022北京年货节”西城消费券系列主题活动。年初，参加“冬奥迎新春、一起向未来”北京冬奥会会展。在中华老字号时尚创意大赛中，瑞蚨祥的“冰凌花”“雨花菱”两款饰品包装分别获得老字号旅游文化包装一、二等奖；定制款婚庆礼服“炫凤”、秀禾礼服“霓金牡丹霞披”分别获得创意产品类二、三等奖；原创丝巾“敦煌飞天”、织锦福袋分别获得饰品类二、三等奖。9月28日，在瑞蚨祥总店举办纪念瑞蚨祥品牌创建160周年庆典活动，发布2022年新款标识。瑞蚨祥利用自媒体平台，组建自主直播团队，线上销售合计194万元，实现年定制业务销售784万元。（王继红）

【内联升品牌建设】9月，北京市民营企业文化百强榜单发布，内联升入选“文化产业百强”。2022年中国国际进口博览会，内联升作为北京老字号唯一“守正创新”典型案例，在中华老字号创新发展大会上作汇报，实施严控生产成本、扩大品牌推广、扩增网店销售、推出跨界营销等措施，取得较好经营成效。获评北京市诚信兴商典型案例，入选北京文化消费品牌榜。（王继红）

北京世纪金工投资有限公司

【概况】2022年，北京世纪金工投资有限公司（简称世纪金工），子公司北京市科通电子继电器总厂有限公司（简称科通公司），获国家级专精特新“小巨人”企业称号、北京市知识产权局“知识产权试点单位”。北京第三纺织机械有限公司、上饶京工工业基地完成全部建设工作，全力攻坚某管壳开发项目。世纪金工宏洋物业特色党建引领服务管理提升，破解纾困解难、经营履约难题。居仁堂京瓷（北京）文化有限公司注重非遗文化传承，创作艺术精品，打造文化名片。悠米幼儿园（世纪金工跨领域投资的全资子公司），重视保教管理，打造课程体系、专属美育课程，丰富特色课程，推进“健康小米粒计划”，提升园所教学质量。公司全年实现主营业务收入38066万元，同比增长32.87%；营业利润14699万元，同比增长41.09%。（张 磊）

【幼儿园奥运主题活动】2月，公司所属悠米幼儿园各园区开展“筑梦冰雪，喜迎奥运，为冬奥健儿加油”系列活动。以识冬奥吉祥物、学冬奥小知识，火炬传递、冰壶等冬奥小游戏，讲冬奥健儿小故事活动助力北京冬奥会，激发孩子们对冬奥会的热情。悠米幼儿园管理组获评西城区教育系统优秀集体，张园春、柳文月获评西城区教育系统优秀教师。（张 磊）

【京彩瓷冬奥展销会参展】2月2日至8日，北京老字号协会会员京彩瓷受邀参与“冬奥迎新春，一起向未来”北京冬奥展销会。京彩瓷遴选30余款瓷器参展。展会期间共接待来自卢森堡、泰国、新加坡等10个国家的12个代表团，服务卢森堡大公、新加坡总统哈莉亚·雅各布、泰国公主玛哈·扎克里·诗琳通和波黑议会主席等各国政要及外宾123人次。京彩瓷产品深受各国友人喜爱，通过艺术佳作使外宾了解中国传统文化，推动中西文化交流融合。（张 磊）

【京彩瓷发展】7月，京彩瓷第五代传承人杨雪设计的《新彩博古四条屏》获2022年“工美杯”北京市工艺美术大赛银奖，张丽滨设计的

《粉彩雪景》获铜奖，杨雪设计的《粉彩繁花似锦赏瓶》《古彩花鸟天球瓶》和张丽滨设计的《岁朝清供》获优秀奖。杨雪获年度首都劳动奖章。10月，京彩瓷作为北京老字号企业参加北京老字号协会、老字号品牌设计研究中心举办的国潮新消费设计大赛。采取线上直播的方式，向中国传媒大学、北京联合大学的参赛师生介绍京彩瓷绘制技艺和京彩瓷文化，组织参观京彩瓷博物馆。12月16日，京彩瓷博物馆举办成立10周年纪念日活动。（张　磊）

北京市金工投资管理有限责任公司

【概况】2022年，北京市金工投资管理有限责任公司（简称金工公司）是西城区国资委下属2级单位，上级公司为北京市西城区国有资产经营（集团）有限责任公司。根据《关于调整北京市金工投资管理公司党组织建制及隶属关系的通知》要求，完成党组织关系变更工作，由金工公司党委变更为金工公司党总支。金工公司接待12345市民服务热线派件20件，其中涉及房屋改造类诉求8件、房产类诉求10件、资讯类诉求1件、求助类诉求1件，全部办结。完成营业收入2006.43万元，其中房租收入1337.5万元、北京银行股票分红114.09万元、委贷利息收入650.94万元、水电其他杂费收入17.98万元。累计缴纳税金216.69万元。（杨丽丹）

【房产登记证办理】2022年，西城区房屋管理中心、金工公司协同继续解决广安门北街20号楼房产纠纷事宜。经过调查、走访，与相关部门协调，最终为89户居民办理房屋产权证。为皂君东里1户居民、白广路二条8号2户居民办理房屋产权证。（杨丽丹）

【离退休人员管理】2022年，金工公司共走访慰问离退休职工58人次。为908名退休职工遗属办理遗属待遇申领。截至年底，累计完成3173名退休人员社会化管理服务移交工作。（杨丽丹）

北京金正资产投资经营有限公司

【概况】2022年，北京金正资产投资经营有限公司（简称金正公司）从事对国有资产产权经营管理、国有资产优化配置、收缴国有资产权益、国有资产投资、咨询服务等业务。有投资企业18家，涉及金融、商业、工业、服务业等多个领域，为中小企业及个体工商户提供融资担保、小额贷款、投资管理等金融服务。北京菜市口百货股份有限公司、北京张一元茶叶有限责任公司为西城区国资委认定的重要子企业，是金正公司主要投资企业。金正公司合并资产总额82.06亿元（其中金正公司资产总额29.91亿元），净资产54.19亿元。全年实现营业收入110.05万元，净利润6.39万元。金正公司及重要子企业完成“疏整促”工作86人次。（李　靖）

【专项注资】2022年，金正公司对北京金正光彩融资担保有限公司专项注资3000万元，用于补充资本金支持区内小微企业担保贷款。（李　靖）

【融资贷款业务】2022年，金正公司下属子公司北京金正光彩融资担保有限公司担保余额33603万元。在《北京市统筹疫情防控和稳定经济增长的实施方案》政策指导下，北京金正光彩融资担保有限公司加大担保力度，降低担保费，解决小微型企业、个体工商户等创业主体融资成本高问题，实现区内担保额度15229万元45户；提供创业担保贷款25笔，担保余额868万元。金正公司下属子公司北京金正融通小额贷款有限公司发放贷款22笔5000万元，推动区内企业复工复产、缓解中小微企业经营困难和流动资金缺乏情况。（李　靖）

【餐饮零售业务】2022年，金正公司下属子公司北京聚宝源饮食文化科技有限公司利用网络销售平台扩大餐饮零售、通过大数据分析优化门店经营、仓储物流精细化管理等手段实现销售收入8356万元。北京聚宝源饮食文化科技有限公司有24家餐饮门店和2家零售门店坚持提供线下服务，餐饮服务、零售食品、销售清真食品等业务获得众多顾客良好口碑，获北京老字号协会颁发的第七批“北京老字号”称号。（李　靖）

王府井集团北京长安商场有限责任公司

【概况】2022年，王府井集团北京长安商场有限责任公司（简称长安商场）形成满足周边1.5千米家庭的“购物、亲子、餐饮、文化、社交、健康”6大产品主线，秉承为社区周边百姓提供“自然、情感、文化、价值”理念，做周边顾客的好邻居，成为消费者生活、工作外的第三空间。疫情期间，调配货源，确保民需商品供应充足，实现照常营业。获西城区交通安全先进单位、北京市“安康杯”竞赛优胜班组、西城区诚信单位称号。（李东莹）

【经营品牌调整】2022年，长安商场分析、研究顾客从“购买商品”到“购买生活方式”，从“购买产品”到“购买服务”的转变，经营品牌调整率为20%。引进摩卡其家居集合店、阿布溜溜轮滑馆、中工优咖健康驿站、茶百道等新业态新品牌。（李东莹）

【商场营销活动】2022年，长安商场围绕“社区商业”经营定位，环绕主题词“享”为中心发散，多角度、多方位、多层次开拓营销手段。划分五大主题营销期段，开展30个期段166天营销活动。合理安排商品促销节奏，深挖异业资源，线上线下联动，升级商场陈列展示和场景布置，充分展现社区商业优势，

增加顾客黏性。全年累计客流量474.41万人。（李东莹）

【进社区服务活动】2022年，长安商场组织进社区活动，服务居民800余人次。开展假期实践活动及周末创意小课堂，活动内容有非遗手作（制作绢花）、手工DIY课、老人课堂等，组织活动28场550余人参与。（李东莹）

【服务质量提升】2022年，长安商场根据重装后转型社区服务经营需求，开展配套服务提升改造计划——“55℃服务”（将“55℃”原理用于服务上，热而不烫）。通过强化学习、创新形式，使服务工作亮点异彩纷呈。特别是“五员”机制（培训员、宣传员、指导员、联络员、调解员）推动服务管理精准化运营，以“强化正激励，激发正能量”为目标，了解服务现状和解决顾客痛点，通过顾客直观感受，梳理、优化服务体系，完善服务体验。北京冬奥会冬残奥会期间，选派8名志愿者参与奥运村志愿服务，助推冬奥特许商品售卖。为首都博物馆和北京展览馆北京冬奥会志愿服务点提供餐包和桶装水团购服务。（李东莹）

北京翔达投资管理有限公司

【概况】2022年，北京翔达投资管理有限公司（简称翔达公司）经营范围涉及餐饮业、饭店业、洗浴业、摄影业、旅游文化业、物业管理业等多种经营业态，经营网点60处。旗下拥有晋阳饭庄（虎坊桥店、白广路店）、吐鲁番餐厅、美味斋饭庄、致美斋饭庄、清华池、清华池诊所、清华池会所、首都照相馆、翔达翔鲜生、恒兆分公司等11个分公司；翔达国际酒店、中兴世纪物业公司、晋雅信达文化公司、翔达安康商贸公司、翔达国旅公司等5家全资子公司；翔达南来顺饭庄1家控股子公司及翔达信诚物业公司1家代管企业。翔达公司坚持稳中求进工作总基调，扎实细致做好各项服务保障工作，确保疫情防控和经营发展两不误，拓宽企业发展思路，坚持创新不离宗、传承不守旧，抓好数字化、标准化体系建设，考核方式优化提升和资产盘活利用最大化，实现项目带动及管理升级新突破。截至年底，翔达公司账面资产总额约4.7亿元。（张莉洁）

【外卖营售】2022年疫情期间，翔达公司为满足市民日常生活需求，携旗下老字号餐饮企业和品质老店，加大酱货、外卖食品供应量，增加外卖渠道销售力度。外卖营售从5月持续到6月，服务周边居民达10余万人次。（张莉洁）

【晋阳饭庄升级改造】1月16日，翔达公司旗下位于西城区白广路大街10号的晋阳饭庄（白广路店）改造完成，利用闲置地带装饰搭建“为老暖心服务晋阳助餐驿站”外卖窗口，新增老年套餐、晋阳百花烧麦、晋阳温粉皮等美食。（张莉洁）

【春歌京点小吃文化节】3月4日，由市商务局主办的春歌京点小吃文化节民俗时节话小吃论坛在翔达南来顺饭庄线上直播，围绕京味小吃的历史与文化、守正与创新等话题展开讨论，约5万人参与。清真菜烹饪大师、翔达南来顺饭庄首席厨师冯德瑞向网友介绍南来顺饭庄30种代表性传统小吃。（张莉洁）

【首届翔达之星评选】4月1日，翔达公司组织开展的上年度核心员工暨首届“工匠之星、服务之星”评选工作结束。各权属企业通过民主评议和投票选举方式产生“工匠之星”19名、“服务之星”15名。（张莉洁）

【爱心工作餐】5月，翔达公司携旗下餐饮企业为工作在疫情防控一线的“大白、小蓝”推出专属爱心工作餐，日均订单3000余份，保障周边6个街道的20余个社区30余个志愿服务点的工作人员按时吃上热饭热菜。（张莉洁）

【清华池业务发展】6月24日至26日，清华池携16种文创产品参加浙江省老字号企业协会承办的“2022第18届中国中华老字号精品博览会暨浙里来消费·2022横店梦外滩老字号嘉年华”活动，其中家用修脚8件套备受青睐。现场向顾客介绍微信公众号、视频号、抖音等媒体平台，指导顾客在微信商城、抖音小店、清华池淘宝居家日用官方店购买文创产品。8月31日至9月5日，清华池参加中国国际服务贸易交易会——北京国家会议中心和首钢园区，现场展示6类20个品牌非遗项目文创产品，涉及足部用品、艾灸养生、手工精油皂、个人洗护套装、修甲用具等；搭建3D虚拟云展台，向用户提供沉浸式观展体验，共接待咨询及服务5000余人。12月，清华池颁发年度修脚师技能等级认定证书，20名修脚师分获清华池技师级、高级工、初级工3个级别等级证书，其中14人获修脚师二级证书、1人获三级证书、5人获五级证书，证书由北京市职业技能鉴定管理中心发布。（张莉洁）

【暑期服务业消费回升】8月，暑期旅游市场复苏，翔达国际酒店出租率屡创新高，最好单日出租率达76.28%，超过上年同期水平。首都照相馆利用暑期推出汉服照和小小旅航员儿童系列照套餐，屡刷单日销售纪录。清华池通过为期一个月的老北京沐浴节，开展会员充值送“老北京浴池门票”活动，实现全店洗浴、大健康、修脚营业收入同比提升8.2%。（张莉洁）

【为外国友人提供北京传统清真小吃】9月14日，翔达南来顺饭庄作为北京饮食文化代表，受邀参加中国—东盟中心和北京市人民对外友好协会共同主办的2022“中国—东盟日”活动，提供北京传统清真小吃，包括艾窝窝、驴打滚、蜜麻

花、蜜三刀、大麻花、甜咸烧饼等12个品种，供东盟10国驻华使馆官员和国内在京各界代表100余人品尝。（张莉洁）

【参与中国京菜团体标准制定】9月23日，北京烹饪协会发布第三批中国京菜团体标准，翔达南来顺饭庄在老一辈专家、顾问指导下，将艾窝窝、豌豆黄、姜丝排叉等9种清真小吃的制作过程进行明确规范，写入中国京菜团体标准。（张莉洁）

【牛街商会第六届厨艺比赛】9月28日，牛街清真食品商会在吐鲁番餐厅举办第六届厨艺比赛，分厨师热菜和刀工2个项目，吐鲁番餐厅5名选手参加。经过两轮角逐，张亚、李文文分获厨师热菜项目冠、亚军，韩蒙获得刀工比赛亚军。（张莉洁）

【重阳节活动】9月26日至28日，翔达南来顺饭庄参加朝阳区麦子店街道2022年“点点心意、拳拳孝亲”重阳节活动，小吃传人曾韬为朝阳公园社区、霞光里社区、枣北社区70余位老人讲解清真传统小吃的制作工艺，现场举行DIY体验活动。（张莉洁）

【纪府书房阅读空间考评】11月至12月，纪晓岚故居配合西城区阅读推广中心开展“2022年度西城区实体书店、阅读空间扶持项目”申报和“2022年北京市西城区阅读空间考评”工作，得到西城阅读空间专审组的认可和好评。纪府书房阅读空间总面积270平方米，分为阅读区、活动区、展示区，在架可供阅读纸质图书总量410种7055册，其中红色主题书籍569册，可供读者阅读报纸杂志种类数量10种83册。（张莉洁）

北京新月联合汽车有限公司

【概况】2022年，北京新月联合汽车有限公司（简称新月公司）有25家公司（分公司），其中有13家小车分公司、2个旅游分公司、2个班车分公司、1个商务分公司、1家修理分公司和6家控股公司。北京新月联合交通版块有各种车辆1.21万部，经营范围涉及出租客运、旅游班车、租赁商务、救援物流、驾驶培训、汽车修理等领域。新月公司获中国道路运输百强诚信企业、全国出租租赁汽车行业抗击新冠疫情工作先进企业，2022年北京冬奥会冬残奥会先进集体等。（于　丽）

【重大活动交通服务】2022年，新月公司执行北京冬奥会冬残奥会交通运输保障工作。派出车辆62部、出动1630人，含大车司机128人、小车司机1442人、管理人员60人。服务于二地三赛区、收费卡、跨赛区摆渡、T3团队与颁奖、开幕式及中国国家队部分奥运冠军运动员专车任务。1月3日至10日，新月公司执行北京市第十五届人民代表大会第五次会议交通运输保障工作。派出大小车辆16部、管理人员和驾驶员19人，出动驶1456车次，安全行驶13104千米，运送17472人次。同日，执行北京市政协十三届五次会议交通运输保障工作。派出大小车辆77部、管理人员和驾驶员80人，接送人员1480人次。2月28日至3月11日，新月公司执行中国人民政治协商会议第十三届全国委员会第五次会议交通运输保障工作，派出管理人员和驾驶员38人、参与车辆35部、出车1029车次、接送委员及工作人员5918人次，安全行驶里程12445千米。6月7日至6月10日，参与西城区高考用车服务，派出管理人员34人、参与车辆33部。6月24日至6月27日，参与西城区中考用车服务，派出管理人员44人、参与车辆43部。5月26日至7月15日，参与区应急局（区文化和旅游局）交通保障工作，出动管理人员10名、参与车辆10部。8月31日至9月5日，新月公司执行中国国际服务贸易交易会交通运输保障工作。派

9月28日，牛街清真食品商会在吐鲁番餐厅举办第六届厨艺比赛　（翔达公司　供图）

出车辆105部、管理人员和驾驶员131人。出动1596车次，接送17565人次，安全行驶30885千米。
（于　丽）

北京张一元茶叶有限责任公司

【概况】2022年，北京张一元茶叶有限责任公司（简称张一元）有近400家品牌连锁店，31家名优茶生产基地，2家全资子公司，拥有通过CNAS认证的理化试验室，茉莉花茶标准化产业园及生产仓储物流中心，电商平台线上销售覆盖全国。年内，销售额超10亿元，蝉联全国茶叶内销榜首。张一元被中国茶叶流通协会评为中国茶业百强企业、茉莉花茶十大经典品牌。7月8日，张一元大栅栏总店实现年销售额突破1亿元，连续11年实现销售过亿元。（刘姒千）

【节庆促销活动】2022年，张一元开展3次促销活动。以“过大年、喝龙毫”为主题的年茶节，1月1日在张一元店开幕，为期37天。名优绿茶展卖季4月15日开幕，为期21天，其间新绿茶全面上市。8月19日，以“过佳节，喝龙毫”为主题的花茶节开幕，为期50天，新花茶全面上市，开启会员回馈活动，积分兑换茶礼。3次促销活动期间，各连锁店及天猫、京东张一元旗舰店同期开展购茶送好礼活动，在抖音、快手、小红书、微信等平台开展网上直播，发起相关话题，直接带动销售提升，实现品牌曝光带动线上消费转化。张一元官方微信在世界读书日、“五一”、端午节、中国非物质文化遗产日、七夕、“双十一”等节庆开展线上参与互动话题抽奖活动，实现品牌向年轻消费群体拓展。（刘姒千）

【头茬西湖龙井茶上市】3月22日，首批头茬西湖龙井空运抵达张一元，根据《西湖龙井茶产地证明标识管理办法》，采用官方指定包装、统一标识，扫描二维码可查验真伪，经国家标准检测实验室检测73项理化指标、8项感官因子全部合格，严把质量关，确保“尊重时令、产地正宗、品质可靠”。西湖龙井茶（狮峰明前臻选）每斤售价9800元，上市前已预订一空。
（刘姒千）

【茶叶质量评选活动】2022年，张一元应邀参加多项茶叶质量评选活动。7月，参加中国茶叶流通协会举办的第十一届“中绿杯”名优绿茶产品质量推选活动，张一元西湖龙井茶（狮峰明前臻选）获特别金奖。8月，参加区商务局主办，中国商联中华老字号委员会支持的2021老字号时尚创意大赛总结会暨《西城区进一步促进老字号传承与创新发展的意见》发布会，张一元茉莉花茶（龙毫）获2021老字号时尚创意产品一等奖，2022壬寅虎年龙毫花茶礼盒获2021老字号旅游文化包装一等奖。9月，参加在南宁召开的由中国茶叶流通协会与南宁市人民政府联合主办，横州市人民政府承办的2022年全国茉莉花茶产销形势分析会暨茉莉花茶“三茶统筹”发展峰会，张一元获2022年茉莉花茶十大经典品牌。11月，参加由中国茶叶流通协会主办的第二届世界红茶产品质量推选活动，张一元金骏眉获大金奖。（刘姒千）

8月19日，以“过佳节，喝龙毫”为主题的花茶节在张一元大栅栏店开幕　（张一元　供图）

王府井集团股份有限公司北京西单商场

【概况】2022年，王府井集团股份有限公司北京西单商场（简称西单商场）建筑面积6.5万平方米，经营面积3.6万平方米，以手表、珠宝、运动等为强势品类，营业总收入3.8亿元，纳税总额2156万元。选派政治合格、素质过硬的员工参加北京冬奥会志愿者服务。西单商场获首旅集团北京冬奥会冬残奥会突出贡献奖，北京市诚信兴商宣传月倡议企业，西单商场西单店工会获2021年度首旅集团职工之家评比进步奖。西单商场员工王迎获2022年北京市“寻找职工好讲师”主题教学大赛一等奖，员工陈晨获北京市第十二届商业服务业技能大赛收银服务竞赛项目亚军，员工罗新获首旅集团北京冬奥会冬残奥会优秀个人。年内，西单商场完成升级改造。（刘盛宸）

【商品促销活动】2022年，西单商场全力应对疫情对经营的冲击，打通线上线下双渠道购物，实现顾客和商场“零距离”，进行23场直播，产生订单1000余笔，观看人数近万人，新增关注800余人，实现销售20余万元。元旦期间，西单商场紧抓节日市场商机，推出多项促销活动拉动销售，实现销售 751.4 万元，同比增长 10.1%；春节期间，推出满 100 元送 10 元电子礼金、450 元购买 500 元新春基金、迎新春珠宝手表大赏等促销活动，携手波司登品牌在西单大街布放冰雪静态展；3 月 4 日至 8 日，举办“3·8 女神节、春风絮语”主题促销活动，实现销售 1042.6 万元；4 月 28 日，举办“五一婚庆季”大型直播活动，直播持续 3.5 小时，销售金额 5.6 万元；7 月 15 日至 24 日，开展“西单老友记”主题年中庆活动，实现销售 1373.1 万元；8 月 20 日至 9 月 5 日，西单商场首次联手德国菲仕乐品牌，开展“因爱下厨”主题菲仕乐厨具特惠分销活动，实现销售 62.3 万元。7 月至 9 月，借力北京消费季开展大力度营销活动，促进客流回暖和销售提升，实现规模销售 1.62 亿元，同比增长 25%。11 月 1 日至 15 日，西单商场携手水星家纺开展分销活动，实现销售 21.25 万元。（刘盛宸）

【新项目开业】 3 月 10 日，慈铭体检西单分院在西单商场北楼五层开业，占地面积约 4000 平方米。6 月，“361sport”“鸿星尔克”分别亮相西单商场。9 月 24 日，NIKE BEACON 1200 西单商场店完成升级改造，升级改造后占地面积近 1600 平方米，成为西单商圈最大的 NIKE 品牌旗舰店。国庆假期该店累计销售 2995 件商品，实现销售 216.72 万元，同比增长 158%。（刘盛宸）

【冬奥特许商品销售】 2022 年，北京冬奥会吉祥物玩偶、盲盒、纪念徽章等特许商品受到欢迎，西单商场冬奥特许商品专柜销量持续攀升，自 2021 年 12 月至 2022 年 9 月，冬奥专柜实现销售 398.2 万元。（刘盛宸）

【首席员工评选及法规培训】 1 月，西单商场开展年度首席员工及岗位能手评选，评出首席员工 3 人，岗位能手 13 人。4 月 24 日，西单商场举办“最高人民法院关于审理网络消费纠纷案件适用法律若干问题的规定”专题培训，提高商场网络经营活动合法性、规范性，确保企业依法合规经营，维护消费者合法权益。培训范围包括商场员工及消费者，32 人参加。（刘盛宸）

【世界杯商品专卖店】 11 月 3 日，卡塔尔足球世界杯商品专卖店在西单商场亮相。作为卡塔尔世界杯官方授权专柜，售卖包括吉祥物、球星手办、足球、球衣等世界杯商品，吸引顾客到店打卡选购。世界杯期间，专柜累计实现销售 8 万元。（刘盛宸）

2 月 7 日，北京冬奥会冬残奥会期间西单商场冬奥特许商品专柜（西单商场 供图）

北京国华商场有限责任公司

【概况】 2022 年，北京国华商场有限责任公司（简称国华商场）经营黄金、铂金、K 金、钻石镶嵌、翡翠、玉石、珍珠、珊瑚、银饰和纪念收藏等几十个品类。营业面积 5000 余平方米。国华商场参加西城区认领门前路口文明创建志愿服务活动；北京冬奥运会、全国两会、党的二十大召开期间，做好店内安全保卫工作，为在国华商场门前地铁口设岗执勤的武警官兵提供服务。连续保持“北京市著名商标”、北京市优质服务商店、中国珠宝玉石行业放心示范店、AAA 级企业信用等级。国华商场党支部被评为广内街道先进基层党组织，党支部副书记王祎获广内街道优秀党务工作者。5 月，国华商场以“国色京华”燕京八绝（玉雕）振兴创业计划项目参加 2022 年西城区第三届创业创新大赛，获二等奖。8 月，参加第九届中国商业创新大会评选，获得“2021—2022 中国商业创新优秀案例（数字贸易）”奖。（张 伟）

【服务功能提升】 2022 年，国华商场优化“国华首饰”服务质量，将原来的“订阅号”升级为“服务号”。功能由向微信用户传达信息，增加为用户提供业务服务、帮助企业在线管理和服务功能。规范客户管理，启用企业微信。通过企业宣传，以海报形式吸引 1.7 万余名用户入群。（张 伟）

北京金象复星医药股份有限公司

【概况】 2022 年，北京金象复星医药股份有限公司（简称金象复星公司）以药品批发零售为主要业态，拥有医药分销、中药饮片调剂代煎配送、零售连锁药店、中医诊所、医药第三方物流等业务板块的知名

4月，金象复星公司应对新冠疫情储备充足的防疫应急物资　（金象复星公司　供图）

医药企业，年销售收入在17亿元以上，利税金额5000万元。获评北京市先进基层党组织、北京市抗击新冠疫情先进集体。中华老字号白塔寺药店登中国药店价值榜第三十四名，白塔寺药店连锁公司门店7家，实现销售收入1.7亿元。中医药文化创意产品日渐成熟，新业态“耀咖啡”成为白塔寺地区周边网红打卡地。金象复星公司深入剖析上年度企业经营情况，从互联网+业务创新、医药物流推进发展、内部管理及业务整合、企业合规性经营等方面把握医药行业形势和未来发展前景，以存量业务创新突破、增量业务培育发展、连锁药店规模扩张、人才梯队建设培养、合规经营风险防范、疫情防控安全生产等为重点推进工作。白塔寺药店咨询药师张海鸥当选北京市第十六届人民代表大会代表并获北京医药行业协会承办的第十二届商业服务业技能大赛“医药商品购销员优胜选手”称号。年内，金象复星公司为西城区防疫物资提供保障累计投入人力3953人次，人工成本237.18万元；派发车辆1393车次，配送总里程13.4万余千米，运输费用138.6万元。（董　斌）

【药学志愿服务进社区】 2022年，白塔寺药店药学服务志愿团，以社区宣传安全用药、普及药学常识为内容，面向社区儿童与成人慢性病开展多场社区药学服务活动，疫情期间以线上形式授课。药店邀请怡禾健康，知贝医疗儿科、内科、皮肤科、口腔科等多位医生，与白塔寺妙应堂中医诊所多位医生及药店资深执业药师组成药师和医生团队，通过微信“白塔寺药店用药咨询群”“白塔寺药店慢病健康群”、连线店内“社区直播”和社区现场培训相结合形式，为社区居民提供儿童常见病治疗、注意事项和中老年慢性病相关健康知识及科学用药问题咨询解答。（董　斌）

【通过GSP飞行检查】 6月21日至22日，市药品审评检查中心和市药品监督管理局一分局检查人员，对金象复星公司执行《药品经营质量管理规范》（简称GSP）进行飞行检查。《药品经营质量管理规范》是药品经营管理和质量控制的基本准则。对药品经营企业的质量体系机构、制度文件、人员与培训、设施与设备、温湿度监测及验证、计算机系统、受托企业情况以及采购、销售等业务经营活动的各个环节作出明确规定。（董　斌）

【医保定点药店开启医保个人账户使用功能】 自9月1日起，参加北京市基本医疗保险人员，可以通过社保卡支付在定点零售药店购买药品、医疗器械、医用耗材发生的由个人负担的费用。白塔寺药店连锁公司在西城区内开设的白塔寺药店总店、复兴门店、真武庙店均开通此项使用功能。9月26日，市医保中心检查人员到白塔寺药店，巡查指导医保定点零售药店对医保个人账户定向使用工作落实情况。

（董　斌）

【“耀咖啡”开业】 10月1日，金象复星公司注册资金50万元的北京白塔寺耀咖啡有限公司开业。咖啡馆坐落于白塔寺药店西北角，借助品牌影响力跨界发展。设计风格复古又新潮，把面向白塔景观的楼顶露台升级改造成集售卖、观景、休闲于一体的咖啡经营场所。一楼设有临街休闲区，折叠式木窗让室内室外空间都可将白塔红墙映入眼帘；药店三楼露台，能一览白塔寺全貌和老城区纵横交错的胡同。试营业15天即成为大众点评榜单咖啡厅热评榜第一名，客流量日均200人。（董斌　窦鲁鑫）

（**责任编辑**　孙凤霞）

金融业

金融服务管理

【概况】2022年，西城区金融业实现增加值3088.7亿元，同比增长7.2%，占区生产总值比重为54.2%，占全市金融业增加值比重为37.7%。驻区金融机构资产规模达138.7万亿元，同比增长8%，占全国金融资产规模1/3，实现收入13569.3亿元，同比下降1.9%，实现利润总额6028.1亿元，同比下降9.1%。金融业收入、利润占全市金融业的比重分别为43.56%和38.58%。辖区内上市企业49家，贡献A股市场超过24%的净利润。北京金融街服务局（简称金融街服务局）做好金融街的规划、建设、服务等组织协调和为国家金融管理中心服务工作，推动西城区金融业发展、金融服务和金融市场建设。建设“聚力金融街”党群服务中心平台。发布《西城区“十四五”时期金融业规划》《关于促进金融街高质量发展建设三年行动方案（2022—2024年）》《数字人民币金融街示范街区建设方案》。以开放赋能“项目+企业”全面落地，推动金融街高水平双向开放。依托“四创”（首创发布《西城区关于服务北京证券交易所发展和促进创新型中小企业在北京证券交易所上市的若干措施》，首创与全国股转系统、北交所签订战略合作协议，首创设立“国股转系统北京证券交易所金融街服务基地”，首创搭建金融街资本、金服公司与北京广播电视台“产融媒”一体化平台），促进北京证券交易所和区域经济双发展。举办2022金融街论坛年会和金融街建设与发展30年活动。落实地方金融机构监管职责，开展现场检查和非现场监管等。（张　磊）

2022年，西城区举办金融街建设与发展30年摄影书画展。图为获奖作品《金融街秋色》（程庆红　摄）

【金融街建设与发展30年专题活动】2022年，时值金融街建设与发展30年，金融街服务局制订印发《“以金融街建设与发展30年为契机，促进国家金融管理中心发展能级提升”工作方案》。组织开展“金融街：建设30年，回望这十年”等系列专题宣传活动，相关稿件在《人民日报》、新华每日电讯、《北京日报》等媒体上专版刊发。举办金融街建设与发展30年摄影书画展、金融街语言艺术展演、点亮金融街春节景观布置等金融街建设发展30年文化活动。（张　磊）

【合作发展平台建设】2022年，持续发挥北京金融街合作发展理事会议事平台作用。11月2日，在北京金融街服务局指导下，北京金融街合作发展理事会资管专委会举办首届金融街·资管峰会，峰会主题为“坚定赋能实体经济，全面促进高质量发展”。（张　磊）

【金融业规划研究制定】2022年，金融街服务局逐季完成区金融业发

2022 年，西城区举办金融街建设与发展 30 年摄影书画展。图为获奖作品《金融街的日与夜》
（赵九州　摄）

展形势分析报告，发布《西城区“十四五”时期金融业规划》，编制规划实施方案，确保规划科学规范、统筹有序、权责明确、扎实落地。发布《关于促进金融街高质量发展建设三年行动方案（2022—2024 年）》，打造“管家服务”标杆园区、“高质量发展”标杆园区、“品牌影响”标杆园区、“环境宜业”标杆园区。研究制订《打造资产管理产业高地三年行动计划》，打造资管机构聚集、金融人才荟萃、产业生态完备、开放水平较高、创新活力迸发、营商环境一流的全球资产管理产业高地。发布《数字人民币金融街示范街区建设方案》，在金融街及其周边区域建设北京市数字人民币示范街区，打造数字人民币生态体系，实现金融科技创新与首都发展深度融合。开展国家金融管理中心和金融街指数课题研究，编制《金融街发展报告（2022）》，提升国家金融管理中心功能。（张　磊）

【服务“两区”建设】 2022 年，西城区全面推进“两区”建设，承接国家金融改革开放任务，鼓励驻区金融机构争取金融业扩大开放政策试点。以开放赋能“项目 + 企业”全面落地，“两区”项目总金额、项目平均金额均位列全市首位，其中金融、金融科技“双核”项目金额占比超过 90%。大和证券、银河资管、泰康基金等 23 个项目入选全市“两区”标志性项目。落地北京首单不良资产跨境转让项目，完成电投融和新能源发展有限公司增资项目。西城区金融业实现实际利用外资 11.28 亿元，占全市金融业实际利用外资的 84%。（张　磊）

【金融机构引进】 2022 年，西城区引进各类金融机构 53 家，新增注册资本 2473 亿元。重点机构包括由国家开发银行和进出口银行全资设立的政策性开发性金融工具——国开基础设施基金和进银基础设施基金；我国境内唯一从事转融通业务的全国性证券类金融机构——中国证券金融股份有限公司；第三支柱养老专营机构——国民养老保险；中国国新直投业务板块平台公司——国新发展投资；金科示范区首家具有金融科技属性的持牌保险机构——现代财产保险；“两区”建设以来首家落地的外资银行一级分支机构——创新银行北京分行以及知名外资券商分支机构——摩根大通证券北京分公司。（张　磊）

【企业上市服务】 2022 年，金融街服务局助推中国移动等 5 家企业在沪、深、港主板上市，促成国家级专精特新“小巨人”道亨软件挂牌新三板，助力快乐营晋升创新层，服务“华联综超”与“创新新材”完成重大资产重组。截至年底，西城区有 42 家境内上市公司、22 家境外上市公司、绝对数 49 家，资产总额 149.2 万亿元，市值 15.3 万亿元。A 股市场，西城区上市公司以不到 1% 的数量占据超 8% 的总市值，贡献超 25% 的净利润，整体呈现高质量发展态势。有新三板挂牌公司 45 家，创新层 5 家。围绕北交所建立“四创”服务体系，12 期节目平均收视创 BRTV 年度财经类新高，获评广电总局 2022 年优秀财经栏目。举办“凝心踔厉、同向未来”西城区第四届上市主题交流活动，促进监管机构、证券交易所、上市公司和市场机构沟通合作，共享发展机遇。（张　磊）

【区域营商环境优化】 2022 年，西城区落实各项政策兑现，兑现政策资金近 7 亿元。区领导走访对接机构 80 家次。金融街服务局与金融街服务中心有限公司创新升级“双管家”服务模式，拓展服务链条，局领导带队走访 200 余家，双管家团队走访覆盖所有重点机构。组建选址、政策落实、人才、业务发展等专项服务团队，为重点机构提供全生命周期、全业务流程的专业服务。加强宣传推介，拓展招商引资平台，组织或参与英中贸易协会、海清苑西城推介会、白塔夜话等宣介活动；借助“北京金融街”网页、“金融街微平台”公众号，展示西城区金融产业发展成果，精准解读金融产业政策，公开双管家服务专员联络方式。搭建双向对话桥梁，组织召开“走进北交所”线上活动，服务北交所发展、促进优质企业上市。（张　磊）

【金融机构监管】 2022 年，金融街服务局现场监管有效依托专业化的第三方律师事务所、会计师事务所等中介机构力量，开展定期或非定期的现场核查工作。召开融担、小贷和典当行业工作会。非现场监管充分借助大数据公司、监管系统和监管台账等方式，动态监管地方金融组织业务开展情况，建立机构监管常态化工作机制。多渠道线索研判，关注被监管企业的问题导向，及时进行高管约谈警示。严格落实审批和备案事项标准，全年审批备案事项初审30余件，落实地方金融组织属地监管职责，确保监管节奏不放松，确保合规经营底线不突破。截至年底，西城区有小额贷款公司8家、融资担保公司及分公司6家、典当行32家。（张　磊）

【金融风险防范】 2022年，金融街服务局进一步完善区防非处非配套机制，印发《2022年西城区防范和处置非法集资工作要点》等文件。把监测预警作为风险防范重要抓手，建立西城区大数据金融风险监测预警体系，创建“冒烟指数”、大数据舆情监测和企业商事登记变动“三位一体”监测预警平台，定期监测全区近1.1万家名称或经营范围中含有资产管理、投资咨询等字样企业。稳妥化解网贷平台相关风险，经过近3年风险化解工作，网贷平台家数从42家下降为4家，待偿本金和出借人数分别下降99.36%和98.07%。（张　磊）

【金融街党建】 2022年，金融街服务局建设“聚力金融街”党群服务中心平台，打造党建引领与产业发展深度融合的党建服务特色品牌和党建创新交流平台、人才培育发展平台、产业发展保障平台，推动金融街金融机构形成“党建联动、资源联享、人才联育、服务联促、实事联办、风险联防”的“六联”融合发展新格局。发布工银理财“红心向党、为民理财”特色党建品牌。联合驻区金融机构共同举办以“坚定服务实体经济、全力促进高质量发展”为主题的学习贯彻党的二十大精神联学共建研讨会。（张　磊）

【服贸会参展】 9月1日至5日，金融街服务局参与中国（北京）国际服务贸易交易会，以“踔厉奋发、共向未来”为主题的北京金融街展厅亮相2022中国国际服务贸易交易会金融服务专题展。展厅分设建设篇、发展篇、未来篇3个篇章，全面展示金融街30年来建设发展历程，特别是近10年来取得的发展成就。市委书记蔡奇视察金融街展区，区委书记孙硕介绍金融街30年发展历程和近10年发展成果。（张　磊）

金融街论坛

【概况】 11月21日至23日，2022金融街论坛年会在京举办。论坛年会由北京市人民政府与中国人民银行、国家金融监督管理总局、中国证券监督管理委员会、新华通讯社、国家外汇管理局共同主办，北京市地方金融监督管理局、西城区人民政府、北京金融街服务局承办，北京金融街服务中心有限公司执行承办。设置论坛年会组委会，组委会主席由北京市政府主要领导担任，共同主席由5家共同主办单位主要领导担任。年会主题为“踔厉奋发，共向未来——变局下的经济发展与金融合作”，设置1个主论坛与“实体经济与金融服务”“全球市场与金融发展”“数字经济与金融科技”“治理体系与金融稳定”4个平行论坛，共27场活动39个议题。全球370余名重要嘉宾“线上线下”出席。市委书记尹力致辞并宣布论坛年会开幕，“一行两会一局”、新华社等共同主办单位领导致辞，国际货币基金组织、国际清算银行总裁视频致辞，市长殷勇主持开幕式。论坛年会发布研究报告、案例汇编等成果18项，签署战略合作、投融资等协议10项，全球合作倡议9项。全网总信息报道量11万条，总浏览点击量14.6亿人次。（张　磊）

【金融街论坛年会主论坛】 11月21日至23日，金融街论坛年会主论坛围绕“宏观政策：积极应对多重冲击”“金融精准服务新市民，奋进共同富裕新征程”“持续提高上市公司质量、助力资本市场行稳致远”“促进科技、资本和产业良性循环，服务构建新发展格局”“跨境资本流动与跨境投资新趋势”“金融支持全面推进乡村振兴”等议题，前英国央行行长、新加坡金融管理局局长、香港金管局副总裁、国际货币基金组织驻华首席代表、国际证监会组织、伦敦交易所首席执行官、港交所首席执行官、贝莱德集团首席执行官、景顺集团总裁兼首席执行官、桥水基金公司首席信息官、淡马锡集团首席信息官等外籍嘉宾发表演讲和讨论。（张　磊）

【“实体经济与金融服务”平行论坛】 11月21日至23日，“实体经济与金融服务”平行论坛举行。围绕“能源安全与绿色经济”“金融助力产业革新与全球合作”“金融服务科技创新，助力高质量发展”“金融活水助力文化产业高质量发展”“协同完善服务创新型中小企业的普惠金融体系”等议题，法国开发署署长、新开发银行行长、联合国开发计划署驻华副代表、东方汇理资管集团首席投资官、瑞银集团中国区总裁、万事达集团副董事长及国内外实体企业代表发表演讲和讨论。（张　磊）

【“全球市场与金融发展”平行论坛】 11月21日至23日，“全球市场与金融发展”平行论坛举行。11月22日，全球系统重要性金融机构会议召开，15家全球系统重要性金融机构主要负责人及6家大型金融机构负责人参与研讨。“RCEP开年：开启亚洲合作新进程”活动，邀请16个国家或地区代表出席。“新形势下人民币国际化新发展”活动实现中国北京与新加坡、阿联酋迪拜线上同步互动。除此之外，围绕“国际变革下创新投资合作新趋势”“全球视野下的国民多元化养老金融体系展望”等议题，法国巴黎银行董事长、高盛集团总裁兼首席运营官、普莱仕集团首席投资官、保德信金融集团首席执行官等外籍嘉宾发表演讲和讨论。（张　磊）

【"数字经济与金融科技"平行论坛】 11月21日至23日，第四届成方金融科技论坛暨第二届全球金融科技大会与"数字经济与金融科技"平行论坛同期举办。围绕"数字新基建""数字经济与金融科技""金融科技助力资本市场高质量发展""金融科技践行ESG理念，推动实体经济可持续发展"等议题展开交流与讨论，发布《数据合规引擎及合规管理系统》等成果。举办"全球金融科技发展与技术生态合作——暨全球金融科技中心网络交流活动"，北京、首尔、新加坡、伦敦、东京、卡萨布兰卡、中国香港、苏黎世、海得拉巴等10个国家和地区的代表交流对话，共同发布全球金融科技中心网络合作倡议及《2022全球金融科技中心城市报告》。（张　磊）

【"治理体系与金融稳定"平行论坛】 11月21日至23日，"治理体系与金融稳定"平行论坛举行。围绕"全球地缘经济变动下的金融发展与金融安全""变局下的金融法治协同与作为""合规法律服务赋能'专精特新'企业高质量发展"等议题，2001年诺贝尔经济学奖获得者迈克尔·斯宾斯等嘉宾发表演讲及讨论。举办"金融街之声——金融街发布"活动，发起成立金融街智库，集中发布《金融街发展报告（2022）》《中国金融科技运行报告（2022）》《金融街新发展指数》等一系列研究成果，设置重点项目签约环节，集中签订支持实体经济发展、国际产能合作、金融法治环境建设相关合作协议。（张　磊）

【金融街论坛闭幕式】 11月23日，金融街论坛闭幕式暨金融街建设与发展30年特别活动举行。第十二届全国政协副主席陈元、世界贸易组织副总干事张向晨、国际银行业联合会总裁海德薇格·挪伦斯等嘉宾致辞，与会嘉宾围绕"深化金融改革开放，推动国家金融管理中心高质量建设"交流研讨，共话国家金融管理中心建设新蓝图。推出金融街30年宣传片及人物访谈精彩集锦，展现金融街精神内核与文化特质。（张　磊）

【论坛系列活动】 11月21日至23日，金融街服务局持续深化金融街论坛"一主N分多沙龙"论坛框架体系，举办"西城区企业上市主题交流活动""首届金融街·青年金融论坛暨两岸青年金融论坛""首届Fin-Q量子金融研讨会暨CCF量子金融分论坛年会""2022金融街·资管峰会"，在服贸会上举办"资本市场助力国际科创中心建设"等分论坛活动，推动金融街论坛系列活动品牌化、系列化。（张　磊）

表5　　2022年驻西城区部分金融机构一览表

序号	单位	职能职责	注册地址
一	金融管理部门		
1	中国人民银行	国务院组成部门。在国务院领导下，制定和执行货币政策，防范和化解金融风险，维护金融稳定	成方街32号
2	中国银行保险监督管理委员会	统一监管银行业和保险业机构，维护行业合法稳健运行。银行业和保险业及其他相关类型机构有关法律法规和制度办法制定银行业和保险业机构及业务范围准入管理银行业和保险业机构高管任职资格审查银行业和保险业机构现场检查、非现场监管、违法违规行业查处非法金融活动打击全国银行业和保险业监管数据报表统一编制与发布国有重点银行业金融机构监事会日常管理所属派出机构垂直领导相关国际合作及国务院交办事项	金融大街甲15号
3	中国证券监督管理委员会	统一监管全国证券期货市场，保障证券期货市场合法运行。证券期货市场方针政策、发展规划拟订相关法律法规研究起草监管规章、规则和办法制定股票等证券发行、上市、交易、托管和结算监管上市公司及其股东证券市场行为监管境内期货合约上市、交易和结算监管境内机构从事境外期货业务监管证券期货经营机构、证券投资基金管理公司、证券期货投资咨询机构、证券资信评级机构监管律师事务所、会计师事务所、资产评估机构及其成员从事证券期货相关业务活动监管证券期货违法违规行为依法调查、处罚证券期货行业的对外交往和国际合作事务归口管理	金融大街19号

续表 5

序号	单位	职能职责	注册地址
4	国家外汇管理局	研究提出外汇管理体制改革和防范国际收支风险、促进国际收支平衡的政策建议，研究逐步推进人民币资本项目可兑换、培育和发展外汇市场的政策措施，向中国人民银行提供制订人民币汇率政策的建议和依据；参与起草外汇管理有关法律法规和部门规章草案，发布与履行职责有关的规范性文件；负责国际收支、对外债权债务的统计和监测，按规定发布相关信息，承担跨境资金流动监测的有关工作；负责全国外汇市场的监督管理工作；承担结售汇业务监督管理的责任；培育和发展外汇市场；负责依法监督检查经常项目外汇收支的真实性、合法性；负责依法实施资本项目外汇管理，并根据人民币资本项目可兑换进程不断完善管理工作；规范境内外外汇账户管理；负责依法实施外汇监督检查，对违反外汇管理的行为进行处罚；承担国家外汇储备、黄金储备和其他外汇资产经营管理的责任；拟订外汇管理信息化发展规划和标准、规范并组织实施，依法与相关管理部门实施监管信息共享；参与有关国际金融活动；承办国务院及中国人民银行交办的其他事宜	金融大街 30 号
5	中国人民银行营业管理部	中国人民银行总行在北京的派驻机构，在辖区履行贯彻执行国家货币信贷政策、维护金融稳定、提供金融服务、外汇管理等各项工作职责	月坛南街 79 号
6	中国银行保险监督管理委员会北京监管局	统一监管辖内银行业和保险业金融机构，维护行业合法稳健运行。银行业和保险业监管实施细则制定银行业和保险业机构及业务范围准入管理银行业和保险业机构高管任职资格审查银行业和保险业机构现场检查、非现场监管、违法违规行为查处金融消费者合法权益保护银行业和保险业统计监测地方金融监管部门相关业务工作指导监督	金融大街 15 号鑫茂大厦北楼 10 层
7	中国证券监督管理委员会北京监管局	经授权监管辖区内证券期货市场，保障证券期货市场合法运行。辖区内上市公司、证券、期货经营机构、证券期货投资咨询机构监管辖区内律师事务所、会计师事务所、资产评估机构相关证券期货业务活动监管违法违规案件查处相关市场风险防范和处置证券期货投资者教育和保护	金融大街 26 号
8	北京市地方金融监督管理局	北京市政府直属机构，为正局级，加挂北京市金融工作局（简称市金融局）牌子。北京市地方金融监督管理局（市金融局）贯彻落实党中央关于金融工作的方针政策、决策部署和市委有关工作要求，在履行职责过程中坚持和加强党对金融工作的集中统一领导	槐柏树街 2 号院 2 号楼 3 层
二	货币金融服务业		
1	国家开发银行	吸收对公存款；发放短期、中期和长期贷款；委托贷款；依托中小金融机构发放转贷款；办理国内外结算；办理票据承兑与贴现；发行金融债券和其他有价证券；代理发行、代理兑付、承销政府债券、金融债券和信用债券；买卖政府债券、金融债券、信用债券；从事同业拆借；买卖、代理买卖外汇；办理结汇、售汇业务；开展自营和代客衍生品业务；提供信用证服务及担保；代理收付款项及代理保险业务；提供保管箱服务；资产管理业务；资产证券化业务；顾问咨询；海外分支机构在开发银行授权范围内经营当地法律许可的银行业务；子行（子公司）依法开展投资和投资管理、证券、金融租赁、银行、资产管理等业务；经国务院银行业监督管理机构批准的其他业务	复兴门内大街 18 号

续表 5

序号	单位	职能职责	注册地址
2	中国农业发展银行	办理粮食、棉花、油料、食糖、猪肉、化肥等重要农产品收购、储备、调控和调销贷款；办理农业农村基础设施和水利建设、流通体系建设贷款；办理农业综合开发、生产资料和农业科技贷款；办理棚户区改造和农民集中住房建设贷款；办理易地扶贫搬迁、贫困地区基础设施、特色产业发展及专项扶贫贷款；办理县域城镇建设、土地收储类贷款；办理农业小企业、产业化龙头企业贷款；组织或参加银团贷款；办理票据承兑和贴现等信贷业务；吸收业务范围内开户企事业单位的存款，吸收居民储蓄存款以外的县域公众存款，吸收财政存款；发行金融债券；办理结算、结售汇和代客外汇买卖业务，按规定设立财政支农资金专户并代理拨付有关财政支农资金；买卖、代理买卖和承销债券；从事同业拆借、存放；代理收付款项及代理保险；资产证券化；企业财务顾问服务；经批准后可与租赁公司、涉农担保公司和涉农股权投资公司合作等方式开展涉农业务；经国务院银行业监督管理机构批准的其他业务	月坛北街甲 2 号
3	中国进出口银行	经批准办理配合国家对外贸易和“走出去”领域的短期、中期和长期贷款，含出口信贷、进口信贷、对外承包工程贷款、境外投资贷款、中国政府援外优惠贷款和优惠出口买方信贷等；办理国务院指定的特种贷款；办理外国政府和国际金融机构转贷款（转赠款）业务中的三类项目及人民币配套贷款；吸收授信客户项下存款；发行金融债券；办理国内外结算和结售汇业务；办理保函、信用证、福费廷等其他方式的贸易融资业务；办理与对外贸易相关的委托贷款业务；办理与对外贸易相关的担保业务；办理经批准的外汇业务；买卖、代理买卖和承销债券；从事同业拆借、存放业务；办理与金融业务相关的资信调查、咨询、评估、见证业务；办理票据承兑与贴现；代理收付款项及代理保险业务；买卖、代理买卖金融衍生产品；资产证券化业务；企业财务顾问服务；组织或参加银团贷款；海外分支机构在进出口银行授权范围内经营当地法律许可的银行业务；按程序经批准后以子公司形式开展股权投资及租赁业务；经国务院银行业监督管理机构批准的其他业务	复兴门内大街 30 号
4	中国工商银行股份有限公司	办理人民币存款、贷款；同业拆借业务；国内外结算；办理票据承兑、贴现、转贴现；各类汇兑业务；代理资金清算；提供信用证服务及担保；代理销售业务；代理发行、代理承销、代理兑付政府债券；代收代付业务；代理证券资金清算业务（银证转账）；保险兼业代理业务；代理政策性银行、外国政府和国际金融机构贷款业务；保管箱服务；发行金融债券；买卖政府债券、金融债券；证券投资基金、企业年金托管业务；企业年金受托管理服务、年金账户管理服务；开放式基金的注册登记、认购、申购和赎回业务；资信调查、咨询、见证业务；贷款承诺；企业、个人财务顾问服务；组织或参加银团贷款；外汇存款；外汇贷款；外币兑换；出口托收及进口代收；外汇票据承兑和贴现；外汇借款；外汇担保；发行、代理发行、买卖或代理买卖股票以外的外币有价证券；自营、代客外汇买卖；外汇金融衍生业务；银行卡业务；电话银行、网上银行、手机银行业务；办理结汇、售汇业务；经国务院银行业监督管理机构批准的其他业务	复兴门内大街 55 号
5	中国银行股份有限公司	吸收人民币存款；发放短期、中期和长期贷款；办理结算；办理票据贴现；发行金融债券；代理发行、代理兑付、承销政府债券；买卖政府债券；从事同业拆借；提供信用证服务及担保；代理收付款项；提供保管箱服务；外汇存款；外汇贷款；外汇汇款；外币兑换；国际结算；同业外汇拆借；外汇票据的承兑和贴现；外汇借款；外汇担保；结汇、售汇；发行和代理发行股票以外的外币有价证券；买卖和代理买卖股票以外的外币有价证券；自营外汇买卖；代客外汇买卖；外汇信用卡的发行和代理国外信用卡的发行及付款；资信调查、咨询、见证业务；组织或参加银团贷款；国际贵金属买卖；海外分支机构经营当地法律许可的一切银行业务；在港澳地区的分行依据当地法令可发行或参与代理发行当地货币；经中国银行业监督管理委员会等监管部门批准的其他业务	复兴门内大街 1 号

续表 5

序号	单位	职能职责	注册地址
6	中国建设银行股份有限公司	吸收公众存款；发放短期、中期、长期贷款；办理国内外结算；办理票据承兑与贴现；发行金融债券；代理发行、代理兑付、承销政府债券；买卖政府债券、金融债券；从事同业拆借；买卖、代理买卖外汇；从事银行卡业务；提供信用证服务及担保；代理收付款项及代理保险业务；提供保管箱服务；经中国银行业监督管理机构等监管部门批准的其他业务	金融大街 25 号
7	中国邮政储蓄银行股份有限公司	吸收公众存款；发放短期、中期、长期贷款；办理国内外结算；办理票据承兑和贴现；发行金融债券；代理发行、代理兑付、承销政府债券；买卖政府债券、金融债券；从事同业拆借；买卖、代理买卖外汇；从事银行卡业务；提供信用证服务及担保；代理收付款项及代理保险业务；提供保险箱服务；经中国银行业监督管理机构等监管部门批准的其他业务	金融大街 3 号
8	中国光大银行股份有限公司	吸收公众存款；发放短期、中期和长期贷款；办理国内外结算；办理票据贴现；发行金融债券；代理发行、代理兑付、承销政府债券；买卖政府债券；从事同业拆借；买卖、代理买卖外汇；提供信用证服务及担保；代理收付款项及代理保险业务；提供保管箱服务；经中国人民银行和国家外汇管理局批准的其他业务	太平桥大街 25 号、甲 25 号中国光大中心
9	中国民生银行股份有限公司	吸收公众存款；发放短期、中期和长期贷款；办理国内外结算；办理票据承兑与贴现、发行金融债券；代理发行、代理兑付、承销政府债券；买卖政府债券、金融债券；从事同业拆借；买卖、代理买卖外汇；从事结汇、售汇业务；从事银行卡业务；提供信用证服务及担保；代理收付款项；提供保管箱服务；经国务院银行业监督管理机构批准的其他业务；保险兼业代理业务；证券投资基金销售、证券投资基金托管	复兴门内大街 2 号
10	北京银行股份有限公司	吸收公众存款；发放短期、中期和长期贷款；办理国内结算；办理票据贴现；发行金融债券；代理发行、代理兑付、承销政府债券；买卖政府债券；从事同业拆借；提供担保；代理收付款项及代理保险业务；提供保管箱业务；办理地方财政信用周转使用资金的委托贷款业务；外汇存款；外汇贷款；外汇汇款；外币兑换；同业外汇拆借；国际结算；结汇、售汇；外汇票据的承兑和贴现；外汇担保；资信调查、咨询、见证业务；买卖和代理买卖股票以外的外币有价证券；自营和代客外汇买卖；证券结算业务；开放式证券投资基金代销业务；债券结算代理业务；短期融资券主承销业务；经中国银行业监督管理委员会批准的其他业务	金融大街甲 17 号首层
11	北京农村商业银行股份有限公司	吸收公众存款；发放短期、中期和长期贷款；办理国内结算；办理票据承兑与贴现；代理发行、代理兑付、承销政府债券；买卖政府债券、金融债券；从事同业拆借；从事银行卡业务；代理收付款项及代理保险业务；提供保管箱服务；开办外汇业务、结售汇业务；经中国银行业监督管理委员会批准的其他业务	月坛南街 1 号院 2 号楼
12	摩根大通银行（中国）有限公司	在下列范围内经营全部外汇业务以及对除中国境内公民以外客户的人民币业务：吸收公众存款；发放短期、中期和长期贷款；办理票据承兑与贴现；买卖政府债券、金融债券，买卖股票以外的其他外币有价证券；提供信用证服务及担保；办理国内外结算；买卖、代理买卖外汇；代理保险；从事同业拆借；从事银行卡业务；提供保管箱服务；提供资信调查和咨询服务；基金销售；经中国银行业监督管理委员会批准的其他业务	金融大街 7 号英蓝国际金融中心 F1905–F1912，F2012B–F2019A 单元
13	瑞士银行（中国）有限公司	在下列范围内经营对各类客户的外汇业务和人民币业务：吸收公众存款；发放短期、中期和长期贷款；办理票据承兑与贴现；买卖政府债券、金融债券、买卖股票以外的其他外币有价证券；提供信用证服务及担保；办理国内外结算；买卖、代理买卖外汇；从事同业拆借；从事银行卡业务；提供保管箱服务；提供资信调查和咨询服务；经中国银行业监督管理委员会批准的其他业务；保险兼业代理业务；基金销售	金融大街 7 号英蓝国际金融中心 1220B–1230 单元

续表 5

序号	单位	职能职责	注册地址
14	花旗银行（中国）有限公司北京分行	在下列范围内经营部分或者全部外汇业务和人民币业务：吸收公众存款；发放短期、中期和长期贷款；办理票据承兑与贴现；买卖政府债券、金融债券，买卖股票以外的其他外币有价证券；提供信用证服务及担保；办理国内外结算；买卖、代理买卖外汇；代理保险；从事同业拆借；从事银行卡业务；提供保管箱服务；提供资信调查和咨询服务；经中国银行业监督管理委员会批准的其他业务（涉及许可证的凭许可证经营）	武定侯街6号卓著中心地下一层B102、B103、一层101单元、十六层S1610单元、十七层、十八层、1800、1806—1808单元及S1810单元
15	美国富国银行有限公司北京分行	吸收公众存款；发放短期、中期和长期贷款；办理票据承兑与贴现；买卖政府债券、金融债券，买卖股票以外的其他外币有价证券；提供信用证服务及担保；办理国内外结算；买卖、代理买卖外汇；从事同业拆借；提供保管箱服务；提供资信调查和咨询服务；经中国银行业监督管理委员会批准的其他业务	金融大街7号英蓝国际金融中心7层F721-F723单元
16	工银理财有限责任公司	面向不特定社会公众公开发行理财产品，对受托的投资者财产进行投资和管理；面向合格投资者非公开发行理财产品，对受托的投资者财产进行投资和管理；理财顾问和咨询服务；经银保监会批准的其他业务	金融大街6号楼2层202、3层302、4层402、5层502、6层602、7层702、8层802、9层902
17	中银理财有限责任公司	面向不特定社会公众公开发行理财产品，对受托的投资者财产进行投资和管理；面向合格投资者非公开发行理财产品，对受托的投资者财产进行投资和管理；理财顾问和咨询服务；经银保监会批准的其他业务	金融大街6号楼7层701、10层1001、11层1101
18	中邮理财有限责任公司	面向不特定社会公众公开发行理财产品，对受托的投资者财产进行投资和管理；面向合格投资者非公开发行理财产品，对受托的投资者财产进行投资和管理；理财顾问和咨询服务；经银保监会批准的其他业务	金融大街6号楼6层601
19	中国移动通信集团财务有限公司	对成员单位办理财务和融资顾问、信用鉴证及相关的咨询、代理业务；协助成员单位实现交易款项的收付； 对成员单位提供担保； 办理成员单位之间的委托贷款及委托投资； 对成员单位办理票据承兑与贴现；办理成员单位之间的内部转账结算及相应的结算、清算方案设计； 吸收成员单位的存款； 对成员单位办理贷款及融资租赁；从事同业拆借； 承销成员单位的企业债券； 有价证券投资（股票二级市场投资除外）；成员单位产品的消费信贷和买方信贷	月坛南街1号院3号楼第十九、二十层
20	联通集团财务有限公司	对成员单位办理财务和融资顾问、信用鉴证及相关的咨询、代理业务；协助成员单位实现交易款项的收付；经批准的保险代理业务；对成员单位提供担保；办理成员单位之间的委托贷款及委托投资；对成员单位办理票据承兑与贴现；办理成员单位之间的内部转账结算及相应的结算、清算方案设计；吸收成员单位的存款；对成员单位办理贷款及融资租赁；从事同业拆借；承销成员单位的企业债券；固定收益类有价证券投资	金融大街21号10层、7层708房间
21	中国电信集团财务有限公司	对成员单位办理财务和融资顾问、信用鉴证及相关的咨询、代理业务；协助成员单位实现交易款项的收付；经批准的保险代理业务；对成员单位提供担保；办理成员单位之间的委托贷款；对成员单位办理票据承兑与贴现；办理成员单位之间的内部转账结算及相应的结算、清算方案设计；吸收成员单位的存款；对成员单位办理贷款及融资租赁；从事同业拆借	西直门内大街118号八层

续表 5

序号	单位	职能职责	注册地址
22	国家能源集团财务有限公司	对成员单位办理财务和融资顾问、信用鉴证及相关的咨询、代理业务；协助成员单位实现交易款项的收付；经批准的保险代理业务；对成员单位提供担保；办理成员单位之间的委托贷款及委托投资；对成员单位办理票据承兑与贴现；办理成员单位之间的内部转账结算及相应的结算、清算方案的设计；吸收成员单位的存款；对成员单位办理贷款及融资租赁；从事同业拆借；经批准发行财务公司债券；承销成员单位的企业债券；对金融机构的股权投资；有价证券投资；成员单位产品的消费信贷、买方信贷及融资租赁	西直门外大街18号楼2层7单元201、202
23	航天科技财务有限责任公司	对成员单位办理财务和融资顾问、信用鉴证及相关的咨询、代理业务；协助成员单位实现交易款项的收付；经批准的保险代理业务；对成员单位提供担保；办理成员单位之间的委托贷款及委托投资；对成员单位办理票据承兑与贴现；办理成员单位之间的内部转账结算及相应的结算、清算方案设计；吸收成员单位的存款；对成员单位办理贷款及融资租赁；从事同业拆借；经批准发行财务公司债券；承销成员单位的企业债券；对金融机构的股权投资；有价证券投资；成员单位产品买方信贷及融资租赁	平安里西大街31号01至03层，07至09层
24	中国华能财务有限责任公司	中国华能集团旗下财务公司，集团的资金运作与管理平台	复兴门南大街丙2号天银大厦C段西区7、8层
三	资本市场服务业		
1	东兴证券股份有限公司	证券经纪；证券投资咨询；与证券交易、证券投资活动有关的财务顾问；证券承销与保荐；证券自营；证券资产管理；融资融券；证券投资基金销售；代销金融产品；保险兼业代理	金融大街5号（新盛大厦）12、15层
2	国开证券股份有限公司	证券经纪；证券投资咨询；与证券交易、证券投资活动有关的财务顾问；证券承销与保荐；证券自营；证券资产管理；融资融券；证券投资基金销售；代销金融产品	阜成门外大街29号1–9层
3	华融证券股份有限公司	证券经纪；证券投资咨询；与证券交易、证券投资活动有关的财务顾问；证券承销与保荐；证券自营业务、证券资产管理；融资融券；代销金融产品业务；证券投资基金销售业务	金融大街8号
4	信达证券股份有限公司	证券经纪；证券投资咨询；与证券交易、证券投资活动有关的财务顾问；证券承销与保荐；证券自营；证券资产管理；融资融券；代销金融产品；证券投资基金销售；证券公司为期货公司提供中间介绍业务	闹市口大街9号院1号楼
5	瑞银证券有限责任公司	证券经纪；证券投资咨询；与证券交易、证券投资活动有关的财务顾问；证券承销与保荐；证券自营；证券资产管理；代销金融产品；融资融券；证券投资基金代销	金融大街7号英蓝国际金融中心12层、15层
6	高盛高华证券有限责任公司	股票（包括人民币普通股、外资股）和债券（包括政府债券、公司债券）的承销与保荐；外资股的经纪；债券（包括政府债券、公司债券）的经纪和自营；证券经纪；证券投资咨询；证券自营；代销金融产品业务；中国证监会批准的其他业务	金融大街7号北京英蓝国际金融中心18层1807—1819室
7	大和证券（中国）有限责任公司	证券经纪；证券承销与保荐；证券自营	锦什坊街35号院1号楼11层1109
8	中国证券金融股份有限公司	全国性证券类金融机构，是我国境内唯一从事转融通业务的金融机构。主要业务包括为证券公司等机构提供资金和证券借贷的转融通服务；监测监控证券公司融资融券业务运行及风险情况；运用市场化手段促进资本市场平稳发展；开展公募基金和私募基金资产托管业务等	丰盛胡同28号楼12层1201

续表 5

序号	单位	职能职责	注册地址
9	东方基金管理股份有限责任公司	基金募集；基金销售；资产管理；从事境外证券投资管理业务；中国证监会许可的其他业务	锦什坊街 28 号 1-4 层
10	建信基金管理有限责任公司	基金募集、基金销售、资产管理和中国证监会许可的其他业务	金融大街 7 号英蓝国际金融中心 16 层
11	工银瑞信基金管理有限公司	基金募集、基金销售、资产管理、中国证监会许可的其他业务	金融大街 5 号、甲 5 号 9 层甲 5 号 901
12	泰康基金管理有限公司	公开募集证券投资基金管理、基金销售和中国证监会许可的其他业务	复兴门内大街 156 号 3 层 1-10 内 302
13	华商基金管理有限公司	基金募集；基金销售；资产管理和中国证监会许可的其他业务	平安里西大街 28 号楼 19 层
14	国开金融有限责任公司	投资业务；投资管理业务；投资咨询、顾问服务	金融大街 7 号英蓝国际金融中心 10 层
15	北京金融资产交易所有限公司	金融资产交易服务；计算机系统服务；数据处理（数据处理中的银行卡中心、PUE 值在 1.5 以上的云计算数据中心除外）；计算机维修；基础软件服务；应用软件服务；经济贸易咨询；技术咨询；经营电信业务	金融大街乙 17 号楼 2 层 0201、3 层 0301、4 层 0401
16	北京产权交易所有限公司	提供产权交易服务；经济信息咨询；技术咨询；计算机系统服务；基础软件服务	金融大街甲 17 号
17	国开基础设施基金有限公司	国家开发银行全资设立，用于补充包括新型基础设施在内的重大项目资本金，或为专项债项目资本金搭桥，真正落实为金融服务实体经济强化有效投资支撑	复兴门内大街 18 号 6 层
18	进银基础设施基金有限公司	进出口银行成立的政策性开发性金融工具，用于保障国家重大基础设施建设资金需求	复兴门内大街 26、28、30 号 3 层
四	保险业		
1	中国人民保险集团股份有限公司	投资并持有上市公司、保险机构和其他金融机构的股份；监督管理控股投资企业的各种国内、国际业务；国家授权或委托的政策性保险业务；经中国保监会和国家有关部门批准的其他业务	西长安街 88 号 1 至 13 层
2	中国人寿保险（集团）公司	已承保的人寿保险、健康保险、意外伤害保险等各类人身保险业务的续期收费和给付保险金等保险服务以及再保险业务；控股或参股境内外保险公司或其他金融保险机构；国家法律法规允许或国务院批准的资金运用业务；保险监督管理机构批准的其他业务	金融大街 17 号
3	泰康保险集团股份有限公司	投资设立保险企业；管理投资控股企业；国家法律法规允许的投资业务；经中国保监会批准的保险业务；经中国保监会批准的其他业务	复兴门内大街 156 号泰康人寿大厦 3 层 301
4	华泰保险集团股份有限公司	投资设立保险企业；监督管理控股投资企业的各种国内国际业务；国家法律法规允许的投资业务；国家法律法规允许的保险业务；经中国保监会批准的其他业务	金融大街 35 号
5	中国太平保险集团有限责任公司	对保险业的投资；对投资企业的监督管理；法律法规允许的资金运用	骡马市大街 16 号楼 1 层 103
6	中国出口信用保险公司	中长期出口信用保险业务；海外投资保险业务；短期出口信用保险业务；国内信用保险业务；与出口信用保险相关的信用担保业务和再保险业务；应收账款管理、商账追收等出口信用保险服务及信息咨询业务；保险资金运用业务；经批准的其他业务	丰汇园 11 号丰汇时代大厦

续表5

序号	单位	职能职责	注册地址
7	中国再保险（集团）股份有限公司	投资设立保险企业；监督管理控股投资企业的各种国内国际业务；国家法律法规允许的投资业务；国家法律法规允许的国内、国际再保险业务；经中国保监会批准的其他业务（有效期以许可证为准）	金融大街11号
8	人保再保险股份有限公司	财产保险的商业再保险业务，人身保险的商业再保险业务，短期健康保险和意外伤害保险的商业再保险业务；上述再保险业务的服务、咨询业务；国家法律、法规允许的保险资金运用业务；中国保监会批准的其他业务	西长安街88号7层西区
9	中国人寿再保险有限责任公司	人身保险的商业再保险业务；上述再保险业务的服务、咨询业务；经中国保监会批准的其他业务	金融大街11号
10	太平再保险（中国）有限公司	财产保险的商业再保险业务，人身保险的商业再保险业务，短期健康保险和意外伤害保险的商业再保险业务；上述再保险业务的服务、咨询业务；国家法律、法规允许的保险资金运用业务；中国保监会批准的其他业务	骡马市大街16号5层08、09、11—19单元
11	中国财产再保险有限责任公司	财产保险的商业再保险业务；短期健康保险和意外伤害保险的商业再保险业务；上述再保险业务的服务、咨询业务；经中国保监会批准的其他业务	金融大街11号
12	中邮人寿保险股份有限公司	人身保险、健康保险、意外伤害保险等各类人身保险业务；上述业务的再保险业务；国家法律法规允许的保险资金运用业务；经中国保监会批准的其他业务	金融大街甲3号B座6层、7层、8层
13	国民养老保险股份有限公司	由工银理财有限责任公司、农银理财有限责任公司、中银理财有限责任公司等17家公司共同发起成立的大型养老保险机构。是贯彻落实党中央、国务院关于“规范发展第三支柱养老保险”重要落地成果	金融大街乙9号楼6层602单元
14	中国平安财产保险股份有限公司北京分公司	企业财产损失保险、家庭财产损失保险、短期健康保险、意外伤害保险、建筑工程保险、安装工程保险、货物运输保险、机动车辆保险、船舶保险、能源保险、法定责任保险、一般责任保险、保证保险、信用保险、种植保险、养殖保险，代理国内外保险机构检验、理赔、追偿及其委托的其他有关事宜，经保险监督管理机构批准的其他保险业务	金融大街23号15层
15	中国平安人寿保险股份有限公司北京分公司	承保人民币和外币的各种人身保险业务，包括各类人寿保险、健康保险（不包括“团体长期健康保险”）、意外伤害保险等保险业务；办理各种法定人身保险业务；代理国内外保险机构检验、理赔及其委托的其他有关事宜；证券投资基金销售业务；经中国保监会批准的其他业务	金融大街23号平安大厦13、14层
16	中国太平洋财产保险股份有限公司北京分公司	承保人民币和外币的各种财产保险，包括财产损失保险、责任保险、信用保险等保险业务；办理各种法定财产保险业务；与国内外保险公司及有关机构建立代理关系和业务往来关系，代理外国保险机构办理对损失的鉴定和理赔业务及其委托的有关事宜，与太保寿险公司分支机构建立代理关系和业务往来关系；经批准参加国际保险活动；经中国保监会批准的其他业务；承保人民币和外币的短期健康保险业务和意外伤害保险业务	复兴门内大街158号远洋大厦F6层
17	中国太平洋人寿保险股份有限公司北京分公司	承保人民币和外币的各种人身保险业务；包括人寿保险、健康保险、意外伤害保险等保险业务；办理各种法定人身保险业务；与国内外保险及有关机构建立代理关系和业务往来关系；代理外国保险机构办理对损失的鉴定和理赔业务及其委托的其他有关事宜；经批准参加国际保险活动；与中国太平洋财产保险股份有限公司建立代理关系和业务往来关系；经中国保监会批准的其他业务	复兴门内大街158号F6层东区
18	中国人寿资产管理有限公司	管理运用自有资金；受托或委托资产管理业务；与以上业务相关的咨询业务；国家法律法规允许的其他资产管理业务	金融大街17号中国人寿中心14至18层
19	大家资产管理有限责任公司	受托管理委托人委托的人民币、外币资金；管理运用自有人民币、外币资金；开展保险资产管理产品业务；与资产管理业务相关的咨询业务；中国银保监会批准的其他业务；国务院其他部门批准的业务	金融大街甲9号楼10层1001-63

续表 5

序号	单位	职能职责	注册地址
20	现代财产保险（中国）有限公司	金科示范区首家具有金融科技属性的持牌保险机构。公司股东韩国现代海上火灾保险株式会社是世界 500 强。企业拥有车险、财产险、健康险等众多保险产品，通过数字化和场景化的运营模式，为整个保险行业的数字化转型起示范作用	西外大街 136 号 4 层 1-16-401 室
五	其他金融业		
1	中国华融资产管理股份有限公司	收购、受托经营金融机构和非金融机构不良资产，对不良资产进行管理、投资和处置；债权转股权，对股权资产进行管理、投资和处置；对外投资；买卖有价证券；发行金融债券、同业拆借和向其他金融机构进行商业融资；破产管理；财务、投资、法律及风险管理咨询和顾问业务；资产及项目评估；经批准的资产证券化业务、金融机构托管和关闭清算业务；国务院银行业监督管理机构批准的其他业务	金融大街 8 号
2	中国东方资产管理股份有限公司	收购、受托经营金融机构不良资产，对不良资产进行管理、投资和处置；债权转股权，对股权资产进行管理、投资和处置；对外投资；买卖有价证券；发行金融债券、同业拆借和向其他金融机构进行商业融资；破产管理；财务、投资、法律及风险管理咨询和顾问；资产及项目评估；经批准的资产证券化业务、金融机构托管和关闭清算业务；非金融机构不良资产业务；国务院银行业监督管理机构批准的其他业务	阜成门内大街 410 号
3	中国银河资产管理有限责任公司	收购、受托经营金融机构不良资产，对不良资产进行管理、投资和处置；债权转股权，对股权资产进行投资、管理和处置；固定收益类有价证券投资；发行金融债券、同业拆借和向其他金融机构商业融资；破产管理；财务、投资、法律及风险管理咨询和顾问；资产及项目评估；经批准的资产证券化业务、金融机构托管和关闭清算业务；非金融机构不良资产业务；国务院银行业监督管理机构批准的其他业务	金融大街 35 号国际企业大厦 C 座 11 层、15 层
4	中国对外经济贸易信托有限公司	本外币业务：资金信托；动产信托；不动产信托；有价证券信托；其他财产或财产权信托；作为投资基金或者基金管理公司的发起人从事投资基金业务；经营企业资产的重组、并购及项目融资、公司理财、财务顾问等业务；受托经营国务院有关部门批准的证券承销业务；办理居间、咨询、资信调查等业务；代保管及保管箱业务；以存放同业、拆放同业、贷款、租赁、投资方式运用固有财产；以固有财产为他人提供担保；从事同业拆借；法律法规规定或中国银行业监督管理委员会批准的其他业务	复兴门内大街 28 号凯晨世贸中心中座 F6 层
5	中国金谷国际信托有限责任公司	资金信托；动产信托；不动产信托；有价证券信托；其他财产或财产权信托；作为投资基金或基金管理公司发起人从事投资基金业务；经营企业资产重组、购并及项目融资、公司理财、财务顾问业务；受托经营国务院有关部门批准的证券承销业务；办理居间、咨询、资信调查业务；代保管及保管箱业务；存放同业、拆放同业、贷款、租赁、投资方式运用固有财产；以固有财产为他人提供担保；从事同业拆借	金融大街 33 号通泰大厦 C 座 10 层
6	华鑫国际信托有限公司	资金信托；动产信托；不动产信托；有价证券信托；其他财产或财产权信托；作为投资基金或基金管理公司发起人从事投资基金业务；经营企业资产重组、并购及项目融资、公司理财、财务顾问等业务；受托经营国务院有关部门批准的证券承销业务；办理居间、咨询、资信调查等业务；代保管及保管箱业务；以存放同业、拆放同业、贷款、租赁、投资方式运用固有资产；以固有财产为他人提供担保；从事同业拆借	新华里 16 号院 2 号 楼 102、202、302 号

续表 5

序号	单位	职能职责	注册地址
7	国投泰康信托有限公司	资金信托；动产信托；不动产信托；有价证券信托；其他财产或财产权信托；作为投资基金或者基金管理公司的发起人从事投资基金业务；经营企业资产的重组、并购及项目融资、公司理财、财务顾问等业务；受托经营国务院有关部门批准的证券承销业务；办理居间、咨询、资信调查等业务；代保管及保管箱业务；以存放同业、拆放同业、贷款、租赁、投资方式运用固有财产；以固有资产为他人提供担保；从事同业拆借；法律法规规定或中国银行业监督管理委员会批准的其他业务	阜成门北大街 2 号楼 16 层、17 层
8	丝路基金有限责任公司	进行股权、债权、基金贷款等投资；与国际开发机构、金融机构等发起设立共同投资基金；进行资产受托管理、对外委托投资等；国务院批准的其他业务	金融大街 7 号英蓝国际金融中心 F210–F211 室
9	诚通基金管理有限公司	非证券业务的投资管理、咨询；投资管理；资产管理；项目投资	金融大街 7 号英蓝国际金融中心 7 层 F709
10	国新资本有限公司	股权投资；项目投资；投资管理、资产管理；投资咨询	南礼士路 66 号 1 号楼 18 层
11	中国—比利时直接股权投资基金	对未上市企业进行股权投资；在一级市场认购中国政府发行的债券及其他固定收益债券；向被投资企业提供管理咨询；主管机关批准的其他业务	金融街 35 号国际企业大厦 C 座 10 层
12	中国建银投资有限责任公司	投资与投资管理；资产管理与处置；企业管理；房地产租赁；咨询	闹市口大街 1 号院 2 号楼 7–14 层
13	国家电投集团资本控股有限公司	股权投资与资产管理；资产受托管理；投、融资业务的研发与创新；委托与受托投资；为企业重组、并购、创业投资提供服务；投资顾问、投资咨询；有色金属产品销售；组织展览、会议服务	金融大街 28 号院 3 号楼
六	金融基础设施		
1	中国人民银行金融基础数据中心	中国人民银行直属正司局级事业单位，负责建设运行国家金融基础数据库，为国家宏观调控和金融监管提供核心数据支撑，为金融机构和社会提供高价值数据信息服务	平安里西大街 28 号中海国际中心 21 层
2	中央国债登记结算有限责任公司	国债、金融债券、企业债券和其他固定收益证券的登记、托管、结算、代理还本付息；为中国人民银行公开市场业务系统和债券发行系统提供技术支持；担任债券基金与货币市场基金资产的托管人并办理基金单位的登记、托管、结算；债券市场与货币市场中介服务及信息服务；债券市场及货币市场的研究、咨询、培训与宣传；办理外币固定收益证券的托管、跨境结算并组织办理相关的资金结算和国际业务；根据管理部门授权对债券次级托管进行监督；经中国人民银行、财政部批准的其他业务；互联网信息服务业务	金融大街 10 号楼
3	北京证券交易所有限责任公司	依法为证券集中交易提供场所和设施、组织和监督证券交易以及证券市场管理服务等业务	金融大街丁 26 号
4	全国中小企业股份转让系统有限责任公司	组织安排非上市股份公司股份的公开转让；为非上市股份公司融资、并购相关业务提供服务；为市场参与组织安排非上市股份公司股份的公开转让；为非上市股份公司融资、并购相关业务提供服务；为市场参与者提供信息、技术服务	金融大街丁 26 号
5	中国证券登记结算有限责任公司	证券帐户和结算账户的设立和管理；证券登记与过户；证券托管与转托管；证券和资金的结算与交收；受发行人委托办理证券权益分配代理人服务；数据技术服务；信息服务业务（仅限互联网信息服务）不含信息搜索查询服务、信息社区服务、信息即时交互服务和信息保护和加工处理服务	太平桥大街 17 号
6	中国期货市场监控中心有限责任公司	对期货市场保证金的管理进行监控、为期货市场提供信息咨询及相关服务；按规定管理、运用、发放期货投资者保障基金；参与期货公司风险处置；管理和处分受偿资产；申请或参加期货公司清算	金融大街 5 号新盛大厦 B 座 17 层

续表 5

序号	单位	职能职责	注册地址
7	网联清算有限公司	建设和运营全国统一的清算系统；提供非银行支付机构网络支付业务资金清算；协调和仲裁业务纠纷；提供其他配套服务；软件开发；数据处理；计算机系统服务；计算机技术培训；技术开发、技术服务、技术转让、技术推广；市场调查；会议服务；承办展览展示活动；组织文化艺术交流活动（不含演出）；销售计算机、软件及辅助设备	北三环中路甲29号院3号楼101号内101室
8	万事网联信息技术（北京）有限公司	技术咨询、技术开发、技术服务；软件开发；数据处理；销售计算机软硬件及辅助设备	北三环中路29号院3号楼101号内111室
9	威士信息技术（北京）有限公司	提供网络系统的设计、安装、维护和相关技术支持服务；提供市场营销咨询和产品宣传推广咨询	西直门外大街112号4层403室　和405室
10	全国社会保障基金理事会	管理运营社会保障基金，促进社会保障事业发展。全国社会保障基金管理运营划转的中央企业国有股权受委托集中持有与管理基本养老保险基金受委托管理运营基金收支、管理和投资运营情况定期公开	丰汇园11号楼丰汇时代大厦南座
11	中国保险保障基金有限责任公司	筹集、管理和运作保险保障基金；监测、评估保险业风险；参与保险业风险处置；管理和处分受偿资产；国务院批准的其他业务	太平桥大街18号17层、1501-05至08单元
12	存款保险基金管理有限责任公司	进行股权、债权、基金等投资；依法管理存款保险基金有关资产；直接或者委托收购、经营、管理和处置资产；依法办理存款保险有关业务；资产评估；国家有关部门批准的其他业务	小红庙南里3号
13	中国信托业保障基金有限责任公司	受托管理保障基金；参与托管和关闭清算信托公司；通过融资、注资等方式向信托公司提供流动性支持；收购、受托经营信托公司的固有财产和信托财产，并进行管理、投资和处置；同业拆借、同业借款和向其他金融机构融资，经批准发行金融债券；买卖政府债券、中央银行债券（票据）、金融债券和货币市场基金	月坛南街1号院5号楼20层-23层
14	中国证券投资者保护基金有限责任公司	筹集、管理和运作基金；监测证券公司风险，参与证券公司风险处置工作；证券公司被撤销、关闭和破产或被证监会采取行政接管、托管经营等强制性监管措施时，按照国家有关政策规定对债权人予以偿付；组织、参与被撤销、关闭或破产证券公司的清算工作；管理和处分受偿资产，维护基金权益；发现证券公司经营管理中出现可能危及投资者利益和证券市场安全的重大风险时，向证监会提出监管、处置建议；对证券公司运营中存在的风险隐患会同有关部门建立纠正机制	金融大街5号新盛大厦B座20层
七	国际组织、行业协会		
1	亚洲金融合作协会	金融分析、国际合作、学术交流、业务培训、咨询服务	金融街20号B座12层
2	中国银行业协会	加强自律、规范经营、协调争议、维护权益、专业培训、咨询服务	金融大街20号B座11—12层
3	中国证券业协会	行业管理、信息交流、业务培训、书刊编辑、国际合作、专业展览、咨询服务	金融大街19号富凯大厦B座2层
4	中国银行间市场交易商协会	行业自律、业务培训、国际合作、书刊编辑、信息服务、组织产品研发	月坛南街1号院6号楼22层
5	中国保险资产管理业协会	信息交流、专业培训、举办展览、国际合作、咨询服务	武定侯街2号泰康国际大厦19层

（张　磊）

银行

国家开发银行北京市分行

【概况】2022年，国家开发银行北京市分行（简称国开行北京市分行）信贷资产总额4073亿元，较上年增长1.29%，其中表内人民币贷款余额3266亿元，外汇贷款余额116亿美元。发放本外币贷款2026亿元，较上年增长28%。（刘　宇）

【重点领域发展支持】2022年，国开行北京市分行服务国家发展战略，聚焦重点持续发力。助力京津冀交通一体化，发放轨道交通、机场、铁路贷款428亿元，支持丰台站、新建城际铁路联络线一期工程等项目建设。助力城市副中心建设，发放贷款31亿元，支持地下综合管廊、副中心周转房、公租房建设。助力绿色发展，向北控水务、京能清洁、北京排水集团等企业发放贷款200亿元。服务科技创新中心建设，支持制造业高质量发展，向京东方、长鑫集电、北汽、小米等企业发放制造业贷款350亿元。支持科技创新，发放科技创新和基础研究专项贷款100亿元，保障新型显示行业产业链供应链安全。支持中关村新一轮先行先试改革，与中关村担保合作，累计发放贷款9.68亿元。服务保障和改善民生，助力城市更新支持新型城镇化提质升级，向西草红庙街区更新、西总布街区申请式退租等项目发放贷款9亿元。支持保障性住房建设，发放贷款33.84亿元，支持北京保障房中心通州丁各庄项目等项目。服务实体经济发展，维护市场主体稳定。支持电力保供，向京能等企业发放贷款27.92亿元，投放电力行业基础设施基金7.9亿元。助力疫情防控，保障产业物流安全稳定。支持购置和储运防疫物资，向北京建工集团、北京九州通医药等企业发放贷款6.83亿元。助力生活物资保供稳价，向物美科技、北京华联等公司发放贷款13亿元。支持物流保通保畅、产业链供应链安全稳定，向京东、小米通讯发放贷款39.5亿元。服务金融供给侧结构性改革，推动政策工具落地见效。推动基础设施投资基金项目投放工作，完成基础设施基金3个项目投放，额度9.73亿元。稳妥推动“保交楼，稳民生”，完成北京市全部保交楼项目1亿元放款。推进设备更新改造专项再贷款，签订23.8亿元贷款合同，发放贷款8100万元。（刘　宇）

【风险防控和化解】2022年，国开行北京市分行持续推进内控合规长效机制建设，强化制度建设，严格制度执行。提升反洗钱工作水平，制订反洗钱工作方案，全面开展反洗钱数据信息和资料核查。加强全面风险管理，注重风险管理文化建设，发挥风险预警作用。构建“流程清晰、制度完善、管理严密、监督有效”全流程管理体系，持续推进信贷精细化管理。（刘　宇）

中国工商银行股份有限公司北京市分行

【概况】2022年，中国工商银行股份有限公司北京市分行（简称工行北京分行）下设37家经营管理（分）支行（含分行营业部），524家营业网点。截至年底，本外币资产总额5.55万亿元。实现本外币账面拨备前利润672.79亿元、净利润479.62亿元。本外币全部存款余额5.37万亿元，较年初增加3925.5亿元。本外币各项贷款余额1.29万亿元，较年初增加1213.99亿元。实现中间业务收入121.04亿元，系统内贡献占比9.78%，为近10年最高水平。（宋　鹏）

【融资业务】2022年，工行北京分行人民币各项贷款余额1.26万亿元，较年初增加1336.11亿元。其中公司贷款余额9849亿元、个人贷款余额2394亿元。服务实体经济，其中制造业、战略性新兴产业、科技贷款分别增加512亿元、2125亿元、1706亿元；绿色金融、民营企业、普惠贷款分别增加462亿元、162亿元、143亿元。（宋　鹏）

【存款业务】2022年，工行北京分行人民币全部存款余额5.13万亿元，较年初增加3842.64亿元。其中人民币储蓄、对公和同业存款分别较年初增加1981亿元、1543亿元和318亿元。外币全部存款余额356亿美元，较年初下降20亿美元。（宋　鹏）

【经营转型】2022年，工行北京分行个人金融资产规模2万亿元，较年初净增1650亿元。承销非金融企业债2924亿元。国际结算量、跨境人民币结算量分别达到7293亿美元、3.65万亿元。资产托管规模5.85万亿元。投融资业务余额3683亿元。（宋　鹏）

【渠道服务】2022年，工行北京分行围绕网点“能打胜仗的作战单元”价值定位，构建重点监测指标体系，创新优化环境建设标准，稳步提升网点一体化综合能力，建成282家旗舰及标杆网点。（宋　鹏）

【风险管理】2022年，工行北京分行加强大户风险和重点领域风险管控，提升清收处置成效，不良额26.79亿元，不良率0.21%，实现双下降。保持零案件、零重大风险事件、零安全责任事故。（宋　鹏）

【分行营业部】2022年，分行营业部下设1个营业室、1个网点支行。截至年底，实现拨备前利润51.82亿元；本外币各项存款时点余额5297亿元，同比增长58.55%；本外币各项贷款余额503亿元，同比增长17.52%；实现中间业务收入7.13亿元，同比增长2.89%。

（郑　嘉）

【境内支行】2022年，长安支行下设1个营业室、11个网点支行。截至年底，实现拨备前利润34.9亿元；本外币各项存款时点余额2440亿元，同比减少2.93%；本外币各项贷款余额1595亿元，同比增长1.35%；实现中间业务收入5.86亿元，同比减少10.94%。长安支行履行金融为民职责深入西城区广源小区菜市场提供金融知识宣讲服务。新街口支行下设1个营业室、8个网点支行。截至年底，实现拨备前利润39.27亿元；本外币各项存款时点余额1298.59亿元，同比减少49.82%；本外币各项贷款余额540.32亿元，同比减少2.11%；实现中间业务收入4.6亿元，同比减少8%。南礼士路支行下设1个营业室、12个网点支行。截至年底，实现拨备前利润27.26亿元；本外币各项存款时点余额1981.7亿元，同比减少10.24%；本外币各项贷款时点余额490.61亿元，同比增长5.69%；实现中间业务收入4.28亿元，同比减少14.91%。金融街支行下设1个营业室、4个网点支行。截至年底，实现拨备前利润6.21亿元；本外币各项存款时点余额710.99亿元，同比增长4.29%；本外币各项贷款余额333.94亿元，同比增长8.25%；实现中间业务收入1.73亿元，同比减少6.01%。地安门支行下设1个营业室、7个网点支行。截至年底，实现拨备前利润17.67亿元；本外币各项存款时点余额1655.16亿元，同比增幅11.66%；本外币各项贷款余额363.79亿元，同比增幅17.69%；实现中间业务收入3.72亿元，同比增长19.5%。宣武支行下设9个网点支行。截至年底，实现拨备前利润51.18亿元；本外币各项存款时点余额5278.69亿元，同比增长23.27%；本外币各项贷款余额337.89亿元，同比增长7.89%；实现中间业务收入2.42亿元，同比增长5.62%。广安门支行下设1个营业室、9个网点支行。截至年底，实现拨备前利润10.32亿元；本外币各项存款时点余额777.98亿元，同比增长11.35%；本外币各项贷款余额643.98亿元，同比增长43.39%；实现中间业务收入3.33亿元，同比减少13.05%。

（袁绪博　吕刘萍　孟雨桐　李昱漫　何军　刘然　王丰）

4月19日，工商银行北京长安支行深入西城区广源小区菜市场提供金融知识宣讲服务

（工行长安支行　供图）

中国农业银行股份有限公司北京西城支行

【概况】 2022年，中国农业银行股份有限公司北京西城支行（简称农行西城支行）持续提升服务质量，拓展客户资源，支持实体企业融资，助力脱贫攻坚和乡村振兴，在特色业务领域创新发展，取得成效。截至年底，农行西城支行有基层网点14个，其中12个二级支行、1个分理处、1个营业部。农行西城支行获农行北京分行“业技数”融合大赛B赛道一等奖，“金点子”业务流程大赛团体二等奖、《留学购汇不用愁》项目一等奖、《C3有变更，BoEing早知道》项目二等奖，乡村振兴场景金融青年创意大赛优秀奖、员工法律知识竞赛团体优秀组织奖及个人一等奖、“E码通行”专项营销三等奖、零售条线战略转型业务优秀支行。金融大街支行获分行穿透式考核“最强王者”奖。在分行营业机构“三化三铁”创建活动中，月坛大厦、增光路、复兴门、新街口被评为“三铁”单位。（周岳昊）

【企业发展支持】 2022年，农行西城支行支持实体企业融资，在绿色金融、普惠金融、创新金融等特色业务领域发力。承销市场首批低碳转型债券和首笔碳中和债，发放首笔保障房绿色贷款、多笔市政重点项目和基础设施绿色贷款；支持小微企业融资需求，信贷投放大幅提升；拓展国家级专精特新“小巨人”金融需求，为市级“小巨人”企业发放制造业贷款；紧盯供应链融资，拓展金e棉和保理e融等业务；独家中标开立北交所风险基金账户，办理首笔跨境人民币业务。

（周岳昊）

【服务质量提升】 2022年，农行西城支行推进“浓情暖域”服务品牌建设及服务升温工程，丰富服务功能、延伸服务半径，支行营业部通过中国银行业协会“百佳示范网点”初评，入围农行北京分行独家“百佳示范网点”，成为农业银行首家全国总工会“户外劳动者服务站点”挂牌网点。　（周岳昊）

中国银行股份有限公司北京西城支行

【概况】2022年，中国银行股份有限公司北京西城支行（简称中行西城支行）服务实体经济，支持基础设施改建，助力普惠金融，维护消费者权益，落实全面风险管理，实现支行高质量发展。（娄　静）

【支行业务】2022年，中行西城支行践行八大金融发展战略，服务实体经济，实现多点突破。助力基础设施改建，对接区政府及基础设施领域客户，完成分行首笔医院类和高校类设备更新贷款审批，实现业务突破。科技金融、绿色贷款与战略性新兴产业协同发展，支持专精特新中小企业稳健发展。供应链金融实现多笔创新产品落地，加大对产业链核心企业、上下游企业信贷支持力度，简化中小企业客户融资流程，依托核心企业推动普惠金融业务快速上量，形成供应链金融与普惠金融齐头并进局面。

（娄　静）

【个人金融业务】2022年，中行西城支行抓住恢复大宗消费和新型消费重要机遇，推进场景建设新突破。以消费金融场景化营销打造“荟客厅、荟商圈”生态场景建设，带动数字信用卡发卡、普惠金融等多项服务。通过春节大集活动和北京冬奥会打卡地活动，实现冬奥卡、中银E贷、普惠金融等各项产品畅销。（娄　静）

【消费者权益保护】2022年，中行西城支行组织开展多项金融消费者权益保护工作专题培训，引导消费者依法合规理性维权，构建和谐共赢的金融消费关系，支行消保工作得到质效提升。稳步推进支行全面风险管理体系落地，聚焦完善一二道风险防线协同机制，全年无发生重大业务差错及风险事件。

（娄　静）

中国银行股份有限公司北京宣武支行

【概况】2022年，中国银行股份有限公司北京宣武支行（简称中行宣武支行）下设14家经营性支行（含支行营业部）。中行宣武支行着力推进科技金融战略发展，响应“绿色金融”发展战略，支持民营经济，不断完善小微企业服务体系。辖内支行营业部获评中国银行总行级红旗党支部、中国银行总行第九届文明单位。（张齐笑）

【消费者权益保护】2022年，中行宣武支行继续推进消费者权益保护宣传工作，通过线上线下开展多种宣传活动，践行社会责任。3月，组织开展“3·15”维护金融消费者权益日活动。6月，开展普及金融知识，守住“钱袋子”消费者普法宣传活动。9月，开展“普及金融知识万里行”与金融知识普及月、金融知识进万家、争做理性投资者、争做金融好网民等系列主题宣传教育活动，支行员工深入辖区街道社区、学校、个体客户、企业建筑工地，将金融知识、防范电信诈骗、识别假货币方法送到社区居民、学校师生、建筑工人身边。全年开展各种消费者权益保护宣传活动60余场，围绕新版《消费者权益保护法》组织有针对性的宣传教育活动20余期，线上线下覆盖受众达2.8万余人。（张齐笑）

中国建设银行股份有限公司北京宣武支行

【概况】2022年，中国建设银行股份有限公司北京宣武支行（简称建行宣武支行）在西城区境内有营业网点11家。全年实现全口径存款日均余额888.12亿元，本外币企业存款日均余额356.91亿元，同业存款日均余额300.02亿元，本外币储蓄存款日均余额226.44亿元。本外币各项贷款时点余额1157.83亿元，中间业务净收入实现3.86亿元，实现本外币账面利润11.4亿元，不良贷款余额0.21亿元，不良率0.0198%（以上数据不包含信用卡业务）。建行宣武支行团委获评北京市五四红旗团委。（马丹阳）

【重点项目建设支持】2022年，建行宣武支行助力国家电网全辖140余万名员工开立个人养老金业务；为中国大唐集团有限公司创新承销全国首批、建行首单永续转型债券，发行规模4.1亿元；作为主承销商，为中国大唐集团有限公司、中国华电集团有限公司发行权益型类REITs，助力企业降低资产负债率；作为牵头行组建银团，与中国电建集团国家工程有限公司中国水电伊拉克DCCP水泥厂创新开展出口信贷项目转让业务，服务“一带一路”重点项目；发展线上供应链，助力小微企业融资，实现建行北京市分行首笔线上出表保理+E信通锁定业务；中标国家能源集团深化司库体系建设咨询项目，赋能国企数字化转型。中标中国电建集团有限公司科技创新产业园保险债券计划项目，投放10亿元助力北京市城市更新重点项目建设实现新突破；与北京宣房投资管理集团有限公司签署虎坊桥简易楼项目合作协议。

（马丹阳）

【普惠金融业务】2022年，建行宣武支行普惠贷款余额35.73亿元，较年初新增3.62亿元，普惠金融贷款客户达2051户，较年初新增136户，供应链贷款余额44.79亿元。

（马丹阳）

【金融科技业务】2022年，建行宣武支行完成北京市红十字会上线政融支付平台建设，搭建建行北京市分行首个“政付通”资金监管场景，助力31个村镇、街道及社区上线智慧村务平台。（马丹阳）

【绿色金融业务】2022年，建行宣武支行绿色贷款余额403.14亿元，新增140.31亿元，增长率53.39%，绿色债券承销额20亿元。为北京可再生能源发展结算服务有限公司（国家级结算平台）开立基本户；为全国首座潮光互补型光伏电站——国家能源集团龙源浙江温岭潮光互补型智能光伏电站提供固定资产贷款；为中国大唐集团有限公司下属大唐商业保理公司办理金融企业绿色信贷业务；发行国家电力投资集团有限公司北京电力有限公司新能源基础资产类REITs；完成中国电力新源绿能债转股项目20亿元签约。（马丹阳）

【品牌服务】 2022年，建行宣武支行拓展“一手店”“百年义利”“苏宁易购”“好孩子”等大型连锁商户及菜百首饰、内联升等区域内特色商户上架“建行生活”平台，上架门店356个，平台商户建行宣武支行开户率76.19%、上架门店开户率89.5%。消费券发放期间，引入汤城小厨、日昌餐馆、牛街聚宝源等知名餐饮品牌，通过“建行生活”平台助力北京市政府消费券发放。（马丹阳）

【服务民生】 2022年，建行宣武支行在西城区境内打造7家无障碍网点，设立10家适老化服务网点，不断完善服务老年客群“暖阳驿站”服务功能。推进“金融惠志愿”品牌建设，组织团队参与志愿活动。（马丹阳）

中国建设银行股份有限公司北京西四支行

【概况】 2022年，中国建设银行股份有限公司北京西四支行（简称建行西四支行）在西城境内有6个经营机构。金融总量日均余额1128.88亿元，其中对公金融总量日均余额828.59亿元，个人金融总量日均余额300.29亿元。全口径存款日均余额723亿元，较上年新增72.7亿元；一般性存款日均余额546.46亿元，较上年新增22.18亿元，其中对公存款新增8.2亿元，个人存款新增13.98亿元。各项贷款余额347.19亿元，较年初新增77.83亿元；其中对公贷款新增88.19亿元。（杨志欣）

【住房租赁业务】 2022年，建行西四支行依托“住房租赁+”金融服务模式支持城市更新重点项目，与西城区属某企业签署城市升级贷款合同，用于西城区年内首个核心区腾退项目力学胡同周边城市更新项目。为西城保障房公司住房租赁购买项目、西城区国资委某全资企业下属公司棚户区改造项目提供信贷支持。（杨志欣）

【普惠金融业务】 2022年，建行西四支行通过“E信通”产品开展供应链融资业务，投放E信通普惠贷款25.54亿元。对总分行下发的复工复产白名单企业，做到应续尽续，支持名单内纾困企业14户，贷款金额20.47亿元。（杨志欣）

【对公存款业务】 2022年，建行西四支行坚持存款立行理念不动摇，构建存款增长长效化机制，创新思路打法。以新金融为抓手，中标中国人民银行独资控股企业40亿元3年定期存款；优化业务流程，为某施工企业上线分行首个保函工厂，带动客户日均存款新增2亿元；“结构性+存款产品”方案，营销某资本运营公司客户12亿元结构性存款及7亿元活期存款。（杨志欣）

【个人金融业务】 2022年，建行西四支行依托“建行生活”平台，通过线上推广引流、线下服务拓客方式，助力餐饮企业引流客源、提升销售、扩大经营。截至年底，在“建行生活”平台上线比格披萨、味多美、呷哺呷哺等798家商户门店，C端获客32003户。（杨志欣）

中国建设银行股份有限公司北京西单支行

【概况】 2022年，中国建设银行股份有限公司北京西单支行（简称建行西单支行）下设8个部室（含营业部），5个营业中心。实现本外币账面利润5.42亿元。中间业务收入1.82亿元。本外币全口径存款时点余额534.4亿元；一般性存款余额485.3亿元。本外币各项贷款时点余额85.8亿元；五级分类不良贷款余额0.15亿元，不良率0.24%。（王珺）

【对公业务】 2022年，建行西单支行实现中长期制造业贷款投放7.88亿元，计划完成率738%；绿色金融贷款投放20.92亿元，计划完成率97%；与15家科技企业签约投贷联动项目，计划完成率100%；成功推荐北京广播电视台与建信住房公司完成30套宿舍周转房的存房业务签约；完成西单商业街“新一代”商城城市更新贷款4.6亿元投放。（王珺）

【普惠金融业务】 2022年，建行西单支行实现普惠金融贷款余额17.58亿元，较年初增长3.95亿元，计划完成率79%；普惠贷款授信客户新增175户，计划完成率87%；“惠懂你”授信客户新增117户，计划完成率78%；重点推进供应链平台、智慧政务平台及工商联8大平台使用及获客引流，推动数字化经营，拓展普惠金融业务新局面。（王珺）

【新兴金融业务】 2022年，建行西单支行实现同业存款时点余额21.32亿元；企业存款时点余额467.02亿元，较年初新增369.32亿元；理财时点余额27.7亿元，较年初新增11.65亿元；对公转型中收6805.75亿元，其中托管中收5969.08万元；营销民生银行黄金租借业务3笔4吨；营销国寿资管落地总行首笔保险资管CFETS同业存款业务，以电子成交单替代纸质合同签署，助力低碳绿色金融交易。（王珺）

【个人金融业务】 2022年，建行西

单支行个人加权有效客户437004户，较年初新增21348户；信用卡客户新增1658户，计划完成率78.58%；建行生活累计注册21793户；建行生活平台上架商户212家门店；营销开立个人养老金账户2853户。（王　珺）

【金融风险防控】2022年，建行西单支行聚焦全面从严治党、治行，严格贯彻落实总分行风险管理及内控合规工作要求，发挥风控委职能，做好资产质量监控和各类风险防控，召开风控委会17次、贷后会14次；制订《2022年风险文化建设活动计划》，开展特色线上答题和排查活动，引导员工学深、学实、学细合规手册；组织青年员工拍摄视频短片、制作微动画、V-log等，展示分享关于合规文化建设心得感悟。（王　珺）

交通银行股份有限公司北京市分行

【概况】2022年，交通银行股份有限公司北京市分行（简称交行北京市分行）机构网点总量125家，其中二级分行1家、分行营业部1家、一级支行30家、二级支行93家。截至年底，本外币资产总规模11540.59亿元，同比增加976.23亿元，增长率9.24%；本外币各项存款余额9761.9亿元，同比增加891.98亿元，增长10.06%；本外币各项贷款余额5530.23亿元，同比增加1034.1亿元，增长率23%；利润121.26亿元，同比增长1.4亿元，增长率1.2%。（何华伟）

【公司金融业务】2022年，交行北京市分行瞄准财政、军队、社保、代发等客户，围绕智慧金服、产业链和互联网金融平台做好场景建设。将信贷资源向实体经济重点领域和薄弱环节倾斜，投入资源开展专项行动。对新增制造业中长期贷款、涉农贷款、专精特新企业贷款推出FTP补贴、经济利润托底等支持政策。围绕“三稳”（稳地价、稳房价、稳预期）“三保”（保交楼、保民生、保稳定）目标做好房地产贷款总量管理，重点支持满足群众住房刚需项目。落地全国首个数字人民币智能合约预付资金监管场景，解决传统模式下预付费消费痛点。服贸会期间，交通银行北京市分行设数字人民币展区。用好普惠小微贷款延期还本付息、无还本续贷、信用贷款、减费让利等政策，支持中小微企业发展。通过科技赋能，重点布局普惠线上标准化产品，带动普惠“两增”规模增长。（何华伟）

【个人金融业务】2022年，交行北京市分行运用大额存单等产品吸引客户和资金，公私联动重点攻坚代发、三方存管等源头客群。成立“零售财富管理大中台建设攻坚小组”，以资产配置为导向推动财富管理发展。针对“互联网头部平台、大出行等公共服务、民生消费”等方向建设生态场景。开发上线“行员、教师、医护、代发、养老”5个手机银行特色专区，精选优质产品组合，为北京地区客户提供专属金融服务。加大对首套房和改善性住房支持，优化房贷政策，以线上渠道受理、预审批、房贷自动化审批等方式，提高贷款处理时效。支持居民在教育培训、医疗养老、购车装修等方面金融需求，推广“惠民贷”“车位贷”“信用付”等产品。（何华伟）

【国际业务】2022年，交行北京市分行运用金融衍生产品，服务企业汇率避险需求，为中小微企业降本增效。为客户提供专属服务方案，满足外币债务保值、外币存款增值、大宗商品套期保值等不同需求。支持实体经济发展，通过“单一窗口”和“Easy系列”电子渠道国际业务产品，打造贸易金融电子化服务体系。服务“一带一路”建设，利用离在岸一体化经营优势参与境外银团项目。扩大各项便利化政策试点规模，为集团客户提供本外币一体化资金池试点业务。投身北京“两区”建设，获批成为全国贸易外汇收支便利化试点政策2.0版首批试点银行、海外人才用汇便利化试点北京地区首批试点银行。（何华伟）

【同业业务】2022年，交行北京市分行做好存量客户活期存款转化营销，通过持续优化利率调整机制，扩大同业负债利差空间。锁定要素市场客户、重点券商等支柱型客户，开展“方案式营销”。动态调整发行节奏，提升1年期同业存单发行占比，抢占中长期低成本资金来源。

9月21日，服贸会期间，交通银行北京市分行设数字人民币展区　（交通银行北京分行　供图）

完善CIPS标准收发器业务功能，实现支付透镜、影像传输、信用证等功能上线，推动CIPS+业务全面发展。证券PB业务市场份额稳居北京地区第一。推进“承兑+贴现+转贴现”一体化经营模式，加快票据周转效率，做大交易流量。做好职业年金、企业年金、大型产业基金的营销拓展和运营服务。成为国民养老保险股份有限公司战略合作银行，获得首款产品“美好生活养老年金险”托管资格。（何华伟）

【内控管理改进】 2022年，交行北京市分行完善网格化贷（投）后风险管控机制，采取“支行（经营单位）+分行[贷（投）后团队]”双线管理模式，通过两道防线平行作业方式把控风险。利用数字化内控系统和智慧案防系统开展内控案防风险监测排查，依托技术手段提升内控管理效能。推进组织构架改革，整合4个部门、合并8家支行。开展赋能减负劳动竞赛，管理工具化、营销方案式赋能逐渐形成常态。打造“聚交京彩”“京味茶馆”等平台项目，加快响应基层合理诉求。获2022年金融街地区商务楼宇疫情专项及综合保障工作先进单位。

（何华伟）

【境内支行】 2022年，阜外支行下设1个营业室和4个二级支行。截至年底，人民币存款余额356.21亿元，同比增加110.86亿元，其中储蓄存款96.36亿元，对公存款259.85亿元；人民币贷款余额237.27亿元；实现各类中间业务收入14966万元；实现本外币利润73287万元，人均创利458万元。西单支行下设1个营业室和1个二级支行。截至年底，人民币存款日均余额601.33亿元，同比增加29.02亿元，其中储蓄存款50.5亿元，对公存款550.83亿元；人民币贷款余额1466.66亿元，同比增加557.27亿元；普惠“两增”贷款余额13.67亿元，同比增加6.09亿元；实现各类中间业务收入10925万元；实现本外币利润57422万元，人均创利718万元。宣武支行下设1个营业室和3个二级支行。截至年底，人民币存款日均余额111亿元，同比增加28亿元，其中储蓄存款日均余额81亿元，对公存款日均余额30亿元；人民币贷款余额8.2亿元；实现各类中间业务收入6000万元；实现本外币利润13437万元，人均创利133万元。北三环中路支行下设1个营业室和3个二级支行。截至年底，人民币存款余额221.8亿元，同比增加34.69亿元，其中储蓄存款82.81亿元，对公存款138.99亿元；人民币贷款余额58.2亿元；实现各类中间业务收入13847万元；实现本外币利润38993万元，人均创利428.49万元。

（汪昱　赵欣　朱媛　曹岩秋）

招商银行股份有限公司北京分行

【概况】 2022年，招商银行股份有限公司北京分行（简称招商银行北京分行）表内总资产13062亿元，同比增幅12.6%；全折自营存款余额11837亿元，同比增加1664亿元，增幅16.4%；全折自营贷款余额4542亿元，同比增加591亿元，增幅15%；实现利润总额（计提资产减值损失后）144亿元，同比增加21亿元，增幅16.9%。不良贷款率0.39%。有营业机构127家。招商银行作为金融行业代表之一参加2022年中国国际服务贸易交易会——金融专题展。（刘莉颖）

【公司金融业务】 2022年，招商银行北京分行对公自营存款年日均7619亿元，较上年增长1024亿元，增速16%；人行口径下北京地区对公存款月平均市场份额5.69%，较上年提升0.42个百分点。人民币对公贷款规模2346亿元，较年初增长361亿元。有账户对公客户数29.1万户，较年初增长4611户，约占北京地区工商存续经营企业总数10.77%。依托自身金融科技实力，与北京市国资委签署《大额资金动态监测系统建设实施协议》，成为唯一合作银行。（刘莉颖）

【零售金融业务】 2022年，招商银行北京分行零售金融以高质量发展为目标，全面提升精细化管理水平，规模、客群、财务各项指标整体迈上新台阶。零售营业净收入165.2亿元，管理总资产突破2万亿元，人民币储蓄存款余额突破4600亿元，零售客户存量超过1200万户，其中非零客群超过1000万户、资产5万元以上客群数量214万户。年末零售信贷资产余额1873亿元，较年初增长173亿元，小微贷款余额686亿元，较年初增长73亿元。

（刘莉颖）

【投行资管业务】 2022年，招商银行北京分行实现投行资管业务总收入13亿元，其中非息收入8.9亿元。债券承销业务实现规模1930亿元，区域排名从2021年第11位提升至第2位，衍生对公存款年日均104亿元；对公财富管理业务实现中收2.69亿元，公司理财产品日均余额1313亿元，连续4个季度保持北京市市场份额首位，在前五大行中的规模占比首次突破30%；资管业务实现非息收入1.43亿元，实现项目类资产投放规模468亿元；并购业务实现非息收入1.94亿元，落地业务30笔，业务笔数同比增长50%；市场交易业务实现投放规模447.59亿元，成为系统内首家规模突破400亿元分行。（刘莉颖）

【区域经济发展服务】 5月，招商银行北京分行打造智慧园区管理系统，为北京地区园区、孵化器等提供智慧化管理平台，助力园区树立高质量生态运营和智能化服务管理的品牌。11月，为服务北京地区实体经济，招商银行北京分行设立4家科技金融试点支行，开创“科创有招”科技金融服务模式，发布“科创八通”科创企业尊享产品服务体系。12月，贯彻落实党和国家对普惠金融提出的发展要求，成立普惠金融部，集中力量进一步强化普惠金融、供应链金融、科技金融以及乡村振兴服务能力。（刘莉颖）

【境内支行】 2022年，招商银行北京分行营业部（中心支行）下设7个网点。对公客群数1521户，同比下降1.11%户；自营存款年日均474.72亿元，同比增长26%；核心存款年日均431.75亿元，同比增长34%；表内信贷余额171.16亿元，同比增长25.63%。分行营业部（网点）零售非零客户总数43.8万户，同比增长6.6%；零售客户核心总资产703.2亿元，同比增长12.7%；储蓄存款余额178.6亿元，同比增长28.9%。金融街中心支行零售非零客户总数3.34万户，同比增长1.98%；零售客户核心总资产115.04亿元，同比增长4.73%；储蓄存款余额27.5亿元，同比增长25.6%。月坛支行零售非零客户总数1.6万户，同比增长14%；零售客户核心总资产34.8亿元，同比增长27.9%；储蓄存款余额9.7亿元，同比增长24.4%。广安门支行零售非零客户总数1.59万户，同比增长1.9%；零售客户核心总资产28.2亿元，同比增长6.8%；储蓄存款余额8.23亿元，同比增长35%。宣武门支行零售非零客户总数25.1万户，同比下降0.4%；零售客户核心总资产246.4亿元，同比增长8.4%；储蓄存款余额72.9亿元，同比增长25.2%。陶然亭支行零售非零客户总数5.44万户，同比增长3.16%；零售客户核心总资产80.54亿元，同比增长5.88%；储蓄存款余额25.71亿元，同比增长37.7%。金融街支行零售非零客户总数10.82万户，同比增长6.6%；零售客户核心总资产265.71亿元，同比增长11.5%；储蓄存款余额74.1亿元，同比增长36.9%。甘家口支行零售非零客户总数11.63万户，同比增长12.8%。AUM月日均较年初增长13.4亿元，管理总资产达131亿元；核心存款月日均全年增长5.8亿元，存量余额35亿元；储蓄存款月日均全年增长8.5亿元，存量余额43亿元；全年净增私行客户9户，钻石客户34户；净增双金客户折标金1969户。阜外大街支行零售非零客户总数4.3万户，同比增长11.2%；零售客户核心总资产73.4亿元，同比增长14.8%；储蓄存款余额19.84亿元，同比增长31.9%。德胜门支行零售非零客户总数8.1万户，同比增长5%；零售客户核心总资产126.6亿元，同比增长9.08%；储蓄存款余额30.61亿元，同比增长8.9%。（刘莉颖）

广发银行股份有限公司北京分行

【概况】 2022年，广发银行股份有限公司北京分行（简称广发北京分行）营业网点54家，其中西城区9家。截至年底，总资产3879.32亿元，实现报表营业收入32.6亿元，实现净利润11.01亿元，整体不良率1.15%。（陈悦喆）

【国家重点建设支持】 2022年，广发北京分行支持实体经济发展，各项人民币贷款余额996.7亿元，较上年增长98.2亿元，其中科技贷款余额176.55亿元，较年初增长18.11亿元；战略性新兴产业贷款余额198.26亿元，较年初增长112.86亿元；绿色信贷余额62.98亿元，较年初增长27.39亿元；民营企业贷款余额208.88亿元，较年初增长18.71亿元；制造业贷款余额160.57亿元，较年初增长18.07亿元，其中制造业中长期贷款余额57.14亿元，先进制造业58.74亿元，高技术中长期贷款20.3亿元。与188家专精特新小微企业建立授信合作，贷款余额20亿元，同比增长264%；推动科技赋能，成为全行首家上线落地“担保E贷”创新业务的分行，为中国联通集团员工办理E秒贷业务，累计开户1647户，发放贷款1.14亿元；多措并举开展首贷户专项营销，实现新增203户。制订《关于加大信贷投放相关举措方案》，推进颐堤港、京雄高速等重点项目投放，实现3笔大型央国企并购贷款投放，落地广发首笔国家设备更新改造专项贷款项目，落地“碳中和”基金、风电发债等绿色项目托管规模557亿元。（陈悦喆）

【存款业务】 2022年，广发北京分行人民币基础存款日均规模2658.8亿元，较上年增长395.5亿元，增幅17.5%；对公基础存款日均规模2235.5亿元，同比增幅15.7%；个人基础存款日均规模423.3亿

4月10日，广发银行北京分行员工为经营花店的个体工商户免费安装支付设备

（广发北京分行 供图）

元，增幅28.1%。客户规模实现整体增长。截至年底，对公结算有效户、分行价值客户分别较年初增长14.6%、18.1%，零售基础客户、财富管理客户、私人银行客户分别较年初增长5.5%、9.3%、10.5%，个人养老金账户开户4.56万户。

（陈悦喆）

【金融业务】 2022年，广发北京分行实现新增债券承销规模398.1亿元，同比增长103.63%；新增资管规模139.6亿元，同比增长108%；国际结算量387亿美元，同比增长29%；托管规模10725亿元，同比增长12.6%。（陈悦喆）

【金融创新】 9月22日，广发北京分行与某在京央企集团公司下属单位签订《账户管理协议》，在国内首次实现集团公司清晰、全面查询下属公司各类账务信息的功能。该项"账户集中可视"创新业务立足于人民币跨境支付系统（CIPS），较好地达成国资委关于央企资金"智能友好、穿透可视、功能强大、安全可靠"的要求，为集团央企公司司库工作建设提供金融支持。

（陈悦喆）

【北京普惠健康保业务】 2022年，广发北京分行负责北京普惠健康保保险代销工作，多措并举开展宣导及销售，实现销售82865件。员工为经营花店的个体工商户免费安装支付设备。（陈悦喆）

【北京冬奥金融服务】 2022年，北京冬奥会期间，广发北京分行为参赛运动员及游客提供优质的金融服务，调配行内外语人才组成法、德、俄、意、西、韩、日语等7种语言的"多语种志愿服务团队"，第一时间为一线金融服务提供小语种翻译服务。（陈悦喆）

【境内支行】 2022年，广发北京分行有9家网点位于西城区内，分别为北京分行营业部、月坛支行、新外支行、西客站支行、金融街支行、黄寺支行、宣武门支行、西单支行、西直门支行。9家营业网点经营效益良好。截至年底，平均营业收入1.41亿元，平均创利0.79亿元，高于广发银行北京分行各营业网点平均水平，支行网点KPI考核得分处于分行各营业网点中上水平。

（陈悦喆）

中国光大银行股份有限公司北京分行

【概况】 2022年，中国光大银行股份有限公司北京分行（简称光大银行北京分行）资产总额6870亿元，比上年增加225亿元。一般存款时点余额6102亿元，比上年增加344亿元，增长6%；一般存款日均余额6175亿元，比上年增加611亿元，增长11%；总量及增量光大银行系统占比分别为17%、22%。一般贷款时点余额1666亿元，比上年增加193亿元，增长13%。营业收入132.44亿元，增长8%；中间业务收入33.65亿元，增长5%；风险调整后利润67.38亿元，较上年增加7.1亿元，增长12%。不良贷款率0.68%，比上年下降0.17个百分点；关注贷款率0.38%，比上年下降0.24个百分点。平衡计分卡得分220.2分。截至年底，光大银行北京分行有营业网点89家，其中一级支行（含分行营业部）65家、二级支行4家、社区支行20家。光大银行北京分行获中华全国总工会全国安康杯竞赛活动优胜单位、北京市"安康杯"先进集体、中国金融工会"优秀新时代金融职工讲习堂"称号，中融大厦第二办公区和望京西支行获北京市金融工会"职工心灵驿站"授牌，丰台支行获评全国最美工会户外劳动者服务站点，公司金融部获评北京市工人先锋号，亦庄支行获全国金融五一劳动奖状，零售金融部获评全国金融五一巾帼标兵岗，王海斌获全国金融五一劳动奖章。（潘远发）

【公司金融业务】 2022年，光大银行北京分行公司金融业务一般存款时点余额4581亿元，比上年增加11亿元；一般存款日均余额4856亿元，比上年增加404亿元；活期存款日均1308亿元，比上年增加72亿元，占比26.9%。对公FPA（Financial Product Aggregate）余额4838亿元，比上年增加308亿元，增长7%。其中居间业务余额235亿元，比上年增加178亿元；投行业务余额1584亿元，比上年增加110亿元；同业投资余额531亿元，比上年增加51亿元；对公贷款899亿元，比上年增加48亿元。制造业贷款余额254.7亿元，比上年增加55.19亿元；制造业中长期贷款余额184.91亿元，比上年增加37.58亿元；绿色贷款余额96.93亿元，比上年增加72.21亿元；清洁能源产业贷款余额11.46亿元，比上年增加7.06亿元。营业收入76.79亿元；对公存款利息收入41.26亿元；对公贷款利息收入2.18亿元；同业利息收入11.91亿元，比上年增加0.87亿元；中间业务收入17.17亿元，比上年增加0.52亿元。累计销售机构理财规模1450亿元，余额868亿元，比上年增加260亿元，中间业务收入2.9亿元；新增对公有效户超500户、价值户超200户。

（潘远发）

【零售金融业务】 2022年，光大银行北京分行零售AUM（客户资产规模）时点余额3551亿元，比上年增加468亿元，增长15%；零售存款时点余额1521亿元，比上年增加333亿元，增长28%；零售存款日均余额1319亿元，比上年增加207亿元，增长19%；核心存款时点余额1407亿元，比上年增加371亿元，增长36%；核心存款日均余额1190亿元，比上年增加232亿元，增长24%；价值存款时点余额581亿元，比上年增加141亿元，增长32%；价值存款日均余额489亿元，比上年增加65亿元，增长15%。财富类产品收入超9亿元；

代发个人客户 42.3 万人 461.8 亿元。新增保险金 134 笔、家族信托立项 10 笔。零售营收占比 40.9%，比上年提升 3.6 个百分点；零售存款新增 333 亿元，增长 28%，零售信贷新增 100 亿元，增长 17%，占比分别提升 4 个和 1 个百分点。绿色中收 22.3 亿元，增长 11%。零售客户总量 1450 余万户；私人银行客户突破 1 万户，财富客户 17 万户。信用卡新增 14 余万户，手机银行、云缴费、阳光惠生活三大 APP 月活跃度 380 余万户。（潘远发）

【金融科技创新】2022 年，光大银行北京分行成立数字化转型委员会、金融创新工作室，设立绩效奖励与费用支持各 500 万元专项基金。上线零售智能营销平台，开发“零售业务分支行画像系统”；智能平台外呼电话 294 万通，触达目标客户 64 万人，提升零售 AUM103 亿元。升级“832 平台”（国家贫困地区农副产品网络销售平台）实现远程对公开户 2412 户；升级“智慧园区管理系统 2.0”；二手房资金监管交易金额 2358.6 亿元，占全国整体交易量 80%；上线京东企业主贷贷款业务，解决小微企业融资难题；与中经社控股有限公司合作搭建农民工薪资“全国一体化在线监管平台”；832 平台、停简单（北京停简单信息技术有限公司）等项目在集团、总行创新大赛中获奖。（潘远发）

【重点建设支持】2022 年，光大银行北京分行支持服务实体经济，用好“红星计划”“前置预审”等优惠政策，推动重点项目储备与投放落地。制造业贷款增长 28%，制造业中长期贷款增长 26%。首次以牵头行身份完成北京诚通科技有限公司增资鞍钢集团 45 亿元并购银团投放；向海淀区国资委投放 50 亿元银团贷款。支持重大工程建设，向京沪高速铁路股份有限公司发放贷款 36.9 亿元，累计支持北京地铁 3 号线投放贷款 12 亿元；累计承销 47.6 亿元政府债券，助力轨道交通、棚改等项目建设。为中国国新控股有限责任公司发行 100 亿元能源保供特别债；发行中广核风力发电有限公司、华能天成融资租赁有限公司绿色票据、碳中和债，绿色金融贷款增长 292%、清洁能源贷款增长 160%。与中国城市规划设计研究院签署战略合作协议。普惠金融完成“两增两控”（增加小微企业贷款额度和数量，控制贷款成本和风险）监管指标，贷款余额 191.12 亿元，增长 46%。弘扬“拥军银行”品牌，连续 4 年开展“雷锋日”品牌宣传活动，续存“雷锋存折”10 万元；打造“适老化服务”品牌，创建 2 家总行级“敬老网点”，1 家国家认证中心认证的“适老服务示范网点”。作为唯一入围股份制银行，为超过 3 万名退役军人办理申领优待证业务。持续打造“阳光消保”“阳光服务”品牌，连续 3 年在北京银保监消保评级中获得股份制银行第一名，在人民银行营业管理部评级中实现连续 5 年 A 档。望京西支行作为唯一股份制银行入围中国银行业协会文明规范服务“百佳示范单位”评选。编印《新市民美好生活服务手册》，为 20 家营业网点打造展示服务专区。（潘远发）

3 月 15 日，中国光大银行北京分行与中国城市规划设计研究院举行战略合作签约仪式

（光大银行北京分行　供图）

【管理机制创新】2022 年，光大银行北京分行成立战略客户行业中心，完善营销体系，打造综合服务团队，优化管户权管理机制。成立专精特新专营支行，探索公私批量获客新路径，新增专精特新客户 392 户，授信余额 8.39 亿元。构建零售条线多元化综合营销激励机制，推动线上线下融合发展。强化风险管理，向相关支行派驻信用审批团队。推进敏捷转型，创建信息科技柔性团队。（潘远发）

【风险防控与合规管理】2022 年，光大银行北京分行靠前审批，印发审批工作指引，加强前瞻风控，严把授信准入关。深化预警分级，化解存量大额风险。主动退出正常类对公授信客户 14 户、金额 6.48 亿元。完成不良资产核销 11.4 亿元，现金清收超 3.73 亿元。不良及关注贷款实现不良额、不良率、关注额、关注率全部下降。成立业务检查部、开通数字化监测系统、进行飞行检查，排查员工异常行为，强化案防管理和内控督查，开展合规管理季活动，严格内部审计。完善反洗钱精细管理，获全国普及法律常识办公室“七五”普法先进单位。

（潘远发）

【境内支行】2022 年，光大银行北京分行在西城区有 14 家支行，其中一级支行 14 家（含分行营业部）。分行营业部拓宽机构客群数量，做大民生保障类资金规模，累

计沉淀存款超500亿元，最高时点超200亿元，为国家保障类资金保值增值提供金融服务；与多家高校及高校基金会合作，中标落地2.4亿元机构存款。金融街丰盛支行公司条线大资产业务余额约599.12亿元，比上年增长136亿元。对公一般贷款余额4.85亿元，超额完成预算绿色贷款、清洁能源和碳减排贷款指标。礼士路支行运用“商行+投行+资管+交易”一体化营销模式，支持服务实体经济，深挖潜力大客户资源，在重点业务表内贷款、贴现、国内证福费廷融资、同业投资和投行发债等方面表现优异，FPA规模再创新高。为国家电网有限公司、龙源电力集团股份有限公司、国家能源集团资本控股有限公司发债金额140亿元；向国网汇通金财（北京）信息科技有限公司贴现719笔5.81亿元。西城支行中标南水北调集团有限公司163亿元存款项目，时点余额53亿元，占有客户90%钱包份额，为该客户提供授信600亿元。民营贷款、涉农贷款投放余额18.13亿元，绿色中收2000万元。宣武门外支行对公营收首次突破亿元大关，预算完成率210%；对公存款时点10.5亿元、日均9.6亿元，较年初分别增长6.2亿元和1.0亿元；表内贷款日均8.9亿元，其中一季度新增投放5.6亿元；普惠金融贷款余额2750万元，普惠客户数7户，预算完成率分别为172%和150%。西直门支行通过资金监管系统为国家粮食交易中心及下属省中心提供资金监管、出入金清分、货款结算、融资放款等金融服务。累计服务该平台涉农企业超1000户，阳光e粮贷业务累计投放涉农贷款1896.38万元。

（潘远发）

中国民生银行股份有限公司北京分行

【概况】2022年，中国民生银行股份有限公司北京分行（简称民生银行北京分行）本外币总资产余额9607.29亿元，同比增长9.82%。各项存款余额9188.58亿元，同比增长8.05%，其中人民币存款余额8828.47亿元，同比增长15%。各项贷款余额2902.28亿元，同比增长4.92%。营业收入100.82亿元，营业支出51.56亿元，实现营业利润49.26亿元，同比增长33.38%。截至年底，民生银行北京分行下设分行营业部1家、二级分行1家、支行93家、便利型网点68家（社区支行64家、小微支行4家）。民生银行北京分行立足“服务大众，情系民生”，服务国家战略，提升金融服务实体经济质效，融入首都区域发展，推进以客户为中心的全客群经营理念，完善一体化营销体系建设，取得良好经营成效和社会效应。民生银行北京中关村分行营业部被中国人民银行营业管理部授予北京市金融教育示范基地。民生银行北京分行“京惠卡”发布会在京举行。

（崔谊楠）

【公司业务】2022年，民生银行北京分行持续优化公司业务营销服务体系，坚持“民营企业的银行”战略定位，为战略民企、中小民企提供全方位金融支持，加大对专精特新、绿色信贷、普惠金融、制造业、供应链融资、乡村振兴领域支持力度，发挥服务民营企业、中小微企业特色与优势，聚焦产业升级，推动新兴产业与科创信贷增长。支持实体经济，持续加大中长期制造业信贷投放，聚焦央国企产业整合，以北交所开市为契机，深耕北京“智造”业客群，年末中长期制造业贷款比上年增长43亿元；支持国家战略实施和重大工程建设，聚焦城市副中心建设、保障房建设等项目贷款，债券承销规模突破149亿元、企业资产证券化业务投放329亿元。支持复工复产，对受疫情影响较大的企业提供差异化金融服务，合理支持企业授信接续、应贷尽贷。支持科创企业发展，聚焦服务北京证券交易所、专精特新“小巨人”等中小科创企业，结算服务推出科创企业服务工具包，提供开户费减免、网银汇划手续费优惠、结售汇手续费优惠等政策，利用现金管理产品提高企业结算效率，针对科技企业推出“易创”系列融资产品及投贷联动服务。截至年底，国家高新技术企业贷款余额105.33亿元，中关村科技园区高新技术企业贷款余额182.46亿元，科创企业贷款余额195.54亿元，专精特新企业贷款余额18.9亿元。

（崔谊楠）

【零售业务】2022年，民生银行北京分行深化零售改革转型，推进私人银行及财富管理客群经营，强化资产配置储蓄存款余额1663.7亿元，比上年增长335.8亿元；金融资产余额3352.5亿元，比上年增长310.6亿元。贵宾客户数43.14万户，比上年增长5.99万户；私银客户突破7300户，比上年增长680户。消费信贷余额438.68亿元，比上年增长20.37亿元。零售网络金融平台用户数488.48万户，比上年增长42.1万户。

（崔谊楠）

【普惠金融业务】2022年，民生银行北京分行落实减费让利政策，降低小微企业经营成本，小微贷款平均发放利率4.17%，较年初下降52BP；小微抵押贷款平均发放利率4.1%，较年初下降51BP。加大首贷客户开发力度，新增小微首贷客户439户，发放小微贷款379笔，贷款规模19.57亿元。加大科创企业支持力度，科创企业（含专精特新、高新企业等）贷款余额46亿元。普惠贷款余额320.9亿元，较上年增长3.52亿元，其中信用贷款规模13.14亿元，余额较上年增长7.03亿元，同比增速达115%。响应国家发展社区养老战略部署，践行社区金融战略，完善惠民惠老体系，在团购、公益、便民、防诈宣传等方面提供完备的非金系列服务，打造社区养老金融服务典型。民生银行北京分行持牌社区支行68家，覆盖11个行政区。

（崔谊楠）

【金融市场业务】 2022年，民生银行北京分行同业资产业务余额1033亿元，同业负债业务余额3511亿元。代客外汇业务交易量突破42亿美元；债券借贷业务、债券销售等业务转型深化，债券撮合交易规模达789.5亿元。推进托管业务结构优化，托管规模突破3万亿元，新增超5000亿元，其中公募基金增长230亿元、信托计划增长近600亿元、保险资金增长890亿元、客户资金监管规模增长超过1500亿元。

（崔谊楠）

【境内支行】 2022年，德胜门支行各项存款余额246.74亿元，存款日均242.5亿元，储蓄存款余额15.43亿元。各项贷款余额14.75亿元。阜成门支行各项存款余额203.63亿元，存款日均187.77亿元，储蓄存款余额33.46亿元。各项贷款余额15.87亿元。西长安街支行各项存款余额102.21亿元，存款日均137.44亿元，储蓄存款余额39.17亿元。各项贷款余额37.16亿元。金融街支行各项存款余额99.65亿元，存款日均95.99亿元，储蓄存款余额39.59亿元。各项贷款余额16.19亿元。广安门支行各项存款余额79.66亿元，存款日均70.53亿元，储蓄存款余额29.94亿元。各项贷款余额56.19亿元。西二环支行各项存款余额70.2亿元，存款日均87.54亿元，储蓄存款余额15.78亿元。各项贷款余额8.34亿元。北太平庄支行各项存款余额61.68亿元，存款日均51.67亿元，储蓄存款余额18.98亿元。各项贷款余额63.97亿元。首体支行各项存款余额55.53亿元，存款日均49.7亿元，储蓄存款余额27.8亿元。各项贷款余额16.05亿元。长椿街支行各项存款余额48.54亿元，存款日均56.54亿元，储蓄存款余额7.35亿元。各项贷款余额14.33亿元。西单支行各项存款余额37.54亿元，存款日均31.87亿元，储蓄存款余额16.67亿元。各项贷款余额24.07亿元。复兴门支行各项存款余额29.7亿元，存款日均20.12亿元，储蓄存款余额2.49亿元。各项贷款余额7.08亿元。新街口支行各项存款余额23.04亿元，存款日均25.74亿元，储蓄存款余额5.75亿元。各项贷款余额9.4亿元。

（崔谊楠）

华夏银行股份有限公司北京分行

【概况】 2022年，华夏银行股份有限公司北京分行（简称华夏银行北京分行）资产总额3945.77亿元，比年初增加437.79亿元，增幅12.48%，其中各项贷款2273.42亿元，比年初增加360.99亿元，增幅18.88%；负债总额3932.63亿元，比年初增加472.28亿元，增幅13.65%，其中各项存款3803.93亿元，比年初增加488.34亿元，增幅14.73%，全年实现营业收入（考核口径）68.89亿元。截至年底，华夏银行北京分行有综合性支行69家，西城境内有支行7家。

（车　喆）

【公司金融业务】 2022年，华夏银行北京分行支持北京地区发展，坚持“北京的银行”战略定位，在北京地区各类投融资服务达3000亿元。区域攻坚实现跨越式发展，开展业务合作的区属、乡域及农工商企业348户，一般性存款日均达133.56亿元；用信余额达215.58亿元，信贷投放超过50亿元。机构业务持续增长，机构存款年日均达561.23亿元，较年初增加84.63亿元。集中资源对接重点企业和重点项目需求，其中京津冀协同发展重点项目投融资261.15亿元。践行绿色发展理念，绿色信贷余额265.06亿元，较年初增长84.88亿元，绿色信贷占比11.66%，较年初提升2个百分点。

（车　喆）

【个人金融业务】 2022年，华夏银行北京分行个人存款余额735.97亿元，较年初增长166.21亿元，增幅29.17%；个人线下贷款余额较年初增长39.21亿元，达290.69亿元，增幅15.59%。截至年底，个人线上贷款业务在贷余额212.22亿元，较年初增长148.85%。个人客户数361.22万户，财私客户数42.78万户。信用卡新增发卡8.27万张。北京地区华夏速通卡签约客户突破80万户。北京冬奥会支付环境建设中，商圈内累计升级改造商户256户，承接冬奥小微空白商户3023户，制订北京冬奥会期间服务保障方案，包括收单设备维护服务、ATM取现服务、人民币现金收付服务、数字人民币服务、结售汇业务服务等，完成冬奥支付环境建设工作各项指标。

（车　喆）

【科技金融业务】 2022年，华夏银行北京分行加快融入中关村创新生态体系进程，持续扩大服务企业覆盖面，服务首都高新技术企业。截至年底，科技用信户681户，信贷融资总额331.89亿元，同比新增科技用信户210户，新增信贷融资总额114.99亿元；专精特新企业155户，信贷融资总额21.06亿元，同比新增专精特新用信户73户，新增信贷融资总额8.39亿元。新增219家科技企业结算户。组织经营单位参加由市金融局、市科委、深交所等平台组织的各类企业线上路演活动10余次，对接企业近20家。支持涵盖节能环保、集成电路、新一代信息技术、新能源、新材料等新兴产业和高技术产业及互联网与实体经济相融合的新产业、新业态。

（车　喆）

【文化金融业务】 2022年，华夏银行北京分行为1201户北京市文化企业提供各类融资服务562亿元，协助为445户北京市小微文化企业申请政府贴息10850万元；尝试创新产品，落地首单科创文创园区租赁住房类REITs项目投资6000万元；取得市教委牵头推广的教育预收费资金监管业务资格，配合政府对校外培训机构合规经营进行有效监督及管理。加大老字号企业合作力度，与47家老字号企业建立合作联系，

为老字号企业及所属集团提供授信支持超过150亿元。（车　喆）

【金市投行业务】2022年，华夏银行北京分行坚持“商行＋投行”综合化经营管理，丰富投行业务品类、投行业务客户数量，多措并举提高多元化收入。债券承销业务规模536.82亿元，落地科创票据、能源特别保供债等创新产品；撮合业务规模387.32亿元。同业借款累计投放发生额419亿元，实现利差收入2.07亿元。企业理财销售规模49.14亿元，余额196亿元同业存款、同业存单发生额达3400.73亿元；票据业务新增发生额91.82亿元；资产托管业务余额3373.14亿元。

（车　喆）

【普惠金融业务】2022年，华夏银行北京分行普惠条线贷款规模354.46亿元，较年初净增30.08亿元。普惠型小微企业贷款余额212.98亿元，较年初增加0.85亿元。贷款客户数达24708户，较年初增加10993户。“普惠助农贷”为4.14万户农户提供近30.4亿元信贷支持，户均7.34万元。上线小微系统内首个微信公众号B类产品企业——个人市场贷；推出科创小微企业专属融资产品服务包，为364家科创型小微企业提供资金支持30.87亿元；服务首都实体经济，通过贷款服务中心审批首贷业务1138笔，审核通过金额101.89亿元，在入驻银行排名中名列榜首，为小微企业贴息166.58万元；疫情期间助企纾困，落实“应延尽延、应续尽续”，无还本续贷贷款累放金额54.75亿元。（车　喆）

【风险管理】2022年，华夏银行北京分行以“实时监测、前瞻判断、及时干预、优化运行”原则，加强全面风险统筹工作，深化信贷资产质量管控，提升风险管理工具先进性和风险专业管理能力，分行资产质量整体稳定，信贷与投融资业务平稳运行。组织分行风险文化治理专项行动暨风险文化建设年活动，推动构建全员风险管理体系。

（车　喆）

【境内支行】2022年，华夏银行北京分行营业部各项存款余额72.72亿元，存款日均60.54亿元。和平门支行各项存款余额18.59亿元，存款日均27亿元。长安支行各项存款余额66.35亿元，存款日均31.81亿元。德外支行各项存款余额48.39亿元，存款日均46.17亿元。车公庄支行各项存款余额278.74亿元，存款日均253.27亿元。广外支行各项存款余额12.85亿元，存款日均27.19亿元。北三环支行各项存款余额51.62亿元，存款日均101.09亿元。陶然支行各项存款余额10.24亿元，存款日均12.5亿元。

（车　喆）

北京银行股份有限公司

【概况】2022年，北京银行股份有限公司（简称北京银行）资产总额3.39万亿元，较年初增长10.76%；实现归母净利润247.6亿元，比上年增长11.4%。创近8年最高增速，资产规模与净利润重回“双位数增长”，经营质效持续保持上市银行较高水平。按一级资本在英国《银行家》杂志千家大银行排名第50位，首次跻身全球前50强，连续9年入围全球百强银行；连续2年被人民银行、银保监会评为全国系统重要性银行。全行总分支机构639家，北京地区238家，西城境内36家。

（王昕芳）

【服务西城】截至年底，北京银行累计为西城区企业（注册地在西城）提供贷款超600亿元，助力西城区重点企业发展建设。响应《京津冀协同发展规划纲要》有关要求，为华远公司动物园世纪天乐大厦疏解项目累计放款22.4亿元。加大特色金融服务供给，以专营支行建设为抓手增强西城区文化金融服务能力，推动前门文创支行与西城区文化创意产业促进中心签署全面战略合作框架协议，持续培育文化企业发展沃土；聚焦西城区历史文化名城建设，联动西城区委宣传部、区文旅局、区文化创意产业促进中心等，组织2022“白塔杯”文化创意大赛颁奖典礼暨2023大赛启动仪式。

（王昕芳）

【零售业务】2022年，北京银行零售客户突破2700万户，资金量规模超过9700亿元，增量突破900亿元。储蓄存款增长21.7%，创近10年最高增速；个人贷款较年初增长8.69%。构建覆盖客户全生命周期的金融服务体系，创新推出“京萤计划”，“小京卡”发卡52万张，儿童金融客户规模增长41%；全国首批获得开办个人养老金业务和养老基金销售双资格，累计开立个人养老金资金账户超20万户。（王昕芳）

【金融市场业务】2022年，北京银行金融市场管理业务规模达3万亿元，货币市场交易量超40万亿元，全国市场占比2.7%，优质客户规模较年初增长25.34%。同业投资落地“绿色”“碳中和”、乡村振兴类、抗疫类产品，开展京创通、京绿通专项再贴现产品，累计服务小微、个贷等客户超7000户。成交全市场首笔X-Repo同业存单合约，投资首批在北京证券交易所发行的北京债和国债，落地本行首笔电子化银行承兑汇票买入返售交易，获得手机银行销售储蓄国债（电子式）试点资格，托管本行首只实现在互联网渠道进行首发的定制公募基金。获中国外汇交易中心颁发的银行间外汇市场“最大进步人民币外汇会员”“最大进步外币货币市场会员”“最佳外币对会员”奖项；获年度市场影响力奖、市场创新奖奖项，涵盖“核心交易商”“货币市场交易商”“X-Repo”3个奖项。

（王昕芳）

【信息科技】2022年，北京银行锚定数字化转型统领“五大转型”战

6月1日，北京银行“京萤计划”儿童金融服务品牌发布暨“小京卡”“小京压岁宝”首发仪式举行

（北京银行　供图）

略方向，围绕“数字京行”战略布局，强化战略统筹，加快建设科技银行，信息科技投入占年内营业收入比重3.7%，提升0.2个百分点。强化科技赋能，确保数字化转型战略落地。提升科技能力，以重大项目识别为牵引，形成企业级视角的重大项目统筹机制，实现业技敏捷。优化管理流程，提升项目组交给能力。夯实科技实力，推进统一金融操作系统和统一数据底座双基建设，增强自主可控及持续交付能力。加大技术创新，打造“京智大脑”，在智能服务、智能决策方面精准赋能。构建数字基建，打造多地多活云生态体系，提供安全稳定弹性的基础设施体系。（王昕芳）

【风险管理】2022年，北京银行实施动态授权管理，出台主动授信及授权白名单。强化大额风险管控，落实大额授信审议机制，开展重点领域风险监测及专项排查；加大不良资产处置力度，修订不良资产问责管理规定，推动存量不良资产加速出清。推进监管意见整改落实，发布内控中长期规划（2022年至2025年），开展合规体系文件再评估。上线冒烟指数模型，推动京行E警通建设，优化财务分析预警系统；搭建全面风险管理图谱，建成企业级统一额度管控平台；启动新一代信用风险管理系统重构，升级授信后管理系统，加速推进智慧风控体系建设。（王昕芳）

【北京分行业务】2022年，北京银行北京分行下辖25家管辖行、2家直属行，有81家综合网点。截至年底，北京分行资产总额4018.68亿元，负债总额4004.06亿元，贷款时点总额2369.7亿元，存款时点总额3840.13亿元。（王昕芳）

【境内管辖行】2022年，复兴管辖行下辖复兴支行、三里河支行、金融街支行3家网点。复兴支行获北京市总工会“北京市工人先锋号”称号，员工孙家澍获首届首都十佳“金融卫士”称号。截至年底，存款规模160亿元，其中公司时点存款66.37亿元，公司人民币存款日均50.23亿元，公司客户数1587户，人民币公司贷款时点规模65.93亿元，普惠贷款规模3.54亿元；零售资金量余额93.73亿元，储蓄规模达52亿元，个贷余额达10亿元，普惠（人行）余额达3.44亿元，VIP客户数达7945户。官园管辖行下辖官园支行、车公庄支行2家网点。截至年底，存款规模108.12亿元，贷款规模46.16亿元，实现利润2.01亿元。南纬路管辖行下辖南纬路支行、陶然支行2家网点。截至年底，公司存款规模11.62亿元，公司贷款规模14.58亿元。南纬路支行转型为小微专营支行，为113户小微企业发放普惠贷款5.07亿元。作为科技特色支行，为53户科技企业发放贷款6.21亿元。燕京管辖行下辖长安街支行、天宁支行、滨河路支行3家网点。截至年底，存款规模330亿元，贷款规模449亿元。月坛管辖行下辖月坛支行、阜成支行、展览路支行3家网点。截至年底，本外币存款余额228.46亿元，本外币贷款余额263.58亿元。琉璃厂管辖行下辖琉璃厂支行、宣武门支行和陶然亭路支行3家网点。截至年底，存款规模270亿元、贷款规模72.9亿元。琉璃厂支行是北京银行北京分行第一家信贷工厂，扶持中小企业300余户；宣武门支行是原宣武区第一家财富中心，全国首家文化创意产业金融服务特色机构。西单管辖行下辖政务中心支行、西单支行2家网点，被北京市金融工会授予“先进职工之家”称号，被广安门内街道授予“同心抗疫、贡献突出”奖。截至年底，存款规模105亿元，贷款规模51亿元。右安门管辖行下辖右安门支行、报国寺支行2家网点。截至年底，公司存款规模28.23亿元，公司贷款规模36.77亿元。零售储蓄规模50.45亿元，贷款规模26.05亿元，资金量91.9亿元。华安管辖行下辖华安支行、西四支行、西直门支行3家网点，是一家服务西城企事业单位的特色支行。截至年底，公司存款规模190亿元，零售存款规模211亿元，服务西城统发单位215家，全年统发金额64亿元、35万人次，营业室业务量382万笔。获评西城区交通安全先进单位。广安管辖行下辖广安支行、白云支行、广源支行和马连道支行4家网点。截至年底，存款规模109.13亿元，贷款规模99.98亿元，实现利润1.07亿元。德外管辖行下辖德外支行、慧园支行、北三环支行3家网点。支持京唐城际铁路建设投放23.26亿元。截至年底，管辖行存款规模102.83亿元，贷款规模50.35亿元，实现利润1.4亿元。

（王昕芳）

【境内支行】 2022年，前门文创支行为西城区唯一一家文创专营支行，落地文化活化利用项目“新市区泰安里”，通过无抵押无担保贷款形式与西城区共同打造“文物有信用”全新概念，最终为企业办理信用贷款综合授信1000万元。8月25日，西城区文化促进中心与北京银行前门文创支行签署全面战略合作框架协议，授予支行“文化金融合作示范单位”称号。9月29日，前门文创支行承办2022首届“白塔杯”文化创意大赛颁奖典礼暨2023启动仪式。截至年底，前门文创支行向59户文创类客户提供贷款支持，金额总计4.1亿元。（王昕芳）

保 险

中国人民财产保险股份有限公司北京市西城支公司

【概况】 2022年，中国人民财产保险股份有限公司北京市西城支公司（简称中人保财险北京西城支公司）贯彻集团“卓越保险战略”，推进“六大战略服务”和总公司、分公司各项工作部署，落实“温暖工程”，推进“充满活力、富有实力、独具魅力”的“三力公司”建设。实现保费收入6.09亿元，直接赔款3.01亿元，上缴税金1223万元。承担机动车辆保险风险保障金额2394.94亿元，企业财产保险风险保障金额826.48亿元，家庭财产保险风险保障金额117.18亿元，工程保险风险保障金额90.84亿元，责任保险风险保障金额98272.22亿元，意外健康保险风险保障金额83890.56亿元，货运保险风险保障金额7.87亿元，信用保证保险风险保障金额15.36亿元。（杨 璐）

【安责险业务服务】 2022年，中人保财险北京西城支公司为西城区4000余名防疫社工设置专属保险保障。承保西城区安全生产责任险项目，为15个街道1500余家企业提供安责险服务，做好安责险宣传和安全隐患排查，落实保险服务项目。服务重点项目、重大赛事、重点企业，承保政府棚户区改造、重点办公楼5个重大项目的IDI保险（工程质量潜在缺陷保险）；承保北京市足协组织的北京市“百队杯”青少年足球赛；派驻北京冬奥会志愿者，服务北京冬奥会。配合中人保财险北京分公司做好美团外卖骑手等新业态人员保险服务工作。（杨 璐）

【健康养老服务】 2022年，中人保财险北京西城支公司落实北京普惠健康保工作，承保超过1万人次。拓展多家养老机构，助力长护险项目构建“线上+线下”全流程服务。301医院手术意外险实现出单。（杨 璐）

【科技创新服务】 2022年，中人保财险北京西城支公司承保北京知识产权保险，为200余家企业提供知识产权风险保障合计16亿元。探索生物应用领域保险，为北科生物、圣释生物等研究机构提供干细胞存储保险。通过董责险为京东方等国家重点扶持的科创企业服务。（杨 璐）

【绿色环保服务】 2022年，中人保财险北京西城支公司助力新能源汽车产业发展，与环耀集团、北汽鹏龙集团、金泰集团、庆洋集团、北京出行公司等开展新能源车辆保险合作，为1.9万台新能源车辆提供车险保障。承保邮政系统电动三轮车保险，承保车辆3156辆。（杨 璐）

中国人民财产保险股份有限公司北京市宣武支公司

【概况】 2022年，中国人民财产保险股份有限公司北京市宣武支公司（简称中人保财险北京宣武支公司）实现保费收入57477.83万元，实现净利润3524.45万元。其中机动车保险收入45599.61万元、个人非车保费收入840.35万元、法人业务保费收入8597.94万元、社保保费收入2439.93万元。（董丁铭）

【车险业务】 2022年，中人保财险北京宣武支公司车险赔付率降低9.02个百分点。新签渠道38个，同比新增渠道7个，新增保费约1200万元。车险车上人员投保率同比增长8.26%；家自车三者险平均保额同比增加38.93%。通过制定差异化和精细化政策管控，有效提高三者及效益险种投保率，降低赔付成本。（刘 莎）

【个非业务】 2022年，中人保财险北京宣武支公司推行车险+个非产品组合销售策略。通过车险带动驾意险、随车行、家财险等个人非车险产品的销售，助推产品经营向客户经营转化升级。客户转化率实现27.41%。（刘 莎）

【法人业务】 2022年，中人保财险北京宣武支公司组织各部门走访北京农村商业银行、化工集团、军都山滑雪场等，发挥业务协同优势；定期与寿险、健康险座谈，交换资源和信息，联合开发法人客户项目，加深合作密度。（刘 莎）

【手术意外险】 2022年，中人保财险北京宣武支公司继续推进“服务十局、人保护航”行动，满足医疗行业风险管理需求，将手术意外保险项目作为公司重点推动项目之一，实现年度手术意外险保费收入近8700万元。（刘 莎）

【普惠健康保】 2022年，中人保财险北京宣武支公司推广北京普惠健康保项目。与西城区平原里社区、街道互动，举办普惠保进社区讲座；为中央美院、同仁堂四通桥药店等多家企业承担培训任务，覆盖人数超800人。（刘 莎）

【风险查勘】 2022年，中人保财险北京宣武支公司针对企财险高赔付情况，风险查勘小组及三方查勘专

家对重点项目进行严格风险查勘评估，查勘60余次，有效提高承保质量。（刘　莎）

中国平安人寿保险股份有限公司北京分公司

【概况】 2022年，中国平安人寿保险股份有限公司北京分公司（简称平安人寿北京分公司）实现规模保费收入268.98亿元，比上年增长1.93%。其中个险总保费全年累计250.98亿元，比上年增长1.13%；银保总保费全年累计17.92亿元，比上年增长14.64%；团险总保费751.3万元。截至年底，客户总数量超过668万人，累计（有史以来）为北京市民提供人身保障29273亿元；累计（有史以来）有效保单5135123件，办理个人理赔116174件，赔款、死伤医疗给付累计15.3亿元，年金及满期给付40.25亿元。平安人寿北京分公司副总经理齐松获年度全国金融五一劳动奖章。（戴书敏）

【个人营销业务】 2022年，平安人寿北京分公司推出平安管家居家养老服务，以"舒心、放心、专心"服务理念，通过"1个专属管家、10个服务场景、1套监督体系"，提供一站式居家养老建议解决方案，实现"老人舒心、子女放心、管家专心"。为3578位客户送去居家养老服务权益。（戴书敏）

【银行代理业务】 截至年底，平安人寿北京分公司银行保险部银行代理业务年度首年期交规模保费达成68915万元，比上年增长2%。其中外部渠道年度首年期交规模保费达成2993万元，比上年增长70.1%；客户经营渠道年度首年期交规模保费达成1827万元，比上年增长35.8%。（戴书敏）

【重大承保与理赔】 2022年，平安人寿北京分公司个人理赔案件117379件，总赔付金额16.5亿元。持续提供"闪赔"服务3.7万件案件，闪赔金额4010.9万元，最快闪赔用时1.7分钟。客户M女士因确诊急性心肌梗死，获赔重大疾病理赔金579.8万元，为平安人寿北京分公司当年理赔金额最高的案件。客户W先生投保"颐享世家"，累计承保保额2亿元，成为平安人寿北京分公司当年累计最高人身险保额承保新契约。客户Z女士投保"平安六福"，累计承保保额411.3万元，成为平安人寿北京分公司当年累计最高重疾险保额承保新契约。客户D女士投保"御享金瑞"，累计承保保费2445万元，成为平安人寿北京分公司当年累计最高保费承保新契约。（戴书敏）

【客户服务】 2022年，"平安臻享RUN"健康服务升级，增加2个权益级别，以组合年交保费进行分级，为客户打造"省心、省时又省钱"的健康服务体验；通过"保险保障+健康管理+医疗服务"一站式解决方案，满足客户全生命周期健康医疗和风险保障需求。全年有410万名客户使用平安臻享RUN、就医绿通、在线问诊、齿科等健康服务。线上开展多渠道、多种方式业务，满足不同客群多样化需求，金管家APP累计为66.4万客户提供线上保单服务。空中客服累计为11万余位客户提供线上服务，客服中心累计为15.2万客户提供线下柜面服务。举办"客服节开幕式""平安守护者行动""北京人艺观剧""芭蕾舞剧观赏""柴可夫斯基交响乐"等近百场线下活动，与近万名客户线下互动。依托自身科技优势，整合各方资源，通过官微、微信公众号、金管家APP、短信等线上途径及进社区、下基层、户外大屏等线下教育宣传活动，在"3·15"消费者权益保护教育宣传周、9月金融知识普及月等重大教育宣传节点，集中面向北京地区金融消费者开展全方位、多层次的普及金融知识、强化风险防范意识教育宣传活动。日常在各个营业网点、客服中心设置教育宣传专区，定期更新教育宣传材料，在每个客服柜台摆放风险提示T型台，在电子屏滚动播放各类风险提示、投诉渠道与投诉业务流程、防范代理退保、清廉金融文化等教育宣传材料。开展面向老年人弱势群体、社区退休党员等群体多角度地普及金融、保险知识，引导群众提高警惕，自觉远离非法集资。开展线上线下教育宣传活动200余次，覆盖消费者830余万人次。（戴书敏）

【风险控制】 2022年，平安人寿北京分公司关注保险公司销售乱象、理赔乱象、财务乱象、消费者权益保护、内部员工廉政建设、代理人日常管理、防范非法集资等方面，开展系列自查，严格整改、严肃问责处罚，防范外部风险交叉传递，大大降低经营风险。开展多种形式宣导活动和培训，将日常宣导和专题宣传月相结合，运用微信公众号、海报、宣传手册、图片视频、内部学习平台等多种方式向保险代理人、员工、客户普及监管制度、警示案例、防范非法集资、反洗钱、反欺诈、风险控制、法律法规、扫黑除恶、代理退保等政策和知识。根据北京监管局、北京保险行业协会关于清廉金融建设3年规划要求，开展清廉金融文化建设活动。妥善解决各类纠纷，按照监管要求建设纠纷多元化解机制，争取纠纷前置化解。依托集团和总公司大数据平台，开展法律合规评审、制度建设、风险管理、内控自评、操作风险、反洗钱、打击违规代销非平安金融产品等工作。（戴书敏）

【民生公益服务】 2022年，平安人寿北京分公司组织平安志愿者10批100余人次，赴朝阳区孙河地区养老院开展养老爱老公益活动。与"认知症"老人们共同完成绘画、手工、编织等手脑互动活动。

（戴书敏）

中国太平洋财产保险股份有限公司北京分公司

【概况】 2022年，中国太平洋财产保险股份有限公司北京分公司（简称中国太保产险北京分公司）下设19家经营单位。实现全险种保费收入64.7亿元，综合成本率94.6%。累计赔款支出37.2亿元。（杨晓旌）

【财产险业务】 2022年，中国太保产险北京分公司实现车险保费37亿元，综合成本率94.9%；非车险保费25.2亿元，综合成本率94.4%；农险保费2.5亿元，综合成本率91.3%，经营保持持续盈利，发展保持持续稳定。（杨晓旌）

【独家承保服贸会】 2022年，中国太平洋财产保险股份有限公司（中国太保）独家承保中国国际服务贸易交易会（简称服贸会），中国太保产险北京分公司为落实单位。作为2022年服贸会全球合作伙伴，中国太保全面推进服贸会风险保障服务提档升级，保险保障方案总保额超2000亿元。服贸会主会场展位以“中国太保、绿色同行”为主题，全方位展现支持“双碳经济”转型、服务乡村振兴、服务国家战略、风险管理等方面取得的最新成果。服贸会期间举办“智汇合作、绿创未来——绿色保险助推能源低碳转型”专题论坛，聚焦绿色保险助推能源低碳转型路径，分享构建新型能源保险体系新思路、新技术、新模式。（杨晓旌）

【智慧云平台创建】 2022年，中国太保产险北京分公司行业首创“一带一路”智慧云平台，融合“卫星+安防”两大科技手段，精准提供气象预报、沉降预测、碳排放监测、实时情况拍摄、治安环境预警等综合信息，覆盖事前预警、事中监测和事后定损各环节，为客户海外资产全方位护航。在中国服贸会发布的100个服务示范案例中，智慧云平台项目获评“全球服务实践案例”，获得重点推介。（杨晓旌）

【“保险+服务”模式创新】 2022年，中国太保产险北京分公司通过创新参与政府社会治理活动，发挥保险市场主体作用。助力首都全国科技创新中心建设，重视知识产权保护工作，入围北京市知识产权保险试点项目。推动首都医药健康产业需求和保险保障，参与北京市医药健康保险政策研究，助力医药健康产业研发创新。在建筑质量风险管理领域，以推行住宅工程质量潜在缺陷保险制度为契机，首席承保海淀区宝山村棚改项目，通过保险机制提升住宅工程质量和品质。自2014年参与北京市安全生产责任保险制度试点工作以来，公司通过建立“事故预防+保险赔偿”安责险服务机制，逐步扩大安责险承保规模和影响力。截至年底，保费突破7800万元，市场份额达32.12%。（杨晓旌）

【绿色产品创新】 2022年，中国太保产险北京分公司践行低碳可持续发展，支持国家“碳达峰、碳中和”战略。探索新能源汽车产业发展，通过运用新科技和线上化技术，融入车企客户生态圈，开发绿色交通综合保险一体化产品及服务模式。通过绿色保险创新解决因经济社会活动导致的环境问题，调动多方力量构建政府、企业和全社会参与的环境保护机制，独家研发全国首个绿色能源领域碳收益保险产品，助力企业降碳减排。（杨晓旌）

【西城支公司】 2022年，中国太保产险北京分公司西城支公司全险种保费收入3.4亿元，赔款支出2.3亿元，风险保障5020.5亿元。安全生产应急管理方面，自2014年起，累计为西城区4万余家次企业提供2948亿元安全生产责任保障，降低安全生产事故发生率。为政府机关妥善处理车险疑难杂案，解决政府用车理赔时遇到的困难。自2016年起，通过保险事故预防和事后赔偿机制助力西城区平安校园建设，为西城区206家学校20.8万人次提供在校期间各项活动全面保障。（杨晓旌）

中国太平洋人寿保险股份有限公司北京分公司

【概况】 2022年，中国太平洋人寿保险股份有限公司北京分公司（简称中国太保寿险北京分公司）。下辖12家支公司，4家营销服务部。实现保费总收入61.04亿元，赔款支出3.51亿元。（李晶晖）

8月31日，中国太平洋财产保险股份有限公司服贸会主会场展台　（太平洋产险北京分公司　供图）

【保费业务】2022年，中国太保寿险北京分公司实现总保费收入61.04亿元，同比增长5.29%；新单保费收入13.66亿元，同比增长16.32%；个人业务新单保费收入10.11亿元，同比减少6.18％；团体业务新单保费收入3.5亿元，同比增加265.06％。累计13个月继续率95.07%，同比提升4.46pt。

（李晶晖）

【服务民生】2022年，中国太保寿险北京分公司作为入选共保体，持续推动北京普惠健康保项目，私域参保10.2万人，满足市民多样化健康保障需求，减轻市民医疗费用负担。（李晶晖）

【重大承保及理赔】2月，客户廖女士不幸身故，受益人提交理赔申请2个工作日即获赔859万余元。12月，中国太保寿险北京分公司个险渠道承保年度保费最高保单老来福B年金保险，客户于女士为自己及爱人分别投保500万元3年交，运用前置核保、在线生调方式提高承保速度，实现家庭千万保单投保当日生效。客户廖女士，2015年起投保中国太保寿险北京分公司多款保险产品。（李晶晖）

【适老服务】9月至12月，中国太保寿险北京分公司举办"银发生活、暖心相伴"客户服务系列活动4场，活动主要面向60周岁以上人群，参与活动客户70余人。主题涵盖保单服务、运动健康和财富传承，让老年客户在信息化时代有获得感、幸福感、安全感。（李晶晖）

【西城支公司】2022年，中国太保寿险北京分公司西城支公司实现总保费收入5.15亿元，同比增长9.76%。累计13个月继续率97.28%，同比提升4.13pt。西城支公司持续推动转型工作，以太保蓝本、细胞冻存和太保家园为主题，以职场服务宣讲、样板间实地参观、实体场地游学考察等形式开展各项活动。（李晶晖）

证　券

中国证券监督管理委员会北京监管局

【概况】2022年，中国证券监督管理委员会北京监管局（简称北京证监局）西城区企业直接融资总额2979.36亿元，占辖区企业直接融资总额的三分之一。其中IPO公司2家（中国移动、利仁科技），募集资金523.46亿元；上市公司再融资7家次，募集资金171.65亿元；新三板挂牌公司定向增发1家次，募集资金0.05亿元；交易所公司债券发行99只（不含ABS），募集资金1415.7亿元，发行企业ABS 202只，合计募资868.5亿元。西城区有上市挂牌公司85家，其中沪主板上市公司29家，创业板上市公司2家，科创板上市公司2家，深主板上市公司7家，北交所上市公司1家，新三板挂牌公司44家。注册在西城区的法人证券公司9家，总资产2442.64亿元，净资产748.05亿元，实现营业收入80.62亿元，净利润22.47亿元。证券投资咨询公司3家，实现营业收入1.25亿元，净利润0.12亿元。基金管理公司8家，总资产535.52亿元，净资产419.57亿元，实现管理费收入176.21亿元，净利润62.73亿元。基金公司管理公募基金产品存续1058只，公募基金管理规模3.08万亿元。期货公司4家，总资产224.82亿元，净资产26.54亿元，营业收入5.86亿元，净利润1.03亿元，区域内期货分支机构21家。存续登记私募基金管理人265家，管理基金数量2549只，管理基金规模0.91万亿元。从事证券服务业务的会计师事务所5家，从事证券服务业务的资产评估机构18家。召开资本市场金融科技创新（试点）总结暨第二批试点动员大会。（李梦洁）

【上市公司监管】2022年，北京证监局支持辖区企业登陆资本市场，支持西城区企业中国移动、利仁科技发行上市。支持公司利用资本市场融资，西城区上市公司筹资额1053.81亿元。其中IPO公司2家，募集资金523.46亿元；再融资7家次，募集资金171.65亿元；发行公司债32家次，募集资金358.7亿元。首次联合天津等8家证监局共同举办科创板公司专题培训会，培训覆盖92家公司近1900人，西城区59家科创板公司参会。针对国有企业合规问题频发情况，首次联合北京市国资委举办上市公司股东单位高管人员专题培训，通报监管要求，普及法律规则。针对日常监管发现相关违法违规问题，对1家公司相关人员下发监管措施。对西城区北交所上市公司国源科技开展全面现场检查，对公司财务核算、公司治理等方面提出规范性要求。

（李　阳）

【新三板挂牌公司监管】2022年，北京证监局对新三板挂牌公司进行分层分类监管，压实中介机构责任，通过风险分类排查机制、重大事项报告机制等手段对辖区内创新层、基础层公司进行有序监管，防范市场风险，服务中小企业发展。西城区新三板挂牌公司44家，其中创新层公司5家、基础层公司39家。

（宋　翔）

【公司债券监管】2022年，北京证监局坚持量质并重，利用科创债、REITs等债券品种，助力辖区实体经济发展，服务宏观经济大盘稳定。发挥多维度债券信用风险监测体系优势，突出整体摸排和重点风险研判，发挥风险防控合力作用，综合运用现场督导、约谈、提示函等方式跟踪督促中介机构履职、发行人自救。提高日常监测频次和精准度，定期排查到期债券兑付资金，做到信用风险早预警、早化解。对风险及违约主体分类施策，综合运用纾困救助、债务重组、破产清偿等措施，坚持市场化、法治化原则持续推进违约主体风险处置工作。注册地在西城区的企业发行交易所公司债券发行301只（含ABS），募集资金2284.2亿元；存续交易所公司债券（含ABS）646只，债券余额8273.59亿元。注册地在西城区的企业发行绿色债14只，募资99.61亿元；发行低碳转型挂钩债券2只，募资40亿元；发行科技创新债9只，募资138.9亿元；发行可续期债36只，募资598.9亿元。截至年底，涉及注册地在西城区的原始权益人基础设施公募REITs有3只，发行规模127.44亿元，分别为华夏中国交建高速REIT、华安张江光大园REIT、富国首创水务REIT，在基础设施REITs试点、常态化发行等方面走在其他区县前列。

（苏　慧）

【证券公司监管】 2022年，北京证监局服务西城区证券行业发展，从促发展、强监管、防风险三方面提升西城区证券公司服务实体经济发展能力。强化业务支持，鼓励证券行业发展。秉持分类监管原则，优化分类评价监管机制，建立风险监测台账，扶优限劣。对1家西城区证券公司首次公开发行A股股票并上市事项出具监管意见，批准3家西城区证券公司新增业务许可。对合规和风险问题抓早抓小抓细，强化自查自纠、合规问责，推进合规转段升级。鼓励辖区证券公司信息应用创新，稳步推进辖区密码应用改造、信创试点改造等工作，督导辖区证券公司不断提升重要信息系统自主可控能力。推动证券公司数字化转型和资本市场金融科技创新试点工作，信达证券的“基于人工智能单账户配资异常交易监测系统”项目被评选为首都“金融创新成果奖”特等奖。提升监管力度，助力业务稳健发展。落实“零容忍”执法，按照问题导向和风险导向，强化重点业务监管，增加现场检查次数，坚持“罚必双罚”。现场检查西城区证券公司8次。创新监管工具，首次设计并向辖区证券分支机构下发《合规专项自查单》，发挥行业协会作用及时规范新展业方式，做好“双随机”检查工作，提升监管威慑力。强化投行业务监管，深化“主体+业务”分类监管，引导证券公司准确把握投行业务高质量发展内涵，增强投行服务的针对性、差异性。辖区证券公司在北交所成立后集中发力，多家承销规模位居北交所前列，北交所首单锁价定增项目由辖区证券公司完成，投行业务特色化发展之路显现成效。保障首都安全，防范化解重点领域风险。完成西城区1家证券公司风险处置工作。

（刘　姜）

【基金公司监管】 2022年，北京证监局围绕建机制、强监管、严执法、防风险、促发展工作思路，推动西城区基金经营机构不断提升合规服务能力。创新差异化监管模式，健全风险预防预警机制。率先建立以风险为核心的基金公司分类评价体系，优化分类方式及评价标准。建立基金公司、独销机构风险“画像”和季度监测台账，注重监测成果转化运用，实现区别用力、定向施策。强化机构治理监管，提升基金行业文化建设水平，发挥党建引领作用，国有基金公司全部完成党建入章。

（汪　杰）

【期货公司监管】 2022年，北京证监局坚持“稳字当头、稳中求进”工作总基调，做好辖区期货机构日常监管、风险防范和创新发展各项工作。强化公司日常监管，聚焦“两金”安全、深化分类监管，紧盯居间、资管、风险子公司等业务风险，多措并举引导机构稳健运转，稳妥应对系统首例期货居间人行政诉讼获二审胜诉判决。深化监管协作，参与期货法规“立改废释”工作，加大系统内跨部门协作力度，发挥监管合力。服务实体经济，倡导辖区期货公司发挥资源整合优势，引导辖区期货公司创新深耕“保险+期货”，关注国际时事，发挥风险管理子公司专业优势，降低对实体企业的冲击。

（高铭璇）

【私募基金监管】 2022年，北京证监局以日常监管、风险监测、投诉举报、线索通报等为切入点，对注册地或办公地在西城区的多家机构开展现场检查及专项摸排，压实私募机构主体责任，推动风险处置化解。

（贾　若）

【证券服务机构监管】 2022年，北京证监局督促引导审计、评估机构归位尽责。贯彻落实新《证券法》下中介机构从事证券服务业务备案

9月16日，资本市场金融科技创新试点（北京）总结暨第二批试点动员大会在新动力金融科技中心召开

（北京证监局　供图）

制要求，完成3家西城区资产评估机构首次从业备案信息核验，完成5家西城区从业会计师事务所、17家从业资产评估机构年度备案信息核验。强化新从业机构监管工作，讲好资本市场第一课，约谈3家评估机构，下发告知书，提示监管要求。推动审计评估机构完善质量管理机制，发挥内生约束作用，对中兴财光华会计师事务所（特殊普通合伙）开展年报审计专项监管，要求梳理质量管理流程，排查风险防控薄弱环节。督导容诚会计师事务所、中勤万信会计师事务所、中天运会计师事务所、中兴财光华会计师事务所4家会计师事务所（均为特殊普通合伙）就处理处罚事项从质控层面整改。强化监管执法，对中兴财光华会计师事务所（特殊普通合伙）一个年审项目开展监督检查，对该所与4名签字注册会计师下发行政监管措施，及时处理违法违规行为，压实中介机构责任。

（金沉哲）

北京证券交易所

【概况】 2022年，北京证券交易所（简称北交所）经过一年多运行，各项制度经受住市场检验，构建了涵盖发行上市、融资并购、公司监管、证券交易、会员管理及投资者适当性管理等6大条线基础制度体系，尊重中小企业成长阶段和发展规律，体现错位、包容、灵活、普惠的市场特点。截至年底，北交所上市公司162家，总股本213.54亿股，总市值2110.29亿元，市盈率18.87倍，合格投资者526.19万户。上市公司中，中小企业占比81.48%，战略性新兴产业、先进制造业、现代服务业等占比83.95%，专精特新“小巨人”企业67家。年内，北交所服务政府债券发行54只，合计9502.38亿元。（李张怡）

【地方政府债券发行】 7月28日，北交所发布《北京证券交易所债券招标发行业务操作指引》。7月29日，北京市2只地方政府再融资专项债券（十八期、十九期）在北交所招标发行，发行金额合计14.64亿元。发行系统全程运行平稳，通讯线路顺畅，北交所政府债券发行制度、流程、系统和服务得到检验。

（李张怡）

【服务国债发行】 9月2日，北交所启动国债发行业务。发行2只债券，计划发行600亿元，实际发行603亿元。其中2022年记账式附息（八期）国债第5次续发行，期限30年，计划续发行300亿元，实际续发行面值金额300亿元；2022年记账式贴现（四十七期）国债，期限91天，计划发行300亿元，实际发行面值金额303亿元（含追加发行3亿元）。财政部党组成员、副部长许宏才，证监会党委委员、副主席李超，北京市委常委、副市长靳伟出席启动仪式并致辞。财政部国库司，证监会债券部、公众公司部，北京市财政局、金融局主要负责人出席启动仪式。北交所董事长周贵华致辞。（李张怡）

【融资融券业务规则发布】 11月11日，北交所发布《北京证券交易所融资融券交易细则》，配套发布《北京证券交易所融资融券业务指南》，规定会员业务开展流程、交易业务管理、保证金和维持担保比例管理、投资者适当性管理等方面内容。融资融券业务规则借鉴沪深交易所市场的成熟模式，总体上与沪深市场融资融券业务保持一致。推出融资融券业务有利于丰富投资者交易策略，满足投资者多元交易需求，促进市场价格发现，提升市场流动性。

（李张怡）

【调降股票交易经手费】 11月18日，北交所发布公告，自12月1日起，股票交易经手费标准由按成交金额的0.5‰双边收取，下调至按成交金额的0.25‰双边收取，降幅50%。（李张怡）

【北证50指数上线】 11月21日，北证50指数（北交所市场首只指数）上线发布。北证50指数编制计算与境内外主流指数基本保持一致，样本股按照市值规模和流动性选取排名靠前的50只证券，首发样本股总市值占比71%，覆盖机械设备、医药生物、汽车、电子等16个细分领域。北证50指数基期为2022年4月29日，基点为1000点。

（李张怡）

【承办金融街论坛平行论坛】 11月23日，北交所承办2022金融街论坛“协同完善服务创新型中小企业的普惠金融体系”线上平行论坛，来自政府、智库、证券公司、投资机构、上市公司12位嘉宾发表演讲、参与圆桌讨论。北交所董事长周贵华出席平行论坛及金融街论坛年会闭幕式，围绕北交所未来发展目标及工作方向发表主题演讲，提出实施企业强市、产品多元、投融平衡、市场对接、服务兴市、治理提升六大战略。（李张怡）

东兴证券股份有限公司

【概况】 2022年，东兴证券股份有限公司（简称东兴证券）实现营业收入34.29亿元，实现归属于母公司股东的净利润5.17亿元。截至年底，东兴证券总资产1017.53亿元，净资产260.89亿元。东兴证券分类评级连续5年保持A类A级，首批入选并持续保持在中国证监会证券公司“白名单”。穆迪投资者服务公司、标准普尔全球公司及惠誉国际信用评级有限公司，对东兴证券的跟踪评级保持投资级，国内主体长期信用等级AAA级。东兴证券获2022年深圳证券交易所债券市场“优秀利率债承销机构”，获全国银行间同业拆借中心颁发的“年度市场影响力奖”，入选中国上市公司协会“上市公司监事会积极进取榜”、中国证券公司金牛奖——证券公司服务科创企业上市前10强。东兴证券“兴源惠民”乡村振兴培训教育

基金项目获评上市公司乡村振兴优秀实践案例。（赵祥宇）

【实体经济服务】2022年，东兴证券保荐8家企业首发上市，募集资金117.55亿元。帮助4家企业完成股权再融资，募集资金52.28亿元。完成债券主承销88只，帮助实体企业发行13只银行间非金融企业债务融资工具产品，银行间市场债券品种承销规模58.31亿元。协助上海中驭融资租赁有限公司发行国内首单煤炭企业巷道资产ABN，发行规模25亿元。东兴证券2022年沪深交易所地方政府债券实际中标金额排名行业第13名，债券业务执业能力评价连续第三年获A类评级，财务顾问业务执业质量获A类评价。（赵祥宇）

【践行绿色发展】2022年，东兴证券帮助环保企业华新绿源环保股份有限公司首发上市，融资规模10.06亿元，募集资金用于危险废物处置、冰箱线物理拆解及分类等项目建设。协助三明市投资发展集团有限公司发行2022年度第一期绿色中期票据，发行规模1.68亿元，为发行人子公司绿色项目建设提供资金支持。（赵祥宇）

【金融风险化解】2022年，东兴证券依托控股股东中国东方，通过不良债权收购、市场化债转股等多种方式，协同中国东方完成包括某央企问题资产盘活、国企低效资产剥离以及上市公司降负债等在内的15个项目，助力实体企业健康发展。作为证券公司之一参与中国证券业协会创新项目《基于区块链和隐私保护技术的行业风险数据共享平台项目》，解决证券业信用业务风险数据共享难题，该项目成为资本市场金融科技创新试点第一批项目，获第二届首都金融创新激励项目“金融创新推进奖”。（赵祥宇）

第一创业证券承销保荐有限责任公司

【概况】2022年，第一创业证券承销保荐有限责任公司（简称一创投行）资产总额为人民币6.34亿元，净资产为人民币5.37亿元，净利润为人民币186.8万元。一创投行有2家分公司：一创投行上海分公司和一创投行深圳分公司。（郑　闯）

【投资银行业务】2022年，一创投行从事投资银行业务，包括股权融资、债务融资、结构化融资、新三板推荐挂牌及相关财务顾问业务等。挖掘、精心培育细分行业优质客户，向资本市场输送优质企业，帮助企业通过资本市场做大、做优、做强。在IPO、上市公司再融资、企业兼并收购、公司债、企业债、资产证券化、新三板挂牌推荐等领域积累了丰富的项目经验，拥有较强的市场竞争力。报告期内，一创投行完成IPO项目1单、定向增发项目4单，可转债项目2单，总承销金额109.65亿元；完成公司债项目34单，企业债项目1单，总承销金额127.55亿元；实现财务顾问项目收入67单。（郑　闯）

高盛高华证券有限责任公司

【概况】2022年，高盛高华证券有限责任公司（简称高盛高华）为企业、金融机构、政府、个人等各领域客户提供金融服务。通过全球网络向客户提供策略顾问服务和广泛的业务支持。（彭　鸽）

【合资公司开业】2022年，高盛高华与工商银行旗下理财子公司工银理财有限责任公司共同筹建合资理财公司——高盛工银理财有限责任公司获得中国银行保险监督管理委员会准予开业批复。高盛工银理财有限责任公司注册地上海，注册资本为10亿元人民币。该合资理财公司由高盛资产管理有限责任合伙（Goldman Sachs Asset Management, L.P.）、工银理财分别持有51%和49%的股权。（彭　鸽）

（**责任编辑**　孙凤霞）

旅游业

综　述

2022年，西城区深度开发主题文化旅游产品，推出经典文化旅游线路，有效增加文化旅游产品供给，形成“点线结合”的文化旅游产品格局。辖区有国家A级旅游景区21家，其中AAAAA级1家、AAAA级8家、AAA级11家、AA级1家。有以中国地质博物馆、首都博物馆、北京天文馆等为代表的登记注册博物馆30家；有北京纪晓岚故居纪念馆、天桥印象博物馆、雷锋纪念馆等类博物馆53家；有AA以上等级旅游厕所60座；有星级宾馆、饭店54家，其中五星级3家，四星级14家、三星级21家、二星级16家；有社会旅馆578家。全区规模以上住宿业法人单位166家，累计实现营业收入42.56亿元，其中星级饭店实现营业收入21.73亿元。全区旅游接待3461.4万人次，旅游收入377.2亿元。西城区是第二批国家文化和旅游消费试点城市。

（赵　臣）

旅游管理

【概况】 2022年，西城区文化和旅游局（简称区文化和旅游局）落实北京新总规和核心区控规要求，加大旅游降密度提质量工作力度。按照日最大承载量和瞬间最大承载量双控不超75%的规定及降低旅游密度的要求，严格落实上下午分时网络预约、电话预约及限流措施。15家景区通过官方微信公众号、在线票务系统等方式实现网上预约。结合区域特点和文化资源特色，线上线下结合开展旅游活动，加强对11类行业1200余家企事业单位，特别是宾馆酒店、娱乐场所、文化馆、博物馆等的监管。推进住宿业转型升级、旅游志愿者服务、旅游惠民等工作取得进展，营造文明旅游环境，初步树立开放型全域品质景区形象。西城区文化市场综合执法大队采取“四不两直”方式，深入文旅市场经营场所实地检查企业安全生产和假日市场秩序，累计出动执法人员164人次，检查文旅经营场所82家次。

（赵　臣）

【旅游市场整治】 2022年，区文化和旅游局持续开展双随机检查，加强重点区域市场环境秩序执法检查，突出旅游秩序整治，严肃查处旅游市场违法经营行为，确保文化和旅游市场平稳有序发展。对景区出现人员聚集、导流不畅等问题，向4家市属公园制发提示函；约谈36家（次）文化娱乐场所责令限期整改；检查宾馆酒店5352家（次），通过媒体曝光237家问题单位19批次，关停宾馆酒店80余家（次）；对阅读服务场所、文物修缮工程、非景区类博物馆、文化园区进行全覆盖检查和常态化重点抽查，发现整改问题270余处，制发《巡检建议书》100余件，停业整改5家，在行业内通报批评8家次。及时发现、处置北京保利永兴影城有限公司天安门店违规筹备冷餐会、举行拟放映未经报批审核的瑞士电影专场交流放映违规活动，督促影院停业整顿。开展安全生产督促检查，推动企业落实主体责任，组织64家企业完成安全生产主体责任评估，完成普查单位952家，排查填报安全风险源3300余项。围绕全国两会、北京冬奥会冬残奥会、党的二十大等重大活动保障和“两节”等重要节日开展安全生产专项治理，有效排除一批风险隐患。全年安全检查4386人次，排查企业999家，发现整改安全隐患5520项。

（赵　臣）

【冬奥签约酒店保障】 1月15日至2月15日，区文化和旅游局抽调专人进驻冬奥签约酒店圆山大酒店，实行闭环管理36天。保障期间，组织转运保障人员和相关中方工作人员182名，做到服务保障有温度，完成冬奥会住宿服务保障任务。

（李立国）

【国务院联防联控机制综合组保障】 5月22日至6月7日，国务院联防联控机制综合组北京工作组第二组入住北京易尚诺林大酒店，区文化和旅游局协调解决住宿、办公用房50间，保障各类会议19次，协调用车保障129次，完成保障任务。

（李立国）

【国家A级旅游景区申报和复核】 7月1日至12月31日，区文化和旅游局依据《旅游景区质量等级的划分与评定》标准和《旅游景区质量等级管理办法》，委托北京市旅游行业协会，通过资料查阅、实地检查的方式，完成3家A级等级景区复核（AAAA级：北海公园、北京动物园；AAA级：中国地质博物馆），完成北海公园国家级文明旅游示范单位的申报与文化和旅游部实地检查验收。（李立国）

【住宿业转型升级】 9月30日，区文化和旅游局优化住宿业综合评估流程，按照专业部门守好底线，专家团队把好标准的原则，与规划、公安、消防、卫生、市场监管等部门联动，配合属地街道开展联合检查，实现35家住宿企业关停、转型、提升。其中关停17家、转型4家、提升14家，减少客房数1397间，减少床位数2572张，提前三个月完成市下达的“疏整促”30家住宿业关停、转型、提升任务目标。（赵　臣）

【三星级及以下饭店等级复核】 12月1日至31日，区文化和旅游局依据《旅游饭店星级的划分与评定》标准，委托北京市旅游行业协会，通过资料查阅、实地检查，完成14家三星级及以下旅游饭店复核检查（三星级饭店8家、二星级饭店6家），13家饭店达标，1家饭店限期整改。（李立国）

表6　　西城区主要宾馆饭店一览表

名称	地址	星级
北京金融街威斯汀大酒店	金融大街乙9号	五星
北京市金融街里兹置业有限公司北京金融街丽思卡尔顿酒店	金城坊东街1号	五星
北京国宾酒店有限责任公司	阜外大街甲9号	五星
北京首旅酒店集团股份有限公司北京市民族饭店	复内大街51号	四星
深圳大厦有限公司	广安门外大街1号	四星
北京港中旅维景国际大酒店	广内大街338号	四星
北京金融街资本运营中心西单美爵酒店	宣武门内大街6号	四星
北京广州大厦有限公司	西单横二条甲3号	四星
北京首旅酒店（集团）股份有限公司前门饭店	永安路175号	四星
北京国二招宾馆	西直门南大街6号	四星
北京翔达国际商务酒店有限公司	广安门内大街169号	四星
北京金色夏日商务酒店有限公司	西便门内大街85号	四星
中国职工之家	真武庙路1号	四星
北京国宏宾馆有限公司	木樨地北里甲11号	四星
北京首创股份有限公司新大都饭店	车公庄大街21号	四星
北京德宝饭店	德宝新园22号	四星
北京国谊宾馆	文兴东街1号	四星
北京气象宾馆	马连道南街12号	三星
北京苏源大厦有限责任公司	广外大街3号	三星
中国铁道旅行社北京广运宾馆	广安门外大街甲122号2号楼	三星
北京易尚诺林大酒店有限责任公司	广安门南街甲12号	三星
北京竹园宾馆	旧鼓楼大街小石桥胡同24号	三星
北京珠穆朗玛宾馆	鼓楼西大街149号	三星
北京潇湘大厦	北纬路42号	三星
北京东方饭店	万明路11号	三星

续表 6

名称	地址	星级
北京市德胜饭店	北三环中路 14 号	三星
北京中油宾馆有限公司	六铺炕二巷 1 号	三星
北京市圆山大酒店	裕民路 2 号	三星
北京辽宁饭店	德外大街 1 号	三星
北京宣武门商务酒店有限公司	宣武门东大街 24 号	三星
北京深能商务酒店管理有限公司	白纸坊东街甲 29 号	三星
北京中邮苑宾馆有限公司	右安门内大街 17 号	三星
北京金泰通华商贸有限责任公司盛达园饭店	复兴门外大街丁 23 号	三星
北京金泰之家通华苑饭店有限公司	北礼士路 101 号	三星
北京市京滨饭店	阜外大街 24 号	三星
北京展览馆宾馆有限公司	西直门外大街 135 号	三星
北京护国寺宾馆有限公司	护国寺街 125 号	三星
北京府右街宾馆有限公司	太仆寺街 21 号	三星
北京银龙苑宾馆	展览馆路甲 5 号	三星

（李立国）

文旅品牌活动

【2022 西城百姓戏剧展演】 3 月 1 日至 11 月 30 日，由区文化和旅游局主办、区文化馆承办的“2022 北京·西城百姓戏剧展演”以线上线下相结合的形式举办。展演活动以“共庆冬奥会、一起向未来”为主题，面向社会广泛征集以喜迎冬奥、抗击疫情、讴歌百姓美好生活等为题材的戏剧、戏曲作品，推出 29 部剧目。线上演出剧目 13 部 / 场、线下演出剧目 16 部 28 场。《北京日报》、北京电视台、中国网等近 200 家媒体采访报道。（袁晗琳）

【第七届中国原创话剧邀请展】 4 月 13 日至 9 月 20 日，由中国国家话剧院、西城区政府主办，国家话剧院剧场部、西城区文化和旅游局承办的第七届中国原创话剧邀请展举办。活动期间，以线下展演与线上展播相结合的方式共展演 18 部中国原创话剧，其中 12 部话剧参加线上展播，惠及观众 200 余万人次。线下展演 7 部 22 场，免费发放惠民演出票 3000 余张。举办 1 次专家研讨会、8 场“进校园”演出、10 场“我与大师零距离”演后谈等系列文化活动。（袁晗琳）

【第十六届中国国际合唱节】 7 月 16 日至 7 月 20 日，由文化和旅游部国际交流与合作局、中国对外文化集团有限公司、中国宋庆龄青少年科技文化交流中心、国际合唱联盟、北京市教育委员会、西城区政府、中国合唱协会共同主办线上第十六届中国国际合唱节，划分文化惠民、艺术交流、会议论坛、展演评测四大板块，由中国国际合唱节 30 周年庆典音乐会、“双冠”音乐会、第十六届中国国际合唱节分组评测、“集爱之夜”公益专场音乐会、中国合唱与乡村美育论坛、闭幕式 6 个活动组成，52 个国家、地

7 月 19 日，中国国际合唱节 30 周年庆典音乐会在北京音乐厅举行（区文化和旅游局 供图）

区的530余支合唱团和3万余名合唱爱好者参加，运用5G+直播等技术手段，搭建多元化、立体化云平台，吸引业内外不同需求的观众参加。（袁晗琳）

【第六届老舍戏剧节】 9月16日，由区文化和旅游局、北京市演出有限责任公司、北京天桥艺术中心管理有限公司共同主办，中国戏剧家协会、北京市文化和旅游局、北京市文学艺术界联合会、北京市国有资产经营有限责任公司协办的“大戏看北京·2022第六届老舍戏剧节”开幕。本届戏剧节秉承“戏剧文学精神”，聚焦民众情感，分为剧目展演、主题论坛、戏剧活动、戏剧之夜四大主题板块，展演12部剧目、23场演出，中央电视台、《人民日报》等媒体发布新闻报道90余篇，总阅读量1000万人次。（袁晗琳）

【第二十一届什刹海文化旅游节】 9月30日，由区文化和旅游局主办的第二十一届什刹海文化旅游节云上启幕，至年底结束。本届什刹海文化旅游节以“畅游魅力西城·浸享古今文化”为主题，通过构建“全民体验”“创新推介”和“国际交流”三大板块、10场特色活动，为辖区优质文旅企业提供推介展示平台，引领大众沉浸并享受西城的古今文化，展现“首都风范、古都风韵、时代风貌”。活动“云上启幕”视频总播放量13246人次，《中轴以西、邂逅宣南》等3场视频播放量18245人次、两条“西城晨昏线”视频总播放量19796人次，3场“当民乐遇上古建”演出总播放量26312人次，媒体观看转发达36825人次，《北京晚报》、“学习强国”学习平台予以报道。（袁晗琳）

【第九届当代小剧场戏曲艺术季】 11月2日至12月31日，由北京市戏剧家协会、区文化和旅游局、北京天艺同歌国际文化艺术有限公司共同主办、繁星戏剧村承办的第九届当代小剧场戏曲艺术季在西城举办。艺术季采取线上线下相结合的方式，共组织线上线下演出70场次、8场次公益活动（主题展览1个、线上剧目研讨会1场、线上名师讲堂2场、线上戏曲沙龙2场、线上京剧儿童工作坊2次），官方在线观众90.1万人。（袁晗琳）

【南中轴·夜天桥艺术推广活动】 11月5日至11月30日，区文化和旅游局主办、北京天桥艺术中心承办“2022南中轴·夜天桥艺术推广”活动。活动结合北京中轴线南段天桥这一重要节点，以天桥广场为核心，策划“夜赏”“夜游”“夜市”“夜展”“夜读”五大板块活动，让新颖的消费场景与文化型的社交体验相结合，实现文化地标与南中轴文脉对话。整个活动包括32场公共演出、云游展览、线上市集、线上直播等艺术推广活动，惠及公众达10.63万人次，文创5小时不打烊直播邀请60家商户甄选100件文创产品，线上参与互动3.7万人次。（袁晗琳）

9月至12月，西城区举办第二十一届什刹海文化旅游节。图为10月3日“当民乐遇上古建”在北京古代建筑博物馆线上演出现场 （区文化和旅游局 供图）

景点景区建设

【概况】 2022年，西城区有国家A级旅游景区21家，其中AAAAA级旅游景区1家、AAAA级旅游景区8家、AAA级旅游景区11家、AA级旅游景区1家。有什刹海风景区管理处和北京大观园管理委员会两个事业建制单位。（赵　臣）

【旅游景区公共服务设施提升】 2022年，区文化和旅游局会同北京中外建筑工程管理有限公司对北京海洋馆旅游公共服务设施改造更新项目进行工程验收。经市文化和旅游局审核确认，对北京海洋馆175个点位给予补贴资金5.28万元。（唐　萍）

【长椿寺修缮工程】 12月3日，由北京市文物建筑保护设计所设计、中兴文建工程集团有限公司施工的长椿寺中路西南配殿西连房修缮工程完工。西南配殿西连房为北京宣南文化博物馆组成部分。该工程按照原形制、原结构、原工艺、原材料对主体结构、屋面、油饰彩画、室内装饰装修、地面等进行施工，涉及建筑面积161平方米，更换糟朽望板80%、糟朽圆椽50%，室内各间地面现存方砖修补10%，打点100%。（宋媚丽）

表 7　　西城区主要旅游景区一览表

名称	地址	开放时间（年）	等级	评定时间（年）
恭王府博物馆	前海西街 17 号	2008	AAAAA	2012
北海公园	文津街 1 号	1925	AAAA	2001
景山公园	景山西街 44 号	1928	AAAA	2001
北京天文馆	西直门外大街 138 号	1957	AAAA	2012
北京海洋馆	高梁桥斜街乙 18 号	1999	AAAA	2001
北京动物园	西外大街 137 号	1908	AAAA	2001
首都博物馆	复兴门外大街 16 号	2005	AAAA	2008
陶然亭公园	太平街 19 号	1955	AAAA	2002
北京大观园	南菜园街 12 号	1985	AAA	2009
北京市宣武艺园	槐柏树街 12 号	1953	AAA	2010
大栅栏商业街区	廊房二条	—	AAA	2010
湖广会馆大戏楼	虎坊路 3 号	1996	AAA	2008
月坛公园	月坛北街甲 6 号	1955	AAA	2007
中国地质博物馆	西四羊肉胡同 15 号	1959	AAA	2004
中国古代钱币展览馆	德胜门东大街 9 号	1993	AAA	2010
老舍茶馆	前门西大街正阳市场 3 号楼	1988	AAA	2008
宋庆龄故居	后海北沿 46 号	1982	AAA	2013
宣南文化博物馆	长椿街 9 号	2005	AAA	2010
金中都公园	广安门南滨河路辅路	2013	AAA	2013
北京历代帝王庙	阜成门内大街路北	2004	AA	2006

（李立国）

什刹海风景区

【概况】 2022 年，北京市西城区什刹海风景区管理处（简称什刹海风景区管理处）以“抓管理、强服务、重保护”为工作主线，做好重大活动及节假日期间景区安全保障及大客流疏导；进行消防安全设施改造，实现 24 小时消防安全监控，检查区域内场所灭火设施，环境秩序整治，推进街区保护更新、空间管控和综合整治，营造安全、整洁、有序的人居环境。什刹海风景区自 1 月 1 日起退出国家 A 级旅游景区序列。

（高　莹）

【景区安全体系建设】 2022 年，什刹海风景管理处按照“防风险、保安全、迎二十大”的总体要求，集中开展安全生产和消防安全大检查，全年开展景区环湖和特色街经营单位安全检查 600 余次，发现问题并限期整改 40 家，因变更经营内容与商户新签订《安全生产责任书》25 份，因房屋装修签订《房屋装饰装修安全管理规定》8 份。为保障景区安全秩序，组织对景区现有 62 根防恐防暴挡车桩进行维护，并对损坏的 14 根挡车桩进行更换，确保每个设备均达到最良运行状态，增强景区反恐防暴能力。按照区科技和信息化局要求，对机房、配电室进行消防安全改造，实现 24 小时消防安全监控，安装自动消防气体灭火装置，遇火情可自动触发，及时扑灭火灾。对什刹海风景区管理处、护国寺及前海西街等办公区域的 211 个灭火器进行检查、维护、保养和更换。

（高　莹）

【景区违法建设整治】 2022 年，什刹海风景区管理处行政综合执法中心统筹协调公安、市场监管、城管、环保、文旅等各执法部门，专项治理景区吧托揽客、噪声扰民、黑三轮运营、占道停车等。治理吧托揽客 76 次、违规演艺 73 次、关停酒吧商户 62 家、查扣音箱 6 个。治理噪声扰民 296 次、拆除违规广告牌匾 26 块。违章停车贴条 60 张、锁车 25 次、查扣黑电动三轮车非法运营 27 辆。治理非法游商 3433 人次、店外经营 463 次、无照经营及超范围经营 29 次。继续推进疏解整治工作，整治景区及周边点位 12 处，封堵燃气房 1 处，辖区内安装铁艺镂空空调外罩 1 处、拆除灯

箱、路桩、停车牌等改造项目7处，安装围挡2处，新作墙面、墙体1处。（高　莹）

【景区环境秩序整治】2022年，什刹海风景区管理处在景区内施划300余延长米非机动车文明停车引导线，在后海西北角安装63延米机动车隔离护栏，规范景区非机动车停放，缓解了后海北沿狭窄处机动车通行问题。组织专业管理公司，调动非机动车停车引导员1.5万余人次，引导地安门外大街非机动车规范停放，累计规范引导、摆放非机动车41万余车次。集中治理地安门外大街、什刹海地铁站、后门桥等点位附近非机动车停放问题5次，清理废旧非机动车850余辆，清理废弃家具杂物115件。全年协调各共享单车公司累计清运18万余车次，有效缓解景区道路通行压力。（高　莹）

【景区活动备案与管控】2022年，什刹海风景区管理处严格审核各类活动，全年各类活动备案32项，累计参与人数1732人次，叫停和不予登记备案7场次。协助北京广播电视台《博物馆之城》拍摄项目、中央广播电视总台英语环球节目《好吃客：北京遇上维也纳》拍摄项目做好安全保障和客流疏导工作。（高　莹）

【景区文化活动】春节期间，按照北京市重大宣传环境布置联席会议办公室下发的《关于印发2022年全市春节及元宵节景观布置工作方案》以及北京冬奥会城市运行和环境建设管理指挥部下发的《关于印发2022年北京冬奥会和冬残奥会赛时城市景观布置工作方案的通知》要求，什刹海风景区管理处对烟袋斜街、护国寺街两条特色街进行节日装扮，共装点灯笼422个、中国结76个、鞭炮挂饰2个、烫金福字100个、福牌9个、虎年吉祥物80个、冬奥元素会徽牌62个。（高　莹）

【胡同游规范管理】7月，按照第五期特许经营协议的规定，什刹海风景区管理处完成5家特许经营企业第五期特许经营第二年度特许经营权使用费收缴工作，共计收缴540万元。同月，对各特许经营企业进行年检、年审，主要包括特许经营企业管理情况检查、人力客运三轮车车辆年检及特许经营企业许可证年审。什刹海地区人力客运三轮车胡同游特许经营项目于5月25日至7月10日、11月24日至12月7日暂停运营。按照市区街相关会议精神，自12月8日起恢复胡同游，每日出车率基本维持在全部运营车辆（180辆）的10%。全年接待游客21140人次。（高　莹）

【什刹海文化研究】11月，什刹海风景区管理处完成北京历史文化绘本丛书之《什小海带你逛王府》编绘工作。用青少年喜闻乐见的形式介绍恭王府、醇亲王北府、涛贝勒府的古建知识及相关历史。绘本内容翔实准确，绘画方式新颖。围绕历史渊源、名人名景、宗教碑刻、市井民俗、街巷胡同等11个方面，分900多个条目编撰成书。年内，什刹海风景区管理处依据《什刹海文化便览》编制完成《什刹海文化知识2000题》。（高　莹）

北京大观园

【概况】2022年，北京大观园管理委员会（简称大观园管委会）着力打造红楼文化品牌、红楼文化教育基地，开展“我为群众办实事”实践活动。北京大观园（北京红楼文化艺术博物馆）占地面积11万平方米，为国家AAA级旅游景区、古典文化园林，集红楼文化、古典园林、旅游经济、博物馆功能为一体。全年接待游客87.9万人次。（赵斐斐）

【智慧景区建设】2022年，大观园管委会引入5G交换机，以互联网+旅游的形式实现智慧导游、电子讲解、在线预订门票、信息推送、娱乐互动、游戏参与、场景体验、游客数据收集分析等服务。12月，大观园管委会与中科星耀（北京）文化科技有限公司签订战略合作协议，围绕大观园数字化和元宇宙建设、智能景区、沉浸式体验、展演展会、文创衍生产品开发等展开合作，打造全新的元妃省亲别墅景点。（赵斐斐）

【基础设施修缮维护】2022年，大观园管委会投入320万元养护资金，增补绿化卫生管理人员26人，提升园林整体绿化养护水平。按照园林植物的四季生长特性，适时进行浇水、除草、施肥、修剪、病虫害防治等工作。聘请河北碧茵环保工程有限公司分两次对园内湖水进行撒药治理，面积约1.3万平方米，湖面治理达到Ⅳ类标准。（赵斐斐）

【中小学红楼梦研学基地】2022年，为更好地传承以红学为核心的中华优秀传统文化，发挥大观园在古典文学名著《红楼梦》研究方面的阵地作用，大观园管委会开展“刘姥姥进大观园”活动，选取《红楼梦》经典片段，分蒙眼簪花、持箸舀蛋、鸳鸯行令、闻香识茶等专题，以“沉浸式”“穿越式”的方式，让学生通过角色扮演亲近自然，感受古韵。接待中小学生1600余人次。（赵斐斐）

【蘅芜苑、嘉荫堂升级改造】2022年，大观园管委会参照《红楼梦》中描绘的场景，用古典与现代相结合的形式升级改造蘅芜苑、嘉荫堂两处院落。蘅芜苑以香文化展示为主，游客可选购各种香品、自制香包或香牌；嘉荫堂以汉服妆容体验为主，游客可参与汉服化妆造型及摄影体验。（赵斐斐）

【更读书社升级改造】4月至7月，大观园管委会升级改造更读书社。从《红楼梦》中选取6个场景，根据书社业态划分6个活动区域：“木

8 月，北京大观园管理委员会对蘅芜苑、嘉荫堂两处院落升级改造。图为蘅芜苑内的香文化展

（大观园管委会　供图）

石前盟”纪念品区、“太虚幻境”文创区、“探春结社”国学堂、“妙玉奉茶”茶文化体验区、“香菱读书”阅读区、“桃花社”书法专区，将文化展览、书法绘画、诗歌朗诵、非遗传承与沉浸式茶文化活动融为一体。9 月至年底，举办 10 余场文化活动。　（赵斐斐）

【百姓周末大舞台】 5 月至 12 月，区文化和旅游局主办、大观园管委会承办“北京百姓周末大舞台”惠民文化工程，邀请北京歌舞剧院、北京杂技团、西城区百花深处艺术团、北京市河北梆子剧团、北京一九九八国际青年艺术剧团等 9 个演出团体演出 18 场，惠及观众 2100 余人次。　（赵斐斐　唐萍）

【“印象大观园”活动】 10 月 2 日至 3 日，更读书社举办 2 场“印象大观园”亲子主题活动，选取《红楼梦》片段，邀请话剧导演马岩、儿童阅读推广人周敏指导 4 岁至 10 岁的小朋友及其家长通过表演、舞蹈、绘画等形式体验传统文化。每场 12 组家庭，累计 120 人参加活动。　（赵斐斐）

（责任编辑　徐　翊）

建筑业 房地产业

行业管理

【概况】 2022年，西城区有建筑企业247家，施工总承包企业136家，其中一级9家、二级25家、三级102家。专业承包企业519家，其中一级44家、二级250家、三级225家。特种作业37家。全区房地产开发经营业法人单位97家。北京市西城区住房和城市建设委员会（简称区住房城市建设委）办理施工许可190项，其中新建项目13项，建设规模773846.44平方米，合同额573420.108万元；市政基础设施项目6项，建设规模1276.567米，合同额2117.75987万元；装饰装修项目171项，建设规模1658137.949平方米，合同额311873.5601万元。办理建筑企业资质83项，其中首次申请资质7项、资质增项2项、资质简单变更51项、主动申请注销资质4项、升级资质4项、劳务备案12项、资质重组3项。办理二级建造师注册1042人次（其中初始注册115人次、重新注册71人次、延续注册555人次），变更137人次，注销164人次。全年共受理建筑起重机械登记备案60起、建筑起重机械使用登记46起；附着式升降脚手架使用登记3起；向19家建筑工程发放夜间施工证明351件；受理建设工程竣工验收备案94件；拆除备案1项。区住房城市建设委所辖3个监督机构共出动7068人次，检查工地2895个次，发出责令整改通知书196份。约谈125家企业，对157家责任单位和17名个人作出处罚，处罚金额223.77万元。对60家责任单位做出计分处理，共计107分。对83名责任人做出计分处理，共计111分。加强疫情防控组织落实，整合执法力量，实施分片包干，落实落细疫情防控工作责任。

（丁 莉）

【招标投标管理】 2022年，区住房城市建设委受理建设工程招投标项目入场32项，其中政府投资26项、国有投资6项，受理资审、招标文件共106件，服务资格预审评审、开评标79次，受理投标人投标资格登记26件，项目经理变更17件，项目经理解锁27件。完成中标35项，中标金额12.8亿元，均为公开委托招标。开展招投标事中事后监管338项，其中招标组织形式抽查32项、招标公告抽查32项、更正公告抽查6项，完成资审文件抽查26项、资审文件补充文件抽查14项、招标文件抽查32项、招标文件补充文件抽查15项、中标候选人公示抽查35项、招投标情况书面报告抽查35项、投标人投标资格登记审查27项、评标委员会组成审查36项、项目负责人变更审查23项、项目负责人解锁审查25项。

（丁 莉）

【工程质量检查】 2022年，西城区注册监督项目199项，比上年下降16.39%，面积350.61万平方米，比上年增长63.72%。质量监督执法检查658次，出动人员1832人次。现场同步监督竣工工程141项，面积约76.551593万平方米。依据《建设工程质量管理条例》《北京市建设工程质量条例》发出行政处罚决定书19份，罚款411.83万元。依据北京市企业资质和人员资格动态监管有关规定，对企业和个人共计34分。（丁 莉）

【施工现场防汛应急管理】 2022年，区住房城市建设委召开防汛动员部署会2次，与全区各建设工程项目签订防汛责任书。下发防汛工作方案及应急预案180份，发放防汛宣传海报、手册500份。聘请北京城建科技促进会专家对29个深基坑、市政、轨道交通防汛重点项目进行专项检查，发出雷电或暴雨预警45次、强降雨工作通知6次。安全站强化防汛应对力度，备勤人员24小时在岗值守。检查工地524个次，出动人员1138人次。（丁 莉）

【施工现场扬尘治理】 2022年，区住房城市建设委印发《关于打赢蓝天保卫战“一微克”行动十条工作措施的通知》和《西城区建设工程全过程降尘施工管理细则（修订）》，推动精准化、科学化治污减排，完善“绿色施工西城标准”。发挥施工扬尘管控方面牵头作用，推动建设工程扬尘治理综合监管工作。全年共计出动850人次，现场检查工地340项次，利用施工现场远程视频监控系统非现场巡查工地1.1万项次，强化重大活动服务保障、空气污染、大风和沙尘等重点时段检查力度，对存在施工扬尘管控违法违规问题的20家责任单位移送属地街道办事处依法处罚。持续推动“绿牌工地”创建评审，建设培育扬尘管控样板工地，全年共10个工地、累计共16个工地获北京市扬尘治理“绿牌”工地称号。（丁　莉）

【消防抽查验收】2022年，区住房城市建设委出动860人次，完成消防验收及备案抽查，受理消防验收工程218件，通过率82%；受理消防备案工程12件，通过率60%；联合验收消防验收受理17件，通过率76.5%。（丁　莉）

【重要活动服务保障】2022年，区住房城市建设委组织召开施工现场安全管理工作会，加强安全监督检查力度，全面检查建筑工地消防安全、安全生产、封闭式管理、塔吊防攀爬、食品安全、应急值守和领导带班、生活垃圾分类等，督促各施工项目做好安全隐患排查整改。全国两会期间，制订服务保障工作方案及应急预案，建立21个服务保障工地工作台账，组织召开4次动员部署工作会；安排执法力量盯守，加大执法检查力度，共出动552人次，检查工地221个次。高、中考保障期间，排查高考16个考点周边的54个工地和中考22个考点周边的51个工地，严控夜间施工审批，全天不得进行产生噪声的施工作业。考试期间加派执法检查人员，重点检查考点周边工地，营造良好的考试环境。节日期间，出动执法检查人员222人次，检查工地106个次。（丁　莉）

【安全管理培训】2022年，区住房城市建设委坚持以会代训、会训结合方式，根据不同阶段安全生产形势和季节性特点，随机开展教育培训，组织基坑工程安全管理专题培训。开展安全生产月活动，全区各项目适时开展施工安全宣传教育、防火和防汛应急演练，排查治理施工现场隐患。开展培训教育136次，受教育人数约3200人。张贴宣传海报1200张，发放宣传材料2800份。（丁　莉）

企业选介

北京金融街投资（集团）有限公司

【概况】2022年，北京金融街投资（集团）有限公司（简称金融街集团）优化产业布局，深化体制改革，激发内生活力，完成国企改革三年行动及68项任务。推进转型升级发展并取得初步成效，收购恒泰证券部分股权，金融产业布局实现重大突破；集团管理的金融资产规模首超2000亿元，非房地产开发业务收入占比首次超过50%；教育、医疗板块增资引战（引入战略投资者），持续做优做强。年末，金融街集团资产总额为2732.47亿元，合并所有者权益为685.39亿元，合并实现营业收入378.55亿元，投资收益为23.78亿元。在复杂严峻的外部形势下，金融街集团整体和主要二级公司均实现盈利，金融街集团利润总额6.02亿元，净利润1.06亿元，归母净利润3.13亿元。克服不利条件，实现国有资产保值增值及业务有序增长。截至年底，金融街集团母、子、分公司共计354家，其中母公司1家、子公司240家、分公司113家。员工总数12235人。全年，金融街集团及所属公司未发生安全生产主体责任事故、重大经营风险事件和重大信访事件。10月，北京金融街投资（集团）有限公司参加百家企业献爱心活动，向北京西城慈善协会捐款35万元。2022年，中共北京金融街投资（集团）有限公司委员会组织参加共产党员献爱心捐款活动，向北京西城慈善协会捐赠83876.29元。（郭岩松）

【政府重点工程承办】2022年，金融街集团完成政府重点工程承办。集团所属北京华融基础设施投资有限责任公司（简称华融基础公司）承办市、区政府高度关注的重点项目——国立蒙藏学校旧址文物修缮项目，3月25日开工，疫情期间封闭施工共计122天，9月27日完成文物修缮。白塔寺历史风貌保护区规划定位为金融街配套服务区，东西岔片区作为试点区域是北京市首例“申请式换租”试点项目，华融基础公司推进招商和换租工作，年内实现换租签约22户、商户开业7家。“金科新区”是国务院批复的国内首个以金融科技为产业主题的国家级示范区，华融基础公司承接的金科项目以为“金科新区”提供配套商业为定位，以打造“新潮流、新场景、新体验”特色商业为目标，年内开工。继续推进灵境项目已拆迁院落恢复性修建工程，在46号示范院获得区政府认可的基础上，华融基础公司快速复制，再次建成9个院落，新增1800平方米优质资产，出租市场反响良好，报价高于市场均价。（郭岩松）

【疏解整治提升项目】2022年，金融街集团北京华利佳合实业有限公司配合市区政府推进中轴线申遗保护及重点街区整治工作，完成烟袋斜街21号降层改造方案编制并获区政府批准，12月，配合实施主体什刹海街道办事处启动项目改造。推进重点街区租户清退，完成7处租赁网点清退。落实国企改革任务、西城区住宿业转型升级要求，推进连锁酒店向中端转型和焕新落地。统筹实施京内多家存量酒店前期设计、改造筹备和工程建设，5个住宿业转型升级项目通过2022年度达标验收。（郭岩松）

【房地产业务】2022年，房地产行业深度调整，百强房企销售额同比下降41%，金融街集团金融街控股股份有限公司以“加速现金回收，保资金安全”为首要任务，全年实现营业收入205亿元，实现签约额315亿元，实现归属母公司净利润8.5亿元。权益销售金额市场排名居第56位，较上年同期提升15位。金融街控股资产管理业务通过整合自持资源，优化管理体制，资产管理业务经营保持稳健。其中，公司写字楼板块强化招商管理，提升服务水平，重点项目金融街中心、金融街月坛中心等完成重点客户签约和续租工作，出租率较上年有效提升；商业板块优化商户结构，完善品牌组合，金融街购物中心、金树街等项目保持较高出租率；调整酒店和文旅板块经营策略，加强成本管控，克服外部影响。全年，金融街控股资产管理业务实现营业收入19.5亿元，实现息税前利润9.3亿元。中国房地产TOP10研究组评定，金融街控股股份有限公司获2022中国房地产百强企业、沪深上市房地产公司综合实力TOP10、沪深上市房地产公司财务稳健性TOP10、沪深上市房地产公司财富创造能力TOP10、中国上市公司商业地产运营TOP10、中国房地产上市公司治理TOP10，并连续18年获中国房地产公司品牌价值TOP10（国企）。（郭岩松）

【物业管理业务】 2022年，金融街集团所属金融街物业股份有限公司在管面积3771.69万平方米，服务项目覆盖华北、西南、华东、华南、东北及华中6个地区的16个省31个市，年内新进入内蒙古赤峰、河南郑州等城市。业务规模稳步增长，新增管理面积428.36万平方米，其中市场化项目占比达80.6%。总在管面积中，市场化项目面积占比达45.5%。金融街物业先后与市场第三方伙伴成立融京物业服务（北京）有限公司、北京融英物业服务有限公司、融华物业管理（淮安）有限公司、北京金物夏达不动产管理有限公司及北京金臻味餐饮管理有限公司5家合资公司，各合资公司发挥股东资源优势，促进企业快速发展，持续提升经营效益。“怡己”品牌上年新增7家（“怡己”餐饮系列新增1家、“怡己”服务系列新增6家），全国完成布局66家。年内，金融街物业获中国物业服务百强企业16名、中国特色物业服务领先企业——商务物业服务、中国办公物业管理优秀企业、中国物业服务百强服务质量领先企业、中国物业管理行业诚信经营示范单位、AAA级信用企业、重合同守信用企业、重质量守信用企业、重服务守信用企业、质量服务诚信企业等称号，品牌预估价值人民币40.3亿元。（郭岩松）

【金融保险业务】 2022年，金融街集团将所属北京华融综合投资有限公司定位为金融控股公司，对其增资27亿元，并以其为平台收购、归集恒泰证券公司股权。9月30日，华融公司与天风证券签署股权转让协议，获得恒泰证券9.5754%股权；10月21日，华融公司与金融街集团及所属公司签署无偿划转协议，获得恒泰证券12.3052%股权。监管审批完成后，华融公司持有恒泰证券21.8806%股权。完成股权收购和归集后，金融街集团管理的金融资产规模超过2000亿元。长城人寿保险股份有限公司以“四五战略发展规划”为引领，顺应保险行业变化趋势，推动公司高质量发展。全年主要经营指标良好，总保费实现152亿元，新单期交保费排名26名，上升4名；13个月保费继续率91.41%，25个月保费继续率93.63%，总资产突破770亿元，连续4年盈利。长城人寿布局经代渠道，通过聚焦建立比较优势，关注细分市场、培养头部渠道，打磨合作生态，实现年度新单标保11.1亿元，同比增长80%，目标达成率172%。其中期缴规模口径较上年提升八位，居行业第三。长城人寿获“年度金牌寿险公司”“卓越客户服务保险公司”“2022企业社会责任典范奖”“年度公益传播奖”“年度公益映像奖”“中国最佳保险资金TOP20第四位”“北京市百强企业榜单第49位”“年度公益推动力大奖”等。北京金融街集团财务有限公司各项业务指标创下新高，对6个存量项目和5个新项目进行贷款投放，贷款余额最高达23.15亿元。固定收益类有价证券投资业务实现健康快速增长，年内最高配置金额达6亿元，实现较好的投资收益。（郭岩松）

【教育板块业务】 2022年，金融街集团北京金融街教育投资有限公司响应“一带一路”倡议，开启海外办学。1月18日，金融街教育投资有限公司与泰国罗勇府行政机构、泰国TAKSIN KLEAENG国际学校三方举行中泰国际教育战略合作签约仪式，与泰国开展教育方面的合作，包括幼儿园和小学课程内容输出、教职人员培训、交流互访、冬夏令营、研学旅行等。4月8日，北京金融街教育投资有限公司在北京产权交易所挂牌征集投资人。12月12日挂牌结束，引入中银投、国调基金等5家投资者，增资价格实现3倍溢价。12月30日，增资合同签署完毕，投资额共计约5亿元。引入战略投资者为金融街教育公司持续发展提供支持。（郭岩松）

【医疗健康板块业务】 2022年，金融街集团北京金融街投资管理有限公司启动线上运营，全年累计开启视频直播75场、公益科普答疑24场、线上渠道平台连线20场，新增线上流量平台20个、微信社群96个；疫情期间成功预约客户1300人次；复工后，成功邀约就诊3500人次；复工3周实现约700万元流水，超过上年正常月度水平。金融街投资公司进一步完善一线城市发展布局，8月组建深圳玥宝门诊部，9月成立北京泽乾医疗科技有限公司、北京泽宣医疗科技合伙企业（有限合伙）。11月25日，泽康公司与北京儿童医院签署《技术转让合同》，就儿童内分泌领域诊疗产品市场化进行合作开发。（郭岩松）

北京市华远集团有限公司

【概况】 2022年，北京市华远集团有限公司（简称华远集团）围绕“防范风险、提质增效、创新发展”的经营方针，坚持问题导向、目标导向，以战略发展规划为牵引，聚焦发展、提质增效，实现集团整体平稳可持续发展。截至年底，华远集团资产总额568.23亿元，净资产100.44亿元。全年实现营业收入111.56亿元，上缴税金14.87亿元。全年办理“接诉即办”案件61件，含一把手亲自办案27件。秉承“责任地产、品质建筑”理念，“未诉先办”，主动治理，避免群诉事件发生。集团成立平安西城创建工作领导小组，坚持一把手负责制，构建“党政同责、一岗双责、齐抓共管、失职追责”工作格局，形成“平安国企”建设工作长效机制。领导班子全年走访企业389家，帮助企业解决困难问题。（陆韬　韩朝）

【纾困小微企业】 2022年，根据《区国资委关于减免服务业小微企业和个体工商户房屋租金有关事项的通知》要求，华远集团对全部承租集团国有房屋的在京注册或在京纳税的服务业小微企业和个体工商户予以房屋租金减免，减免受惠企业118户，减免金额3149.01万元。

（陆韬　韩朝）

【房地产业务】 2022年，华远地产股份有限公司执行“强回款、降成本、提品质”的经营方针，落实“保交楼、稳民生”工作责任，将区国资委“三降一减一提升”专项行动的有关工作要求贯穿经营发展始终，全年实现开复工面积436万平方米、新开工面积69万平方米、竣工面积170万平方米，全年销售回款85亿元，动态回款率达125%；依托战略合作体系以及联盟集采、采筑平台，提高采购效率，降低采购成本，强化现金流管控，设立现金工作组开展专项调度，分级管控压降成本费用，年度支出控制目标61亿元，实际支出42亿元，实现结余19亿元。

（陆韬　韩朝）

【助推“两区”建设】 2022年，华远集团所投资的北京河图联合创新科技有限公司将数字科技与应用场景广泛结合，构建虚实融合的数字基础设施和应用创新生态，推动“两区”建设；在西单商圈、大栅栏商圈、菜百等商业体完成数字时空构建，初步形成西城区数字商圈时空地图，在数字文旅与文博领域，“万象中轴”数字文化体验一期项目正式上线；年内获文旅、科创领域奖项4项。根据集团“十四五”战略规划布局要求，重组整合深圳科技板块的优质资产，截至年底，华远电气、华远云联2家科技企业在工业自动化控制及工业物联网领域累计获得相关专利及软著160余件，相关产品及技术在西城区教育技术装备中心、金融街集团财务公司机房等区重点项目中落地应用。

（陆韬　韩朝）

【世纪天乐项目改造】 2022年，华远集团以打造“国家级金融科技示范区门户地标及城市更新产业转型典型示范”为愿景，优化世纪天乐项目（北京金融科技中心）建筑设计方案，梳理落位项目中的“100

2022年，世纪天乐项目主体塔身外立面形象完工亮相　　（华远集团　供图）

米高空金科新区城市展厅”等多个特色服务空间，推进项目改造提升、招商运营和高精尖产业引进，助推“金科新区”建设任务高质量完成；年内，项目主体塔身外立面形象完工亮相。（陆韬 韩朝）

【“十四五”战略发展规划报告（草案）】2022年，华远集团形成《华远集团“十四五”战略发展规划报告（草案）》，提出以转型升级为引领，形成科技地产开发与运营、智慧科技与服务、资产管理与经营三大业务板块，并以科技助力未来城市智慧生活为发展使命，以智慧美好生活综合服务商为发展愿景，以科技+为发展主线，致力于成为智慧美好生活的引领者、智慧科技产业与城市融合发展的示范者、城市未来场景的创造者，报告（草案）于11月正式提报区国资委审议。（陆韬 韩朝）

【落实国企改革三年行动实施方案】2022年，华远集团全面贯彻落实《西城区国企改革三年行动实施方案（2020—2022年）》《华远集团国企改革三年行动实施方案》及《华远集团国企改革三年行动台账》，68项改革任务于10月底收官；完成对赛迪克集团有限公司（境外）、胜华辰远（天津）房地产开发有限公司、华远国际有限公司（境外）、北京市新广厦建材有限责任公司4家所属企业的清理工作；制发《关于进一步推动华远集团制度建设专项工作开展的通知》，集团总部新增、修订制度34项，集团所属企业新增、修订制度20项。（陆韬 韩朝）

北京天恒置业集团有限公司

【概况】2022年，北京天恒置业集团有限公司（简称天恒集团）把握“扎根西城，深耕北京”的战略定位，围绕集团基础优势行业拓展新业务，以国企改革三年行动为突破口，聚焦重点领域，创新改革举措，全面加大改革力度；集团承担的政府项目建设任务及清僵压减任务全部完成。调整直管法人单位管理权归属，总部5家直管子公司的管理架构调整为：北京天恒正同资产管理有限公司作为地产运营事业部转型为独立法人主体的地产总公司，北京天恒同业资产管理有限公司作为产业运营事业部转型为独立法人主体的产业总公司；将北京天恒正原资本管理有限公司、北京新动力股权投资基金（有限合伙）的股权关系纳入北京天恒同业资产管理有限公司管理。将天恒集团持有的北京天恒热力有限公司39%的股权无偿划转至天恒物业管理（北京）有限公司。截至年底，天恒集团总资产882.09亿元，净资产190.04亿元，资产负债率78.46%。营业收入46.71亿元，同比降低64.63%，利润总额-13.53亿元，成本费用利润率-22.98%，上缴税金6.51亿元。（王 丹）

【城市更新业务】7月6日，天恒集团城区项目事业部正式更名为城市更新事业部，是天恒集团下属虚拟法人单位，实行独立核算，是天恒集团负责城市更新业务的管理平台，同时也对原城区项目事业部棚改、保障房等项目实施管理。原归属产业运营事业部的恒家租（北京）物业管理有限公司、天恒物业管理（北京）有限公司、北京天恒华辰物业管理有限责任公司、北京天恒瑞海物业管理有限责任公司及原归属天恒集团直管的北京天恒热力有限公司划归城市更新事业部管理。9月、11月，城市更新事业部分别与西长安街街道、白纸坊街道签订战略合作协议，同时与新街口街道、展览路街道、德胜街道、陶然亭街道、广安门外街道等多个街道对接，共同推进城市更新类项目落地。南营房老旧小区改造项目完成入户调查工作，居民签署同意改建意向征询书比例达100%。科影厂国际高中项目进入施工阶段。北京首开天恒城市更新建设管理有限公司取得市建委复函，同意西城区人民政府关于由首开天恒城市更新建设管理有限公司中央单位改造项目作为西便门外大街10号院、真武庙三里、百万庄小区等3个央产试点小区改造实施主体的意见。天恒物业管理（北京）有限公司挂牌运营的以“物业+养老”服务为特色的新街口西里三区养老服务驿站试点项目正式运营。（王 丹）

【棚改项目】2022年，天恒集团城市更新事业部主导推进的百万庄、车公庄、光源里棚改项目，防尘“天幕”（工地上方搭盖的巨大绿布，能在土方开挖、锚喷作业过程中对扬尘做到整体封闭）施工成为3个棚改项目标配，绿牌工地实现全覆盖，建立指挥部、街道、企业三级响应联动工作体系，扩大信息公开范围，主动倾听居民的意见和建议，做好“未诉先办”工作，保障项目工程进度平稳推进。百万庄项目A地块6个地铁一体化接驳点位全部按期交付，采用铝模方案提升地上结构施工；C、D地块室内外装饰装修完工。车公庄项目完成全部地铁管线改移及基坑土方挖掘工作。光源里项目采用防尘天幕技术解决土方开挖阶段环保问题；流态固化土代替常规回填材料和工艺，解决肥槽回填环保问题；装配式整体卫浴代替常规卫生间做法，解决节能设计问题；采用5G智慧工地管理系统，全方位平台化管控施工安全、环保、质量和开展进度。（王 丹）

【什刹海老城区保护项目】2022年，天恒集团所属北京天恒正宇投资发展有限公司作为什刹海老城区保护项目的前端公司，实现地安门外大街、旧鼓楼大街空间品质提升项目立面部分整体亮相；陟山门街—景山西街及周边地区公共空间品质提升项目获得市发展和改革委批复；钟鼓楼西南侧东南侧第五立面、西安门大街整治项目全部亮相并实现竣工验收；点亮中轴线西城段项目完成工程验收和结算审计；北海医院和东天意市场降层改

10月29日，北海医院和东天意市场降层改造项目保护更新工程开工　　（天恒集团　供图）

造项目保护更新工程开工。北海医院与东天意市场降层项目、地外大街复兴计划等4个项目入选《北京历史文化名城保护优秀案例汇编集（2013年—2022年）》。（王　丹）

【市场化房地产项目】2022年，天恒集团地产运营事业部以北京天恒正同资产管理有限公司为载体转型为独立法人主体的地产总公司，天恒集团作为战略管控主体对地产总公司进行投资管理，地产总公司作为业务管控平台对项目进行集约化运营管理。2022年天恒集团市场化地产板块整体销售、回款任务及去化率不及预期；22家项目公司中17家开始结利的操盘及并表的项目公司仅有4家盈利，主要结利的恒泰家园和学院里两个受政策调整影响的共有产权房项目收入与成本倒挂。（王　丹）

【产业运营项目】2022年，天恒集团养老业务发挥"企业+协会"（天恒集团+养老行业协会）整体优势，在实现现金流入的同时，获得长期、低息融资。天恒集团所属北京天恒康健养老投资管理有限公司运营的红线驿站基本养老服务获得广外街道荣丰驿站运营权以及展览路街道德宝社区、露园社区2家驿站运营权；房山区良乡大学城CCRC（Continuing Care Retirement Community，持续照料退休社区）项目竣备。天恒金融科技创新中心发挥产业聚集平台作用，完成工商注册、达成落户企业26家，注册资金达240余亿元；截至年底，形成160余家科技企业在内、注册资本金达520亿元以上的产业资源池。天恒文化旅游集团有限公司取得西城区文物活化项目庆云寺项目运营权；推出天恒商旅国际机票业务；其所属海南新燕泰大酒店完成定点隔离观察服务保障任务；四川阆中古城天恒·燕泰保宁坊完成四川省文旅大会定点服务接待任务；所属北京茶叶交易中心有限责任公司推出自有品牌"上茶"餐厅，打造渔唐精品民宿，参与马连道"两展一节"（2022北京国际茶业展、2022北京马连道国际茶文化展、2022线上惠民消费节）策划工作。（王　丹）

【传统商业转型发展】2022年，面对疫情冲击，天恒集团传统商业向现代服务业方向转型。复兴商业城、新街口百货以"银发新青年"的定位贴近百姓需求，保持老国货特色，提高便民服务品质，持续开展线上推广。西西友谊商城引进多家市场主流餐饮品牌和网红门店，拓宽消费群体；T11生鲜超市履行疫情期间保障西单商圈物资供应的职责，为市民"菜篮子"保驾护航。老字号成文厚、北平汇开发以中轴线为元素的文创产品和手作课程。天恒什刹海公司打造生鲜超市"天恒·憨食荟"北平居店和旧鼓楼店，为周边居民提供便利。12月31日，地安门商场重张亮相，更名"新地佰"，"新地佰"围绕"老场景、新应用"这一主旨，讲好中轴故事，带动地外商圈发展。（王　丹）

北京华康欣和建筑工程有限责任公司

【概况】2022年，北京华康欣和建筑工程有限责任公司（简称华欣公司）完成营业收入4875万元，实现利润2.2万元，上缴国家税金119万元，工程合格率100%，合同履约率100%，实现安全生产文明施工。通过认证部门对质量、环境、职业健康安全管理体系年审。（李珊珊）

【重点工程项目】2022年，华欣公司承接西城区2021年路侧停车动态监测和电子收费管理系统建设项目电力工程设计、施工承包项目，合同额442.70万元，4月16日开工，6月30日完工。施工内容为新敷设ZC-YJV22-0.6/1KV-3X10MM2低压电缆14903米，破坏并修复柏油路面1570平方米、方砖步道9350平方米等。承包展览路幼儿园整体装修改造项目，合同额3859023元，5月27日开工，8月23日完工。施工内容为地下一层、一层至四层盥洗室、卫生间，建筑物一层和二层所有房间装修，施工面积850.66平方米。承包机关办公区房屋维修——二龙路27号房屋零星维修项目，合同额199.57万元，4月28日开工，5月28日完工，施工内容为新作或修复轻钢龙骨石膏板墙体、上下水新作或维修、电路照明改造、墙地砖维修等。承包工行新街口西四支行增设国管公积金代办点装修改造工程项目，合同额83.55万元，10月15日开工，11月13日完工，施工内容为装饰装修、消防工程、强弱电工程等。承包北京市国立公证处职场装饰改造工程项目，合同额132.37万元，3月21日开工，5月19日完工，施工内容为拆除原吊顶、隔墙地面，新作吊顶、隔墙、地面，电气工程网络信息管线敷设。（李珊珊）

【"三标"认证】9月1日至3日，华欣公司进行为期3天的质量管理体系、环境管理体系、职业健康管

理“三标”体系认证并顺利通过。（李珊珊）

北京广安控股集团有限公司

【概况】2022年，北京广安控股集团有限公司（简称北京广安集团）在历史文化街区运营、棚户区改造、保障房建设、市政道路建设、房地产开发、文化商业运营及社区服务等多业务领域推进，资产规模不断扩大，质量逐步提升，实现快速健康发展。截至2022年12月31日，公司注册资本金132.63亿元，集团资产总额624亿元，参控股企业46家。（王晓曼）

【C3地块项目进展】2月22日，C3地块项目取得《关于大栅栏C3地块项目“多规合一”协同平台规划综合实施方案审核意见的函》批复；3月28日取得立项批复；4月20日取得建设工程规划许可证；8月4日取得建筑工程施工许可证。8月5日，北京建工集团开始打桩作业，项目正式动工。（王晓曼）

【杨梅竹斜街项目获优秀案例奖】2022年，杨梅竹斜街环境更新及公共空间营造项目入选首届北京城市更新最佳实践评选“优秀案例奖项目”，该奖项由北京城市规划学会与北京城市更新联盟联合评选。7月，北京城市更新论坛暨城市更新联盟成立仪式上，大栅栏投资公司受邀分享《大栅栏城市更新路径探索》主题报告，公司以杨梅竹斜街的更新理念、改造内容、业态升级、社区营造、公共空间的迭代升级为主线，系统提炼与总结了大栅栏城市更新的经验。（王晓曼）

【菜园街项目通过农民工工资支付考核】2022年，菜园街棚改项目做好农民工工资支付保障工作，为菜园街棚改项目稳步推进打好基础。7月26日，菜园街及枣林南里棚户区改造项目E地块工程代表北京市在建工程项目，迎接国务院保障农民工工资支付工作考核实地核查，以满分通过考核。（王晓曼）

10月31日，大兴旧宫西城区对接安置房项目——康璟家园项目竣工　（区住房城市建设委　供图）

【康璟家园项目】8月24日，北京广安集团广安融通公司负责开发的北京市大兴区旧宫东站F16地块西城区对接安置房项目——康璟家园项目完成规划验收。10月31日，康璟家园项目取得竣工备案表，全面启动入住筹备工作。12月10日，康璟家园开始集中办理入住手续。截至12月31日，累计交房2137套，入住率91%。（王晓曼）

【观音寺片区项目立面整治工程设计方案】9月6日，由安创公司编制、大投公司审核后上报的《观音寺片区项目立面整治工程设计方案》通过市规自委西城分局召开的专家评审，随后立面整治工程启动实施，作为首个西城区历史文化街区风貌全过程管控的试点，大栅栏投资公司按照市规自委西城分局的要求，推进责任规划师、责任建筑师与责任工匠师的“三师责任制”工作机制，定期向“三师”汇报现场问题与设计变更情况，并邀请“三师”到现场指导，严格落实风貌管控要求，确保项目高质量落地。（王晓曼）

北京陶然建筑有限公司

【概况】2022年，北京陶然建筑有限公司（简称陶建公司）继续推进樱桃园开发项目后续工作；加强小区物业管理，改善和提升小区居民居住环境；对往年施工建设项目开展现场勘查，协调处理方案。（王　芳）

【樱桃园开发项目后续工作】2022年，陶建公司樱桃园危改拆迁项目审核结案工作完成，继续推进拆迁范围内房产注销工作。（王　芳）

【城镇待业青年工龄审定】2022年，陶建公司为10名1977年至1989年在公司从事临时工的工人开具城镇待业青年工龄审定证明材料，协助

办理退休工龄审定。（王　芳）

【樱桃樱园小区和槐柏树后街小区物业管理】5月，陶建公司物业公司工程部对樱桃园小区消防系统监控中心设备进行远程管线换新、铺设、连接，逐一检测感烟探测器、手动按钮、消火栓按钮和防火阀，更换连接2号楼的消防线路，确保远程信号的正常传输。聘请消防设备生产厂家的维保工程师现场核查2号楼消防报警系统，确保系统运转正常。维修小区供水无负压水泵，物业工程部维修人员自行更换设备配件，解决长期存在的噪声问题，保障居民正常用水。对设备管线除锈刷漆，延长管线使用年限。2022年，物业公司工程部各维修工种完成免费入户维修500余次，维修养护公共区域的公共设施设备800余次。对小区内各楼栋进行房屋避雷检测，使公共设备符合避雷规范要求。清洗更换公共区域纱窗，粉刷电梯厅围墙。清洗擦拭楼道墙壁，对非法小广告集中清理粉刷整治。2022年，物业部为提升槐柏树后街小区居民供暖效果，为锅炉房增加两个水泵，保障小区居民供暖需求，供暖季内无投诉。（王　芳）

【清河宝盛里项目】9月20日，陶建公司接海淀区住房和城乡建设委员会反映，公司2001年施工建设的清河宝盛里小区9号楼6层住户西侧阳台窗户出现弯曲变形。针对住户对施工质量提出的质疑，公司及时到现场勘察，与海淀区住房城市建设委沟通，陈述当年施工工艺要求，分析导致该情况形成的原因，协调后续处理方案。（王　芳）

北京房开置业股份有限公司

【概况】2022年，北京房开置业股份有限公司（简称房开置业公司）推进房地产开发、商品房销售、城市危旧房改造和开发建设等项目。做好汛期值守检查，确保施工安全。全年未开工新项目。（闫　欣）

【平原里3号楼定向安置房施工建设】2022年，房开置业公司克服疫情带来的材料价格上涨、物资紧缺、工人紧缺等不利条件，调整工作方案，采取有效督促指导措施，保质保量完成平原里3号楼定向安置房项目主体建设任务，年内完成天然气、热力市政工程的施工及验收通气、通热工作。（闫　欣）

【汛期防汛】2022年汛期，房开置业公司针对平原里3号楼定向安置房项目及市政外线施工进度，组织平原里3号楼定向安置房项目部及施工、监理单位专门成立防汛工作领导小组，划拨专项资金，指派专人24小时值守，处理应急突发情况。做到加强日常检查，及时发现问题，采取措施将隐患消灭在萌芽状态。汛期无人员及财产损失。（闫　欣）

北京宣兴房地产开发股份有限公司

【概况】2022年，北京宣兴房地产开发股份有限公司（简称宣兴公司）落实宣兴商厦拆迁项目补偿安置工作，做好房屋修缮、电梯锅炉检修等物业管理工作，为居民生活便利提供保障。全年未开发新项目。（高　莉）

【宣兴商厦拆迁】2022年，宣兴公司以政府为主导，多渠道解决历史遗留问题，筹划和设计方案，落实宣兴商厦拆迁项目补偿安置工作。（高　莉）

【物业管理】2022年，宣兴公司组织调研所属物业公司直管居民楼小区，了解居民诉求，研究确定工作思路和方案，解决多项房屋修缮、道路维修、停车等实际问题。9月，集中检查所辖小区运行电梯，进行更新改造升级，保障居民生活便利。（高　莉）

（**责任编辑**　齐　田）

交通 邮电

交 通

交通行政执法

【概况】2022年，北京市交通运输综合执法总队（简称市交通运输执法总队）做好北京冬奥会和党的二十大交通运输秩序保障，应对多轮疫情冲击，抓好行业监管、秩序整治、打非治违等重点工作。全市交通执法部门查处违法违章5.7万件，受理群众诉求1.8万件。7月，市交通运输执法总队启用新版行政执法证件，更换新式执法服装。北京市交通运输综合执法总队四支队（简称市交通运输执法总队四支队）全年出动执法车辆1407余车次、执法人员4906人次，检查各类车辆8753辆次；检查运输、汽修业户108家次，水域游船业户13家次。查处各类违法违章行为2538起。

（余志红　周新竹　刘文龙）

【重点地区综合整治】2022年，市交通运输执法总队四支队重点围绕故宫、天安门周边，开展核心区交通运输秩序整治。依托故宫专班，发挥执法协作机制作用，联合属地街道、公安、城管、交管、环食药旅等相关执法部门在南北长街、西华门、景山前街一线设立巡查岗和固定岗，全时段整治各类违法违规运营行为。定期开展巡游出租车慢行挑活揽客、交他人驾驶、欺骗乘客诱导消费等不规范运营行为专项整治；与市环食药旅总队建立（投诉）案件移送机制，将出租车诱导游客观演、就餐，店方坑害旅客等案件移交给市环食药旅总队旅游支队。联合公安西城分局和市环食药旅总队查获故宫周边10起出租车严重违法违规行为并立案处罚，形成齐抓共管闭环执法链条。联合区文化和旅游局约谈餐厅、演出场所等不规范经营店家负责人，责令改正不法经营行为。（周新竹　刘文龙）

【水域游船监管】2022年，市交通运输综合执法总队四支队加强西城区水域游船安全和行业监管。每月对辖区游船企业执法检查，完成重大节假日期间及大风预警安全监管工作，处罚水域游船违章行为2起。在市交通委组织的全市水运行业会议上宣讲水域游船行政执法工作要求和经验做法。（周新竹　刘文龙）

【节假日与重要活动交通运输秩序保障】1月1日至3月14日（北京冬奥会冬残奥会期间），市交通运输执法总队出动执法人员8万余人次、执法车辆6500余辆次，查处各类违法违章11438件。1月17日至2月25日春运期间，出动执法人员3.82万人次、执法车辆3700余辆次，检查运输车辆7.03万辆次，巡查轨道交通车站1.64万座次，巡查公路11.4万千米，查处各类违法违章5500余件。春节假期，出动执法人员5123人次，检查运输车辆6145辆次，巡查公路2.04万千米，值守轨道交通车站1281座次、检查乘客20余万人次，巡查轨道交通安

9月11日，市交通运输综合执法总队四支队夜查什刹海水域游船安全

（市交通运输综合执法总队四支队　供图）

全保护区613区段，检查公交枢纽场站38个、公交停靠站574个，在线核查网约车订单38万余辆次，查处各类违法违章42件。2月26日至3月13日全国两会期间，出动执法力量1.52万人次、执法车辆1313辆次，检查运输车辆3.13万辆次，巡查轨道交通车站8047座次，检查公路4.41万千米，查处各类违法违章2798件。4月30日至5月4日，出动执法力量1830人次、执法车辆320辆次，检查各类运输车辆2647辆，巡查轨道交通车站1613座次、轨道交通安全保护区1371区段，巡查公路7246千米，检查公交场站16座次，查处各类违法违章84件。国庆假期，出动执法力量6078人次，检查各类运输车辆4964辆次，巡查轨道交通车站2212座次、轨道交通安全保护区2225区段，检查地面公交场站9座次，巡查公路12814千米，检查高速公路服务区、收费站、服务站156次，检查公路在施工程及施工单位8处，查处各类违法违章184件，查获高速公路服务区问题7件并责令改正。10月6日至23日，启动党的二十大专项保障工作，出动执法力量1.44万余人次，检查运输车辆1.38余万辆次，巡查轨道交通车站4585座次，查处各类违法违章1436件。

（余志红）

【北京冬奥会交通志愿服务】1月25日至3月20日，市交通运输执法总队出动北京冬奥会冬残奥会志愿服务者500余名，参与志愿服务8000余人次，累计志愿服务时长约2万小时，出动19名执法人员参与冬奥闭环保障任务。（余志红）

【综合执法】7月13日、18日，市交通运输执法总队夜查机场、公交枢纽、轨道公交换乘站、繁华街区严重违章及各类非法营运行为，查扣各类“黑车”153辆。18日至22日，集中整治旅游、省际、危化货物运输等行业，查获各类违法违章776件。7月6日、11日、15日、19日，针对群众集中举报投诉地区、点位开展专项整治，查获违法违章案件494件。第三季度，联合市公交保卫总队、北京地铁、京港地铁开展整治行动6次，查获违法违章220余件。市交通运输执法总队四支队联合故宫专班和西长安街、什刹海、德胜等街道办事处，与辖区公安、交管、城管、文旅等执法部门合作，重点整治旅游客运市场秩序，打击非法营运车辆。联合张家口交通局、昌平交通支队、延庆交通局对京藏沿线“两客一危”（省际客运、旅游客运、危险货物运输）车辆开展三地联合执法检查16次，查处各类违章10起。联合市交通运输执法总队十五支队检查危化4次，查处违章7起。联合辖区属地各执法部门在故宫、前门、天安门、什刹海等旅游景区周边开展旅游客运市场违法违章行为专项整治，查处旅游车业内违章10余起。

（余志红　周新竹　刘文龙）

【安全生产专项检查】第一季度，市交通运输执法总队持续开展行业安全生产监督检查和隐患排查，查处“两客一危”违法违章151件，检查公路在建工程58处、施工单位58家，检查轨道交通安全保护区7781区段，巡查公交场站211座次、公交停靠站1023个，检查公交车辆673辆、公交站牌3446个。第三季度，检查各类营运车辆5.34万辆，查处行业违法违章3764件，查扣各类非法营运车辆2912辆。巡查轨道交通车站2.42万余座次，发现安全隐患228处，督促企业消除隐患206处，查处自然人扰序案件2128件、保护区案件2件。开展公路路政、在施工程安全生产执法检查专项行动60余次，查获违法案件1150余件。开展全市集中夜查，查扣各类“黑车”153辆。集中整治旅游、省际、危化货物运输，查获各类违法违章776件。针对群众集中举报投诉地区、点位开展专项整治，查获违法违章案件494件。检查建设养护、出租租赁、汽修驾培等行业70余户次，对问题突出企业实行复查复检和挂销账管理。

（余志红）

交通运输行业管理

【概况】2022年，北京市交通委员会西城运输管理分局（简称西城运输管理分局）开展交通运输监督检查4032户次、9625车（船）次，出动执法人员9266人次，采取行政措施151件次。受理审批事项7185件，审核承运人责任险保单2560车次、包车业务订单3030车次，发放省际包车证592张、省际临时班车证54张，接听接待电话咨询、现场咨询5160次。春运、“十一”等重点时期，组织辖区出租汽车企业对北京西站、北京北站进行夜间持续保障5次、调派出租运力2800余车次、运送旅客4700余人次。北京冬奥会冬残奥会开、闭幕式期间，完成首都博物馆发车点位运送任务，出动执法人员12人次、发送保障车辆123车次、运送观众3141人次。妥善应对降雪、大风、防汛、空气污染、高温等预警179次。“接诉即办”向“未诉先办”转换，办结出租汽车、旅游客运、货物运输、邮政快递等行业举报投诉工单1380件次，其中巡游出租车行业投诉占比95.8%。实现响应率、解决率100%。（张源珂）

【公共交通行业监管】2022年，西城辖区所属公交企业5户，从业人员1333人，涉及运营线路146条、配备运力3025部、公交场站26个。西城运输管理分局出动执法人员303人次，检查地面公交企业132户次。春运、全国两会、清明节、“五一”、端午节、“十一”等重点时期，巡查北京西站、北京北站等公交场站及3条扫墓临时专线发车站点等地区运输服务保障情况，确保公交场站运营秩序良好，乘客有序乘车。（张源珂）

【出租汽车行业监管】2022年，西

城辖区所属出租汽车企业31户（含个体出租汽车管理站1个），指标车数15520辆，出租驾驶员11690人。西城运输管理分局出动执法人员4327人次，检查出租企业1897户次，采取行政措施33件次。完成纯电动出租汽车更新2899辆，审核发放出租燃油补贴5379.52万元，处理出租行业信访投诉1322件。各重点时期，夜间巡查北京西站、北京北站出租车运力5次、2800余车次，运送旅客4700余人次。

（张源珂）

【旅游客运行业监管】 2022年，西城辖区所属旅游客运企业6户，车辆2352辆，从业人员2491人。西城运输管理分局出动执法人员1881人次，检查旅游客运企业834户次，采取行政措施12件次。完成旅游客运行业年度企业质量信誉考核6户，其中AAA级企业5户。新增道路客运包车运力氢能源指标50个，审批许可开通从中心城区至慕田峪长城、环球影城等郊区旅游景点的短途旅游班线7条，逐步形成京郊旅游客运直通车网络。（张源珂）

【省际客运行业监管】 2022年，西城辖区所属省际客运企业1户，营运车辆68辆，班线28条，从业人员88人。西城运输管理分局出动执法人员314人次，检查省际客运企业128户次，采取行政措施23件次。1户企业参加年度企业质量信誉考核，被评为AAA级企业。

（张源珂）

【普通货物运输行业监管】 2022年，西城辖区所属普通货物运输企业71户，营运车辆382辆（主车290辆、挂车92辆），总吨位8294.85吨，从业人员458人。西城运输管理分局出动执法人员1198人次，检查普通货物运输企业508户次，采取行政措施14件次。完成普通货物运输行业年度企业质量信誉考核48户，其中AAA级企业35户。注销74家货物运输经营业户道路运输经营许可证、道路运输经营备案证，注销32辆超期未年审货运车辆道路运输证件。5月、12月两次成立专班组织开展辖区邮政快递网点疫情防控督查，了解网点关停、快递积压、运力短缺等原因，统筹优化力量，力促行业恢复运转，出动执法人员616人次，检查网点289户次。（张源珂）

【化学危险品运输行业监管】 2022年，西城辖区所属化学危险品运输企业4户，车辆9辆（主车7辆、挂车2辆），从业人员21人。西城运输管理分局出动执法人员95人次，检查化学危险品运输企业37户次。完成化学危险品运输行业年度企业质量信誉考核2户，均为AAA级企业。持续做好化学危险品运输车辆的GPS动态监管，与电子运单系统进行数据比对，纠正行驶路线与系统数据不一致行为。（张源珂）

【机动车维修行业监管】 2022年，西城辖区所属机动车维修企业34户（一类5户、二类10户、三类19户），在用喷烤漆房企业6户（7台），从业人员506人。西城运输管理分局出动执法人员841人次，检查机动车维修企业366户次，采取行政措施26件次。完成机动车维修行业年度企业质量信誉考核28户，其中AAA级企业7户。录入尾气不合格机动车治理信息880条，鼓励白名单企业在空气重污染时期落实钣喷工序生产自主减排措施。

（张源珂）

【汽车租赁行业监管】 2022年，西城辖区所属汽车租赁备案企业45户，车辆2403辆，从业人员104人。西城运输管理分局出动执法人员134人次，检查汽车租赁企业54户次，采取行政措施39件次。完成汽车租赁行业年度企业质量信誉考核47户，其中优秀企业1户。

（张源珂）

【水域游船行业监管】 2022年，西城辖区所属游船企业3户，运营游船776条（艘），从业人员235人。西城运输管理分局出动执法人员173人次，检查水运游船企业76户次，采取行政措施4件次。开展水域游船开航前船舶检验和安全检查，对什刹海水域非自航游船、码头设施进行夜航适航检验，确保开航期间安全运营。组织开展水上防汛安全演练3次，水上安全宣传活动1次。（张源珂）

【行业安全监管】 2022年，西城运输管理分局组织开展安全生产月、国家安全、反恐防范、防灾减灾、烟花爆竹禁放、禁毒、《北京市安全生产条例》等宣传活动，发放宣传手册4000余册，宣传品5000余份。建立长效隐患排查治理体系，排查各类隐患60项，全部整改完毕。完成企业风险评估85户次，健全安全管理制度9项，组织实战化应急演练3场，开展各类安全专题培训4次，召开安全例会12次。报送应急周信息46篇，平安建设信息12篇，重点时期会商机制日报218篇。应对降雪、大风、防汛、空气污染、高温等预警179次。（张源珂）

公安交通管理

【概况】 2022年，北京市公安局公安交通管理局西城交通支队（简称西城交通支队）围绕全区各类交通热点、难点问题，实施各项整治措施。缓解交通拥堵，复划交通标线22526.6平方米，新增、整改交通标志783面，油饰护栏22871.2米、粘贴礼让行人标识32组，增设柔性阻车桩170根，反光道钉1832个；完成16处交通堵点乱点治理，推动完成62所学校、医院周边交通秩序治理工作。特勤服务保障北京冬奥会冬残奥会、全国两会、党的二十大、外事活动、金融街论坛等重大活动77场，执行交通警卫任务4537起，出动警力5万余人次。

（张　鑫）

【接处警工作】 2022年，西城交通支队围绕市局110、122“两台合一”工作，成立专班专项推进，制订“专席融合部署、支队统筹调度”工作思路，明确分局联勤与支队指挥大厅工作原则，设置专人建群、统筹组织、实时推进工作模式。每日针对“一时五率”（处警用时，反馈率、重复报警率、秒级响应率、融合率、满意率）开展专项分析，自主设定警情警力覆盖率、处警联动率，制订处警超时“减少超时数量、严控长时间超时”工作思路。制订警力警情覆盖率考评机制，细化岗位设定，依托铁骑警务、防控岗开展协助处警工作，提高处警效果，平均处警用时由12.23分钟缩短至6.3分钟，减少48.4%。接报122警情77890起，同比下降21.17%。其中事故报警37274起，同比下降16.39%；反映报警38043起，同比下降27.42%。 （张　鑫）

【社会面交通秩序管控】 2022年，西城交通支队结合早晚高峰勤务岗、专项整顿岗、文明示范路口等岗位部署，以严管街、示范路口、景区景点、商业区为重点区域，全面做好社会面交通秩序管控。对酒后驾车、涉牌、机动车不礼让行人、违法停车、非机动车行人闯灯逆行等各类严重违法行为保持严管态势，依托警种融合、环保联合执法等工作模式，联合市公安局西城分局、区环保局、区住房城市建设委、区城管执法局等部门，针对货车、尾气超标等违法行为，开展联合行动，联合属地街道、派出所等部门对故宫、动物园、什刹海等景点地区开展攻坚专项行动。开展现场执法27.7万起，其中查获涉酒违法297起（饮酒112起、醉酒185起）、涉牌218起、不礼让行人1487起、非机动车行人14.8万起、摩托车7462起、货车1.1万起、外埠车1.9万起、环保尾气超标3759起。拘留115人。开展非现场执法126.1万起，同比上升8%。其中外埠车12.6万起，同比上升111%；货车2.8万起，同比上升134%；摩托车4.2万起，同比上升339%；违法停车17.3万起。 （张　鑫）

【道路设施监管】 2022年，西城交通支队结合“双下放”工作，对管界内427条道路设施摸排检查，发现问题520处。其中标线类363处、标志类73处、施工类28处，路树遮挡53处。增设更换安装标志773面、施划交通标线22426.6平方米、油饰护栏21871.2米、粘贴礼让行人标识21组、增设柔性阻车桩140根、反光道钉1732个。围绕北京冬奥会冬残奥会，完善西城区3条冬奥会专用道设施，西城奥运车道里程6.5万千米（分别是西直门外大街、北二环、德胜门外大街），施划奥运专用道标线618平方米、粘贴配套标识26组、建设奥运车道指示标志26套、告示标志12套，施划交通标线350平方米。组织园林、路政等单位联合对涉奥路线安全隐患进行排查，整改行人穿行主路安全隐患4处。 （张　鑫）

6月16日，西城运输管理分局在动物园交通枢纽开展安全生产月宣传活动（西城运输管理分局　供图）

【交通组织优化】 2022年，西城交通支队完成40条林荫道路建设、35条慢行道路建设和27条道路大中修改造工程建设工程。针对核心区内胡同密集、连通性差、易发生拥堵等特点，推进背街小巷微循环建设，通过调整机动车单行、禁行等措施，提升道路通行能力，减少区域拥堵。西绦胡同（旧鼓楼大街至鼓楼西大街）、安顺城北路等3处实施机动车单、禁行措施；西便门外大街、三里河路采取机动车限时禁止掉头措施；优化南横街路口、金广路口、闹市口南路口、榆树馆桥下路口等17处路口实施交通措施；完成乐道巷、冰窖口胡同等5处区属道路疏堵改造工程项目。联合区城管委、区教委，通过完善交通标志、复划交通标线、调整禁限行措施、渠化交通组织等形式，优化渠化调整康乐里小学、实验二小、实验一小、奋斗小学等60所学校及协和医院（西院）、友谊医院2所医院设施。配合交通组织调整、优化信号灯配时294次。 （张　鑫）

【交通事故侦办】 2022年，西城交通支队进一步规范事故处理工作程序，完善《西城支队事故处理工作规范》，处置24360起简易程序交通事故案件，167起一般程序交通事故案件，其中重大交通事故17

起、亡17人，涉嫌事故类危险驾驶罪案件31件，涉嫌交通肇事罪案4起，启动警种融合执法机制移交分局刑事案件5起。依托“守护2022”专项行动，严格落实逃逸事故报警必须按规定全部受案，明确受案审查及事故处理程序工作要求，处罚逃逸案件1331起，同比提升47.6%。（张 鑫）

【车辆驾驶人管理服务】2022年，西城交通支队持续推行车管业务“一窗综办”，单位小时受理量提升12%。为服务窗口增配科技设备，推广使用二维扫码枪，实现证照信息高效录入。办理车驾管业务15万余笔。其中驾驶证业务6.4万笔，占支队办理总量42.8%；非机动车业务办理6.2万笔，占支队办理业务总量41.3%；机动车业务办理2.4万笔，占支队办理业务总量15.8%。（张 鑫）

【交通安全监管执法】2022年，西城交通支队强化重点单位源头监管。突出专业运输企业重点、突出违法超标、亡人事故重点、突出运输车辆违法清零重点，对隐患单位“限期整改、约谈曝光、停车整顿、罚款处罚、挂牌整改”一体化执法措施。走访单位9528家次，约谈单位负责人1015人；对存在交通安全隐患的834家单位发放《责令限期改正通知书》，其中720家社会单位、114家专业运输单位采取责令限改措施；659家单位采取禁止机动车上路行驶措施，其中496家社会单位、163家专业运输单位；罚款处罚26家单位。（张 鑫）

【交通安全宣传教育】2022年，西城交通支队围绕“文明驾车、礼让行人”“珍爱生命、拒绝酒驾”“一盔一带、安全常在”等主题及不同群体，组织驻区民警深入2459家单位、144个社区、22所学校、28处工地，面对面普法等活动40余次。设计制作安全宣传品13种，材料13万余份，针对西城区涉电动自行车事故多发、老年人群体死亡人数占比高的事故特点，开展靶向宣教，定制安全头盔、交通志愿者背心等宣传品。市交管局微信、微博、抖音、快手等官方账号、北京电视台《红绿灯》栏目、北京交通台、《北京日报》等多家媒体累计报道112次。（张 鑫）

【解决辖区乱点问题】2022年，西城交通支队全面梳理汇总社情民意反映的线索，综合治理育翔小学、北京大学人民医院门前、白广路与枣林前街十字路口等113处问题点位。联合区相关委办局及街道，协商共治停车秩序、交通组织、标志设施等问题。完成鸭子桥、闹市口南路口等5处堵点和11处乱点、市级堵点综合治理，推动德胜门外大街、五路通北街等5处秩序类高频挂账点位销账。会同区城管委、属地街道，采取空间腾换方式，协调解决北京大学人民医院职工、外部社会车辆停车位280个。围绕群众关心、关注的交通违法乱象问题，及时立案查处。办理“随手拍”举报交通违法一般程序案件4603件。收到群众赠送锦旗牌匾100余面（块），感谢信18封，122、12345表扬类派单75件。（张 鑫）

9月1日，西城交通支队在北京第一实验小学开展“开学第一课”交通安全宣传活动

（西城交通支队 供图）

北京北站地区管理

【概况】2022年，北京市重点地区管理委员会北京北站地区管理办公室（简称重点站区管委会北站办）组织协调北京北站地区平安北京建设、交通秩序、市场秩序、安全秩序、公共卫生、思想文化、精神文明、新闻宣传等管理和服务工作。遵照市委、市政府和重点站区管委会决策部署，开展北站地区交通秩序综合治理、站城融合实践、通行环境品质提升、维护站区社会治安等工作，完成北京冬奥会冬残奥会、春运、全国两会、暑运、国庆节、党的二十大召开等重点时期服务保障任务。市城管执法局重点站区分局北京北站地区执法大队、市重点站区综合事务中心北站地区分中心均由北站办统一管理和指挥调度。（蒋 捍）

【北站站区建设】2022年，重点站区管委会北站办瞄准“站城融合”发展方向，从区域角度组织专题探讨站区交通流线及管理服务，研究空间品质优化措施，推进站城融合实践项目，多元协作服务市民旅客。推进文化墙设计项目、出租车调度

站提升改造，完成管委会项目库入库审批。围绕提升出租车调度站场地空间管理、应急处置能力，改造应急出入口、设置应急车道、出租车临时停车位及应急车位，施划入口坡道黑黄色320米，安装道钉390个、减速带11米。配置出租车调度站公用卫生间、饮水处、轮椅免费借用等设施，为旅客和司机提供人性化服务。开展换乘大厅电梯间墙面维护、破损立柱维修工作，完成东门环境改造工程、广场周边环境改造工程转固工作。定期排查无障碍设施系统，清理占压盲道障碍物，协调地铁13号线西直门站区维修破损盲道。沟通百度、高德2家电子地图公司，设置电子地图指引服务。在站前广场、混合换乘大厅、西环广场停车场全域增加导向标识，服务旅客快速接驳。施划消防通道地面标识，安装车辆管理闸机，清理贵宾通道北门路障，保障消防通道、贵宾通道畅通。助力智慧站区建设，更新指挥中心LED显示屏1组，维修、新增广播音柱5个，实现地区监控系统全覆盖。

（蒋　捍）

【北站安全管理】2022年，重点站区管委会北站办以平安建设工作为抓手，成立站区平安建设工作领导小组，组织领导和统筹谋划平安建设工作。整合地区交通秩序管控、治安秩序管控、联合执法、联勤联动等综合管理力量，形成地区平安建设整体架构。在北京冬奥会冬残奥会，党的二十大召开等重要时期和法定节假日，制订综合服务保障方案和专项保障工作措施，运行地区联勤联动和群防群治工作体系，组织联合执法行动，打击“黑车”扰序、吡活揽客、违章停车等行为。制订《北京北站地区重要会议保障期间群防群治工作点位值守方案》，坚持24小时保安值守和巡逻。定期组织隐患排查，落实安全生产主体责任，深化“挂账消隐”机制。成立地区防火委，建立消防设施运维周检查机制，细化消防设施台账，开展自查和专查，解决消防安全问题20个，增设灭火器箱18个、灭火器89具、粘贴标识20处，设置微型消防柜2组、消防水桶44处。定期组织公安、武警、保安等力量开展多样式、多频次反恐防暴实战演练。设计制作春运、北京冬奥会、国庆节、重要会议、群防群治及平安建设工作展板10块。完成北站地区公共交通接驳布局图设置及安装，满足旅客按需换乘。成立由公安、城管、保安参加的救助工作小组，建立流浪乞讨人员救助工作长效机制。组织地区市场秩序整治和社会治安秩序治理，配合属地公安部门开展“百日安全”整治活动，联合开展“夏季治安打击整治集中清查”联勤联动综治夜巡行动，排查和净化社会面不安全因素。联合铁路公安、西城区政法委、展览路街道、滨河社区开展铁路护路工作，在北站广场举办“‘5·26’我爱路”主题宣传活动，向过往市民旅客宣讲铁路护路政策法规，定期巡查，保证沿线铁路安全。

（蒋　捍）

【应急值守处突】2022年，重点站区管委会北站办落实应急值守制度，完善与铁路部门“每日会商”机制，建立地区电台每日联络机制，规范指挥中心人员管理和工作流程，7次获市级点名值班日报肯定。实行地区跨部门数据互联共享合作，共同做好信息管理及应急处突准备。强化地区安委会、防火委监督指导作用和滚动台账管理机制，开展隐患排查和专项治理行动。全面排查地区防汛风险点，完成混合换乘大厅、出租车调度站地面出入口防洪设施安装，对东西进站口通道加装封闭性钢化玻璃，增强汛期防患能力。聘请专业公司制订疏通修复方案，全面清理站前广场区域雨水口和雨水管线，修复和疏通广场西侧、地下一层露天广场等地下雨水管沟333米，修复损坏雨水箅子井、更换破损雨箅子9个，清除雨水管沟内垃圾和淤泥12吨。开展扫雪铲冰12次，发动“门前三包”单位59家次、其他环境卫生责任单位11家次、社会单位和物业8家次，出动社会单位扫雪铲冰247人次，检查扫雪铲冰工具单位11家次。开展应急管理培训和宣传教育，推进预案体系建设，组织各类专项演练14次，补充应急物资22种1308件，组建地区应急队伍11支340余人。执法部门、保安队伍增加巡查频次，督促权属单位落实安全主体责任，组织日常巡查检查和极端天气隐患排查。成立“接诉即办”工作专班，建立书记领导、科室响应、专班推动、专人负责的工作责任体系，明确“接收、分办、督办、回访”工作链条，及时解决问题，降低服务诉求。

（蒋　捍）

【重大任务保障】2022年，重点站区管委会北站办围绕北京冬奥会冬残奥会保障任务，以停车场、出租车调度站为重点区域，推进交通综合整治、集中攻坚，完成出租车调度站升级改造和电子地图制作安装，协调推进广场停车管理亭、375路车场外报刊亭、凯德南门充电柜挪移腾退和优化公共空间。春运叠加北京冬奥会期间，实行全时段保安值守巡逻。协调运力接驳，增加客流高峰期摆渡车调配数量，及时疏导客流。增派警力强化地区交通执法工作，严查交通违法行为，保障道路畅通。地区城管大队与彩虹志愿服务队签订联合志愿服务意向书，设立党员服务岗，开展“深蓝＋浅蓝”联合志愿行动，提供道路指引、咨询帮扶、法治宣传、环境维护等服务，疏导过往旅客7554人次，规范共享单车3008辆次，清理共享单车小广告272起。党的二十大召开期间，组建“党建＋网格”和“铜墙铁壁”专班，统筹站区办、各职能部门和服务保障单位等工作力量，建立“一总六分八机制”（一总：《北京北站地区党的二十大综合服务保障工作方案》；六分：疫情防控、安全管理、新闻宣传、城市管理、运维保障、安保维稳工作方案；八机制：安全生产和消防安全检查工作机制、联勤联动综合执法专项工作机制、工作会商机制、矛盾纠纷排查化解工作机制、反恐防暴处突工作机制、巡逻防控工作机制、设备设施维护保障工作机制、督导检查工作机制）综合服务保障工作体系，形成“站办统筹协调、各单位相互配合”局面。运行站区群防群治工作体系，发现问题整改到位。（蒋 捍）

【北站周边环境治理】 2022年，重点站区管委会北站办持续开展交通运营秩序整治，查处北站周边“黑车”“黑网约”等违法行为。探索创新“城管+N”非现场执法新模式，采取“网格化”管理督导，将责任区划分为15个网格区域，利用高清探头实现非现场执法，实现“人防+技防”有机结合。探索城管执法、铁路公安、站区公安、交通执法等多方执法联动实践。出动执法人员4590人次，开展交通秩序类执法19次，查处非法经营网约车21辆次，移交非法经营网约车30辆次。检查出租车调度站167次、出租车202辆次。“门前三包”检查2859家次，检查垃圾分类2422家次、约谈3次、责令整改20起。检查无障碍设施1936条次，清理盲道13条次。清理非法张贴小广告42起，收缴非法小广告87份，清理临窗广告4起。配合北站办开展消防安全检查32次，消除安全隐患32处。（蒋 捍）

【北站周边精神文明建设】 2022年，重点站区管委会北站办利用各类宣传阵地对市民旅客进行教育引导，弘扬社会主义核心价值观。开展“年度模范之星”“季度之星”评选，推选“两优一先”，讲好北站暖心故事，弘扬站区典型，形成“学先进、当先进”氛围。与西城区委宣传部建立文明城区共建机制，签订《精神文明建设共建协议》，推进新时代文明实践和全国文明典范城区创建，共同打造北京市新时代文明实践创新项目，形成北站窗口地区文明实践特色品牌。在北站下沉广场、站前广场、出租车通道等人车流量集中位置，布设文明行为规范、普法宣传等主题公益广告，组织典范城区创建宣传活动。围绕打造北站精神文明实践基地目标，改造升级出租车调度站多功能室、综合服务保障办公室，推进新时代文明实践站、城市志愿者之家、旅客阅读空间等活动场所建设。落实“八五”普法系列活动，开展国家安全观、《保密法》宣传等专题教育。组织普法宣传27次、集中学法11次、入户法宣46次、发放宣传品近500份。组织禁烟宣传教育，在站区“三类场所”、地下一层换乘大厅、地下二层出租车调度站等室内公共服务场所，张贴禁烟标识和公益宣传画。组织地区志愿者服务队常态化志愿服务，参与文明引导。（蒋 捍）

【北站周边环境维护】 2022年，重点站区管委会北站办开展节假日景观布置、维护等管理工作，组织巡查、环境整治和广告牌匾安全管理。推动27家单位签订《北京市市容环境卫生责任区告知书》，明确成员单位责任区范围。加强对保洁队伍、专业保洁单位保洁工作的监督管理，保证保洁和消杀质量。协调区环雅丽都公司对广场地面、立柱等进行高压冲洗，协调地铁13号线西直门站区修缮广场通风设备外立面，整洁站区通行环境。组织爱国卫生活动，发动辖区单位9次开展周末卫生日集体活动、站区环境卫生专项整治。建立微信工作平台，采取“线上+线下”方式监督、指导和安全管理广告牌匾权属单位。开展户外广告设施、牌匾标识排查，摸清底数，更新台账，规范清理破损广告、宣传画51处。采取“网格化”管理、“人机结合”作业，每季度对混合换乘大厅大理石地面开展结晶作业，完成水池清洁、立柱补漆和除锈专项作业，出动保洁人员13540人次、机械3600台次，转运垃圾270.84吨。（蒋 捍）

【北站安全运行督导】 1月12日，市委常委、常务副市长崔述强到北京北站地区调研检查北京冬奥会城市运行和环境保障工作，察看北京北站地区环境整治提升情况、现场调度站区涉奥景观设置情况，检查北站站内客运组织有关工作。同日，区委副书记、区长孙硕专题调度北站地区春运、北京冬奥会重点服务保障工作。1月18日，中央政治局委员、北京市委书记蔡奇，市委副书记、市长陈吉宁到北京北站地区检查北京冬奥会筹办、城市运行保障工作，实地察看车站南广场冬奥会景观布置，沿旅客流线先后到进站口、候车大厅和站台检查客流情况。1月28日，区委书记孙军民，孙硕到北京北站地区调研检查春运和北京冬奥会服务保障工作，实地查看站前广场冬奥环境景观布置、候车大厅客运组织情况，听取北站办关于春运首日站区运行数据分析和大客流应对措施准备。2月4日，孙军民带队检查北站地区冬奥景观布置和综合服务保障工作，听取北站春运运行情况和返京大客流应对准备工作，了解北京冬奥会保障措施。（蒋 捍）

轨道交通管理

【概况】 2022年，北京市地铁运营有限公司（简称北京地铁公司）定位“保障城市运行安全，提升城市承载能力，打造成为人民满意、保障有力、国际最先进水平的轨道交通运营商”。围绕“两大主业”（轨道交通运营服务和轨道交通增值服务），构建乘客服务与运营业务、增值服务资源经营业务和运营支撑业务三大板块，分类细化各板块具体业务发展领域，形成高质量协同发展的业务格局。截至年底，北京地铁公司运营地铁线路17条，运营里程538千米，运营车站330座，换乘车站69座，年客运量18.05亿人次，年度乘客满意率96.5%。北京地铁公司获 2022 年度首批中国城市交通行业 AAA 级信用示范企业认证。所属运营三分公司获评北京冬奥会冬残奥会组委会“北京 2022 年冬奥会冬残奥会北京市先进集体”。北京地铁公司“六型地铁”文化品牌获评中国交通报社和中国交通报刊协会联合举办的“交通强国 品牌力量”第四届交通运输“优秀文化品牌”。（张　强）

【新款员工制服启用】 1 月 14 日，北京地铁公司召开 2022 新款员工制服发布会；1 月 22 日，新款员工制服正式启用。新版制服对 2007 版员工制服进行优化设计，突出功能性、人文性、时尚性、文化性，采取中西结合设计款式，突出视觉效果，体现员工自豪感和荣誉感。（张　强）

【首都机场线北斗定位系统工程开工】 3 月 20 日，地铁首都机场线北斗定位系统工程开工建设。该工程为全国首次在地铁应用北斗定位系统，是国内最大规模的室内空间导航定位系统，建设包括定位终端、定位基站、定位服务网络、定位服务应用、矢量地图浏览等，全面覆盖首都机场线 30 千米运行线路和 5 座运营车站。（张　强）

【国家重点研发项目通过中期验收】 3 月 30 日，北京地铁公司牵头承担的国家重点研发项目“超大城市轨道交通系统高效运输与安全服务关键技术”通过中期验收。项目完成超大城市轨道交通系统两级管控新型架构体系的构建，提出网络化高效韧性运行、无人化全时程服务、集约化智能维修和主动安全防控 4 个运营新模式，完成安检、客服、巡检、定位等关键装备样机研制。（张　强）

【智慧城轨重点系统研究项目通过结题验收】 6 月 8 日，北京地铁公司承担的智慧城轨重点系统深化研究项目“城市轨道交通系统新能源技术应用研究”通过中国城市轨道交通协会结题验收。该项目从系统设计的角度开展了光伏发电、氢燃料电池及混合储能技术在新能源城市轨道交通系统的应用方案研究。（张　强）

【地铁票务系统升级】 6 月 9 日，北京地铁公司所辖各线路的 330 座车站正式启动自动核验乘客健康码功能，实现乘客刷卡或刷码进站乘车自动同步核验健康码信息。（张　强）

1 月 14 日，北京地铁 2022 新款员工制服发布会召开　（北京地铁公司　供图）

【强冷弱冷分区车厢实施】 北京地铁公司对运营车辆空调进行全方位改造升级，6 月 24 日，所辖各线路（除首都机场线）全面实施强冷弱冷分区车厢，乘客可根据站台、屏蔽门相关标识按需乘车。强冷车厢的目标温度为 24℃，弱冷车厢的目标温度为 26℃。根据车辆情况，每条线路车辆设置的强冷弱冷车厢位于列车不同的位置。北京地铁公司建立车厢温度动态调整机制，为乘客提供舒适的乘车环境。（张　强）

【“智慧哨兵”系统投入试运行】 10 月 1 日，北京地铁公司“智慧哨兵”系统（一期），在公司总部及所属单位 9 个办公区、24 个场段投入试运行。62 个点位共安装设备 245 台套，实现公司场段全覆盖。“智慧哨兵”系统通过快速准确查验进出人员身份等信息，与“智慧地铁”业务系统实现有效对接和联动，最大限度阻断疫情传播风险。（张　强）

【八通线再生能量利用技术示范应用】 12 月 5 日，北京地铁公司“八通线再生能量利用技术示范应用”入选 2022 年北京市低碳试点示范创建项目。该科研项目是北京地铁公司在国家“十三五”重点研发计划成果的基础上，进一步研究线路储能型再生制动能量吸收技术、设计试制能量吸收装置，在八通线示范应用。（张　强）

北京北站

【概况】 2022 年，北京北站站台及线路规模为 6 台 11 线，中心里程为 20.52 千米，总建筑面积约 2.14 万平方米，候车厅分地上、地下两层。地上候车面积 4239 平方米，最高聚集人数 3426 人；地下候车面积 5962 平方米，最高聚集人数 3880 人。候车室最大聚集人数 7306 人，设有 3 个贵宾室、1 个商务候车室和母婴室、儿童娱乐区、军人候车区、重点旅客候车区、医疗区，能够为不同出行需求的旅客提供安心舒适的候车环境。地上、地下均设有售票处，支持手机微信、支付宝等支付方式，进出站可持二代居民身份证、护照、港澳通行证、台湾往来大陆通行证、外国人永久居留证、中铁银通卡刷卡进出站或通过“12306”动态二维码扫码进出站。北京北站下辖42个中间站及3个线路所。北京北站定位于“打造世界一流智能高铁，建设城市一流市郊铁路”。主营铁路客货运输服务及铁路相关增值服务。主要担负京张高铁、京通、京包、京承及东北环线旅客列车和S2、S5、S6市郊旅客列车始发终到任务，管辖京张高铁20.01千米至88千米6个高铁站、京包线42.93千米至84.5千米8个中间站、京通线1.25千米至115.83千米14个中间站、京承线15.6千米至127千米12个中间站和东北环线42千米至81.83千米2个中间站。有货场4个、货物线12条、专用线34条、专用铁路1条，配属调车机1台、区域调车机3台。管辖的京张高铁是世界首条智能高铁，为2022年北京冬奥会冬残奥会重要交通保障设施。实现运输收入54527万元，其中客运收入35999万元、货运收入18528万元。旅客发送398万人，货运发送100.5万吨。截至年底，连续安全生产3876天，实现第10个安全生产年。北京北站获首都劳动奖状、北京北站团委获建团100周年北京市五四红旗团委。（陈智萍）

【客运设备设施更新增设】2022年，北京北站深化车站畅通工程，在进站口、检票口（市郊）增设智能查询机，更新客站候车室饮水设备，安装AED除颤仪，规范揭示揭挂设置，增设警示标识、引导标识等各类标识350余处，全面应用电子公告屏。优化客运组织流线，实现部分车站验检合一。（陈智萍）

【服务内容创新】2022年，北京北站为提升客运服务质感，助力首都发展，围绕北京冬奥精神、百年京张文化和智能高铁发展，以“后冬奥时代服务品质提升”为主线，在京张高铁5站点，推进“雪之梦”服务品牌建设。聚焦普速“公益慢火车”、便民市郊列车服务等，贯彻“用心、尽心、暖心”服务理念，重视少数群体出行诉求，打造个性化、精细化特色服务体系。（陈智萍）

【冬奥服务保障】2022年北京冬奥会冬残奥会期间，北京北站历时55天，完成1664列列车安全运营、9.2万名旅客运输服务保障任务，按照“一会一幕一方案”工作思路，制订各类运输组织保障方案和应急处置预案26项；高铁客运职工停休组成300余人参加的联劳保障队伍，抽调6名高铁行车人员组建行车预备班组，成立由80余名科室及车间干部组成的支援队；环内环外严格落实“一趟一客一消杀”制度；针对道岔夹冰、动车组救援等突发应急情况，组织协调电务、工务、动车所各类应急演练21次，确保北京冬奥会运输安全畅通。（陈智萍）

邮 政

【概况】2022年，中国邮政集团有限公司北京市西城区分公司（简称邮政西城区分公司）为党中央、国务院、全国人大、全国政协等党政机关、企事业单位及金融街众多企业总部、社区百姓提供邮政通信服务。开展“管理提升年”专项整治活动，以流程化管理为抓手，以规范化管理为主线，通过实施精细化管理，系统构建寄递业务流程框架和管理规范，服务质量大幅提升。建立监督检查员制度，制订监督检查责任制，对全部局、所、揽投部开展全面普查及重点专项检查。执行“两清”标准，妥善处理诉求，做到100%落实处理、100%回访确认。通过解决客诉反映出的问题，加强生产运营规范管理，提升服务质量。全年用户满意度95分，用户满意率99.6%，“有责申诉量”保持较低水平。西城区境内有13个邮政支局：地安门邮政支局（9支）、中南海邮政支局（17支）、西长安街邮政支局（31支）、西单邮政支局（32支）、西四邮政支局（34支）、百万庄邮政支局（37支）、西外大街邮政支局（44支）、三里河邮政支局（45支）、阜成门邮政支局（47支）、永安路邮政支局（50支）、牛街邮政支局（53支）、马连道邮政支局（55支）、马尾沟邮政支局（464支）。实现年度业务收入5.56亿元。（杨晓凤）

【重大活动邮政服务】2022年，邮政西城区分公司完成北京冬奥会、全国两会、党的二十大、十九届中央第九轮巡视寄递、“奋进新时代”主题成就展服务保障任务等，被邮政市分公司评为全国两会邮政服务先进单位、中国共产党第二十次全国代表大会邮政服务保障先进单位。全国两会邮政服务，6个驻会服务支局采用“零接触服务”模式，为7个驻会服务网点和2个会议网点13个人大代表团代表及工作人员提供投递服务。全国两会期间，前端处理、盘运安检函件18127件、包快类邮件3874件、集邮品793袋件，投递报刊28203份、函件14579件、包快类邮件2257件、集邮品609袋件。党的二十大期间，4个支局为6个驻会服务点代表提供邮政服务，收寄邮件4.66万件、加盖戳记20.32万次、制作个性化邮票1713版、打印明信片2.1万枚、场内投递报纸信件8.74万份。收获感谢信、表扬信6封，得到各方反馈20次，新闻报道3次。西长安街支局、三里河支局、阜成门支局所属投递部担负党的十九届中央第九轮25家巡视单位巡视信箱投递服务，投递邮件67663件，无一差错。（杨晓凤）

【快递业管理】2022年，西城境内有邮政寄递网点11个。全年包裹、快递妥投量1592.98万件。邮政西城区分公司加快代投自提网络建设，推进综合便民服务站建设，举办综合便民服务站建设培训班，从系统对接、应用操作、功能叠加、重点开发方面进行宣贯与解读。结合所辖区域特殊性制订拓展方案，明确指标建设进度，签订目标责任书。全年建成驿站（综合便民服务站）75个。利用道界智能包裹柜，加大投柜数量。协助厂家更新、维修有故障的智能包裹柜9组。与其他品牌驿站代投合作，利用自有场地优势合作开发驿站。（杨晓凤）

【数字图书馆项目进机关】2022年，邮政北京分公司为中直管理局上线中邮阅读数字图书馆项目。项目依托中邮阅读数字资源服务平台运营，涵盖3500余种高清期刊、350余种报纸、2万册图书、8000集听书等内容，不同阅读群体可根据需求、喜好自行订制数字图书馆“藏书”内容，满足个性、便捷阅读需求。（杨晓凤）

【特种邮票首发】1月5日，中国邮政《壬寅年》特种邮票全国发行。该套邮票1套2枚，全套面值2.4元，图案名称分别为“国运昌隆”和“虎蕴吉祥”。《壬寅年》特种邮票设计延续第四轮生肖邮票“家国”理念，诠释“国”与“家”概念，由画家冯大中创作。邮政西城区分公司所辖服务区域内12家邮政窗口全部线下销售2022《壬寅年》生肖特种邮票。（杨晓凤）

【虎坊桥临时邮局设立】2022年是农历壬寅年，邮政北京分公司开发邮折、首日封等不同形式的文创邮品，为客户提供个性化邮政特色服务，打造邮政品牌形象。1月5日，邮政北京分公司在永安路邮政支局设立虎坊桥临时邮局，隶属于邮政西城区分公司，启用时间为：1月5日至31日。临时邮局营业期间启用“虎坊桥（临）”日戳。（杨晓凤）

【书信文化进校园】1月19日，邮政西城区分公司联合中国邮政广告公司、中邮人寿北京分公司走进北京市西城外国语学校附属小学，开展“冰雪寄语”书信中国文化传播活动。通过现场教授和线上直播相结合方式，师生们分享邮票上的冬奥，展示北京冬奥会与中国邮票的不解之缘。（杨晓凤）

【首都体育馆临时邮局设立】为做好北京冬奥会和冬残奥会邮政服务工作，满足冬奥会期间客户用邮需求，打造邮政品牌形象，邮政北京分公司在首都体育馆内设立首都体育馆临时邮局，隶属于邮政西城区分公司，启用时间为：2021年12月1日至2022年3月30日。临时邮局营业期间启用“首都体育馆（临）”日戳。（杨晓凤）

【共青团临时邮局设立】5月1日，邮政北京分公司结合中国共青团建团100周年，开发邮折、首日封等不同形式的文创邮品，为客户提供个性化邮政特色服务，打造邮政品牌形象，在百万庄邮政支局设立共青团临时邮局，临时邮局隶属于邮政西城区分公司，启用时间为5月1日至12月31日。临时邮局营业期间启用“共青团（临）”日戳。（杨晓凤）

【数字藏品线上首发】7月23日，中国邮政集团公司在西单邮政支局举行“明月千里、中秋邮礼”哈根达斯月饼冰淇淋礼盒暨中秋数字藏品首发活动。中国邮政以“中秋祝福”为主题，以“千里江山图”为创意灵感，与哈根达斯联名发布月饼冰淇淋礼盒产品。中国邮政与腾讯合作试点线上发行首款限量数字藏品，限量发行1万份。（杨晓凤）

【会议服务临时邮局设立】10月8日，邮政北京分公司为做好党的二十大邮政服务保障工作，在国二招宾馆、国谊宾馆、西直门宾馆、天泰宾馆、全国人大会议中心、人民大会堂宾馆分别设立国二招宾馆临时邮局、国谊宾馆临时邮局、西直门宾馆临时邮局、天泰宾馆临时邮局、全国人大会议中心临时邮局、人民大会堂宾馆临时邮局，隶属于邮政西城区分公司，设置时间为10月8日至31日。临时邮局营业期间启用国二招宾馆（临）、国谊宾馆（临）、西直门宾馆（临）、天泰宾馆（临）、全国人大会议中心（临）、人民大会堂宾馆（临）日戳。（杨晓凤）

1月19日，邮政西城区分公司在西城区外国语学校附属小学开展“冰雪寄语”书信文化进校园活动

（邮政西城区分公司　供图）

【“兔儿山”临时邮局设立】12月1日，邮政北京分公司在西单邮政支局设立“兔儿山”临时邮局，迎接2023农历癸卯兔年，弘扬生肖文化，满足集邮爱好者的用邮需求。隶属于邮政西城区分公司，设置期限1年。临时邮局营业期间启用“兔儿山（临）”日戳。

▲延伸阅读：兔儿山是北京市区内唯一带有“兔”字的地名，据记载，兔儿山的位置在西安门内，西皇城根附近，清宣统年间开始逐步变为胡同，根据谐音叫做图样山胡同，后随城市更新发展消失。2010年12月1日至2011年2月28日，北京邮政在西单邮局内设立“兔儿山”临时邮局，同时启用“兔儿山（临）”字邮政日戳，将十二生肖文化与北京地域文化相结合，以邮戳的形式，让更多人对北京传统文化有所了解。12年后，“兔儿山”临时邮局再次启用，为客户提供个性化邮政服务。（杨晓凤）

电 信

中国联合网络通信有限公司北京市分公司

【概况】2022年，中国联合网络通信有限公司北京市分公司（简称北京联通）在全市范围内为公众客户、商企客户和政府机构等客户，提供包括固定电话、移动电话、数据传输、互联网、宽带接入等基础电信业务、国际业务、创新业务和增值电信业务及与上述业务相关的行业应用、系统集成、技术开发、技术服务、信息咨询、工程设计施工等相关服务。北京联通下设6个市区分公司，其中二区、三区、八区分公司为西城区提供服务。分别是二区分公司西直门营销服务中心，三区分公司西单营销服务中心、厂甸营销服务中心、樱桃园营销服务中心、广外营销服务中心，八区分公司展览路营销服务中心。境内其他单位有：北京联通电子商务运营中心、北京联通维护中心、北京联通消费互联网中心、北京联通网运中心、北京联通战略客户部。境内有11个营业厅：西单营业厅、长椿街营业厅、广外营业厅、樱桃园营业厅、西单北大街营业厅、马连道路营业厅、陶然亭营业厅、金融街营业厅、车公庄营业厅、展览路营业厅、西直门营业厅。（路 帝）

【重要活动通信保障】2022年，北京联通完成北京冬奥会冬残奥会、全国两会等重保工作，开通专线160条，普话保障154部。按照重保要求统一部署，提前做好清网排障、预案及应急方案制订、重保及备用线路开通测试、重保人员安排调度，配合有关部门完成应急演练等相关工作，为通信保障任务顺利完成夯实基础。（路 帝）

【光网络升级建设】2022年，北京联通在千兆光网络建设方面建设并开通10GPON端口7008个，累计10GPON端口达到1.63万个，可满足约868个小区、52.16万户千兆网络需求。继续开展宽带无条件受理工程，对覆盖死角进行补点，发起补点工程2892个，解决3000余户宽带业务需求。（路 帝）

【5G基站共建共享】2022年，北京联通与中国电信共建共享开工5G站点697个、累计开通站点2777个，持续扩充5G网络覆盖面，优化5G网络，提升网络使用感知。（路 帝）

中国电信股份有限公司北京分公司

【概况】2022年，中国电信股份有限公司北京分公司（简称电信北京分公司）聚焦建设网络强国和数字中国、维护网信安全，强化精品网络建设，推进“云改数转”战略企业高质量发展。秉承“低碳电信、绿色发展”理念，节能减排，实现绿色共享。贯彻落实集团公司乡村振兴工作部署，结对帮扶新疆喀什疏附县，携手疏附县人民脱贫摘帽乡村振兴。做好企业疫情防控，配合属地政府，提供智慧化防疫防控服务。协助发送防疫类短信通知783万余条，触达120万余人次。为什刹海街道提供AI坐席智能外呼业务，在各种防疫场景下提供服务。热心社会公益事业，关心弱势群体，创新“适老化”服务模式，促进社会和谐发展。（陈晓萌）

【通信服务】2022年，电信北京分公司主要为公众客户、商企客户和政企机构等客户，提供包括固定电话、移动电话、数据传输、互联网、宽带接入等基础电信业务、创新业务和增值电信业务及上述业务相关的行业应用、系统集成、技术开发、技术服务、信息咨询、工程设计施工等相关服务。（陈晓萌）

【重要活动通信保障】2022年，电信北京分公司完成党的二十大等重要活动通信保障工作。按照重保要求统一部署，提前做好清网排障、预案及应急方案制订、重保及备用线路开通测试、重保人员安排调度，配合应急演练等。（陈晓萌）

【境内移动网络建设】2022年，电信北京分公司推进移动网络建设，客户满意度不断提升。西城区域内累计开通4G基站1698个，开通5G基站2285个（全部与中国联通共建共享，其中中国联通建设1385个、中国电信建设900个）。5G网络质量提升，全年5G用户满意度平均值同城领先，领先值3.0分。（陈晓萌）

【境内营业厅】2022年，电信北京分公司在西城区境内有4个自有营业厅。分别是：西单营业厅、官园营业厅、德胜营业厅、新街口营业厅。截至年底，新增用户9918户，新增收入348万元，服务进厅用户64993户。（陈晓萌）

中国移动通信集团北京有限公司城区二分公司

【概况】 2022年，中国移动通信集团北京有限公司城区二分公司（简称北京移动二分公司）隶属于中国移动通信集团北京有限公司，服务东城区、西城区、丰台区3个行政区，地处“一核一主两轴”的首都核心区和中心城区。做好移动话音、数据、多媒体业务，IP电话及互联网接入服务。西城境内有经营网格5个，北京移动营业厅11家：金融街营业厅、西单营业厅、西直门营业厅、德胜门营业厅、月坛南街营业厅、菜市口营业厅、马连道营业厅、太平桥大街营业厅、马连道路营业厅、黄寺大街营业厅、官园营业厅。（石　琳）

【重要活动通信保障】 2022年，北京移动二分公司完成党的二十大、全国两会、北京冬奥会定点医院测试等重要通信保障工作，完成300余个站点及重要客户、重点专线三轮巡检，制订保障预案及应急方案、重保及备用线路开通测试和重保人员安排调度，配合完成应急演练等相关工作，实现“零重大网络事故、零重大安全事件、零重要客户投诉”目标。开展科技创新，获得内部在岗革新奖17项、管理创新奖1项。（石　琳）

【西城境内网络覆盖情况】 2022年，北京移动二分公司在西城区境内建设5G基站668个，开通重点保障站点26个，5G网络覆盖率99.24%。家庭宽带建设进入收官阶段，新增家庭宽带覆盖小区31个，移动家庭宽带覆盖率93%。（石　琳）

【平安西城建设参与】 2022年，北京移动二分公司参与西城区智慧平安小区建设，让智慧社区更好服务西城社区居民，有效保障各类信息、数据的安全，将政务服务全覆盖延伸至居民家门口，安装“防疫二合一”设备1600余台，提供门磁设备4万余套，将安防系统作为“智慧社区”建设重要切入点，推广人脸识别、行为分析等技术，实现对小区、地下车库、出入口及其他重点区域的有效安全防护。协助团区委、区民政局、各街道办事处开展疫情调研云外呼130万余次。（石　琳）

8月12日，北京移动二分公司在前门西河沿社区开展“银发数智”进社区活动

（北京移动二分公司　供图）

【5G急救精品项目运用】 2022年，北京移动二分公司为西城区政府提供互联网无线办公网络服务。应用5G技术以急救车监控为切入点，将北京急救中心“紧急医疗救援5G急救系统集成项目”打造为全国院前急救5G应用标杆。此项目结合5G网络大带宽特性，运用5G网络将车载CPE、会诊摄像头等5G终端数据实时回传至医疗平台，并依据中国移动位置信息服务能力，为客户提供网络运维服务和网络安全服务，用于日常急救、重症患者转运、重大活动保障，年内相关成果常态化应用于客户侧急救工作中。“北京急救中心紧急医疗救援5G急救系统集成项目”获得2022年绽放杯全国赛二等奖。（石　琳）

【适老服务】 2022年，北京移动二分公司在西城境内各营业厅均建立爱心专区，设置爱心座椅，方便老人等待休息；增加爱心专席，为老人提供优先办理；提供针线盒、老花镜、血压仪、雨伞等10余项便民设施，满足老人应急需求。在周边社区老年客户较多的营业厅开展“移动智慧课堂”，向老年人科普防电信诈骗、手机APP应用操作，助力银发客户共享数字成果。开展活动94场，覆盖近1500人。菜市口营业厅设置适老体验中心，通过全屋智控、家庭娱乐、健康专区、终端产品体验区触控一体机、爱心专区5大区域，展示体验最新型适老产品，体现北京移动“五心”服务理念，让客户感受安心、舒心、放心、贴心、暖心服务。（石　琳）

（责任编辑　孙凤霞）

城市规划与建设

规划和自然资源管理

【概况】 2022年，西城区做好中央单位项目服务保障。完成优化营商环境改革试点工作，推动“继承公证＋不动产登记”一站式服务在全区所有公证机构全覆盖、全落地。北京市规划和自然资源委员会西城分局（简称市规划自然资源委西城分局）做好首规委办交办的各项工作，采取政府主责、市规划自然资源委西城分局牵头组织、各区级部门协同的方式组织开展2021年度西城区城市体检工作，形成西城区自检报告。做好西单—积水潭线性街区的顶层设计和实施统筹工作。围绕核心区控规实施，以三年行动计划和在途项目审批为抓手，高效推进重点在途项目。制发《西城区“十四五”时期历史文化名城保护规划》及项目库。截至年底，全区19项规划和自然资源领域问题深化整改任务完成整改16项，其余3项持续推进。参与区专班对自建房安全进行专项整治。办理政府信息公开申请259件、行政复议20件、行政诉讼61件。通过来信、来访、北京市网上信访信息系统、自然资源与规划互动管理系统等渠道接收信访461件，均按期上报答复意见书。办理“接诉即办”派件2362件，其中实际办理1712件，退件650件。承办市、区两级人大代表建议和政协委员提案17件，内容涉及城市更新、历史名城文化保护、街巷胡同环境整治提升等多项内容，全部按时办结。北京市西城区规划管理信息中心获首都精神文明建设委员会“首都文明单位”称号。西城区不动产登记中心在优化营商环境“千人千题”考试竞赛中获“登记财产”指标全市第二名。

（于铭夫　杜宪　刘洪岐　张强　关珊　邵巍　范俊娇）

【《北京城市总体规划（2016年—2035年）》落实】 2022年，市规划自然资源委西城分局会同11家单位研究确定2022年度工作目标，形成《西城区落实北京城市总体规划实施督察和绩效考核重点任务填报表》，推动编制《西城区落实首都功能核心区控制性详细规划三年行动计划（2023年—2025年）》、编制《宣西街区区域规划综合实施方案》、研究制订西单商圈品质提升一统多分方案、持续推进区域次支路道路网建设、6处应急避难场所建设等涉及11个部门的23项任务。截至年底，23项重点任务全部按时完成。（孙宇菲）

【城市体检评估】 2022年，市规划自然资源委西城分局组织开展2021年度西城区城市体检工作，多次召开部门座谈会，部署工作安排，按照总体要求形成《首都功能核心区控制性详细规划实施体检自检报告》《北京城市体检西城区自检报告（2021年度）》，报请区政府审议通过后，报送市规划自然资源委和首都规划建设委员会办公室。

（孙宇菲）

【不动产登记中心优化营商环境】 2022年，西城区不动产登记中心新设立监督服务科，加强内部监督；新设立综合服务科，强化帮办服务；信息科与办公室合并，提升综合管理水平；档案科与查询科合并，提升档案综合管理水平。改建母婴室，配备洗手池、打理台、沙发等设施，满足哺乳、护理、喂食、休憩等多功能需要；咨询台改建为开放式咨询，增加引导标志；拆除部分玻璃门、玻璃屋，拓展公共空间，建成厅内自助服务区；开放24小时自助服务区，满足企业、群众自助查询及自助打印证书需求，提供业务办理指南、一次性告知单等办事材料，提升便民水平。组建党员先锋队，设立5个党员先锋岗并公示，党员骨干力量开展示范服务。开展“红墙先锋在社区、我为群众办实事”实践活动，与结对社区开展共建活动243次，到社区开展政策咨询及平房业务现场指导。完成大吉危改B地块土地证变更登记工作。利用西城区公证专业优势，与区司法局合力实现“公证＋不动产”一站式服务在全区3个公证处的案例落地，在全市率先实现该服务的全区覆盖。被《中国自然资源报》专题报道，并入选区直机关工委党建和业务工作深度融合优秀案例。12月起，不动产登记大厅推行分时预约、精准办理，全天共划分7个预约时段，预约、办理顺序一致免排长队，叫号、进度信息掌上提醒；购置新型自助查询机并升级旧设备，在全市率先启用电子印章；增加自助制证机数量并分散布局，优化升级批量打印，提升服务便利度；完善信息发布服务，加密信息屏放置，构建“抬头信息大屏、低头手机提醒”信息服务模式；上线大屏信息发布服务，提高业务办理和数据信息透明度。（张　强）

【不动产登记】2022年，市规划自然资源委西城分局解决5个不动产登记历史遗留项目、1010套房屋办证难问题。发挥区工作专班优势，多单位协作精准化解难题。协同街道、财政出资解决测绘、安全鉴定等问题；协同区法院、市公安局西城分局等解决楼门牌地址证明信、查封注销等问题；创新方式解决遗留多年“硬骨头”，采取“大小证联办”等手段化解未来家园小区不动产登记办证难等多年顽疾；采用“政府接管无主房屋”“先租赁后售房”解决官园1号楼办证难问题；优化“最后一公里”服务，联合社区、产权单位共同完成公告张贴、测绘图表分发等工作，开辟绿色通道，设置“历史遗留专窗”，专人对接，高效办理。为中国人民银行、国家发改委、中国文联、中国人民解放军联勤保障部队第五储备资产管理局等中央国家机关及驻京部队解决不动产登记历史遗留问题；完成“贤良祠”资产划转登记工作、“东天意降层改造”产权注销和土地登记工作，为中轴线申遗工作的开展奠定基础；完成西城区王府仓胡同10号院住宅楼、都城大厦首次登记工作，解决企业多年来的办证难问题。全年受理不动产登记业务4.8万件，地籍调查业务1050件，发放不动产登记证书、证明3万本，归集档案3.9万卷。接受日常查询2.5万次，接受公检法查询3.3万次，信访、信息公开144件，办理“接诉即办”1076件、非公证继承业务19件。（张　强）

【土地储备开发】2022年，市规划自然资源委西城分局编制西城区2022年及2022年至2024年滚动土地储备开发计划。共申报结转项目10个，其中收购储备项目2个、在施一级开发项目5个、未启动项目3个。新增项目1个，为和平门危改小区东南部综合楼项目，1月，经市政府批准，储备中心完成和平门危改小区东南部综合楼项目国有土地使用权有偿收回工作，项目纳入西城区土地储备库管理。该项目是全区首例闲置地有偿收回项目。年内，推进新兴盛项目，经区政府批准，储备中心完成该地块纳入西城区土地储备库管理。（郑小凡）

【重点项目建设规划许可】2022年，市规划自然资源委西城分局全力保障市区重点项目审批工作，推动北海医院和东天意市场降层项目，助力中轴申遗；推动大栅栏C3、H地块项目，恢复老城传统肌理；完成光明日报社、中共中央党史和文献研究院西城区前毛家湾3号院北楼老旧小区综合整治项目改造备案；完成新兴盛、大吉项目等重点项目，大吉5号教育用地，开阳楼垃圾站、北京市肛肠医院肠道和呼吸道疾病筛查及基因检测实验室临时建设工程、椿树馆小学等应急保障工程的许可核发工作。（李　怡）

【城镇私房出让许可】2022年，市规划自然资源委西城分局受理西城区城镇私有住宅国有建设用地现状出让申请538件，决定行政许可507件，出让土地面积11327.69平方米，涉及政府土地收益缴纳约17345.03万元，出让土地面积及政府土地收益同比增长率分别为67%和62%。（杨　倩）

【审批事项核发】2022年，市规划自然资源委西城分局共审批、核发各类案卷190件，其中单位项目73件、居民项目117件。接待现场咨询1052人次。建筑类项目核发99件，其中建设项目用地预审与选址意见书4件（均为政府投资房屋建筑工程），建设工程规划许可证92件［社会投资房屋建筑工程9件、政府投资房屋建筑工程4件、简易低风险1件（社会投资）、城镇私有平房住宅原翻原建5件、城镇居民建房64件、临时建设工程规划许可9件］，不予许可3件（建筑工程类1件、城镇私有平房类2件）。市政类项目核发28件，其中建设工程规划许可证26件（按投资来源分：社会投资市政类项目9件、政府投资市政类项目17件；按规模划分：小型市政线性工程21件、一般线性工程4件、交通工程1件），不予许可2件。国有建设用地使用权划拨批准2件。建筑物名称核准3件。建设工程规划核验核发58件，其中城镇居民建房规划核验46件、城镇建筑核验9件、市政工程规划验收3件。（李　怡）

【简易低风险项目审批】2022年，市规划自然资源委西城分局办理多规合一（推进经济社会发展规划、城乡规划、土地利用规划、生态环境保护规划等在空间布局上有机融合，形成“一本规划、一张蓝图”）项目17件；累计完成“多测合一”（对同一工程建设项目各阶段的多个测绘事项进行优化整合，以避免重复测绘、实现成果充分共享的测绘服务与管理模式）全流程案例9件，办理58个低风险项目，形成21个全流程案例，全流程案例数量居全市第二；完成全区首个全程网办建设工程规划许可证的核发，线上电子申报并核发电子规划许可文件，建设单位直接网上提交申请，跑动次数从1减至0；在1个工作日内完成西城区第一个门楼牌项目——地铁八号线什刹海织补回迁项目的门楼牌确认工作。（李　怡）

【历史遗留代征道路用地移交】2022年，市规划自然资源委西城分局通过逐项调阅基础信息资料、逐一现场核实情况、逐条进行用地实测，建立系统、翔实、完善的数据信息台账，结合实际情况逐项分类开展历史遗留代征道路用地的清理移交，截至年底，全部完成该专项工作。历史遗留代征道路用地移交接收专项清理工作是全市范围内的专项治理工作，涉及西城区的共计100项，全市于2019年启动该专项工作的三年行动计划。（陶雪超）

【测绘地理信息项目应用推广】2022年，市规划自然资源委西城分局围绕智慧西城时空信息云平台建设和应用推广，完成4个信息化项目，分别为西城区街区保护更新和品质提升综合平台、时空信息云平台—规划道路信息管理应用、西城区城市公共空间提升管理信息系统和2022年智慧西城时空信息云平台运维；开展1次智慧西城时空信息云平台应用推广培训；服务全区疫情防控和专项工作，制作专题图1300余幅。（刘洪岐）

【全民所有土地资产管理信息系统预出库号办理】2022年，市规划自然资源委西城分局为6个项目办理全民所有土地资产管理信息系统预出库号，分别为北京市第十五中风雨操场工程、菜园街及枣林南里棚户区改造A地块F地块、中国化工博物馆、百万庄北里居民住房改善项目D地块、地铁八号线什刹海站织补回迁项目，总用地面积约7.24万平方米。（岳　娜）

【国有自然资源资产专项报告编制】2022年，市规划自然资源委西城分局会同区园林绿化局、区城市管理委（区水务局）联合编制完成《2021年度西城区国有自然资源情况报告》。根据2020年度国土变更调查成果，辖区总面积5033.16万平方米。全区收储土地面积37.42万平方米，累计投资134.61亿元。全区有园林绿地总面积1102.24万平方米，古树名木3304株，湿地面积189.54万平方米。全区平均降水量465.6毫米，形成水资源总量1.09亿立方米。辖区内有9条河流，总长度约28.64千米；有湖泊12处，水面面积约1.42平方千米。（岳　娜）

【国有自然资源资产清查成果更新】2022年，国有自然资源资产清查成果更新，西城区涉及自然资源资产仍为三大类，包括建设用地、矿产（地热）、储备土地专项。清查工作底图由2020年国土三调成果更新为2020年9月国土变更调查成果，全区涉及地类仍为17类、国土面积仍为5033.16万平方米。全区有宗地22847宗，其中3402宗地有国有建设用地使用权证，占全部宗地的14.9%。（姚丽辉）

【2021年度国土变更调查】2022年，市规划自然资源委西城分局按照“全覆盖、全类型、可追溯”的调查原则，利用最新遥感影像，对区级自主提取的变化图斑和国家下发的监测图斑开展实地外业调查举证，掌握土地利用变化情况，更新图斑地类、边界、属性及数据库等，涉及图斑140个，面积199.89万平方米。（宋　锦）

【建设用地供应】2022年，市规划自然资源委西城分局编制区2023年度土地供应计划，共安排项目4个，用地总面积约4.19万平方米，其中3个公共管理与公共服务用地项目、1个商服用地。开展西城德胜园开发区主区和发展方向区共10平方千米范围的调查工作，调查内容包括依法审批范围和实际管理范围内的基本信息、用地状况、土地供应状况、建筑工程情况、管理绩效、社会经济等信息和数据，完善开发区土地集约利用评价基础信息数据库，为开发区精细化管理和开发区评价工作奠定基础。（梁　冰）

【“四名汇智”计划实施】2022年，“四名（名城、名业、名人、名景）汇智”计划理事单位增至29家（比上年增加1家），收集项目申请64份，形成北京历史文化名城保护公众参与活动及团队宣传帖26篇（其中原创文章19篇），形成活动宣传短视频3条。7月，召开2022年度理事会，秘书处增补2位新成员。年底，举办年度总结交流活动。理事单位清源文化遗产“以遗产地为课堂”——鼓浪屿青少年遗产教育探索项目、四名团队遗介“遗产百保盒——世界遗产少儿科教系列课程”、见微喜木团队的“共同参与·搭建中国古建筑”项目获联合国教科文亚太遗产中心2022年全球世界遗产教育创新案例奖。（刘长松）

【责任规划师工作】2022年，市规划自然资源委西城分局组织责任规划师（简称责师）团队参与最美院落评选工作，同所属街道共同探索、选取“最美院落”点位，从全区评选出“最美院落”15个。组织各街道责师团队协助区城管委开展西城区街区户外广告设施设置规划编制工作，协助15个街道办事处完成街区户外广告设施设置规划初稿编制工作。在年末考评中，西城区是全市责任规划师工作突出的4个区之一，有8支团队获得年度优秀责任规划师（团队）称号，3支团队获得年度优秀设计团队称号。（孙宇菲）

【自然资源督察问题整改】2022年，市规划自然资源委西城分局配合国家自然资源督察北京局开展2022年问题整改督导核查工作。完成宣武门西大街127号太平湖东里14号（永泰控股）、丰盛胡同20、22号楼（荟宏房地产）2宗改变用途类问题的内业和外业核查举证，完成延寿街等5宗市政道路项目闲置地问题的内业举证，以上7宗项目通过国家自然资源督察北京局初审。完成新兴盛危改小区、和平门危改小区综合楼2宗闲置地问题的内业和外业核查举证，通过市级审核。（吴　宁）

【违法建设查处】 2022年，市规划自然资源委西城分局立案查处违法建设13件，完成行政处罚7件，移送6件，处罚率100%。开展执法检查1123件次，核查卫片发现涉嫌违法建设线索122条。西城区纳入公共公益违法建设专项整治14个项目，组织街道、产权单位，对线索调整分类处置，限期整改6宗，限期拆除2宗，加强监管3宗，完善手续3宗。截至年底，完成12宗问题整改，完成比例86%。推广规自领域基层治理平台使用，在什刹海、新街口等4个街道实现疑似违建协查实时无纸化办公。配合属地街道等部门开展联合执法、联合检查，制发违法建设协查函792件。

（吴　宁）

【法治宣传活动】 2022年，市规划自然资源委西城分局组织完成“4·22”世界地球日、“6·25”全国土地日等法治宣传活动。在规自分局内部、不动产登记大厅、新街口南小街社区、椿树街道永光社区等地开展法治宣传。组织市规划自然资源委西城分局法治培训2次。

（范俊娇）

【历史文化名城保护】 2月，市规划自然资源委西城分局印发《北京市西城区“十四五”时期历史文化名城保护规划》及项目库。7月，印发《西城区历史文化名城保护委员会2022年工作要点及任务分解》。梳理总结西城区历史文化名城保护优秀案例及实践经验，29项入选《北京历史文化名城保护优秀案例汇编集（2013年—2022年）》。评选“2022年度西城区历史文化名城保护十大优秀实践”，制作名城保护宣传视频。

（安怡然）

【历史建筑挂牌】 3月，市规划自然资源委西城分局制订《西城区历史建筑挂牌保护工作实施方案》，会同区住房城市建设委、区房管局、各街道等共同完成历史建筑标识牌排版、信息校核，通过实地踏勘，综合产权单位意见，明确标识牌尺寸和位置，9月正式开始受牌施工。年内，除个别受牌受疫情影响暂缓施工外，全面推进完成历史建筑标识牌悬挂工作。

▲延伸阅读：历史建筑是指经城市、县人民政府确定公布的具有一定保护价值，能够反映历史风貌和地方特色，未公布为文物保护单位，也未登记为不可移动文物的建筑物、构筑物，是城市发展演变历程中留存下来的重要历史载体。2019年至2021年，北京市分3批共公布1056栋（座）历史建筑，原则上为建成50年以上的建筑，此类建筑在已公布名录中占98%左右。建成不足50年但具有特别的历史、科学、艺术价值或具有非常重要纪念意义、教育意义的建筑也可纳入历史建筑名录。3批历史建筑中，西城区共有历史建筑339处，约占全市32%，数量为各区之首，并具有时间跨度大、类型多样的特点。第一批历史建筑有吴晗故居、东旧帘子胡同23号（施今墨诊所）等，第二批历史建筑有西四北三条26号西城区职业技术学校、储库营胡同17号杨锐故居等，第三批历史建筑有前门新华书店、公安大学八栋平房及礼堂等。

（刘长松　齐田）

建设管理

【概况】 2022年，西城区房屋施工面积为4128.5万平方米，比上年下降5.3%，其中新开工面积894.4万平方米，比上年增长12%；房屋竣工面积955.4万平方米，比上年增长21.8%。签订合同额2549.9亿元，比上年增长6.5%，其中年内新签合同额1060.4亿元，比上年增长14.2%。新开工保障性住房2374套，年底前竣工保障性住房3096套。马连道东二号路建成通车。新腾空5栋简易楼。完成23个老旧小区约39.4万平方米综合整治，全年审核加装电梯40部。完成2022年市级绿色社区创建行动任务指标，全区263个社区达标228个，达标率全市第一。完成力学胡同申请式退租。推进全市首个申请式换租项目，即白塔寺东西岔申请式换租项目，全年共签约22户。创新工作方法，提升老城居民居住品质。

（丁　莉）

【街区保护更新】 2022年，区住房城市建设委统筹推动6个指挥部牵头的街区保护更新项目落地。完成砖塔胡同老城保护和城市更新项目第一标段保护性修缮及恢复性修建工作竣工，风貌保护及设施提升工程启动施工。正阳门箭楼南望景观视廊环境整治项目完成整治23处。完成钟鼓楼周边紧邻地区环境综合整治项目和旧鼓楼大街空间品质提升项目。基本完成天桥演艺区文化探访路街巷景观及立面改造提升项目、天桥演艺区文化探访路市政基础设施改造提升项目。六铺炕片区公共空间改造项目全面开工。

（丁　莉）

【市政道路建设】 年底，马连道东二号路实现建成通车。马连道东二号路位于广外街道，道路北起茶马北街，南至茶马街，道路全长约250米，红线宽25米，规划等级为城市支路。道路设计标准为：横断面为一幅路形式，车行道宽16米，一上一下，机非混行；两侧人行道各宽4.5米。建设内容包括道路工程、交通工程、雨水工程、污水工程、照明工程、绿化工程、电力工程、电信工程、给水工程、交通导改及工程改移等内容。项目总投资4971.92万元。该道路2017年8月开工建设，由北京广安基础设施建设投资有限公司建设，北京市市政工程设计研究总院有限公司设计，北京城建六建设集团有限公司施工，北京中建协工程咨询有限公司监理。

（丁　莉）

【直管公房申请式退租换租工作】 2022年，区委城工委统筹区房管局及6个指挥部推动区直管公房申请式退租工作。完成力学胡同申请式退租项目签约442户。推进全市首个申请式换租项目，即白塔寺东西岔申请式换租项目，共签约22户。推进棉花片A2、A5、A7地块项目，大吉7号地块项目履行相应政府程序，自主实施。推进法源寺文保项目、宣西北项目加快前期准备工作。开展大吉7号地块项目、法源寺文保项目、宣西北项目居民意向摸底工作，共签订意向书651户。（丁　莉）

【老旧小区改造】 2022年，西城区老旧小区综合整治新完工23个小区，约39.4万平方米，超额完成市级指标任务。出台全市首个区级层面引入社会资本参与老旧小区改造工作方案，即《西城区“十四五”时期引入社会资本参与老旧小区改造工作方案（试行）》。审核加装电梯40部。完成绿色社区创建行动任务指标，全区263个社区达标228个，达标率全市第一。完成5栋区属直管公房简易楼腾退，超额完成区级任务指标。（丁　莉）

【棚户区改造】 2022年，西城区在施3个棚户区改造项目全面转入建设周期，完成年初既定建设目标。光源里棚改项目C1、C2、C4、A、B地块推进建设，C2地块全面实现结构全面封顶。菜园街及枣林南里棚改项目A、C、F地块实现开工建设。百万庄北里居民住房改善项目A地块进行主体施工。车公庄大街3号地块完成土方施工。（丁　莉）

【保障性住房建设】 2022年，西城区保障性住房实现光源里棚户区改造项目C3地块、菜园街及枣林南里棚户区改造项目A、C地块和车公庄大街3号项目开工建设，累计开工2374套，完成年内全区保障性住房开工任务。大兴旧宫保障性住房项目于10月31日取得竣工备案手续，完成西城区保障性住房竣工任务3096套，12月底办理居民入住手续。（丁　莉）

1月，百万庄大街甲21号院小区综合整治项目竣工，主要进行节能改造、环境整治等项目

（区住房城市建设委　供图）

【新动力金融科技中心4层C区局部装修】 1月6日，新动力金融科技中心4层C区局部装修工程竣工。该工程位于西外大街136号，总建设规模2845.86平方米，总造价476.3551万元，于2021年10月14日开工。工程由现代财产保险（中国）有限公司建设，北京中帝恒成建筑设计有限公司设计，北京中邦宜建建筑工程有限公司施工，北京弘天程装饰工程监理有限公司监理。（丁　莉）

【北京百盛大厦办公及配套商业装修】 1月21日，北京百盛大厦办公及配套商业装修工程竣工。工程位于金融大街37号，总建筑面积58360.59平方米，总投资13999.9999万元，于2020年4月3日开工。工程由百盛商业发展有限公司建设，北京市建筑设计研究院有限公司设计，中国建筑一局（集团）有限公司施工，建研凯勃建设工程咨询有限公司监理。（丁　莉）

【人民医院门诊楼区域装修改造】 2月16日，北京大学人民医院西直门院区门诊楼区域装修改造工程竣工。该工程位于西直门南大街11号，总建筑面积1130.79平方米，总造价830.921584万元，于2021年5月26日开工。工程由北京大学人民医院建设，北京市建筑设计研究院有限公司设计，江苏中益建设集团有限公司施工，北京方圆工程监理有限公司监理。（丁　莉）

【广安门医院急诊急救能力提升及实验室建设项目】 5月18日，中国中医科学院广安门医院急诊急救能力提升及实验室建设项目竣工。该项目位于北线阁5号，总建设规模4709平方米，总造价3167.895779万元，于2021年6月10日开工。工程由中国中医科学院广安门医院建设，北京市建筑设计研究院有限

公司设计，中铁十九局集团有限公司施工，北京中外建工程管理有限公司监理。（丁　莉）

【月坛体育场基础设施升级改造二期项目】6月22日，月坛体育场基础设施升级改造二期项目（楼梯、排风竖井、电梯、保留公厕等2项）竣工。该工程位于月坛南街甲1号，总建设规模28736.29平方米，总造价24767.803131万元，于2020年9月22日开工。工程由北京市西城区体育局建设，北京市建筑设计研究院有限公司设计，北京城建集团有限责任公司施工，北京中建协工程咨询有限公司监理，中材地质工程勘查研究院有限公司勘查。（丁　莉）

【南线阁60号厂房改扩建】7月7日，西城区南线阁60号厂房改扩建工程竣工。该工程位于南线阁60号，总建设规模47964.94平方米，总造价23465.98万元，于2014年9月20日开工。工程由北京中水建投实业有限公司建设，北京市建筑设计研究院有限公司设计，中国建筑第二工程局有限公司施工，北京中城工程监理有限责任公司监理。（丁　莉）

【复兴门内大街156号10层局部和11层内装修】10月24日，西城区复兴门内大街156号10层局部和11层内装修工程竣工。该工程位于复兴门内大街156号，总建设规模3274.42平方米，总造价892.387756万元，于4月1日开工。工程由招商银行股份有限公司北京分行建设，北京国都筑合建筑设计事务所有限公司设计，北京华彬建设工程有限公司施工，北京市京建朋建筑工程监理有限公司监理。（丁　莉）

【金融街中心C座2、3、5、6层装修】12月16日，2022年金融街中心C座2、3、5、6层装修工程竣工。该工程位于金融大街乙9号楼，总建设规模8106.44平方米，总造价1962.02824万元，于8月22日开工。工程由金融街（北京）置业有限公司建设，北京清尚建筑设计研究院有限公司设计，方圆化集团有限公司施工，北京双圆工程咨询监理有限公司监理。（丁　莉）

政府投资项目建设

【概况】2022年，北京市西城区政府投资项目建设中心（简称区建设中心）完成老旧小区综合整治项目、老旧小区上下水专项改造项目、教委学位应急保障项目以及“接诉即办”工作。完成在建项目及新项目的竣工验收和立项批复等相关手续。（李丹梅）

【老旧小区综合整治】2022年，区建设中心负责区内社会产权楼房老旧小区综合整治的改造任务。截至年底，2019年度老旧小区综合整治项目涉及21个老旧小区6157户居民，建设规模约40万平方米，总投资约4.5亿元，施工任务共完成18个，1个在施，2个退出。2020年度老旧小区综合整治项目涉及15个老旧小区5930户居民，建设规模约19.36万平方米，总投资约1.6亿元，施工任务完成14个，1个小区完成采用居民部分出资实现个性化需求的协商。2021年度老旧小区综合整治项目涉及19个老旧小区4790户居民，建设规模约31.51万平方米，总投资约2.9亿元，于9月进场施工，年底完成施工、监理招投标，完成投资1亿元。2022年度老旧小区综合整治项目涉及10个老旧小区1680户居民，建设规模约8.44万平方米，总投资约0.6亿元，年底完成项目投资测算、设计招投标工作。（李丹梅）

【老旧小区上下水专项改造】2022年，根据区住房城市建设委统一要求，区建设中心继续推进老旧小区上下水专项改造任务，项目涉及61个楼体3970户居民，建设规模约33.56万平方米。截至年底，完成52.6%的工程量，自上年开工起累计完成投资4027万元。（李丹梅）

【金融街社区卫生服务中心装修改造】2022年，区建设中心负责金融街社区卫生服务中心装修改造工程，项目改造面积2684.12平方米。其中2号楼（含地下一层及首层）建筑面积2343.12平方米，东配楼（含地上两层、地下一层）建筑面积341平方米。装修改造内容包括建筑装修改造工程，电气工程，给排水工程、消防工程、采暖及通风工程等。该项目年初完成施工、监理招投标工作，4月进场施工，5月因疫情防控要求停工，7月复工，11月竣工验收合格，交付使用。截至年底，该项目总投资为1234.99万元。（李丹梅）

【教育学位应急保障项目】8月，西城区椿树馆小学学位应急保障项目获立项批复。项目总占地面积2693.97平方米，总建筑面积2845.49平方米，为一座4层教学楼和一层生活配套用房。建设内容包括拆除工程、建筑装修工程、结构工程、给排水工程、暖通工程、电气工程、弱电工程及室外工程等。项目总投资4103.87万元，其中工程费3609.74万元，工程建设其他费374.60万元，预备费119.53万元。项目所需资金由区财政筹措。该项目采用钢结构模块化施工，11月进场施工。截至年底，完成热力管线迁移，停车场搬移。完成投资980.01万元。（李丹梅）

（责任编辑　齐　田）

城市管理

市政管理

【概况】2022年，北京市西城区城市管理委员会（简称区城市管理委）统筹协调西城区城市环境、城市管理、市政基础设施、公用事业、市容环境卫生、能源日常运行和交通、水务管理等工作。以服务保障党的二十大召开为工作主线，将服务保障首都功能与“疏整促”、提升群众生活品质结合起来，城市管理精细化水平不断提升，在全市6项评比中名列第一：垃圾分类在核心区和城市副中心组排名第一，燃气隐患整改完成率居全市第一，河长制人均巡河里程、问题处理率全市排名第一，环卫行业检查考评排名第一，建筑垃圾运输管理考核排名第一，背街小巷精细化管理考评成绩排名全市第一。东中胡同22号等5个院落被评选为第一批“最美院落”。最美院落评选、天宁寺桥桥下空间更新获评“西城区历史文化名城保护十大优秀实践”。城管执法系统全年开展执法检查37万余次，实施行政处罚8993起，做好“接诉即办”，办理12345市民热线2368件，解决率90.23%，满意率93.35%。

（李宗政）

【重大活动城市运行保障】2022年，区城市管理委牵头区城市运行保障指挥部，完成党的二十大、北京冬奥会冬残奥会等重大活动服务保障任务。推动重大活动服务保障与城市管理相融合，安全稳定维护能力持续提升。全力保障会场周边秩序，完成81个上账问题治理，持续开展“拉网式”排查销账，每日出动执法力量400余人次，发动12个社区，开展清洗粉饰建筑物外立面、治理公共服务设施、清拖违法僵尸车、清理堆物堆料和非法小广告等环境治理工作。提高环卫保洁公厕保障力度，每日出动5000余人次、1000余车辆台次，高标准做好驻地和会场周边道路的环卫作业，做到路面见本色、无积尘、无污物，提高公厕设施保洁作业标准，厕所消杀每日不少于8次。全面开展环境景观布置工作，围绕重点区域布置5处大型花坛，在驻地周边公园通过花卉花坛打造靓丽景观，做好12座过街天桥20面条幅巡查维护，户外广告大屏全部断网运行。统筹做好交通运输服务，协调市级单位，实时做好地铁和公交线路临时调整或甩站工作，加大各重点场所周边共享单车、非机动车清理管控力度，清运、调度、消杀共享单车43万余辆次，突出做好61个重点点位单车秩序和机动车停车保障。以“百日安全”行动为主线全面排查消除城市安全隐患，系统排查治理全区114处燃气管线占压隐患，滚动排查非居民用户燃气隐患7732个，整改完成率98%。开展居民用户全覆盖巡检，为居民更换燃气安全型配件9.6万户。超前、超额完成电动自行车充电设施建设，为居民新建电动自行车充电接口30794个，市级任务完成率114%。

（李宗政）

【市政基础设施建设】2022年，西城区完成119条、48.2千米道路空洞检测，养护路面3.7万平方米、管线123千米。深化落实城市部件应急维护更新机制，完成5条道路大中修、5条道路疏堵及18千米慢行系统改造，促进城市道路完好率及道路使用功能全面提升。完成40条共34千米慢行林荫道路建设工程，打造绿色、宜居、健康、智慧街道，改善核心区交通出行结构，修复步道8088平方米，减少交通标志杆体160处，拓宽人行便道203米，绿化提升1200平方米。打造北护城河滨水绿道，释放城市空间潜力。

（李宗政）

【疏解整治促提升专项治理】2022年，西城区继续推动疏解整治促提升工作。全年拆除违法建设10.7万平方米，完成市级任务214%。按照“拆建结合”的方式，将拆除后公共空间全部用于居民停车使用，优化辖区环境。天宁寺桥下空间6900平方米建成“公共活力客厅”。完成蒙藏学校旧址及周边道路环境整治提升，实现与西单功能街区业态相融合。推进长安街沿线等重点区域综合整治，抓好中轴线申遗保护重大任务落实，打造街区保护更新经典范例。背街小巷整治提升试点推进5个示范片区环境综合整治，形成连线成片规模效应。完成西长安街街道24座未达标厕所改造提升，带动全区170座平房院内公厕改造提升。完成北安里胡同等道路电力架空线入地工作。完成什刹海街道中央民族乐团（恭王府）、西安门大街155号锅炉房（北京大学第一医院）、航空胡同22号锅炉房等16座燃油锅炉房清零改造项目，推动“双碳”工作。固化创城+考核机制，牵头文明典范城区创建实地组工作，协调推进重点点位创建整改问题1877个，全区开墙打洞、占道经营等环境秩序类问题实现“动态清零”长效管控。推进街区户外广告设施规划编制，加大违规户外广告设施巡查整治力度，完成辖区内181条道路两侧广告牌匾安全隐患排查。（李宗政）

2022年，西城区继续推进垃圾分类管理。图为区城市管理委在垃圾分类示范小区推广使用可降解袋

（区城市管理委 供图）

【架空线入地整治】 2022年，西城区完成西长安街街道电力架空线入地工作，累计拔除辖区内电杆586基，撤除电线55831米；敷设电缆44253米，新设路灯698基。改造后，西长安街街道92条背街小巷的架空线全部入地，部分街巷用电负荷不够、电线老化、用电安全隐患得到有效解决，改造过程中，因地制宜设置路灯综合杆，同步解决片区部分街巷路灯暗、没有路灯、地下管线堵塞等居民群众反映的突出问题。西长安街街道成为全市首个完成背街小巷通信、电力、路灯架空线入地整治的街道。（李宗政）

【垃圾分类管理】 2022年，西城区狠抓垃圾分类全链条体系建设，共建成15个可回收物中转站、265个分类驿站，改造提升73座密闭式清洁站，规范设置3733组垃圾桶站，生活垃圾产生量较上年同期减少2.61%，厨余垃圾分出率达到18%以上，收集可回收物约5.4万吨，就地处理餐厨垃圾4800余吨，全区生活垃圾减量化、资源化水平不断提升。在已有105个市级生活垃圾分类示范小区的基础上，新创建申报42个示范小区，在15个垃圾分类示范小区开展可降解袋试点应用工作，为13029户居民发放可降解袋，实现“以袋促分”。（李宗政）

【环境卫生管理】 2022年，区城市管理委结合季节特点，落实城市道路清扫保洁作业标准，推广“吸、扫、冲、收”作业模式，保质保量完成1384.44万平方米的清扫保洁任务，确保主次干道机械化作业率100%。开展扬尘治理“百日行动”，全区主次干道和背街小巷尘土残存量平均值为6.0克/平方米，低于市级10克/平方米的要求。全年审批建筑垃圾消纳备案1903个，签订建筑垃圾消纳量127.63万吨。部署实施扫雪铲冰工作，成立8支由454人组成的应急队伍，确定3处积雪消纳点，对241条主要路段进行责任划分，随时清理。（李宗政）

【城市管理精细化智能化】 2022年，西城区“综合交通治理辅助决策系统及示范应用”场景通过验收，5G新型基础设施建设水平保持全市领先。选取试点停车场进行智慧停车“无感支付”开放场景探索，“市容环境大数据分析与处置管理”“垃圾分类数智化综合管理”初步建设完成，“城市运行领域区街两级驾驶舱”区级层级设计完成。建设停车数据中心、停车运营管理平台、公众服务平台、政府静态交通监管平台，实现“1中心3平台”云架构搭建，“城市大脑”应用场景基本完成，智慧城市建设加速推进。实验二小等5所学校周边增加科技监控设备，改善门前交通秩序。广安门中医院门前拥堵得到疏解治理，完成前门大栅栏片区交通规划方案，打造步行专用网络，强化机动车停车管理，大幅提升交通出行秩序。建成首农集团裕民路4号院、“新华1949”两座立体停车楼，新增停车位约800个。新增31个经营性备案停车场，开放953个有偿错时共享停车位，惠及2.7万名居民。协调西环广场与北大人民医院停车资源错时共享，全区170条道路、9235个电子停车泊位实现电子停车收费，共计收入1亿元，全部纳入政府非税收入管理。（李宗政）

信息化城市管理

【概况】 2022年，西城区不断推动“接诉即办”和城市运行管理工作争

先创优，“接诉即办”综合成绩全市第一，实现“两连冠”目标。城市运行系统共受理案件116.79万件，全部办结，在全市率先完成城市部件普查工作，城市管理主动治理考核城区第一。北京市西城区城市管理指挥中心（简称区城指中心）获“人民网群众工作民心汇聚单位”称号，收到群众表扬1200余次、锦旗300余面，《在“接诉即办”中凸显党建引领优势》一文被评为西城区基层党建工作优秀案例。年内，举办国家级论坛北京“接诉即办”改革共建共治分论坛，区委主要领导出席论坛开幕式并在分论坛致辞，大栅栏街道工委作题为《党建引领、守正创新，打造基层治理实践新模式》的交流发言，在论坛上分享交流央产小区治理和共建共治典型经验做法。市人大《北京市接诉即办条例》执法检查组在全市“接诉即办”工作检查中给予西城区高度评价。（张　越）

【“接诉即办”统筹调度】 2022年，西城区全年办理热线诉求28.05万件，比上年增长62.99%、市级考评整体解决率96.10%、满意率96.60%，综合成绩97.09分，“接诉即办”综合成绩全市第一。西城区持续巩固压实责任、疑难问题会审、督查督办、数据分析等20余项“接诉即办”工作机制，通过顶层设计向制度要效能要成果。制订《关于进一步压实责任提升办件质量的意见》《西城区“接诉即办”重点难点问题会审制度》《西城区关于推动主动治理、“未诉先办”实施办法》《2022年西城区“接诉即办”攻坚克难20题＋工作计划》《西城区治理类社区动态管理办法》等，全面压实“接诉即办”主体责任，提升热线诉求响应速度和办理效果，加强重点领域难题攻坚，稳步推进10个治理类社区、19个治理类小区优化提升。强化多元共治，实施央产小区“两项清单”（服务中央单位事项、需中央单位帮办问题）行动，坚持诉求月分析、月通报制度，共同破解治理难题。推进区级攻坚克难20题＋，统筹解决1010套房屋办证难问题、为3236人解决劳动报酬2104万元等一批群众急难愁盼的痼疾顽症。深化“领哨行动”，全年共领哨400件，开展“暖心行动”，加强对全区重复来电人的关注与管理、关心与帮扶，化解内在矛盾。推进主动治理，提前预判季节性周期性集中性诉求，坚持做到“夏病冬治”“冬病夏治”“未病先治”。以“最美”价值为引领，开展“我与‘接诉即办’的故事”巡回宣讲活动，组织34位宣讲人到15个街道巡回宣讲，用“身边人讲身边事、身边事激励身边人”形式，为基层送服务、送经验、送示范，西城区7个先进集体、14个先进个人及5篇优秀案例被市级表彰。（张　越）

【城市网格管理】 2022年，西城区在提升城市管理精细化程度上下功夫，依托“热线＋网格”融合提升城市管理能力，城市管理平台累计受理案件116.79万件，居民满意度不断提升，区城指中心不断加强市、区、街分中心平台的三级联动，周密做好城市运行保障。积极协调市、区两级相关部门和公共服务企业对疑难案件进行实地勘察、现场检查、协调处置。为提高重大活动、重要节日的案件办理力度，针对存在安全隐患的案件安排专人全程跟踪，做到“一案例一台账一盯到底”，精准处置各类疑难案件。扎实推进长安街及其延长线地区开展网格化分级分类管理试点，制订西城区部件普查实施方案，在全市范围内率先完成长安街以北地区的外业普查工作，内业工作正在有序推进中。持续优化街道网格化城市管理信息采集考核，定期对街道落实情况进行督查考核，做到突出重点、分出档次。组织监督员在重要时间节点对区域检查，及时处置安全隐患问题，先后开展施工围挡、六类公共服务设施及户外广告、三类大体量公共服务设施隐患排查“百日行动”，共检查上报案件2859件，提升部件动态化精细化管理水平。持续强化“热线＋网格”工作互联互融，针对热线诉求中的高频点位问题和热点城市管理案件类型进行归纳整理，指导街道做好监督员检查上报工作，做到“未诉先办”，提高网格内主动发现问题能力。优化网格工作考核，每月将抽查各街道“12345”热线类城市管理问题与城市管理网格内监督员上报问题的比对情况，纳入专项考核。（张　越）

3月，市人大代表检查西城区“接诉即办”工作（区城市管理指挥中心　供图）

【“接诉即办”系统运行】2022年，西城区持续强化热线系统信息化建设，推进“接诉即办”数字化转型，构建“接诉即办”工作运行指标体系，推进热线服务数字化、基层治理数字化、多场景应用数字化。高标准推动“接诉即办”数字化提升，助力韧性城市建设，深化主动治理、“未诉先办”，深化热线数字融合，深挖民生数据富矿，充分发挥民生大数据的数字治理优势和作用，进一步提升数据治理效能。搭建“接诉即办”可视化平台，将物业小区名录、街道的央产房台账等数据接入系统，全量工单落点落图，搭建“七有五性”“央产小区”“突发预警”等9个专题的“9+N”可视化专题场景，实现诉求案件的全域态势以及“三率”动态播报，更好实现态势全面感知、趋势智能研判、资源全面统筹、行动人机协同，为突发事件、重大活动保障、群体性诉求等提供服务，满足区级指挥调度需求，提升政府智能决策能力。将“文明城区实地检查”来源案件受理流程与“接诉即办”工作受理流程相结合，提高案件的处置速度与办理实效，为创建文明城区提供信息化助力。实现区“接诉即办”系统与市级“12345”业务系统功能的紧密对接。9月，启动全区“挂账、不纳入”区级系统的功能应用，成为全市首家启动区级剔挂功能与市级系统对接的系统，实现市、区、街、科室的四级延伸，运用信息化手段，减轻各承办单位系统操作工作量。（张　越）

【城市管理平台运行】2022年，西城区城市管理平台运行平稳有序，保障重要时间节点、重大活动、节假日期间的城市安全运行。城管平台系统功能不断优化升级，实现流浪乞讨、机动车乱停放、无照经营游商、沿街晾挂、暴露垃圾、道路不洁、废弃家具设备、非机动车乱停放等8类高发事件类案件自动派发、区属案件审结环节自动提交、案件自动派监督员核查等功能，提升系统处置问题的效率和能力。根据首环办考核要求，新增市考核30类案件综合报表、市考核30类案件实时报表和职能部门市考核30类实时报表，强化对市级关注的30类案件的日常巡查和统计分析，落实市级考核指标任务。利用实时报表了解实时结案率情况，实现对职能部门的案件督办，提升精细化治理水平。区城指中心加强城管平台系统运维保障，系统巡检44次、修复5次，网络安全检查2次，机房巡检8次，保障平台平稳运行。（张　越）

【市民热线服务保障】2022年，区城指中心优化完善《区级派单指导》，梳理诉求事项1614个，优化10项专业领域名录。有序开展10余次“请进来送上门”培训，及时解读市级新政，全面提升办理水平。深化每月复盘分析，对排名较低、下滑较快的单位专题分析，对三级书记联席会调度的单位重点分析，对疑难问题专项分析，共起草562篇分析报告，编发日报、周报、月报、专报431期，为区委区政府决策提供有力支撑。强化协调督办力度，连续249天督办市级《疫情快报》《重要活动期间热线快报》涉及西城诉求1100件。依托专刊《督办与反馈》对区领导批示跟踪督办，全年编发专刊108期，督办320余个问题。对“双率”（解决率、满意率）排名较低、下滑较快的单位开展“一对一”蹲点督办，协调解决难点问题。持续推进“专项包”机制，突出问题导向，“打包”解决街道社区难题；建立“双预警”机制，累计向区领导，部门、街道和区属企业预警761次。（张　越）

【政府热线与城市管理考核】2022年，区城指中心积极构建科学完善的评价体系，每月对全区及各承办单位整体情况进行复盘，将“接诉即办”和城市管理考核纳入区级绩效考核，发挥考核结果的导向和激励作用，助推全区“接诉即办”、城市管理网格工作不断提升。完善区级层面街道、部门“接诉即办”工作绩效细则，切实做到案件办理与考核科学、准确、透明。重新修订《街道网格化城市管理绩效考评细则》，增加30类城管案件结案率等重点任务履职情况考评指标，有效实现多部门督查考核资源整合，形成市区街三级城市管理整体合力。结合业务检查与居民满意度调查，按时完成月度履职评价，结合评价结果和区域实际，查找城市管理职能履行中的不足，撰写《西城区城市管理工作履职情况评价报告》，保证全区城市网格化管理评价的公平和数据的准确。（张　越）

【参加北京“接诉即办”改革论坛】12月19日，西城区代表团参加以“党建引领超大城市治理——法治视阈下的精治共治自治”为主题的北京党建引领“接诉即办”改革论坛。区委书记孙硕从“共建”回答社会治理依靠谁的问题、“共治”回答社会治理怎么开展的问题、“共享”回答社会治理为了谁的问题三方面介绍西城区推进“接诉即办”、解决群众急难愁盼问题的典型做法和工作机制。区城管指挥中心、15个街道的相关负责人50余人参加会议。大栅栏街道在论坛上作题为“党建引领、守正创新、打造基层治理实践新模式”的交流发言。大栅栏街道立足群众“七有”“五性”需求，坚持品牌建设树亮点，打造守望相助的实践新模式，坚持民需导向破难点，打造民事民决的实践新模式，坚持街区治理抓重点，打造商户自治的实践新模式。（张　越）

房屋管理

【概况】2022年，西城区推进全区房屋行政管理、房屋征收（拆迁）、住房保障工作，切实履行房屋行政管理职责，完成房屋管理的各项工作任务。北京市西城区房屋管理局（简称区房管局）推进重点领域信息公开，主动公开政府信息237条，受理政府信息公开申请276件。完

成行政诉讼（复议）工作，办理各类案件85件。行政负责人出庭应诉3次。办理人大建议、政协提案15件。（郑　琪）

【房屋征收（拆迁）】2022年，区房管局制订并实施《西城区人民政府组织实施房屋征收拆迁强制执行工作规程》。完成砖塔胡同电力架空线入地改造及城市防灾应急指挥站工程、谭鑫培京剧艺术展览馆工程、戊戌纪念馆工程、菜市口220千伏输变电及生产附属设施等项目国有土地上房屋征收与补偿工作。完成地铁19号线积水潭站、牛街站、平安里站主体范围内房屋征收与补偿工作。（郑　琪）

【直管公房违规转租转借清理】2022年，西城区持续推进"疏解整治促提升"直管公房清理整治工作，加强区属直管公房转租转借巡查力度、清理力度，采取动态清零模式建立常态化管控机制，杜绝西城区直管公房违规转租转借行为。完成直管公房违规清理整治130户，影响人口299人。（郑　琪）

【房屋安全管理】2022年，西城区实行区房管局统筹部署，各属地街道具体组织实施，各行业主管部门协调督促的房屋安全检查工作模式，完成私有平房房屋安全检查66.67万平方米，直管公房安全检查372.13万平方米，单位自管产、物业管理房屋检查3585.84万平方米。在冬春季节房屋全面安全检查基础上，实行房屋安全常态化管理模式。上汛前做好各项准备，演练队伍、更新设备，加大宣传，公示电话。汛期，24小时值班，保证电话、电台畅通。及时发布天气预警，对重点房屋和部位严防死守，发现问题快速解决。完成全国第一次自然灾害普查房屋建筑调查专项工作，调查房屋119209幢房屋，总面积为7011.4万平方米，完成率100%。完成经营性自建房"百日行动"排查整治及"回头看"工作，累计完成量为1129栋，完成比例100%。履行房屋安全监管职责，做好房屋安全管理及拓展延伸工作，开展安全生产执法检查，全年共出动检查人员7866人次，监督检查事业单位和场所4183家次，责令限期整改违法行为8起，处罚案件8件，罚款15.2万元。（郑　琪）

【物业管理规范化建设】2022年，区房管局持续做好物业管理规范化建设，成立西城区物业服务行业党委，以党建引领促行业高质量发展；推动247个物管会转为业委会；指导双旗杆东里小区获评中央文明办、住房和城乡建设部"加强物业管理，共建美好家园"典型案例。在西便门东里小区试点开设全市首个物管会账户，创建老旧小区公共收益管理新模式，"学习强国"平台、《北京日报》等媒体予以报道；将"物业服务不规范"和"下水管道堵塞"纳入"接诉即办""每月一题"专项治理，完善行业信用评价体系，发布西城区物业企业服务质量好评榜和差评榜；建立物业服务项目检查评估机制，组织物业专家抽查评估物业服务项目情况366个；47个物业服务企业（项目）完成安全生产标准化三级达标创建工作；推动住宅小区建设电动自行车充电接口30794个，超额完成任务目标；筑牢971个住宅小区和35个商务楼宇1338家入驻企业疫情防控底线。（郑　琪）

【房地产市场管理】2022年，区房管局进一步发挥区房地产市场调控专班办公室统筹协调作用，会同各成员单位加强对房地产市场的监管工作，梳理辖区内新建商品房项目，排查开发企业经营风险。加强对新建商品房销售价格的引导，强化对房地产经纪机构炒作学区房的监管和打击力度，确保房地产市场平稳、健康发展。持续规范房地产经纪机构和住房租赁企业经营活动。持续保持群租房和短租房整治高压态势，确保实现"动态清零"的工作目标。对4家房地产经纪机构和住房租赁企业实施行政处罚，罚款8.5万元。（郑　琪）

【新建商品房预售管理】2022年，西城区完成新建商品房签约394套，建筑面积39574.66平方米；完成合同备案注销68起，现房销售备案15起，预售许可初审3起。（郑　琪）

【群租房专项治理】2022年，西城区完成年度群租房专项整治工作。发挥群租房治理牵头单位的作用，加大对群租房及出租房屋，尤其是医院周边小区的检查力度。对新增群租房发现一起治理一起。全年排查治理违法群租房112处。（郑　琪）

【房改工作】2022年，全区147家房改售房单位累计售出住宅1192套，建筑面积8.53万平方米。其中中央单位85家，售出住宅836套3.15万平方米；市属单位19家，售出住宅129套0.95万平方米；区属单位43家，售出住宅227套4.43万平方米。房改调房单位45家，调整住宅243套，建筑面积1.92万平方米。使用国有住房出售收入审批4家，支取金额198.03万元，用于电梯更换和其他维修。完成中央和国家机关职工已购公有住房腾退14家，计37套0.3万平方米。住房补贴审核41家，出具住房补贴普查证明46份，共2030人次3703.47万元；受理住宅专项维修资金使用申请24件，涉及9家单位，支取资金556.82万元。工程对应建筑面积34.56万平方米，用于防水维修，电梯改造、更新，二次供水改造、污水管道改造等项目。（郑　琪）

【房产测绘成果审核】2022年，区房管局贯彻北京市住房和城乡建设委员会《关于调整房产测绘成果审核有关事项的通知》精神，推进"放管服"改革，优化营商环境。办理楼房房产实测绘成果审核9件，建筑面积21.48万平方米；住宅平房的房产测绘成果审核1603件，其中腾退房屋11件。（郑　琪）

【矛盾纠纷排查调处】2022年，区房管局开展9次矛盾纠纷摸排，排查出139个重点关注人，18件矛盾纠纷。办理市民热线诉求2802件，接待群众来访2856批3516人次，其中群体访17批95人次。办理群众来信752件，接通群众来电5315个。收到区信访办转来重复信访治理案件共计62件，及时办结率100%。组织召开区领导包案及重复信访治理化解专题工作会议20次，办理区领导包案信访矛盾纠纷4件，办结率100%。（郑 琪）

北京德源兴业投资管理集团有限公司

【概况】2022年，北京德源兴业投资管理集团有限公司（简称德源集团）统筹推进区直管公房的经营、管理、服务工作。集团资产总额148.53亿元，负债总额100.52亿元（资产、负债均含85.03亿元财政资金），所有者权益48.01亿元，实现营业总收入4.84亿元，利润总额4300万元，比上年增加2300万元，全年上缴税金4100万元。为承租集团房产的服务业小微企业和个体工商户减免租金，累计减免租金2227.9万元，涉及承租户221户。转企改制进一步收尾，完成1家二级单位改制、4家企业国有产权登记；完成全级次工商信息梳理及变更、备案，撤销7家事业单位；华暖汽车维修站完成改制。实现压缩层级目标，子公司控制在三级以内。深入梳理各项工作流程风险点，严格执行授权审批、不相容职务相分离等职责分工，实现了投资与风险管控全过程监管，规范了经营投资行为。全面贯彻落实《西城区国企改革三年行动实施方案（2020—2022年）》，集团涉及50项任务指标全部完成。按照区国资委要求，结合《西城区属企业发展战略和规划管理暂行办法》，完成集团“十四五”时期发展规划制定发布。承办“接诉即办”热线件3303件，解决率79%，满意率84%，综合成绩83.16分，比上年提高9%。企业微信号“德源兴业”全年发布宣传信息2000余条，采写上报区国资委各类信息50余篇。被《北京西城报》、北京西城公众号、西城组工等媒体宣传报道30余次，全方位展现企业发展新形象。（崔 蕊）

【城市保护更新项目】2022年，德源集团对力学胡同及周边片区城市保护更新项目完成签约442户，总退租房屋732间，直管公房退租率达77%，为西城区同类项目最高比例。按照要求启动力学胡同及周边保护性修缮工作，砖塔胡同、西板桥一期、钟鼓楼3个项目恢复性修建取得初步成效，部分房屋已投入运营。全面完成钟鼓楼西北侧公共空间品质提升和第五立面整治工作。（崔 蕊）

【文物修缮】2022年，德源集团完成福德庵、永泉庵文物修缮施工，真武庙各殿座主体结构修缮完工，有序推动圣祚隆长寺、三官庙、广仁寺及砖塔关帝庙文物修缮工程前期工作。（崔 蕊）

【简易楼改造】2022年，德源集团完成3处简易楼改造试点工作，弘善胡同6号改造为人才公寓，西海南沿17号改造为产业办公用房，抄手胡同19号改造为高品质四合院。（崔 蕊）

【房屋征收与腾退】2022年，德源集团对南北长街征收项目剩余户促签收尾工作取得阶段性进展。推动西城区北区的简易楼解危排险腾退项目剩余住户动迁，清空北新华街62号、太仆寺街甲56号、西绒线35号3栋简易楼。加速推进福绥境大楼项目，完成1户居民腾退及大楼结构检测。（崔 蕊）

【疏解整治促提升专项治理】2022年，德源集团清理整治直管公房转租转借8户，涉及30人。完成集团住宿业“关停、转型、升级”年度工作计划，4处涉及住宿业的房产实现关停或转型。完成南、北露园等3个项目8栋楼房本体改造。基本完成桦皮厂胡同8号改造项目前期工作，启动居民签约。有序推进华能小区改造项目，完成其中8号楼整体改造和26列管线改造，作为西城区第一个“央地合作”老旧小区改造项目，被列为中央企业与西城区合作的老旧小区整治示范项目。启动2022年老旧小区综合整治项目前期准备工作。（崔 蕊）

【房屋安全检查和防汛】2022年，德源集团完成直管公房年度查房任务，查房率100%；代查私房32214间、其他房屋4387间。对29处积水院落实施改造。统筹考虑防汛、防疫工作成立防疫防汛应急抢险队，汛期外出巡查2409人次，出动抢修人员356人次，保障辖区居民安全度汛。（崔 蕊）

【供暖服务】2022年，德源集团不断强化服务意识，提升服务能力，更新改造辖区15处锅炉房、热力站近120万平方米管线及设备，惠及1万余户居民。（崔 蕊）

【户厕保洁】2022年，德源集团坚持“一挂九净六无”（一挂：在保洁作业时，必须悬挂作业提示牌；九净：墙壁、墙裙、隔板、扶手、窗台、窗纱、门、灯具、宣传牌表面不能有灰尘和污垢；六无：蹲坑内部及外部、小便池裙、小便池台、外墙、地面要求无粪迹、尿碱、污物、尘土及无乱写乱画）标准，对辖区1836座户厕实施保洁管理。（崔 蕊）

【民生工程项目】2022年，德源集团完成西长安街地区25座不达标户厕提升改造，涉及2处填埋、3处微提升和20处改造。解决官园1号楼居民多年来房改售房诉求，将此楼纳入直管公房管理，并逐步推进房改售房工作，为45户符合条件的居民办理直管公房租赁手续，占全楼户数的63%。完成400间5541

9月26日，德源集团组织员工参加北京市木工职业技能比赛　（德源兴业集团公司　供图）

平方米平房翻建，1005间1.5万平方米平房综合维修及113个院落雨污水管线改造，惠及居民1984户。完成43栋楼28.19万平方米楼房综合维修，惠及居民3318户。严格执行直管公房管理规定，办理承租人变更审批445件，审核自有房产合同265份。（崔　蕊）

【物业管理】2022年，德源集团立足《北京市物业管理条例》指导物业公司以居民需求为导向做好服务。德胜、金融街、营盈三家物业公司登2022年西城区物业企业服务质量“好评榜”。（崔　蕊）

【平安国企建设】2022年，德源集团通过线上培训教育平台，组织447名作业人员及900名职工参与安全生产培训。开展“百日提升·喜迎二十大”平安国企建设专项行动，全年累计出动安全检查10050人次。完成企业三级安全生产标准化、安全风险分级管控和隐患排查治理双重预防机制创建工作。集团获评2021—2022年度全国“安康杯”优胜单位。（崔　蕊）

【职业技能竞赛】2022年，德源集团弘扬和传承工匠精神，组织年轻职工开展瓦、木、水、电等工种技能竞赛。集团匠心筑艺创新工作室获评“北京市工人先锋号”。德源什刹海公司工长李永芳获2022年首都劳动奖章。（崔　蕊）

北京宣房投资管理集团有限公司

【概况】2022年，北京宣房投资管理集团有限公司（简称宣房集团）推进西城区南部直管公房管理、修缮、防汛、供暖、电梯运行等公共服务，从事工程建筑、物业服务以及老旧小区综合整治，房屋解危腾退，文保区房屋保护性修缮、腾退，老城保护和城市更新等政府民生工程，完成政府交办的应急抢险任务。管理直管公房180万平方米、老旧危改小区及其他物业小区近100万平方米，负责房屋供暖面积263.03万平方米，管理锅炉房28处、锅炉72台、电梯81部、高层楼房二次供水22处。持续抓好向辖区居民公开承诺的房屋维修、水电急修、防汛、锅炉供暖、电梯安全运行5项服务，急修队24小时坚守岗位，落实上下水、电、管线、供暖、防汛抢险及房屋零修、急修共26887件，抢修抢险及时率100%，共收到表扬信17封、锦旗33面。办理12345热线2533件，响应率100%，解决率69.96%，满意率84.16%；接到信访系统来信、来访、市长信箱共121件，领导批件3件，集体访1批4人次，居民来访62人次，居民来电900余次，复查报告7件。累计支援各项志愿服务5000余人次，支援白纸坊街道防疫物资42万余元，为81户服务业小微企业和个体工商户减免租金2264万元。全年企业资产总额达39.83亿元，净资产18.43亿元，营业总收入2.73亿元，利润总额138.73万元，上缴税金1916.97万元。收缴直管公房租金2350.33万元，整体租金收缴率为99.22%，对46处自管自用房提高租金标准，租金同期增长16.8%，实现经营创收。宣房集团“先农坛文物活化利用概念性方案”以弘扬大国农业文明为核心、先农坛文化内涵为基底，将传统农耕文明与先农坛文物建筑活化利用有机结合，获首届“白塔杯”文化创意大赛文旅消费新场景赛道“最佳场景应用奖”。（姜　楠）

【房屋安全检查】2022年，宣房集团持续加强房屋安全管理，完成所辖直管公房安全检查，其中平房46138间65.33万平方米、楼房376栋114.571万平方米。检查私房平房42093间次、拆迁区平房1099间次、单位产房屋2612间次，对锁门户、拒查户、拒修户进行重新普查，登记造册并完善相关手续，消除房屋安全隐患。（姜　楠）

【供热管理】2022年，宣房集团完成2021—2022年度供暖季供热服务保障工作，保证28处锅炉房、72台锅炉设备平稳运行，实现263.03万平方米、3.6万户居民住宅24小时持续送暖及供暖设备安全运行。完成马连道供热厂所辖90余万平方米供热面积智慧供热改造，通过锅炉运行监控系统升级、锅炉热负荷预测及群控等方式实现节能降耗，截至12月31日，较上一采暖季正式供暖同期节约天然气47.46万立方米，折合人民币133.8万元，折标节能率11.22%。完成马连道供热厂、建功北里锅炉房等10余台锅炉前面板、耐火材料、周边水冷壁设备维修更换，平原里锅炉房等15处锅炉房更新改造，工程投资约403万元。推广多元化采暖费收缴方式，引导居民使用远程缴费或线上电子支付，收缴供暖费8916.75万元，其中微信收缴3226.75万元，完成当年应收指标106.83%。10月11日，所属楼宇设备公司天桥街道禄长街锅炉房被区城管委评为2021—2022年度“优秀供热锅炉房”。12月5日，经市生态环境局审核通过，马连道供热厂智慧化供热管理试点项目成为2022年北京市低碳试点示范创建项目，获得北京市低碳试点示范创建项目财政补助资金95万元。（姜　楠）

【房屋修缮改造】 2022年，宣房集团完成大栅栏、天桥、牛街、广内等地区平房翻建431间0.63万平方米，涉及居民260户；平房综合修缮3995间5.84万平方米，涉及居民2834户；平房雨污水户线改造75处，上述工程总投资5676.66万元。完成永安路北6号、枣林前街31号、长椿里7号等63栋25.11万平方米楼房老旧电线改造、防水、电梯大修等综合修缮，涉及居民4205户，工程投资1943.98万元。完成滨河里26号、三义东里6号、虎坊路6号、9号等楼房上下水专项工程改造，涉及居民91户，工程总投资1200万元。统筹协调推进东经路6号院3号、灵佑2号院1号、2号等33栋楼21.75万平方米老旧小区综合整治工程，涉及居民3507户。（姜　楠）

【文物修缮利用】 2022年，宣房集团组织实施的云南新馆文物修缮工程完成竣工验收，包括拆除非历史建筑、增加院内雨水系统、保护院内现存植物树木、添加庭院景观绿化小品等内容，工程总投资3122.01万元。9月，大厚投资管理公司、北京广德楼文化公司获得护国观音寺+五道庙联合利用、梅兰芳祖居、朱家胡同45号茶室、云吉班等项目建筑活化利用的运营主体资格。（姜　楠）

2022年，宣房集团推进共生院落改造。图为获评西城区首批党员教育基地的烂缦胡同108号红色会客厅

（宣房集团　供图）

【疏解整治促提升专项治理】 2022年，宣房集团完成直管公房转租转借清理118户、涉及259人，累计开展检查频次192870余次，巡查点位31265个。完成辖区全部空置直管公房摸排、建账工作，共出动巡查人员2334人次，巡查点位2626处，对巡查出的2051处空置房屋张贴安全提示并建立日常巡查台账，及时消除隐患。完成西城区西河沿街100号、朱家胡同6号、前门西大街正阳市场1号楼等7处住宿企业转型升级并通过区文旅局验收。（姜　楠）

【房屋灾害普查】 2022年，受区房管局委托，宣房集团完成西城区南区全国第一次自然灾害综合风险普查房屋建筑调查工作，检查房屋44550栋、建筑面积2929万平方米。通过住建部、北京市住建委、区房管局三级核查。（姜　楠）

【煤改电工程】 2022年，宣房集团启动2022年“煤改电”解危排险工程，负责西城区2万余户居民“煤改电”工程后期线路的维修保障工作。累计出动巡查人员770人次，完成“煤改电”设施维修抢修74次，平均年度工程产值约100万元，为76户居民解决了“煤改电”线缆、漏电保护器、电暖气开关更换、户箱加固、表箱脱落等问题。（姜　楠）

【法源寺街区保护提升项目】 2022年，宣房集团积极推进共生院落改造，提高街区零散房屋利用率，完成天景7号和南半截胡同28号共生院改造，烂缦胡同95号、97号沿街4间房屋书吧、莱市口35号2间书房、烂缦胡同66号2间播客工作室文创产业业态植入，激发街区活力。3月23日，宣房集团组织实施法源寺街区北边界东段景观提升工程，涉及室外铺装、外立面整饬、绿化种植、景观照明、电箱节点、入口灯箱等改造项目，8月31日竣工并开街亮相，项目投资金额约905万元。11月14日至22日，所属大德置业投资公司完成烂缦胡同以东片区直管公房居民意向申请签约278户，保障法源寺文保区保护提升项目有序推进。11月，烂缦胡同108号红色会客厅获评西城区首批党员教育基地。法源寺文保区保护提升项目被评为“2022年首都

城市更新优秀案例”，并作为6个典型代表案例之一入选《2022年首都发展报告·城市更新研究》。法源寺历史文化街区保护规划和名城保护系列活动入选北京城市规划学会组织编制的《北京历史文化名城保护优秀案例汇编集（2013年—2022年）》。（姜　楠）

【房屋安全度汛】2022年，宣房集团连续37年实现“不死人、少伤人、城市不看海、财产少损失”的防汛工作目标。为保障180万平方米直管公房居民生命财产安全，修订下发《关于2022年防汛工作意见》《2022年防汛工作计划》《2022年防汛应急预案》等文件87份次，签订防汛安全责任书，组建10支共计235人的防汛抢修抢险队随时待命，及时接报、有效处置辖区范围内抢修抢险工作。汛期累计参与值班值守人员6063人次，出动巡查人员2054人次，出动抢险332次、出动抢险人员900人次，苫盖漏雨房屋501间，完成辖区防汛工作任务。（姜　楠）

【新市区泰安里文物活化利用项目】2022年，宣房集团与北京银行前门文创支行就泰安里文物活化利用项目达成合作协议，为推进文保项目运营获165万金融贷款支持。11月，宣房集团完成新市区泰安里（二期）修缮工程及结算评审。工程包括给水管线、消防管线、排水管线、电力、热力、楼内安防、消防、弱电及相应小市政管线与市政管线对接、夜景灯光照明设计安装等，审定金额941.56万元。12月，新市区泰安里文物活化利用项目获“2022年西城区历史文化名城保护十大优秀实践”称号。（姜　楠）

【正阳门箭楼南望景观视廊整治项目】3月10日，宣房集团启动正阳门箭楼南望景观视廊环境整治项目，对煤东区域、观旗宾馆、排子胡同、西河沿、廊坊二条、粮食店街、珠宝市场7处区域、53处点位进行拆除违建、外立面装饰、设备设施挪移或消隐喷涂、线路规整等环境整治施工，工程投资2672.72万元。（姜　楠）

【北线阁3号简易楼东楼改造项目】4月1日，宣房集团启动北线阁3号简易楼东楼改造利用项目，项目投资368.35万元，完成东楼墙体、屋面、门窗等加固改造及内部格局优化调整，并与中国中医科学院广安门医院达成合作意向，改造后作为医院公共卫生服务配套用房。（姜　楠）

【维修、装修项目工程】6月16日，受区机关事务服务中心委托，宣房集团组织实施的南菜园街51号食堂维修及下水管道更换工程竣工，该工程4月28日开工，工程规模约800平方米，项目投资100.9万元。7月4日，承建的西城区职工服务中心办公区（皮鞋厂）装修项目工程完成竣工验收。项目位于新街口外大街8号金丰和商务苑C座，包括室内电箱安装、电缆电线铺设、室外台阶无障碍坡道建设等工程内容，建筑面积1585.05平方米，项目投资366.66万元。（姜　楠）

【供热并网工程】7月15日，宣房集团启动实施南横西街小型消防站供暖并网工程，以南横西街100号换热站为热源，将南横西街小型消防站并入公司热网，7月30日完工，新增供热面积约350平方米，完成室外供暖管线更新120米，新增阀门井1个，项目投资10万元。8月1日，启动实施南新安中里二巷10号（北京市宣武师范学校附属第一小学分校）供热并网项目，以轻工部锅炉房为热源，将南新安中里二巷10号并入公司热网，8月20日完工，新增供热面积约1200平方米，完成室外供热管线更新320米，新增热表井1个、阀门井1个，项目投资约60万元。8月23日，启动实施南运巷11号院供热并网项目，以建功北里锅炉房为热源，将南运巷11号院并入公司热网，11月24日完工，新增供热面积约9000平方米，完成新建换热站1座、室外供热管线更新60米、新增热表井3个、阀门井1个，项目投资约290万元。（姜　楠）

房屋征收

【概况】2022年，北京市西城区房屋征收事务中心（简称区房屋征收中心），受区房屋征收行政部门委托，推进房屋征收与补偿的具体实施工作。推动谭鑫培京剧艺术展览馆、茶马东路道路改造等2个新启动项目实现签约期“清零”，7户剩余户签约。北京市第六十六中学、官园绿地工程、大栅栏历史文化展览馆等3个项目按现状结案。推动单位产临时安置补偿、未经登记建筑认定及违建拆除、征收衍生工程招标及工程量认定、房源押金管理等多项政策机制逐步完善落地。区房屋征收中心党组为深化落实事业单位改革总体要求，全面提升履职水平，推动房屋征收工作向高质量发展，制订《关于开展提升履职效能“四个一”工程的实施意见》及方案细则，结合单位内设科室职能，筛选确立重点跟进项目、周期性延续性工作，集中研判分析并形成督办单，通过四督（督事、督查、督件、督政）、四审（审支出、审问题、审财务内业、审绩效）、四管（管房源、管履约、管风险、管征收）、四保（安全、稳定、进度、任务）四服务（服务于决策、服务于管理、服务于政治建设、服务于党建引领）做法使“双提升”稳步推进，使重点工作做到“时时有跟进、事事有着落，件件有回应”。年内督办240余项。此项工作模式获评西城区直机关深度推进党建与业务工作融合优秀创新案例。（谢文琳）

【谭鑫培京剧艺术展览馆项目】2022年，区房屋征收中心负责实施谭鑫培京剧艺术展览馆房屋征收项目。该项目位于大外廊营胡同及铁树斜街交口西南角，征收范围为大外廊营胡同1号、大外廊营胡同1号旁门、大外廊营胡同甲1号院、铁树斜街70号院。征收面积为937.78平方米，涉及居民户房屋32户。项目于4月11日张贴征收决定，至5月20日签约期结束，被征收人100%签约。（谢文琳）

【茶马东路道路改造项目】2022年，区房屋征收中心负责实施位于广安门外街道马连道东二号路（茶马东路）道路改造工程房屋征收项目，征收范围为南起茶马街（马连道东四号路），北至茶马北街。拟征收房屋面积约1997.33平方米，涉及单位产房屋2户。项目于2019年1月4日张贴征收决定，截至年底以产权调换方式对剩余1户单位产权房屋实施征收，实现道路通车。（谢文琳）

【砖塔应急指挥站项目】2022年，区房屋征收中心负责实施砖塔胡同电力架空线入地改造及城市防灾应急指挥站工程房屋征收项目。项目位于砖塔胡同40号，拟实施征收房屋面积约652.82平方米，涉及单位产房屋1户。截至年底完成全部拆除工作，满足移交条件。（谢文琳）

【北纬路中学改扩建二期项目】2022年，区房屋征收中心负责实施北纬路中学改扩建二期工程房屋征收项目。项目位于北纬路46号，征收四至为南至禄长街头条、禄长街二条，北至北纬路（市政代征地）；西至学校控规用地西红线，东至禄长街西红线。拟实施征收房屋面积约4500平方米，涉及43户，其中居民户房屋39户、单位产房屋4户。项目于2018年6月12日张贴征收决定，截至年底完成1户单位产房屋签约征收，剩余2户，已征房屋拆除前工作全部准备就绪。（谢文琳）

【琉璃厂艺术文化馆建设项目】2022年，区房屋征收中心负责实施北京市琉璃厂艺术文化馆建设工程房屋征收项目。项目位于和平门外，琉璃厂西大街与南新华街交汇处，征收四至为西起万源夹道、东至南新华街，北起琉璃厂西街店铺南侧边界、南至吉祥二条胡同。拟实施征收房屋面积约1000平方米，涉及24户，其中居民户房屋19户、单位产房屋5户。项目于2016年7月26日张贴征收决定，截至年底完成2户单位产房屋签约征收、剩余3户（2户居民、1户单位）。（谢文琳）

【传统银钱业博物馆保护利用项目】2022年，区房屋征收中心负责实施钱市胡同传统银钱业博物馆保护利用工程房屋征收项目。项目位于钱市胡同、珠宝市街西侧，征收四至为北侧以珠宝街35号及旁门、钱市胡同1号、3号、5号、7号、珠宝市街35号、廊条二条28号建筑外墙及廊条三条2号院北墙为边界，南侧东段至钱市胡同以南22米外现有建筑外墙，南侧西段以钱市胡同7号院、廊条三条胡同2号院南侧为边界，西侧以廊条三条2号院为边界，东侧至珠宝市街。拟实施征收房屋面积约为2713平方米，涉及81户，其中居民户房屋71户、单位产房屋10户。项目于2018年10月22日张贴征收决定，截至年底完成2户房屋征收，剩余4户（1户居民、3户单位）。（谢文琳）

【陶然亭路项目】2022年，区房屋征收中心负责实施陶然亭路道路工程房屋征收项目。项目位于陶然亭路，征收四至为西起菜市口大街（规划路名为内环西侧路），东至太平街（规划红线宽40米，全长约1100米）。拟实施征收房屋占地面积约44520平方米，涉及35户，其中居民户房屋28户、单位产房屋7户。项目于2018年6月12日张贴征收决定，截至年底完成1户房屋征收，剩余11户。（谢文琳）

【育才学校教职工宿舍楼房屋征收项目】2022年，为配合做好中轴线申遗工作，区房屋征收中心负责实施育才学校教职工宿舍楼房屋征收项目。项目位于东经路21号院1号楼及院内部分平房，拟实施征收房屋面积6615.36平方米，涉及96户，其中居民户房屋95户、单位产房屋1户。申请调拨房屋征收资金约14.4亿元，申请调拨拟用于配售房源114套。年底完成前期所有准备工作。（谢文琳）

【红十字血液中心房屋征收项目】2022年，为配合做好中轴线申遗工作，区房屋征收中心负责实施北京市红十字血液中心多层住宅楼房屋征收项目。项目位于雪池胡同10号院，征收范围为雪池胡同10号院6层住宅楼，拟实施征收房屋面积1381.6平方米，涉及38户居民户房屋。申请调拨房屋征收资金约4.2亿元，申请调拨拟用于配售房源46套。年底完成前期所有准备工作。（谢文琳）

城市管理执法

【概况】2022年，北京市西城区城市管理综合行政执法局（简称区城管执法局）以“拆除违法建设、大气污染防治、占道经营整治”三大专项行动为抓手，立足非首都功能疏解，提升首善之区城市管理和环境品质，解决城市痼疾顽症。做好重要节假日、重要活动的执法保障工作，完成全国两会、党的二十大等重大活动期间的环境秩序保障任务，有效遏制环境秩序各类违法行为，推进城市环境常态化、精细化管控，各项工作取得阶段性成效。全区城管系统开展执法检查37万余次，实施行政处罚9544起，罚款1112万余元。区城管执法局严格执行党内政治生活准则和规定，开展党性党风党纪教育和思想道德教育，以支部为单位集中开展以案说法警示教育22次，组织社会宣传活动200余次，志愿服务30余次，发放宣传品3万余份。（沈　佳）

【重大活动环境保障】2022年，区城管执法局完成全国两会、“五一”、

"十一"、党的二十大等重要时期环境保障任务，提前筹划，精心组织，合理安排执法力量，加强对会场、驻地、路线、重点旅游景区景点、主要交通枢纽、繁华商业区等重点区域的执法检查，全时空、全时段严格管控环境秩序。（沈　佳）

【生活垃圾分类专项执法检查】2022年，区城管执法局持续开展生活垃圾分类专项执法检查，加大"分类投放、分类收集、分类运输、分类处置"四个环节执法力度，启动四轮次"执法进社区"个人生活垃圾专项执法行动，督促全区行政机关、企事业单位、餐饮行业、居民小区等落实《北京市生活垃圾管理条例》。全区开展垃圾分类示范片区创建的街道占比达100%，餐厨垃圾规范收运率100%。垃圾分类问题立案4345起，罚款92万余元。（沈　佳）

【违法建设拆除】2022年，区城管执法局发挥拆违专班统筹调度作用，坚持做到每月调度，发挥街道执法队拆除违法建设主力军作用，深入各街道现场指导各执法队破解难题，依法按程序开展拆违工作。全区拆除违法建设10.5万平方米，完成全年拆违任务。拆除新生违建56处1227平方米，确保违建"零增长"。持续聚焦群众"急难愁盼"（提升核心区老旧平房院落环境秩序，改善居民居住环境。"急难愁盼"专项工作中涉及拆违的任务4064平方米）和市区巡视整改问题（共6处问题，其中新街口街道完成2处违法建设拆除和1处违法建设地下室回填；什刹海街道完成2处问题整改；金融街街道拆除1处违法建设），积极推进违法建设拆除向平房院落、老旧小区、楼顶等纵深区域发展。各街道拆除三类涉安全隐患违法建设（平房房上房违建、小区楼房楼顶违建及其他认为有安全隐患的违法建设）299处面积9023平方米，整改占压燃气管线违建点位78处。（沈　佳）

【户外牌匾规范治理】2022年，区城管执法局按照《"畅夏清风"专项执法工作方案》要求，积极调度指导各街道执法队加强广告牌匾治理及非法小广告执法检查工作。全年立案广告牌匾类问题488起，罚款22万余元。（沈　佳）

【蓝天保卫战行动】2022年，为全面落实大气污染防治攻坚行动，区城管执法局制订下发《2022年打赢蓝天保卫战行动工作方案》《空气重染污应急工作预案》，开展扬尘治理百日行动。督促各街道综合执法队严查严罚各类违反大气环保扬尘类违法行为，做到发现一起，处罚一起。全年立案处罚施工现场类、渣土车运输及建筑垃圾类违法行为862起，罚款648万余元。（沈　佳）

【占道经营整治】2022年，为持续巩固占道经营整治成果，区城管执法局制订《2022年"畅夏清风""并肩行动"联合执法工作方案》，开展专项治理行动。依托新运行的城管执法大数据平台，协同各街道落实"接诉即办""吹哨报到"工作机制，全区占道经营问题实现"动态清零"长效管控。全年查处占道经营问题1625起，处罚54万余元。（沈　佳）

【燃气安全监管执法】2022年，区城管执法局高度重视安全生产工作，严格督导抓好安全生产规章制度和各项工作落实，开展"城市安全运行百日行动"。全年出动执法人员14846人次，燃气安全专项执法检查21019家次，联合执法618次，发现安全隐患1514处，责令整改1514处。燃气安全专项执法立案30起，罚款10640元。（沈　佳）

【城管法规宣传】2022年，区城管执法局运用"西城街巷事"微信公众号，在日常巡检、入户检查、下社区党员办实事过程中，向社区居民、景区游客、商户等市民群体开展生活垃圾、燃气安全、大气污染防治、宪法日等主题普法宣传，制作推出图文消息198条次。与北京电视台合作开展普法报道46条次，各类报刊117条次，新媒体143条次，96310（北京城管热线）宣传拍摄120条次。（沈　佳）

水务管理

【概况】2022年，西城区全面推进海绵城市建设，加强再生水监督管理、推广再生水使用；协调街道河长（湖长）开展防汛应急工作，协调排除城市内涝积水；开展水务监察和执法的辅助工作。北京市西城区水务管理中心（简称区水务管理中心）接12345热线办理西城区分中心派单35件，其中非中心职权退回17件、办结15件、剔除3件。（尤佳　曹松涛）

【水务执法】2022年，区水务管理中心强化全区用水管理，重点检查监管用水单位、企业落实节约用水责任，细化洗车行业登记备案、用水规范，在施工地水土保持方案编制等，组织街道开展排水专项执法检查。全年完成水务执法检查900件，重点检查餐饮行业、用水大户，实现洗车洗浴行业检查全覆盖。每逢重大节假日对所属河道开展巡查，劝阻垂钓、游野泳等不文明行为，保障辖区内水体质量和安全。（曹松涛）

【防汛分指工作】2022年，区水务管理中心落实水务防汛专项分指挥部各项职责，组织、协调、指导全区水灾害防御工作，严格落实转隶要求实行双岗保障，快速应对，确保安全度汛。制订《北京市西城区水务防汛分指工作手册》，包括通讯录、值班表、值班规范、防汛工作要点、应急预案、建立隐患台账等，按照区防汛办通知要求完成责任制和基础资料填写上报。落实防汛应急队伍和物资，协调市排水集团一分公司抽调人员加强西城区分指应急值守，负责排水单元抢险工作，协调区消防支队、展览路街道办事处共用防汛应急物资。严格落实24小时值班值守制度，主要领导对“6·25”“7·5”“8·21”等几次强降雨专门部署并增加值守人员，及时处理上报各类防汛信息，安排防汛抢险队伍及时到位，积极应对强降雨对道路造成的后续影响。汛期排水一分公司启动响应21次，其中一级响应4次、二级响应10次、三级响应2次、自主备勤5次，累计出动人员2076人次。泵站累计运行时间553分钟，累计抽升量20775立方米。以“河长制”为抓手，落实河长防汛责任制及参与防汛应急工作，水情监测和河道的洪水巡查报告工作。动员街道河段长加强雨前、雨中、雨后巡查，协调辖区内所有力量降低城市内涝风险。整个汛期，仅在降雨量较大时期发生短时滞水，未出现积滞水断路险情。

（曹松涛）

【开展“清管行动”】 2022年，区水务管理中心组织各街道办事处、排水集团一分公司召开西城区“清管行动”工作启动会，印发《西城区2022年清管行动工作方案》，部署2022年清管行动工作。完成管线养护20.7千米，支管养护102.4千米，清理检查井495座，清掏雨水口18744座，截流设施清理137座，清理入河口167处，累计出动人员3351人次，出动车辆955车次，共清掏淤泥及垃圾1243.94立方米。1月至5月清管行动历时5个月，通过排查、清掏、治理畅通了城市“血脉”，保障汛期排水通畅，减少垃圾入河，维护首都核心区的优美河湖水环境。按照《北京市进一步加快推进城乡水环境治理工作三年行动方案（2019年7月—2022年6月）》，多次召开专题推进会，组织各属地街道、排水集团现场调研，完成102处雨污错接混接治理任务。配合市排水集团完成9处雨污错接混接工程治理。

（曹松涛）

【水土保持工作】 2022年，西城区开展水土保持工作，收集整理2019年至2022年区级审批的所有水影响评价项目，建立区级审批水评项目台账、水土保持信息台账、水土保持补偿费台账，便于开展水土保持执法检查、监督工作。按时完成水土保持月统月报工作。对辖区内出现违法图斑现象实施限期整改。为全面深化水务“放管服”改革和优化营商环境，向建设单位宣传水法，依法依规开展水影响评价审批工作，优化环节流程、压缩办理时限。年内区水务局受理、办结水影响评价报告4个，其中审批类1个、备案制1个、告知承诺制2个。

（尤　佳）

节水工作

【概况】 2022年，西城区推动节水型单位和节水型居民小区创建，推广应用节水新技术和改换装节水型器具，开展节水宣传教育，监督检查社会单位节水情况。全年北京市水务局下达给西城区年度新水用量目标值为10736万立方米，区新水用量实际值为8687.63万立方米。北京市西城区人民政府节约用水办公室（简称区节水办）行政许可窗口坚持依法行政，共办理临时用水指标审批2件，核定用水指标和调整的行政许可228件，受理的节水行政许可全部在办理时限内办结，群众满意率100%。区节水办会同什刹海街道办事处改造提升“什刹海景区智能节水灌溉”项目。应对群众热线诉求，收到关于年度计划用水指标下达的2个热线咨询全部办结。收到“帮办领哨”5个，涉及平房院、老旧楼房水压低、商用与居民水表混用等问题，区节水办与自来水市区分公司、金融街、展览路、广外 、陶然亭、牛街等5个街道协同办理解决。

（陈艾琳）

【用水总量及计划用水管理】 2022年，市水务局下达给西城区年度新水用量目标值为10736万立方米，西城区1月至12月份生产生活用水量8774.01万立方米，其中新水用量为8687.63万立方米，再生水86.38万立方米，根据市水务局《关于下达2022年度生产生活用水计划用水指标的函》编制西城区2022年度计划用水指标。西城区全年非居民计划用水指标总量为4340万立方米。5月，完成全区4863户用水单位的计划指标下达及调整输机工作，全年计划用水指标未超出市水务局下达的计划总量。落实《北京市节约用水管理办法》对区内用水单位严格执行单月预警、双月加价。全年收取用水单位累进加价计194万元，全部上缴区财政。

（陈艾琳）

【节水型社会创建】 2022年，区节水办落实《2022年总河长令》《北京市用水单位水量平衡测试管理规定》及建立节水型社会的总体要求，投入475350元完成15个节水型机关创建工作；2022年市财政转移支付资金64.2万元，完成西长安街街道、金融街街道、天桥街道30个节水型社区创建工作，并通过专家组验收。

（陈艾琳）

【节水行政许可】 2022年，区节水办行政许可窗口坚持依法行政，办理临时用水指标审批2件，核定用水指标和调整的行政许可228件，受理节水行政许可全部在办理时限内办结，群众满意度100%。实施“一网通办”，提高工作效率、方便企业和群众。3月16日，北昆国际文化艺术交流中心（昆曲剧院及文化艺术中心、回迁住宅楼）项目取得区水务局首个临时用水指标审批即办件电子批复。

（陈艾琳）

【节水宣传】 2022年，区节水办继续坚持节水宣传进社区、进乡村、进企业、进学校、进机关、进公园、进工地。3月22日“世界水日”期间，西城水务局设立主会场，牛街街道办事处及城区自来水公司西城营销所设立两个分会场，其他街道线上参与的方式开展主题为“精打细算用好水资源，从严从细管好水资源”的活动，采用户外大屏视频全天轮播“家庭节水”与“企业节水”宣传片的方式，向社会公众宣传；5月全国城市节水宣传周期间，组织各街道、社区和企事业单位线上学习“解渴生命线、简话南水进京”“时刻关注用水诉求、提高市民节水意识”等课程；“七一”前夕组织拍摄中国共产党成立一百周年北京水务成就展宣传片，讲解节水知识，增强社会公众的节水意识；用水高峰月期间，组织辖区内各街道办事处及区属系统企业节水工作者，前往温榆河公园示范区参观学习公园生态建设利用再生水知识，为提升西城区河湖绿色生态文明建设、生态环境的维护提供了借鉴和指导。全年线下线上参加活动人数3.4万人次。（陈艾琳）

【智慧水务】2022年，根据《北京市智慧水务1.0总体设计方案》及《市河长令清单》的工作要求，区节水办要求西城区非居民用水户进行《节水采集》小程序注册，并梳理户表关系及水量，2022年度注册的非居民用水量应占非居民用水总量的95%以上。截至年底，注册进度为95.35%，完成市级要求。（陈艾琳）

【绿地灌溉智能化】2022年，区节水办会同什刹海街道办事处实施“什刹海景区智能节水灌溉”项目改造工程，市水务局投入资金300万元。该工程是西城区首个智能节水灌溉项目，园林工人通过手机端就能实现什刹海景区内绿地定时、定量浇灌，推进园林绿化精细化用水管理，在全区达到典型示范效果。（陈艾琳）

自来水供应与管理

【概况】2022年，北京市自来水集团有限责任公司（简称市自来水集团）推进北京市区和部分郊区自来水生产和供应，兼营再生水处理，部分郊区污水处理，供水工程设计、施工、安装，管网抢修，管件器材，水表制造，供水材料贸易等业务。截至年底，市自来水公司日供水能力581万立方米，自来水销售量11.1亿立方米，营业收入68.25亿元。水质综合合格率100%，管网压力合格率99.99%，漏损率9.3%，管网修漏及时率100%，实现全年安全生产无事故。（杜育红）

【自来水供给】2022年，市自来水集团实现供水13.1亿立方米。以首善标准完成22次时长202天重大会议活动供水保障任务。党的二十大和北京冬奥会保障期间，178人闭环保障值守88天。高效处置水立方、圆山大酒店等涉奥场所供水突发事件。完成朝阳金盏应急工程等17个应急项目通水任务。截至年底，西城区计量水表数量545072支，区内售水量8975.39万立方米，其中居民家庭售水量4293.65万立方米，公共服务售水量4329.28万立方米，生产运营售水量352.46万立方米。区内设收费营业所1处，位于真武庙路四条8号院2号楼三层。（杜育红）

【水质管理】2022年，市自来水集团安全取用南水8.5亿立方米。在重点场所建成15处多项参数水质在线监测设备。与南水北调中线局、市水务局建立原水水质数据共享机制。（杜育红）

【管网安全】2022年，市自来水集团新建、改造管网181千米。主动检出管网破损1844处，比上年提升30%。修复明漏469处，比上年下降14%。增设、补建消火栓624座，新增安德路维修所和天通苑维修站点。编制《“十四五”节水（漏损控制）专项规划实施方案》，新建DMA（控制城市供水系统水量漏失的方法）403处。（杜育红）

【安全生产管理】2022年，市自来水集团落实“城市运行·护航”专项行动督查反馈意见整改措施，制订集团安全生产风险评估三年工作方案。开展4轮安全生产大检查，查改隐患354项，完成171个液化石油气罐“清零”工作。强化交通安全责任落实，获北京市2022年度市级交通安全“工作成绩突出系统”称号。完成防汛重点部位视频联网“全覆盖”，保障集团安全度汛。完成14家单位安全生产标准化创建、复评工作。（杜育红）

【便民服务】2022年，市自来水集团优化营商环境，推进优化营商环境5.0建设，实现供水报装业务在线办理，并利用电子证照实现数据共享。用水报装、报修服务、水费缴纳、水电气联动过户等功能在首都之窗、京通小程序上线运行。处置12345电子派单2.65万件。集团所属1家单位获市级“接诉即办”先进集体、2名职工获市级先进个人称号。与市区两级水务部门加强沟通，完成35个单位（小区）自备井置换，关停自备井23眼，日置换水量0.92万立方米，受益人口5万人，居民用水品质得到持续改善。完成首都机场生活区“三供一业”供水接收，新增用户1.5万户。完善“北京自来水”APP功能，上线电子发票业务，用户综合绑定率85%。实施智能水表更换、维护专项行动，完成户表更换70万支，累计更换335万支，覆盖率达55%，完好率、使用率分别提升至99%、98%。（杜育红）

【境内管网维修】北京市自来水集团禹通市政工程有限公司长椿街维修所负责西城区境内的自来水管网抢修、维修及大小口径管线安装工作。2022年，抢修供水管线发生的明漏63处，比上年同期减少40处；暗漏147处，暗漏自检147处，占暗漏总数的100%，比上年同期减少60处。完成零活修理2654户，更换故障水表295只、井盖60处、消火栓112个，解决居民无水、水微问题3563处；大小在施安装工程434户，安装长度合计7853米。完成集团交办的任务：开消火栓井盖巡检1.2万处，帕玛劳数据采集

26401次，帕玛劳布设及回收686处，排气门维护440座，大闸维护11座，消火栓安装12处。

（吴雨霏）

燃气供应与管理

【概况】 2022年，北京市燃气集团有限责任公司（简称北京燃气集团）是国有独资公司，业务范围覆盖从燃气输配、销售、科研、设计、施工到燃气设备制造的完整业务领域。注册资金58.8363亿元。截至年底，北京燃气集团合并口径天然气购入量220.5亿立方米；实现营业收入6029760.5万元，利润总额450252.4万元。京内外运行的管线3.16万千米，调压站（箱）28738座。

（代伟丽）

【分公司经营范围与项目】 2022年，北京市燃气集团有限责任公司第一分公司（简称市燃气第一分公司）经营范围包括燃气供应与销售，销售燃气设备用具、燃气专用设备和施工材料、电气设备、家用电器、日用品、厨房用具、卫生间用具、五金交电、家具、装饰材料，检测、检修、安装燃气设备，燃气热力技术开发、技术转让、技术咨询、技术服务等；市场开发管理，新用户发展管理，用户服务管理，燃气销售管理，区域内管网的运行、维护、带气作业及应急抢修作业（中压A级以下压力级别）、外线拆改迁工程以及部分外线技改工程管理等。市燃气第一分公司户内服务二所下设西直门、黄城根、白广路、木樨地、西便门燃气服务中心。承担西城区39.29万户民用户和4518户公共服务用户的燃气设备维报修、巡检、计量仪表管理、新用户发展、收费、增值产品销售等户内服务业务及突发抢修任务，在宣东、白广路等266个社区内开展消除户内安全隐患、加装燃气安全配件工作，加装9.39万余户（套）。市燃气第一分公司运维工程所（简称工程所）下设运行维护、泄漏检测、带气作业、应急抢修8个班组。西城区管线总长度为1033.37千米，有1150座调压站、箱，1315个闸井，工程所承担全区燃气管线及设备设施的运行维护、泄漏检测、应急抢修及带气作业任务。

（田　欣）

【非居民天然气销售价格调整】 2022年，市发展和改革委根据北京市非居民用天然气门站价格浮动情况，下发《关于调整本市非居民天然气销售价格的通知》。北京市非居民用管道天然气销售价格自2022年11月15日至2023年3月15日上浮0.43元/立方米；城区供暖、制冷用气采暖季2.88元/立方米，采暖季后2.45元/立方米，工商业用气采暖季3.30元/立方米，采暖季后2.87元/立方米。压缩天然气加气母站（供非居民用气）采暖季2.76元/立方米，采暖季后2.33元/立方米。

（田　欣）

【用户巡检】 2022年，户内服务二所完成全区288078户民用户安全巡检工作，发现问题50947个，发放巡检告知单50947张，更换胶管18443根，入户率78.16%。完成公共服务用户巡检4523块表。“接诉即办”平均得分100分。（田　欣）

【境内燃气服务中心】 2022年，户内服务二所黄城根燃气服务中心管理区域为什刹海、新街口、金融街、西长安街街道。辖区内居民用户55277户，非居民用户1898块表。户内服务二所西直门燃气服务中心管理区域为德胜、展览路、北太平庄街道，辖区内居民用户94699户，非居民用户1310块表。户内服务二所白广路燃气服务中心管理区域为牛街、白纸坊街道，辖区内居民用户53259户，非居民用户575　块表。户内服务二所木樨地燃气服务中心管理区域为月坛街道，辖区内居民用户47097户，非居民用户578块表。户内服务二所西便门燃气服务中心管理辖区为广安门外、太平桥街道，辖区内居民用户83555户，非居民用户887块表。完成月坛、什刹海、展览路街道共6栋341户老楼液化气改造工作。

（田　欣）

热力供应与管理

【概况】 2022年，北京市热力集团有限责任公司西城分公司（简称热力西城分公司）管理热力站及锅炉房797座、供热面积3910万平方米。供热服务范围北至北三环裕民路，南至右安门东滨河路、永定门西滨河路，东至鼓楼外大街、天安门广场西侧，西至三里河路。负责西城区集中供热热力站、锅炉房及二次线、楼内系统的运行管理，用户服务、节能降耗及供热费收缴，为相关政府机构提供供热服务。为用户开展供热政策宣传，入户维修、入户巡检、散热器推广及热费收缴等便民服务。

（张春怡）

【供热服务保障】 2022年，热力西城分公司建立“接诉即办”工作机制，解决用户报修194项。完成西豪逸景和印刷大厦2座热力站的智慧化改造项目，实现对热力站的自动调控功能，减少人员工作量，节省热耗，本采暖季折算单耗同上年相比下降5.11%，完成供热季服务保障。1月10日，副市长谈绪祥带队检查西城分公司西直门热力站，对西城分公司供热服务保障给予肯定。

（张春怡）

【检修技改项目】 2022年，热力西城分公司技改立项243项，估算资金5196.50万元。其中大修83项，估算资金826.50万元；改造148项，估算资金4125万元。主要对天宁寺北里、牛街地区等低温区、集中投诉区开展治理改造。完成航空胡同22号锅炉房、四根柏胡同34号院锅炉房和樱桃头条甲4号锅炉房3座燃油锅炉房清洁改造。

（张春怡）

【老旧供热管网改造】 2022年，热力西城分公司完成国防部南点二次线、地安门181号二次线、小石桥31号二次线、铁路巷二次线、三一八厂二次线、计委二次线等14项非集团产权老旧供热管网改造项目，换管线长度5.2千米。

（张春怡）

【供热收费】2022年，热力西城分公司与供热管辖范围内的143个社区居委会对接，完成便民服务进社区867次。通过推广用户使用掌上热力、微信、支付宝等电子方式收取供暖费1.35亿元，2022—2023采暖季居民入户收费达80.18%。

（张春怡）

【境内供热服务中心】2022年，车公庄供热服务中心下设4个服务站。供热范围东至地安门内大街，西至三里河路，北至北三环中路，南至月坛北街，涉及展览路街道、新街口街道、德胜街道、什刹海街道。月坛供热服务中心下设3个供热服务站。供热范围东至西二环，西至三里河路，北至月坛北街，南至莲石路，为月坛街道办事处所辖24个社区居民及非居民用户提供供热、生活热水服务。金融街供热服务中心下设3个服务站，供热范围东起中轴路，西到西二环，北起阜内大街，南到广内大街。供热范围：中南海、人民大会堂、全国政协、金融街等单位用户及前三门、槐柏树地区居民用户。槐柏树供热服务中心下设4个服务站。负责广外、白纸坊、牛街、椿树、大栅栏、天桥、陶然亭7个街道地区的供热、收费与服务。

（张春怡）

电力供应与管理

【概况】2022年，国网北京城区供电公司（简称城区供电公司）作为国家电网公司大型供电企业，负责首都核心区（东城、西城两个行政区）92.5平方千米32个街道91.6万户用电客户的供电服务保障。辖区内有6座220千伏变电站容量384万千伏安，32座110千伏变电站容量545.2万千伏安，149座10千伏开闭站容量29.2万千伏安，10千伏电缆直配线路933条，电缆线路总长4820千米，10千伏架混线路289条，以多分段多联络为主，架空线路总长200千米，电缆化率达96%，居于国内领先水平。城区供电公司供电服务特点鲜明。区域内党中央首脑机关、国企总部、国际金融等重要客户大量汇集，服务二级及以上重要客户305户，其中中南海、人民大会堂等特级客户18户，中纪委、中宣部等一级客户121户；常态化客户95户，其中常态B+类（首长住地）客户34户。负荷密度达2.77万千瓦/平方千米，约是北京市平均水平的18.5倍。夏季历史最大负荷为256.5万千瓦，约占北京市最大负荷的11.4%；冬季最大负荷213.7千瓦，约占北京市最大负荷的8.7%。城区供电公司全年实现售电量103.05亿千瓦时，城市供电可靠性达99.9982%。

（武英杰）

【境内供电及用电量】2022年，西城区售电量59.03亿千瓦时，其中工业电量1.94亿千瓦时、公共服务业14.62亿千瓦时、房地产业11.95亿千瓦时、住宿餐饮业3.29亿千瓦时、批发零售业2.97亿千瓦时、金融业2.67亿千瓦时、交通运输业2.47亿千瓦时、租赁商务业2.08亿千瓦时、信息传输业1.88亿千瓦时、城乡居民生活用电15.16亿千瓦时。

（武英杰）

【电力安全保障】2022年，城区供电公司完成党的二十大、全国两会、北京冬奥会冬残奥会供电保障任务。首次将大会堂全部重要厅室的电源关系自负荷末端梳理至500千伏变电站，实现“重要会议流线—重要负荷点位—全电压等级电源关系”精准对应。首次采用“临时+永久”模式保障“奋进新时代”主题成就展，完成观展保障30场。首次在全公司范围内公开选拔10名业务骨干作为团队长组建“1+N”保障团队，进驻西直门宾馆、天泰宾馆等10个代表住地进行封闭供电保障。联合区政府及相关单位开展防汛度夏实战演练，稳妥应对8月4日143.6万千瓦的五年来区域最大负荷。开展首都核心区电力设备综合整治，完成西城区221条主要街道周边供电设施专项治理，消除箱门破损、警示标志不全等各类隐患603项。持续开展电网设备巡视、电缆反外力管控、树线矛盾治理、带电集中消缺等度冬保供重点工作，确保百姓温暖度冬。落实核心区控规要求，滚动修编“1个总体规划+15个街道分册”配套电力规划体系。协同区发展改革委、区生态环境局、区城市管理委、市规划自然资源委西城分局等单位，推进金科新区（德宝）220千伏输变电工程。抢全年施工窗口期，攻坚完成46座老旧站室改造，更换老旧电缆18.2千米，持续提升西城区供电设备安全平稳运行。

（武英杰）

【服务客户】2022年，城区供电公司与区通管办、燃气公司等市政公共服务企业建立联合服务对接机制，完成“三零”（零上门、零审批、零投资）服务联合报装、联合勘查，形成北京金恒丰城市更新资产运营管理有限公司“电力+网络”联合服务典型案例。累计完成820户、1.39万千瓦“三零”项目接电，节约客户投资1456万元。配合区城管委开展电动自行车充电设施建设，完成552处8000余个充电接口接电，降低消防安全隐患。在区城市管理委、区生态环境局协调配合下，供暖季前完成全部8项燃油锅炉改电项目送电。强化客户诉求闭环管控，针对反映老人、病患、儿童等特殊用电需求群体的工单开展提前研判、提级管控，全年受理12345工单1251件，比上年下降49.47%。

（武英杰）

（责任编辑　徐　翊）

生态建设

综　述

2022年，西城区围绕“强化生态环境监督执法，深入打好污染防治攻坚战，力求区域生态环境持续改善”等职责，完成三大污染（大气污染、水污染、土壤污染）防治，推进电采暖设备更新，持续巩固“无煤化”成果；积极应对气候变化，稳步推进“双碳”工作；打好蓝天保卫战，空气质量持续改善，优良天数279天，与上年相比减少3天，占比76.9%；重污染天数7天，与上年相比减少1天，减少幅度12.5%；持续打好碧水、净土保卫战，水土环境保持稳定。完成北京冬奥会冬残奥会、党的二十大空气质量保障工作，为“冬奥蓝”“1微克蓝”作出贡献；西城区$PM_{2.5}$浓度连续两年达到国家空气质量二级标准。推进“互联网+政务服务”，开展“全程网办”、“政务服务电子文档归档”“一把手走流程”等工作。开展隐形壁垒问题排查，完成规范整治中介代办服务清查。全年完成行政许可204件。（王鹏飞）

生态环境保护

【概况】2022年，全区空气中细颗粒物（$PM_{2.5}$）平均浓度为32微克/立方米，比上年下降5.9%；其他三项主要污染物可吸入颗粒物（PM_{10}）浓度为56微克/立方米，与上年持平；二氧化氮（NO_2）浓度为28微克/立方米，比上年下降15.2%；二氧化硫（SO_2）浓度为3微克/立方米，与上年持平。优良天数279天，比上年减少3天，占比76.9%；重污染天数7天，比上年减少1天，减少幅度12.5%。全年降尘量3.6吨/平方公里·月，比上年下降12.5%。5个地表水国家和市级考核断面平均水质类别达到考核标准；无疑似污染地块和污染地块，建设用地污染地块安全利用率100%。（王鹏飞）

【规范行政许可】2022年，区生态环境局继续落实“放管服”（简政放权、放管结合）改革和优化营商环境工作要求，完成规范整治中介代办服务清查，开展隐形壁垒问题排查；完成行政许可204件，其中排污许可证审批114件、辐射安全许可证核发86件；完成环境影响报告表审批（海洋工程、核与辐射类除外）4件；推动西城区“三线一单”（生态保护红线、环境质量底线、资源利用上线和生态环境准入清单）实施方案细化落地实施，加强组织领导，发挥部门联动作用，形成工作合力，按照预定时间，开展排污许可证和排污登记表质量审核、到期许可证延续换发、许可证变更审批等工作，完成许可证变更63家，许可证延续43家，重新申请2家，许可证质量核查135家，现场核查46家，登记质量核查118家；开展全区16家环评单位和80名注册环评工程师诚信档案全面排查，对环境影响评价信用平台上列入限期整改名单和重点监督检查名单的编制单位，加大监督检查力度。

（王鹏飞）

【生态文明宣传教育】2022年，区生态环境局以气候变化和“六五”环境日、低碳日为主题，开展以“双碳”、生物多样性以及噪声法、垃圾分类、倡导“公民十条”等内容宣传教育活动，组织11场线上线下直播活动，累计参与人数4000余人次，制作展板80块、条幅35幅、《生物多样性宣传手册》及各类宣传品1.4万余份，通过“西城生态环境”微信公众号组织“神奇生物知多少”“低碳环保我知道”“垃圾分类助力低碳生活”等线上活动，惠及群众1.1万人次；“西城生态环境”微信公众号推送内容1021篇，其中原创内容259篇、转发内容762篇，阅读量5.44万人次，分享量3128次，关注数量4160人。（王鹏飞）

【无煤化成果巩固】2022年，西城区持续推进蓄能式电采暖设备更新，服务居民选购电采暖设备5400余台；持续推进发放低谷电费补贴，为4.28万余户拨付5批补贴款项3568余万元；实施298户居民新增峰谷电表工程，其中涉及215户拆迁遗留区具有改造意愿居民、83户增表分户居民，经过外电网增容和户线改造，确保新增峰谷电表居民

按时通电，巩固无煤化工作成果。（王鹏飞）

【机动车排放监管】2022年，区生态环境局联合执法检查辖区重点路段行驶的重型柴油车排放，通过重点道路检查重型柴油车47981万辆，检测排放超标车3842辆；对辖区注册的用车大户以及车辆集中停放地车辆进行执法检查，检查重型柴油车13772辆，查处排放超标车659辆；采取联合检查、日常巡查的方式，对辖区内使用的非道路移动机械进行执法检查，检查非道路移动机械867台，查处不合格机械66台；每日对辖区经营性加油站油气回收情况和在线监控系统进行执法检查，检查加油站436家次，检测232家次，处罚1家；在重点路段架设遥感监测设备，通过遥感设备筛查机动车4966943辆。（王鹏飞）

【大气污染防治】2022年，区生态环境局实施挥发性有机物（VOCs）专项治理行动，加强对重点行业VOCs全流程管控并促进油品和储运环节油气减排，实现VOCs精准治理。推进低VOCs含量产品源头替代，根据市级部门反馈的高值点位做好溯源整改工作。利用市生态环境局监察总队报警网格加大大气环境治理监测监管力度，督促2家机动车维修企业制定“一厂一策”应急减排措施，实行清单化管理与执法。4月和10月开展两轮次“夜鹰行动”，全面加大夜间餐饮、扬尘执法检查力度。区空气中细颗粒物（$PM_{2.5}$）累计浓度为33微克/立方米，比上年降低5.71%。1月至10月，西城区降尘量平均值为3.7吨/平方千米·月，比上年降低12%。2022年，区发展改革委组织西城区有实际生产的印刷企业，开展2022年空气重污染应急减排清单修订，指导企业制订更新“一厂一策”报告。制订《西城区涉气工业企业重大活动期间空气质量保障实施方案》，突出分时段精准管控，明确工作目标、管控措施及实施路径。对区域内有实际生产的印刷企业进行全覆盖督导，积极协商减排。加强会商研判和协同联动，鼓励企业合理安排、生产适度。开展产品有害物质限量标准宣传。

（王鹏飞　刘淑蕊）

【碳排放管理】2022年，西城区加强对碳排放单位的管理，督促开展碳排放报告履约工作。区生态环境局为83家重点碳排放单位和32家一般报告单位提供相关政策指导。加强碳排放单位监督管理，实地检查2家，督促相关单位按时履约。与门头沟区联合举办碳排放工作培训会议，持续加强应对气候变化能力建设。（王鹏飞）

【生态环境安全管理】2022年，区生态环境局根据《生态环境部办公厅关于开展核与辐射安全隐患排查工作的通知》（环办核设函〔2020〕215号）要求，对区内287家核技术利用单位进行排查；完善市政公共服务，健全小微医疗机构医疗废物的收集转运体系，与106家小型医疗机构签约，打通医疗废物贮存和运送“最后一公里”，完成危险废物等专项整治三年行动；完成危险废物跨区转移量及处置量核算工作；完成重大节日、全国两会、北京冬奥会冬残奥会、党的二十大等重大活动环境安全应急保障工作；协调北京固废物流有限公司夜间清运4家检测公司的医疗废物。（王鹏飞）

【生态损害赔偿制度改革】2022年，西城区启动生态环境损害赔偿案件3件，其中区园林绿化局主责启动办理2件，区生态环境局牵头启动办理1件，均完成磋商修复等相关工作。对各成员单位主管领导及负责人进行生态环境损害赔偿培训，全年15个委办局和15个街道千余人次参加培训。（王鹏飞）

9月，区环保局工作人员对餐饮企业油烟排放进行检查　（区生态环境局　供图）

【规范行政执法】2022年，区生态环境局落实行政执法公示制度、行政执法全过程记录制度、重大执法决定法制审核制度，加强行政执法监督。推进行政执法信息主动、完整、规范公示，提升生态环境执法工作精细化水平。配合市、区、总队开展3次案卷评查工作，评查案卷50余卷。配合区司法局、区城管执法局对全区各街道案卷进行评查。征集各街道执法队伍意见和需求，开展专题培训5次，强化对街道综合执法的业务指导。通过“接诉即办”案件协作，进一步加强与各街道工作协同配合，对下放街道的职权开展实际操作层面的指导，

提高街道对生态环境相关案件的处理能力。（王鹏飞）

【环保督察整改落实】 2022年，区生态环境局组织相关单位和各街道开展第二轮中央生态环境保护督察整改情况“回头看”。以易反弹及重复举报案件为重点，采用暗查方式开展实地复核。西城区14项督察整改任务中13项完成销号；70件信访案件全部办结。开展污染防治专项督查和两轮次“扬尘治理百日行动”专项督查，对街道执法检查33次，检查污染源1740家次，处罚19起，处罚金额17万元。检查排污许可证817家次，检查报警网格周边餐饮单位、施工工地等污染源704家次，开展联合执法349次。（王鹏飞）

水环境治理

【概况】 2022年，西城区围绕“安全、洁净、生态、优美、为民”总目标，加强水环境治理工作。推进全区海绵城市建设，开展“清河行动”和河湖“清四乱”行动，继续推行“河长制”，加强水环境巡查巡视。全区有14个北京市“优美河湖”。（褚梦雪）

【海绵城市建设】 2022年，区水务管理中心完成北京回民学校海绵型校园改造工程，将雨水利用、景观提升、海绵示范的理念融合一体，通过设置透水铺装、下沉式绿地、雨水花园和蓄水利用工程，实现雨水净化、回用及景观功能。完成33处平房院落海绵化改造任务。在平房院落改造过程中，以“为民办实事”为根本，结合居民诉求优化调整方案，通过改造院内基础设施、透水铺装、排水管线等方式，解决院内汛期大雨积水、倒灌等问题。启动北京建筑大学海绵建设项目可行性研究，完成项目设计概算、清单编制、财政事前评估等前置程序。按照《西城区推进海绵城市建设工作方案》要求，每季度召开一次区海绵城市联席会议，统筹推进海绵城市建设工作。全区各成员单位上报海绵城市建设项目223项，经测算年径流总量控制率达标的排水分区共有36个，达标总面积15.91平方千米，达标比例31.38%，超额完成年度考核指标（2022年度考核指标为30%）。（尤佳 曹松涛）

【水土保持监督管理】 2022年，西城区开展水土保持工作，收集整理2019年至2022年区级审批的所有水影响评价项目，建立区级审批水评项目台账、水土保持信息台账、水土保持补偿费台账，便于开展水土保持执法检查、监督工作。完成水土保持月统月报工作。对辖区内出现违法图斑现象实施限期整改。全面深化水务“放管服”改革和优化营商环境，向建设单位宣传水法，依法依规开展水影响评价审批工作，优化环节流程、压缩办理时限。全年区水务局受理、办结水影响评价报告4个，其中审批类1个、备案制1个、告知承诺制2个。（尤佳）

【水和土壤污染防治】 2022年，区生态环境局制订《西城区水污染防治2022年行动计划》和《土壤污染防治2022年行动计划》，收集汇总全区各部门工作开展情况，督促重点任务落实。1月至12月，西城区地表水环境质量保持稳定，地表水（国家和市级）5个考核断面平均水质类别达标。西城区重点建设用地安全利用得到有效保障，安全利用率100%。持续加强入河排口管理，动态更新完善入河排口管理台账。（王鹏飞）

【河长制实施】 2022年，西城区总河长发布第1号令，持续开展“清河行动”和河湖“清四乱”，高标准完成巡河任务。街道级以上河长巡河8243人次35654千米，各级巡河人员在“北京河长”APP上报并解决问题16处，连续8个月问题处理全市排名第一。对什刹海和北海水系申报国家第一批水利遗产，会同市水科院完成核心和关联点位实地踏勘、影音视频录制剪辑和申报书编制上报，通过水利部专家组线上审核和现场复核。（褚梦雪）

【多单位联动水岸共治】 2022年，区河长办结合辖区河湖管护状况和季节性特点，将假日期间引导市民安全文明游河湖、汛期暑期防溺水专项行动和水务行业安全生产整治“百日行动”结合，制订行动方案。与市城市河湖管理处、市凉水河管理处等水管单位联动同步开展治理行动，建立风险点位台账3处，设置河湖警示标识30余块，会同辖区内15个街道河长办发动社区1000余人参加宣传教育活动，加强河湖滨水安全隐患点位巡查巡防，及时发现解决河湖安全隐患和事故风险，维护河湖良好水事秩序和健康生态环境。（褚梦雪）

【水质监测科技创新】 2022年，区河长办开展水质监测19次共计570个点位，根据监测结果及时分析水质变化原因，研究水质改善对策，将个别河湖条段水质有下滑趋向的点位第一时间下发各水体管护责任主体，督导责任单位改善水质。启动水务集中管理平台三期项目建设，推进河湖管理信息化建设。开展流域水基因图谱污染溯源监测分析，加入并开始使用市局提倡在全市机关单位推行的“京办”工作平台，为西城区河长制智慧化建设和智能化管理提供更多技术保障和信息支撑。（褚梦雪）

城市环保作业

【概况】 2022年，北京环雅丽都投资有限公司（简称环雅丽都公司）整体运行情况良好，总产值同比增长8%；营业收入14.4亿元，净利润3.87亿元，服务满意率96%。根据区政府和区城管委工作安排，成立街巷精细化服务项目工作专班，与街道办事处开展街巷精细化项目深度合作。坚持安全第一、预防为主、综合治理的方针，推进公司安全生产工作年度目标和重点工作任务落实。对重点区域和重要设施设备开展隐患排查治理，对燃气安全、电动车集中充电场所、宿舍等点位进行安全检查，全年出动检查人员6341人次，检查点位12206处次。举办“福随虎至送吉祥·环卫职工齐欢唱”新春线上K歌大赛，200余名职工参与。开展棋牌、台球、乒乓球、跳绳、猜灯谜等趣味性文体比赛。通过视频连线、电子家书等形式为非京籍职工联络异乡亲人提供便利。全年“接诉即办”受理总量1406件，办理1111件，平均得分93.85分。（尹　健）

【重大活动保障和重点任务落实】2022年，环雅丽都公司完成北京冬奥会冬残奥会、党的二十大期间的道路清扫保洁、公厕保洁、垃圾收集清运以及环卫应急保障等工作任务。在为期121天的汛期保障工作中，安排部门备勤45次，按时准确上报防汛信息及防汛数据，全公司共安排应急抢险保障人员12482人次，累计防汛备勤车辆870车次、安排巡回检查1960人次。完成落叶收集转运工作，打包落叶108790包，出动转运压缩车676车次，清运落叶8869立方米。（尹　健）

【垃圾分类处理】2022年，环雅丽都公司严格执行《北京市生活垃圾管理条例》相关规定，按照“不分类，不收运”的原则开展垃圾收运工作。从源头推进垃圾分类和减量，严格管控垃圾入站环节。截至年底，处理生活垃圾量260686.92吨、厨余垃圾量55685.22吨、餐厨垃圾量79940.67吨，厨余垃圾分出率17.6%；与上年相比生活垃圾减量率提高1.51%。配合区城市管理委加强开阳桥区级可回收物中转站的运维管理工作，通过试运行，经营逐步走向正轨，西城区南部的可回收物收集和分类处理工作得到完善，全年收集废铁、塑料、纸类、木料、玻璃瓶等可回收物约7757吨，为垃圾减量资源化、无害化提供有力支持。全年累计出动作业人员68617人次，出动运输车辆6494车次，清运涉疫垃圾4959.13吨。（尹　健）

【环卫作业】2022年，环雅丽都公司投入资金7919万元购置各类机械作业车辆86台（柴油车辆26台、新能源车辆60台）。建立“一路一策”“一巷一策”台账制度，及时跟进指标完成情况。探索推进一体化作业模式，提升不同环境条件下的城市道路作业水平。全年道路、街巷尘土残存量综合平均值5.88克/平方米，实现城市道路尘土残存量控制在6克/平方米以内的目标，城市道路尘土残存量达到预期标准。持续推进为民办实事，加强与街道办事处协作配合，提高街巷胡同的清洁指数，公厕保洁及时，维修到位，投入298万元整体改造14座二类公厕，提升改造200座三类公厕，进一步完善环卫设施的服务功能，提高群众的满意度。（尹　健）

园林绿化

【概况】2022年，西城区新增城市绿地9207平方米，改造绿地2万平方米，新建屋顶绿化5096平方米、垂直绿化3000延长米。截至年底，全区有园林绿地面积1103.47万平方米。其中公园绿地551.41万平方米，附属绿地552.06万平方米，绿化覆盖面积1625.29万平方米，绿化覆盖率32.16%，绿地率22%，人均绿地10.11平方米，人均公园绿地5.01平方米。公园绿地500米服务半径覆盖率97.74%。屋顶绿化24.7万平方米，垂直绿化6.29万延长米，花园式社区32个，花园式单位412个。区园林绿化局管辖的古树名木1656株，其中一级古树253株、二级古树1402株、名木1株。北京市西城区园林绿化局（简称区园林绿化局），挂北京市西城区绿化委员会办公室（简称区绿化办）牌子，是负责西城区园林绿化工作的区政府工作部门。西城区公园管理中心（简称区公园管理中心）为区园林绿化局所属相当副处级财政补助公益一类事业单位。2022年，区园林绿化局落实“接诉即办”条例，进一步完善工作机制和办理流程，全年办理诉求516件。依法办理占用绿地、移伐树等行政许可1077件。组织开展“清风行动”和“绿箭行动”等联合执法，协调相关部门重点对药店、餐馆、工艺品店和原官园鸟市等进行执法检查，查没、解救各类保护鸟类32只，其中国家级5只。开展临时占用绿地审批后监督，检查整改问题16处，收回金融街等11块临时占用绿地。办理人大建议2件、政协提案9件，督办完成市、区折子工程15件。主动公开行政许可、工作动态等信息1235件，依申请公开信息15件。（范慧英）

【绿化建设】2022年，西城区新增茶马街游园、白纸坊智能体育公园等城市绿地9207平方米，完成玫瑰公园和南礼士路公园全龄友好公园改造2万平方米，全区公园绿地500米服务半径覆盖率97.74%，位列全市第二。持续推进立体绿化，新增屋顶绿化5096平方米、垂直绿化3000延长米。完成“揭网见绿”45处35.18万平方米，完成全年任务的113.85%，得到市园林绿化局的肯定。（范慧英）

【园艺文化推广】2022年，区园林绿化局举办启发少年儿童爱绿意识的“亲子小菜园”、慰问白衣天使的“多肉组盆”等线下活动343场，园艺讲座、园艺制作等线上活动331场，惠及居民20余万人次。利用线上平台，传播园艺知识，宣传绿色理念，展示绿化建设成果，全年推送信息121条，总阅读人数1.68万人次，分享962次。组织参加首都市民园艺风采大赛，在全市55件获奖作品中，西城区8件作品分获一、二、三等奖和最佳人气奖。（范慧英）

【花卉布置】2022年，区园林绿化局完成北京冬奥会冬残奥会、“五一”、“十一”和党的二十大期间景观环境布置工作。西城区冬奥景观主要节点位于北京北站前广场、西单生态景墙和广安门桥区绿地，通过冰雪雕塑、地景雕塑、夜景灯光、树挂造冰、生态环保彩化和大地景观等多种创新手法，营造出冰天雪地、其乐融融、精彩热烈的赛时景观。按照全市国庆环境布置和“喜迎二十大，奋进新征程”的主题要求，设置“又见青绿”“月上云端”“万象中轴”“奋进新时代”“守护星光”5组主题花坛，在区属公园、二环路、三环路、前门西大街等29条大街和重点区域栽植地栽花卉1.6万平方米、约77万株，通过立体花球、花塔、花蘑菇、花钵容器等形式装点，形成点、线、面相结合的整体花卉布局，营造出花团锦簇、隆重热烈、欢乐祥和的节日氛围。（范慧英）

【花园式创建】2022年，西城区创建首都绿化美化花园式街道1个（西长安街街道），花园式社区5个（北新华街社区、西交民巷社区、西长安街钟声社区、陶然亭米市社区、金融街中央音乐学院社区），花园式单位2个（西城区园林绿化局、白纸坊紫金印象小区）。超额完成“十四五”创建总任务。对全区自1984年以来创建成功的461家花园式单位、垂直绿化单位进行复核，复核率100%。（范慧英）

【园林绿化管理】2022年，区园林绿化局加强园林绿化景观常态化、精细化管理和监督检查指导，西城区在全市四个季度城镇绿地养护管理检查中均排名第一。严密做好美国白蛾等林木有害生物防治工作，全年投入资金246.73万元，设立美国白蛾监测点787个，出动巡查人员1700余人次、巡查车辆343台次，监测虫害树木1596株，人工剪除网幕约3000处，挖蛹4541头，普防总量553.33万平方米，累计防治树木10.41万株；15个街道巡查松材线虫病16954公里。全区林木有害生物得到有效控制，得到国家林草局和市园林绿化局的认可。对全区9378株杨柳树开展药物防治，并协调环雅丽都公司、各街道办事处采取“喷水、湿化、冲洗、清扫”等措施综合治理，有效降低杨柳飞絮污染。为驻区中央单位提供防治病虫害和树木修剪等绿化服务。（范慧英）

【林长制实施】2022年，区园林绿化局按照《关于全面建立林长制实施意见》总要求，制订北京市西城区林长制办公室、北京市西城区人民检察院《关于建立“林长制+检察”协同工作机制的意见》，层层压实政府保护发展园林绿化资源的主体责任，不断深化林长制改革。继续落实从区级总林长到社区“一长两员”（社区林长、绿管员、护绿员）五级林长管理机制（区总林长、副总林长、林长、街道林长、社区林长），建立健全“林长制+检察”协同工作机制，推动移送线索和信息共享。将263个社区、5440处网格制订成册，形成“一图三表”（社区网格图、社区林长信息表、绿管员信息表、护绿员信息表）网格划分区域；在金融街开展林长制改革示范试点工作。截至年底，区级以上林长共巡林28次，街道级林长共巡林225次。（范慧英）

【古树名木保护与管理】2022年，区园林绿化局严格落实古树保护管理机制，进一步压实古树保护属地责任，与全区15个街道办事处和蓟城山水集团重新签订《西城区古树名木保护管理责任书》，进一步明确古树保护管理的相关权利和义务。推动古树名木保护规划和生态环境整体保护试点工作落地，在天桥耕天下小区开展古树小区示范建设，对小区内16株古树进行抢救复壮，并设置古树文化宣传栏。聘请第三方公司对1656株区管古树名木的生长环境、生长势进行调查，科学评价古树名木生长状态，更新每株古树名木的管护档案。对辖区内109株濒危及保护方式不当的古树名木采取“一树一策”的方式进行复壮、修复。（范慧英）

【公园管理】2022年，区园林绿化局围绕迎接党的二十大和创建全国文明典范城区，开展“迎二十大，促公园高质量发展”专项行动和“文明游园我最美，生态文明我先行”主题宣传活动，倡导文明游园，各公园开展主题宣传活动17次，张

3月12日，区园林绿化局组织植树节活动。图为天桥街道干部、群众在虎坊路口东南角植树现场

（区园林绿化局　供图）

贴宣传海报262张次，电子大屏投放285次；推动疫情防控中的公园管理体制运行模式，各公园添置“智慧安全服务机器人”，提升门区出入管理效率；在区属6个公园安装AED（自动体外除颤器）急救设备，提升应急救护能力和水平；完成公园配套用房清理整治任务，并组织开展第三次“回头看”；全年开展公园管理综合检查20余次，提升了公园综合管理服务水平。

（范慧英）

【安全监管和应急处置】 2022年，区园林绿化局持续推进安全风险评估和标准化建设工作，全面建立区属公园和绿化工程风险台账及风险动态更新机制。加强园林绿化系统安全监管，检查单位667家次，查出并整改隐患397处，整改率100%，实现安全零事故。在极端天气期间，协调蓟城山水集团出动抢险人员3025人次，处理树木倒伏、折枝、砸车、压房等险情582起。

（范慧英）

【全民义务植树活动】 3月12日（第44个植树节），全区开展形式多样的植树活动39场，参与人数1.1万人次。4月9日（第38个首都全民义务植树日），区领导结合林长巡林工作，以分散的方式深入街道、社区、院落，与居民、志愿者一同参与绿化美化活动。当日，全区共栽植乔木142株、花灌木752株、绿篱及宿根花卉234平方米，清扫绿地48.6万平方米，发放宣传材料及宣传品7.9万份，参与人数达2.8万余人次；各社区、公园、园艺驿站、义务植树基地等积极组织开展各种形式的义务植树活动。金融街街道中央音乐学院社区建成西城区首家全民义务植树尽责常态化社区。全年开展活动288场，参与人数1.3万人次。

（范慧英）

环境绿化作业

【概况】 2022年，北京蓟城山水投资管理集团有限公司（简称蓟城山水集团）完成西城区园林绿化的日常维护，什刹海景区管理，市政设施、道路的新建、养护，西单商业街、金融街物业及设施维护管理，园林及市政道路设施的应急抢险及防汛等工作。下设北京鑫雅市政建设工程有限责任公司、北京蓟城智造科技有限公司、北京绿美园林工程有限责任公司、北京三海投资管理有限责任公司和北京西城园林绿化有限责任公司（下辖德外分公司、什刹海分公司、月坛分公司、广安门分公司、陶然亭分公司）、北京西城绿通医学检验实验室有限公司（合资公司）。全年接到市12345热线转派市民诉求3980件，其中受理权属案件3152件、协助其他职能部门办理39件、办理退回828件（非权属案件）、不合理诉求剔除案件1343件，不合理诉求剔除前案件解决率为57.39%、满意率为65.24%；实际合理性诉求的解决率100%，满意率100%。全年召开热线周调度会39次，专项工作培训交流会10余次。

（曹　辉）

【绿化工程】 2022年，蓟城山水集团完成玫瑰园全龄友好公园改造工程、南礼士路公园全龄友好公园改造工程、马连道街区绿色空间环境提升工程3项绿化工程。玫瑰园全龄友好公园改造面积4200平方米。完成绿化栽植竹类9258株，灌木类3785株、乔木52株、月季3391株、精品花径600平方米；完成破损修缮、中心广场改造、后勤区改造、儿童广场改造、雨水花园、健身广场改造、2号楼立体花墙、三个门区改造。安装智慧设施14套（含单杠、双杠、摸高、仰卧起坐、体前屈5种体育设施）。6月30日，南礼士路公园全龄友好公园改造工程开工，面积4700平方米。完成广场及园路铺装、古建亭翻新、栏杆及围墙翻新、东西门廊架安装、电力线缆铺设、儿童活动区、老年康复设施等，新建篮球场1处、羽毛球场2处、乒乓球场1处、新增加8组健身器材（包含腿部按摩器、室外漫步机、仰卧起坐板、室外椭圆机等）。完成常绿乔木4株、灌木83株、早园竹1900株、地被花卉522平方米等绿化栽植。马连道街区绿色空间环境提升工程，建挡土墙及座凳围合多重空间，调整南北市政人行道位置，行人可在绿地中穿行；增加雾喷设备，降温降噪，提高负氧离子浓度，面积约3596.21平方米。全年共计栽植乔木30株、灌木177株、绿篱4700株、花卉及地被1157.93平方米。东侧常乐坊公园，新建EPDM无硫净味多功能活动场地400平方米、新增智慧监控照明灯杆3处。

（曹　辉）

【绿化养护】 2022年，蓟城山水集团按照北京绿化养护标准完成全年绿化养护工作，养护花钵4558延长米，垂直绿化20469.95延长米，屋顶绿化132564.34平方米，绿道696006平方米，专业绿化3189771.67平方米。对易产生黄叶、焦叶的银杏行道树结合浇水工作进行科学地施肥，最大限度地改善行道树生长环境。关注气象预报，适时调整浇灌计划，减少水资源浪费。根据辖区内树木生长状况，对部分长势弱的银杏、白蜡、柳树、七叶树、灯台树、紫叶稠李、华山松等19个品种共计1066株进行不同程度的复壮。遵照因地适树的原则，通过修剪、深层补水、掺拌有机质、疏松土壤等措施，达到树势恢复的目的。遇冬季融雪剂盐害、极端冻害天气及时予以养护补植。“五一”前共计栽植乔木277株，灌木及竹子2014株，绿篱、色带231860株，花卉49555株，草坪28581.5平方米。对于易受冻害影响的品种如：紫薇、竹子、丹麦草等加强管护，更换加厚的防寒材料，增加冬季冻水浇灌量，调高防风障高度，从各方面应对越冬不利因素。（曹　辉）

【道路修复改造】 2022年，蓟城山水集团完成黄寺大街、南官房胡同等27条市政道路大中修工程。沥青路面完成82680平方米。步道完成29231平方米。针对区属交通拥堵严重、社会反映强烈的道路节点和路段，公司采取局部调整、改造和综合管理措施，优化道路，对西城区冰窖口胡同、红莲南路、乐道巷、南礼士路三条、核桃园东街西口等5处交通不畅的路段进行疏堵改造。掘路修复道路51条，修复沥青6457.05平方米，步道3061.3平方米，替换石材38.6平方米，铣刨8204平方米。日常养护区属道路，共维修沥青86434平方米，铺装人行步道34251.7平方米，石材铺装11712.11平方米，维修更换路缘石2680米，维修检查井1733座。（曹　辉）

【慢行系统改造】2022年内，蓟城山水集团完成育幼胡同、西章胡同、黑塔胡同、永安路等35条道路，约29公里慢行系统改造工程。改造沥青总面积19252平方米、改造人行步道21551平方米、完善道路交通标志417个、标牌193处及道路标线36721米。拆除废弃线杆3处，施划标线36640米，翻建路缘石4281米，增设阻车桩361根，增设路侧检查井盖板58套，设置自行车停车停放区标识71处。（曹　辉）

【林荫道路建设】2022年，蓟城山水集团完成建设40条林荫道路。种植银杏5株，国槐232株，栾树43株，元宝枫19株，白蜡14株，法桐12株，千头椿7株，玉兰11株，白皮松2株，油松4株，山桃6株，紫叶矮樱20株，碧桃76株，榆叶梅9株，桧柏6株，西府海棠126株、贴梗海棠22株，紫叶李16株，红王子锦带球15株，大叶黄杨球78株，金叶女贞球4株，元宝枫球2株，北海道黄杨60平方米，大叶黄杨655平方米，大花萱草16平方米，金山绣线菊4平方米，丰花月季280平方米，绿篱补植343平方米，冷季型草坪73平方米，丹麦草600平方米，宿根花卉273平方米，挡墙960平方米，树池边框129个，大叶黄杨移植150平方米、玉簪移植800平方米。绿地提升8366平方米，新增绿地约1163平方米。修复步道1.13万平方米，新增步道253平方米。更换（新增）道路名牌207套，减少交通标志杆体382处，重新安装43处。（曹　辉）

【地下空洞检测】2022年，蓟城山水集团为防止发生道路空洞塌陷等次生灾害，避免道路大面积沉陷，运用现代科技手段，检测道路地下空洞，提前处置路面塌陷隐患，对136条区管道路进行空洞检测，检测道路总里程64857.2米。完成雷达测线522851.5米，其中机动车道测线302017.1米、非机动车道测线110133.8米、人行步道测线110700.6米。（曹　辉）

【桥梁日常检测养护】2022年，蓟城山水集团负责金锭桥、银锭桥、后海西闸桥、西海东闸桥、德胜东桥、德胜西桥、甘石桥、广外大街桥、红莲北路桥等9座桥梁的日常养护维修。对9座桥面清洁栏杆39次，桥梁主体4次。红莲北路桥修复透水砖56平方米。完成德胜门内大街板桥、后海西闸桥、西海南沿东闸桥、德内石拱桥、金锭桥、银锭桥6座桥梁检测。（曹　辉）

【城隍庙养护】2022年，蓟城山水集团在城隍庙养护项目中，维修仿古青砖（24厘米×12厘米×6厘米）38平方米、坐凳保养1次、维修芝麻黑火烧面花岗岩石材（30厘米×70厘米×5厘米）12平方米，清洗、保洁石材墙面及台阶、浮雕墙38次。（曹　辉）

【金融街地下交通及设施维护】2022年，蓟城山水集团完成设备设施巡检工作2100余次、安排维修工作230余项，完成配电柜导线梳理、老化导线设备更换、排水管道清掏、防汛排水、卷帘门维修等工作。4月、10月，对地下交通配电室高压设备进行2次保养清扫，确保地下交通供电设备安全运行。（曹　辉）

【西单商业街养护】2022年，蓟城山水集团维修沥青路面3588.1平方米，铺装人行步道296.4平方米，石材铺装2891.51平方米，维修路缘石94米，维修透水岩步道23.04平方米，石材挡车柱112根，检查井38座，树池框36套。维修灯具107次共267盏。维修电梯34次，各电梯保养24次。完成4座过街桥及1座连廊的荷载检测，灯具保洁和桥梁恶劣天气铺设防滑毯等工作。（曹　辉）

【节庆景观花卉布置】2022年，蓟城山水集团坚持“地栽花卉为主、立体花坛为辅，花卉装饰小品为补充”原则，“五一”前完成全区二环路、三环路、前门西大街等34条大街或地块主干路网绿地以及营城建都滨水绿道（西城段）、莲花河滨水绿道（西城段）、什刹海环湖绿道花卉栽植，累计栽植面积3万余平方米（含补植）及二环、三环路等点缀布置95个花球花卉小品；国庆期间对金融街区域、二环路、三环路、前门西大街等29条大街或地块主干路网绿地内栽植地栽花卉及点缀布置花球花卉、花蘑菇小品，布置52处灯杆花卉，栽植地栽花卉1.6万平方米，约77万株花卉。布置主题花坛5组：北京天桥艺术中心前广场——《又见青绿》、什刹海荷花市场广场——《月上云端》、鼓楼站地铁口——《万象中轴》、广安门南街——《奋进新时代》、金融街中心绿地主题花坛——《守护星光》，花坛共使用穴盘苗、卡盆63万株、桶花383盆、地摆花卉5万余株。金中都公园试点栽植花径，以月季为骨架，种植宿根花卉、应时花卉。首次在广宁公园试点栽植生态月季，力求在达到丰花效果的同时，降低花卉维护成本、材料更换成本。（曹　辉）

（责任编辑　徐　翊）

应急管理

应急综合管理

【概况】 2022年，北京市西城区应急管理局（简称区应急局）实施《西城区安全生产“十四五”规划》《西城区“十四五”时期安全发展城市建设规划》，定期召开公共安全形势分析会，开展“六个一专项行动”（与所有驻区企业及辖区居民见一次面、对常住及外来人口房屋出租经营情况进行一次登记、当面宣传一次防火知识、为每户居民家中张贴一张防火标识、全覆盖检查一次火灾隐患、为居民发放一封防诈骗宣传信），建立健全居民台账421515户，企业台账26834家，重点安全数据纳入全区风险地图，实行“发现隐患、整改完成、督查落实”闭环管理模式，运用“吹哨报到”、居民《邻里相望安全公约》自治和隐患挂牌督办三个工作机制，形成有效监管合力，确保隐患消除。优化升级安全生产“双预防”大数据可视化分析平台，与市应急局“风险云平台”数据对接，及时更新企业安全生产风险数据，预防重特大事故发生。学习贯彻新修订的《中华人民共和国安全生产法》，与区检察院建立安全生产领域公益诉讼协作机制，以法治方式推进安全生产治理体系和治理能力。对科研机构实验室（中国医学科学院药物研究所）进行隐患排查。完善配齐各类消防设施，加强消防队伍建设。实施“百日提升·喜迎二十大”专项行动，聚力“6+3”（6项补充完善的整治重点、3项新纳入的整治重点）专项整治，与区政府督查室联合区安委会办公室、安全生产专家团队开展安全生产专项“跟踪+调研”，联合区纪委区监委全程“跟踪+问效”强化安全生产意识，筑牢安全生产根基。开展综合减灾示范社区创建工作，53个社区通过复评，10个社区被评为北京市综合减灾示范社区。全市应急值守工作考核第一，区应急局获评应急值守先进单位、获防震减灾示范建设工作突出奖，西城区政府获优秀等次。（王卫婷）

【全国两会安全保障】 2022年，区应急局制订下发《西城区应急管理局2022年全国两会安全生产保障工作方案》，明确任务分工及时间安排，确保各项保障任务落实落细。摸底排查涉及全国两会会场、住地周边200米范围内的161家生产经营单位，并建立台账。完成三轮全覆盖执法检查、整改复查工作。出动5个执法科室队、15个街道安全生产检查队、16个部门安全生产督查检查队进行安全生产执法检查。全区应急系统共计检查8141家，出动人员15007人次，发现隐患并整改7201项。（王　蕊）

【北京冬奥会冬残奥会保障】 2022年，区应急局全力完成北京冬奥会冬残奥会的保障工作，成立专班，通过“1+3+263”（建立基础一盘棋，实行机制、监管和管控三“闭环”，263个社区实行安全网格化管理）开展安全生产服务保障。建立涉奥点位、线路周边生产经营单位台账293家安全监管模式，实行安

9月6日，区应急局与区检察院举行安全生产领域公益诉讼协作机制签约仪式　（区应急局　供图）

全管理网格化。全区检查生产经营单位10112家次，出动执法检查人员20224人次，发现隐患7800项并全部整改。（王 蕊）

【全域联动安全防护专项行动】2022年，区安委会、区防火委结合安全生产专项整治三年行动、安全生产大检查和“百日提升·喜迎二十大”专项行动等工作，联合制订下发《关于开展西城区“落实二十大精神·全域联动安全防护”专项行动的通知》。11月15日，以区安委会、区防火委名义组织西城区48家成员单位召开专项行动调度会，区委常委、常务副区长朱国栋部署“落实二十大精神·全域联动安全防护”专项行动工作，并提出具体要求。建立专项行动执法检查和问题隐患台账，每月14日、28日报送数据统计表、工作信息、工作总结、典型案例等，及时掌握各单位工作动态。各部门、各街道重点围绕“三个方面、四个领域、五个专项”，排查治理各类安全风险和事故隐患。截至12月28日，全区开展联合检查4555次，领导带队检查682次，检查生产经营单位11177家，停产停业233家，执法处罚228家，罚款105.43万元，清运可燃物572.81吨。（王 蕊）

【应急宣传培训】2022年，区应急局举办40余场线上线下相结合的宣教活动，利用“西城应急”微信公众号开设“法治微课堂”“应急说法”专栏，发布304期、964条信息，阅读量26万人次，分享量1万余次，粉丝数超2.5万人。20余项防灾减灾公益大讲堂进机关、社区、部队、企业、学校、养老院等场所，全年组织80场宣教活动，约2400居民参加。开展“法律十进”“以案释法”主题普法宣传，制作并报送“以案释法”视频1件，报送“以案释法”宣讲员材料8件，经过专家评比、选拔，西城区1名宣讲员入围宣讲团。（宗茜 王蕊）

【应急队伍建设】2022年，区应急局、团区委、区委社工委、区民政局和区红会等部门协同配合，修订《西城区社会应急救援力量建设实施意见》，制定《志愿者队伍管理办法》，进一步明确志愿者队伍建设与管理。在2022年首都学雷锋应急志愿服务“四个10”（最美应急志愿者10人、最佳应急志愿服务组织10个、最佳应急志愿服务项目10个、最美应急志愿服务社区10个）宣传推选活动中，西城区志援应急救援服务中心徐广春获评最美应急志愿者，金融街街道京畿道社区获评最美应急志愿服务社区。（刘林婧）

【应急值守例会】2022年，区应急局每周组织各街道参加全市应急系统视频例会，通报全区突发事件和应急值守情况，传达市领导对西城区突发事件和应急值守工作批示要求。全年处置一般性突发事件和突出情况301件，现场协调处置突发事件90余次，视频抽查点名100余次。（陈 晓）

【公共安全形势季度分析会】1月26日，西城区召开第一季度公共安全形势分析会暨安全生产工作例会，区委常委、区政府常务副区长朱国栋，副区长王中峰参会并讲话，区应急委成员单位负责人参加会议。区应急局、区消防救援支队、区城管委总结2021年公共安全情况，分析研判第一季度公共安全形势，部署安全生产、北京冬奥会和冬残奥会服务保障、燃气安全、消防安全、城市运行等重点工作。会议强调，各单位要认真部署应急管理、安全生产等重点工作；针对冬奥会、冬残奥会、春节假期等重大活动及重点节假日，做好各项服务保障工作；对公共安全各类风险隐患开展全面细致的排查。6月15日，召开区应急委、区安委会、区防火委工作联席会议暨“百日提升·喜迎二十大”专项行动工作部署会，朱国栋主持会议并讲话，各成员单位相关负责人参加会议。会议通报区应急委、区安委会领导成员调整情况以及2021年度安全生产综合考核情况。区应急局、区城管委汇报第二季度公共安全、城市运行总体情况及第三季度全区公共安全、城市运行形势分析情况；区消防支队通报1月至5月火灾形势并部署消防安全大检查行动，会议部署“百日提升·喜迎二十大”专项行动。10月15日，西城区召开第四季度公共安全形势分析会议。朱国栋、王中峰参会并提出要求，区应急委成员单位负责人参加会议。区城管委、区卫生健康委、市公安局西城分局、西城消防救援支队、西城交通支队汇报第三季度工作情况，并对第四季度风险隐患进行分析研判。部署2023年元旦、春节及元宵节全区应急值守工作安排以及落实“二十

3月31日，区应急局在金融街街道二龙路社区举办“社区综合减灾大讲堂”活动（区应急局 供图）

大精神·全域联动安全防护”专项行动。（樊磊　张文静）

【应急管理工作调研】 7月13日，应急管理部党委委员、政治部主任郝军辉带队到西城区调研基层应急管理能力建设工作，市应急局副局长阎军、副区长王中峰陪同调研。调研组实地考察参观金融街街道丰汇园社区安全教育基地，金融街街道汇报教育基地建设情况、教育服务培训情况，王中峰介绍西城区应急管理体制机制建设、应急值守处突、监测预警、应急救援队伍建设、应急物资储备等情况。德胜街道、大栅栏街道、什刹海街道、展览路街道的主要负责人汇报街道应急管理工作情况。（葛万伦）

安全生产监督管理

【概况】 2022年，区应急局开展北京冬奥会冬残奥会、全国两会、党的二十大等重大活动服务保障工作，对驻地、会场、行车路线等重点地区周边200米企业开展多轮次全覆盖安全生产检查。组织辖区生产经营单位签订信用承诺书，督促企业落实安全生产诚信制度。区域内6916家企业投保安全生产责任险，保险费1946.14万元。全年办结“12345”市民服务热线199件，“12350”举报案件8件，应急管理部系统举报案件6件，均按时限办结。（王蕊　邵丹丹　颜伟）

【安全生产专项整治】 2022年，西城区持续开展安全生产专项整治三年行动，区应急局、区生态环境局、区消防救援支队、区住房城市建设委、区城市管理委、区人防办等部门，梳理建立涵盖3个专题、7个专项“目标任务清单”169项。各部门、各街道对本行业领域、本辖区和重点场所进行细致摸排，坚持边查边改、立查立改，依托信息系统建立2022年“问题隐患清单”。169项目标任务全部完成。依托全市信息系统挂账“问题隐患清单”1150项，其中一般隐患1138项、重大隐患12项，全部整改验收，销账率100%，1项突出问题和2项制度措施均完成落实。（赵志娜）

【安全发展示范城市创建】 2022年，区应急局推进安全发展示范城市创建，分三个阶段整改完成2021年市复评组提出的31项问题，统筹17个委办局和15个街道按时提交整改报告，更新相关资料近200份。在源头治理、基础提升、精细监管、预防双控、防灾减灾、科技文化等方面均高于全市平均水平。（封吹雪）

【企业达标创建】 2022年，西城区印发《西城区小微企业安全生产评定标准》，完成达标企业创建2699家，其中三级达标企业143家、小微达标企业2556家，目标完成率149.94%。（宋志娟）

【危险化学品监管】 2022年，区应急局受理危险化学品经营许可40家、颁证40家，完成危化品经营企业应急预案备案24家。（宋志娟）

【特种作业考核】 2022年，区应急局组织完成特种作业考试2次，理论考试291人，实操考试274人。到各考点检查巡考6次，接待群众关于特种作业方面答疑、咨询20余人次。（宋志娟）

【生产安全事故情况】 2022年，西城区发生各类安全事故278起，死亡20人。其中发生工矿商贸事故1起亡1人，发生火灾事故256起死亡2人，发生道路交通事故17起死亡17人，液化石油气爆燃事故1起，施工破坏地下管线事故3起，未发生铁路交通事故、特种设备事故、自然灾害引发的亡人事件等其他事故。（刘亚男）

【安全生产督导检查】 2022年，西城区制订《西城区安全生产委员会办公室关于印发〈西城区安全生产督导检查工作方案〉的通知》和《北京市西城区应急局关于持续开展安全生产督导检查工作方案》，成立安全生产督导检查领导小组，建立领导带队检查机制，实施周六日、节假日专人督查。每日安排督导检查组深入各行业、各街道及重点企业开展明察暗访，对出现的问题及时反馈、追踪督办。建立全区隐患问题清单，实行隐患排查及销账闭环管理。督导检查生产经营单位433家次，出动执法人员854人次，发现问题24个，下达督办单19份，隐患整改率100%。（王　蕊）

【有限空间安全管理】 2022年，西城区研究制订《西城区安全生产委员会办公室关于进一步加强西城区有限空间作业安全生产工作的通知》和《北京市西城区应急管理局关于印发〈西城区应急管理局2022年有限空间作业安全生产工作方案〉的通知》，部署2022年有限空间作业安全生产管理工作，明确工作要求，全力防范遏制事故发生；组织相关行业和属地主管部门、重点企业等百余家单位参加有限空间市级、区级工作部署会、培训会、紧急会。8月至10月底，开展西城区有限空间“双防一推进”（防止违规作业、防止盲目施救、推进企业落实责任）专项检查行动，制订并下发工作方案，要求43个成员单位围绕“双防一推进”突出“六查”（制度建立、标识设置、装备配备、安全协议、应急处置、现场管理），依法依规、全面排查。9月上旬，对17家重点企业有限空间进行调研“回头看”。9月20日，邀请专家到3家在施工地现场调研指导，区应急局、区住房城市建设委、德胜街道和展览路街道开展联合督导检查。建立“一月一课”机制，每月通过视频学习、案例分享、工作提示等方式，对全区44家安委会相关成员单位进行有限空间作业警示教育。（王　蕊）

【安全生产检查与执法】 2月6日，市应急局一级巡视员、副局长贾太保，区应急局及牛街街道相关负责人对西城区北京翔达投资管理有限公司翔达吐鲁番餐厅、北京牛街洪记餐饮有限公司、北京市牛街聚宝源餐饮有限公司和老诚一锅（北京）酒店管理有限公司牛街火锅店四家餐饮企业进行应急值守、燃气使用情况安全检查，对发现的安全隐患，区安委会办公室组织落实整改。5月至12月，西城区组织开展安全生产大检查，区安委会办公室成立工作领导小组，制订工作方案，统筹全区45个安委会成员单位，围绕市安委会明确的15个方面36项措施，开展安全生产自查，对燃气、消防、电动自行车、建筑施工、道路交通、普通地下室、经营性自建房、出租屋、征拆工地、特种设备、人防工程、危化品、有限空间等领域实行专项执法检查。出动检查人员17.29万人次，检查生产经营单位11.32万家，发现隐患5.77万处，下达责令整改通知书1.68万份，行政处罚133家，罚款113.06万元，领导带队检查2570次，联合检查1377次，重点专项执法检查2475次，发放相关宣传材料132210份，开展宣传培训5882次。6月，区应急局制订《北京市西城区应急管理局2022年高考、中考期间安全生产服务保障工作方案》，对西城区高考、中考考点周边200米范围内生产经营单位开展全面摸排，建立台账89家。6月11日、6月27日检查考点周边生产经营单位1045家次，出动检查力量1710人次，查处隐患923处，下达检查记录944份，下达责令整改283份，现场处理整改341次。8月，区应急局制订《2022年中国国际服务贸易交易会安全生产服务保障工作方案》，明确工作职责、时间安排和应急保障措施。对长安街及其延长线、阜石路、二环路、三环路周边生产经营单位以及辖区内危险化学品、工业企业等生产经营单位开展安全生产检查。8月17日至31日，出动检查人员294人次，检查区域内生产经营单位147家，无安全生产隐患。做好党的二十大会议期间安全生产保障，8月22日至10月23日，全区应急系统出动人员30868人次，对会场周边200米范围内及重要路线沿线企业进行全覆盖执法检查和动态巡查，检查单位18559家，查处隐患20047项，下达检查记录15561份，下达责令限期整改指令书6107份，现场处理措施5824份，立案3起，罚款2.7万元。11月10日起，在全区范围内开展“落实二十大精神·全域联动安全防护”专项行动。建立专项行动执法检查台账，自11月15日起实行月报工作机制，每月14日、28日报送数据统计表、工作信息、工作总结、典型案例。各部门、各街道重点围绕“三个方面、四个领域、五个专项”，全面排查治理各类安全风险和事故隐患，截至12月28日，全区开展联合检查4555次，领导带队检查682次，检查生产经营单位11177家，停产停业233家，执法处罚228家，罚款105.43万元，清运可燃物572.81吨。

（王　蕊）

【安全生产宣传培训】 6月20日至9月30日，西城区完成7家规模以上工业企业122名人员的工业企业安全管理知识线上专题培训。8月18日，区应急局组织全体执法人员开展行政处罚自由裁量及轻微违法行为不予处罚事项应用培训。邀请局法律顾问授课，对照《北京市安全生产行政处罚自由裁量基准（2022年修订版）》《北京市应急管理轻微违法行为不予处罚目录清单（试行）》，从适用范围、基本原则、操作实务、文书规范等方面进行讲解，围绕执法人员在实际工作中遇到的问题进行探讨交流。9月13日，9月23日，区应急局在全区范围内开展有限空间作业安全生产专题宣讲，开展《北京市安全生产条例》线上培训。专家以有限空间作业基础知识简述为脉络，讲解有限空间概念、危险因素、存在形式、作业步骤、人员配备、设施设备和防护用品配备、许可审批、文件档案以及作业具备条件等知识。区安委会办公室对新修订《北京市安全生产条例》进行培训。12月1日至7日，区应急局开展新《安全生产法》宣传周活动，安委会成员单位参加西城区《安全生产法》线上知识讲座。在西城应急微信公众号上推送宪法公益宣传片——《根基》。

（王蕊　宋志娟）

【燃气安全检查】 10月20日，市应急局副局长卞杰成带队检查西城区城镇燃气安全整治“百日行动”落实情况。区应急局、区城市管理委、区城管执法局、大栅栏街道、天桥街道等相关负责人参加。检查组采取“四不两直”方式，随机抽查丰泽园、晋阳饭店、聚亨楼火锅店3个燃气用户企业，查看燃气设备设施使用、调压站及燃气报警联动装置等情况，对存在的问题要求区级部门继续跟踪督导整改。

（赵志娜）

防汛防旱

【汛期保障】 2022年，区防汛指挥部制订《西城区2022年防汛工作要点》《西城区防汛任务书》《2022年西城区防汛工作手册》等制度规范及8张风险图，部署防汛工作。各部门、各街道组织防汛演练154场次，出动人员4496人次。落实区、街、社区三级防汛领导指挥体系，严格执行24小时值班和领导在岗带班制度。全区14支3000人的专业应急抢险队伍、15个街道3799人的抢险队伍，随时处于临战状态。全区780台备勤车辆和装备，6万余条麻袋、1435件救生衣等防汛物资储备到位；普查全区房屋、道路、树木、人防工程、深基工地等，疏通清掏排水管网、雨水箅子等，对排查出的9类511处隐患建立台账，制订应对措施，开展消隐工作；在全区确定30所学校（每个街道2所）为汛期紧急避险场所，10家医疗机构为应急救治场所；BTV北京新闻“都市晚高峰”“都市阳光”栏目播出《2022 年西城区防汛综合演练》，制订《防汛预警响应单》细化预警响应启动机制，运用城市大脑可视化系统将防汛隐患、重点部位、队伍物资等数据图层，与视频监控、雨量监测、城管系统防汛案件等模块进行整合，实现防汛数据可视化，为防汛指挥部快速掌握降雨期间城市运行情况，为指挥调度提供支撑。汛期跟踪协调解决房屋漏雨、倒树、道路滞水等案件 261 件，比上年 704 件减少 63%。（陈亚斌）

【防汛督导检查】 汛期，区领导多次带队到老旧房屋、低洼院落、拆迁区、二热闸、在建工地等重点区域、重点工程、重点部位检查防汛工作，督促指导各单位落实措施、压实责任。6 月 13 日，区防汛指挥部成立 5 个检查组，检查 15 个街道的防汛工作。通过听取汇报、审阅文件、实地走访等方式，重点检查街道防汛责任制、预案、物资、队伍、避险场所、隐患整改措施等 6 项工作完成情况，确保汛期各项措施落实到位。（陈亚斌）

【防汛业务培训】 2 月 18 日，区防汛指挥部办公室组织各防汛成员单位参加市防汛办组织召开的全市防汛系统干部专题培训会。中央党校教授王永明以“河南郑州 7·20 特大暴雨灾害应对及其启示”为主题进行授课，分析 7·20 特大暴雨产生的原因及改进措施。当日，区应急局召开全区部署会，要求深刻汲取郑州 7·20 特大暴雨灾害教训，做好防汛备汛。6 月 30 日，区防汛指挥部办公室请市气象局首席专家尤焕玲，从天气预报怎么看、如何认识雷达回波图、北京汛期降雨特点与影响、城市气象灾害应对与防御等四个方面做气象科普培训，15 个街道和 13 个主要防汛职能单位的防汛工作人员 130 余人参加培训。（陈亚斌　袁佳熙）

【防汛工作动员部署会】 5 月 31 日，西城区召开防汛工作动员部署会，明确西城区于 6 月 1 日早 8 时正式上汛。区委副书记、区长孙硕主持，区委常委、常务副区长朱国栋、副区长王中峰出席，区防汛分指 33 个成员单位及 15 个街道办事处防汛主管领导、相关工作人员参加视频会议。会议贯彻落实市政府 2022 年防汛抗旱电视电话会暨市防汛抗旱指挥部第一次会议精神，动员部署 2022 年全区防汛工作，孙硕签发并宣布《西城区上汛 1 号令》。会议强调各街道、各部门、各单位扎实做好备汛防汛工作，确保各项工作组织到位、责任到位、措施到位。（袁佳熙）

8 月 2 日，区委副书记、区长刘东伟（左四）一行检查陶然亭街道拆迁区防汛物资储备库（区应急局　供图）

【应对降雨工作】 6 月 1 日至 9 月 15 日，西城区累计降雨量 417.5 毫米，共降雨 57 场次（小雨 45 场、中雨 8 场、大雨 1 场、暴雨 3 场）。雨情汛情呈现特点：主汛期较往年有所提前。6 月 28 日至 29 日（平均降雨量 43.2 毫米）、7 月 2 日至 4 日（平均降雨量 43.2 毫米）两次强降雨均在主汛期之前，全区共转移人员 233 户 494 人。全区发布预警 73 次（暴雨蓝色预警 12 次、暴雨黄色预警 1 次、雷电蓝色预警 21 次、雷电黄色预警 5 次。解除暴雨蓝色预警 10 次、暴雨黄色预警 1 次、雷电蓝色预警 18 次、雷电黄色预警 5 次）；区防汛办接险 48 件，比上年减少 87.3%，均妥善处理。（陈亚斌）

【防汛综合演练】 7 月 14 日，区防汛指挥部组织开展 2022 年防汛综合演练，各防汛专项分指挥部、各街道防汛指挥部和成员单位参加。市应急局救援协调和预案管理处、中国水利水电科学研究院、区政府、区应急局有关负责人到场观摩。演练以暴雨橙色预警引发的城区严重内涝情景为背景，涉及工地滑坡、人员疏散转移、树倒压房抢险、路面塌陷和积水排除、地下车库应急排险、地铁口地下通道应急排水等多场景多科目。全区参演部门通力协作完成各项演练科目。（袁佳熙）

震灾应急救援

【应急救灾物资储备】 2022 年，区应急局指导各街道、社区开展物资储备，形成全区应急物资网格化管理。增储 1200 人份救灾物资，完成万通金融中心应急物资储备库建设、新租用物资库房 900 平方米，制订《西城区应急局应急救灾物资调拨管理规定（试行）》及应急救灾物资调拨流程图，提高应急物资一体化调度、快速调配和紧急运送能力。

（高永红）

【气象灾害防御中心工作平台升级】2022年，区应急局与市气象局气象服务中心、西城区城市大脑建立数据共享机制，通过应急值守系统、西城区城市大脑和微信、蓝信等信息化平台和媒介，及时发布天气预警和极端天气应对提示，确保应急值守系统各部门、各街道提前准备、科学防范、迅速处置各类极端天气引发的自然灾害。汛期，区防汛办与市气象局核心气象处加强气象会商和预警叫应工作的对接，实时监测天气雨情变化，及时会商研判、提示临近预报预警信息。通过西城区政务短信平台累计发布信息101条，覆盖各类应急抢险人员30098人次，为区领导科学指挥调度提供依据，为各类处突力量及时抢险提供情况。在人员密集区域和公共场所建设预警信号接收与传播设施，在重点区域和社区利用应急广播系统等多种方式及时传播预警信息。推动危险化学品等行业领域建立自然灾害预警信号接收与应急处置责任制度，严防次生、衍生灾害。

（刘雅思）

消防安全管理

【概况】2022年，北京市西城区消防救援支队（简称西城区消防救援支队）下辖8座标准消防救援站、38座小型消防站，有消防救援人员476人、专职消防员666人、文职65人。完成北京冬奥会冬残奥会、党的二十大等重大活动以及节假日的消防保卫任务，部署前置备勤车组上街巡逻536车次，实现重大活动期间社会面消防形势稳定。各项消防安全工作有序开展，火灾形势保持平稳可控。接119报警出动2013起，其中形成火灾246起，死亡2人，未发生较大以上火灾事故。全年执行消防勤务110余场次，出动执勤车辆1038车次、上勤人员6000余人次。检查单位1.5万余家，发现并督促整改隐患1.9万余处，罚款533起，处罚金额906981元，实施临时查封643起，责令“三停”（停产、停业、停工）124起，拘留41人。府右街特勤站获市团委“五四红旗团支部”称号，支队获总队“五四红旗团委”称号，支队1个集体、1名个人分别获“平安北京”建设先进集体和先进个人。府右街特勤站站长焦云龙获全国“五一劳动奖章”、全国“人民满意的公务员”称号。

（唐赵凯）

【重大活动消防保障】重大活动前夕，西城区消防救援支队对全区18处涉奥场所、8处两会住地和住地周边500米范围内单位开展两轮防火检查，累计检查单位502家，发现隐患195处并全部整改。组建8个防灭火工作专班进驻住地，组织单位人员每日开展一次火灾隐患自查自改，指导单位微型消防站每日开展一次“1、3分钟”应急处置演练。开展“六个一”（与所有驻区企业及辖区居民见一次面、对常住及外来人口房屋出租经营情况进行一次登记、当面宣传一次防火知识、张贴一张防火标识、全覆盖检查一次火灾隐患、为居民发放一封防诈骗宣传信）专项行动落实，重点围绕全覆盖式入户宣传，做好两级看护；逐院逐户登记造册，全面掌握基础情况；针对安全协管员、派出所民警及社区相关人员开展一次集中培训，提高隐患排查、信息登记及宣传提示工作的针对性和有效性。全区发现安全隐患15808处，整改15037处，整改率95%，落实企业见面消防宣传26020家，居民入户宣传385714家。党的二十大前夕，西城区消防救援支队针对涉及西城区的1处主题成就展、7处住地、6条行车路线以及21家服务保障单位，实行支队领导班子成员分片包干的做法，以15个街道为作战单元，机关力量全部下沉一线，组织开展点上、线上及周边3轮次全覆盖消防安全检查。开展“百日提升、喜迎二十大”专项行动，清理电动自行车354辆、电动汽车24辆，清理餐饮单位油烟道1616家，清除可燃物229吨，并建立隐患清单，逐一对标销账。

（唐赵凯）

【消防基础建设】2022年，西城区消防救援支队向市消防救援总队争取，新分配编制消防员60人，人数位列全市第一。新建小型消防站2座、新投入备防小型站4座，实现全区38座小型站执勤值守。对8座已建成小型站提档升级，达到B级城市消防站建设标准，推动每一个街道都有一座消防救援“中心站”，深化消防站力量由“多”向“精”发展，为“消防所”试点工作打基础。开展消防“一警六员”实操实训，培训合格“准消防员”4万余人。分三级划定2117个消防安全网格化管理区域，实名制登记2.1万名网格消防安全员，配发消防网格安全员统一标识马甲，大、中网格负责人配发自组网电台，强化重点时段全域巡逻防控，畅通通信联络，实现警情一键调派，隐患立查立改。完善“消防＋环卫”联勤机制，将辖区180名环卫工人纳入网格力量，为每辆环卫车配发轻便灭火器材，并通过培训强化环卫人员初期火灾扑救和应急供水保障能力，确保消防安全形势稳定。

（唐赵凯）

【消防安全宣传】2022年，西城区消防救援支队举办多种线上线下消防宣传活动，累计3000余小时。3月14日，西城区消防救援支队联合区市场监管局，利用直播平台开展燃气灶具消防安全讲解系列活动。西城区消防救援支队讲解员讲解燃气灶具、管道、阀门等基础知识，着重讲授燃气泄漏的处置方法。市场监督人员讲解燃气灶具真假鉴定知识。针对观众提问进行详细解答，直播活动累计观看人数近2000人次。西城区消防救援支队在人流密集地设立宣传阵地，进行消防常识科普。在西单商圈创新开设消防主题打卡墙，平均每日打卡8000余

10 月 1 日，西城区消防救援支队在西单君太百货商场设立消防宣传墙　　（区消防救援支队　供图）

人次，发放宣传卡片 5 万余份，国庆期间近 6 万人现场留影，受众人数超 10 万人次。通过视频直播与线下互动相结合的方式，对群众进行消防科普宣传，并通过微信公众号、抖音、微博等方式直播，北京消防官方微信号同步直播。自主设计制作电动自行车充电安全警示牌 3.6 万块，并在辖区火灾隐患重点区域安装。119 消防宣传月期间，西城区消防救援支队借助新华社、《人民日报》、中央电视台、中国应急管理报、北京电视台等媒体发布西城消防信息 142 条。　（唐赵凯）

【队史馆升级改造完成】 2022 年，西城区消防救援支队召开 8 次专题会议研究府右街特勤站队史馆升级改造，讨论策划案、文字脚本、平面设计图等内容。整理撰写文字材料 1 万余字，精选图片 100 余幅，奖状奖牌 20 余块以及各类获奖证书、锦旗，展示建队历史沿革、重大事件、建设成果。11 月底，府右街队史馆完成升级改造，对外开放。　（唐赵凯）

【消防技术指导】 1 月 19 日至 20 日，西城区消防救援支队支队长王双喜应邀带领消防技术服务队前往驻区重点单位办公区域进行实地消防技术指导，检查消防控制室、服务员宿舍、热力站、食堂操作间、新能源汽车集中充电区、大礼堂屋顶技术夹层等重点部位，梳理建筑消防设施配置、防火分隔措施、电气线路敷设、应急处置制度等方面存在的问题隐患并提出整改意见。5 月 12 日，王双喜带队赴区人民检察院座谈、指导消防工作。王双喜简要介绍消防队伍改制转隶以来的情况以及西城区消防救援支队当前的防灭火及救援工作情况，并与区检察院就“社会面消防安全治理、挂账隐患整治、文物古建消防安全整治、联合开展检查、形成例会机制”等方面达成共识，开展多角度、多层次、多方式的务实合作。　（唐赵凯）

【火灾复盘会】 2 月至 12 月，西城区消防救援支队继全区火灾防控和安全生产工作会议会后，第一时间落实区委区政府主要领导指示精神，与区城管执法局、区应急局共同召开相关街道工委书记、办事处主任、主管副书记、派出所所长、各社区书记参加的火灾复盘会，播放火灾视频片，传达市、区以及总队领导的指示，通报市区两级火灾的扑救情况，进行警示教育。　（唐赵凯）

【可燃物清理行动】 3 月至 12 月，西城区消防救援支队依托街道发动各方力量，持续开展可燃物清理行动。针对全区重点单位、拆迁工地、人员密集场所、居民小区疏散通道、地下空间，以及平房院落房前屋后屋顶户内堆放的杂物情况，开展清理行动。持续开展更换老旧插排、禁止违规电动车充电、老旧电线检查等多种形式的检查，不断扩大宣传面，提高覆盖率，对社区居民、单位员工、外来务工人员等进行入户消防安全教育。　（唐赵凯）

6 月 27 日，西城区消防救援支队在月坛街道召开火情复盘会　　（区消防救援支队　供图）

【文物古建场所防火检查】 3月22日，王双喜率队到辖区国家级文物古建白云观进行防火检查。实地查看中控室值班人员履职、设施和设备的运行情况，检查各殿安全用火用电、消防器材和设备的维护使用等情况，要求单位负责人要切实加强中控室值班人员能力的培训，落实好内部应急联动机制。加大器材的维护保养力度和巡查检查力度，确保遇有突发情况能第一时间进行控制，切实强化“四联”（联勤、联动、联训、联战）。 （唐赵凯）

【消防挂账隐患治理】 4月至12月，西城区消防救援支队以天桥街道大保吉巷36号挂账隐患为突破口，对44处区级挂账隐患、38处拆迁停滞区落实实名制“两级看护”，联合各街道成立68个工作专班，由街道领导负责，在重点时段部署消防前置备勤车组进行点对点看护。年内，完成6处区级挂账隐患销账，制作全区消防隐患点位分布图，落实挂图作战、挂账督办机制。针对突出隐患及时函告产权单位有关情况，明确双方管理责任，严格落实整改措施。制订拆迁停滞区《消防安全检查指引》，细化15条隐患排查整治方法，提升治理的针对性和实效性。加强与城管、公安、住建委等部门及属地街道的协调配合，对所有拆迁停滞区域试点开展全覆盖联合检查，对一时难以整改的11项问题逐一指导属地街道、相关单位制订整改方案，做到措施、责任、资金、时限、预案“五落实”。开展平房院落消防安全整治，推动落实平房院分级管控、用电用气设施更换、自建房易燃建筑材料替换拆除，安装集中充电装置、语音提示器、感烟报警器等设施。进一步消除入户电动自行车充电火灾风险。完成平房院“三色”管理（红色为重大隐患院落、黄色为一般院落，绿色为防火安全院落）摸排1.26万个，更换液化石油气老旧软管2.33万个、阀门2.26万个，更换老旧插排3.71万个，改造电气线路4397平方米。清理平房区可燃杂物1281.6吨，替换泡沫彩钢板323.5平方米、油毡1662平方米。在有电梯建筑中安装阻车器2391套。 （唐赵凯）

【电动自行车火灾事故联查机制】 5月，针对全国电动车火灾事故频发的情况，西城区消防救援支队与区市场监督管理局启动电动自行车火灾事故联查机制。支队调查人员与市场监管值班员打捆运作，合作办案，共同开展人员询问、现场勘验、自行车信息收集、厂家约谈等工作，查找火灾隐患，打击电动自行车各种违法行为。 （唐赵凯）

（**责任编辑** 徐 翊）

科 技

综 述

2022年，西城区紧紧围绕首都功能核心区定位，进一步释放科技创新资源和潜力，提升科技对金融、文化及社会民生发展的支撑作用，发布《西城区“十四五”时期科技创新发展规划》，结合西城区优势、特点、功能定位，科学部署西城区科技创新重点任务，加大科技创新力度，全面提升西城区科技创新水平，打造新的经济增长点，赋能区域经济高质量发展。强化对科技企业的政策引导及扶持，收集市、区200余条最新政策事项形成《科技政策指引选编（2022）》。培育科技创新优势，辅导243家企业认定成为国家高新技术企业，全区国家高新技术企业保有量达到857家。2022年，西城区输出技术合同8634项，比上年增长54%；输出技术合同成交额322.36亿元，比上年增长161.02%。吸纳技术合同8028项，比上年增长4%；吸纳技术合同成交额608.57亿元，比上年增长13.26%。553家企业获得科技部科技型中小企业入库编号，比上年增长206%。西城区财政科技专项资金助力传统产业提质升级，支持的多个项目成果在北京冬奥会等国家重大任务中发挥作用。大力提升区域公众科学素养，加强科普基地建设，制定《西城区科普基地管理办法》，组织区内8家单位申报成为市科普基地；推进科普资源走进校园；开展各类科普活动和科普法律法规宣传，举办2022西城科技周。西城区持续优化数字经济发展实施路径，印发《北京市西城区建设全球数字经济标杆城市示范区实施方案》，积极推进优质资源对接合作，承办全球数字经济大会西城分论坛，与中国信通院签订战略合作协议，搭建“马连连会客厅”等交流平台，助力优质企业集聚发展。创新推进智慧城市建设，印发《西城区“十四五”时期智慧城市建设规划》。建密建强5G基站，持续普及千兆光网，不断提升基础云服务水平。着力解决群众急难愁盼问题，重点建设拥堵治理、污染防治等“城市大脑”应用场景，实现高水平、深层次的城市精细化治理。（丁　琳）

科技管理

【概况】 2022年，北京市西城区科学技术和信息化局（北京市西城区大数据管理局）（简称区科技和信息化局）发布《西城区“十四五”时期科技创新发展规划》，修订《西城区财政科技专项管理办法》，完善科技创新类和可持续发展类的项目实施细则，推动财政科技专项资金发挥更大作用，辅导73家园区外企业申报国家高新技术企业，其中69家企业获得国家高新技术企业资格。组织科普统计、市级科普基地申报。落实北京国际科技创新中心建设任务要求，配合完成金融街论坛年会、第三届全球金融科技峰会筹办工作。（丁　琳）

【市级科普基地申报推荐】 2022年，区科技和信息化局组织区域内单位参加2022年北京市科普基地申报，经公开征集、形式审查、专家评审、实地踏勘、社会公示等环节。辖区首都博物馆、中国古动物馆、北京科学中心（北京青少年科技中心）、北京急救医疗培训中心、北京动物园、北京天文馆、首都医科大学附属北京儿童医院、北京科学技术出版社8家单位被命名为北京市科普基地。（杨　月）

【科普统计】 2022年，按照市科委《关于开展2021年度北京市科普统计调查工作的通知》要求，区科技和信息化局组织相关委办局、街道、医院、学校、公园、图书馆、科普基地等单位开展2021年度全国（西城区）科普统计调查工作，全区共165家单位参加，首次将区内60家小学纳入科普统计范围。2021年度科普统计调查内容在原有的基础上新增加科学教育内容，共6个方面140个指标。统计数据显示2021年度全区专兼职科普人员2300余人，组织线上线下科普活动累计2500余场次，累计参与人数190万人次，区域公民科学素质不断提升，为北京市和西城区制定科普工作政策提供数据支撑。（杨　月）

【区科普工作要点编制】2022年，区科技和信息化局明确科普工作方向和重点，对联席会成员单位进行年度工作任务分解，要求各成员单位结合行业特点，利用科技周、科普日、防灾减灾日、世界环境日等主题宣传日，开展各类科普活动和科普法律法规宣传，营造区域共建共享的科普工作氛围，提升区域公众科学素质。（杨　月）

【科普工作联席会】2022年，为更好落实《中华人民共和国科学技术普及法》《北京市科学技术普及条例》，区科普工作联席会在原成员单位的基础上进行调整，新增区市场监管局、西城园管委会、区红十字会、区社科联为联席会成员单位。调整后的区科普工作联席会议成员单位共44家，由29家委办局及15个街道组成。（杨　月）

【技术合同登记】2022年，区科技和信息化局两个技术合同登记处共认定登记技术合同736份，合同总额44.98亿元，同比增长108.82%。共确认技术性收入核定表388份，涉及合同总额14.95亿元。技术合同认定登记系统新注册企事业单位53家。8月，区科技和信息化局技术合同登记处通过北京市技术市场管理办公室的执法检查。（冯　帆）

【技术市场统计年报编制】2022年，区科技和信息化局开展西城区技术合同交易分析。以数据监测提供理论依据，分析2021年西城区技术市场的特点、重点产业领域的技术交易状况。2021年，西城区输出和吸纳技术合同13325项，成交额660.8亿元。（冯　帆）

【技术交易市场发展】2022年，西城区输出技术合同成交额322.36亿元，同比增长161.02%，吸纳技术合同成交额608.57亿元，同比增长13.26%。（刘俊峰）

【技术市场执法检查】2022年，区科技和信息化局针对技术交易中虚假技术或虚假技术信息开展执法检查，完成执法检查案件量66件，执法检查中未发现违法案件。（刘俊峰）

【走访科技企业】2022年，区科技和信息化局落实大走访和服务包工作，组织开展对北京市建筑设计研究院有限公司等125家科技企业实地走访工作。开展科技创新、助企纾困等政策的宣传，提高科技企业对相关政策知晓率。（李　晨）

【《科技政策指引选编》编印】2022年，区科技和信息化局搜集现行与科技企业相关的部分政策进行整理，编辑印刷《科技政策指引选编（2022）》，汇总更新科技企业相关政策事项200余项，方便企业查阅和运用各项政策，有效推动科技企业支持政策的落实。（曹荣娥）

科技活动

【概况】2022年，区科技和信息化局营造数字经济浓厚发展氛围，举办第四届西城区企业上市主题交流活动，组织超200家科技企业参与北交所上市政策宣讲会。提升政策服务送达率、精准度，组织科技政策培训会。积极推进科普资源走进校园，持续助力“双减”工作，举办2022西城科技周，开展近百场科普活动，惠及群众超7万人次。（丁　琳）

【科技政策系列培训】2022年，区科技和信息化局举办3期科技政策培训会，分别就“《落实〈北京市西城区加快推进数字经济发展若干措施〉的实施细则（试行）》”“《科技型中小企业评价服务工作指引》”“深化新三板改革，设立北京证券交易所政策”“企业研发费用税前加计扣除政策解读及实务操作”“技术市场相关优惠政策解读”“2022年新组合式税费支持政策要点分析及实务等内容进行讲解”“西城区软件信息服务业企业投资项目备案和固定资产投资纳统介绍”进行培训，相关企业人员440余人参加培训。（曹荣娥）

【科技型中小企业评价】2022年，西城区取得科技部全国科技型中小企业入库编号的企业有553家。比上年增长206%。评价系统内新注册企业306家，比上年增长269%。（曹荣娥）

【数字经济西城分论坛】7月29日至30日，由2022全球数字经济大会组委会主办，中国信息通信研究院、中国通信企业协会、西城区人民政府共同承办的“2022全球数字

8月20日，2022西城科技周“走进科技、你我同行”科普进社区系列活动在红莲南里社区举办

（区科技和信息化局　供图）

经济大会——西城区分论坛”在马连道第三街区数字经济产业园举行，区委书记孙硕出席并致辞。区委副书记、代区长刘东伟代表西城区人民政府与中国信息通信研究院签订战略合作协议，双方致力在数字经济、智慧城市、数据要素等领域开展深层次、全方位的战略合作。活动包括3场分论坛：“数智时代与产业未来”论坛、“数字原生新实体”论坛、“2022游戏责任”论坛，现场参与嘉宾近1000人，吸引超千万人次通过直播观看，13家媒体发布相关报道16篇。（谢雨珂　仇启宇）

【西城科技周】 8月20日，以“走进科技、你我同行”为主题的2022西城科技周启动仪式在西城政府网站、西城家园等网络平台举行，1.1万人次观看直播，《人民日报》、新华网、北京科技报、中国财经报、今日头条、北京西城、科学网等多家媒体进行宣传报道。科技周活动持续至27日，以贴近民生、服务百姓为主线，先后举办“2022西城科技周”线上启动仪式、“科普在身边”“科普互动小程序——点亮科技成果树”“科普进社区”“2021年度中国科学十大进展”科普展等系列线上线下活动，多样化科普进社区，充分利用科技周品牌使社区居民参与到重大科普活动中。（杨　月）

科技项目与成果

【概况】 2022年，西城区科技创新发展水平得到进一步提升。通过西城区财政科技专项支持的多个项目成果在冬奥会、载人航空等国家重大任务中发挥作用，为攻克“卡脖子”问题贡献西城科技力量。获多项国家、北京市科学技术进步奖项。（李　晨）

【西城科技赋能北京冬奥】 2022年，西城区多家科技企业参与北京冬奥会冬残奥会服务保障工作。北京奇安信科技有限公司成为北京冬奥会官方网络安全服务和杀毒软件赞助商；北京市建筑设计研究院有限公司作为冬奥会国家速滑馆“天幕”编织工程的设计者，其开发的“冬奥会国家速滑馆国产封闭索首用关键技术研究”项目获得西城区财政科技专项支持，项目产出的新技术、专利等成果为国产高钒封闭索的进一步推广提供了重要基础；北京大唐万邦复制技术发展有限公司承担北京冬奥会获奖证书研究及制作；中国建设科技集团参与北京冬奥会冬残奥会竞赛场馆设计。（韩　阳）

【西城科技助力传统文化产业提质升级】 2022年，西城区财政科技专项资金助力传统文化产业提质升级，北京荣宝斋科技有限公司“非物质文化遗产”智能数据化服务平台，整合国内现有“非物质文化遗产”信息数据资源，助力“非遗”团队、传承人实现可持续性的商业转化，助推数字文化产业多元化发展。（韩　阳）

【区智慧商圈场景项目】 2022年，北京河图联合创新科技有限公司打造的“基于全域虚拟现实融合的智慧商圈场景”项目致力于建设具有推广价值的标杆性、首创性、示范性应用场景，入选市第四批重大应用场景清单。通过加强西城区城市商圈的数字化赋能和智慧化升级，塑造沉浸式互动体验、文商旅科跨界融合、传统行业与新兴消费全渠道共振的商业新模式，形成“文艺彰显、高端时尚、多元融通、活力涌动”的西城消费新生态，在北京国际消费中心城市建设中作出示范、展现“西城样板”。（赵纪萍）

【科技教育联合体项目实践案例】 2022年，西城区青少年科技馆“馆校社”科技教育联合体项目实践案例，入选25篇科技体制改革典型案例之一。项目落实“双减”政策，通过充分发挥西城科技馆青少年科技教育供给侧改革和资源整合优势，联动优质资源力量，共同为青少年科技教育、青少年科技人才培养、科技教师队伍建设打造优质的活动项目和展示交流平台，助力中小学课后服务，推动协同育人。该案例“微改革、微创新”特色鲜明，以改革推动对科技创新和经济发展成效明显，具有较高的宣传推广价值。（赵纪萍）

【财政科技专项项目】 2月21日，区科技和信息化局组织召开西城区财政科技专项联席会。研究通过《2022年度西城区财政科技专项科技创新类及可持续发展类项目立项计划（草案）》。7月6日，区科技和信息化局组织召开线上财政科技专项可持续发展项目立项培训会，会议对项目的全流程管理进行讲解，并就签订任务书等工作提出相关要求。2022年，区科技和信息化局对2020及2021年度可持续发展类项目开展结题验收工作。通过专家认证、项目资金支出审计等环节，“西城区老年骨关节炎及骨质疏松共患疾病评测及全周期管理示范”“在校外科技教育活动中开展编程创新课程的研究与示范”等18个项目完成结题，通过验收。其中由首都医科大学宣武医院承担的“医院—社区—服务站”三元联动模式下构建糖尿病足分级护理服务技术方案项目成果共发表论文9篇，取得实用新型专利3项，获得国家卫生健康委能力建设和继续教育中心护理管理典型案例奖、华夏医学科技奖卫生管理奖、中华护理学会科技三等奖、北京护理学会科学技术二等奖、《中国护理管理》优秀论文三等奖等荣誉。（闫　肃）

表 8　　2022 年度北京市科学技术奖西城区获奖项目一览表

单位名称（第一完成单位）	项目名称	奖项名称
奇安信科技集团股份有限公司	基于应用程序接口精准检测和高效动态防护的云安全关键技术与应用	科学技术进步奖一等奖
中国航空规划设计研究总院有限公司	超大跨度机库建造关键技术研究及应用	科学技术进步奖二等奖
中国医学科学院阜外医院	结构性心脏病介入诊疗关键技术体系创新与推广应用	技术发明奖一等奖
中国医学科学院阜外医院	主动脉疾病外科诊治关键创新技术及临床应用	科学技术进步奖二等奖
中国医学科学院阜外医院	肥厚型心肌病精准诊疗与风险评估的关键技术建立及应用	科学技术进步奖二等奖
北京大学第一医院	遗传性神经肌肉病的新致病基因鉴定和发病机制研究	自然科学奖二等奖
北京大学第一医院	新生儿脑损伤诊治和预后预测的技术体系和推广应用	科学技术进步奖二等奖
北京大学第一医院	HP- 胃炎 – 癌前病变中西医协作诊疗体系的创建和推广应用	科学技术进步奖二等奖
中国移动通信集团有限公司	主动免疫安全可信网关的研制与规模化商用	技术发明奖二等奖
中国移动通信集团有限公司	算力网络 SRv6 技术创新及规模应用	科学技术进步奖二等奖
北京大学人民医院	基于我国丙型肝炎特点的筛查体系及自主创新治愈方案的建立及应用	科学技术进步奖二等奖
北京大学人民医院	糖尿病筛查及诊断分型新策略的建立	科学技术进步奖二等奖
首都医科大学附属北京儿童医院	中国儿童身体成分发育标准研制、健康风险评估及应用推广	科学技术进步奖二等奖
首都医科大学附属北京友谊医院	儿童肝脏移植的技术创新与推广应用	科学技术进步奖二等奖
国网北京市电力公司	复杂电力通信环境下量子密钥分发与组网关键技术、装备与应用	科学技术进步奖二等奖
北京市建筑设计研究院有限公司	大跨度建筑索结构关键技术与工程应用	科学技术进步奖一等奖
北京城建设计发展集团股份有限公司	配式轨道技术研发及产业化	科学技术进步奖一等奖
北京建工集团有限责任公司	地铁暗挖工程帷幕止水建造关键技术研究与应用	科学技术进步奖二等奖
北京国道通公路设计研究院股份有限公司	既有沥青路面精准检测评价、长寿命设计方法及工程应用	科学技术进步奖二等奖

（丁　琳）

（责任编辑　郝慧芳）

教 育

综 述

2022年，西城区教委辖属教育单位222个，其中幼儿园84所（教育部门办园30所、其他部门办园13所、地方企业办园1所、部队办园3所、集体办园10所、民办园27所），小学58所（教育部门办校58所），初级中学4所（教育部门办校4所），完全中学31所（教育部门办校31所），高级中学1所（教育部门办校1所），九年一贯制学校2所（教育部门办校1所、民办校1所），十二年一贯制学校4所（教育部门办校3所、民办校1所），特殊教育学校2所，中等职业学校4所，专门学校1所。校外教育单位12个，其他直属法人单位19个（含成人学校2所），招生53894人（幼儿园8506人、小学20420人、初中14353人、普通高中10250人、特殊教育学校73人、专门学校12人、中等职业学校280人）；毕业38363人（幼儿园7315人、小学13427人、初中11539人、普通高中5870人、特殊教育学校87人、专门学校8人、中等职业学校117人）；在校生208481人（幼儿园25168人、小学115516人、初中40415人、普通高中26142人、特殊教育学校323人、专门学校10人、中等职业学校907人）。教职工总数21772人（幼儿园4635人、小学7549人、中学8698人、中等职业学校610人、特殊教育学校247人、专门学校33人），其中高级职称3983人（中学2570人、小学1030人、中等职业学校141人、特殊教育学校44人、学前198人）、中级职称5838人（中学2061人、小学2950人、中等职业学校180人、特殊教育学校61人、学前586人）。北京市特级教师73人、北京市学科教学带头人35人、北京市骨干教师174人、北京市骨干班主任47人。教育经费总投入108.06亿元，固定资产原值64.96亿元，净值26.56亿元。设立学区11个。截至年底，西城区通过2021年年审的民办学校144所。其中26所民办幼儿园，2所民办学历学校，116所民办非学历培训机构。民办学校教职工总数为3297人，年招生70万余人次，结业33万余人次，年纳税1598万余元。

西城区持续深化教育综合改革，推进“红墙先锋”工程落地实施。选优配强校级领导班子，将“支部建在年级上”，实现党组织建制与学校行政机构建制协调统一。加强新任职干部，特别是年轻校级干部的跟踪分析和指导培训。扩大优质资源覆盖面，全年干部教师交流轮岗1904人。

持续推进“双减”工作，加强“一址一案”管理，校外培训机构从173址压减到34址，压减率80.3%。以“三率、三性、一特色”为着力点，以五大工程为载体，通过作业改革撬动课堂的积极性，促进校内提质增效，全区义务教育阶段学校课后服务100%全覆盖。推行点“餐”到校，丰富课后服务内容的做法被教育部列为学校落实“双减”十大经验之一。2月15日，西城区作为全国唯一区县代表在教育部2022年“教育新春”系列发布会上作“双减”经验介绍。“亲子嘉年华”“文化百脑汇”“跳动校园”等改革创新项目受到群众广泛好评。实施西城教育优质均衡发展新举措，启动“小而美”“小而精”特色校建设工程。19位区级领导担任名誉校长，打造特色课程、特色景观、特色文化和特色办学模式。推进学位保障工程，新增义务教育学位1万个。优化学区布局，每学区增加2所派位入学初中校，各学区均达10所。增加普惠性学前教育资源，幼儿园普惠率83.94%。促进教育公平，推进中招校额到校，开展普通高中登记入学和中等职业教育自主招生试点工作。做好国家级“双新”示范区建设工作，指导学校特色多样化发展。

坚持德智体美劳“五育并举”，推进德育工作创新。西城区被授予北京市大中小幼教师育德能力一体化建设研究基地、示范区，多门课程入选国家基础教育精品课。北京市基础教育成果奖。聚焦教育实践中的热点难点问题，以科研赋能教育，举办第22届教育科研月活动。推进体育改革，以“跳动校园”项目为抓手，提升西城区国家学生体质健康标准测试优良率。提升学生综合素质，西城区中小学生在市级各类科技艺术体育活动和赛事中彰显良好的精神风貌和优秀的素质能力，西城区获评全国网络学习空间应用普及活动优秀区域。

坚持人才强教，优化队伍建设。加大干部教师队伍建设力度，调整干部176人，为13个单位配备班子成员，任命40岁以下副校级干部18名。发挥书记、校长工作室和工作站作用，吸纳71名书记校长互助学习。启动教师成长关爱工程，推出4大方面16项举措，关心助力教师成长。举办全国中小幼师德师风建设首届年会西城区分会，全国25省市2万人次观看。

提升教育治理能力，深化未诉先办改革。回应群众诉求，探索实施“温度计工作法”。聚焦问题矛盾，主动源头减量治理。全年共受理热线14195件，同比下降8.98%，实现响应率99.98%、解决率90%、满意率95%，其中义务教育入学和入园问题热线同比下降56%；收到表扬件85件。

落实意识形态工作责任制。举办多种形式主题教育，学习贯彻落实党的二十大精神。整顿全系统政务新媒体内容运营工作，规范宣传报道管理，全年在各级各类媒体发布涉及教育的新闻报道700余篇。实施校园新冠疫情防控，落实每日环境消杀、风险排查等防控措施，统筹疫情处置、线上线下教学等工作。

保障重大活动，完成北京冬奥会冬残奥会开、闭幕式参演、观演志愿服务；完成中高考、研究生考试、国考以及教师资格考试面试等组织保障工作；完成文明城区创建日常迎检和未成年人思想道德建设测评工作。

坚持家校协同育人，推送“全程超前伴随式”课程近100节，10万人次观看。新认定3家市民终身学习服务基地，其中2家基地学习项目获“北京市终身学习品牌项目”。（杨海蓉）

教育管理

【概况】2022年，西城区围绕“巩固教育高原、打造教育高峰、做有温度的教育”总体目标，落实“红墙先锋工程”、以高质量党建引领教育高质量发展。推动西城区教育高水平优质均衡发展，打造“小而美”“小而精”特色学校，巩固“双减”成果，深化“双新”建设，破解“四小”问题。多举措确保新冠疫情期间线上学习质量，提出“二十条”优化措施十项要求，汇总编辑《居家学习家校合作“小锦囊”》，共建免疫防护线。

（杨海蓉）

【“小而美、小而精”特色校打造】2022年，西城区推进一批规模较小的学校特色发展、高质量提升。9月，打造“小而美”“小而精”特色学校19所，其中中学6所、小学13所，均为办学基础良好，办学特色彰显，内部管理良好，具有发展意愿，群众认可度还不够的学校。通过梳理整合校内资源、发掘文化底蕴，利用专业设计师团队，在优化校园空间布局、补充完善功能、提升环境品质和凸显办学特色等方面实施校园基础设施改造和信息化项目的建设，形成具有高辨识度、广认可度的特色校。11月4日，“小而美”“小而精”学校规划设计大师营开营，由中国工程院院士、中国建筑设计研究院有限公司总建筑师崔愷、清华大学建筑学院教授边兰春等9位建筑设计大师的大师营团队，为西城区19所特色校规划设计提升环境品质，每位大师各领衔一个专家团队结对两所学校。通过现场踏勘、座谈等方式，发现问题、分析问题，提出改造提升策略。规划设计大师营是西城区“小而美”“小而精”特色学校建设的系列措施之一，发挥挖潜文化育人和环境育人功能，打造建筑设计与教学环境有机融合、学校建筑与学校文化相得益彰的精美校园。

（符宁　赵建锴　洪文渊）

【高校支持区小学发展项目】2022年，区教委借助北京师范大学专家团队的智力支持，帮助黄城根小学、育民小学、实验二小广外分校、登莱小学、志成小学、西师附小6所项目学校开展诊断评估，组织项目学校干部教师参加“教育领导力提升和学校改进”“卓越教师培养”专题研修，深化学校办学理念，开展“一对一”专业指导，创建学习共同体，促进干部教师专业成长。该项目自2020年启动，是第四期“高校支持西城区小学发展”项目。

（谢　歆）

【德育体系建设】2022年，区教委开展大中小幼一体化德育体系建设。组织讲述教师育人故事、班主任研讨会、班主任工作坊、德育协作组交流等活动。3月，区教委与西城教科院联合开展“大中小幼一体化德育体系建设”线上培训会，北京第十五中学、十五中学附小、黄城根小学、名苑幼儿园和棉花胡同幼儿园分享校本德育构建一体化德育体系的案例。9月，西城区获批北京市教师德育能力一体化建设研究基地、示范区；12月，承办全国中小学幼儿园师德师风建设专家委员会首届年会暨北京市学校德育研究会年会（2022）西城分会，活动覆盖25个省市约2万人次；参与北京市学校德育研究会重大课题——大中小幼德育教师一体化培训研究工作，提炼具有可推广价值的教师德育能力一体化建设经验；指导各校根据《西城区一体化德育体系建设工作方案》《西城区一体化德育体系建设实施细则》等文件，制订工作方案和实施细则，联合区教科院开展培训和成果梳理，汇编《西城区中小幼一体化德育体系建设案例集》。（沈璐萍　赵嫣娜）

【“双新”示范区建设】2022年，区教委落实国家级“双新”示范区建设工作，完成区级“双新”第二年度调研，上报教育部6项经验成果；制订《西城区普通高中多样化特色发展创建工作方案（草案）》，指导各校结合实际，申报多样化特色创建材料；受教育部课程教材所委托，完成普通高中新课程新教材实施通识研修课程的开发与录制，介绍西城区“双新”示范区建设推进过程中的经验与思考以及西城区用项目研究推进“双新”示范区建设的具体做法。（陈甜甜）

【在线教育】2022年，区教委多措并举确保新冠疫情防控和在线教育“有温度”。制订《疫情下家校合作工作建议》，指导学校做好“3+N”（建立一个畅通沟通渠道、发送致家长的一封信、开通一部家校沟通热线）工作。学校老师与家长一对一沟通，家校协同帮助学生增加学习自觉自律性。主题班会从课堂、作业、居家生活等多个方面交流感受，请优秀学生代表分享学习心得，共同复盘上一周学习生活情况，提出问题和解决办法，鼓励学生增加对学习和生活的掌控感。通过心理讲座、线上马拉松比赛和心理热线等多种方式开展心理辅导和疏导。给学生送防疫用品、打印机、文具、食品等物资。（孙宇　王妍）

【居家学生体育指导】2022年，区教委多举措引导居家学生加强体育锻炼。家校协同，保证每天1小时体育锻炼；通过微信公众号、家长群、班级群科普体育运动常识，指导学生科学锻炼；优化体育教学内容和方式，加强体育与健康理论知识宣教、录制适合学生居家锻炼系列视频、精选学生感兴趣的视频素材提高课堂练习参与度，为学生制订分阶段、有层次、可选内容丰富和方法多样的课外锻炼指导方案，提高学生运动兴趣进而增强体能；搭建“云操场”，举办“线上运动打卡”系列活动。（沈璐萍）

【“全程超前伴随式”家长课程】2022年，区教委重构北京西城数字学校中“家长学校网上课堂”课程框架，形成三大模块（“双减”课程、学段课程、居家学习课程），呈现六方面课程主题（法律政策解读、亲子关系、助力学习、守护健康、家校合作、生涯规划），增设家长评价功能，累计推出课程近100节，观看人数近10万人次。（王冉冉）

【民办教育管理】2022年，区教委完成民办培训机构行政许可审批36项，其中变更事项16项，终止办学17项，审批设立3项。截至年底，西城区有通过2021年年审的民办学校144所，其中民办幼儿园26所、民办学历学校2所、民办非学历培训机构116所。民办学校教职工共3297人，年招生70万余人次，结业33万余人次，年纳税1598万余元。11月底，按照《西城区民办学校分类登记工作实施方案》，主动与区民政局、区市场监管局登记部门加强政策统筹、信息沟通、工作协调。通过政策宣讲与指导、详细工作流程指引、严格材料审核，完成51所民办学校营利与非营利分类登记工作。（王竞艳）

【教育机构增撤及更名】2月21日，经区委编委会研究决定，将外交学院月坛中学更名为北京市月坛中学。9月，撤销4所民办幼儿园：北京爱之源幼儿园、西城区警娃艺术幼儿园、西城区宝威幼儿园、西城区官园幼儿园；新增1所北京市铁路第二中学附设幼儿班。截至10月底，区教委共审批民办幼儿园3所：北京市西城区蓝天逸景幼儿园、北京市西城区博智幼儿园、北京市西城区梧桐花语幼儿园。（立昀　术轶楠　王竞艳）

【“四小”防控】9月，区教委成立区教育系统防“四小”（小胖墩、小豆芽、小眼镜、小焦虑）工作领导小组，制订促进学生健康工作方案，明确2022年—2025年西城区防“四小”工作要点和具体防控措施，统筹开展全区学生近视、肥胖、焦虑和营养不良防控工作。通过专家进校园、线上线下健康知识宣传等多种形式，为师生和家长普及健康知识，提高爱护眼睛、控制肥胖的健康意识，开展学生视力检测和电脑验光视力筛查工作，完善学生视力健康管理，遴选7所区级儿童青少年近视防控试点校。线上教育教学期间，开展心理教育宣教，通过教学研讨、送教下校、微课录制等形式，针对教师、家长、学生开展心理专题研讨和主题讲座。区教委通过《双减简报》《西教信息》《疫情下家校合作工作建议》《居家学习家校合作“小锦囊”》和“西城区中小学家长学校网上课堂”定期向家长们推送心理健康教育相关课程与方法，促进家校协同育人。（毕正勇　麻涛　沈璐萍）

【艺考培训机构专项治理】11月，区教委集中开展艺考培训机构专项治理行动，全面摸排区域内具有艺术招生资格的高校和中专周边的艺考培训机构，依法查处无证无照办学机构。重点排查中央音乐学院、中央芭蕾舞团舞蹈学校和中国戏曲学院附属中等戏曲学校周边的艺考类机构。校培科联动金融街街道、陶然亭街道和区文旅局摸排相关培训机构8家、教师120余人、学生3000余人。规范非学科类培训监管，防止出现违规乱象。（汪　洋）

【艺术特色校评审】11月至12月，受新冠疫情影响，区教委组织开展线上艺术特色学校区级评审工作。12月9日、10日聘请行政管理、课程教学、美育专业等领域专家，对学校上报的电子档案与工作汇报材料进行评审打分和线上答辩。区教委体卫艺科根据北京市评审有关比例要求推选符合条件的学校参与市级认定。（白　羽）

“双减”工作

【概况】2022年，西城区“双减”工作稳中有进，特色鲜明。区教委研究制订《西城区中小学教育教学基本规范》《西城区义务教育课程实施办法》；实施作业质量提升工程、智学服务平台建设工程，深化“课堂+作业+评价”三加联动研究，以信息化手段赋能、以核心素养为导向的教育教学实践，撬动课堂教学变革；落实五项管理，开展多轮教材、教辅、读物审核排查，成立西城区中小学教辅材料审核工作委员会，对照市教委下发的问题读物线索，开展全面排查6次、个性问题排查5次，持续指导各校自查自纠做好相关管理工作；实施“文化百脑汇学生赋能计划”，统筹首都师范大学等高校资源和西城区老字号等社会资源对接学校，丰富学校的课后服务供给，助力课后服务优质发展；加强成果宣传推广，编辑印发《双减简报（1—10期）》面向全区推广学校典型经验。根据教育部和市教委工作要求，上报实验二小、北京小学、奋斗小学、北京八中、一五六中学、一六一中学、三帆中学等学校的“双减”特色案例。年内，压缩疏解校外培训机构2所。（沈璐萍）

【“双减”工作视导】2022年，区教委联合西城区教育研修学院小学部、西城区教育科学研究院课程教材中心、西城区教育学院融合教育中心及部分学校德育、教学干部共同开展“双减”工作视导。3月29日、4月12日、9月27日、11月1日，视导团队分别走进北京第二实验小学白云路分校、康乐里小学、育民小学、阜成门外第一小学，通过听取校长汇报、查阅档案、学生访谈、随堂听课、查看课后服务等方式，了解“双减”背景下学校的教育教学管理现状，行政、教科研部门针对学校视导情况对学校进行反馈并提出发展建议。（谢　歆）

【非学科类校外培训机构监管】2022年，区教委建立《西城区非学科校外培训机构主体台账》，制订《西城区文化艺术培训机构管理规范》《西城区科技类培训机构管理措施》文件，规范办学行为，严格日常管理，加强执法检查。坚持校外培训公益属性，遏制恶意涨价、违规倾销。协调区文旅局、区体育局、区科委和区市场监管局完成全区非学科机构信息核查工作，摸排培训机构405家，其中重新修改和完善数据268家，对55家混营机构进行分类，撤销无实际经营的机构48家，汇总上报市级专班非学科类培训机构357家。通过全额保证金或者一课一消的模式执行预付费资金存管的校外培训机构共38家。9月，区教委全面检查校外培训机构秋季开学情况。全区共有28个校址开课，开班531个。各机构均按政府指导价收费，秋季班招收学生人次、教师数、收费金额均同比减少。加大校外教育机构监管力度，处置无证无照机构违规办学，开展“一课一消”监管模式，控制资金，降低退费风险。组建校外培训项目鉴别专家组，对有争议的培训项目分类鉴别。（汪　洋）

【假期培训机构专项治理】2022年，区教委和区“双减”专班开展假期培训机构专项治理。暑期，“监管护苗”校外培训暑假专项治理执法检查180余次，出动465人次，检查机构262家；处置违规机构4家，公开通报3家。压实属地主体责任，集中排查重点楼宇，联防联治联合执法检查4次。国庆期间，组成10个检查组，采取“四不两直”的方式，组织开展针对学科类、非学科类机构、无证机构和重点大厦楼宇的检查，累计检查人员近180人次，检查楼宇8个，各类机构240余家。寒假，检查机构368址次，出动280人次，对压缩前的173址全覆盖检查，对核发新证后的34址重点检查，对有投诉举报线索的联合有关部门执法检查，可能存在的地下培训由街道社区进行网格式动态检查。坚持查违规培训和疫情防控两手抓，重点查监控录像、入门登记、人员台账。在解决重点难点问题上下功夫，区专班联动相关部门，进入“敲不开的门”；通过大数据搜索，找到“找不着的人”。区专班就问题进行汇总和分析，建立重点问题台账，抓好整改，形成闭环，直至整改销账。（汪　洋）

【民办校违规案件线索移交】2022年，区教委根据《关于进一步相对集中相关领域行政处罚权的决定》，针对市民12345热线反映、电话举报、日常巡查检查等发现的违规培训行为，与区市场监管局执法部门配合，及时移交案件线索，共享监管执法信息，共同甄别研判违法行为，移交案件线索10件，依法有效遏制违规违法培训行为。（王竞艳）

【学科类校外培训治理】2022年，区教委发挥“双减”工作协调机制作用，组织力量围绕机构压减、营转非、培训收费、无证机构违规培训专项治理、疫情防控等方面，全面排查学科类培训机构。截至6月30日，共排查校外机构173次，形成排查材料920份，排查出存在问题机构3个，通过再治理问题机构均按要求完成整改。（汪　洋）

【教学基本规程制订】2022年，区教委为推动“双减”落地见效，加强教学管理规范化、制度化和科学化，要求全区各小学依据《北京市义务教育学校教学基本要求》《北京市西城区中小学教学基本规范》制订《学校教学基本规程》。区教委邀请专家向全区各小学教学主管干部开展教学规程撰写要义专题培训，组织专家评审并反馈，通过小教科平台共享各校教学基本规程，引导学校相互学习借鉴。（谢　歆）

【作业质量提升工程】10月，区教委以“课堂+作业+评价”三加联动为抓手，推进学生“作业质量提升工程”。组织专题工作研讨会，分析作业研究和课堂学习的关联；邀请北京师范大学教授朱旭东专家团队，从学者角度理论阐述、梳理逻辑，提出正确定位作业观，从作业设计、教学设计、教学实施、评价反馈4个环节细化落实评价，撬动课堂变革。在专家指导下，以系统化思维整合经验，提炼西城思路和模式，推动西城区“双减”工作和新课程实施。（詹 婧）

【课后服务管理】10月，区教委联合区学生活动管理中心起草《西城区关于学校引入校外教育资源参与义务教育阶段课后服务的管理办法》，持续打造“文化百脑汇”为课后服务赋能。区学生活动管理中心审核通过西城区社会资源参与课后服务的首批名单，小教科利用线上服务平台，搭建“课后服务”功能板块，向各小学公布首批名单及4家供方资源47节课程的课程信息。小学教育科收集学校参与意向，统筹协调选课情况，为学校提供设计完善的课程体系。（王 菲）

【校外培训机构压减】12月，西城区建立“四全”（全覆盖的区级联合巡查制、全链条的四级检查制、全流程的分步管理法、全场景的新冠疫情防控网）式机制，实现管理长效，形成西城“双减”特色。截至年底，西城区校外培训机构数量从172址减至34址，压减率80.3%；从业人员从735人减至358人，压减率51.2%；在读学生数从21740人减至5200人，压减率76%；机构营业面积从77850平方米减至16130平方米，压减率79.2%。（汪 洋）

师资队伍建设

【概况】2022年，西城区持续加强师资队伍建设，制发《西城区教育系统关于实施“教师成长关爱工程”的指导意见》，建立健全责任明确、制度完善、措施有效、保障有力的教师成长关爱机制，区教育两委成立工作领导小组，党政齐抓共管、多部门联动、统筹协调、督查督导，落实教师成长关爱工程，推进干部教师交流轮岗工作。举办教育科研月活动，创新推动西城教育教学改革、提升教育质量和学校办学水平，宣传西城教育经验。11月，启动教育系统中层干部“千人工程”培训，构建由教育工委牵头，区教育学院承办，区教育学院、研修学院、教科院3院协同，学院、学区、学校3方联动的1+1+3+3机制，促进教师队伍素质整体提升。（杨海蓉）

【“人工智能助推教师队伍建设”试点】2022年，西城区获批教育部“人工智能助推教师队伍建设”第二批试点区，区教委围绕“有温度的助推、有质量的关爱”目标，聚焦优化教师智能研修和深化教育大数据应用领域，结合西城教育研修网2.0升级，与中国教师研修网合作研发“教师AI学伴”系统，以智能化手段赋能教师队伍高质量发展。通过数据采集、教师画像、参照比较和智能推送四个维度，帮助教师主动研修；以需求为导向，以教师队伍结构、研修行为分析等大数据赋能区、校教师队伍治理。（张捷莹）

【名师工作室】2022年，西城区新成立12个区教育系统“名师工作室”，工作室数量增至47个，涉及29个学科，工作室成员282人，遍及89所学校，区域内名师资源辐射的学科和学段更加广泛，在促进青年教师和骨干教师教学相长、优质师资区域共享等方面发挥更大作用。（张捷莹）

【干部教师交流轮岗】2022年，区教育两委深化推进干部教师交流轮岗工作，制发《西城区深化推进教育系统干部教师交流轮岗工作方案（试行）》，组织教育系统各单位以聚焦“双减”工作落地见效和学生学业水平提升为主要目标，通过交流轮岗深化教育综合改革成果，促进优质教育资源的共建共享。春季学期，完成干部教师交流轮岗1626人，占符合交流轮岗干部教师人数的31.2%。新学年，扩大交流范围，拓宽交流途径，依托智能化手段，加大贯通培养、学区合作力度，推动轮岗提质增效，参与交流轮岗的干部教师人数增至1904人，占符合交流轮岗干部教师人数的36.6%。（张捷莹）

【讲述我的育人故事】4月，区教委组织全区中小学教师开展第二届“讲述我（我们）的育人故事”主题活动，聚焦大中小幼一体化德育和学校、家庭、社会协同育人，以自己的教育实践和实际行动回答“培养什么人”“怎样培养人”“为谁培

11月18日，西城区“人工智能助推教师队伍建设”——“教师AI学伴”项目研讨会召开

（区教委 供图）

养人”的问题，展示新时代教育工作者的初心使命和责任担当，诠释爱与奉献的教育情怀。（赵嫣娜）

【班主任工作研讨会】4月，区教委中小教科与西城教科院生涯中心联合召开“情怀、理性、智慧——2021—2022学年度西城区中小学班主任工作”研讨会，表彰“紫禁杯优秀班主任”、北京市“学生喜欢的班主任”、坚守小学班主任岗位30年和中学班主任岗位20年的教师代表；师大实验中学校长李晓辉，全国班主任基本功获奖者北京小学老师裴昱、北京市第八中学老师黄亚庆，老中青三代教育人讲述其从教故事、带班方略；北京教育科学研究院班主任研究中心老师赵福江和朱洪秋点评。（赵嫣娜）

【“一校一案”德育干部培训】6月，区教委小教科和区教科院德育中心联合举办“贯彻落实《中小学德育工作指南》一校一案校本方案”培训会，解读北京市教委“一校一案”相关要求，分析讲解两篇全国获奖的优秀方案，点评区内5所学校“一校一案”的不足之处。全区66所学校的德育干部参加培训。暑期各校修改完善方案，提高德育工作的针对性和实效性。（赵嫣娜）

【骨干教师培训】8月至10月，区教委组织骨干教师线上培训，区教育系统在职特级教师、市级学科教学带头人、市级骨干教师、区级学科带头人，区教育系统“导师团”成员，中小学校级教学管理干部，研修学院研修员和教科院研究员共1686人参加，以项目课程方式，引进国际合作，授课内容涵盖国际先进教育理论及其在课堂实际操作中的运用等，帮助参训教师拓宽专业视野，提升教育教学综合能力和创新水平。培训结束后，区教委开展“教学工作坊”活动、出版《西城教育——2022年西城区骨干教师培训成果专刊》。（张捷莹　李琳）

【教师节表彰】9月9日，西城区举办白塔夜话——庆祝第38个教师节专场音乐会，表彰教育系统优秀干部教师代表。区教育系统40人获北京市优秀教师，4人获北京市优秀教育工作者；19人获霍懋征奖，879人获西城区教育系统优秀教师，331人获西城区教育系统优秀教育工作者，213个集体获西城区教育系统优秀集体。（张捷莹）

【教师成长关爱工程】9月，区教委启动“教师成长关爱工程”，制发《西城区教育系统关于实施“教师成长关爱工程”的指导意见》，从师德培育、专业成长、工作激励、身心发展4个方面推出16条举措。该工程在促进教师人岗相适、丰富拓宽教师培训渠道和展示平台、设立学术奖励资金、完善教师荣誉表彰体系与激励机制、营造尊师重道风尚与和谐工作氛围等方面提出相关要求。（杨海蓉）

9月9日，白塔夜话——庆祝第38个教师节专场音乐会举办　（区教委　供图）

【“送课下校”课程评审】10月18日，西城教科院召开“送课下校”课程评审交流会。会议采取线上、线下相结合的方式，原北京市中小学中等职业学校教师培训中心主任方怀胜、西城教育学院院长于文坤、西城教科院学术委员会主任林春腾和西城教科院院长、副院长、业务部门主任、教科院学术委员会委员等15人参加。11位老师分成两组（第一组6位老师7门课程、第二组5位老师5门课程），按照管理理论与实践、教育科研、课程建设、生涯指导、教育评价5种课程类别，依据课程目标、课程内容、课程设计，每人进行10分钟说课。由外聘专家和西城教科院学术委员会委员组成的评审组，按照西城教科院“送课下校”课程评审标准对12项申报课程集中点评和具体指导。（胡险峰）

【“紫禁杯”优秀班主任评选】10月，区教委组织全区各小学开展2022年北京市小学“紫禁杯”优秀班主任评选工作，58所学校申报市级“紫禁杯”优秀班主任材料60份。经过初评，依据申报材料，综合考虑各校多年的“紫禁杯”获奖情况，区教委推荐“紫禁杯”优秀班主任9人、“紫禁杯”特等奖1人。（赵嫣娜）

【师德师风建设】12月18日，西城区作为全国中小学幼儿园师德师风建设专家委员会首届年会的全国唯一区县代表，承办四个会场之一的师德师风建设区域经验专场的展示和交流，并向全国分享师德师风建设经验成果。区教委作“北京市西城区师德师风建设的体系建构与实践探索”主旨发言，北京小学、北京第二实验小学、北京师范大学附属实验中学分别结合学校实践作案例分享，全国25个省市近2万人次观看直播。西城区结合北京市“十四五”德育规划重大课题，以建立“北京市大中小幼教师育德能力一体化建设研究基地”和“北京市大中小幼教师育德能力一体化建设实践研究示范区”为契机，充分借助专家科研团队力量，借助班主任基本功培训与展示活动、“讲述我们的育人故事”两个品牌活动，提升教师育德能力，走出一条有实效、有温度的师德师风内涵发展之路，形成可持续、可推广的“西城经验”。（沈璐萍）

学前教育

【概况】2022年，西城区有幼儿园84所，其中区教委直属园30所、街道园10所、驻区部门园13所、企事业单位1所、部队园3所、民办园27所。其中普惠性民办园5所、4所学校附设幼儿园班（教委办3所、民办1所）。离园幼儿7315人，入园幼儿8506人，在园幼儿25168人。教职工4635人，其中专任教师2968人。西城区学前教育全面贯彻党的教育方针，落实立德树人根本任务，遵循教育规律，把握学前教育正确发展方向，完善学前教育体制机制，推进学前教育普及普惠安全优质发展。（王丽萍）

【育人故事征文】2022年，区教委搭建育德能力展示交流平台，向全区各类型幼儿园全体教职员工，开展以“修高尚师德·做专业教师”为主题的育人故事征文活动。通过举办“讲述我（我们）的育人故事”演讲展示，每所幼儿园推荐育人故事1至2篇。49所幼儿园推荐“思想端正、遵循规律、生动形象、真实感人”育人故事87篇。经专家评审，最终评选出一等奖18篇、二等奖26篇、三等奖43篇。

（王丽萍）

【保教质量提升】2022年，区教委注重引领示范，坚持学前工作提示制度。区教委学前科通过工作群，不定期给各园园长发送《学前工作提示》，确保各幼儿园及时准确掌握工作重点和工作动态，提高工作质量和效率；加强工作研究，及时发现和分享工作中好经验好做法，编发幼儿园优秀管理案例8件。提高干部管理能力，开展幼儿园干部入园包园交流学习活动。发挥教育部门办园带头作用，提高民办幼儿园质量，支持街道幼儿园、单位幼儿园发展，缩小不同类型幼儿园办园质量差距，整体促进学前教育规范管理和质量提升。（王丽萍）

【学位扩增】2022年，区教委针对普惠性幼儿园覆盖率不高的问题，确立“区级统筹、科学预测、优化布局、精准扩增、统筹存量、发展普惠”的学位建设思路，精准布点在学位紧缺的街道和学区投入学位，推进普惠学位建设，提高普惠率。特别是对西长安街街道及周边街道辖区内各类幼儿园学位资源整体规划、全面统筹，优先保障适龄幼儿入园，鼓励部门园在解决系统内部幼儿入园基础上就近招生，扩大教委办园招生班额。举一反三、推动建设，紧扣“七有”“五性”目标，聚焦重点区域，紧盯实事项目，不断推进学前教育普及普惠安全优质发展。（王丽萍）

【安全管理】2022年，区教委坚持把保护幼儿生命安全和促进身心健康放在首位，明确幼儿园主体责任，健全安全管理制度，强化法治教育和安全教育，提高家长安全防范意识和能力。各幼儿园坚持每学期开学后第一个月开展“安全健康建设月”活动；广泛开展2022年平安校园达标验收活动。强化对规范管理、保教质量、德育工作和育人环境、教研工作、安全和卫生保健、队伍建设、小学化专项治理和幼小衔接、家园合作等8个重点领域的动态监管，采取细化督查标准、幼儿园自查自纠、未督先改、专项督查、立行立改、督查通报、约谈园所、督后会商、督后回头、工作提示等措施，进一步完善过程管理，形成监管闭合回路，保障幼儿园安全运行。（王丽萍）

【民办房租减免补贴】2022年，区教委根据《北京市西城区关于高新技术、室内体育健身、民办幼儿园等领域中小微企业房租减免补贴的措施》文件精神，制订《关于民办幼儿园（办园点）房租减免补贴有关工作的实施方案》，指导民办幼儿园申报材料，聘请第三方机构核验材料，组织实施民办幼儿园租金减免的扶持政策。截至11月底，补贴支出427275.92元。（王竞艳）

【“今日13点”线上学习】4月，区教委推出“今日13点”学习与交流活动，以挖掘园所特色，培养锻炼队伍，促进园际交流，提升办园质量，实现有观点的思考和有效果的实践。不定期于中午13点采取视频会议、播放录像、照片展示等形式，开展学前教育学习与交流活动。主题清单由学前科确定，各幼儿园自行选题报名，学前科统筹安排。活动内容包括主旨发言、案例介绍或成果展示、点评和互动提问等环节，突出说思路、展做法、展特色，倡导“给你一小时，让我们听到有观点的思考、有实效的做法”，年内共组织5场。（王丽萍）

【图书排查】6月，区教委发布关于图书排查的工作提示，重点筛查不符合相关规定和幼儿年龄特点的图书。6月至8月，各幼儿园分3批次对照书单对图书、教材、环境全覆盖完成自查，封存各种“奇、乱、怪”绘本；下架存在争议的图书、问题图书，建立下架书目台账。园际图书交叉互查、审核，根据排查整理出暂不上架图书清单，供各幼儿园参考。（王丽萍）

【幼教科研】11月25日，北海幼儿园在区教育科学研究院参加全系统教育科研月开幕式，并作案例分

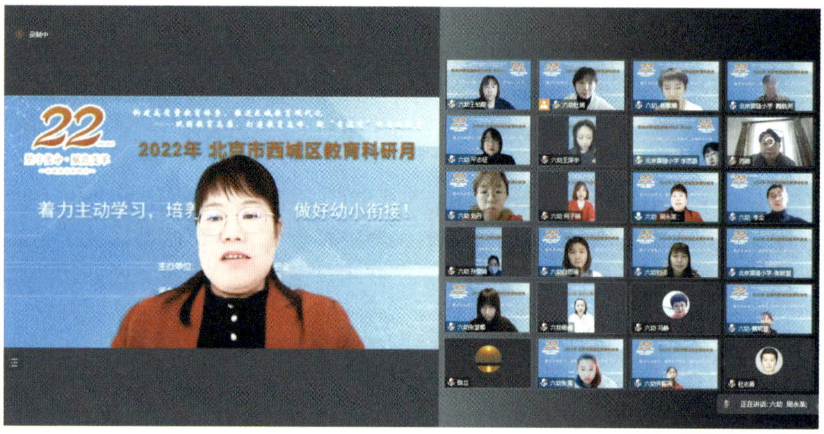

12月14日，北京市第六幼儿园教师在2022年北京市西城区教育科研月线上活动中作主题发言

（北京市第六幼儿园　供图）

享；12月9日，棉花胡同幼儿园作“社会主义核心价值观引领下的幼儿园德育课程建构与实践”主题报告，展示案例、讨论交流；12月14日，北京市第六幼儿园开展“着力主动学习，培养学习品质，做好幼小衔接”主题交流研讨；12月16日，区教育研修学院以“从儿童视角共研幼小衔接”为主题，组织科研月幼小衔接专场活动。4场活动均在线上组织，全区各幼儿园教师近1000人次参加。　　（王丽萍）

表9　　西城区幼儿园一览表

园名	地址
北京市西城区长安幼儿园	西城区前门西大街139号
北京市北海幼儿园	西城区地安门西大街22号
北京市西城区棉花胡同幼儿园	西城区棉花胡同78号
北京市第六幼儿园	西城区旧鼓楼大街大石桥胡同43号
北京市西城区曙光幼儿园	西城区后广平胡同1号院1号楼
北京市西城区西四北幼儿园	西城区西四北三条11号
北京洁如幼儿园	西城区什坊小街宏英园17号楼
北京市西城区洁民幼儿园	西城区裕中西里36号楼
北京市西城区民族团结幼儿园	西城区新明胡同乙1号
北京市西城区虎坊路幼儿园	西城区虎坊路甲14号
北京市西城区实验幼儿园	西城区南新华街21号
北京市西城区名苑幼儿园	西城区广外红居街16号
北京市西城区长椿街幼儿园	西城区西便门东里11号
北京市西城区槐柏幼儿园	西城区槐柏树街南里10号楼
北京市西城区和平门幼儿园	西城区上斜街66号
北京市西城区小百合幼儿园	西城区长椿街甲1号
北京市宣武回民幼儿园	西城区南横西街119号
北京市西城区三教寺幼儿园	西城区里仁街12号
北京市第四幼儿园	西城区广外莲花河胡同3号
北京市西城区三义里第一幼儿园	西城区广安门外三义东里9号
北京市西城区三义里第二幼儿园	西城区三义西里7-2号
北京市西城区马连道幼儿园	西城区广安门外红莲中里10号
北京市西城区信和幼儿园	西城区马连道路15号院5号楼
北京市西城区红山幼儿园	西城区广安门外大街305号二区10号楼
北京市西城区广安幼儿园	西城区广安门车站西街2号院15号楼

续表 9

园名	地址
北京市西城区华新幼儿园	西城区西四北四条 8 号
北京市第十五中学附属陶然亭幼儿园	西城区育新街 2 号
北京市西城区育民五一幼儿园	西城区真武庙二里 5 号楼
北京市西城区教育研修学院附属幼儿园	西城区西四北大街 83 号
北京市西城区大栅栏幼儿园	西城区小沙土园 12 号
北京市西城区什刹海街道大拐棒幼儿园	西城区大拐棒胡同 15 号
北京市西城区新街口街道果子市幼儿园	西城区鼓楼西大街 169 号
北京市西城区新街口街道高井幼儿园	西城区西直门内大街高井胡同 16 号
北京市西城区金融街街道新京畿道实验幼儿园	西城区京畿道 12 号
北京市西城区月坛街道办事处第一幼儿园	西城区三里河北街 23 号
北京市西城区展览路街道北营幼儿园	西城区北营房西里小区 10 号楼西侧
北京市西城区大栅栏西柳树井幼儿园	西城区珠市口西大街 111 号
北京市西城区大栅栏大安澜营幼儿园	西城区大栅栏大安澜营胡同 13 号
北京市西城区南菜园幼儿园	西城区菜园街五层公寓楼 2 号
北京市西城区樱桃园幼儿园	西城区右内大街 53 号
中共中央组织部机关服务中心幼儿园	西城区西单北大街小酱坊胡同 31 号
中共中央办公厅警卫局北长街幼儿园	西城区北长街 89 号
北京市公安局幼儿园	西城区德胜门内松树街 7 号
中国儿童中心实验幼儿园	西城区平安里西大街 43 号
中共中央直属机关事务管理局实验幼儿园	西城区新风街 1 号院甲 2 号楼
公安部幼儿园	西城区木樨地北里 2 号
国家发展和改革委员会三里河幼儿园	西城区三里河一区丙 68 号
物资机关幼儿园	西城区月坛北街 25 号院
中国石油天然气集团公司机关服务中心幼儿园	西城区六铺炕三区甲 15 号
北京市农业农村局幼儿园	西城区裕中西里甲 1 号
北京市机关事务管理局第二幼儿园	西城区广安门内长椿里 2 号
国家机关事务管理局花园村幼儿园广源分园	西城区广外大街 305 号三区 8 号楼
机械机关幼儿园	西城区百万庄北街 2 号
北京印钞有限公司幼儿园	西城区白纸坊街 23 号
北京军区空军蓝天宇锋幼儿园	西城区平安里群力胡同 17 号
中国人民解放军北京卫戍区直属机关幼儿园	西城区定阜街 3 号
中国人民解放军解放军报社幼儿园	西城区阜外大街 34 号
北京市西城区幸福泉幼儿园	西城区冠英园西区 8 号
北京市西城区广电银河幼儿园	西城区育德胡同 15 号
北京市西城区幸福时光陶然幼儿园	西城区黑窑厂西里甲 11 号
北京市西城区里仁街幼儿园	西城区宏建北里 13 号
北京中铁信达经贸有限公司幼儿园	西城区广外车站东街甲 5 号

续表 9

园名	地址
北京市西城区汇佳北欧幼儿园	西城区马连道路 80 号院
北京市西城区蓝色未来幼儿园	西城区小马厂路 1 号院
北京市西城区普林斯顿幼儿园	西城区广安门内大街广安胡同康乐里 12 号
北京市西城区亲育代幼儿园	西城区北礼士路 135 号内 35 号楼
北京市西城区悠米幼儿园	西城区菜市口莲花胡同 11 号
北京市西城区行知乐童幼儿园	西城区育新街 47 号清芷园 12 号楼一层
北京市西城区盛鸿天使幼儿园	西城区陶然亭路 2 号 9 号楼 1 层
北京市西城区诺博幼儿园	西城区北露园 2 号楼
北京市西城区红黄蓝幼儿园	西城区南菜园乙一号院 2 号楼、3 号楼
北京市西城区乐百灵幼儿园	西城区红居街远见名苑 10 号楼 C 座
北京市西城区松树阳光幼儿园	西城区百万庄中里 46 号
北京博雅汇英幼儿园	西城区双柳树二条 1 号
北京市西城区美仁幼儿园	西城区西便门西里 5 号楼
北京市西城区爱知溇幼儿园	西城区广外鸭子桥路 1 号院 5 号楼
北京智慧摇篮幼儿园	西城区老墙根街 101-105 号
北京市金色启蒙幼儿园	西城区虎坊桥魏染胡同 36 号
北京金宝幼儿园	西城区南纬路 31 号西侧
北京永远的孩子幼儿园	西城区马连道南街 16 号院 1 号楼
北京市金融街惠泽幼儿园	西城区西绦胡同甲 26 号
北京德胜盛德幼儿园	西城区德胜门外大街 10 号
北京市西城区嘉泊幼儿园	西城区马连道路 13 号院
北京市金融街惠爱幼儿园	西城区天宁寺东里 4 号

（杨海蓉）

中小学教育

【概况】2022 年，西城区有小学 58 所，一贯制学校 4 所，其中民办学校 2 所；在校生 115516 人，学龄儿童入学率 100%；教职工 7549 人，其中专任教师 7496 人。西城区普通中学共有 42 所。按办别分：教育部门办 40 所（含北师大办 3 所）、民办 2 所。按类别分：初级中学 4 所（教育部门办）；九年一贯制学校 2 所（教育部门办 1 所，民办 1 所）；完全中学 31 所，其中教育部门办 31 所（含北师大办 2 所）；高级中学 1 所（北师大办）；十二年一贯制学校 4 所（教育部门办 3 所，民办 1 所）。在校学生 66557 人（初中 40415 人、高中 26142 人），其中北京市户籍学生 64016 人（初中 38281 人、高中 25735 人），非本市户籍学生 2541 人（初中 2134 人、高中 407 人）。教职工 8698 人（含一贯制学校小学部），专任教师 6707 人（初中 3801 人、高中 2906 人），专任教师中本科以上学历毕业 6700 人（博士研究生 123 人、硕士研究生 2606 人、本科毕业 3971 人）。

小学工作坚持以“巩固教育高原、打造教育高峰、做‘有温度’的教育”为目标，以“促校校精彩，助人人成功”为教育追求，以质量提升和特色建设为主线，以队伍建设为根本，规范教育教学秩序，推进学校内涵发展，提高办学水平，促进小学教育优质均衡可持续发展，促进学生综合素质的全面提高。

中学“双减”与课后服务工作扎实落地；“双新”国家级示范区建设有序推进，启动普通高中多样化特色发展创建工作；统筹线上线下教学管理，加强视导，中高考成绩稳中有进。（方光志　王贞荼）

【四、六年级区级质量监测】1 月 12 日至 14 日，西城区继续针对小学四、六年级实施语文、数学、英语学科以及品德、体育健康和视力及学业相关因素的质量监测。通过数据分析形成区级总报告以及 63 个校级的学业和相关因素的报告，监测结果向各学校反馈。协同教科院

深入学校调研，推动基于监测结果应用的校级工作改进项目，通过监测引导学校树立科学的质量观。（李 蕾）

【北京冬奥会观演】 2月至3月，北京小学、北京第二实验小学、五路通小学、北京师范大学附属中学、北京师范大学附属实验中学5所学校240名师生参加北京2022年冬奥会开幕式表演，25所学校48名学生通过校外社团参加冬奥会开幕式表演，北京第二实验小学23名师生参加冬奥会闭幕式表演。区教育两委组织师生观众116名观看北京冬奥会冬残奥会开闭幕式，组织446名观众观看比赛9场。（刘 瑶）

【市青少年科技创新大赛获奖】 4月8日，第41届北京青少年科技创新大赛落幕，西城区获小学科技创新成果一等奖11项、中学科技创新成果一等奖26项、科技辅导员科技教育创新成果一等奖7项，大赛一等奖获奖比例全市第一。大赛共评选出10名十佳辅导员教师，其中西城6名。大赛是市科协、市教委、市科委、市知识产权局共同举办的一项青少年科技比赛，是培养和体现青少年的创新精神和实践能力的一项重要赛事。（王笑菲）

【小学教育教学质量报告】 4月20日，区教委召开2021—2022学年度第一学期小学教育教学质量报告会，小学教育科以"'双减'背景下对'高质量小学教育'的再思考"为题，提出高质量的小学教育应坚持立德树人统率的全面发展、和而不同的优质均衡发展、面向未来的可持续发展，要求学校以高质量为目标，凝聚思想共识；以规范为基础，优化学校管理；以"整体健康观"为突破，促进学生全面发展；以研究为常态，实现优质均衡发展。西城教育研修学院小学部解读2021—2022学年第一学期小学学生语文、数学、英语学业质量报告。西城区教科院质量监测与评价中心从监测概况、学生发展质量、发展相关因素等五方面报告西城区学生发展质量及相关因素报告并提出建议。（谢 歆）

【小学线上教学工作研讨会】 5月9日，西城区教委召开小学线上教学工作研讨视频会，15所学校的教学干部专题研究组组长参加。会上，区教委小教科反馈居家学习指导方案审核情况，分享方案中的亮点举措，并提出改进建议。西师附小、八中附小、西单小学、育民小学、陶然亭小学的教学主管干部依次交流线上教学质量监控机制建设、居家学习指导与学业辅导、线上校本教研等开展情况。会议强调，学校要进一步关注线上教学质量，积极探索线上教学新模式，提高居家学习质量。（谢 歆）

【"2至3岁幼儿普惠托育班"小学试点】 5月，区教委根据市教委统一部署，针对小学育龄女教师多的实际情况，推进小学举办托班试点工作，确定试点学校工作方案。托班试点涉及5所小学和6所对口支持幼儿园，分别是北京小学广外校区（槐柏幼儿园）、黄城根小学育幼校区（北海幼儿园）、实验一小（实验幼儿园）、育才学校小学部（虎坊路幼儿园）、实验二小王府校区（长椿街幼儿园）、实验二小德胜校区（民族团结幼儿园）。区教委多部门联动，合力落实试点建设任务，各试点校因地制宜，一校一案，坚持安全方便、简朴适度的原则，推动办托场地建设。五校六园小幼携手合作，结对幼儿园为小学提供互换人员代培上岗、委派经验丰富的退休教师返聘服务，助力落实师资人员配备，促进对口支持和专业指导。（詹 婧）

【环保主题演讲比赛】 5月，区教委和区生态环境局共同组织开展第26届小学生"我爱地球妈妈"生态环保主题演讲比赛。除特教学校外，共有64所学校参与，评选出一等奖20人、二等奖43人。3名学生参加北京市的"低碳行动向未来"演讲比赛，黄城根小学訾润泽获一等奖，育民小学李玥靓获三等奖，北京市第十五中学附属小学王梦涵获优秀奖。（罗 芳）

【家长学校网上课堂】 5月，区教委以北京西城数字学校为平台，邀请北京教育学院老师林雅芳开展"爱一个家、守一座城、我们在一起"专题讲座，指导中、小学家长在因新冠疫情全体学生居家学习期间，如何做好亲子正向沟通及有效陪伴，缓解家长焦虑。课程受到家长广泛好评，被北京西城公众号、《北京西城报》宣传报道，数万人次观看。（王冉冉）

【金鹏科技论坛获佳绩】 5月，北京市教委主办的第22届北京市中小学生金鹏科技论坛活动落幕，西城区推送参赛项目60个，涉及中小学25所、学生72名。其中26个项目获一等奖，25个项目获二等奖，9个项目获三等奖，67名辅导教师获"优秀辅导员"。论坛活动为奖励在科学选题及科学研究方案设计方面有独特想法的学生，设专家评审委员会专项奖10项，西城区学生获5项。（王笑菲）

【秋季招生工作】 7月，区教育考试中心高招办完成秋季招生考试工作，西城区高考报名总人数为6323人。普通高考报名人数为6254人，其中179人参加36所高职自主招生（专科）并被提前录取。全区共有6044名考生报名参加普通高考考试，其中报名参加统考六科考试6006人，实考考生5853人，上本科线人数5135人，本科上线率87.73%；只报统考三科（专科）38人，实考考生3人。中学应届实考人数4237人，上本科线人数4029人，本科上线率95.09%，专科上线率100%；本科录取5475人，本科录取率90.59%。截至9月底，全区普通高考共计录取5859人（含高职自主招生），录取率为93.68%。高职单考单招报名人数为69人，其中66人参加36所高

职自主招生并被提前录取；有3名考生报名参加考试，实考人数1人，录取人数0人。（贾　维）

【开学一课】 7月至9月，西城区继续策划举办“西城区开学一课”教育品牌活动。活动以“奋斗——青春底色”为主题，通过邀请国防、外交、航天、科学、体育等领域的专家英模走进3中、8中、14中、北师大二附中、西城外国语学校、宣武外国语实验学校等主场校讲述奋斗故事，激励同学们用奋斗点亮青春底色，引导广大西城学子成长为有理想、敢担当、能吃苦、肯奋斗的新时代好青年。（杨志刚）

【“天宫课堂”地面授课】 3月23日15:40，中国空间站“天宫课堂”第二课开讲，神舟十三号乘组航天员翟志刚、王亚平、叶光富采取天地互动方式进行太空授课。北京师范大学第二附属中学物理老师张健担任中国科技馆地面主课堂教师，与中国科技馆工作人员一起配合航天员完成授课任务。北师大二附中、北京市第十三中学共80名学生在地面主课堂与航天员现场连线，同步开展实验，参与互动。

▲延伸阅读：2021年12月9日15:40“天宫课堂”第一课开讲，中国空间站首次在轨授课，北京市第十三中学物理老师李晓彤担任地面主课堂教师，配合航天员翟志刚、王亚平、叶光富完成授课任务。两次“天宫课堂”筹备过程中，西城区两位老师李晓彤、张健通过层层筛选从全国各省市的优秀教师中脱颖而出。（沈璐萍）

【线上教学】 2022年，新冠疫情期间，区教委多措并举提高线上教学能力。落实《西城区关于做好2022年中小学线上教育教学工作的指导意见》，审阅各校《线上教学工作管理方案》《防疫常态化下教育教学工作组织架构》，统筹安排线上教研及线上教学服务指导；实行“三级巡课制度”，区教委、区研修学院走进线上直播课堂，分组联系全区中小学，实现巡课全覆盖，聚焦学生学习和教师授课实效性，全面了解线上教学落实情况和典型做法；加强线上校本研修，结合教学中的热点难点问题，组织学校间、教师间研讨交流，总结提炼方法，推广实践经验。教研员常态化与学校和教师交流，研究优秀教学案例，有效指导教师备课和课后作业设计。（沈璐萍）

【青年榜样主题作品评选】 2022年，区教委以“寻访身边的青年榜样”为主题，收集征文、绘画、视频作品100余幅，部分优秀作品被“西城区共青团团史展”收录。7月至10月，以“看变化、听变化、说变化”为主线，设置“我的青年榜样”“我的战疫家庭”“我的成长故事”3个主题的三级（中队、校级、区级）评选，鼓励少先队员寻访身边的青年榜样、聆听身边的青年榜样故事、参与主题宣讲活动，其中48件优秀作品在“青春西城”公众号上展播。（宁嘉瑜）

【高考政策调整】 2022年，北京市普通高等学校招生考试包括统一高考和普通高中学业水平等级考试（简称“学考等级考”）。统一高考科目为语文、数学、外语3门。学考等级考科目为思想政治、历史、地理、物理、化学、生物6门，由考生自主选择3门参加考试。外语考试分英语、俄语、日语、德语、法语、西班牙语6个语种，由考生任选一种。统考英语听说考试与笔试分离，一年两次考试，英语听说实行计算机考试，第一次考试于2021年12月11日进行，第二次考试于2022年3月19日进行。其他外语（非英语）考试使用全国卷，听力考试一年两考，第一次考试于2022年1月8日进行，第二次考试于2022年6月8日进行。英语听说考试满分50分，其他外语（非英语）听力考试满分30分，取两次听说（听力）考试的最高成绩与其他部分试题成绩一同组成外语科目成绩计入高考总分。学考等级考科目成绩按照《北京市教育委员会关于普通高中等级性学业水平考试成绩计入高考总成绩方式的通知》要求进行折算，每科目满分100分。统考考生在选报学考等级考科目时，所选报科目须已通过学业水平合格性考试（2019年及以前的会考成绩不低于C等级，京外高中就读考生须通过北京市学业水平合格性考试成绩认证）方可报考。统一高考时间6月7日至8日，每科目满分150分。普通高中学业水平等级性考试时间6月9日至10日，每科目满分100分。本科阶段的志愿填报与录取投档采用院校专业组方式，本科普通批实行平行志愿，设置30个志愿。（贾　维）

【高考保障】 2022年，西城区共设高考考点19个，其中正式考点16个、备用考点3个，考场216个。5月23日，西城区召开2022年第一次招委会，全面统筹区2022年普通高等学校招生考试工作。5月28日，区委教育工委、区教委召开考点校主考工作会，明确主考第一责任人的责任，加大防疫与组考统筹协调力度。6月3日，区教委会同区招委会成员单位，在区委、区政府领导带领下全面检查西城区考点的各项高考准备工作，协调解决存在的问题和隐患。区委办（保密局）、区卫生健康委、区住房城市建设委、区应急局、市公安局西城分局、西城交通支队等相关部门全力做好各项安全保障工作，从防疫防控、疏解交通、用电保障、减少噪声、工地管控等方面统筹安排，为考生营造安全、有序、温馨的应考环境。（贾　维）

【中考中招】 2022年，西城区初中学考报名12054人，有报考资格考生11970人，其中京籍考生11377人，非京籍九种情况考生139人，非京籍随迁子女考生189人，非京籍既符合九种情况又符合随迁子女的考生7人。最终有升学资格考生11698人，“1+3”项目考生84人，无升学资格考生272人。6月24日至26日，2022年西城区初三学考实考人数11770人，具有升学资格考生11698人，提前招生批次录取1284人，占10.9%；校额到校批次录取1275人，占10.8%；统一招生录取10018人，占86.5%。录取总计11296人，总升学率97.6%。7月17日，初二学考实考人数12467人。2022年，具有本市户籍或本市学籍的普通高中在校学生、职技类学校在校学生以及社会类考生均可参加普通高中学业水平合格性考试。普通高中在校学生参加全市统一组织的9门合格性考试和各区组织的4门合格性考试，全部科目达到合格水平后，可颁发北京市普通高中学业水平考试合格证。职技类和社会类考生参加全市统一组织的9门合格性考试达到合格水平后，可颁发北京市普通高中学业水平考试合格证，证书上注明“职技类”或“社会类”字样。合格性考试统考9门科目达到合格水平是高中同等学力认定的主要依据。第一次普通高中学业水平合格性考试时间1月5日至7日，报考情况如下：语文5937科次、数学5692科次、英语5799科次、政治8148科次、物理7847科次、化学170科次、生物336科次、历史222科次、地理130科次，总计人数8793人，总计34281科次。第二次普通高中学业水平合格性考试于9月21日至23日进行。报考情况如下：语文1674科次、数学2300科次、英语1839科次、政治277科次、物理160科次、化学8116科次、生物8103科次、历史8641科次、地理8596科次，总计人数11138人，总计39706科次。（袁　伟）

【义务教育阶段入学】2022年，小学入学采取以多校划片为主，单校、多校相结合的方式，实行多校划片和学区制，采取“寄宿学校、全区招生学校、民办学校入学”“学区派位入学”“片区内登记入学”“多校划片入学”“派位入学”5种入学方式。“寄宿学校、全区招生学校、民办学校入学”在原有10所小学的基础上增加一所全区招生学校宣武师范学校附属第一小学。“学区派位入学”继续保持11个学区全覆盖。2022年小学入学新生20519人，其中北京市户籍19563人、非北京市户籍956人。初中入学采用多种招生方式与计算机派位相结合，按照招生计划要求，采取“九年一贯制直升入学”“全区派位入学”“特色学校入学”“寄宿学校入学”“民办学校入学”“对口直升派位入学”“学区登记入学”“学区派位入学”8种入学方式。2022年初中录取新生14271人（北京市户籍13403人、非北京市户籍868人）。义务教育阶段仅限小学三年级至五年级可办理转学手续，全年接收转入学生1100人（春季341人、秋季759人）。义务教育招生办公室配合区教委规划科完成12345热线“接诉即办”回复工作，全年解决来电工单2029件。（吴献平）

【小学生暑期托管服务】2022年，区教委着力为有需求的一至五年级学生提供良好的服务保障，暑假期间开展两期小学生托管服务。每期15天，服务地点涉及11个学区22所小学，每所承办校承办一期托管服务。第一期637名学生参加，第二期678名学生参加。（谢　歆）

【区学生艺术节优秀作品展】2022年，区教委继续加强和改进新时代学校美育工作，举办西城区第二十五届学生艺术节个人项目展演，活动设一、二、三等奖，获奖作品3477件次，包括书法、绘画、工艺、摄影、非遗等项目，展现出西城区学生良好的精神风貌和艺术素养。国庆节前，举办筑梦新时代，与祖国共成长——西城区学生艺术节优秀作品展，线上展出学生原创作品353件，截至10月8日浏览点击量9万余人次。（白　羽）

【法治和安全自护教育】2022年，区教委在寒暑假前后指导各学校开展法治及安全自护教育活动。围绕《中华人民共和国未成年人保护法》“六大保护体系”开展“阳光护航·共绘平安”四格绘画创意征集活动，征集绘画作品823幅，完成优秀作品集制作。全年“阳光进校园”公益巡讲60场，内容包括情绪管理、自控力提升等成长性主题，意外伤害事故应对、预防校园欺凌等社会热点问题，课程注重互动和参与体验，助力西城青少年健康成长。（宁嘉瑜）

【“拿起纸笔·见字如面”书信交流活动】2022年，区教委挖掘冬奥会的教育意义，广泛传播奥林匹克文化、弘扬奥林匹克精神，在寒假期间开展“拿起纸笔，见字如面·对话冬奥”主题书信交流活动。学生们书写对冬奥健儿的崇拜、对远方长辈的思念、对抗击新冠疫情英雄的敬重等书信，收到冬奥会开闭幕式总导演张艺谋、鸟巢和冰丝带总建筑师李久林、冰墩墩设计者曹雪、速度滑冰运动员高亭宇、短道速滑运动员武大靖、单板滑雪运动员苏翊鸣等人回复，深受鼓舞。除特教、民办校外，全区近60所学校55055名学生参加活动，占全体学生的50%，寄出书信3800封（占7%），收到回信1274封（占34%）。优秀书信汇编成《西城区中学“拿起纸笔·见字如面”优秀书信集》，在“学习强国”学习平台、首都教育等媒体平台宣传报道。

（罗芳　沈璐萍）

【“西检杯”思想道德法律知识竞赛】10月至12月，区教委以“我是小小普法员”普法宣讲形式，举办第二十三届“西检杯”西城区中小学生思想道德法律知识竞赛，全区35所中学报送普法宣讲稿118篇，54篇获优秀作品奖，16篇入围决赛。开展“以法之名，保护少年的你”小学生绘画作品征集活动，全区42所小学报送绘画作品187幅，营造青少年遵法、学法、守法、用法的浓厚氛围，提升中小学生的法治和

意识法治能力。（宁嘉瑜）

【市科技示范校评审工作】11月19日至23日，区教委组织专家对西城区原科技示范校和新申报科技示范校的学校进行评审验收（北京市科技示范校评审工作每三年一次），根据评审细则学校完成近三年科技教育工作的自查梳理、自评打分和综合汇报，区教委组织专家查看材料、评审问辨、综合考察，西城区育民小学、北师大亚太实验学校等28所学校通过评审并获北京市教委认定。（王笑菲）

【市阳光少年艺术节获奖】12月29日，北京市教委公布2021年北京市阳光少年艺术节获奖名单。艺术节展演分表演类和作品类，西城区参演项目23个，涵盖舞蹈、戏剧、合唱、器乐等，获金奖14个、银奖9个；参展作品16幅，有书画、摄影等，获金奖14幅、银奖10幅、铜奖2幅。（傅晓月）

表10　西城区中学一览表

校名	地址
北京市第三中学	西城区富国街3号
北京市第四中学	西城区西黄城根北街甲2号
北京市第七中学	西城区安德路69号
北京市第八中学	西城区学院小街2号
北京市第十三中学	西城区柳荫街27号
北京市第十四中学	西城区莲花河南街2号
北京市第十五中学	西城区育新街2号
北京市第三十一中学	西城区西绒线胡同33号
北京市第三十五中学	西城区赵登禹路8号
北京市第三十九中学	西城区西黄城根北街6号
北京市第四十三中学	西城区后孙公园37号
北京市第四十四中学	西城区三里河南横街1号
北京市第五十六中学	西城区文兴街3号
北京市第六十六中学	西城区枣林前街111号
北京市第一五六中学	西城区太平仓胡同16号
北京市第一五九中学	西城区王府仓胡同23号
北京市第一六一中学	西城区南横西街94号
北京市第一六一中学分校	西城区月坛北街18号
北京市月坛中学	西城区南礼士路二条1号
北京市徐悲鸿中学	西城区右安门内西街甲10号
北京市鲁迅中学	西城区新文化街45号
北京市铁路第二中学	西城区月坛西街5号
北京教育学院附属中学	西城区新街口四条48号
北京市育才学校	西城区东经路21号
北京市回民学校	西城区广内大街225号
北京市西城外国语学校	西城区西直门外南路6号
北京市宣武外国语实验学校	西城区莲花河胡同4号
北京师范大学附属中学分校	西城区太平街西巷4号
北京师范大学第二附属中学西城实验学校	西城区安德路116号
北京师范大学实验二龙路中学	西城区大木仓胡同39号

续表 10

校名	地址
北京师范大学实验华夏女子中学	西城区红莲中里 12 号
北京市第十三中学分校	西城区西绦胡同 59 号
北京师范大学附属实验中学分校	西城区辟才胡同 80 号
北京市三帆中学	西城区德外新风街 7 号
北京市西城区德胜中学	西城区黄寺大街 23 号
北京师范大学附属中学	西城区南新华街 18 号
北京师范大学第二附属中学	西城区新街口外大街 12 号
北京师范大学附属实验中学	西城区二龙路 14 号
北京师范大学亚太实验学校	昌平区北七家镇曹碾村西北
北京市西城区京华实验学校	西城区教育街 1 号
北京市正泽学校	西城区小市口胡同 8 号
北京市和平门中学	西城区南新华街 15 号
北京市什刹海体育运动学校（北京市第 100 中学）	西城区地安门西大街 57 号

（杨海蓉）

表 11　　西城区小学一览表

校名	地址
北京市西城区育翔小学	西城区马甸南村乙 14 号
北京市西城区师范学校附属小学	西城区六铺炕北小街 3 号
北京市三帆中学附属小学	西城区裕中西里 29 号
北京市西城区五路通小学	西城区什坊街甲 6 号
北京市西城区育翔小学分校	西城区安德路街小市口胡同 8 号
北京市西城区黄城根小学	西城区黄城根北街 3 号
北京市西城区厂桥小学	西城区地安门西大街 167 号
北京市西城区鸦儿胡同小学	西城区鸦儿胡同 25 号
北京雷锋小学	西城区旧鼓楼大街西绦胡同甲 2 号
北京市西城区西什库小学	西城区刘兰塑胡同 14 号
北京市第十三中学附属小学	西城区西煤厂胡同 7 号
北京市西城区什刹海小学	西城区地安门内大街恭俭胡同 41 号
北京市西城区自忠小学	西城区府右街丙 27 号
北京市第一六一中学附属小学	西城区北长街 71 号
北京市西城区力学小学	西城区力学胡同 47 号
北京市西城区顺城街第一小学	西城区前门西大街 135 号
北京第一实验小学	西城区南新华街 17 号
北京市西城区炭儿胡同小学	西城区炭儿胡同 11 号
北京市西城区新世纪实验小学	西城区南纬路 2 号
北京市西城区香厂路小学	西城区香厂路 31 号
北京第一实验小学前门分校	西城区和平门外东街甲 5 号

续表 11

校名	地址
北京第二实验小学玉桃园分校	西城区西直门内大街玉桃园三区 10 号
北京市西城区志成小学	西城区新街口东新开胡同 20 号
北京师范大学京师附小	西城区西四北四条 47 号
北京第二实验小学	西城区新文化街 111 号
北京市西城区奋斗小学	西城区闹市口大街月台胡同 15 号
北京市西城区西单小学	西城区中京畿道 1 号
北京市西城区宏庙小学	西城区西单北大街宏庙胡同 13 号
北京市西城区华嘉小学	西城区西廊下胡同 34 号
北京第二实验小学涭水河分校	西城区受水河胡同 45 号旁门
北京市宣武师范学校附属第一小学	西城区右安门内大街 26 号
北京市西城区白纸坊小学	西城区白广路乙 27 号
北京市第八中学附属小学	西城区福州馆街 3 号
北京市西城区陶然亭小学	西城区龙泉胡同 5 号
北京市第十五中学附属小学	西城区白纸坊东街 27 号
北京市西城区实验小学	西城区南菜园 35 号
北京市西城区阜成门外第一小学	西城区阜成门外大街甲 10 号
北京市西城区展览路第一小学	西城区百万庄中里 7 号
北京市西城区进步小学	西城区榆树馆胡同 1 号
北京市西城外国语学校附属小学	西城区北礼士路 133 号
北京建筑大学附属小学	西城区文兴街 4 号
北京第二实验小学白云路分校	西城区白云路 2 号
北京市西城区育民小学	西城区真武庙头条 8 号
北京市西城区中古友谊小学	西城区三里河一区 39 号
北京市西城区三里河第三小学	西城区三里河三区 36 号
北京市西城区复兴门外第一小学	西城区复兴门外大街地藏庵 23 号
北京小学	西城区槐柏树街 9 号
北京市西城区康乐里小学	西城区储库营康乐里 2 号
北京小学广内分校	西城区北线阁街 2 号
北京市宣武回民小学	西城区牛街西里一区 5 号
北京市西城区登莱小学	西城区登莱胡同 29 号
北京第二实验小学广外分校	西城区广安门外红居南街 2 号
北京小学天宁寺分校	西城区天宁寺前街 35 号
北京小学红山分校	西城区广安门外大街 305 号二区 12 号楼
北京市西城区青年湖小学	西城区广外街道鸭子桥北里 13 号
北京市西城区椿树馆小学	西城区广安门外南街 43 号
北京市西城区三义里小学	西城区广外三义里 4 号、5 号
北京第一实验小学红莲分校	西城区红莲中里 14 号

（杨海蓉）

表 12　　西城区特殊教育学校一览表

校名	地址
北京启喑实验学校	西城区西直门内大街东教场胡同 5 号
北京市西城区培智中心学校	西城区西直门外大街德宝新园 23 号
北京市西城区育华中学	昌平区沙河镇七里渠南村 531 号

（杨海蓉）

职业教育与成人教育

【概况】 2022 年，西城区有职业教育学校 4 所，教职工 610 人，学生 1707 人。西城区有成人教育学校 3 所，教职工 204 人，学生 2405 人。职成教育有序推进教育教学工作，不断增强办学效益和品质，深化学习型城区示范区建设。发挥资源优势，积极参与京津冀协同发展及援疆工作，7 人次教师重点支持内蒙古以及西藏、新疆等地的职业教育帮扶工作。加强学区教育资源的统筹管理，24 名职业学校教师服务学区管理工作。依托社区教育资源，开展线上线下优质规范培训课程，组织年度市民学习周活动，西城区 4 人获评年度首都学习之星。

（李同焕）

【职业教育专业人才培养】 2022 年，为贯彻落实《国家职业教育改革实施方案》，区教委职成科会同区教育研修学院职成教部结合区职业教育发展实际，向区属职业学校开展专业人才培养方案修订实施工作。通过研究各专业建设现状，诊断现有专业人才培养方案实施情况，助推学校专业人才培养工作。（李同焕）

【高等教育自学考试】 2022 年，全国高等教育自学考试办公室受理各类考试报名 2910 人次，6980 科次，注册新生 263 人，使用 4 所（次）中学作为考点校，组考 323 场次。办理自考毕业初审 284 人，其中专科 56 人、本科 228 人。全国高等教育自学考试笔试时间为每年 4 月和 10 月，10 月受新冠疫情影响考试暂停。（李　飞）

【成人高等学校招生】 2022 年受新冠疫情影响，成人高考取消现场确认采用网上报名与审核，专升本信息验证仍采用网上验证。年内，西城区网上报名 1175 人，实际缴费 1175 人，其中高中起点专科 163 人、高中起点本科 143 人、专科起点本科 869 人，设置成人考试考点校 3 所，考场 46 个。（李　飞）

【遴选终身学习品牌项目】 7 月 16 日，区教委向全区市民学习基地单位开展遴选工作，推荐“广艺+”市民终身学习空间、“暖心”什刹海居民心理关爱项目、“林白水故居”——椿树书苑、“美好人生，精神家园”——陶然书苑等 4 个项目参加北京市评选，均获评 2022 年度北京市终身学习品牌项目。

（李同焕）

【姜勇清职教名师工作室】 10 月 31 日，区教委在西城职业学校举行姜勇清职教名师工作室启动仪式。职业学校名师工作室是青年教师成长的平台，在专业建设、教师发展、教学研究、课程改革、技能交流、校企合作等方面，加强对中青年教师的培养力度，共同研究制定专业建设发展规划，助力专业建设。

（李同焕）

【市民学习周活动】 10 月至 12 月，区教委组织第二十届市民学习周活动，主题为“献礼二十大，智学伴西城”，西城区 15 个街道与社区教育学校、职业学校、成人高校、教育研修部门以及市民终身学习服务基地共同为市民搭建学习与宣传平台，开展学习活动近 300 项，在学习智能化、终身化的道路上做出有益探索。（李同焕）

红旗大学

【概况】 2022 年，北京宣武红旗业余大学简称（红旗大学）占地面积 10524.89 平方米，产权校舍建筑面积 6748.67 平方米。设有右安门 1 个校区，设置 5 个教学系。开设 10 个专业，覆盖 6 个学科，藏有纸质图书 4.9691 万册。红旗大学是在教育部备案的市属独立设置成人高校。拥有教室 47 间，包括网络多媒体教室 33 间。数字终端 539 台，包括学生终端 324 台、教师终端 215 台。教职工 67 人，其中专任教师 35 人，教授 2 人，副教授 12 人。专科在校生数 155 人，招生 80 人，毕业生 101 人，全年培训 20677 人次。北京宣武红旗业余大学秉承“立足地区、服务地区，为地区经济建设和社会发展服务”的办学宗旨，围绕学校中心工作，做好教学科研、社区教育和培训服务；以平安校园建设为抓手，构建人防、物防、技防“三位一体”的校园安全防范体系。年内，服务社区居民 66759 人次；完成西城区域内研究生入学、高考、中考等重要考试任务，累计派出 71 人次到西城区封管控考点完成考试保障工作。7 月，红旗大学内设机构调整，由原来的 13 个职能部门调整为 9 个，原联合办学部、招生办公室与教务处合并更名为教务处，原新职业中心与培训中心合并更名为培训中心，原社区教育办公室与广外社区教育办公室合并更名为社区教育中心，其余为党政办公室、科研室、总务处、财务处、老年教育中心、信息中心。11月25日，红旗大学根据右安门校址翻改建工程进度安排，新增设校址两处：北京市第三十九中学作为学校办学地点；中新家园作为学校办公地点，拆除右安门校址1号教学楼，保留实验楼办公场所。（罗克东）

【培训考试服务】 2022年，红旗大学通过线上线下相结合的培训方式，开展家长培训及街道社区培训7场，5840人次教师和家长参加学习；开展教育系统专项培训43场，服务中小幼教师932人次；开展教育系统专项讲座39场，其中心理学讲座10讲服务8516人次，法律讲座“法安天下，德润人心”8讲服务840人次，传统文化讲座“传统文化中的育人智慧”11讲学习人员1049人次。承接西城区教委考试中心和人力社保局考试2次、20场次，服务考生1200人次。（罗克东）

【社区教育服务】 2022年，红旗大学社区教育中心“新父母、心成长”家庭教育大讲堂以线上培训形式开展专题讲座5场，培训1500人次。暑假期间，社区教育中心与广外街道社会心理服务中心联手举办家庭教育暑期系列讲座7场，培训2000余人次。为西城区三义里第一幼儿园30余名幼儿教师开展“做一名幸福幼儿教师”的主题培训。老年教育中心全年开展书法类、绘画类、文学类、声乐、钢琴、摄影等13门课程的线上教学，学员353人。（罗克东）

【委托开办老干部大学交流座谈】 3月1日，红旗大学与区委老干部局就委托红旗大学开办老干部大学相关事宜进行座谈，双方对《西城区老干部大学（红旗大学校区）校务委员会章程》、委托办学协议的签订以及专项经费的使用等事宜交换意见，对相关问题进行商议，并达成共识。（罗克东）

西城经济科学大学

【概况】 2022年，北京市西城经济科学大学暨西城区社区学院（简称西城经济科学大学）设有1个校区，设置3个院（系、部）。开设8个专业，覆盖文史类、艺术类、理工类3个学科。教职工112人，其中高级职称24人、中级职称39人。学校由北京市西城区人民政府举办。拥有教室41间，包括网络多媒体教室39间。毕业生297人，其中本校专科毕业生52人、中国传媒大学西城教学站本科毕业生245人。招生共计152人，其中本校专科生招生29人、中国传媒大学西城教学站本科生招生123人。在校生共计700人，其中本校专科生2个专业共计100人、中国传媒大学西城教学站本科生6个专业共计600人。全年培训4786人次。年内，区经科大赵红获第十八届北京市高等学校教学名师奖、濮苏安获评北京市高校优秀教学管理人员。完成中考和高中合格考保障任务。（陈　怡）

【社区教育】 2022年，区经科大配合区教委牵头组织举办西城区第二十届市民终身学习周系列活动、举办“永远跟党走、舞赞新征程”2022年西城区第十一届市民艺术节舞蹈比赛、西城区市民学校第二十一届市民书画精品展、2022年西城区社区教育专兼职信息员优秀信息宣传稿征集及评选活动。市民教育教学各认证点年度认证课程总计340门6114课时，受益59580人次。9个街道的37个社区，评审出精品课程30门300课时，4500人次，评审出特色课54门540课时，受益8100人次。开设市民进校大专班课程16门411课时，受益2457人次。开设市民进校单科班课程9门396课时，受益1309人次。送教进社区课程班课程4门105课时，受益675人次。开设体验课程10门30课时，受益1500人次。（陈　怡）

【培训服务】 2022年，区经科大组织开展年度专业技术人员和事业单位工作人员公共知识培训和其他专业技术培训，全年开展继续教育培训21次，共计123学时。采用线上培训和直播课程方式，为西城区行政事业单位财务人员、区委组织部、区人力社保局、区退役军人服务中心开展培训项目5个，开设课程52门，聘请教师52人，培训人员2725人。（陈　怡）

【线上答辩和考试】 5月5日，区经科大学校答辩组和考务组筹备线上毕业答辩（本科）和线上实时期中考试（专科）工作，研讨工作方案的调整修订。5月8日，区经科大传媒2020级专升本3个教学班共计155名学生参加线上答辩，专科3个年级5个教学班的100余名学生参加线上实时考试，共计13场次。（陈　怡）

表13　西城区境内高等院校一览表

校名	地址
北京市行政学院	西城区车公庄大街6号
中央音乐学院	西城区鲍家街43号
中央广播电视大学	西城区复兴门内大街160号
中国人民公安大学	西城区木樨地南里1号

续表 13

校名	地址
中国道教学院	西城区白云观内
外交学院	西城区展览馆路 24 号
北京建筑大学	西城区展览馆路 1 号
北京军地专修学院	西城区新风街 7 号
公安部高级警官学院	西城区木樨地南里甲 1 号
北京教育学院	西城区德胜门外黄寺大街什坊街 2 号
北京联合大学继续教育学院	西城区丰盛胡同 13 号
北京宣武红旗业余大学	西城区右安门内大街 79 号
北京广播电视大学宣武分校	西城区菜园街 13 号
北京市西城经济科学大学	西城区西直门内南草厂街 22 号

（杨海蓉）

表 14　　西城区职业学校一览表

校名	地址
北京市外事学校	西城区西直门内永祥胡同 3 号
北京市西城职业学校	西城区百万庄大街 19 号
北京市财会学校	西城区西便门内大街 69 号
北京市实验职业学校	西城区菜园街 13 号

（杨海蓉）

教育科研

【概况】2022 年，西城区坚持教研全覆盖，研修与培训同行，以问题为导向“研生、研学、研师、研研”，促进教师在“赛、学、研、修、行”中获得专业成长。北京市西城区教育研修学院（简称区教育研修学院）统领全区幼、中、小教育教学科研。学院占地面积 16477 平方米，建筑面积 19773 平方米。图书馆藏书总数 12.6417 万册，订阅杂志 345 种、报纸 26 种。固定资产总值 3581.66 万元，全年教育经费投入 6391.83 万元。学校信息化经费投入 220.58 万元。拥有计算机 944 台，多媒体教室 24 间，其中机房 9 间配置 309 台电脑。校园网出口总带宽 10Gbps（全区共享），数字资源量 13TB。教职工 159 人，正高级 20 人，副高级职称 107 人，中级职称 12 人；专任教师 134 人，包括特级教师 13 人、北京市骨干教师 42 人、北京市学科带头人 14 人；博士 4 人、硕士 46 人、本科 101 人。（张慧明）

【科研项目管理】2022 年，区教育研修学院各级各类课题共计 19 项（申报 + 调入），完成立项、结题 16 项；市学会课题转入 2 项转出 1 项，其中区规划义教（含“双减”项目）立项课题转入和转出各 1 项。2022 年度各级各类参评成果共 45 项，获市政府奖 1 项、市级一等奖 4 项，区级一等奖 3 项。（张慧明）

【成职教育科研成果】2022 年，宣武红旗大学组织 3 位教师参加第二届主题为“高质量建设首都学习型城市”的首都终身学习青年论坛，1 篇论文《终身教育视域下区域职成院校教师魅力课堂建构行动研究》获评一等奖。学校全年在研北京市成人教育学会课题 6 个，结题北京市教育科学“十三五”规划一般课题 1 个。聚焦立德树人根本任务，加强教师思想政治教育和推进课堂思政的实践探索，开展课程思政优秀教学案例评选活动，12 位教师获奖。区经科大公开发表论文 12 篇，获奖 11 项，计 17 人次。评审报送 3 篇优秀论文参加第二届首都终身学习青年论坛；评审报送 4 篇优秀论文参加北京市成人教育学会优秀成人教育科研成果登记鉴定，其中 1 篇获二等奖，2 篇获三等奖；评审报送 5 项课题参加 2022—2023 年度成人继续教育科研立项课题申报，均获准立项，其中 4 项获批为重点课题，1 项获批为一般课题。开发制作特色微课程 30 集，主题包括“发现纹样之美”“健康攻略”“串珠的奇妙世界”“军事小课堂”等。完成校内成品微课程39集。报送15个系列微课程参加由北京市社区教育指导中心与北京市教育科学研究院共同组织开展的优秀课程与典型案例认定，其中2个系列课程被评为教育部“能者为师”特色课程，7个系列微课程被认定为北京市“优秀”课程。（罗克东　陈怡）

【科研学术年会】1月10日，西城教育研修学院举办第十一届学术年会，聚焦“双新”“双减”“贯通”3大关键词，由总论坛和5个分论坛组成，深度研讨“借助‘双新’项目解决教育教学中重点难点问题”“在‘双减’政策背景下实现教育提质增效”“利用区域优势和特点实现不同学段衔接贯通”等新形势下教育研究与实践领域的关键问题。区教委主任王攀、北京教科院研究员张熙、西城教育研修学院院长石玲玲分别作主题讲话、专题报告和规划解读。区教委相关负责人、西城“深度学习”项目10所实验校领导及一线教师代表、门头沟教师进修学校的老师等参加会议。12月12日，区教育研修学院举办第十二届学术年会，以“深度学习理论与实践专题研讨”为主题，采取线上的方式并通过教研网面向全国直播。年会通过专家报告、校长论坛、教师论坛3个模块围绕“深度学习的理论与实践”展开研讨，既是对两年“深度学习”项目研究的梳理总结，也是项目共同体成员交流学习、达成共同认知的过程，为持续深入推进奠定良好的基础。活动邀请首都师范大学副校长杨志成、北京师范大学教授宋萑、上海市教委教研室原主任徐淀芳和海淀区教师进修学校副校长姚守梅等专家，北京海淀区、北京西城区、上海杨浦区和深圳龙华区等4个“深度学习教学改进项目”示范区的领导、校长和教师，以及全国各地对此项研究感兴趣的干部教师线上参会观看直播。（张慧明）

【教育科研月活动】11月25日至12月23日，西城区举办第22届“2022年北京市西城区教育科研月”活动。活动由区教委、区教育学会主办，区教育科学研究院承办。科研月主题为“构建高质量教育体系，推进区域教育现代化——巩固教育高原，打造教育高峰，做‘有温度’的西城教育”，共包括五个分论坛，议题涵盖幼小初高各学段，涉及“双新”“双减”“深度学习”“项目学习”“作业改革”“拔尖人才培养”等一系列教育实践中的热点难点问题。通过教研为教学助力，激发教师自主研究热情，围绕教育工作者的思考、实践、发展成果进行深度而广泛的交流，提高干部教师专业成长、德育工作科研水平和师生数据统计分析能力。科研月举办线上线下活动34场，点击量超21万次。（杨海蓉）

教育督导

【概况】2022年，全区有专职督学19人，兼职督学32人。区教委落实责任督学挂牌督导制度，结合疫情防控、开学情况、安全工作及“双减”工作等方面对全区所有中小学校、幼儿园开展经常性督导。对2所中学和4所小学开展全面实施素质教育综合督导，对91所（址）幼儿园开展办园质量督导评估整改复查。组建督导组完成对区属4个委办局的随访督导和经常性督导，对什刹海、新街口、天桥和西长安街街道履行教育职责情况的调研和综合督导，对4个社区教育学校随访督导。（王锦红　苟旭慧）

【全面实施素质教育综合督导】2022年，依据《北京市普通中小学校全面实施素质教育评价方案》以及西城区督导评价指标体系与细则，会同区教委相关直属单位对北京市第一六一中学分校、北京市徐悲鸿中学、北京市西城区力学小学、北京市西城区三义里小学、北京市西城外国语学校附属小学和北京小学天宁寺分校等6所中小学校完成全面实施素质教育综合督导。对410位教职员工、1838名学生和4166名家长进行问卷调查，通过信息分析形成督导评价意见，召开督导反馈会分别回复督导意见。被督导单位依法办学，全面落实党的教育方针政策、立德树人根本任务、五育并举以及“双减”等重要举措，着力提升教育水平，提高办学质量，办好人民满意的教育。（王锦红）

【办园质量整改复查】2022年，区教委督学科制订《西城区2019—2021年幼儿园办园质量督导评估问题整改工作实施方案》，完成2019—2021年幼儿园办园质量督导评估问题整改复查。上半年复查涉及安全、卫生条件等19项刚性指标整改任务的25所幼儿园，下半年完成其余66所幼儿园的整改复查，实现以整改复查促进幼儿园办园质量提升。（王锦红）

【责任督学挂牌督导】2022年，区

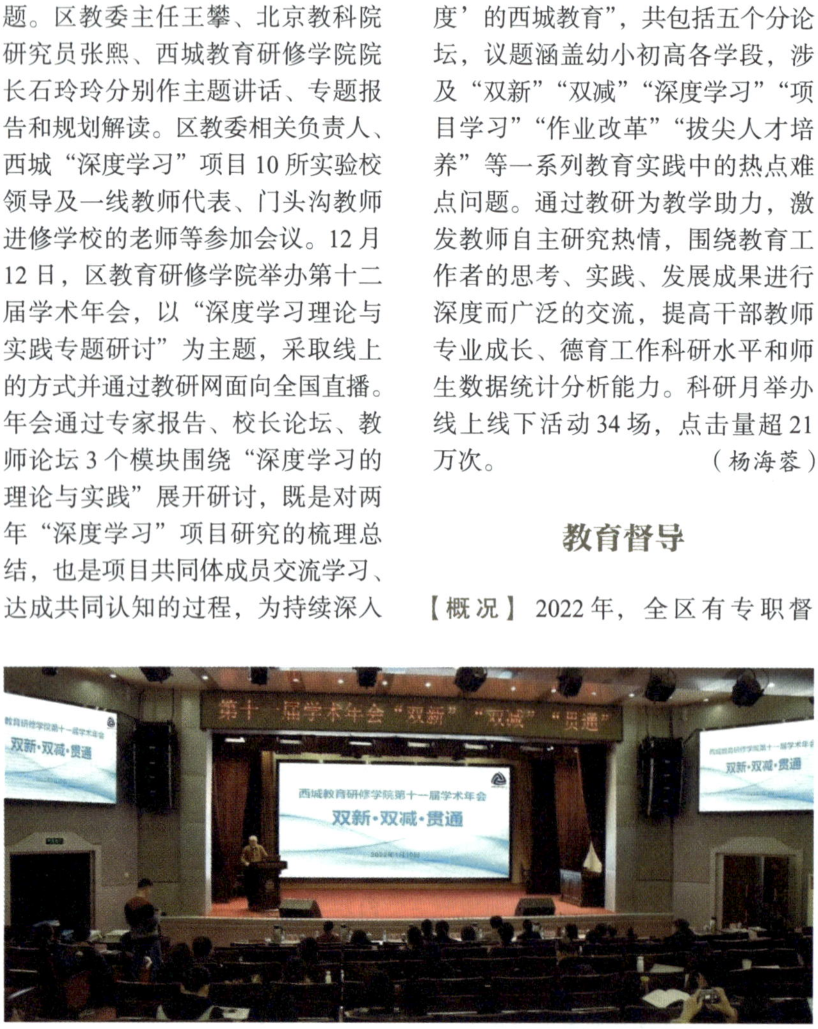

1月10日，西城教育研修学院举办第十一届学术年会召开　（区教育研修学院　供图）

教委督学科组织全体挂牌责任督学对全区40所中学（64个校区）、57所小学（101个校区）和108所幼儿园（132个园址，包括办园点和无证园）完成春、秋两季开学情况、疫情防控、“双减”、体育、“五项管理”、视频监控管理、安全、食品卫生等多轮次挂牌督导。相关责任督学对高三复课工作、中考考点校考务准备、幼儿园疫情防控和校园安全、暑期托管服务工作进行专项检查。建立“督学—责任区组长—督学科”三级纵向沟通工作机制，责任督学抓细节、抓落实，对发现的问题提出整改要求。挂牌督学通过值班接听热线电话，解答学生、家长提出的各类问题，形成家校育人合力。（王锦红）

【西城区督学管理办法】2022年，区教委贯彻落实教育督导体制机制改革，制订《西城区督学管理办法》，规范督学的聘任与管理，明确督学的职责与权利，加强督学的考核与培训，提升督学素质，推动教育督导规范化、专业化、科学化发展。（王锦红）

【发展素质教育督导评估方案】2022年，区教委制定《西城区普通中小学校发展素质教育督导评估实施方案（试行）》《西城区中小学发展素质教育督导评估指标细则》，并在2022—2023学年度第一学期综合督导中实践完善。方案引导学校坚持社会主义办学方向，树立正确的人才观、育人观和质量观，培养学生的核心素养和综合素质，促进学生健康成长发展，督促学校依法办学、规范管理、内涵发展，不断提高育人质量。（王锦红）

【履行教育职责评审】2022年，区教委开展西城区2022年履行教育职责自评工作。围绕学习、宣传有关教育法律法规及文件精神，落实教育综合改革重点工作，结合西城教育发展中的重点、热点、难点等问题，组织专兼职督学对各单位自评情况进行评审，全面了解区属单位2022年度履行教育职责工作中的主要成绩及存在的主要问题，促进区属相关部门履行教育职责。（苟旭慧）

【白名单校外培训机构教育督导】10月，区教委将白名单校外培训机构纳入全区教育督导序列，形成定期检查和例会制度，包括区委书记点评会制度、教委主任办公会通报制度、“一人两址两检”周报制度、处级领导包学区制度和学期例会制度；定期开展校外培训机构人员培训；建立全区“中小幼培”统一管理，包括教育安全、疫情防控、教育教学和规范收费等；成立鉴别专家委员会，对义务教育阶段校外培训机构进行“学科类”和“非学科类”项目鉴定。（汪　洋）

（责任编辑　叶　婷）

文 化

综 述

2022年，西城区文化和旅游局（简称区文化和旅游局）聚焦新总规和全国文化中心建设，围绕党的二十大召开和北京冬奥会冬残奥会两件大事做好服务保障。以喜庆党的二十大为主题组织红色剧目演出和诵读红色经典活动，唱响主旋律。冬奥文化广场运行67天，接待游客9万余人次。完成第十三届中国艺术节属地保障任务。大力推动文化和旅游深度融合发展、高质量发展，文物活化利用“揭榜挂帅”模式在全国推广，获北京市委、北京市人民政府北京冬奥会保障先进单位。

历史文化保护传承有序推进。完成西城区教育学院搬迁、天桥百货商场外立面整治等9项中轴线申遗三年行动计划；完成谦祥益、云南新馆等5项文物修缮工程，推进文物活化利用项目实施。以云演播、云直播、云课件形式开展非遗演出季、非遗“五进”（非遗进商圈、进园区、进文物、进景区、进酒店）活动，扩大非遗传播效果。

公共文化服务体系建设取得进展。实施文化惠民工程，开展各类线上线下公共文化活动2875场次，参与群众942万人次。持续推进“书香西城”建设，万人拥有实体书店1.37家。深化与中央音乐学院、国家话剧院等院团战略合作，擦亮中国原创话剧邀请展、老舍戏剧节等活动品牌。

文化市场规范有序。推进“放管服”改革，办理行政许可及备案类事项2826件，经营单位登记注册1886家。营业性演出场所经营单位及内地营业性演出审批台数均居全市第一。严格督导11类1128家文旅企事业单位落实主体责任，完成宾馆酒店防控任务，组成突击队支援社区值守。“接诉即办”总接诉量2.48万件，比上年增长12.5倍，响应率100%，市级回访解决率95.26%，满意率96.31%。（赵　臣）

公共文化

【概况】 2022年，全区有754个公共文化服务设施，总面积163.71万平方米。其中市级及以上公共文化服务设施2个，区级图书馆2个、文化馆1个，街道综合文化中心15个、社区综合文化室263个，文化广场57个，新型文化空间30个，社会力量建设的公共文化服务设施270个，其他公共文化服务设施114个。基本形成覆盖均衡、便捷高效的公共文化服务网络。（唐　萍）

【公共文化服务体系示范区建设】 2022年，区文化和旅游局修订《北京市西城区推进公共文化服务体系示范区建设实施方案（2022—2025年）》，细化部门职责与分工，进一步明确任务和措施，督促、指导各街道补齐社区文化活动短板。组织专家团队，对区文化馆、图书馆、博物馆和街道综合文化中心以及社区文化活动室开展6次分级分类培训220人次，按照74项示范区建设标准、4项新增优秀标准覆盖性实地督导检查2次，进一步健全三级公共文化设施网络，人均公共文化服务设施建筑面积1.47平方米。

（唐　萍）

【特色阅读空间考评】 4月1日至年底，区阅读推广中心开展2022年西城区特色阅读空间考评工作。通过预申报、现场指导、发布通知、考前培训、申报、初审、评审、公示等流程，实现考评全过程管理，增加线上问卷，将公众满意度评估贯穿始终。44家申报单位被考评为特色阅读空间，比上年新增17家，实现疫情影响下的逆势增长。

（王　朗）

【公益课堂开课】 7月22日，西城区文化馆（简称区文化馆）公益“晚间课堂”（每周五19:00至21:00）开课，分心理解压、插画艺术、手机摄像与剪辑、爵士舞4项内容，每项10次培训课，100余人次参加。7月23日，“公益周末课堂”开课，开设舞蹈、声乐、书法、古筝、篆刻、服装服饰色彩搭配和奥尔夫音乐启蒙7门公益课，每班培训20课时，230余人次受益。（程海虹）

【阅读服务志愿项目启动】 8月1日至9月30日，为充分调动社会力

8 月 7 日，“万象中轴”数字文化体验项目上线　　（区文化和旅游局　供图）

量参与公共阅读服务，西城区阅读推广中心（简称区阅读推广中心）在北京志愿者协会“志愿北京”平台完成团队注册，招募 244 名志愿者，开展“书香西城”活动秩序维护、阅读推广宣传、阅读推广培训、为老年人、残疾人等开展阅读服务。（王　朗）

【**数字文化体验项目上线**】 8 月 7 日，区文化和旅游局与北京河图联合创新科技有限公司（简称“北京河图”）联合打造的“万象中轴”数字文化体验项目上线。该项目以景山、地安门、万宁桥等 7 处文物建筑、公共空间为体验区域，通过高精度空间计算、人工智能、数字创意、智能终端等技术，复现中轴线相关历史场景，构建可视化的虚实融合、古今辉映的数字文化空间，打造全新的线下数字文化探访线和线上数字时空博物馆。上线当日同步公布此前开展的项目 IP 形象——助力中轴线申遗“北京中轴线上的镇水小神兽”卡通形象征名活动的定名结果，结合网友投票结果和专家意见，小神兽被定名为“水灵龙”。（赵　臣）

【**“悦读湾”资源普查**】 9 月 1 日，区阅读推广中心启动书香西城“悦读湾”资源普查项目。利用中国数据库获取 963 条数据，电话核实阅读场所 112 家，实地走访阅读场所 43 家，制作书香西城“悦读湾”资源普查地图（383 个点位大地图和 16 张街道图），并进行图例优化、名称确定、字体颜色调整，清晰显示“阅读湾”在全区各街道、各社区的分布。（王　朗）

【**“书香西城”三年行动计划发布**】 11 月 1 日，区阅读推广中心发布“书香西城”三年行动计划。立足北京建设国家文化中心的战略定位，以满足人民群众精神文化需求为出发点和落脚点，以打造“全民阅读典范之区、书香北京首善之域”为总目标，聚焦阅读空间品质提升工程、“+ 书香”战略深化工程、活动品牌创新优化工程、阅读服务数字化工程、宣传报道提质增效工程、阅读研究推广人才培优工程，打造现代立体阅读服务体系，营造爱读书、读好书、善读书的良好氛围。（王　朗）

“万象中轴”IP 形象“水灵龙”

（区文化和旅游局　供图）

表 15　　西城区博物馆、文化馆一览表

名称	地址
北京鲁迅博物馆	阜成门内大街宫门口二条 19 号
民族文化宫博物馆	复兴门内大街 49 号
中国地质博物馆	西四羊肉胡同 15 号
中国古动物馆	西直门外大街 142 号
宋庆龄故居	后海北沿 46 号
北京天文馆	西直门外大街 138 号
首都博物馆	复兴门外大街 16 号

续表 15

名称	地址
北京古代建筑博物馆	东经路 21 号
徐悲鸿纪念馆	新街口北大街 53 号
郭沫若纪念馆	前海西街 18 号
梅兰芳纪念馆	护国寺街 9 号
中国佛教图书文物馆	法源寺前街 7 号
北京市古代钱币展览馆	德胜门东大街 9 号德胜门箭楼下
北京市白塔寺管理处	阜内大街 171 号
北京郭守敬纪念馆	德胜门西大街甲 60 号
北京红楼文化艺术博物馆	南菜园街 12 号
古陶文明博物馆	右安门内西街 12 号
中国钱币博物馆	西交民巷 22 号
恭王府及花园	前海西街 17 号
慈悲庵	太平街 19 号
北京戏曲博物馆	虎坊路 3 号
中国印钞造币博物馆	西直门外大街甲 143 号
北京宣南文化博物馆	长椿街 9 号
北京李大钊故居	文华胡同 24 号
北京历代帝王庙博物馆	阜成门内大街 131 号
北京通信电信博物馆	骡马市大街 9 号
北京空竹博物馆	广安门内街道小星胡同 9 号
北京菜百黄金珠宝博物馆	广安门内大街 306 号
中国工艺美术馆	复兴门内大街 101 号
西城区第一文化馆	西直门内大街 147 号
西城区第二文化馆	福长街四条 2 号

（赵　臣）

表 16　**西城区图书馆一览表**

名称	地址
西城区图书馆	后广平胡同 26 号、教子胡同 8 号
西城区青少年儿童图书馆	西直门内大街 69 号
德胜街道图书馆	新明胡同甲 1 号
什刹海街道图书馆	刘海胡同 11 号
西长安街街道图书馆	东斜街 53 号、小六部口胡同 36 号
大栅栏街道图书馆	杨梅竹斜街甲 125 号、西河沿 228 号
天桥街道图书馆	禄长街头条甲二号地下一层
新街口街道图书馆	西直门内大街 235 号、宫门口三条乙 1 号
金融街街道图书馆	太平桥大街 107 号地下 2 层

续表 16

名称	地址
椿树街道图书馆	骡马市大街 9 号
陶然亭街道图书馆	粉房琉璃街 160-9 号、菜市口大街甲 2 号院 9 号楼
展览路街道图书馆	展览馆路甲 18 号
月坛街道图书馆	月坛南街 19 号院 4 号楼
广内街道图书馆	下斜街一号东楼二层
牛街街道图书馆	牛街东里一区 18 号楼
白纸坊街道图书馆	枣林前街 16 号
广外街道图书馆	广安门车站西街 2 号院 17 号楼二层

（赵　臣）

文艺精品创作

【概况】 2022 年，区文化和旅游局依据《北京市西城区文化艺术创作扶持专项资金项目管理实施细则》申报 2022 年度专项资金扶持项目 141 个（补贴类 138 个、奖励类 3 个）。经综合评审，确定入围项目 39 个，其中文学创作《蓝色裙摆》《永不停歇》等 37 个作品入围补贴类项目；音乐剧《隐婚男女》、肖像画《心动的感觉》入围奖励类项目，补贴资金 836 万元。（杜华云）

【原创话剧演出】 6 月 16 日至 18 日，区文化馆排演的原创话剧《红墙守护者——西城大妈》在中国国家话剧院小剧场上演。该剧用平凡人讲述身边事的方式，围绕 2008 年北京奥运会、深化改革时期、新冠疫情防控讲述“西城大妈”队伍组建和不断发展壮大的故事，展现“西城大妈”顾大局、识大体、无私奉献的精神。通过线上直播、录制方式演出 4 场，线上观众点击量达 20 余万人次。（杨　地）

【参赛“群星奖”】 6 月 20 日至 22 日，区文化馆创作的舞蹈《我们身边的人》、曲艺《中轴线》、音乐《群文人之歌》、戏剧《我同意》参加文化和旅游部组织的全国第十九届“群星奖”评选。经过初赛复赛，舞蹈《我们身边的人》、曲艺《中轴线》、音乐《群文人之歌》入围北京市代表作品参加全国评比。

（楚晶晶）

【原创音乐话剧《抹不去的记忆》】 11 月 12 日至 13 日，由区文化馆出品、国家一级编剧冯静创作、北京人民艺术剧院青年导演闫锐执导的原创音乐话剧《抹不去的记忆》在北京天桥艺术中心录播 3 场。该剧以新冠疫情突发为背景，讲述以夏嘉诚为代表的文化馆业务干部及社会志愿者第一时间奔赴社区开展疫情防控工作的故事。青年演员周帅、龙月等、区文化馆、什刹海街道部分干部、群众艺术爱好者及文化志愿者参加演出。线上观众 20 万余人次。（司春燕）

文化活动

【概况】 2022 年，西城区结合区域文化特色，紧贴时代主旋律，以庆祝主题纪念日、“我们的节日”、文化惠民“365 工程”等项目为依托，丰富群众文化供给，打造贯穿全年、覆盖全区的区、街道、社区三级联动工作格局。设计并发布“西城文化十二月令”（跨越二十四节气，时令年节讲传统，月月有特色主题文化活动，为市民们提供丰富多彩的年度文化活动菜单），开展让群众直观地了解全年不同主题和内容的文化活动。组织清明、端午、七夕、中秋、重阳等传统节日文化活动，发挥网络资源优势，推出线上线下活动，营造浓厚的节日文化氛围。举办“赏年画过大年北京市主场系列活动”“不负韶华、薪火相传”——清明诗歌朗诵会、“和满京城、奋进九州”端午节文化活动——“我们的节日”线上亲子公开课、“爱满京城、相约幸福”七夕联谊活动、“白塔夜话”系列活动、“会馆有戏——中秋昆韵话明月”专场演出、“孝满京城、德润人心”重阳诗诵等线上线下文化活动。组织“一街一品”、百姓戏剧展演和公益演出、展览、讲座、培训等活动。全年开展各类公共文化活动 2875 场次，参与群众约 941.59 万人次，其中线上活动 2005 场次，线上参与群众 917.17 万人次；线下活动 870 场次，参与群众 24.42 万人次。

（蒋苏菲　赵臣）

【“小熊迎冬奥”新年音乐会】 1 月 3 日，2022 年“小熊迎冬奥”新年音乐会在区文化馆上演。北京 PVPC 童声合唱团、IGW 小熊合唱团分别演唱《向世界小朋友问好》《小小世界》等 20 个国内外经典合唱作品、新世纪流行合唱作品和民谣民歌，西城文化云、北京数字文化馆、国家公共文化云 3 家平台同步进行现场直播，观看人数 18 万人次。（谢　怡）

【北京冬奥文化广场活动】1月6日至3月13日，区文化和旅游局统筹协调全区12个委办局，在金中都公园开展西城区北京冬奥文化广场活动。活动期间，举办北京冬奥知识展，开展冰雪体验活动，组织群众舞蹈、非遗展示、传统剧目表演活动81场，推出五大主题路线（红色之旅、园区之旅、文脉之旅、商业之旅、冰雪之旅）和25个西城特色打卡点，接待游客9万余人次。

（唐　萍）

【迎冬奥舞蹈专场演出】1月25日，区文化馆在西城区缤纷剧场举办迎北京冬奥“舞动西城一起向未来”彩虹剧场舞蹈专场演出。演出通过以专带群的形式，展现百姓喜迎冬奥的激情以及首都人民良好的精神风貌。区文化馆舞蹈队、北京师范大学实验华夏女子中学、西城区育翔小学等单位的演员及部分西城文化志愿者，演出《燃烧的雪花》《冰雪英雄》等节目，线上观众11万人次。

（闫　峻）

【百姓春晚云汇演】1月31日，区文化馆组织15个街道文艺爱好者共同参与的“百姓春晚云汇演”在北京数字文化馆、西城区人民政府网同步播放。此次会演从区文化总馆和各街道分馆上报的30余个节目中遴选出16个优秀节目，涉及北京风土人情、北京冬奥会等主题。

（许景辉）

【第五届海棠诗会】4月15日，由区委宣传部、区文化和旅游局、宋庆龄故居管理中心主办的“海棠花开向未来——2022年海棠诗会暨宋庆龄故居海棠文化节”在北京宋庆龄故居举行，并在网络平台播出。活动以“海棠花开向未来”为主题，围绕“冬奥盛会”“丝路花语”“共向未来”3个篇章展开。260名诵读爱好者和胡乐民、汪洋、邬晔纬、李锐、李玲、阿紫、周扬等主持人以诗相约、吟诵经典。133家媒体宣传报道，线上观众175万人次。

（王　朗）

【“阅读春天”启动仪式】4月23日，由书香中国·北京阅读季领导小组办公室指导，区委宣传部、区文化和旅游局主办，区阅读推广中心承办，十月文学院、西城区阅读推广+联盟协办的西城区“阅读春天”系列活动启动仪式在十月文学院云上举办。活动内容有推出新书《西城起风景——觅阅》、发布“阅读之友”名单、诵读和围绕“城市记忆与西城阅读新生活”主题对谈，以多维度、多方式阅读，构建西城阅读新生活。央广网、光明网等20余家媒体报道及转载，图文全网浏览量超25万人次，视频播放量超过8.5万次。

（王　朗）

4月15日，“海棠花开向未来——2022年海棠诗会暨宋庆龄故居海棠文化节”在北京宋庆龄故居举行

（区文化和旅游局　供图）

【第六届PAS打击乐艺术周】8月1日至6日，区文化馆、北京金帆音乐厅、PAS（中国）打击乐艺术协会共同主办的第六届PAS打击乐艺术周在北京金帆音乐厅上演。西南大学、中央民族大学、贵州大学、南京艺术学院及美国茱莉亚音乐学院、伊斯曼音乐学院、德国慕尼黑音乐学院、英国北方皇家音乐学院等国内外专业院校以及国内优秀青少年打击乐爱好者参加演出，演出分为开幕式音乐会、全球打击乐艺术家专场音乐会、全国音乐院校师生专场音乐会等6场，音乐会在抖音等线上直播，线上观众50万人次。

（谭　嘉）

【第四届“宣南杯”鼓曲大赛】8月23日至10月2日，区文化馆主办第四届“宣南杯”鼓曲大赛，大赛通过线上、线下“名家大讲堂”与“明星训练营”项目吸引9000余人次参与。全国鼓曲联盟云展演20场次、130万人次参与。颁奖晚会线上播出，6万余人次观看。大赛收到参赛作品160余件（其中原创作品56件），200余人参与比赛。通过组委会评选，选出“成人组（个人）演唱类”一等奖3人，二等奖6人，三等奖15人；“成人组（团体）演唱类”一、二、三等奖6人，优秀新苗奖15人，最佳人气奖3人，最佳伴奏员奖9人，优秀原创作品奖15人，优秀组织奖（单位）31个。

（周春辉）

【“阅读行走”主题打卡活动】8月26日，由区文化和旅游局主办，区阅读推广中心承办、区内16家阅读空间和实体书店协办的“阅读丈量生活——阅读行走”打卡活动启动。秋季以“往来中轴、探望古今”“知通百艺、博览众学”“与书为邻、品阅时光”“文章传世、笔墨春秋”为主题，设计4条读书打卡线路，将“阅读”“行走”“解谜”融合一体；冬季以“年味飘书香，觅阅迎冬奥”为主题，通过北京交通广播做专题推广，丰富市民过年期间的文化生活；展现西城阅读文化环境，吸引市民走进书店，引导市民爱上阅读。截至年底，线上互动打卡近3000人次，访问人数近4万人次。人民网、千龙网、《北京日报》、《北京青年报》等10余家媒体对此项活动进行报道。

▲**延伸阅读：**2022年度西城区阅读行走打卡活动4条打卡线路，分别为：线路一“往来中轴，探望古今”。天桥艺术中心（中轴线阅空间）—新华书店永安路店—PAGEONE北京坊店—中国书店雁翅楼店。线路二：知通百艺，博览众学。繁星戏剧村（戏外书店）—礼士书房—地图主题书店—自在博物书店。线路三：与书为邻，品阅时光。红楼公共藏书楼—钟书阁老佛爷店—咪咕西单店—坊间书阁。线路四：文章传世，笔墨春秋。鲁迅博物馆（鲁迅书店）—郷嬛书房—纪府书房—中国书店读者服务部。（王朗　郝慧芳）

文化遗产保护传承

【概况】 2022年，西城区有文物保护单位371处，其中全国重点文物保护单位44处、北京市文物保护单位67处、西城区文物保护单位81处、尚未核定为文物保护单位的不可移动文物179处。区文化和旅游局牵头推进中轴线申遗三年行动计划涉及西城区9项主责任务，完成西城区教育学院搬迁、天桥百货商场外立面整治项目，完成谦祥益、云南新馆、绍兴会馆、西单饭店旧址、国立蒙藏学校旧址等5项文物修缮工程。发布第二批文物活化利用项目，并确定了利用单位和利用方向，泰安里成为全国首个文物活化利用信用融资项目。继续打造“白塔夜话”“我在中轴修文物”等历史文化建设品牌和老城保护品牌。继续推进非物质文化遗产名录体系，以云演播、云直播、云课件形式开展非遗演出季、非遗“五进”（进园区、进文物、进景区、进机关、进学校）活动，扩大非遗传播效果。（赵　臣）

【厂甸“云”庙会】 2月1日至5日，由西城区非遗保护中心（简称区非遗保护中心）举办的壬寅年（2022）厂甸庙会以线上“云”游的方式举办。庙会以“春试笔荟”为主题，以深度解读非遗老字号“年味儿”文化密码为主线，携手琉璃厂地区荣宝斋、一得阁、戴月轩、萃文阁等百年老店及天福号、六必居、二友居等10余项“北京年味儿”非遗老字号，共同打造10余场次、30小时的云直播、云探店活动，倡导“线上游·访文市·赢福气·品年货·逛胡同”新民俗，展现“云端呈胜景，一起向未来”。此项活动在光明网、微博和抖音等融媒体播出，媒体矩阵传播总量、视频互动彩铃传播总量、“厂甸云庙会”话题互动总量突破6600万次。（赵　臣）

8月26日，“阅读文量生活——阅读行走”打卡活动启动　（区文化和旅游局　供图）

【非物质文化遗产项目】 4月20日至12月31日，区非物质文化遗产保护中心主办第八届“民间瑰宝·记忆西城”西城区非物质文化遗产项目传承志愿者招募活动，近百名志愿者报名。经传承人遴选，30余名志愿者分别被选定天桥摔跤、汲古阁拓片制作技艺、北京砖雕、金漆镶嵌、龟息按摩技法5个非遗项目的学员，参加代表性传承人的专业授课。年内，区非物质文化遗产保护中心完成“记忆西城·濒危非物质遗产项目纪实纪录工程”项目。出版《西城非遗普及读物》2本：《北京砖雕》（张彦编著）和《章学楷谈往录》（章学楷编著）；拍摄非遗项目纪实纪录片2部：《西城非遗这十年》《铜墨盒数字藏品诞生记》；拍摄非遗传承人口述史9部：《花丝镶嵌钮永禄》《景泰蓝李佩卿》《北京仿古瓷白莉》《京派剪纸杨莹莹》《金漆镶嵌武国芬》《荣宝斋木版水印高文英和崇德福》《北京刻瓷陈永昌》《药香制作技艺时雅丽》《盔头制作技艺李继宗》。制作非遗标准化传承课件5部：天桥摔跤、汲古阁拓片制作技艺、北京砖雕、金漆镶嵌、龟息按摩技法。（赵　臣）

【文物建筑活化利用项目】 5月15日，区文化和旅游局依据《北京市西城区人民政府关于促进文物建筑合理利用和开放管理的若干意见（试行）》的相关规定和第二批文物建筑活化利用申报条件和程序，经过资格审核、方案初评、项目预审、专家评审和区政府审议，最终确定上海浦江物业有限公司北京分公司为京报馆旧址运营服务机构，期限为5年。6月1日，北京银行前门文创支行与宣房大厚公司签订泰安里文物活化利用信用融资授信协议，泰安里成为全国首个文物活化利用信用融资项目。（赵　臣）

【非物质文化遗产夏令营】8月1日至9月15日，区非物质文化遗产保护中心举办第七届“传统文化体验之旅·非遗体验DIY夏令营”活动。北京仿古瓷（北京彩瓷博物馆）、曹氏风筝（三石斋风筝店）、北京皮影、北京折扇艺术传习馆、口技（口技传习馆）、戴月轩湖笔制作技艺（戴月轩总店）、北京建城传说（正阳书局）、金石篆刻（萃文阁）、北京鬃人（北京鬃人艺术馆）、北京彩塑兔儿爷（老北京兔爷店）分别接待学生及家长2000余人。（赵　臣）

中轴线文物保护

【概况】2022年，根据北京市关于2022年中轴线申遗保护重点攻坚任务安排，区中轴线保护专班聚焦时间表和路线图，相继召开13次工作会议、协助相关单位组织考察调研、踩点拍摄20余次以推进文物遗产保护工作。谦祥益文物修缮工作竣工、南棂星门实现亮相。（赵　臣）

【南棂星门文物保护】6月30日，北京先农坛南棂星门施工完成。南棂星门位于北京先农坛耕天下小区北院墙南侧，由围墙阻隔，为了保护文物，实施改造耕天下小区北院墙工程。设立围栏136平方米，修复小区水池墙面砖5平方米，安装自行车棚4个，铺设绿草1200平方米，种植黄杨45平方米，铺设嵌草砖22平方米。（赵　臣）

【中轴线修缮项目】9月1日，谦祥益修缮竣工完成验收。谦祥益文物建筑位于西城区前门大街北口珠宝市街5号，地处中轴线重要节点，谦祥益、劝业场、瑞蚨祥、祥义号在内的大栅栏商业建筑于2006年被列入第六批全国重点文物保护单位。该建筑产权所有人为北京谦祥益丝绸有限责任公司，是商务部命名的“中华老字号”企业。此次修缮的主要部分为建筑的北立面墙体，秉承“修旧如旧”理念，在消除安全隐患的前提下，最大限度地保留历史痕迹和原貌。（赵　臣）

【中轴线文物腾退】12月1日，西城区教育学院按时整体搬迁腾退地祇坛。地祇坛是全国重点文物保护单位先农坛的一部分，一直被西城区教育学院占用。为做好中轴线遗产资源保护工作，2021年列入腾退计划。地祇坛位于西城区永定门西街甲1号，南起耕天下小区、北至国家信访局培训中心，东起东经路，西至永内西街北里，占地面积9073平方米，总建筑面积5160平方米。（赵　臣）

表17　西城区境内全国重点文物保护单位一览表

名称	时代	地址	公布时间（年）
北海及团城	明、清	文津街1号	1961
妙应寺白塔	元	阜成门内大街171号	1961
北京宋庆龄故居	现代	后海北沿46号	1982
恭王府及花园	清	前海西街17号、柳荫街14号	1982
郭沫若故居	现代	前海西街18号	1982
天宁寺塔	辽	天宁寺前街甲3号	1988
牛街礼拜寺	明、清	牛街18号	1988
大高玄殿	明	景山西街21号、23号	1996
历代帝王庙	明、清	阜成门内大街131号	1996
南堂	明、清	前门西大街141号	1996
景山	明、清	景山西街44号、景山后街11号	2001
白云观	明、清	西便门外白云观	2001
先农坛	明	东经路21号、南纬路27号	2001
法源寺	清	法源寺前街5号	2001
中南海	明、清	1711信箱4号乙	2006
德胜门箭楼	明、清	北二环中路	2006

续表 17

名称	时代	地址	公布时间（年）
北京鲁迅旧居	民国	阜成门内宫门口二条 19 号	2006
清农事试验场旧址	清	西直门外大街 137 号	2006
月坛	明	南礼士路	2006
醇亲王府	清	后海北沿 44 号、鼓楼西大街 156 号	2006
广济寺	明	阜成门内大街 25 号	2006
北平图书馆旧址	民国	文津街 7 号	2006
北京国会旧址	民国	宣武门西大街 57 号	2006
京师女子师范学堂旧址	民国	新文化街 45 号	2006
利玛窦和外国传教士墓地	明、清	车公庄大街 6 号	2006
西什库教堂	清	西什库大街 33 号	2006
国立蒙藏学校旧址	清	小石虎胡同 33 号	2006
关岳庙	民国	鼓楼西大街 149 号	2006
安徽会馆	清	后孙公园 17、19、21、23、25、27 号	2006
报国寺	清	报国寺前街 1 号	2006
国民政府财政部印刷局旧址	清	白纸坊街西街 23 号	2006
大栅栏商业建筑			2006
瑞蚨祥	民国	大栅栏街 5 号	2006
谦祥益	民国	珠宝市街 5 号	2006
劝业场	清	廊房头条 17 号	2006
祥义号门面	民国	大栅栏街 1 号	2006
李大钊旧居	民国	文华胡同 24 号	2013
梅兰芳旧居	现代	护国寺街 9 号	2013
明北京城城墙遗存（西便门段）	明	复兴门南大街	2013
克勤郡王府	清	新文化街 53 号	2013
辅仁大学本部旧址	民国	定阜街 1 号	2013
盛新中学与佑贞女中旧址	民国	教场胡同 2 号、教场胡同 4 号	2013
万松老人塔	元	西四南大街 43 号旁门	2013
基督教中华圣公会教堂	民国	佟麟阁路 85 号	2013
西交民巷近代银行建筑群	民国	西交民巷 17 号、23 号、50 号	2013
大运河（北京市西城区）	元、明	地安门外大街（含万宁桥）	2013
长椿寺	明	长椿街 9 号、11 号	2019
湖广会馆	清	虎坊路 3 号、5 号	2019

（赵　臣）

表 18　　西城区境内北京市文物保护单位一览表

名称	时代	地址	公布时间（年）
程砚秋故居	现代	西四北三条 39 号	1984
齐白石故居	民国	跨车胡同 13 号	1984
升平署戏楼	清	西长安街 1 号、大宴乐胡同 11 号	1984
郑王府	清	大木仓胡同 35 号	1984
礼王府	清	西黄城根南街 7 号、9 号，颁赏胡同 19 号	1984
庆王府	清	定阜街 3 号、德胜门内大街甲 254 号	1984
福佑寺	清	北长街 20 号	1984
广化寺	元、明	鼓楼西大街鸦儿胡同 31 号	1984
都城隍庙（寝殿）	元、明、清	成方街 33 号	1984
吕祖阁	清	明光胡同 6 号、新壁胡同 41 号	1984
火德真君庙	元、明、清	地安门外大街 77 号	1984
昭显庙	清	北长街 71 号	1984
天主教圣母会法文学校	清末	前门西大街 137 号	1984
西四北三条 11 号四合院	民国	西四北三条 11 号	1984
西四北六条 23 号四合院	民国	西四北六条 23 号	1984
前公用胡同 15 号四合院	民国	前公用胡同 15 号	1984
西四北三条 19 号四合院	民国	西四北三条 19 号	1984
西交民巷 87 号和北新华街 112 号四合院	民国	西交民巷 87 号、北新华街 112 号	1984
三圣庵	清	黑窑厂胡同 14 号	1984
陶然亭慈悲庵	元	陶然亭公园内	1984
湖南会馆	清	烂缦胡同 101 号、103 号	1984
中山会馆	清	珠朝街 5 号	1984
正乙祠	清	西河沿 220 号	1984
杨椒山祠	明	达智桥胡同 12 号及旁门、校场三条 2 号	1984
康有为故居	清	米市胡同 43 号	1984
朱彝尊故居	清	海柏胡同 16 号	1984
《京报》馆	民国	魏染胡同 30 号、32 号	1984
盐业银行旧址	民国	前门西河沿 7 号	1995
交通银行旧址	民国	前门西河沿 9 号	1995
涛贝勒府	清	柳荫街 25 号、27 号、乙 27 号	1995
北京水准原点旧址	民国	西安门大街 1 号（一部南门）	1995
富国街 3 号四合院	清	富国街 3 号	1995
百万庄路 8 号墓园石刻	清末	阜成门外百万庄路 8 号	2001
贤良祠	清	地安门西大街 103 号	2001
旧式铺面房	清末	地安门外大街 50 号、52 号	2001

续表 18

名称	时代	地址	公布时间（年）
粮食店第十旅馆	清	粮食店街 73 号	2001
金中都太液池遗址	金	广安门外南街 77 号	2001
云绘楼清音阁	清	陶然亭公园内	2001
会贤堂	清	前海北沿 18 号	2003
拈花寺	明	大石桥胡同 61 号	2003
地安门西大街 153 号四合院	清	地安门西大街 153 号	2003
阜成门内大街 93 号四合院	民国	阜成门内大街 93 号	2003
雪池冰窖	清	雪池胡同 10 号	2003
恭俭冰窖	清	恭俭五巷 5 号	2003
德寿堂药店	民国	珠市口西大街 75 号	2003
纪晓岚故居	清	珠市口西大街 241 号	2003
原京华印书局	民国	南新华街 177 号	2003
醇亲王府（南府）	清	鲍家街 43 号、甲 2 号	2011
广福观	明	烟袋斜街 37 号、大石碑胡同 6 号	2011
清学部遗存	清	教育街 1 号宣内 17 号	2011
清稽查内务府御史衙门	清	陟山门街 5 号	2011
兆惠府第遗存	清	前井胡同 3 号	2011
中国地质调查所旧址	民国	兵马司胡同 15 号	2011
张自忠旧居	民国	府右街丙 27 号	2011
浏阳会馆（谭嗣同故居）	清	北半截胡同 41 号、南半截胡同 6 号、8 号	2011
绍兴会馆	清	南半截胡同 7 号	2011
万寿兴隆寺	明	北长街 39 号	2021
护国观音寺	清	樱桃斜街 4 号、6 号、6 号旁门、8 号	2021
西板桥	清、民国	景山后街 10 号	2021
醇亲王府马号	清	后海北沿 43 号	2021
钱市胡同炉房银号建筑群	清	珠宝市街 37、39 号，钱市胡同 1—8、10 号	2021
北师大旧址	近代	南新华街 13、15、17 号	2021
泰安里民国早期建筑	民国	仁寿路 6、8、10、12、14、16 号	2021
高君宇烈士墓	近代	太平街 19 号陶然亭公园内	2021
护国寺建筑遗存（并入护国寺金刚殿）	元	护国寺西巷	2021
北京明清皇城墙遗存（西城区）（并入皇城墙遗址）	明、清	西长安街	2021
平绥西直门车站附属建筑群（并入平绥西直门车站旧址）	清末	西直门外北滨河路 1 号	2021

（赵　臣）

表 19　　西城区级文物保护单位一览表

名称	时代	地址	公布时间（年）
粤东新馆	清	南横西街 13 号	1986
沈家本故居	清	金井胡同 1 号	1986
荀慧生故居	清	山西街甲 13 号	1986
崇效寺藏经阁	明	崇效胡同 9 号	1986
宝应寺	明	登莱胡同 29 号	1986
东南园四合院	清	东南园胡同 49 号	1986
北师大旧址	近代	南新华街 13 号、15 号、17 号	1986
三官庙	明	北海北沿 29 号	1989
净业寺	明	德胜门内西顺城街 46 号	1989
双寺	明	双寺胡同 11 号、西绦胡同 2 号	1989
普济寺（高庙）	明	西海南沿 48 号	1989
棍贝子府花园	清	新街口东街 31 号	1989
德胜桥	明	德胜门内大街	1989
大藏龙华寺	明	后海北沿 23 号	1989
寿明寺	明	鼓楼西大街 79 号	1989
小石桥胡同 24 号宅园（盛园）	清	小石桥胡同 24 号、后马厂胡同 17 号	1989
银锭桥	明、清	后海北沿东端	1989
鉴　园	清	小翔凤胡同 5 号	1989
正觉寺	明	正觉胡同 9 号、甲 9 号	1989
魁公府	清	宝产胡同甲 23 号、25 号、27 号、29 号，赵登禹路 58 号、60 号，四根柏胡同 18 号	1989
旌勇祠	清	旌勇里 3 号	1989
保安寺	元	地安门西大街 133 号、135 号	1989
天寿庵	明	龙头井街 42 号	1989
玉皇阁	元	育强胡同甲 22 号	1989
翠花街 5 号四合院	民国	翠花街 5 号	1989
元大都下水道	元	西四路口	1989
清真普寿寺	明	锦什坊街 63 号	1989
永佑庙	清	府右街 1 号、3 号	1989
洵贝勒府	清	背阴胡同 37 号	1989
仪亲王府	清	府右街 137 号	1989
霱公府	清	西绒线胡同 51 号	1989
永寿寺	明	三里河前巷 1 号	1989
马尾沟教堂	民国	车公庄大街 6 号	1989
陆谟克堂	民国	西直门外大街 141 号	1989

续表 19

名称	时代	地址	公布时间（年）
林白水故居	近代	骡马市大街 9 号	1990
萧长华故居	清	西草厂街 88 号	1990
谭鑫培故居	清	大外廊营 1 号及旁门	1990
护国双关帝庙	元、明、清	西四北大街 167 号、甲 167 号	2007
阿拉善王府	清	毡子胡同 7 号	2007
法源清真寺	清	德胜门外大街 200 号	2007
镶红旗满洲都统衙门	清	新文化街 137 号	2007
吕祖宫	清	复兴门内北顺城街 15 号	2007
西四街楼	清	西四北大街 255 号、阜成门内大街 1 号	2007
圆广寺大殿	明、清	阜成门外大街 7 号楼 -1 号	2007
清端顺长公主墓碑	清	德胜门外大街冰窖口胡同 75 号	2007
清乾隆汇通祠诗碑	清	德胜门西大街甲 60 号汇通祠内	2007
天主教圣母圣衣堂	清、民国	西直门内大街 130 号	2007
中央医院旧址	民国	阜成门内大街 133 号	2007
平民中学	民国	西四北二条 58 号	2007
为宝书局	民国	地安门外大街 156 号	2007
王瑶卿故居	清	培英胡同 20 号	2009
前门清真礼拜寺	清	扬威胡同 9 号，茶儿胡同 2 号，笤帚胡同甲 1 号	2009
琉璃厂火神庙	清	琉璃厂东街 29 号	2009
五道庙	清	铁树斜街 143—149 号、樱桃斜街 96—104 号	2009
梨园公会	民国	樱桃斜街 65 号	2009
裕兴中银号	民国	施家胡同 11 号	2009
青云阁	民国	大栅栏西街 33 号	2009
泰丰楼饭庄西楼	清	煤市街 33 号、杨梅竹斜街 4 号	2009
晋江会馆（林海音故居）	清	南柳巷 40 号、42 号	2009
北京东方饭店初期建筑	民国	万明路 11 号	2009
宜兴会馆	清	校尉营胡同 44 号	2009
圣安寺	金	南横西街 119 号	2009
莲花寺	明	永庆胡同 37 号	2009
商务印书馆	民国	琉璃厂西街 36 号	2009
永兴庵	明	南柳巷 45 号	2009
余叔岩故居	清	异地迁移待复建	2009
尚小云故居	清	异地迁移待复建	2009
圣祚隆长寺	明、清	西四北三条 3 号	2011
什刹海寺	明、清	糖房大院 27 号	2011

续表 19

名称	时代	地址	公布时间（年）
福善寺	清	柳荫街 26 号、28 号	2011
双吉寺	清	原双吉胡同 3 号	2011
陈垣故居	民国	兴华胡同 13 号	2011
嵩云草堂	明、清	达智桥胡同 55 号、57 号	2019
山左会馆	清、民国	校场头条 17 号	2019
武定侯街 23 号四合院	民国	武定侯街 23 号	2019
砖塔胡同关帝庙	清	砖塔胡同 68 号、敬胜胡同甲 11 号	2019
庆云寺	明、清	景山后街 10 号	2019
恭俭胡同三官庙	明、清	恭俭胡同 43 号、45 号	2019
金井胡同近代建筑	民国	金井胡同 3、5 号、上斜街 42 号	2019
福州新馆	清	骡马市大街 51 号	2021
余大亨银号	民国	施家胡同 26 号	2021

（赵　臣）

文化市场监管

【概况】 2022 年，区文化和旅游局加强对 11 类行业 1200 余家企、事业单位，特别是宾馆酒店、娱乐场所、文博图馆的监管。推行“证照联办”改革，简化“证照联办”流程，开启一窗受理模式，实现行政许可一次申请、并联审批。持续开展双随机检查（随机抽取检查对象、随机选派执法检查人员），加强重点区域市场环境秩序执法检查，开展安全生产督促检查。围绕重大活动和重要节日开展安全生产专项治理，有效排除了一批风险隐患。全年出动检查人员 4386 人次，排查企业 999 家次，发现整改隐患 5816 项。（赵　臣）

【行政许可事项】 2022 年，区文化和旅游局办理行政许可及备案类事项 2912 件。其中出版物零售企业新设立 87 家，变更 70 家，注销 36 家，参加年检换证 578 家；出版物连锁分支机构备案 1 家，变更 7 家，注销 1 家，延续换证 11 家；歌舞娱乐场所变更 1 家；网吧变更 1 家；电子游艺娱乐场所（电子游艺厅）设立 1 家，变更 3 家，延续 1 家；演出场所经营单位备案 2 家，变更 8 家；文艺表演团体设立 3 家，变更 7 家，注销 1 家，延续 26 家；电影放映经营单位设立 1 家（临时证），变更 3 家，延续 13 家；艺术品经营单位备案 46 家，变更 3 家，注销 6 家；剧本娱乐活动备案 5 场次；旅行社分社备案 1 家，旅行社分社撤销 1 家；营业性演出新审批 1545 台、12592 场次；营业性演出变更 317 台、营业性演出注销 126 台。（赵　臣）

【行政审批改革】 2022 年，依据《北京市培育和激发市场主体活力持续优化营商环境实施方案》，区文化和旅游局落实优化营商环境 5.0 版各项改革任务，推行“证照联办”“一业一证”改革事项，认领和编制 21 类行政许可事项，53 类办事事项，按时完成改革任务。

（赵　臣）

【校园周边文化市场专项整治】 3 月 8 日，西城区文化市场综合执法大队集中力量开展校园周边文化市场专项整治。专项整治包括净化校园周边和少儿出版物市场环境、打击非法出版物制作源头、打击含违法违规内容的网络文化产品、开展法律法规宣传教育。重点清查北京市西城区师范学校附属小学、北京市第 66 中学等 25 家中小学校园周边出版物、文化用品、打字复印等文化经营场所，检查辖区内印刷企业出版物是否含有禁止内容、是否未经许可擅自印刷内部资料、是否违规承印、盗版印制儿童图画书和教辅教材等违法违规行为，对动漫、网络视频、网络小说、网络游戏等网络文化产品实时监控，对商户进行守法经营教育。全年累计出动检查人员 124 人次，检查 62 家次。

（赵　臣）

【艺术类培训机构检查】 4 月 29 日，区文化市场综合执法大队联合金融街街道、区公安分局、区市场监管局、区消防支队对艺术类校外培训机构开展“五一”前的集中执法检查，检查出动 90 人次，检查艺术类培训机构 32 家次。对同或绘馆（砖塔胡同 59 号）涉嫌无照经营、存在消防、防疫隐患问题，执法人员当场责令整改，转交相关部

门处理。（赵 臣）

【酒店专项检查】 6月4日至5日，区文化和旅游局为督导辖区宾馆酒店做好高考保障工作，组成6个检查指导组，对692名考生（家长）预订的86家宾馆酒店开展疫情防控主体责任落实和综合接待服务保障专项检查，发现隐患43处，全部责令整改。（赵 臣）

文化创意产业

【概况】 2022年，北京市西城区文化创意产业促进中心（简称区文促中心）落实市区两级重大文化产业项目建设目标任务，动员辖区内市级文化园区申报北京市工业旅游示范点评定工作，并会同区委宣传部进行初审把关和申报资料的报送工作。经复审勘验和社会公示，天宁1号被授予“北京市工业旅游示范点”称号。成立西城区文化产业园区协会，搭建服务平台助力企业发展，组织30家会员单位召开园区协会会员大会，会上选举产生会长单位1家，副会长单位2家，秘书长单位1家，理事单位9家，报请区民政局批复。（谭凌子）

【区文化产业研究】 2022年，区文促中心围绕北京全国文化中心建设、构建文化产业引领区的战略定位，11月完成《西城区文化产业发展蓝皮书（2022）》研究及编制工作。围绕西城区文化产业发展总体情况、发展特征、前瞻趋势、路径探索等4方面对区文化产业进行分析与规划，提出适合区文化产业提升发展的对策建议。（刘一迪）

9月29日，首届“白塔杯”文化创意大赛颁奖典礼举行（区文促中心 供图）

【市版权示范单位认定】 2022年，区文促中心动员辖区内市级文化园区申报市版权示范单位、园区（基地），并会同区委宣传部进行初审和申报资料的报送工作。经复审勘验和社会公示，繁星戏剧村获评北京版权保护示范单位，“新华1949”文化金融与创新产业园获评北京版权保护示范园区（基地）。（杨文璐）

【首届“白塔杯”文化创意大赛】 4月，首届“白塔杯”文化创意大赛启动。大赛聚焦西城历史文化名城建设，以“承古拓今，西城之旅”为主题，设置“5+1”赛道，征集作品累计达1200余件，其中“文脉传承新方案”赛道73件，“文旅消费新场景”赛道45件，“文化创意新产品”赛道418件，“白塔文化新传播”赛道257件，“美创对话新未来”赛道412件。8月29日，首届“白塔杯”文化创意大赛决赛终评工作在北京设计之都大厦结束。经过多轮专家评审，最终确定优秀示范项目14个。9月29日，首届“白塔杯”文化创意大赛颁奖典礼暨第二届“白塔杯”文化创意大赛启动仪式在北京设计之都大厦举办。（谭凌子 郝慧芳）

表20 首届“白塔杯”文化创意大赛获奖名单一览表

获奖项目	获奖单位／个人	奖项
基于河图AR技术的中轴文化遗产展示传承数字场景应用项目	北京河图联合创新科技有限公司	一等奖
中国长城IP形象“长城侠”IP打造项目	大国潮品（北京）文化传媒有限公司	二等奖
“小守护神”兔儿爷传统IP文创设计	中央美术学院慕苏懿	
什刹海街道兴华社区服务站升级改造项目	一识建筑设计咨询（北京）有限公司	三等奖
“海畔高街、古韵新象”鼓楼西大街人文景观长卷插画	一天喜色（北京）文化发展有限公司	
京景京味	霍舒欢	
清庭12生肖杯	北京清庭文创文化发展有限公司	港澳台创意奖

续表 20

获奖项目	获奖单位 / 个人	奖项
《城市中的桃花源》	北京十九二十文化发展有限公司	投资价值奖
先农坛文物活化利用概念性方案	北京宣房大厚投资管理有限责任公司	最佳场景应用奖
小牛的 24 节气	北京华彩创佳文化传播有限公司	最佳创新传播奖
关于建立北京中轴线旅游护照的可行性研究	沈小涵	最佳文脉传承奖
中轴线的京韵	崔羽童	最佳美育未来奖
金城玉塔 AR 智能典藏手账套装	王琪	最佳创意产品奖
北京	岳于乔	创意新秀奖

（谭凌子）

【市级文化产业园区评审】8月，区文促中心组织推荐18家园区参与北京市级文化产业园区评审工作，先后召开4轮8批次培训会，对园区申报重点及汇报方法进行培训。以“新华1949”文化金融与创新产业园、西什库31号为代表的15家园区入选，占全市15.62%，名列全市第三。其中市级示范园区1家，占全市10%，示范提名园区2家，占全市20%，市级园区12家，占全市15.7%。（吕晓鸥）

【服贸会文旅服务专题展示】9月1日至5日，西城文旅服务专题展览亮相中国国际服务贸易交易会。展览在首钢园1号馆举办。西城区以“红墙意识，古都典范”为主题，重点展示新技术、新场景赋能文化产业带来的消费新体验。服贸会期间，马连道街区展区接待洽谈客户200余组，意向投资额1亿元；元隆雅图（北京冬奥特许商品）、菜市口百货公司、北京出版集团等参展企业成交金额2500余万元，达成合作意向及文化融合发展项目10余家（个）。“学习强国”学习平台、《人民日报》、《光明日报》、中央广播电视、人民网等70余家中央、市属及行业媒体刊发专题报道450余篇（组），全网直播观看量近500万人次。（谭凌子）

档　案

【概况】2022年，北京市西城区档案馆（简称区档案馆）坚持首善标准深挖档案资源，丰富、优化馆藏，发挥档案存史资政育人作用。提升防范能力，筑牢档案安全体系。持续推进档案馆新馆建设、数字档案馆建设。完善修订制度，推动档案工作规范化。强化数字赋能，推动档案信息化提速升级。强化组织建设，打造高素质专业化人才队伍。截至年底，馆藏档案全宗235个，纸质档案68万卷（件），照片档案5万余张，音像档案976盘，实物档案2651件。机读目录465.42万条。（张小丽）

【档案管理】2022年，区委办公室加强对全区档案工作的监督指导，制发《西城区“十四五”时期档案事业发展规划》，部署“十四五”时期西城区档案事业高质量发展。制发《西城区档案系统“八五”普法规划》，推进档案治理体系建设。构建档案监督检查指导联合机制，区档案局与区档案馆成立联合档案行政执法检查工作领导小组，以“双随机、一公开”方式，开展档案行政执法监督检查指导，检查11家单位，上报43张检查单，全年无案件、无行政复议。采取上门、蓝信群、电话、腾讯会议、小型视频连线等方式，督促各立档单位及临时机构按时完成归档任务。对区冬奥专班档案指导，跟进归档整理进度，移交进馆文书档案586件，数码照片37组139张，录像3件，资料3册。重点指导党史学习教育专班档案收集整理，移交进馆文书档案100件，资料2册。跟进西城区委第十三次代表大会档案收集，指导党代会专班收集整理文件材料64件。推进区档案馆新馆建设，确定新档案馆“一馆四址”选址方案。开展2017—2021年度北京市档案系统先进集体和先进个人评选表彰，区档案馆获“北京市档案系统先进集体”称号，全区6名档案工作者被评为“北京市档案系统先进个人”。（邢晶晶）

【档案服务民生】2022年，区档案馆持续提升档案利用服务水平，接待机关、企事业单位、团体和公民查阅档案5922人次，利用档案6100（卷）件，出具证明5871份，复印458页，利用数字化成品5310件，打印数字化副本15060页，调阅档案实体513（卷）件，信息公开39件。跨馆利用受理227件，协办件数599件。服务机关查阅调取文档982（卷）件，提供利用78人次，复印打印文件483页。全年办理“接诉即办”17件，协助区分中心查询8件。（张小丽）

【档案接收整理】2022年，区档案馆接收文书档案968件、照片档案37组179张、印章4件、实物1件、资料5册、录像3段、征集照片10张。建立档案专题库目录，完成对5个专题库共计14879

条目录的初筛工作。推进档案开放鉴定，严格落实鉴定细则。制订《北京市西城区档案馆档案开放办法（试行）》，完成1991年至1992年200187件馆藏档案的开放初审工作。在北京市数字档案馆平台上公布1988年至1990年共计99521件的开放档案目录，占全市上传率58.5%。（张小丽）

【档案信息化建设】2022年，区档案馆正式启动数字档案馆一期项目，即档案专业OCR识别平台、声像档案管理系统以及档案数据合规审查系统。8月，启动馆藏档案数字化加工项目、档案目录及数字化副本整理项目，调卷31089卷，完成数字化扫描80余万页，整理目录约46万条、数字化副本约102万页。坚持档案数字资源存储备份常态机制。定期更新开放档案目录、发布工作动态，提供开放档案查阅服务，信息更新。及时做好增量备份和档案馆档案数字化副本同城、异地备份工作，有效保障档案信息安全。完成区档案馆档案专栏的信息更新。（张小丽）

【档案编研开发】2022年，区档案馆编印《西城追忆》4期，刊载60余篇文章20万余字。开设“喜庆党的二十大、奋进新征程”专栏，彰显档案在讲好党的故事、传承红色基因方面的独特价值，展示西城区红色文化研究成果。“西城档案”公众号举办“展现馆藏红色档案、记录西城历史进程——庆祝党的二十大胜利召开照片档案展”线上展，2022北京社会科学普及周期间举办“舒了胡同档案陈列线上展”，区史志办据此进行“回眸1949”主题宣传月巡展活动。与《中国档案报》合作拍摄“北京胡同门牌的门道儿”微视频，用馆藏征集实物讲述“档案背后的故事”。开展“档案文化进社区活动”，举办“北京中轴线及其文化渊源”和“见证党的十八大以来重大历史事件的文献艺术品”公益文化讲座。（张小丽）

【档案安全】2022年，区档案馆不断健全责任体系，从严从实从细做好档案安全防范工作，确保档案安全。开展消防安全演练，升级改造监控视频系统，扩展监控网格画幅，更新办公楼公共区域及档案库房监控探头，提高馆室全方位图像监控水平。为档案数字化加工场所及部分档案专业用房加装防盗门，更换库房温湿度新风调节系统。加强对第三方服务人员的管理，进一步强化技防、物防、人防“三位一体”安全保障体系建设。完成总计1.5T数据的异地、同城备份工作，完成全区电子政务网络安全检查，切实提高数据安全防护能力。（张小丽）

【档案馆新馆建设】2022年，区档案馆新馆建设取得进展。区委区政府主要领导多次听取新馆建设专题汇报、召开专题会，并实地调研走访，调度对接菜园街、光源里棚改区公益项目，确定新馆建设用地。在保留原址的基础上，新增档案馆建设用地8722平方米。经区档案局审定，《关于核定西城区档案馆新馆建设规模的请示》上报市档案局，获市局复函，原则同意西城区档案馆新馆建设规模。区档案局、档案馆根据建筑设计标准，开展多方论证，确定馆内功能分区、用房设置。（张小丽）

【档案日活动】6月9日“国际档案日”期间，区档案馆围绕“喜迎二十大、档案颂辉煌”宣传主题，结合西城区档案特色，开展系列宣传活动。在《西城追忆》开设“喜迎二十大、奋进新征程”专栏，刊载文章10余篇约4万字。在“西城档案”微信公众号开设2期“记录西城历史进程——庆祝党的二十大胜利召开照片档案展”线上展览；推送《集邮人爱党情深》《美好生活看得见——我的记忆》等文章；《博弈“复兴”之路》《“莫道桑榆晚”记我的学思行之路》2篇文章在喜马拉雅FM平台进行音频推送。制作国际档案日《西城报》专版。形成立体档案宣传矩阵，提升档案工作的传播力和影响力。实现招工和工作调动的跨馆利用服务，其中包含380472条招工目录和51788条工作调动目录。公布馆藏开放档案公告。组织全馆干部参加档案知识竞答、专题讲座等学习活动。（张小丽）

地方志

【概况】2022年，区委党史办（区志办）编纂出版《北京西城年鉴（2022）》，打造精品年鉴文化工程，推动《北京西城年鉴（2022）》入选中国精品年鉴工程，以“创新思路、规范流程、提升质量、打造精品”为目标，将精品意识贯穿于年鉴编纂全过程。完成《北京年鉴（2022）》供稿任务，推进《北京市西城区地名志》编纂工作。收集整理地情资料，做好地方志宣传及开发利用。（齐 田）

【《北京市西城区地名志》出版】12月，西城区地方志编纂委员会编纂的《北京市西城区地名志》由方志出版社出版。志首设凡例、编纂例言，前插地图3幅（西城区行政区划图、西城区地名图、西城区交通图）、概述、大事记，正文设政区聚落、交通设施、文物古迹等共7卷33章82节，收录地名2382个。志书上限追溯至地名发端，下限原则上断至2014年底。该书是首都功能核心区新编第一部地名学与方志学相结合，集科学性、知识性与实用性为一体的专业志书，也是研究西城地名的缘起、发展演变及地名文化的大型工具书。全书100.2万字。（齐 田）

【地方志宣传转化】2022年史志宣传月期间，区委党史办（区志办）在“史志北京”公众号刊登《西城打造精品年鉴实现“三转变五提升”》《西城打造地名文化名片突显四重》2篇文章，宣传《北京西城年鉴（2022）》申报中国年鉴精品工程历经“三转变五提升”全过程，实现高质量存真求实目标；宣传

《北京市西城区地名志》重科学精准、重人文内涵、重演变传承、重通识实用。（齐　田）

【精品年鉴打造】 2022年，西城年鉴编辑部从源头提升年鉴供稿质量，加强供稿人员和责任编辑业务培训，采取周例会、月调度、定期讲评等措施，落实上级业务部门和专家组要求，探索形成承编单位负责人初审、责编修改、主编统稿、审稿会集中讨论、内部交叉互审等工作法。4月，按照申报精品年鉴规定和要求，上报“中国年鉴精品工程”申请表和年鉴条目2500余条。6月底来稿完成率100%，编辑完成率98%，编辑部整理、补充、完善稿件200余万字，图片1000余张。下半年，编辑部第一轮编辑修改后的粗编稿得到中指办专家反馈意见106条，随后展开第二轮修改；改后形成印刷初编稿，送市专家协作组审读，反馈意见420余条，进入第三轮修改。9月至10月，以中指办“精品年鉴品读季”活动推介的4本精品年鉴样板书作为西城年鉴中后期编校的权威参考书，对标精品，查补差距，消灭差错，纾解问题，新的工作理念、工作机制、工作方法逐步成型。10月中旬，形成完整排版稿送审。该卷年鉴设特载、专文、大事记、区情概览、中国共产党西城区委员会、西城区人民代表大会、西城区人民政府、中国人民政治协商会议北京市西城区委员会、中共北京市西城区纪律检查委员会 西城区监察委员会、民主党派、人民团体、法治、军事、功能街区建设、经济管理、工业 信息化、商贸服务业、金融业、旅游业、建筑业房地产业、交通 邮电、城市规划与建设、城市管理、生态建设、应急管理、科技、教育、文化、卫生健康、体育、社会生活、街道、人物 荣誉、统计资料、附录共35个类目，263个分目，2017个条目，卷首专题图片54张，文中插图177张，表格61张，卷末附索引。全书114.3万字。收录区域183个机关企事业单位（含118个处级以上机关事业单位和65个企业）的年度资料。该卷年鉴较上年调整框架近百处，增设生态建设、应急管理类目；整合分散记述的对口支援内容，设支援合作分目；突出年度重点工作，增设两区建设、中轴线申遗等10余个分目。突出年度性，设计图片专辑、专文、大事记，卷首采用专题图片栏目，包括中国共产党成立一百周年庆祝活动、金融科技等6个专题；约稿《北京证券交易所设立》收入“专文”类目；北京金融法院成立等大事记入“大事记”。年底，编辑部完成相关部门意见征集，做好精品年鉴后期精细化编辑、校对、排版设计等工作。通过打造精品年鉴文化工程，责编队伍专业水平得到提升，完成理论文章《精品年鉴攻坚战的实践与思考》，基本实现市委党史研究室、市地方志办要求“出精品、出经验、出人才”的预期目标。（齐　田）

8月24日，市委党史研究室、市地方志办领导来区调研指导精品年鉴工作　（区史志办　供图）

文联活动

【概况】 2022年，北京市西城区文学艺术界联合会（简称区文联）下属区作家协会、区戏剧家协会、区美术家协会、区书法家协会、区摄影家协会、区长城摄影协会、区民间艺术家协会、区音乐家协会、区舞蹈家协会、区曲艺家协会共10个文艺家协会。有理事171人、主席1人、常务副主席1人、副主席15人。区文联开展“深入生活，扎根人民”文艺采风和志愿服务，团结引导广大文艺工作者，推动西城区文学艺术事业的繁荣发展。（王　崇）

【第五届书画摄影展】 1月11日至14日，北京市西城区、延庆区和河北省张家口市三地文联携手在北京民族文化宫展览馆共同举办“一起向未来·走进北京2022冬奥会”第五届书画摄影作品交流展。三地艺术家的270余幅美术、书法、摄影作品参展。参展作品以冰雪题材为主，以弘扬中国传统文化和奥运精神为主线，展示中国冰雪运动发展的成果，突出一城三带文化（北京历史文化名城、大运河文化带、长城文化带、西山永定河文化带）和三地历史文化、风土人情。（王　崇）

【“福满京城·春贺神州”春节慰问】 1月29日，区文联、区书协举办“迎春送‘福’”新时代文明主题实践活动，组织近100位书法家、书法爱好者书写春联和“福”字近1万份，分别送给北京市复兴医院医护工作者，陶然亭街道、新街口街道一线工作人员，广外街道湾子街社区、天宁寺南里社区、莲花河社区等10个社区的居民，表达新春祝福。（孟　玲）

【区文联第三次代表大会】 3月7日，北京市西城区文学艺术界联合会第三次代表大会召开。市文联副主席马丛峰、区委书记孙军民等出席会议。区文联党组书记台峰代表北京市西城区文学艺术界联合会第二届理事会作题为“坚定文化自信、促进文艺繁荣，努力为地区文艺事业发展再谱新篇”的工作报告。大会审议通过《北京市西城区文学艺术界联合会章程（修改草案）》，选举产生新一届北京市西城区文联领导集体。杜黎彬当选为新一届西城区文联主席。 （王 崇）

1月29日区文联、区书协共同举办“迎春送‘福’”新时代文明实践主题活动 （区融媒体中心 供图）

【第四届京津冀书法交流展】 7月18日至21日，翰墨寄情——第四届京津冀书法交流展（北京站）在一得阁美术馆开展，北京、天津、河北三地文联组织120余件歌颂中国共产党成立一百周年辉煌历程的书法精品参展，三地书法艺术家、爱好者及相关单位的负责人参加开幕式。（王 崇）

【庆“八一”慰问活动】 7月29日至7月31日，为庆祝中国人民解放军建军95周年，区文联组织部分书法家分别到广外街道天宁寺南里社区和解放军驻京某部队进行慰问，艺术家现场创作书法、绘画作品。 （王 崇）

【大运河沿岸城市书法作品展】 8月23日至26日，由西城区委宣传部、西城区文学艺术界联合会与西城区书法家协会发起，联合天津市静海区文化和旅游局、河北省廊坊市文学艺术界联合会、山东省济宁市文学艺术界联合会、河南省开封市文学艺术界联合会、江苏省苏州市文学艺术界联合会共同举办的“文脉永续——中国大运河沿岸城市书法作品展”在民族文化宫展览馆举办，共181件书法作品入选展览。几地书法艺术家以及相关单位的负责人艺术家参加开幕式。（王 崇）

【文学艺术进社区】 9月6日，区文联在广内街道开展“艺术讲堂——优秀文化进社区系列讲座”活动，邀请非物质文化遗产项目泥彩塑京剧脸谱代表性传承人、区文联副主席、区民间艺术家协会主席林泓魁讲解泥彩塑脸谱的历史和发展情况。9月23日，区文联副主席、区作家协会主席李金龙为牛街街道白广路社区群众讲述法源寺与丁香诗会的历史由来，让文学艺术走进百姓生活，走进社区。 （王 崇）

【北京中轴线主题美术作品展】 9月17日，由区委宣传部、区文联共同主办、区美术家协会承办的“一心向党、喜迎二十大”第十一届大美西城——北京中轴线主题美术作品展在民族文化宫展览馆开幕，此次展览经过精心筹备，多次评审选出140余件美术作品参展，涉及中国画、油画、水粉画、植物科学画、雕塑、模型等类别，其中反映中轴线主题的作品90余幅。 （王 崇）

【翰墨新征程书法作品展】 9月20日，由北京书法家协会、西城区委宣传部和西城区文联联合举办的“翰墨新征程——西城区喜迎党的二十大书法作品展”在北京民族文化宫展览馆开幕，来自全国各地的120余件优秀书法、篆刻作品和京津冀书法家共同创作的一幅20米长卷参展。 （王 崇）

【京台两地在线非遗教学】 9月29日，为不断加强京台两地共同弘扬民族精神、传承中华文化、互学互鉴，由中国民间文艺家协会、区文学艺术界联合会主办，区民间艺术家协会、高雄市中华两地关系发展促进会协办的“同上一堂非遗课”京台两地在线非遗教学活动在北京、台湾高雄两地同时开幕。开幕式采用线上线下联动方式，在北京设主会场，并同步连线台湾高雄会场。面塑传承人冯慧芸、北京彩塑传承人张忠强分别展示面塑、彩塑技艺，京台两地居民现场体验，在线互动交流。 （王 崇）

【桑榆晚情——敬老书法展】 10月10日，区文联、广外街道、区书法家协会主办的“桑榆晚情——西城区重阳敬老书法展”在北京九千堂美术馆举办。区书协组织70岁以上书法家50余人展出新作40余幅，以翰墨形式展现新时代老年人老有所乐、老有所为的精神面貌。 （王 崇）

社科联活动

【概况】 2022年，北京市西城区社会科学界联合会（简称区社科联）围绕全国文化中心建设、区域高质量发展、疏解整治促提升等重点工作开展课题研究，完成重点课题研究4项。开展社科普及活动，编辑出版社会科学普及图书3册、宣传画册1册。举办第十一届社会科学普及周。扶持社科类社团组织及文博单位开展社科普及活动16项，组织讲座、培训、诗文征集、展览等活动222场；编辑发行《西城社会科学》6期；在《光明日报》等报刊刊发各类文章143篇；开展“学习贯彻党的二十大精神”系列活动。推介《北京西城京剧文化研究》《北京西城京剧史料辑要》2本书充实西城区“京剧发祥地”品牌系列活动。（吴艳梅）

【课题研究】 2022年，区社科联完成课题研究4项：与西城区什刹海研究会合作完成“全国文化中心建设的西城路径研究”；与北京清华同衡规划设计研究院合作完成“北京西城老城格局与整体风貌研究”“北京西城河湖水系保护与生态环境优化研究”；与北京金兴能文化交流中心合作完成“新时代西城区基层治理研究”。持续推进课题研究成果转化，编辑出版《北京西城老城文化研究》《元明清及民国北京首都治理研究》《先声与火种——北京西城红色故事集萃》，图书分送全区局、处级理论学习中心组学习交流。制作完成《思想征程——北京市西城区社会科学界联合会集萃（2016—2021）》宣传画册，全面展示区社科联及区属社科类社团组织五年来在课题研究、学术交流、社科普及、社团建设等方面取得的成果。（吴艳梅）

【社科刊物管理】 2022年，区社科联加强刊物管理，坚持每期召开编前会制度，围绕突出刊物的学术性和西城区特色，讨论研究确立主题。编印《西城社会科学》6期8100册，刊出各类文章80余篇、40余万字；与区融媒体中心联合，邀请朱祖希、王光镐、王越等文史专家围绕“北京城的起源”“北京的水脉”“北京胡同的根”“北京中轴线”等内容制作短视频，在“北京西城”公众号播出。（吴艳梅）

【服务专家学者】 2022年，区社科联发挥桥梁作用，组织专家学者开展重点课题研究、举办社科学术讲座，引导和协助专家学者多形式、多途径投身西城事务，为西城发展建设献言献策。协助社科联委员在《西城社会科学》《北京西城报》等区内媒体上发表文章，向《光明日报》《党史博览》《炎黄春秋》等国内期刊杂志推荐发表学术研究成果。年内刊发各类文章143篇（其中理论探索类文章74篇、文史考证类文章60篇、读书笔记类文章9篇）。（吴艳梅）

【第二届委员会常委会第五次会议】 3月23日，西城区社科联第二届委员会常委会第五次全体会议召开。会议审议通过《北京市西城区社会科学界联合会2022年工作报告》；会议决定免去刘光耀北京市西城区社会科学界联合会第二届委员会副主席职务、免去窦淑龄北京市西城区社会科学界联合会第二届委员会秘书长职务，增补贾震为北京市西城区社会科学界联合会第二届委员会委员、常务委员会委员、副主席、秘书长。（吴艳梅）

【社团管理服务】 3月24日，区社科联召开2022年社团组织及驻区文博单位工作会，总结2021年社科联工作，部署2022年社科普及项目征集工作，并对2022年社团组织意识形态工作提出要求。各社团组织及文博单位负责人30余人参加会议。年内，区社科联继续通过支持项目方式扶持社团发展，鼓励社科类社团组织发挥自身资源优势，采用线上线下相结合的方式开展讲座、展览、咨询等紧贴群众需求的社科普及活动。持续开展“西城社科讲堂”等特色品牌活动。进一步整合区内社科资源，首次将恭王府博物馆、宋庆龄故居、郭沫若故居、郭守敬纪念馆、西城区非物质文化遗产保护中心5家文博单位纳入年度科普项目的参与主体，进一步丰富项目内容、扩展项目形式、扩大受众群体。全年共组织区图书馆管理协会、区民办教育协会等7家区属社科类社团组织和5家驻区文博单位开展“外交官带你看世界”“西城红色故事十讲”“恭王府文化讲堂”“守敬讲堂”等社科普及活动16项，组织讲座、现场培训、诗文征集、展览等活动222场。（吴艳梅）

【第十一届社科普及周】 9月19日至25日，区委宣传部、区社科联承办以“奋进新征程、建功新时代”为主题的“2022·北京社会科学普及周暨西城区第十一届社会科学普及周”活动。活动采用线上线下相结合的形式，首次推出“西城专题——西城区社会科学普及精品展示”栏目，通过线上展览、精品展播、精彩讲座、原创剧目4个板块，展示西城区丰厚的红色文化资源和传统文化底蕴，突显社科文教一体的特色。科普周期间，举办“建设博物馆之城，展现北京古韵新风”等线上展览。围绕推动新时代首都发展，开展专家学者每日谈、“繁荣发展看北京”五日行活动及“品味京味文化、浸润百姓生活”沙龙活动。西城区图书馆、通州区图书馆、中国人民抗日战争纪念馆作为活动的分会场，推出“同心筑梦新时代、昂首奋进新征程——党的十九大以来五年成就展”。社科普及周活动以千龙网·中国首都网为传播主阵地，以中央、市属媒体和人文之光网站为主要传播渠道，关注人数达1200万人次，“北京社科普及周”登上微博要闻榜热搜，阅读人次为7658.6万，网络关注人数超1亿人次。“北京西城”公众号连续5天对“西城专题”内容进行推介。（吴艳梅）

【学习贯彻党的二十大精神系列活动】 10月26日，区社科联举办西城区学习贯彻党的二十大精神专家座谈会。中央党校党建教研室教授宋福范、中国社会科学院副院长林建华、清华大学教授邹广文、国防大学教授郭凤海、中央党校政法部教授李勇、中宣部全国宣传干部学院教研室副主任秦强、《前线》杂志社总编辑李明圣等参加座谈。与会专家学者围绕如何以党的二十大精神为指导落实西城区功能定位，如何加强思想政治建设、经济建设、安全建设、理论宣传、社会治理等方面作发言。相关文章在“北京西城”微信公众号、《北京西城报》、《西城社会科学》杂志上发表。11月、12月，区社科联分别在《北京西城报》《西城社会科学》开设理论专版专栏，邀请陈晋、沈湘平、杨生平、宋贵伦、龚格格、汪川、周进等首都社科专家学者撰写《新时代10年的伟大变革在中华民族发展史上具有里程碑意义》《坚持同中华优秀传统文化相结合，让马克思主义在中国牢牢扎根》《民族复兴必然伴随着文化振兴》《学习二十大精神，加强社会建设》《对“三个务必”的理解》《以二十大精神为指引推动西城区科技创新全面发展》《牢牢坚持以人民为中心的发展思想》等理论文章8篇，从政治、经济、文化、社会、科技等方面系统阐释党的二十大精神的时代价值和实践意义。（吴艳梅）

文化企业选介

北京天桥盛世投资集团有限责任公司

【概况】2022年，北京天桥盛世投资集团有限责任公司（简称天桥盛世集团）是西城区国资委所属国有全资企业，承担西城区文化产业发展平台职能。集团总资产46亿元，净资产41亿元，拥有全资子公司3家，控股及授权管理企业38家。持有物业18万平方米，商业类资产7万平方米，文化类资产11万平方米。集团致力于综合性文化产业投资，业务范围涵盖：天桥演艺区建设运营涉及天桥演艺区整体规划、区内文化及配套设施建设、运营、老城改造更新；资产经营涉及文化类资产和商业类资产的空间经营；演艺涉及演出内容制作、天桥艺术中心剧场运营、3家传统院团传承发展；影视涉及以“首都电影院”为核心品牌的连锁影院经营，并探索影视内容制作业务等；文化创意及广告活动涉及文化创意产品开发、传统文化及艺术培训、品牌市集活动、文创园区策划及运营、户外媒体经营、公关活动等。（于赛赛）

【天桥艺术中心运营】2022年，天桥艺术中心演出97个剧目共计400场，举办艺术活动124场，接待观众8.2万人次。开展第六届华人春天艺术节、第九届圆梦中国春苗行动展演季、第六届老舍戏剧节等品牌活动。举办艺术培训591次。落实国家“关于进一步激发文化和旅游消费潜力”战略部署，举办“2022南中轴·夜天桥艺术推广活动”，活动以“线上+线下”公共文化服务模式，为公众带来舞蹈、曲艺、音乐会等不同形式的公共演出及文创产品线上市集等艺术推广活动，累计32场，参与公众达10万人次。（于赛赛）

【首都电影院运营】2022年，首都电影院西单店在全年停业近3个月的情况下，取得全国影院票房排名第二的成绩。首都电影院坚持“创新引领”发展理念，深入探索“影院+”项目落地：在跨界融合方面做出有效探索，联合大逗相声社开展跨界演出、举办“清韵萨克斯管音乐之夜”音乐会、放映高清剧目、开展电影党课活动等累计156场。（于赛赛）

【“天桥盛世出品”品牌打造】2022年，天桥盛世集团参与投资电视剧《幸福里的故事》入围第31届中国电视金鹰奖，获第十七届中美电视节“金天使奖”。全面布局网络影视剧投资市场，投资网络电影《新洗冤录》《尘缘不神山》项目在爱奇艺平台首播，累计观影人次突破千万。与中央党校、中央戏剧学院联合出品以表现中国共产党统一战线政策为主题的重大革命历史题材话剧《万水朝东》在天桥艺术中心上演。（于赛赛）

【三大院团发展】2022年，风雷京剧团助力提升西城区“京剧发祥地”品牌传播力和社会影响力，复排“梨园三部曲”——《网子》《缂丝箭衣》《角儿》，其中《网子》《角儿》在国家大剧院演出6场，新剧《戏悟》在国家话剧院演出5场。北京杂技团建团65周年，举办“看新杂技去”——北京杂技团65芳华暨2022年度演出季，上演《春望》等7部新剧，其中北京市文联文学艺术创作扶持专项资金项目《逐鹿之战》完成首轮15场演出。北京皮影剧团积极探索跨界融合，创排创意光影亲子剧《企鹅！企鹅》用传统皮影讲述国际化故事，全年演出15场。三大院团创新打造“驻演+巡演”业务模式，获北京市艺术基金大型舞台剧目资助350万元。（于赛赛）

【文化示范园区建设】2022年，天桥演艺区获“全国版权示范园区（基地）”和“市级文化产业园区”称号。园区持续细化客户服务内容，开展集演艺、手作、艺术鉴赏于一体的“春艺漫天桥”文化主题活动，稳步推进艺术大厦品质提升。天桥盛世集团贯彻国务院减租政策，履行国有企业社会责任，对园区111家中小微企业减免租金2205万元。（于赛赛）

【文物保护利用项目实施】2022年，天桥盛世集团落实《中轴线申遗保护三年行动计划》，完成先农坛地祇坛南棂星门展示工程、西城区教育学院搬迁腾退工作；确定天桥百货商场外立面整治方案、育才学校新建工程设计方案；完成留学路南段、校尉营胡同、铺陈市胡同施工。先农坛沉浸式文化体验方案获“北京中轴线文化遗产传承与创新大赛文化传承奖”。探索文物利用市场化运营新模式，完成宜兴会馆、杨椒山祠项目投标。天桥北部平房区实现腾退房屋利用4000平方米，持续构建“天桥艺巢”，初步形成小微博物馆群和艺术街区新格局。安徽会馆打造多元化经营模式，与中央戏剧学院联合成立教学实践基地，获批教育部书画考级点，举办文化活动20余场，区委宣传部授牌安徽会馆“新时代文明实践基地”。湖广会馆完成文物修缮工程，落实国家文物局资金支持1600万元。

（于赛赛）

【文创产品开发经营】2022年，天桥盛世集团探索文创产品开发与经营模式，拓宽文创产品展示和销售渠道，打造内部文创协同机制，形成诗意生活节、红楼印象、中轴红飘带、电影党课等多元化文创品牌体系。“中轴的红飘带”项目全年接待主题党建研学活动70余场，获区委组织部授予的“西城区党员教育基地”称号，项目方案获北京中轴线文化遗产传承与创新大赛文化消费新场景、新业态方案征集赛道三等奖。（于赛赛）

【商务空间运营】2022年，天桥盛世集团持续推动天桥演艺区大师工作室建设。推进与中国版权保护中心、北京银行在版权资产管理和金融服务平台战略合作。开展文化探访路线系列活动，与区妇女儿童发展中心联合制定“春蕾计划”。推动数字经济战略落地，创新业务发展，开展大观园智慧园区建设。

（于赛赛）

北京市大碗茶文化发展有限公司

【概况】2022年，北京市大碗茶文化发展有限公司（简称大碗茶公司）下辖北京老舍茶馆有限公司、北京大碗茶茶叶有限公司、北京震云阁工艺品有限公司3家股份制企业，经营茶座、演出、餐饮、茶产品、工艺品销售等项目。实现销售收入939.4万元，利润-756.1万元，上缴税金58.5万元。公司党支部践行西城区红墙先锋工程，举办“大碗茶党建聚力引领茶馆经营管理实践课堂”21讲，助力企业经营提质增效。2月18日，公司聘任于静为北京老舍茶馆有限公司总经理。8月22日，聘任宋超为老舍茶馆有限公司副总经理。12月20日，公司董事长尹智君当选中国茶叶流通协会副会长。（王　捷）

【台胞闹元宵活动】2月15日，由台盟中央与台盟北京市委共同主办，西城区工商联大栅栏街道商会和北京老舍茶馆共同协办的“红火闹元宵”活动在老舍茶馆举办。在京台湾学生、台籍北京冬奥会志愿者、各行业台湾青年朋友20余人参加活动。台盟中央副主席吴国华出席活动并致辞。活动现场，台胞们欣赏老北京叫卖，观看拉洋片、含灯大鼓、长嘴壶茶艺等民俗传统艺术表演，参与猜灯谜、摇元宵互动活动，体验非遗产品手工制作。10名台湾青年组成的北京冬奥城市志愿者服务队演唱《一起向未来》。（王　捷）

【连锁经营】8月1日，大碗茶公司控股企业北京老舍茶馆有限公司入驻山东莒国古城签约仪式在山东省日照市莒县沭河宾馆举行。莒县城投集团与北京老舍茶馆有限公司签订合作协议。8月2日，北京老舍茶馆有限公司与山东浮来青集团在浮来青旅游度假区共同签订加盟合作协议，联手入驻莒县莒国古城，设立北京老舍茶馆分店。莒县北京老舍茶馆建筑整体呈日字形，为两层二进院落，面积3800平方米，经营茶叶、演出、餐饮、住宿四大服务产品。（王　捷）

【“茶艺师，走过20年！”活动】12月5日，大碗茶公司董事长尹智君应江西省社会科学院首席研究员、茶文化专家余悦邀请，参加“茶艺师，走过20年！”系列公益讲座活动。活动通过“悦读茶书会”微信视频号网络直播形式，围绕“老舍茶馆经营管理与非物质文化遗产——讨论非物质文化遗产内容加入茶艺师标准认定的必要性”话题对话交流，业内业外茶文化爱好者参与讲座。（王　捷）

（责任编辑　徐　翊）

卫生健康

综　述

2022年，西城区有医疗卫生机构705家（不含部队医院），其中营利性医疗机构308家、非营利性医疗机构364家、其他卫生机构33家。卫技人员总数41602人（含中央、市属医院，不包括部队医院），其中执业（助理）医师总数（包括西医、中医、中西医结合）14707人、注册护士数18878人。床位总数18633张。平均每千常住人口拥有卫技人员37.82人、执业（助理）医师13.37人、注册护士17.16人、床位数16.94张。全年区计划生育平台统计出生人口8477人，其中一孩出生5771人，占比68.1%；二孩及以上出生2706人，占比为31.9%。全区常住人口110万人，常住人口密度为每平方千米2.17万人。死因顺位前10位疾病依次为：心脏病、恶性肿瘤、脑血管病、呼吸系统疾病、内分泌营养和代谢及免疫疾病、损伤和中毒、消化系统疾病、神经系统疾病、精神障碍、泌尿生殖系统疾病。户籍人均期望寿命82.47岁，其中男性为80.11岁、女性为84.92岁。全区常住人口中60周岁及以上老年人口287321人，80周岁及以上老年人口73073人，老年人口占常住人口比率为26%，百岁以上老年人277人。卫生健康系统总收入697637.54万元，其中一般公共预算财政拨款收入299898.05万元、事业收入394151.89万元、其他收入3587.61万元。总支出715682.76万元，使用非财政拨款结余0万元。计划生育财政总投入5747.52万元。

年内，扎实推进“健康西城”建设，落实市卫生健康委及区委区政府工作部署，统筹防疫常态化工作和卫生健康事业发展。深化体制改革，推进月坛、金融街健康联合体建设。建立社会心理服务中心（站）20个，社区心理健康服务网络初步形成。构建网格化家庭医生管理模式，完成401支家庭医生队伍建设。完善应急救治体系建设，完成市级规定的4间负压病房、5个急救站和1个洗消站建设。改善医疗卫生服务，拓展便捷支付渠道，二级以上医院预约就诊率95.41%。落实“六满意”行动（患者满意、社会满意、政府满意、护士满意、医生满意、医院满意），推进“方便看中医”“放心用中药”行动。“丰盛正骨”非遗项目传承与应用获北京市中医管理局文化资源调查优秀奖。宣武中医医院、广外医院获评2022年首都中医药信息宣传工作先进单位。西城区连续三年获评全国健康城市建设样板市，卫生健康市级绩效考核成绩“优秀”。

（王　彤）

表21　　西城区境内三级医院一览表

名称	地址
北京大学第一医院	西什库大街8号
北京大学人民医院	西直门南大街11号
中国医学科学院阜外医院	北礼士路167号
北京积水潭医院	新街口东街31号
首都医科大学附属北京安定医院	德胜门外安康胡同5号
首都医科大学附属北京儿童医院	南礼士路56号
首都医科大学附属北京友谊医院	永安路95号

续表 21

名称	地址
中国中医科学院广安门医院	北线阁 5 号
首都医科大学宣武医院	长椿街 45 号
北京急救中心	前门西大街 103 号

（王　彤）

表 22　　西城区区属卫生机构一览表

名称	地址
首都医科大学附属复兴医院	复兴门外大街甲 20 号
北京中医药大学附属护国寺中医医院	棉花胡同 83 号
北京市宣武中医医院	万明路 13 号
北京市第二医院	宣内大街油坊胡同 36 号
北京市展览路医院	西直门外桃柳园西巷 16 号
北京市丰盛中医骨伤专科医院	阜内大街 306 号
北京市平安医院	赵登禹路 169 号
北京市肛肠医院	德外大街 16 号
北京市西城区广外医院（北京市西城区广外老年医院）	广外三义里甲 2 号、上斜街 61 号
北京市西城区妇幼保健院（北京市西城区妇幼保健计划生育服务中心）	平原里小区 19 号楼、平原里小区 21 号楼
北京市回民医院	右安门内大街 11 号
北京市西城区精神卫生保健所	北京市西城区赵登禹路 32 号
北京市西城区疾病预防控制中心	德外大街 38 号
北京市西城区卫生局卫生监督所	枣林前街 2 号院一号楼
北京市西城区动物卫生监督所	白纸坊西街 17 号院 9 号楼底商
北京市西城区椿树社区卫生服务中心	琉璃厂西街 63、64 号
北京市西城区金融街社区卫生服务中心	阜内大街 306 号
北京市西城区广内社区卫生服务中心	校场五条 49 号
北京市西城区德胜社区卫生服务中心	德外大街 34 号
北京市西城区新街口社区卫生服务中心	后半壁街 19 号
北京市西城区大栅栏社区卫生服务中心	煤市街 152 号
北京市西城区展览路社区卫生服务中心	阜外北街 201 号
北京市西城区什刹海社区卫生服务中心	正觉夹道甲 13 号
北京市西城区陶然亭社区卫生服务中心	陶然亭路 12 号
北京市西城区天桥社区卫生服务中心	北纬路 11 号
北京市西城区牛街社区卫生服务中心	培育胡同 15 号
北京市西城区广外社区卫生服务中心	广外三义东里 8 号楼
北京市西城区首都医科大学附属复兴医院月坛社区卫生服务中心	复兴门外真武庙六里 7 号楼
北京市西城区西长安街社区卫生服务中心	油坊胡同 52 号

续表 22

名称	地址
北京市西城区白纸坊社区卫生服务中心	新安中里 4 号，枣林前街 70 号中环办公楼 3 楼 333、334 室
北京市西城区社区卫生服务管理中心	枣林前街 2 号
北京市西城区智慧健康研究中心	枣林前街 2 号

（王　彤）

医政管理

【概况】2022 年，西城区各级各类医疗机构总诊疗 2785.2028 万人次，区属医院总诊疗 267.1968 万人次，社区卫生服务中心（站）总诊疗 286.3297 万人次。全区出院人数 637812 人，区属医院收治住院患者 46188 人次，占全区出院人数 7.24%；全区病床使用率 77.10%，区属医院病床使用率 71.42%；全区出院者平均住院日 7.9 天，区属医院出院者平均住院日 16.35 天。推进改善医疗服务重点任务，做好医疗机构日常诊疗。组建以展览路医院为核心，各级各类医疗服务机构共同参与的西城区康复医学中心。成立以北京市第二医院为基地，14 家单位合作参与的西城区肿瘤防治中心。全年区属医疗机构患者满意度评价得分为 92.03 分。（王　彤）

【医护人员管理】2022 年，北京市西城区卫生健康委员会（简称区卫生健康委）组建成立感染（传染）性疾病诊疗和精神卫生与心理健康质控与改进专业委员会。截至年底，建立 15 个医疗质量控制与改进专业委员会，包括医疗管理、护理、病案、急诊急救、血液净化、院感、药事、医学检验、医学放射、医学超声、口腔、临床麻醉、康复医疗、感染（传染）性疾病诊疗和精神卫生与心理健康，聘任 15 名主任委员、32 名副主任委员、178 名委员。完成年度医疗质量实地督导、检查评估，反馈报告下发各区属医院。按照新冠疫情防控整体要求和医疗质控工作计划，专业委员会以线上与线下灵活结合方式开展质控活动，包括专题讲座、法规培训、学术年会、医学论坛、学术沙龙、病例分享、操作考核等活动 20 余次。聘请市级各专业组专家 50 余人次，区属各专业组专家 60 余人次，各专业岗位技术人员参与培训等医疗质控活动 1 万余人次，提升区属医院相关专业领域管理能力和技术水平，取得良好效果。（王　彤）

【血液管理】2022 年，西城区完成团体无偿献血 6090 人次，献血 8077 单位（161.54 万毫升），达到献血需求数 89.06%。加强疫情期间辖区医疗机构医疗用血工作管理，对医疗用血机构临床安全合理用血工作开展 2 次督查，提高辖区医疗机构科学合理用血水平，保障临床用血需求与安全。（王　彤）

【公共卫生监督】2022 年，西城区各类公共场所经营单位 1721 户，全年卫生监督 4877 户次，监督覆盖率 98.2%，合格率 90.25%。实施量化分级 1705 户，其中 A 级 489 户、B 级 1211 户、C 级 5 户。对 442 家单位实施行政处罚，罚款 54.5003 万元。各类生活饮用水单位 1538 户，监督 1909 户次，监督覆盖率 99.93%，合格率 97.86%，行政处罚 50 户，罚款 10.89 万元。各类申报存在职业危害因素企业 56 户，监督检查 63 户次，合格率 92.06%；职业卫生服务机构 5 户，监督检查 5 户次，合格率 100%，行政处罚 5 户，罚款 11.1 万元。各类放射诊疗单位 167 户，监督 266 户次，合格率 93.83%，行政处罚 9 起，罚款 6.25 万元。各类学校单位 247 户，监督 340 户次，监督覆盖率 100%，合格率 87.04%，给予警告行政处罚 32 户。（王　彤）

【医疗机构及传染病监督】2022 年，西城区对医疗机构开展监督检查 3361 户次，覆盖率 99.15%，合格率 98.26%。实施行政处罚 42 户次，其中处罚医疗机构 37 户次，罚款 10.5 万元；处罚无证行医 7 户次，罚没款 17.752 万元。开展多部门协作打击非法行医联合执法行动 4 次，完成打击非法行医实地宣传 4 次。有各类传染病与消毒单位 660 户，监督 7625 户次，覆盖率 100%，合格率 95.56%，行政处罚 287 起，罚款 8.89 万元。有 21 户消毒产品经营单位，监督检查 24 户次，合格率 100%。（王　彤）

医疗改革

【医联体建设】2022 年，西城区构建 5 个综合医疗医联体，核心医院为北京大学第一医院、北京大学人民医院、首都医科大学宣武医院、首都医科大学附属友谊医院、首都医科大学附属复兴医院，合作医疗机构包括 10 家区属医院和 15 家社区卫生服务中心，实现区域综合医疗医联体全覆盖。建立以 11 个区属医院为核心的医联体，涵盖 11 家区属医院和 15 家社区卫生服务中心，实现医疗资源共享和医疗信息互联互通，提升社区卫生服务中心服务能力，推动区域医疗均质化发展。成立 9 个专科医疗医联体，涵盖儿科、妇产、内分泌、疼痛、神经、

肿瘤、心血管、口腔、康复等专科。建立肿瘤防治、脑病防治、心血管防治3个中心，将分级诊疗工作做深做细。（王　彤）

【健康联合体建设】2022年，区卫生健康委建立健全健康联合体议事协商制度和工作章程，明确权责和任务清单，畅通健联体内部沟通联动机制。推进月坛健联体一体化管理运行机制，探索金融街健联体为辖区白领和企事业单位员工健康服务。扩大成员单位范围，增加金融服务协会为健联体成员单位。试点建立新生儿电子健康档案并投入运行。建立全生命周期健康医疗大数据，推动电子健康档案、电子病历连续记录和信息共享，促进智慧健康服务。广外街道探索开展以广外医院为牵头医疗机构健联体试点建设工作。（王　彤）

【社会心理服务】5月20日至21日，区卫生健康委举办西城区第二届青少年心理健康论坛，围绕青少年养育、人际关系、考试焦虑、网络成瘾等社会热点问题开展5个专题讲座、3场圆桌论坛，上线人数1万余人。6月29日，印发《2022年下半年西城区精神卫生和心理健康促进工作要点》，部署下半年精神卫生及心理健康促进工作任务，强化精神卫生工作综合管理协调机制及信息共享机制，推广社会心理服务试点工作经验，完善西城区社会心理健康服务网络建设。（王　彤）

社区卫生

【社区卫生服务机构建设】2022年，西城区建成社区卫生服务中心12家、社区卫生服务站79家。重点推进广外、天桥和金融街3家社区卫生服务中心无实体中心建设。广外社区卫生服务中心建设项目于上年9月正式进场，截至年底，完成大部分室内精装工程；天桥、金融街社区卫生服务中心建设项目于3月进场施工，截至年底，完成大部分施工内容，进入精装阶段。（王　彤）

【家庭医生服务】2022年，西城区家庭医生上门服务1.03万人次。家庭医生签约总数44.68万人，签约率40.39%；重点人群签约29.9万人，签约率98.93%。925名二、三级医院专家下社区出门诊，门诊量3744人次。举办健康教育讲座62场次，会诊398人次，上转18184人次，下转4083人次。建立居民个人电子健康档案90.2万份，建档率81.58%，使用率63.39%。培养家庭保健员300人。（王　彤）

8月19日，北京市西城区脾胃病专科医联体正式启动（区卫生健康委　供图）

【医养结合养老服务】2022年，西城区养老服务机构数量39个，养老照料中心26个，老年驿站58个。开展全国示范性老年友好型社区创建工作，什刹海街道柳荫街社区、牛街街道南线阁社区和新街口街道北草厂社区获评全国示范性老年友好型社区。辖区二级以上医院老年医学科设置率70%。回民医院申报并通过北京市安宁疗护中心建设验收。开展卫生健康系统打击整治养老诈骗专项行动，发放宣传海报221份；开展养老机构监督115次，医疗机构监督904次。（王　彤）

【数字服务系统上线】2022年，西城区所有社区卫生服务机构与区平台联通，按时向市平台上传电子健康档案等数据。根据新冠疫情防控要求，为社区卫生服务机构安装自助设备，便于老年患者在自助设备上完成各项业务，凭打印小票进入门诊大厅，减少在门口排队时间，避免人员聚集。（王　彤）

中医中药

【中药预防饮配送】2022年，区卫生健康委组织护国寺中医院和宣武中医院配送中药预防饮16259人份。通过中药预防饮调配和使用，提升区域防疫应对能力。国家中医药管理局督导小组对全区防疫期间中医药工作给予肯定。（王　彤）

【中医基本公共卫生建设】2022年，西城区65岁以上老人中医药健康管理人数140733人，管理率70.01%；0至36个月儿童中医药健康管理人数14307人，管理率82.07%，完成北京市下达的工作指标。（王　彤）

【中医药宣传】2022年，区卫生健康委部署《中华人民共和国中医药法》（简称《中医药法》）和《北京市中医药条例》宣传培训工作，全系统贯彻落实《北京市中医管理局关于开展中医药行业普法宣传工作的通知》精神，开展学习宣传活动，各医院、社区利用官方微信、微博和网站推送关于《中医药法》和《北京市中医药条例》的解读，医院、社区大厅电子屏滚动播放宣传内容，院内醒目位置张贴宣传海报。网站浏览达260余万人次。

（王　彤）

医学教育科研

【青年科技人才培养】 2022年，区卫生健康委组织专家对2020年度青年科技人才（科技新星）培养项目结题评审，参评项目30个，申请延期结题2个，建议延期结题1个，评审通过项目27个，其中6个项目获评优秀。组织专家对2022年度青年科技人才（科技新星）培养项目进行授课培训、督导检查，项目组织领导有力、制度健全、实施顺利，实验数据和资料保存完整，持续提升基层科研实力和人才队伍素质发展。（王　彤）

【继续教育项目评审】 2022年，区卫生健康委继续组织开展继续教育项目评审工作，聘请专家评审28家单位申报的1019个（医技732个、护理287个）项目。经专家评审，继续教育项目通过评审988个，提出修改意见项目72个。开展学分审验工作，聘请专家对43家单位1125名卫生技术人员进行学分审验，达标1125人，达标率100%。

（王　彤）

【中医药参与新冠患者救治】 2022年，西城区对新冠患者开展中医药救治服务。各医疗机构进行中药使用及储备，包括针对咳嗽、咽干，针对儿童、重症病人使用和储备多种应急药品。护国寺中医院、友谊医院、宣武中医医院针对感染患者不同阶段病症，制定协定处方“新冠一号、二号”“抗疫一号、二号”，满足患者用药需求。广安门医院专家团队，对区属各医院中医药救治工作进行线上线下会诊巡诊指导，专家团队对5家中医医院接诊的疑难、急危重症患者救治进行中医药综合治疗会诊、开出处方。14个二、三级中医院专家团队与15家社区中心分组对接，通过线上、线下相结合方式，对基层医疗机构医务人员进行相关诊疗方案和适宜技术培训。编写实用手册和科普手册，向居民宣传普及新冠病毒感染知识。建立合理便于操作的基层诊疗流程和管理流程，为疑难、危重病人及时转诊和救治提供保障。（王　彤）

疾病预防控制

【传染病管理】 2022年，西城区法定传染病发病7978例，发病率723.99/10万。甲乙类传染病发病率346.66/10万。其中甲类传染病发病2例，发病率0.18/10万，无死亡病例；乙类传染病发病3818例，发病率346.48/10万，死亡14例，前3位病种为新型冠状病毒感染、肺结核和梅毒；丙类传染病发病4158例，发病率377.33/10万，死亡1例。（王　彤）

【疫苗接种服务】 2022年，西城区接种免疫规划疫苗141011人次，非免疫规划疫苗125545人次，免疫规划疫苗报告接种率99%以上。加强流动儿童免疫规划工作，落实查漏补种，补卡、补证率100%。为外来务工人员麻风疫苗接种24剂次，流脑疫苗接种24剂次。为全区7所托育机构、96所幼儿园、78所小学和46所中学47375名学生开展入托入学接种证查验和疫苗补种，做到学校查验率、学生查验率均为100%。全区累计接种流感疫苗140288支，其中招标疫苗121793支、自费流感疫苗18495支。

（王　彤）

【性病艾滋病防治】 2022年，西城区持续开展高危人群干预、大众宣传以及社区老年男性免费HIV/梅毒快速检测工作，加强“社会组织参与艾滋病防治基金项目”管理与指导。全区累计报告新发艾滋病114例，性病814例，管理辖区艾滋病病毒感染者和病人1329人。

（王　彤）

【结核病防治】 2022年，西城区肺结核报告人数459人，全年医疗机构病人报告率100%。新登记管理肺结核病人186人，其中本市155人、外地31人。及时、规范处置西城区华嘉小学、中央音乐学院集体单位肺结核事件8起，密接筛查277人，未发现续发病例。筛查中开展健康教育，宣传结核病防治知识，消除师生恐惧情绪，保证学校正常教学秩序。（王　彤）

【慢性非传染性疾病防治与管理】 2022年，西城区开展心血管病高危人群随访干预、城市癌症早诊早治筛查。组织开展“北京市职业人群健走”大赛，3家单位219名职工报名参赛。开展健康示范食堂、社区、餐厅创建，2个健康社区、1个健康餐厅、1个健康超市、1个健康小屋接受市级验收并通过。完成西城区慢性病及行为危险因素监测方案撰写。（王　彤）

【地方病防治】 2022年，西城区开展儿童、孕产妇碘营养状况监测。采集学生家庭食盐样本200件，经检测合格碘盐食用率83.50%；采集孕妇家庭食盐样本100件，经检测合格碘盐食用率86.00%。采集食堂及小学供餐企业食盐样本16件，均为合格碘盐。学生人群家庭食用盐检测结果，合格碘盐覆盖率89.00%。（王　彤）

【妇女与儿童保健】 2022年，西城区孕产妇建册人数7389人，孕产妇死亡人数1人，死亡率11.43/10万。婚前医学检查人数8386人，疾病检出总数1808人次。孕产妇系统管理率99.28%，产后访视率99.86%。

辖区8家助产机构孕产妇住院分娩HIV抗体、梅毒和乙肝检测覆盖率100%。孕期检测率100%，未发生孕产妇艾滋病母婴传播。辖区产前筛查率95.20%。户籍人口出生活产数8040例。新生儿死亡人数2人、死亡率0.25‰，婴儿死亡人数5人、死亡率0.62‰，5岁以下儿童死亡人数6人、死亡率0.75‰。围产儿出生缺陷发生率36.06‰，主要出生缺陷病种为先心病、外耳其他畸形、多指趾、其他染色体异常和隐睾。0至6岁儿童保健覆盖率99.18%。3岁以下儿童系统管理率96.20%。新生儿疾病筛查率99.10%，听力筛查99.70%。（王 彤）

【职业卫生监测与评价】2022年，西城区接触有毒有害物质作业单位55家，接触职业危害因素职工1247人，实际参加体检1247人。放射诊疗医疗机构166家、放射卫生技术服务机构3家。开展职业卫生和放射卫生监督专项检查，放射诊疗医疗机构监督覆盖率100%。实施行政处罚14起、罚款17.35万元。报告职业病5例，其中煤工尘肺3例、石棉肺1例、噪声聋1例。报告疑似职业病1例，为电光性眼炎。尘肺新病例回访率100%。（王 彤）

【职业病防治法宣传】2022年，区卫生健康委组织开展“一切为了劳动者健康”职业病防治法宣传周活动，开展主题宣讲活动80次、宣传咨询活动116次，印发宣传材料3217份。制作宣传视频11个，出动宣传人数210人次，宣传受众人数5.18万人次。（王 彤）

爱国卫生

【概况】2022年，北京市西城区爱国卫生运动委员会办公室（简称区爱卫办）推进爱国卫生工作，围绕重大活动，做好服务保障。开展爱国卫生70周年宣传行动、北京市卫生街道创建工作。推进健康西城建设，做好统筹协作，优化健康服务，建设健康环境。组织健康教育和科普活动，开展新时代爱国卫生宣传。以控烟示范单位和控烟示范街区建设为抓手，做好控烟工作，强化控烟宣传和联合执法，营造良好环境。持续开展“周末卫生日”等群众性爱国卫生运动和病媒生物防制工作，推进环境卫生治理。（鲍文静）

【重大活动服务保障】2022年，西城区围绕党的二十大召开，重点做好长安街沿线、天安门周边等重点地区病媒生物防制工作。根据2022年冬奥会冬残奥会《无烟环境工作方案》和《病媒生物控制工作方案》，加强各类涉奥场所和周边地区督导检查。区爱卫办联合区市场监管局、街道爱卫办、街道综合执法队分3组对15个街道冬春季病媒生物防制、无烟环境建设、健康知识宣传等各项工作情况开展实地检查，为冬奥会冬残奥会营造干净整洁、文明健康的良好社会氛围和人文环境。（鲍文静）

【爱国卫生运动70周年宣传】2022年，西城区多角度、全方位推进爱国卫生70周年宣传行动。开展爱国卫生70周年先进事迹及工作成就作品征集，26幅优秀摄影作品入选市级优秀作品展。推送新街口街道北六条社区环境治理典型案例参加北京市70周年庆祝直播活动，取得良好反响。牛街街道烂缦胡同和新街口街道宫门口东西岔胡同在全国爱国卫生运动大会上获评“爱卫网红打卡点”。推荐7个团队及个人参加全国爱卫办组织的“致敬爱卫人、讲爱卫故事”活动。此次宣传行动以点带面展现爱国卫生运动成果。（鲍文静）

【北京市卫生街道创建】2022年，区爱卫办在德胜、金融街等12个街道创建北京市卫生街道基础上，推进陶然亭、新街口、什刹海3个街道北京市卫生街道创建工作。组织召开创建工作部署动员会，邀请北京市专家就创建工作内容和评分标准进行解读，各街道对标对表开展创建工作。8月，区爱卫办组织区级评估组，对新街口街道、什刹海街道、陶然亭街道进行区级验收，通过实地检查督导发现问题并及时反馈，3个街道经整改提升均通过市级专家组综合评估，获评北京市卫生街道。（鲍文静）

【健康西城建设】2022年，西城区持续落实《健康西城2030规划纲要》《健康西城行动2021—2030年》，通过健康素养提升、全民健身行动、校长推进健康等18项专项行动的实施，健全健康促进体系，引导群众树立健康观。区爱卫办组织参与撰写2022年健康城市蓝皮书，《北京市西城区医养结合发展研究报告》和《体育锻炼与健康促进状况研究》入选蓝皮书。制定下发《健康西城行动2022年重点任务》，细化目标倒排工期，确保年终各项指标顺利完成。开展2021年健康城市评价数据收集及2021年健康北京监测及考核工作，梳理工作进展，查找问题和短板，完善措施路径，西城区获评2021年“全国健康城市建设样板市”。（鲍文静）

【健康教育及科普活动】2022年，西城区开展健康科普大赛、健康提素线上答题等活动，全区健康提素线上答题注册83097人，完成答题77016人。开展健康大课堂讲座活动，完成线上线下大课堂1019场，受众2579.64万人次。通过“北京西城”“健康西城”等官方微博和微信公众号发布健康核心信息，发布微博微信4023条，累计阅读量1065.81万人次。8月，开展主题为“健康守护你我，行动改变未来”2022年“健康北京周”暨万步有约健走活动，发放各类健康科普资料21种2000余份。（鲍文静）

【控烟工作】2022年，西城区开展主题为“烟草威胁环境——控烟行动一起来，健康环境更多彩”第35个世界无烟日活动，广泛普及控烟知识，宣传控烟法规，各单位以此为契机，持续巩固控烟示范单位建设成果，医院、社区卫生服务中心同步开展控烟科普活动。针对冬季室内活动增多的季节性因素，区爱卫办、区卫生健康委、区市场监管局、区城管执法局、区烟草专卖局联合开展冬季控烟工作。开展控烟执法检查，区爱卫办联合区房管局、区卫生监督所、区综合行政执法队、区控烟志愿者等部门，对办公楼、餐饮、娱乐、商超等重点公共场所开展控烟专项执法检查，全年出动执法人员15917人次，检查17392户次，罚款6.59万元，进一步营造良好控烟环境。（鲍文静）

【控烟示范单位及控烟示范街区创建】 2022年，西城区继续开展第4批北京市控烟示范单位创建活动，组织申报，开展区级评估验收。7月，市卫生健康委爱国卫生运动推进处二级调研员王洪学、中国疾控中心副研究员南奕、市疾控中心助理研究员柴晶鑫进行市级评估验收，83家党政机关获评无烟党政机关。开展西城区控烟示范街区试点建设工作，西城区申报5个控烟示范街区，8月，市卫生健康委爱国卫生运动推进处、市疾控中心领导到大栅栏街道北京坊商圈和西长安街西单北大街调研，对西城区控烟工作表示肯定，西城区5个控烟示范街区全部创建成功。（鲍文静）

【环境卫生整治】 2022年，区爱卫办联合区文明办，开展常态化“周末卫生日”活动。区委书记孙硕与区四套班子领导多次带头深入街道、社区基层联系点参与活动。全年开展14次“周末卫生日”活动，127770人次参加。清运废弃物垃圾1854.08吨，清理卫生死角34350处。利用“周末卫生大扫除”机制，积极调动社区各方力量参与筒子楼、简易楼环境治理，动态管理台账，建立长效工作机制，结合“接诉即办”处理突发问题，进一步改善群众居住环境。4月，开展以“文明健康、绿色环保”为主题的第34个爱国卫生月活动，包含健康科普活动、“绿色家园齐守护”共建活动等系列活动，15205人参加，清运废弃物垃圾268.7吨，清理卫生死角5004处，清除“四害”滋生地3117处。（鲍文静）

【病媒生物防制】 2022年，西城区以专群结合工作方式，组织开展病媒生物防制工作。制定下发春季、冬季统一灭鼠活动及夏季统一灭蚊蝇活动工作方案。对30个老旧小区、25个市场及主要大街地下管线等公共区域开展专业病媒消杀，对15个街道定期开展病媒监测。购置发放鼠药10640千克，出动5442人次，环境治理875次，覆盖社区263个、机关企事业单位802个、餐饮企业1577个、地下管井24973个、农贸市场147个、公共绿地699240延米，布置毒饵站24479个，组织宣传1093次。6月至9月开展4次夏季灭蚊蝇活动，动员40249人次参与。聘请专业防制队伍15支，使用灭蚊蝇药品6392.2升，清除“四害”滋生地6127处，清理卫生死角12106处，发放宣传资料5万余份。（鲍文静）

（责任编辑　张　立）

体　育

综　述

2022年，西城区有注册裁判员1204人，其中国际级31人、国家级163人、一级543人、二级292人、三级175人。教练员58人，其中高级教练员5人、中级教练员28人、初级教练员25人。注册运动员5340人，其中一级运动员132人、二级和三级运动员239人。有全民健身设施453处3575件。有区级健身组织27个，注册团队1205个，会员超1万人。北京市西城区体育局（简称区体育局）下属9个科级事业单位：北京市西城区少年儿童业余体校、北京市西城区社会体育管理中心、北京市西城区体育训练中心、北京市西城区体育科学研究所、北京西城广安体育馆、北京月坛综合训练馆、北京月坛体育馆、北京广安游泳网球馆、北京西城区武术和棋类运动管理中心。区体育局收到区热线中心派件2193件，受理2058件，其中主办1996件、协办62件。办理人大建议5件，其中主办2件、会办3件。办理政协提案10件，其中主办6件、单办2件、会办2件。

群众体育

【概况】 2022年，西城区每万名青少年拥有青少年体育俱乐部数量7.1个；推进西城区健康联合体建设工作，惠及18万人次；全区推广户外运动项目活动数量8个，惠及3500人次；举办区级赛事活动25场，参与人数9000余人次。全年举办各级各类群众体育活动450余场次，参与人数40万人次。12月27日，西城区被国家体育总局授予首批全国“全民运动健身模范区”。（冯晓春）

【参加第十六届市运会比赛（群众组）】 8月至10月，西城区体育代表团参加北京市第十六届运动会群众组比赛的足球、篮球、网球、乒乓球、羽毛球、气排球、轮滑、健身气功、风筝、桥牌、围棋、象棋、毽球、半程马拉松、中国式摔跤等15个项目。西城区代表团共获得2个冠军，12个亚军，18个季军，8个第四名，13个第五名，5个第六名，4个第七名，5个第八名。（冯晓春）

【社会体育指导员培训】 2022年，区体育局培训社会体育指导员363人，其中二级社会体育指导员42人、三级社会体育指导员321人。推荐一级社会体育指导员30人，在国家体育总局注册的社会体育指导员6112人，每千人5.54名。

（冯晓春）

【裁判员培训】 2022年，区级体育协会自主培训二级裁判员46人、三级裁判员160人。请市级协会代培各类二级裁判员36人、三级裁判员28人。（冯晓春）

【首届社会体育指导员素质挑战赛】 2022年，西城区举办首届社会体育指导员素质挑战赛。该赛事由西城区体育局主办，西城区社会体育管理中心承办，分主题演讲和技能教学展示两项组别。7月21日至7月25日预赛视频评选，8月8日线下决赛。全区15个街道及区体育总会的近700名社体指导员参与，预

9月17日，西城区代表团运动员参加北京市第十六届运动会群众组半程马拉松比赛（区体育局　供图）

赛报名视频321组，7名主题演讲选手和13支技能教学展示组获一等奖。（冯晓春）

【全民健身联席会】7月15日，西城区召开2022年全民健身工作联席会视频会议，副区长桑硼飞出席并讲话，西城区全民健身联席会成员单位参加会议。会议审议通过《西城区全民健身实施计划（2021—2025年）》，总结2021年西城区全民健身工作并部署2022年重点任务，通报《西城区群众身边体育健身设施建设三年行动计划（2020—2022）》推进情况。（冯晓春）

【羽毛球社会体育指导员培训】7月至8月，西城区社会体育管理中心举办2022年羽毛球社会体育指导员培训，全区羽毛球专业委员会的50余名骨干参加，全部通过结业考试。（冯晓春）

【体育设施建设调研】7月26日，国家体育总局群体司司长丁东带队调研西城区全民健身工作，参观金融街智能健身公园和改建后的月坛体育场及月坛滑冰馆，详细了解体育设施建设情况，实地体验智能健身设施并与健身群众交谈，了解群众对体育健身设施的需求。市体育局副局长杨海滨、西城区副区长桑硼飞等参加调研。（冯晓春）

【全民健身拔河比赛】8月5日，西城区全民健身拔河比赛在广安体育中心举行。西城区直机关工委系统各单位、各街道、社会团体、驻区单位等16支队伍近200人参加。北京宣房投资管理集团有限公司代表队和白纸坊街道代表队获一等奖；新街口街道代表队、广内街道代表队获二等奖；双拥一队、双拥二队和天恒置业集团代表队获三等奖。（冯晓春）

【《国家体育锻炼标准》测试】8月6日，北京市《国家体育锻炼标准》测试赛在天坛体育活动中心举行，西城区代表队由西城区总工会和西城区社区文明推进协会选派，队员测试合格率95%以上。2022年，西城区开展《国家体育锻炼标准》达标测试15次，3000余人参与。（冯晓春）

【公益夜跑活动】8月7日，北京市体育公益活动社区行暨西城区“一起跑慢慢爱，助力星星的孩子”公益夜跑活动在广安体育中心田径场鸣笛起跑。活动由北京市体育总会主办，北京市体育总会秘书处、北京市社会体育管理中心、北京市体育基金会、北京市光明慈善基金会、西城区体育局共同承办，西城区社会体育管理中心和北京路跑体育管理有限公司协办。全程8.8千米，全市200余名跑步爱好者报名参加。（冯晓春）

【社区杯八人制足球赛】8月16日，北京市第二届社区杯八人制足球赛（西城赛区）落幕。展览路青年队和椿树四川营足球队分别获青年组和中年组冠军，大栅栏青年队、月坛广一社区队分别获青年组和中年组亚军，光源里青年队、北师传承队分别获青年组和中年组季军。（冯晓春）

【乒乓球系列赛】8月25日，西城区第十六届“和谐杯”乒乓球系列比赛在西城区德胜体育中心举行。系列赛分街道组、区直机关组和乒协会员组，全区15个街道、32个区直机关系统单位、8家区乒协会员单位及俱乐部共6327人参与。9月12日，西城区乒乓球运动协会组织举办2022北京市体育公益活动社区行暨西城区第二届“久久杯”中老年乒乓球比赛，8支西城乒协会员代表队参赛。9月17日，北京市第十六届“和谐杯”乒乓球总决赛在北京弘赫国际体育中心举行，全市113支代表队参赛，西城区白纸坊街道代表队获城区组团体赛第二名，西城区代表队在京津冀高水平组团体赛中获亚军，比赛成绩实现历史性突破。（冯晓春）

【广播体操培训】9月5日至29日，西城区社会体育管理中心在全区范围内陆续开展以“全民健身我参与、健康生活我拥有”为主题的第九套广播体操培训普及推广活动，组织培训60场，近3000人次参与。（冯晓春）

【徒步大会】9月17日，由西城区政府和门头沟区政府主办，西城区体育局、门头沟区体育局共同承办的第三届西城区门头沟区喜迎党的二十大徒步大会暨2022北京西城全民健身徒步大会，在门头沟区妙峰山镇神泉峡举行。两区党政机关、企事业单位的400余名干部职工参加。（冯晓春）

【台球团体赛】10月26日，喜庆党的二十大、奋进新时代——2022年西城区敬老月“金鑫然杯”台球团体赛在海格台球俱乐部开赛。比赛由西城区社会体育管理中心与西城区台球专委会联合举办，来自会员单位和街道的18支代表队，60余名老干部及退休人员参赛。区人大代表队获团体冠军、北京电力公司代表队获亚军，广内街道康乐里社区代表队、牛街街道退休干部代表队和区老干部局代表队获并列第三名。（冯晓春）

【社区杯篮球联赛】10月29日，西城区第一届“社区杯”篮球联赛三人篮球赛在西单体育公园开赛。比赛由西城区体育局和西城区体育总会主办，西城区社会体育管理中心、智能方（北京）科技发展有限公司、西城区篮球专业委员会共同承办，西城区各街道办事处协办。比赛分男子青年组、男子中年组和女子组三大组别，全区15个街道的40支球队报名参赛。金融街街道西太平街社区队获男子青年组冠军，白纸坊街道里仁街社区队和白纸坊街道建功南里社区队分别获男子中年组和女子组冠军。（冯晓春）

10 月 29 日，西城区第一届“社区杯”篮球联赛三人篮球赛在西单体育公园开赛　（区体育局　供图）

冰雪运动

【概况】 2022 年，西城区全面推进群众冰雪活动开展，营造浓厚的冬奥氛围，夯实冰雪运动的群众基础，扩大冰雪运动的人口规模，组织冰雪活动 132 次，4 万人次参与。北海公园、陶然亭公园、什刹海公园开放冰雪项目，接待冰雪运动爱好者约 30 万人次。（冯晓春）

【冰雪文化宣传】 1 月 19 日至 3 月 9 日，西城区社会体育管理中心以“体育西城”公众号为平台，面向社会推送线上冬奥知识科学指导大讲堂 8 期，内容涵盖 2022 年北京冬奥会场馆介绍、冬奥会比赛项目介绍、冬奥会观赛礼仪指导、冰雪运动发展概况与未来发展趋势、西城区冰雪体验中心介绍、西城区传统冰雪文化等。（冯晓春）

【全民健身欢乐冰雪季活动】 1 月至 4 月，西城区开展全民健身欢乐冰雪季活动。活动以“相约冰雪、燃情冬奥”为主题，发放公益体验券 5000 张。1 月 22 日，西城区传统冰雪运动线上观光、线下体验活动在什刹海后海冰场拉开帷幕，来自 64 个国家（地区）奥委会的媒体记者（境外注册媒体）同步全球直播。1 月 25 日，由区体育局主办，区妇联、什刹海街道办事处、区冰蹴球协会协办，区社会体育管理中心承办的 2022 年西城区全民健身欢乐冰雪季启动仪式在什刹海后海冰场举行。抖音、快手、中广体育等新媒体平台同步直播，直播观看量 5588 人次，人民网、《北京日报》、《北京晚报》等 10 家媒体报道。1 月 29 日，区体育局在新建成的月坛滑冰馆举办“庆冬奥、迎新春、一起向未来”线上冰雪联欢会。西城区青少年冰球队、花样滑冰队运动员及区体育干部职工参加表演。2 月 3 日，冬奥会境内非注册媒体记者在什刹海后海冰场，体验冰蹴球、冰龙舟、冰木射、冰捶丸、冰陀螺等传统冰雪项目，230 人次参与。西城区金中都公园广场设冰蹴球及冰壶仿真冰场，每日两场现场体验、教学，4600 人参与；开展活动 16 场次，1.5 万余人参与。通过“通城记”小程序开展 2022 年西城区冰雪十三绝“云线路”健康走跑活动，以“云下走跑＋集卡牌＋集徽章”的形式增加体验感，12284 人参与。冰雪季活动期间，各街道围绕北京冬奥会和冬残奥会、北京传统冰雪文化，开展冰雪系列活动。组织线下冰雪运动和嘉年华活动 387 场，19061 人参与；开展冰雪知识科学指导大讲堂，3544 人参与；开展冰雪公益体验课，1375 人参与；辖区内冰雪场馆累计接待量 4858 人次。组织线上冬奥知识答题、趣味折纸、绘画摄影、数字冰雪体验等活动 100 余场。（冯晓春）

1 月 25 日，西城区全民健身欢乐冰雪季启动仪式在什刹海后海冰场举行　（区体育局　供图）

【冬残奥会火炬接力】 3月2日，北京2022年冬残奥会火炬接力火种采集仪式、火炬接力在中国盲文图书馆（西城区）顺利完成，区体育局负责综合协调联络，区属22个单位400余名工作人员参与保障。（冯晓春）

竞技体育

【概况】 2022年，区体育局向上级训练部门输送大量优秀运动员，竞技体育成绩保持在全市前列。少儿体校输送的羽毛球运动员刘雨辰分别在印度尼西亚羽毛球超级赛、澳大利亚羽毛球公开赛、国际羽联羽毛球系列赛总决赛中获男子双打冠军。跆拳道运动员宋兆祥分别在奥地利世界跆拳道公开赛、亚洲跆拳道锦标赛中获87公斤级以上级冠军。（冯晓春）

【反兴奋剂教育】 7月27日，区体育局召开第十六届北京市运动会西城区代表团反兴奋剂大会，签署禁用兴奋剂承诺书；举办体校教练员及科研人员反兴奋剂培训讲座。年内，体育科学研究所组织西城区运动员、教练员、科研及管理人员反兴奋剂准入考试，1680人参加，发放《反兴奋剂知识读本》；对少儿体校、训练中心的教练员开展“禁用物质沙丁胺醇和糖皮质激素的防范指导”专题培训。（冯晓春）

【参加第十六届市运会（青少年竞技组）】 8月9日至10月3日，西城区体育代表团参加第十六届市运会。西城代表团1512名运动员参加田径、游泳、足球、羽毛球、乒乓球、体操、跳水、拳击、散打、摔跤、柔道、举重、跆拳道、空手道、击剑、射箭、棒球、垒球、手球、篮球、排球、皮划艇、武术等25个项目及2个表演项目。青少年竞技比赛组获金牌112枚、银牌118枚、铜牌114枚。备战市运会期间，区体育局坚持新冠疫情防控和复训工作两手抓，各项目教练员全面排查复训运动员健康情况，复训工作安全有序进行。（冯晓春）

武术运动

【概况】 2022年，区体育局利用现代互联网手段，创新推出“网络+武术”的武术网络比赛和活动，助力西城区创建国家全民运动健身模范区。（冯晓春）

【健身气功活动】 2022年，区体育局组织开展气功展示线上培训、赛事活动。网络公开赛吸引了40个注册辅导站的336名会员参与，传送参赛视频411个，15个健身气功辅导站点获评优秀组织奖。（冯晓春）

【武术展示活动】 1月，区体育局组织西城区与门头沟区武术线上展示活动，两区青少年武术运动员通过学习交流，提高武术水平增进友谊，促进两区体育协同发展深度融合。（冯晓春）

【精武夺旗精英赛】 8月20日至21日，精武夺旗精英赛在西城区武术和棋类运动管理中心举办，比赛由西城区武术和棋类运动管理中心主办，北京国人兄弟体育文化有限公司、北京精武夺旗文化科技有限公司承办。北京市西城区、朝阳区、海淀区、昌平区、顺义区、门头沟区等近10支参赛队伍对战。此次比赛分少儿组、少年组和成人组，设小组赛、半决赛、决赛，呈现精彩赛事86场。（冯晓春）

青少年体育

【概况】 2022年，区体育局继续推动体教融合，强化对区内国家级、市级体育传统项目学校管理。与各项目协会沟通，提炼适合线上挑战的训练技巧和技能，将线下赛事转为线上举行，创新开展一站式、全程无接触的“云赛事”。（冯晓春）

【体育传统项目学校评估】 2022年，区体育局开展区级体育传统项目学校线上评估工作。区内69所传统校完成评估，其中国家级5所、市级22所、区级42所。（冯晓春）

【跆拳道品势比赛】 7月，由区体育局、区教委主办，北京市跆拳道协会承办，团区委、北京市青少年体育联合会协办的西城区中小学生跆拳道品势线上比赛举行。参赛小学17所117人、中学2所2人、高中1所10人，评出20支精神文明代表队。（冯晓春）

【中国式摔跤基本功比赛】 9月，由区体育局、区教委主办，团区委、北京市青少年体育联合会协办的西

8月，精武夺旗精英赛在北京西城区武术和棋类运动管理中心举办　　（区体育局　供图）

城区中小学生中国式摔跤基本功线上比赛举行。参赛小学12所132人、中学1所1人，评出11支精神文明代表队。（冯晓春）

【青少年武术比赛】 10月29日至11月11日，由西城区体育局、门头沟区体育局、西城区教委、门头沟区教委主办，北京龙行嘉业体育文化有限公司承办，西城区武术专业委员会协办的北京市西城区、门头沟区青少年武术线上比赛举行。比赛设中学男、女组；小学男、女甲组（四至六年级）；小学男、女乙组（一至三年级）；幼儿男、女组（4至6岁）。581人参赛，460人次获奖。（冯晓春）

体育设施

【概况】 2022年，西城区有各类体育场地289个，涉及篮球、足球等30多个运动项目，万人拥有“三大球”（足球、篮球、排球）场地6.01个，街道“双有”（有室外健身场地也有室内健身场地）率100%、社区超过66%。86%的学校体育设施实现对社会开放。公共体育场馆免费和低收费开放率100%。西城区体育局按照《北京市全民健身场地设施建设补短板五年行动计划（2021年—2025年）》的要求，增加体育场地设施，提高体育场地数量和质量。（冯晓春）

【健走步道建设】 2022年，根据西城区2022年重要民生实事任务要求，提升改造南护城河菜户营桥至永定门桥北岸、永定河引水渠甘雨桥至白云桥两岸滨水步道，项目规划总里程5320米，其中新建高标准塑胶健走步道4455米。通过路面修整、设立导览标识、拓展步道联络线，完成提升改造面积11879.7平方米。（冯晓春）

【体育公园建设】 2022年，完成玫瑰公园和南礼士路公园两个体育公园的建设改造任务，玫瑰公园和南礼士路公园全龄友好型公园改造面积约2万平方米。（冯晓春）

【月坛体育场改造】 2022年，月坛体育场基础设施升级改造二期项目与看台改造工程全部完成，通过消防验收及竣工备案。月坛体育中心滑冰馆基本建设完成，制冰设备正式投入使用，实现首次成功制冰，完成首次青少年冰上运动员试训。西城区训练中心、少儿体校的冰球和花样滑冰运动员完成首次试滑。（冯晓春）

【广安体育馆改造】 2022年，广安体育馆实施场馆建设改造工程，其中场馆外墙改造投资80万元、吸音板改造投资168万元、空调风道改造投资337万元。（冯晓春）

【“西体慧”小程序上线】 8月1日，区体育局打造的“西体慧”小程序正式上线，提供西城区属场馆线上查看、预订服务。小程序是西城区智慧体育服务管理平台的一部分，为公众提供交互稳定、快捷便利的“互联网+体育”服务，为促进西城区体育信息化发展提供支持。（冯晓春）

体育安全生产管理

【概况】 2022年，西城区登记备案的体育经营单位有164家，其中游泳类32家、健身类97家、台球类16家、武棋类12家、瑜伽类7家。体育类民办非企业25家，其中隶属体育系统4家、教育系统11家、街道社区4家、个体经营6家。区体育局组织开展安全生产、疫情防控、执法依据等学习培训8次，发放学习材料5次。（冯晓春）

【安全执法】 2022年，区体育局全面加强市场安全生产监管工作，层层签订安全生产责任书，落实安全生产主体责任，贯彻新冠疫情防控要求。全年市场执法人员执法310件次，安全员执法2582件次，行政处罚2起，发现并整改隐患256件次。（冯晓春）

体育科研与科普

【概况】 2022年，区体育局体育科学研究所深化体医融合，宣传普及科学健身知识和技能，提高全民健康理念和健身意识。治疗伤病教练员、运动员30人次，市运会比赛期间服务运动员损伤与康复治疗155人次。全年骨龄测试37人，骨龄片判读10余人。（冯晓春）

【体育科研】 2022年，区体育局体育科学研究所编写《2022年第十六届北京市运动会赛前指导手册》，用于开赛前普及推广相关竞技体育训练常识和注意事项。体育科学研究所参与国家体育总局“中国人群精准运动处方研制与运动处方库建设”之子课题项目“肥胖合并高脂血症人群个体化精准运动处方的研制”工作，完成“降脂保健毛巾操”的实证研究，进入整理数据、撰写论文阶段。（冯晓春）

【科普宣传】 2022年，区体育局体育科学研究所先后到光大集团讲授办公室人群的科学健身之颈腰椎的健康知识，到昌平区延寿镇市民活动中心为居民开展科学健身讲座，到月坛街道汽北社区开展运动损伤防护知识讲座，100余人受益。与区老卫生工作者协会合作开展“老年人防跌倒健身指导”课件制作与视频录制；为《老年体育》杂志“健身房专栏”提供“手杖操”图文稿件。（冯晓春）

【健身气功推广】 2022年，区体育局体育科学研究所开展健身气功项目推广普及教学工作，进社区、辅导站点20余次，教授健身气功八段锦、五禽戏、大舞等功法套路，社区健身爱好者500余人参与。（冯晓春）

（责任编辑　叶　婷）

社会生活

人口家庭

【人口监测】 截至年底，全区常住人口110.0万人，比上年下降0.4%，其中男性53.0万人。常住外来人口22.0万人，比上年下降6.0%。常住人口密度为每平方千米2.2万人。全区户籍人口户数49.6万户，比上年增加0.1%；户籍人口151.9万人，比上年增加1.2%。户籍出生人口8404人，死亡人口2255人，人口自然增长率4.07‰。户籍人口迁入33201人，迁出21822人，人口机械增长率7.53‰。人口出生率5.56‰，死亡率1.49‰。（刘 艳）

【婚姻登记】 2022年，西城区民政局婚姻登记服务中心办理结婚登记11453对，离婚登记3905对，补结婚证1418对，补离婚证569对，小客车入围核验婚姻状况5581条，做好全部纸质档案电子扫描，实现婚姻档案100%电子化。（陈 阳）

【计划生育服务】 2022年，西城区发放计划生育扶助金4910.44万元。发放独生子女父母一次性经济补助184人184万元。向计划生育家庭特别扶助（简称特扶）对象发放慰问金479.94万元，发放中秋、国庆、生日慰问及活动款约446.69万元。区计划生育协会协助街道与中国人寿保险股份有限公司北京分公司联合开展计划生育家庭意外伤害保险，为5678人投保安康保险，其中政府支付15.55万元为全区失独人员投保。（王 彤）

居民生活

【概况】 2022年，西城区调整业态布局、统筹配置便民服务资，适应居民衣食住行、养老托幼、文体卫健等生活服务需求，持续打造社区便民生活服务圈，增加阅读空间、文创项目、养老托幼等便民服务项目，实现社区服务多种类融合和功能拓展。新建便民商业网点21家，成功入选全国城市一刻钟便民生活圈试点地区。全区有八类基本便民服务网点3349个，连锁化率54.4%，基本便民商业服务功能社区覆盖率、便利性指数100%。便民健身设施实现社区全覆盖，西城区被国家体育总局授予首批全国“全民运动健身模范区”称号。构建综合医疗医联体，实现医疗资源共享和医疗信息互联互通，提升社区卫生服务中心服务能力，推动区域医疗均质化发展。全区居民收入稳定增长、消费结构持续升级。全区居民人均可支配收入位居全市第一，是全市平均水平的1.3倍。全区居民人均消费支出位居全市第二，高于全市平均水平28.4%。（梁 晨）

【居民收支】 2022年，全区居民人均可支配收入99276元，比上年增长2.4%。人均工资性收入59587元，比上年增长3.9%。全区居民人均消费支出54809元，比上年下降4.5%，处于近五年最低水平。从消费结构来看，八大类支出占比差别明显，消费仍主要集中在居住、食品烟酒等基础消费领域，且仅有居住、其他用品和服务两类增长，其余均呈下降态势。其中食品烟酒支出10838元，比上年下降1.8%；衣着支出2222元，比上年下降21.0%；生活用品及服务支出2548元，比上年下降18.1%；医疗保健支出4875元，比上年下降4.6%；交通通讯支出4230元，比上年下降12.5%；教育文化娱乐支出4916元，比上年下降14.3%；居住支出23333元，比上年增长1.6%；其他用品和服务支出1847元，比上年增长3.2%。（刘 艳）

【耐用消费品拥有量】 2022年，全区每百户居民家庭拥有家用汽车60辆，洗衣机103台、电冰箱（柜）104台，微波炉87台，彩色电视机126台，空调器192台，热水器101台，洗碗机5台，移动电话265部，计算机125台，照相机44架，中高档乐器24件，健身器材8套。（刘 艳）

人力资源管理

【概况】 2022年，北京市西城区人力资源和社会保障局（简称区人力社保局）推进全区机关事业单位人员工资、福利和分配制度改革工作，贯彻落实机关事业单位工作人员工资、福利、津贴和补贴政策，机关企事业单位工作人员工资增长和支付保障机制，机关事业单位工作人员离退休政策；会同有关部门指导全区事业单位人事制度改革，管理全区专业技术职称工作；贯彻落实专业技术人员管理和继续教育政策、全区事业单位人员和机关工勤人员管理政策、博士后管理制度；推进高层次人才选拔、培养和管理服务工作。2022年，区劳动人事争议仲裁院王子臣在全国人力社保系统窗口单位业务技能练兵比武活动中，获“全国人社知识通”称号，人力资源公共服务中心程元慧、工伤保险科杨艳新获“全国岗位练兵明星”称号。（孙鑫　李发壮）

【人力资源市场服务管理】 2022年，区人力社保局组织法规、地标培训，加强线上指导，推行承诺制，组织127家人力资源机构进行年度报告。落实市人力资源和社会保障局安全生产工作要求，通过实地走访、视频检查、网络申报等方式做好服务指导。开展全覆盖式检查，督促行业机构落实安全生产主体责任，实现全年“零事故”。开展“公共+市场”就业服务试点，引入经营性人力资源服务机构参与公共就业服务，为失业人员提供多元化市场服务。新增7家机构从事高级人才寻访业务，推动北京锐仕方达人力资源服务公司与兴业银行月坛支行合作，引进11名高端业务人才。指导天桥街道开展“6+4”（实施风险监管、信用监管、分级分类监管、协同监管、科技监管、共治监管6项基本制度；“一业一册”“一业一单”“一业一查”“一业一评”4项场景化措施）试点工作，推动一体化综合监管措施落地执行，优化营商环境。（孙　鑫）

【职业技能提升培训】 2022年，西城区实施以训兴业、学徒制等培训，1000余家企业、5万余名职工参与技能提升行动，拨付培训补贴8100余万元。开发燃气供应服务人员等5个培训项目，对2837名失业人员开展“互联网+”就业技能培训，2548人实现就业，其中203人实现单位就业，培训后就业率达89.8%。（贾子辰）

【职业技能培训机构管理】 2022年，区人力社保局对培训机构开展3轮新冠疫情防控和安全生产检查，实现辖区内培训机构全覆盖。通过指导培训机构使用制式培训合同，开展“山寨证书”专项整治，规范培训行为。妥善处置涉技能培训类12345热线案件46件，解决率和满意率均100%。与交通银行北京分行签订监管网络平台服务协议，率先在全市实施预付费专用账户设立工作。（贾子辰）

【民办职业技能培训行政许可】 2022年，西城区办理民办职业技能培训机构行政许可事项33项，变更4项、增项1项、办学延续28家。结合区域功能定位和产业发展特点，通过进千门走万户活动，寻访辖区高精尖产业培训资源，指导1家企业设立营利性培训机构，开设建筑信息模型技术员职业培训项目，优化培训项目结构，提升培训资源整体水平，拓宽校企合作渠道，提升在职职工职业素质，帮助失业人员实现转换再就业。（贾子辰）

【高技能人才培养】 2022年，区人力社保局在老字号企业建立区级技能大师工作室和技能人才实训基地各2家，清华池技能人才实训基地培养14人晋升二级技师。推荐1名高技能人才获评北京市有突出贡献高技能人才。指导安防行业和印刷行业举办技能大赛，96人进入全国决赛。技能人才数据库总量达35851人，比上年增长11.33%。（贾子辰）

【人才引进服务】 2022年，西城区制定人才引进计划，引进高层次人才105人，其中金融机构67人、科技企业30人、其他类别8人；引进非北京生源应届毕业生526人。全年办理北京市工作居住证6765人次。305人获积分落户资格。（李曜　孙雨　周婕）

【留学人员回京报到】 2022年，区人力社保局适应新冠疫情防控要求，对留学人员回京报到业务执行“不见面”办理，邮箱受理留学人员回京报到人数205人，现场受理1人，线上办理量占比达99.5%。（马　勇）

【退休人员社会化管理】 2022年，西城区结合区位特点，强化“红墙意识”和“首善标准”理念，打造西城区社会化管理退休人员“夕阳映红墙”服务品牌，设计以传统文化为底蕴的LOGO、文化衫等文创作品，创作西城区社会化退休人员队歌《最美那抹朱红》、队徽，形成西城区社会化退休人员活动品牌文化，开展西城区“夕阳映红墙”社会化管理退休人员主题系列活动。通过高品质、多样化的主题活动，提升退休人员幸福指数。（赵　嘉）

【人事档案管理】 2022年，区人力资源公共服务中心接收个人存档人事档案18213份；转出个人档案13665份；存有个人档案234057份，存有委托存档单位8119户。（冯　雪）

【工资待遇调整】 2022年，区人力社保局落实国家调整机关事业单位工作人员基本工资和基础绩效奖（岗位绩效）标准以及冲销临时性补贴工作，机关单位基本工资人均月增资291.5元，基础绩效奖人均月增资1250元，冲销临时性补贴人均347.0元；事业单位基本工资人均月增资322.1元，岗位绩效人均月增资1250元，冲销临时性补贴人均251.7元。完成事业单位改革工资套转工作，涉及35家原纳入工资规范管理事业单位2202名工作人员。（纪舒　杨卓韡）

【民办职业技能培训机构分级评估】 7月至9月，区人力社保局完成西城区民办职业技能培训机构分级评估工作。辖区取得办学许可证并在有效期内培训机构40家，其中民办非营利性机构36家、企业类办学4家。实际参加分级评估机构31家，其中18所学校被评定为A级校、13所学校被评定为B级校。西城区A级机构数量位列全市之首。（唐　斌）

劳动就业

【概况】 2022年，西城区稳就业保就业水平保持全市最优。全区实有城镇登记失业人员8778人，登记失业率2.24%；促进17202名登记失业人员实现就业，登记失业人员就业率67.17%；累计认定“零就业家庭”38户，“零就业家庭”保持动态清零。（孙　鑫）

【充分就业区创建】 2022年，西城区以持续创建充分就业区为目标，围绕稳就业保民生工作主线，以强化政策为抓手，帮扶重点群体，优化就业服务，打造公共就业服务品牌。14个街道达到充分就业街道创建标准，创建率93%；263个社区达到充分就业社区创建标准，创建率100%。全区劳动力就业率98.98%，其中单位就业率91.67%、被认定的就业困难人员就业率85.92%。西城区达到充分就业区认定标准，被认定为“2022年度北京市充分就业区”。（孙　鑫）

【援企稳岗】 2022年，西城区拨付促进就业政策资金11261万元。其中拨付北京市用人单位岗位补贴和社会保险补贴7539.5万元，涉及622家用人单位城乡就业困难人员7801人；拨付97家企业一次性扩岗补助69.9万元，促进466名北京市应届高校毕业生实现就业；拨付技能提升补贴资金12584笔1847.8万元；拨付西城区普通岗位补贴、限定类岗位补贴、低龄退休岗位补贴、一次性就业奖励984.1万元，涉及333家用人单位的全区登记失业、低龄退休人员1494人；拨付就业奖励、劳务补助819.7万元，涉及1030人。（李　剑）

【社区就业】 2022年，区人力社保局劳动服务管理中心通过走访调研、结合实际、充分酝酿、深入研究，出台《规范西城区社会公益性就业组织管理工作实施细则》和《规范西城区灵活就业社会保险补贴管理工作实施细则》，多举措规范公益性就业组织管理和灵活就业社会保险补贴管理工作，两项实施细则经验在全市系统内推广。2022年，西城区通过社区就业岗位安置就业困难人员12757人。享受灵活就业社会保险补贴人员32238人，其中全年新增灵活就业社会保险补贴人员12588人、拨付社会保险补贴资金4.36亿元；全年认定332名就业困难人员享受公益性岗位补贴资格并安置进入社会公益性就业组织工作，社会公益性就业组织在岗人员1047人，拨付岗位补贴9008.22万元。（吴述伟）

【高校毕业生就业】 2022年，全区高校毕业生5338人，其中困难家庭未就业毕业生31人。通过实名登记、职业指导、就业见习、岗位推荐、困难家庭毕业生一对一精准帮扶等措施，5194人实现就业，其中有就业意愿的困难家庭毕业生全部实现就业，全区高校毕业生就业率达97.3%。（孙　雨）

【公共就业服务】 2022年，区人力社保局对全区失业及就业困难人员进行全面摸查，提供一对一职业指导服务，摸查率100%。开展“春风”行动、就业援助月、民营企业招聘月、高校毕业生就业服务月、金秋招聘月等活动。采集空岗信息60308个，举办各类线上线下招聘会386场，提供岗位6.1万余个。组建10余人直播团队，开授职业指导直播课7期；依托市、区两级公众号平台，录制发布“职业指导微课堂”短视频19期。（黄　敏）

【农民工服务保障】 2022年，西城区制订《2022年西城区农民工工作联席会议工作要点》，统筹各成员单位开展农民工职业技能培训、对口帮扶援助、公共服务保障、个人权益维护等工作，帮扶农民实现就业，维护农民工劳动报酬权益。依托区、街、社区微信公众号及社区通三级网络平台定期推送就业岗位信息，为农民工提供就业资讯，由“西城区务工人员之家”为农民工提供招聘洽谈、求职服务、咨询服务，全年为农民工提供就业服务10822人次，举办“送温暖”“送清凉”等专场活动40余次。畅通农民工维权渠道，对各类拖欠农民工工资线索案件“快立、快办、快结”。深入农民工集中场所开展普法宣传，增强农民工依法理性维权意识。成立义务教育阶段学位保障工作专班，多措并举确保农民工随迁子女入学。落实基本公共卫生服务，为农民工及其子女提供孕产期和0至6岁儿童健康服务保障。对一线农民工开展春节慰问，组织农民工参与文化娱乐活动。（杨　萍）

【劳动人事争议仲裁】 2022年，区劳动人事争议仲裁院推动劳动争议多元化解，拓展调解组织覆盖范围，街道劳动人事争议调解组织100%全覆盖。新建胡桃街（上海）信息技术有限公司北京分公司劳动争议调解委员会、北京中通运捷快递服务有限公司劳动争议调解委员会。参与北京市金牌调解组织培育选树活动，广内街道调解组织获评2022年度北京市金牌调解组织。引入工会调解组织现场办公，调解成功案件 701 件，比上年增长 198 件，调解成功率提高 39.36%。在全市范围内首批实现与区法院建立“总对总”（最高人民法院依托人民法院调解平台对人力资源社会保障部依托劳动人事争议在线调解服务平台）诉调对接机制。受理劳动人事争议案件 5749 件，结案率 92.19%，审限内结案率 100%，调解率 68.72%，终结率 71.06%。（王学聪）

【劳动保障监察】2022 年，区人力社保局检查各类单位 2312 户次，涉及劳动者 8.6 万人；处置 12345 热线及全国欠薪线索平台等线索 4815 件，为 3695 人解决劳动报酬 2154.49 万元；投诉举报立案 429 件；作出行政处罚案件 21 件，涉及金额 13.77 万元，作出不予行政处罚 11 件；处置各类群体性突发事件 43 起，为 1134 余名农民工解决工资 1533 万元；开展劳动保障法律法规普法宣传及培训活动，组织走进企业普法活动 30 余次，发放宣传资料 1100 余份，服务企业 800 余家，开展在线宣讲 4 次，专题培训 168 名建筑企业项目负责人及劳资专管员；做好根治欠薪工作，建立“红黄绿”动态管理机制，推动《保障农民工工资条例》核心制度落实；依托劳动保障监察平台，对辖区内全部建筑施工项目实施分类精准监管；组织 6 家施工项目代表北京市迎接 2021 年国务院保障农民工工资支付督导考核，获全国 A 类第四名成绩。（张睿嘉　付国栋）

【劳动关系调整】2022 年，西城区出台《西城区关于进一步加强劳动关系领域矛盾隐患排查，稳定劳动关系的实施意见》，从源头防范化解劳动用工风险隐患。全区 3577 家企业实现劳动合同签订率 100%；完成 303 家企业特殊工时审批，涉及职工 19.31 万人；对 105 家劳务派遣企业开展年度核验，涉及用工单位 1858 家，派遣员工 6.8 万余人；审核集体合同（含工资专项合同）备案 690 家，涉及职工 3.8 万人。组织开展 2022 年度创建和谐劳动关系示范评选互动，95 家企业被评选为区级和谐劳动关系示范单位。（绳　鹤）

【安全生产工作】2022 年，区人力社保局统筹行业主管部门做好行业安全生产监管工作，组织开展“两节”、国庆节、北京冬奥会冬残奥会、全国两会、党的二十大召开前后等重点时期安全隐患排查治理，对 316 家行业机构进行安全生产专项检查，发现整改安全隐患 260 项。（杨　萍）

【促进就业政策】3 月 11 日，西城区制发《落实〈北京市西城区做好当前和今后一个时期就业工作若干措施〉的实施细则》，利用“北京西城”微博、抖音公众号，推出新政策动画导读“业美就在西城”“付姐说政策”系列短视频，强化“辛勤劳动为荣、好逸恶劳为耻”价值观。6 月 10 日，西城区制发《关于落实灵活就业工时补贴实施细则的通知》，鼓励全区登记失业人员通过灵活就业方式参与防疫工作，按照每小时 40 元标准发放灵活就业工时补贴，270 名失业人员实现灵活就业。7 月 1 日，西城区制发《西城区关于鼓励和支持高校毕业生就业创业的若干措施》，从稳定和拓宽就业渠道、推进和激励创业创新、提升劳动者能力素质、完善和创新服务模式、打造优良就业环境 5 个方面，为用人单位和高校毕业生分类推出清单式“服务包”。（孙　鑫）

社会保险

【概况】2022 年，西城区社会保险征缴做到应收尽收，各项社会保险待遇按时足额支付，养老、失业、工伤 3 项社会保险费累计收缴 375.51 亿元，比上年增长 11.24%。其中养老保险收缴 354.21 亿元，失业保险收缴 16.17 亿元，工伤保险收缴 5.13 亿元。3 项社会保险基金累计支出 331.94 亿元，比上年增长 18%。其中养老保险支出 319.86 亿元，失业保险支出 8.10 亿元，工伤保险支出 3.98 亿元。养老、失业、工伤保险参保人数分别为 195.8 万人、145.1 万人、153.8 万人，分别比上年增长 0.3 万人、0.1 万人、3.5 万人。（冯婧仪　王婉怡　李欣欣）

【养老保险】2022 年，区人力社保局完成 20738 名参保人基本养老保险待遇核准。享受养老保险待遇人员约 44 万人，调整基本养老金，人均养老金为 5333 元，比上年增幅 4.6%。完成 124 家参保单位企业年金备案，覆盖职工 7499 人，累计覆盖 952 家参保单位、职工 12 万余人。（冯婧仪　王婉怡）

【工伤认定】2022 年，区人力社保局依法开展工伤认定工作，办结工伤认定 1787 件。组织 1536 人次进行劳动能力鉴定，其中工伤 1284 人次、非工伤 252 人次，鉴定结论继续保持零改变。西城区劳动能力鉴定委员会完成换届，选聘新一届劳鉴委医疗卫生专家。为 1.8 万人次按时足额支付工伤保险待遇。（杨艳新　马振玺　王婉怡）

【社会保险基金监督管理】2022 年，区人力社保局强化社会保险基金监督管理，维护社保基金安全。开展社会保险基金“提升年”行动，全年督导检查 12 次。内控监督检查社保业务 15.74 万笔。社保稽核受理投诉举报案件 1040 件，补缴社保费用 11977.97 万元。（孟瑾　王婉怡）

【社会保险经办服务】2022 年，区人力社保局推广“不见面”服务，方便企业及群众办理业务。落实新冠疫情防控常态化，使用“不见面”服务 2.0 版本，实现社保业务掌上办理，实现申报、核准一体化。“西城人社”微信公众号加载“前置审核”系统，作为市级申报平台有效补充，实现用人单位将业务申报材料直接上传，工作人员处理业务申请并做好反馈，提升西城社保经办效能。优化个体工商户开办服务，在“e窗通”平台为个体工商户提供申请员工参保全流程服务，实现线上线下“一站式”办理。为支持和规范发展新就业形态，保障新就业形态就业人员合法权益，分散平台企业风险，贯彻落实《北京市新就业形态就业人员职业伤害保障业务经办细则（试行）》要求，按照本市试点工作统一部署，启动职业伤害保障试点工作。（王婉怡）

【办事大厅延时服务】2022年，区人力社保局推进法定工作日“早晚弹性办”“午间不间断”和“周末不休息”延时服务制度，提升服务大厅全方位、全时段、全覆盖政务服务能力，破解企业及群众“上班没空办、下班没处办”难题。办事大厅延时办理服务约1.23万人次。

（王婉怡　马勇）

医疗保障

【概况】2022年，北京市西城区医疗保障局（简称区医保局）贯彻实施国家《医疗保障基金使用监督管理条例》，落实以人民健康为中心的要求，强化医疗保障服务。坚持“立首都标杆，创全国示范”工作目标，推动区内优质医疗领域资源共商共治共享，形成“医保治理西城方案”。截至10月底，全区医保基金支出159.47亿元，比上年降低3.72%，基本医疗审核结算各类费用1922万人次，比上年增长10.65%。全年接收诉求案件627件，响应率100%，解决率95.10%，满意率97.48%。《医保基金守卫者，百姓就医贴心人》获“北京市接诉即办工作优秀案例”奖。（张明月）

【公费医疗管理】2022年，区医保局完成年度享受中央公费医疗人数核定，向194家账户管理单位拨付医疗经费6.08亿元。组建“中央单位医疗待遇服务团队”，开展“送政策上门”服务，为中央和国家机关工委、国家进出口银行、北京银保监局、自然资源部等单位“主动上门”解读公费医疗政策。完成200余名在京全国性宗教团体及宗教院校直属寺观教职人员参保工作。

（张明月）

【医疗保险基金监管】2022年，区医保局开展辖区定点医疗机构专项检查工作，涉及医保费用金额3779.84万元，现已全额追缴，工作成果在全市领先。深化“西城医保大数据分析系统”应用，设计、完善数据模型584个，通过制度重塑、科技赋能、专业叠加，打造“信息+医保+审计”医保基金监管“西城模式”，实现医保基金全方位、全流程、全环节智能监控。

（张明月）

【医疗救助】2022年，区医保局对社会救助对象日常救助和补充医疗4.13万人次，支付资金3550.36万元；对符合城乡居民大病保险费用救助条件691人，拨付救助款1259.6万元；对符合城镇职工大病保障条件2423人，拨付救助费用2211.52万元。（张明月）

【退返知青门诊帮扶】2022年，区医保局对接退返知青门诊帮扶政策，出台《关于实施退休返京知青医疗费用帮扶政策有关问题的说明》。上线退返知青医保报销业务信息系统，全年完成三批244人次帮扶费用报销，拨付金额48.26万元。

（张明月）

【医保政务服务】2022年，区医保局推进政务服务标准化，梳理各个环节办事指南，拍摄医保政策宣传视频对照政务服务标准，加强医保政务服务专业大厅建设，开发上线掌上服务、经办业务流转、无纸化办公、智能存取等功能医保服务一体化平台，建成自助服务区，方便办事人员在现场补充材料、查询医保政策等需求，提升便民服务水平。

（张明月）

【城乡居民“两病”门诊用药保障试点】2022年，西城区承担国家城乡居民“两病”（高血压、糖尿病）门诊用药保障试点工作，成立工作专班，创新工作机制。围绕按人头付费、“互联网+”医疗、维护医保基金安全等5个方面开展试点。依托社区服务中心推动“两病”患者家庭医生签约，总签约人数超17万人。开展“数字健康服务”试点，招募志愿者，通过线上交流社群开展健康管理的方式，积极控制血糖血压延缓并发症发生，减轻患者医疗费用压力，减少基金支出。经过总结研究，提炼出可复制可推广“两病”门诊用药保障的“西城经验”。（张明月）

【门诊共济保障改革】2022年，西城区落实《健全北京市职工基本医疗保险门诊共济保障机制实施办法》，加快医保结算信息系统升级改造，做好宣传动员，9月1日凌晨顺利实现城镇职工基本医疗保险个人账户资金定向使用正常结算。北大医院9月1日零点后产生全市首笔个人账户资金支出。（张明月）

【门诊慢特病异地直接结算试点】2022年，西城区广安门医院和健宫医院承担北京市门诊慢特病异地直接结算试点任务，便捷外地来京患者在医院就医享受慢特病直接结算，保障百姓就医权益。（张明月）

【医保支付方式改革】3月15日起，西城区8家定点医疗机构率先启动城镇职工医疗保险696组CHS-DRG（国家医疗保障疾病诊断相关分组）实际付费，7月15日试点范围和享受待遇人员扩面，实现全市定点医疗机构内基本医疗保险人员全部启动晶体手术等4个病组CHS-DRG实际付费。自CHS-DRG实际付费以来，居民次均费用比上年下降6.58%，明显降低百姓就医负担，医疗机构全部盈余。

（张明月）

住房保障

【概况】 2022年，西城区加强多元住房保障，居民居住条件有效改善。西长安街街道群众急难愁盼问题区级主责项目全面完成，以点带面推动同类问题解决。持续改善胡同环境，东中胡同22号院等获评“最美院落”。百万庄项目C、D地块，光源里项目C2地块棚改项目实现结构封顶。新开工保障性住房2374套，3096套保障性住房竣工交用。老旧小区综合整治项目新开工40个小区、完工23个小区，超额完成市级任务，审核加装电梯40部，为无法安装电梯老楼加装新型爬楼机。2022年，全区居民人均住房建筑面积23.0平方米，比上年增长0.4平方米。自有住房占房屋产权比重69.6%，比上年下降0.2个百分点。

（郝慧芳　刘艳）

【保障性住房建设】 2022年，西城区保障性住房实现光源里棚户区改造项目C3地块、菜园街及枣林南里棚户区改造项目A、C地块和车公庄大街3号项目开工建设，累计开工2374套，完成年内全区保障性住房开工任务。10月31日，大兴旧宫保障性住房项目取得竣工备案手续，完成3096套保障性住房竣工任务，12月底办理居民入住手续。

（丁　莉）

【保障性住房管理】 2022年，区房管局完成重大活动和节假日期间出租型保障性住房安全隐患排查工作，发现问题及时整改。全区已入住出租型保障性住房承租家庭2411户，实收租金1120万余元，租金收缴率95%。支付年度出租型保障性住房项目物业管理费258万余元，后期管理服务费615万余元，供暖费21万余元。

（郑　琪）

【保障性住房配租配售】 2022年，区房管局推动华电项目配租及零散人才公寓项目需求征集工作，配合金融街服务局进行郭公庄项目二次配租，240户实现住房保障。调整15套理想家园人才公寓，满足新入职选调（培）生住房周转，实现拎包入住。通过住房保障疏解人口1611户4833人，超额34%完成计划任务。发放公租补贴28969户次4780.04万元。市场租房补贴发放82241户次17886.02万元。廉租住房租金补贴发放617户次42.45万元。共计111827户次22708.51万元。

（郑　琪）

社会救助

【困难群体帮扶救助】 2022年，全区享受城市居民最低生活保障家庭8805户13848人，发放低保金2.25亿元，发放各类救助金3252余万元。安排“两节”走访慰问对象8.2万人，发放慰问资金4517.77万元。制订社会救助事项管理、备案、监管、服务措施，推进社会救助事项审批权下放后审核审批规范化。指导街道困难群众救助服务所开展“一户一档一策”，个案帮扶312户，救助家庭核查3万余户次。推进困难服务对象入住养老机构，补助1260余万元。集中开展社会救助政策宣传日、宣传月活动，累计发放宣传材料1.7万余份；解读各类求助和政策咨询1000余次，业务指导100余次，协助解决各类救助个案100起，强化行政执法检查，做好困难群体的基本生活保障；率先在全市推进低收入群体共同富裕路径研究，实现兜底保障对象精准画像、精准救助、精准帮扶；承接民政部困难家庭救助帮扶综合评估试点任务，制订基本生活救助制度改革方案、个案帮扶制度改革方案，构建6个维度13个指标贫困指数，创建西城特色“两步综合评估法”，开发家庭贫困程度综合评估系统。发挥街道统筹、部门联动等多种方式，开展流浪乞讨人员救助行动，全年救助469人。区民政局获评全国社会救助工作先进单位。

（陈　阳）

【困境未成年人保护】 2022年，西城区为80名困境儿童发放补助经费140.33万元。为代养26名儿童做好新冠疫情防控、抚养、关怀、医治、康复等服务工作，做好与代养方协议签订和经费保障，保障经费821.55万元。

（陈　阳）

【困难残疾人救助】 2022年，西城区推进残疾人“两项补贴”（困难残疾人生活补贴、重度残疾人护理补贴）相关工作，建立健全主动服务信息校验核查机制，发放困难残疾人生活补贴2063.21万元、重度残疾人护理补贴958.98万元。

（陈　阳）

【公益慈善救助】 2022年，西城区利用共产党员献爱心捐款活动、国有企业爱心捐款、社会爱心人士定向捐款等资金，开展生活困难救助、大病救助、慈善助学、助老救助等慈善救助项目，全年募集善款2359.4万元，发放慈善款物712.67万元，救助和帮扶困难群众5233人次。

（陈　阳）

残疾人事业

【概况】 2022年，西城区残疾人联合会（简称区残联）完成北京2022年冬奥会和冬残奥会、党的二十大等重大活动服务保障任务。全区持有残疾人证43857人，5143人享受困难残疾人生活补贴，6729人享受重度残疾人护理补贴，561人享受居家助残服务补贴，3861名残疾人享受机动轮椅车燃油补贴，市区各级走访慰问残疾人4421人。4638人享受自主创业就业社会保险补贴，按比例安排残疾人就业3730人，审核安置残疾人就业单位1933家，安置残疾人6258人。动态做好全区8506名残疾人康复服务需求响应工作，强化成人康复、儿童康复、辅助器具补贴政策落实，累计提供康复服务9561人次，500余名残疾人和残疾儿童定期参加康复训练并享受康复补贴，为43143件辅助器具申请发放补贴，为149人次开展辅具集中评估和入户评估。推进职业康复和托养照护工作，带动全区25家职康站302名残疾人学员开展健康、有益的职业康复劳动项目。打造阳光透明的残疾人证“跨省通办”平台，全年跨省通办97人。巩固拓展脱贫攻坚成果同乡村振兴有效衔接，以京蒙协作帮扶为重点，支援内蒙古自治区建设并运营5所示范温馨家园，改善受援地区残疾人基本公共服务水平。开展“红墙先锋在社区，我为群众办实事”实践活动，完成市区折子工程和实事12件。推动辖区残疾人事业发展展示窗口建设，确定新街口、白纸坊街道2家冬奥示范温馨家园承担冬奥接待任务，提升文化交流和国际交往能力，全面展现残疾人事业发展水平。出台《西城区残疾预防行动计划（2022—2025年）》《西城区贯彻落实〈北京市促进残疾人就业三年行动方案（2022—2024）重点任务分工〉实施方案》等各项西城特色的残疾人政策，完善残疾人社会保障制度和关爱服务体系，促进残疾人事业全面发展。（朱轶琳）

【残疾人体育活动】2022年，区残联完善残疾人运动员参加重大体育赛事奖励机制，科学合理进行残疾人体育训练。9月8日至17日，第十一届市残运会上，由83名运动员、教练员组成西城区残联代表队，以24枚金牌，41枚奖牌成绩勇夺竞技项目金牌榜第一名。在第三届“健康杯”残疾人群众体育大会上，西城区残疾人运动员获得5枚金牌、2枚奖牌。积极宣传冬奥冬残奥知识，推广和开展区级残疾人冰雪普及活动，积极保障冬残奥会残疾人轮椅冰壶项目并成功卫冕，受到中国残疾人体育代表团致信感谢。（朱轶琳）

【残疾人文化宣传】2022年，围绕党的二十大，冬奥会冬残奥会等重要活动，做好惠残政策解读、优秀残疾人事迹宣传等信息发布。与区融媒体中心联合拍摄制作《芳华遇见新时代，生而非凡》专题片，联合区手拉手职康站和残疾人代表拍摄制作《我们和北京冬奥一起向未来》，讲好西城残疾人故事，展现西城残疾人风采。整合宣传阵地，停办《西城残疾人》杂志，运营“西城残联”微信公众号。落实意识形态工作责任制，以季度为单位开展网络意识形态分析研判工作。落实审核审查制度，加强网络留言管理和信息员队伍建设。（朱轶琳）

【参与北京冬残奥会火炬传递】2022年，周述娜、王俊友、朱轶琳、梁光作为西城区代表参加北京冬残奥会火炬传递活动。3月2日，西城区展览路医院康复科主任周述娜在中国盲文图书馆传递火炬，北京民福实业有限公司副经理、西城区肢体残疾人协会主席王俊友在通州大运河漕运码头传递火炬。3月4日，西城区残联干部、区聋人协会主席朱轶琳在北京市残疾人文化体育指导中心传递火炬，西城区残联干部梁光在石景山首钢园区传递火炬。（朱轶琳）

【第三届主席团第二次全体会暨2022年区残工委会】4月21日，西城区召开第三届主席团第二次全体会议暨区残工委会。区残联第三届主席团主席、副区长、区残工委主任宋玫参加会议并讲话。主席团副主席、肢残人协会主席王俊友主持，会议采取视频形式进行。会议审议通过主席团委员、副主席人选名单，审议通过工作报告，审议通过区残联2021年度残疾人事业项目预算执行情况报告及2022年预算安排报告，通报无障碍环境建设专项行动方案落实情况。（朱轶琳）

【入选全国残疾预防重点联系地区】8月，西城区代表北京市被国务院残工委遴选为全国残疾预防重点联系地区。12月，以区政府名义出台《西城区残疾预防行动计划（2022—2025年）》，在统筹实施残疾预防知识普及行动、出生缺陷和发育障碍致残防控行动、疾病致残防控行动、伤害致残防控行动、康复服务促进行动5大行动45项任务基础上，确定应用创新辅助技术提升残疾人康复服务水平、加强老年残疾预防积极应对人口老龄化等创新项目，努力破解发展掣肘问题，实现全人群、全生命周期大康复格局。（朱轶琳）

【残疾人专门协会工作】8月，西城区聋人协会组织“沟通无障碍，城市更有爱”主题活动，20余名听力残疾人到中国移动咪咕视频西单店和更新场华为智能家居体验馆开展信息无障碍线下体验活动。10月，西城区盲人协会与区图书馆达成携手丰富全区视力残疾人文化生活合作意向，依托图书馆视障阅览室及图书资源，为视力残疾人朋友提供高品质服务。10月，各残疾人专门协会组织广大残疾人及残疾人工作者通过广播、电视、网络等多种方式，收听收看中国共产党第二十次全国代表大会开幕会。（朱轶琳）

【残疾人普法宣传】8月至9月，区残联联合区司法局、区法律援助中心和各街道，通过邀请律师、北京市残联维权中心专家，以线上、线下相结合方式，为区、街、社区千余名残疾人及家属、残疾人工作者开展残疾人维权知识大讲堂、专门协会普法教育等“庭院式”法律服务活动，进入街道温馨家园、职康站“送法上门”。（朱轶琳）

【无障碍环境建设】9月6日，区残联组织召开2022年无障碍环境建设工作推进会，部署做好北京市“一刻钟无障碍便民服务圈”创建工作。区有关部门和15个街道参加会议。10月，以西城区人民政府残疾人工作委员会（简称区残工委）名义出台《西城区2022—2023年无障碍环境建设工作推进方案》，将无障碍环境建设由专项行动向常态化、长期化转化，着重开展“一刻钟无障碍便民服务圈”创建工作，创新社会监督模式，提高公众参与度，推动无障碍环境建设工作进入新阶段。15个街道全部完成“一刻钟无障碍便民服务圈”创建，编制规划创建报告15份，抽查验收点位100个，完成项目进度100%。

（朱轶琳）

【残疾人就业保障和职业能力培训】10月，区残工委印发《西城区贯彻落实〈北京市促进残疾人就业三年行动方案（2022—2024）重点任务分工〉实施方案》，定责定标细化9大行动24项措施，协助辖区有就业意愿残疾人实现就业。“残疾人就业援助月”“全国助残日”期间，加强与用人单位、支持性就业服务机构衔接，通过专场招聘会、职业能力培训、支持性就业等模式，助力315名残疾人实现就业。（朱轶琳）

红十字事业

【概况】2022年，北京市西城区红十字会（简称区红十字会）下设15个街道红十字会及区直机关、教育、卫生、国资、侨联、志愿者6个系统工作委员会。有基层组织404个，会员93261人，其中青少年会员54632人，团体会员101个，志愿者3000余人，志愿服务队30支。造血干细胞志愿者库容量累计2万余份。区红十字会获2022年度中国红十字会总会报刊宣传先进集体一等奖、“2022年红十字生命教育防灾避险知识竞赛”组织一等奖；获评“北京2022年冬奥会冬残奥会服务保障贡献”先进集体、第二届北京市“人道奖”先进集体。

（王　荃）

【募捐救助】2022年，区红十字会发放救助款174.23万元，救助898户。开展“2022年度两节送温暖”活动，为780户困难群众发放救助金84万元；向12名大病患儿发放救助金24.3万元；救助困难人员40人，发放救助金43.9万元；向17名贫困学生、困难群众发放定向救助金3.18万元；定向捐助1名贫困大学生0.5万元；向13名贫困艾滋病患者发放“红丝带”定向救助金2.6万元；向35名“非典”后遗症患者发放生活补助金15.75万元。为区内6名白血病患儿申请中国红基会“中央专项彩票公益金”救助款19万元。出资采购牛奶、方便面等物资慰问一线防疫人员，为隔离点配备35台AED（自动体外除颤器），总计约76万元。援助青海省玉树州抗疫物资10万元。开展“健康送万家”活动，募集捐款1833.6万元，物资价值116.1万元。设立“红十字救在身边”系列项目，面向社会各界开展筹资工作，募集善款44万余元；组织爱心企业、爱心人士、红十字会员、志愿者参加全国首届“五·八人道公益日”众筹活动，线上募集善款近百万元。接收区内企业定向捐赠200万元，用于支持西城区教育事业。接收上级调拨及社会捐赠物资，包括防护仪、半自动体外除颤器、帐篷、口罩、消毒液等，价值110.79万元。（王　荃）

9月18日，区红十字会组织开展红十字应急救护培训　　（区红十字会　供图）

【应急救护宣传与救援培训】2022年，区红十字会推进社会急救能力建设，围绕《北京市重点公共场所社会急救能力建设三年行动方案（2021年—2023年）》落实，加大应急救护培训宣传力度，利用网站、微信公众号等媒体，利用“世界红十字日”“世界急救日”“防灾减灾日”等节点，宣传普及心肺复苏、创伤救护、常见急症应急处置等救护知识，打造和培育“‘救’在身边”应急救护品牌。9月18日，区红十字会组织开展红十字应急救护培训，培训走进机关、企业、社区、学校、军营及人员密集场所，取得应急救护技能证书人员9300人。

（王　荃）

【红十字志愿服务】2022年，区红十字会成立无偿献血志愿服务队，新增志愿者116人。组织志愿者参与中华骨髓库北京分库主办、西城区红十字会协办的2022年“彩虹计划”，完成多名血液病患儿心愿。参与西城区慈善协会开展的“金色阳光”低保、低收入高中生资助项目，为区贫困高中生安心学习，快乐成长传递博爱之情。（王　荃）

【造血干细胞捐献】2022年，西城区“牵手希望”志愿者服务队在西单联通献血舱宣传无偿献血和造血干细胞捐献重要意义。招募造血干细胞捐献志愿者254人。4名造血

干细胞捐献者完成造血干细胞采集，帮助 4 名患者重获新生。（王　荃）

【红十字文化传播与宣传】 2022 年，区红十字会升级改版官网和微信公众号，增设基层动态、理事专访等栏目，促进与基层红十字组织互动。围绕社会热点，结合群众关注，宣传党和政府的政策、志愿者先进事迹，公示接收发放捐赠物资、救助困难群众等内容 379 条。开设红十字小课堂，深入街道、社区和单位宣传红十字文化、应急救护知识和红十字会法。结合纪念第 75 个“世界红十字日”，围绕红十字“‘救’在身边”开展系列活动，利用公交候车站台灯箱投放公益广告。组织参与中国红十字会总会举办的“2022 年红十字生命教育防灾避险知识竞赛”活动，135 个基层红十字会和理事单位 2 万余人次参加。开展 22 场应急救护知识直播课，观看人数 66.9 万人次。（王　荃）

【城市社区博爱家园示范点建设】 2022 年，区红十字会按照总会、市会城市社区博爱家园示范点建设要求，推荐新街口街道育德社区、什刹海街道松树街社区、月坛街道三里河二区社区作为红十字会城市社区博爱家园示范点。鼓励各社区博爱家园结合自身特点、辖区人群结构和群众需要开展各具特色的红十字文化宣传活动，指导博爱家园示范点有机融入辖区党群服务中心、新时代文明实践中心、社区养老驿站和红十字社区服务站，实现多方资源力量整合，有效参与社区治理，形成“一家园一特色”，努力构建“共融、共建、共享、共促”工作格局。（王　荃）

【区红十字会三届二次理事会暨常务理事会】 4 月 7 日，区红十字会召开三届二次理事会暨常务理事会，审议通过《西城区红十字会 2022 年工作要点》《西城区红十字会 2021 年财务支出情况报告》《西城区红十字会关于加强红十字会基层组织建设的实施意见》和《关于更换理事、常务理事的决议》，通报 2022 年监督工作要点。（王　荃）

【就医保障转运专班】 5 月，区红十字会牵头组建区就医保障转运专班，为非紧急就医居民提供就医出行服务。24 小时内完成专班组建，48 小时内完成第一单转运任务。专班坚持 24 小时值守。截至 12 月 16 日，完成党的二十大、市第十三次党代会期间及疫情高发阶段就医出行转运任务，接送居民 1167 趟次，保障居家隔离透析患者、肿瘤患者、血液病患儿、孕产妇及受意外伤害居民群众及时就医、救治，实现零投诉，群众满意度 100%。（王　荃）

【“健康送万家”活动】 12 月，区防疫工作领导小组会决定由区红十字会牵头，协调区商务局、区市场监管局和各街道开展“健康送万家”活动。区红十字会协同区发展改革委、北京金融街服务局向驻区央企、金融机构发出筹资倡议，区领导及主管部门领导亲自动员，22 家爱心企业伸出援手，募集“健康送万家”定向捐款 1833.6 万元，接收社会捐赠物资价值 116.1 万元。区委区政府主要领导签发感谢信、组织座谈会对捐赠企业表示感谢。区财政补充所需资金缺口，为 45 万户常住居民家庭和 8000 家“七小”门店、中小微企业发放防疫健康包，有效缓解就医压力和医疗资源挤兑，受到群众好评。（王　荃）

基层治理

【概况】 2022 年，中共北京市西城区委社会工作委员会、北京市西城区民政局（简称区委社会工委、区民政局）制订街道、社区党建协调委员会工作指引，推进三级党建协调委员会建设。印发《区委社会工委区民政局关于进一步加强自管社会组织监管工作的实施办法》，做好社会组织监管工作，培育发展社区社会组织。印发《北京市西城区社区工作者工资待遇调整方案（2022 年修订）》，规范社区工作者队伍管理。广外街道天宁寺南里社区居委会获评全国先进基层群众性自治组织。（陈　阳）

【社区治理】 2022 年，西城区发挥基层治理统筹协调作用，推进三级党建协调委员会建设。制订街道、社区党建协调委员会工作指引（《北

12 月，西城区为 45 万户居民和 8000 家“七小”门店、中小微企业发放防疫健康包。图为区委书记孙硕（右一）为“七小”门店经营者发放健康包（区红十字会　供图）

京市西城区社区党建工作协调委员会工作指引》），在3个区级、10个街级小区试点推进破解央产小区物业治理难题。全区形成资源清单2215项、需求清单1261项、项目清单615项，驻区单位在新冠疫情防控、物业管理等全区重大任务中作用发挥明显。发挥街道工作专班作用，统筹推进和督导33项重点任务、117件街道实事落地。督促街道未达标社区办公活动用房建设，全区达标社区增至251个。推进34个民生工作民意立项重点项目。提升社区自治能力，用基层民主协商标准化成果指导社区议事协商，引导居民有序高效参与疫情防控、停车自治、老旧小区改造等社区治理工作，打造15个社区议事厅示范点、30个楼门院治理示范点，在141个社区推广示范点经验，全年开展月协商2000余次。执行社区工作准入制度，整合优化各部门下派任务，形成社区工作任务年度计划清单。梳理规范社区盖章，形成社区盖章规范“三清单”（正面清单、负面清单和协办清单）。制订《2022年西城区老旧小区服务管理工作方案》，建成3个老旧小区服务管理试点。推广“西城家园”社区治理平台运用，实名认证社区居民39.6万人，完成7个街道（区级）社会服务中心建设并投入服务。

▲延伸阅读：“西城家园”治理平台基于数字化手段，依托平台在社区居民和房屋信息的精准归集、实时管理构建“人房关联”，形成“区—街道—社区—小区—楼号”五级应用，落实社区精细化治理，将服务延伸至楼门院落，把服务群众“最后一公里”向“最后一米”靠近，面向社区居民提供各项应用服务。为更好地鼓励社区居民参与需求表达，引导多元参与共治，形成分层民主协商“微治理”，社区可通过“西城家园”平台设定议事协商的参与范围，落实分层民主议事协商等工作。（陈　阳）

【社会组织监管】2022年，西城区开展社会组织“六大专项”整治，排查社会组织分支机构设立、收费、非法经营等风险隐患，规范社会组织管理。印发《区委社会工委区民政局关于进一步加强自管社会组织监管工作的实施办法》，加大检查力度。4054个社区社会组织在街道备案，比上年增加956个，参与心理疏导、平安建设等活动时长54.2万小时，形成品牌项目500余个。动员18家社会组织报名参与支援合作项目，对口支援内蒙古自治区鄂伦春自治旗、喀喇沁旗物资总价值20余万元，2家社会组织通过提供就业培训、6家社会组织通过购买当地企业农副产品进行消费帮扶。（陈　阳）

【社区工作者队伍建设】2022年，西城区严把社工入口关，完成2次社工招录，开展社工骨干培训和心理辅导培训。印发《北京市西城区社区工作者工资待遇调整方案（2022年修订）》，规范社工待遇。出台激励关爱防疫一线社工政策，发放各类补助4401万元。（陈　阳）

专项民政事务

【区划管理】2022年，西城区联合朝阳区、丰台区、海淀区，对西朝线、西丰线、西海线开展联合检查，完成西丰海三交点界桩更换。根据市民政局要求，开展国家地名信息库数据审核，对1个区级行政单位、15个街道办事处和263个基层群众性自治组织（社区居民委员会）进行核查。配合城市管理、“接诉即办”等相关工作，进行界线认定12次。（陈　阳）

【养老服务】2022年，西城区推进“养老10件事”（打造10分钟养老服务圈、打造社区养老服务“总服务台”、打造区级智慧养老大数据平台、推进居家适老化改造、发展老年餐饮供应体系、搭建“一键呼”居家安全响应机制、构建“云诊疗”医养体系、加强区级统筹协调机制、构建街道养老联合体、全面开放养老服务市场），出台街道养老服务联合体建设、养老家庭照护床位建设、社区养老服务驿站运营扶持、社区养老服务驿站管理、养老助餐服务、家庭适老化改造试点等工作方案，助力“养老10件事”落地。创建“西城区父母食堂”品牌，吸引社会机构参与养老助餐服务，177家助餐点入驻养老助餐服务管理平台，累计服务6万人次，其中基本养老服务对象2.5万人次。构建“一键呼”居家安全响应机制及服务体系，安装“一键呼”1.2万部，482家服务商进入“一键呼”服务商库。新建家庭养老照护床位500张，累计签约4366张。推进居家适老化改造试点建设，制订改造实施细则。社区养老服务“总服务台”，形成68个基本养老服务网格，构建助餐、助浴、助洁、助医、助行等20多项就近服务体系。试点推进“时间银行”（养老志愿服务领域开展的一种互助养老服务模式，通过记录和存储养老志愿者服务时间，用于兑换养老志愿服务或物品），招募200名志愿者开展“老帮老”志愿服务。完成区级智慧养老大数据平台搭建，强化信息数据分析应用。建设“领导驾驶舱”，形成全区养老服务地图和分街道养老服务地图，整合各养老服务监督平台（驿站、家床、视频），与区级智慧养老大数据平台进行数据对接。推进“云诊疗”智慧医养服务体系，形成独居老年人、高龄老年人、慢病老年人和失能老年人居家互联网诊疗服务模式。审核发放困难老年人、高龄津贴、异地康养等津补贴3.77亿元；审核发放养老服务机构运营补贴、社区养老服务驿站运营补贴等3391.7万元。加大养老服务综合监管力度，组织养老领域标准化宣贯培训，开展巡视探访基本公共服务标准化试点，形成巡视探访服务34项标准，实现设施建设、功能布局、设备配置、人员配备、服务流程、管理运行等方面全覆盖。开展养老服务质量专项整治行动，针对养老

服务机构服务质量和安全达标专项整治、养老诈骗、自建房安全等方面进行专项排查。（陈　阳）

【见义勇为权益保护】 2022年，区委社会工委、区民政局做好见义勇为宣传，利用繁华地区电子海报、线上微视频及社区宣传等方式，弘扬见义勇为精神。开展首都见义勇为权益保护先进单位及好市民申报和网上评选表彰，用英雄人物事迹弘扬社会主义核心价值观。完成确认见义勇为行为1起1人，为见义勇为人员发放慰问金15万余元。区民政局获首都见义勇为权益保护工作先进单位。（陈　阳）

【殡葬管理】 3月中旬至4月中旬，区委社会工委、区民政局开展清明节祭扫服务宣传月工作，线上线下多渠道宣传文明祭扫新风尚。落实殡葬惠民政策，按照应补尽补原则做好丧葬补贴审批，全年完成无丧葬补助居民丧葬补贴审批92件。办理遗体外运行政许可业务3件。会同区市场监管局、区卫生健康委、区城市管理委等部门以及各属地街道、社区，对辖区内医疗机构太平间、殡葬用品销售商铺以及宗教活动场所周边店铺开展全覆盖式检查。全年检查殡葬用品销售商铺54家次、医疗机构太平间25家次。（陈　阳）

消费者权益保护

【概况】 2022年，北京市西城区消费者协会（简称区消协）依照区市场监管局党组部署和市消协安排，围绕“共促消费公平”年主题，加强《中华人民共和国消费者权益法》宣传，扩展消费维权机制建设，为消费者与经营者搭建和谐消费平台。全年电话或现场提供消费信息咨询服务及维权建议1215人次，受理96315热线投诉工单426件，调解成功278件，为消费者挽回经济损失79万余元。发放宣传材料850余份，受益消费者1185人。区消调委获评北京市司法行政系统2018—2022年度先进集体。（王　妍）

【倡导使用示范文本】 2022年，区消协向体育健身、居民服务行业诚信单位推广使用《北京市零售、餐饮、居民服务单用途预付卡服务合同（示范文本）》，结合全市新冠疫情防控形势及防疫要求，调整年内回访诚信单位方式，采取调查问卷和电话等形式了解掌握企业在诚信经营方面举措、经验以及消费纠纷热点难点和典型案例，加强与诚信单位交流互动，增进企业履约践诺自觉性和责任感，引领企业带头发挥行业示范作用，提升消费者满意度。（王　妍）

【光盘行动倡议书】 1月26日，区消协通过“西城市场监管”微信公众号向广大经营者和消费者发出《践行“光盘行动”自觉抵制餐饮浪费》倡议书，遵循国家倡导的文明、健康、节约资源和保护环境消费方式，践行“光盘行动”，自觉抵制餐饮浪费行为。引导餐饮企业主动提供“小份菜”服务，健全完善反食品浪费制度，采取积极措施制止餐饮浪费，引导消费者自觉提升科学理性、节约环保的消费观念，做到不攀比、不炫耀、不浪费，根据实际需要和用餐人数适量点餐，将剩余饭菜主动打包，在全社会营造浪费可耻、节约为荣氛围。（王　妍）

【诚信服务承诺单位管理】 3月14日，区消协开展“诚信服务承诺单位”授牌仪式，为上年度获评“诚信服务承诺先进单位”北京同和居饭店有限责任公司和北京淮扬春餐饮管理有限公司两家企业颁发表彰证书，向2022年度获评“诚信服务承诺单位”11家企业颁发标识牌，要求企业公示投诉监督电话，接受消费者和社会各界监督。鼓励企业开展消费教育活动，支持消费维权公益事业，优化服务流程，及时和解消费争议，履约践诺维护消费者权益，弘扬诚信为荣精神，树立诚信经营正气。将消费纠纷调解工作与开展诚信服务承诺活动挂钩，鼓励诚信企业积极参与，完善企业和解机制建设，提高消费纠纷人民调解员在商业服务企业覆盖面。3月24日，组织同和居、护国寺小吃2家诚信服务承诺单位，参加京津冀消协组织的向外卖餐饮服务单位推广使用食安封签倡议活动。

（王　妍）

【消费维权宣传咨询】 “3·15”期间，区消协与区市场局消保科联合制发《2022年3·15国际消费者权益日活动方案》，结合新冠疫情防控要求，开展“共促消费公平”消费维权主题宣传活动，依托“北京西城家园”“西城市场监管”等微信公众号和《北京西城报》、《中国市场监管报》、社区宣传栏等传统媒介，公布典型案例，发布消费提示。结合辖区消费投诉热点问题，组织消费维权讲堂，开展商品质量鉴定、食品安全检测等体验活动，向广大经营者和消费者宣传消费维权知识。区消协结合“618”“双11”网购节，发布《网购套路深，购物需谨慎》《电商直播促销热，理性消费是良策》消费提示，提倡消费者保持冷静、理性消费，防范套路，及时维权。提醒经营者诚信守法经营，杜绝拖延发货、虚假宣传、售后滞后等问题，实现经营者与消费者的双赢。（王　妍）

【预付消费调查】 7月至8月，区消协对6月1日出台的《北京市单用途预付卡管理条例》加强宣贯，对辖区消费者和经营者开展预付卡消费调查，征集意见建议，引导消费者树立科学、理性消费观念，提高风险防范意识。依法调解预付卡消费纠纷，向涉诉企业加强《条例》的宣贯，引导企业当好保护消费者权益第一责任人，组织17个市场所消协分会，宣传动员150余户涉及预付卡领域商户参与问卷调查，涵盖美容美发、教育培训、体育健身等预付卡热点行业，增强问卷调查代表性和针对性。印制《北京市单用途预付卡管理条例》宣传海报，面向预付卡热点行业集中开展社会面宣传，提高消费者、经营者法规政策认知度。（王　妍）

【人民调解员等级评定】8月5日，区消协牵头的区消调委二级人民调解员李智、芦云参加北京人民调解协会一级人民调解员线上评审。年底，李智、芦云获评北京市西城区消费纠纷人民调解委员会一级人民调解员。（王　妍）

民族宗教事务

【概况】2022年，西城区民族宗教事务办公室（简称区民族宗教办）落实中央民族工作、全国宗教工作会议精神，维护西城区民族宗教领域政治安全。辖区内有51个民族，有8.3万余名少数民族群众，占全区人口的6.62%；有佛教、道教、伊斯兰教、天主教、基督教五大宗教信众3.2万余人；有宗教团体16个，其中全国性宗教团体4个、市级宗教团体8个、区级宗教团体4个；有教职人员204人，其中佛教83人、道教76人、伊斯兰教24人、天主教14人、基督教7人；有依法登记的宗教活动场所18处，包括佛教寺院5座、道教庙宇3座、伊斯兰教清真寺6座、天主教教堂3座、基督教教堂1座。全年办理清真食品生产加工经营许可证12家，检查清真企业144家，办理变更民族成份11人，殡葬服务630人。全年一次性发放少数民族低保群众生活补助21万余元，为13个街道74名困难少数民族群众发放慰问金7万余元。

（寇芸生　杨波　钟润）

【宗教场所安全管理】2022年，区民族宗教办持续开展电动自行车专项整治，全年开展各类行政执法检查120余次。在白云观建立消防基础设施、专业微型消防站和义务消防队，采用先进电子设备和消防服务平台，搭建人防技防物防“防火网”。（钟　润）

【宗教节日活动】2022年，西城区确保圣诞节、浴佛节、开斋节、古尔邦节等节日活动顺利开展，做好中佛协2022年澜湄流域佛教交流会、2022年第十七届联合国卫塞节庆祝活动服务保障。12月25日，区委书记孙硕，区长刘东伟分别带队走访辖区天主教、基督教宗教团体和宗教活动场所，送上健康防疫包等慰问品，向宗教场所教职人员以及广大信教群众致以节日慰问及祝福。（杨波　钟润）

【民族团结进步教育】2022年，西城区出台《关于在西城区中小学校推广北京市第五十六中学民族团结进步教育工作经验的实施方案》，梳理总结民族团结进步教育经验，以进校园、进课堂、进活动、进教研、进头脑“五进”方式，在全区义务教育阶段中小学范围内进行推广。9月30日，北京七中举办西城区2022年民族团结教育嘉年华活动，以民族美食进校园、民族团结教育进校园系列活动为载体，把校园打造成铸牢中华民族共同体意识的重要平台，构建学校、家庭、社会“三位一体”的民族团结教育体系，相关领导及北京七中全校师生参加。（杨波　钟润）

【专题学习培训】2022年，区民族宗教办开展系列讲座4讲，宗教团体负责人、宗教活动场所负责人、信教群众骨干等200余人参加专题讲座，推进中华传统文化浸润宗教路径走深走实。（杨波　钟润）

【调研宗教团体】1月，区委常委、统战部部长王波走访慰问佛教、道教、伊斯兰教和天主教全国性宗教团体和基督教缸瓦市教堂。9月14日，区委书记孙硕走访调研中国天主教“一会一团”（中国天主教爱国会、中国天主教主教团），慰问中国天主教爱国会主席李山、中国天主教主教团主席沈斌。11月14日，王波调研检查新街口街道宗教工作，协调属地街道做好宗教团体、宗教活动场所各项服务保障工作。12月26日，孙硕带队走访中国伊斯兰教协会，慰问中国伊斯兰教协会会长杨发明。（杨波　钟润）

【非遗项目进宗教场所大讲堂】9月1日，西城区举行非遗项目进宗教场所系列大讲堂线下活动第一讲——“包头剪纸”。国家级非遗剪纸项目“包头剪纸”省级代表性传承人刘晓迪，为30余名宗教教职人员和信众骨干代表讲解剪纸非遗文化，传授剪纸技艺。全年开展非遗项目进宗教活动场所大讲堂系列讲座4讲。（钟　润）

精神文明建设

【概况】2022年，西城区坚持以习近平新时代中国特色社会主义思想为指导，贯彻落实中央、市委和区委对精神文明建设要求，全面争创全国文明典范城区，广泛开展“同创文明城市共建美好家园”活动，持续推进文明社区等群众性精神文明创建工程，推进新时代公民道德建设工程，深化新时代文明实践中心建设，全区市民文明素质和城市文明程度得到提高。（蒋苏菲）

【文明城区常态化创建】2022年，西城区按照全国文明城区测评体系要求，全区64家单位及15个街道签订《2022年西城区创建全国文明城区责任书》，明确创建责任。网申材料组、实地考察组、未成年人组紧扣指标，关注细节，常抓不懈。打造“创城＋热线＋网格”服务新模式，实地点位建设标准细化，涉及单位全员培训。加强宣传发动，营造创城氛围。在中央、市属媒体宣传西城区全国文明城区创建成果。在全区29条主次干道、200处公交站台候车亭、500处公交站台布设公益广告，形成群众身边最亲近的“文明窗口”。（蒋苏菲）

【文明实践中心建设】 2022年，西城区在全市率先打造陶然亭街道黑窑厂社区实践站示范站，按照100%比例组织开展3轮专项督导检查和交叉互查。为区、街道、社区三级体系配置《习近平关于社会主义精神文明建设论述摘编》《建设新时代文明实践中心指导手册》。打造“自信的文化育文明”特色品牌，推出线上线下活动21580场，受益群众586万余人次。做好“点单派单”系统运维，推出理论宣讲等9大类1462份“菜单式”志愿服务，全年派单12360件，线上线下受益群众30.2万余人次。建强做实新时代文明实践志愿者队伍，常态化开展月末清洁日等主题活动。扩大文明实践朋友圈，与北京重点站区签订精神文明共建协议、与中国人民大学共建文明实践基地，开展新时代文明实践中心建设路径研究等多项调研。（蒋苏菲）

【文明单位创建】 2022年，西城区推进文明单位创建工作，发动全区100家文明单位开展“文明100+”路口志愿服务行动。制订《西城区共铸诚信文明主题活动实施方案》，开展诚信典型选树活动。通过校内各类宣传媒介，宣传文明校园创建、社会主义核心价值观，师生知晓率100%。增强教育氛围，展示校园文化。扩大文明家庭创建后备力量，通过基层深入挖掘，评选区级“最美家庭”160户，推选参评首都“最美家庭”11户，发挥文明家庭示范作用。（蒋苏菲）

【先进模范人物评选】 2022年，西城区加强全区公民思想道德建设，制订《北京市西城区精神文明先进模范人物推选宣传、礼遇帮扶管理办法（试行）》等制度，规范选树材料报送。开展选树活动，推荐中国好人、北京榜样候选人700余人，其中8人获评中国好人提名奖、4人登北京榜样月榜。关爱、礼遇先进模范人物，对50余名先进模范人物开展春节慰问。（蒋苏菲）

【未成年人思想道德建设】 2022年，西城区按照全国未成年人思想道德建设测评要求，由区委宣传部牵头相关部门，下发《全国未成年人思想道德建设工作测评》责任书，建立工作机制，推进未成年人保护任务落实。开展“扣好人生第一粒扣子”主题活动，抓好“新时代好少年”学习宣传等系列活动。（蒋苏菲）

（**责任编辑** 张　立）

街 道

德胜街道

【概况】 德胜街道位于西城区东北部，东至旧鼓楼外大街，西至新街口外大街，南至德胜门东大街、德胜门西大街，北至北三环中路、裕民路。面积4.14平方千米，户籍人口141442人，常住人口116338人。有社区20个。有中小学和幼儿园17所。有全球500强企业中交建集团总部、国家电投、工商银行远程银行中心等国企和诺亦腾等知名高新技术企业。2022年，新引入高新企业99家。德胜商会入围第二批全国工商联社情民意信息基地。德胜街道是北京市13个重点民族街道之一。德胜街道北三环中路10号院获评2022年第一批北京市生活垃圾分类示范小区。裕中东里社区获北京市妇女儿童工作先进集体。北广社区“双旗杆东里”物业管理模式获评住建部全国“加强物业管理，共建美好家园”典型案例。街道小巷管家先锋榜获评2022年度首都精神文明建设工作优秀案例。（孟 蕾）

【党建工作】 2022年，德胜街道学习贯彻党的二十大精神，把抓党建作为第一责任要务，把为民办实事贯穿始终，深入企业、社区、居民走访调研100余次，解决困难问题157个，推动36项共建问题和8项重点民生项目落地。打造特色楼门文化，抓好线上线下宣传阵地建设。建立“红黄蓝”三级预警提醒机制，强化党支部规范化建设。探索“支部建在楼宇、支部建在网格”，新建“两新”党支部5个。推进社区党组织书记“赋能计划”。打造普天德胜区级现场教学点，实现党员干部培训全覆盖。成立全市首个“两新”组织“互联网党建联盟”，将党建打造成为企业发展的“红色引擎”。《德胜街道“五步引领法”打造央产老旧小区破题新模式》案例入选北京市“微改革、微创新”典型案例集。（孟 蕾）

【平安建设】 2022年，德胜街道配合区有关部门做好北京冬奥会住宿地圆山大酒店属地服务保障工作。完成党的二十大服务保障工作。接待来访居民，将矛盾解决在基层。开展“六个一”专项行动，落实各项消防安全措施，防范遏制火灾事故发生。开展燃气安全整治专项行动，拆除占压燃气管线违建11处，根除占压燃气管道重大隐患。开展安全生产大检查，落实“百日行动”，摸排生产经营单位9712家次，整改安全隐患9335处，整改率100%。压实企业安全生产主体责任，全力消除各类安全隐患，防范重特大生产安全事故。安装247部电梯阻进系统，完成率100%。完成电动车充电桩安装任务，充电口达到5615个。新建1座小型消防站，为平房院落配发975个家用灭火器，组建12支应急处突小分队，筑牢地区安全防线。（孟 蕾）

【市政管理】 2022年，德胜街道开展空气污染防治工作，空气质量持续改善，生态环境治理效果显著。开展街区更新，推进德胜门文化街区改造提升等重点项目。推进道路停车改革，自治停车纳入路侧电子收费统一管理。开展老旧小区综合整治，优化功能、补齐短板、消除隐患，改善人居环境。加强背街小巷治理，完成4条精治类街巷达标。拆除安康胡同9号院等50处平房违建。拆除违建存量，新生违建动态清零，全年拆除违建169处5661平方米。打造双旗杆胡同300余平方米口袋公园和志愿者墙，成为新晋网红打卡点。（孟 蕾）

【社区建设】 2022年，德胜街道落实《北京市物业管理条例》，克服地区老旧小区数量多、物业管理范围基数大难题，深入小区调研，掌握一手资料，定期分析研判，有针对性推进物管会向业委会转化，124个物业管理范围中成立业委会51个，率先实现物业三率100%。双旗杆东里小区入选住建部“加强物业管理，共建美好家园”典型案例。落实《北京市生活垃圾管理条例》，完善硬件设施，补齐工作短板，开展专项检查，推动垃圾分类工作。北三环中路10号院等小区获评北京市生活垃圾分类示范小区，白孔雀艺术世界获评北京市生活垃圾分类

示范商务楼宇。（孟 蕾）

【民生保障】2022年，德胜街道立足“七有”“五性”，不断增进民生福祉。完成8项为民办实事工程，婴幼儿早教中心惠及4.8万人次。抓好德胜学区理事会建设，推动三帆中学3栋教学楼扩建。开展各类文化活动180余场。政务大厅接待28363人次，创新裕中片区全功能政务站建设，织密公共服务网。举办线上线下招聘会10场2150人次参加。发放各类救助金2500余万元。完成养老助餐区级试点建设，升级“窗帘约定”。9月启动快递小哥助力空巢老人养老服务专项行动，由快递小哥、居民志愿者与独居老人“手拉手”，在送快递时了解需求，提供帮助。对养老驿站送餐人手紧缺问题，鼓励快递小哥在午餐时间为老人送餐，养老驿站为快递小哥提供午餐。对行动困难老人就餐难题，分级分类管理、定期巡视。为24个助餐点独居、高龄重残、卧病在床等老年群体提供高峰时段送餐服务，累计服务210次。制订《独居老人紧急情况处置流程》，确保突发情况快速处置，守护老年人安全。在西城区率先使用“电子哨兵”，累计注册70826人，方便居民使用，减少人力物力，提高工作效率。保障地区居民防疫安全和特殊人群服务，组建街道特需服务队，建立老年人涉疫紧急救助机制，服务好辖区老年人。（孟 蕾）

【“接诉即办”事项】2022年，德胜街道把“接诉即办”作为提升基层治理能力有力抓手。召开“接诉即办”推进会65次、复盘会11次、专项问题调度会13次。对老楼电梯事故频发难题，克服产权单位出资难、启用公共维修基金难等瓶颈，参照老楼加装电梯模式，探索老楼更新电梯新路径、新方法。利用“接诉即办”大数据，变“经验治理”为“数据治理”，提升诉求办理效率与效果。（孟 蕾）

【助力校园环境建设】2022年，德胜街道优化地区教育生态圈，全面服务17所中小学、幼儿园。协调支持德胜中学、三帆附小等10所学校设施改造，深化“小而精”建设，打造“向上吧，德宝儿”品牌。（孟 蕾）

表23　2022年西城区德胜街道社区居委会一览表

序号	名称	地址
1	六铺炕北小街社区居委会	六铺炕二区39号楼1层
2	六铺炕南小街社区居委会	西城区六铺炕二区32号楼前
3	安德路南社区居委会	德胜门东滨河路3-7号
4	安德路北社区居委会	教场口6号院1号楼1门003室
5	德外大街西社区居委会	冰窖口胡同73号—4
6	人定湖西里社区居委会	塔院胡同丙2号
7	新外大街北社区居委会	新外大街甲4号院23号楼底商
8	德胜里社区居委会	德胜里二区三号楼103
9	新明家园社区居委会	新明胡同2号楼1层
10	新康社区居委会	新康街1号院1—1
11	新风中直社区居委会	新风街1号院10号楼107
12	北广社区居委会	双旗杆东里甲7号
13	马甸社区居委会	马甸南村2号楼2—2
14	双旗杆社区居委会	双旗杆东里12号楼—1
15	裕中西里社区居委会	裕中西里34号楼1层北侧
16	裕中东里社区居委会	裕中西里15楼1层中间
17	黄寺大街西社区居委会	黄寺大街27号院南侧2.3号
18	黄寺24号院社区居委会	人定湖北巷（敬老院北）
19	阳光丽景社区居委会	黄寺大街23号院3楼东平房
20	德外大街东社区居委会	教场口9号院5号楼1层

（孟 蕾）

什刹海街道

【概况】 什刹海街道位于西城区东北部，东至旧鼓楼大街，地安门内、外大街，与东城区相邻；西至新街口南、北大街，西四北大街，与新街口街道相连；南至景山前街、文津街、西安门大街，与西长安街街道相接，北至德胜门东、西大街，与德胜街道接壤。面积5.8平方千米。有大街20条，胡同街巷205条。截至年底，户籍人口43950户119243人，常住人口24705户56429人。有社区22个。有中学6所、小学7所、幼儿园10所、社区教育学校1所。有规模以上单位136家、规模以下单位2926家。街道办事处获评国家体育总局“冰雪推广示范团队”，街道市民服务中心获评“北京市人口老龄化国情市情教育基地（第二批）”，街道温馨家园案例获评“北京市温馨家园服务典型案例”，柳荫街社区创建为冬奥示范社区并入选2022年全国示范性老年友好型社区。（马伯达）

【党建工作】 2022年，什刹海街道学习宣传贯彻党的二十大精神，落实“红墙先锋工程”，街道领导班子带头开展专题学习研讨，推出党的二十大精神“微讲堂”，举办主题宣教活动36场、惠及干部群众8600余人次。抓好党的政治建设，带头执行中央八项规定及实施细则，向区委请示报告事项32件。出台基层党建经费和社区党服经费2个管理办法，完成党建重点工作任务76项，党支部标准化规范化督导机制基本形成。发挥党建协调委员会作用，驻区单位、“两新”组织4300余名党员在“西城家园”平台注册，41个企事业单位党组织与社区结对共建，53个便民项目落地见效。围绕纪念徐向前元帅“柳荫军民文明街”题词40周年，举办双拥共建“七个一”活动（进行一次劳动法律政策咨询、组织参加一项职业技能培训、组织好一次就业招聘会、开好一次欢送会、赠送一件慰问品、组织向老班长袁满囤烈士告别仪式、发放荣誉居民证书）。市级以上媒体报道258条。（马伯达）

【平安建设】 2022年，什刹海街道完成党的二十大、北京冬奥会冬残奥会等一系列服务保障任务。“全民反诈”APP安装率居全区前列。开展燃气安全和液化石油气罐等专项整治，整改隐患2740项，关停企业24家，消除上账隐患259处、管道燃气隐患47处，拆除8处占压燃气违建。完成39处人口倒挂院落治理。为平房院落居民入户置换新国标插线板1.3万个。（马伯达）

【市政管理】 2022年，什刹海街道抓好核心区控规三年行动计划收官，紧盯中轴线申遗保护，推进街区保护更新。旧鼓楼大街、地安门外大街精彩亮相，“点亮中轴线”正式亮灯。建成慢行林荫大道和文化探访路径。深化街区更新模式，“一户一策”治理提升344处点位。完成地安门派出所降层改造。逐步恢复钟鼓楼周边第五立面原始风貌，鼓楼南望景山视廊景观得到极大改善。前海片区申请式退租、红十字血液中心降层、陟山门街整体提升等重点项目稳步推进。开展“疏整促”专项行动，实现1.36万平方米违法建设拆除工作。推进西什库26号、刘兰塑2号等老旧小区治理。综合行政执法立案148起、罚款59万元。市容市政整改率93%，治理环境秩序类问题9300余处，小广告和“僵尸”非机动车乱象得到遏制。完成182条胡同精治任务，金丝套等历史文化街区逐步恢复传统风貌，后马厂、大石桥和弘善胡同等背街小巷经整治旧貌换新颜。银锭桥14号院、甘露胡同17号院获评西城区首批最美院落，19个低洼院落改造取得突破，平房区环境治理走向精细化。破解停车难题，完成4条主要大街路侧295个电子收费车位居民认证，配合市级部门弱化万宁桥交通功能，对周边重点点位增设电子围栏，解决车多占道难题。生态环境治理加快推进，TSP（粒径在100微米以下的颗粒物）指数和优良天数均居全区前列，什刹海水域代表北京市申报国家水利遗产，完成什刹海景区智能节水灌溉改造。推动前毛家湾3号等3个央产老旧小区引入物业，爱民里小区近4成居民办理物业缴费，实行以奖代补引导物业企业优化服务。9个小区获评市级垃圾分类示范小区，对2000余家餐饮单位推广厨余垃圾计量收费，宜居品质不断提升。（马伯达）

【社区建设】 2022年，什刹海街道办理市民诉求1.2万件，化解碧峰2号等一批老旧疑难案件，综合成绩上升至全市前列。深化居民议事协商，发挥社会组织联合会枢纽作用，推动分层协商。创新社区公益创投模式，启用公益事业补助金购买社会组织服务，首批扶持17个社区19个居民自组织。高标准推进第三批社区服务站转型升级，新建1个议事厅示范点，打造2个最美楼门院，引导7个老旧小区成立业主委员会。落实关心关爱社工措施，为一线社工和协管员1231人次发放新冠疫情补助和工资补贴393万元。严格谈心谈话、约谈、解约和考勤制度。选拔任用社区服务站负责人8人，2名社区党委书记招录为公务员。成立盛洁书记工作室，做好“传帮带”。（马伯达）

【民生保障】 2022年，什刹海街道提升助老、养老服务能力，推进办理“一键呼”、父母食堂、适老化改造、家庭养老照护床位、重度失能老人护理员培训等惠民实事，各项服务指标均居全区前列。区域养老联合体覆盖30余个服务业态155家商户，落地助老“微项目”132个，5家驿站服务1.4万人次。养老助餐5.8万份，发放公益蔬菜2000余斤，新建1处百姓生活服务中心。“海心”志愿者巡视探访时长1.48万小时，帮助困难老人实现微心愿66个，赢得群众欢迎。柳荫街社区入选2022年全国示范性老年友好型社区。落实“六稳”“六保”工作要求，社区岗位安置就业困难人员，完成全年指标154.4%，超额完成公共就业服务任务。借助“海益汇”平台帮扶319户家庭，打造“一米阳光”“百张笑脸”“千人达愿”助残品牌，温馨家园案例获评“北京市温馨家园服务典型案例”。22个社区退役军人服务站全部创建国家级示范型服务站，办理发放退役军人优待证3071人。2022年，什刹海街道工委统筹疫情防控工作，建立与辖区中央单位、驻区部队快速处置机制，落实联防联控机制要求，服务驻区单位所盼所需。关爱重点人群，为25867个家庭送上健康防疫包，“西城好邻居、我‘药’守护您”邻里互助成为新风尚。做好防疫期间心理疏导，开通400公益咨询热线，5个心理服务品牌为居民提供菜单式选项，推动专业心理服务发挥更大作用。（马伯达）

【“接诉即办”事项】 2022年，什刹海街道面对疫情防控的考验，持续高位高频调度，坚持“提级办、全员办”，对重点诉求全程督办，全响应中心全面统筹督导，办理市民诉求1.2万件，治理类社区顺利摘帽，化解碧峰2号等一批老旧疑难案件，刘兰塑2号老旧小区改造有序进行，在保证道路通行慢行优先的原则下，对符合要求的部分胡同有计划开展路侧电子收费停车管理工作，综合成绩从连续倒数上升至全市前列。（马伯达）

【精神文明建设】 2022年，什刹海街道继续开展全国文明城区创建活动，建立常态化创建机制，105个点位落实网格化管理。开展群众性文明实践活动1250场，累计参与3万余人次。贯彻“老城不能再拆”要求，围绕中轴线申遗保护任务，配合做好贤良祠、旌勇祠等一批重点文物修缮。7月13日，与梅兰芳故居、国家京剧院等机构合作，举办“在什刹海遇见梅兰芳”主题文化活动，居民群众有了更多沉浸式体验。完成冬奥会宣传报道任务，承办倒计时活动，组织表演“什刹冰雪十三绝”，街道获评“冰雪推广示范团队”。

▲延伸阅读：“什刹冰雪十三绝”，是什刹海地区近年来在区体育局及民间组织共同努力下复兴起来的体育活动项目。包括溜冰、冰蹴球、冰捶丸、冰车、冰出溜、冰滑梯、冰木射、冰上龙舟、冰陀螺、冰嬉、堆雪人、滚雪球、雪地拔河。什刹海作为西城区唯一开放式冰面，以居民冰雪体验活动方式开展嘉年华，融入“什刹冰雪十三绝”，喜迎北京冬奥会冬残奥会。（马伯达）

表24　　2022年西城区什刹海街道社区居委会一览表

序号	名称	地址
1	西四北社区居委会	中毛家湾55号
2	西什库社区居委会	刘兰塑16号
3	爱民街社区居委会	爱民二巷1号
4	大红罗社区居委会	西安门169号（办公）、小拐棒胡同18号
5	西巷社区居委会	护国寺东巷22号
6	护国寺社区居委会	德内大街251号
7	前铁社区居委会	德内大街303号
8	柳荫街社区居委会	柳荫街甲10号
9	兴华社区居委会	厂桥胡同8号、五福里11号
10	松树街社区居委会	弘善胡同18号
11	前海社区居委会	龙头井32号、后小井胡同3号
12	白米社区居委会	白米斜街10号旁门、白米北巷10号、小石碑18号
13	景山社区居委会	陟山门街21号
14	米粮库社区居委会	油漆作胡同21号
15	旧鼓楼社区居委会	旧鼓楼大街145号
16	双寺社区居委会	西绦胡同甲15号
17	鼓西社区居委会	鼓西大街128号

续表 24

序号	名称	地址
18	后海社区居委会	后海北沿 13 号东
19	后海西沿社区居委会	东明胡同甲 16 号
20	西海社区居委会	水车胡同 9 号
21	苇坑社区居委会	苇坑胡同甲 53 号
22	四环社区居委会	四环胡同 20 号、新街口东街 22 号

（马伯达）

西长安街街道

【概况】 西长安街街道位于西城区东部。东至故宫博物院西墙、中山公园西墙、天安门广场西侧路，与东城区为邻；西至西四南大街、西单北大街、宣武门内大街，与金融街街道为邻；南至前门西大街、宣武门东大街，与椿树、大栅栏街道为邻；北至西安门大街、文津街，与什刹海街道为邻。面积 4.24 平方千米。有街巷胡同 105 条。截至年底，户籍人口 24731 户 75747 人，常住人口 49838 人，流动人口 9396 人。有社区 11 个。有中央单位 14 家、市属单位 26 家、驻京办事处 7 个、区属单位 25 家。街道办事处获评北京市卫生街道，街道司法所获评 2018—2022 年度北京市司法行政系统先进集体。（刘　畅）

【党建工作】 2022 年，西长安街街道打造“红墙共融”党建工作新格局。抓好思想建设，开展理论学习中心组学习 21 次。深化央地协作，发挥党建协调委员会沟通作用，落实“我为群众办实事”项目，与区属 19 个单位 21 个党支部结对共建，完成 23 项共建项目，推动解决群众急难愁盼问题。完成 3 个“两新”党支部换届。引导新业态新就业群体融入社区治理，2 名骑手担任楼门院长，12 名快递小哥就地转化为志愿者，为居民配送物资。强化党群服务中心阵地建设，开展“红墙微心愿”特色党建项目，收集心愿 220 条。打造“党建引领和平 YI 家”等“一社一品”基层党建特色品牌。街道党校开展线上、线下培训 17 期。落实社区书记“赋能计划”，实施“红雁领航”计划，吸纳 37 名社区工作者入选后备人才库。落实全面从严治党“两个责任”，与业务工作同部署、同检查、同考核。建立人大代表、政协委员联系社区长效机制，开展“代表联系选民月”活动，接待选民 146 人次；落实“万名代表下基层”活动。走访慰问统战人士 30 人次。完成街道工会换届选举、区青联委员提名、街道妇女代表大会换届。人大、政协、统战、老干部、群团等多方合力，参与到社区建设和疫情防控等工作中，为地区发展贡献力量。全年区级以上媒体新闻报道 247 篇，微信公众号推送 858 条，阅读量约 21 万人次。（刘　畅）

【平安建设】 2022 年，西长安街街道完成党的二十大等重大活动服务保障任务。开展常态化扫黑除恶，宣传贯彻《中华人民共和国反有组织犯罪法》，围绕重点区域开展综合执法 650 余次。落实打击整治养老诈骗专项行动，58108 人次下载“全民反诈”APP。查处违规出租房 56 户 144 人。推进安全生产专项整治三年行动，两个清单完成率 100%，消除挂账隐患 116 起、重大隐患 2 起。联合公安、消防等力量，开展夜查 74 次，出动 296 人次，整改隐患 1184 处。开展“百日攻坚”等专项行动，整改隐患 2246 件。打造立体化防火格局，安装电动自行车充电口 1660 个、烟感报警装置 286 个，出动消防力量 6605 人次，检查 1.1 万余户，实现全年无突出火灾和亡人事故。强化技防建设，安装防盗门 56 个、维修 104 个。高标准落实企业隐患自查自改，完成 211 家企业安全生产标准化建设、610 家企业安责险投保。做好安全生产专项督察问题整改。建设红墙特色普法阵地，开展线上、线下法治宣传活动 30 次。审核合同 600 余份，协助处理涉法涉诉案件 180 余次。打造立体化“1234 长安调解新模式”，将人民调解与“接诉即办”有机结合，全年调解结案 133 件。完善社区调解和法律援助服务，开展各类排查 1480 次。（刘　畅）

【市政管理】 2022 年，西长安街街道疏解减量提质纵深推进，拆除并销账违建 411 处 6907.38 平方米，完成全年拆违任务的 103%。群众急难愁盼问题专项拆违任务拆除 436 处 4891.8 平方米，完成计划拆除 4064 平方米违建的 120.4%。综合行政执法队立案处罚 212 起 213098 元，录入执法检查单 36224 张。推动全域停车自治落地，规划 9 处路侧停车点位，新增车位 342 个。全域完成架空线入地。配合区城管委完成 24 座未达标厕所改造。推进钟声 1、2 号楼等央产老旧小区改造；推动黄南 45 号院电梯安装，完成电力增容选址和打桩前期工作。北新华街环境整治提升示范片区项目完成市级验收，西绒线、未英胡同沿街底商整治提升项目亮相。配合推进力学胡同申请式退租，累计接待居民5456人次，完成退租442户，直管公房退租占比76.9%，9个院落实现整院腾退。做好7个遗留拆迁项目专项整治，开展联合执法检查50余次，整治清理违规出租、转租问题，建立违建台账，压实拆迁企业主体责任。“最美院落”创建有序推进，以东中胡同为试点打造“最美院落”，完成83个院落创建，东中胡同22号、31号院获评西城区第一批“最美院落”。强化大气污染防治，1月至11月$PM_{2.5}$和TSP（粒径大于10微米且小于等于100微米的颗粒物）平均数值分别比上年下降11.4%、8.6%，降尘量位居全区第一名。压实节水及河湖长制，开展“海绵城市”建设，在全区率先超额完成透水砖铺装任务。完成首都花园式街道、3个花园式社区创建验收。两件“关键小事”扎实推进，完成11处垃圾分类驿站、27处大件垃圾和建筑垃圾投放点建设；举办垃圾分类宣传活动103场、培训60场，入户宣传1.9万余次；生活垃圾分类执法立案99起，罚款32350元。完成10个小区业主委员会组建，依托物管会推动产权单位出资解决西黄城根南街9号楼等央产小区综合改造。成立7支防汛应急抢险队，开展汛前检查200余次，排查平房院12110间，转移居民51户次94人次，保障辖区平安度汛。（刘 畅）

【社区建设】2022年，西长安街街道依托“社区议事厅”，引导居民开展常态化议事，打造西交民巷楼门院示范点和府南社区议事厅示范点。依托“西城家园”，构建以居民为中心、多元参与的线上线下共治体系，19435名居民注册使用“西城家园”。健全社工专业化培训制度，提高社工队伍职业化、专业化水平。关心关爱社工，为新冠疫情防控一线社工及协管员276人发放疫情补助190余万元。规范社工工资待遇，发放补贴400余万元。注重高强度工作压力下社工心理疏导，组织12期线上心理课程。完成4名社区党委书记、2名服务站站长岗位调整，优化社工队伍结构。完成基层一线人员台账梳理，强化3支治理团队规范管理。（刘 畅）

【民生保障】2022年，西长安街街道构建“9+1+X”（低保、特困、受灾、医疗、教育、住房、就业、采暖、临时救助9项基本救助，慈善救助1项补充，X个社会组织参与）救助保障体系，完善救助机制，发挥街道综合救助领导小组统筹作用及慈善公益补充作用，救助2463人次183.41万元。发放低保金889万元，绿色通道救助63人次垫付41.2万元，报销药费2000人次211.4万元。温馨家园残疾人文体活动和康复训练惠及3158人次，发放慰问金28.9万元。保障性住房资格申请、变更、终止、复核1190户，快速配租8户，追缴租房补贴超标9户84120元。依托“2+3+N”（2家养老照料服务中心，3家社区养老服务驿站，多家养老助餐点）养老服务架构，拓展家庭养老床位188张，为457户老人安装“一键呼”智能终端，形成“智能设备+互联网+线下服务”居家养老服务闭环。向军休职工、优抚对象及驻区部队发放补贴及慰问品800余万元。完成1个街道级、11个社区级“全国示范型退役军人服务站”创建任务。慰问退役军人125人次，建档立卡1448人。完成11个社区政务服务规范化建设和区政务服务综窗2.0系统操作实际应用，实现街道136项政务服务事项全进厅。推行“全程跟办”，构建“一刻钟政务服务圈”，50项政务事项实现社区“一站式”办理，39项政务事项实现线上“一网通办”。完成8个为民办实事项目。完成无障碍设施改造任务。实现就业835人，就业率66.64%，超额完成就业指标。接收社会化退休1306人。强化医保新政宣传，受理、支付医保申请1.2万余次。2022年，西长安街街道发动在职党员、下沉干部等多方力量参与地区疫情防控。联系走访中央单位和驻京部队，精准对接服务需求。在北京市服务中央国家机关和驻京部队工作中，评估排名全区第一名、全市第六名，形成经验推广。为1.2万户家庭送上健康防疫包、爱心蔬菜包5000余份。（刘 畅）

【“接诉即办”事项】2022年，西长安街街道对标市区两级“接诉即办”工作要求、任务清单，集中力量解决好群众急难愁盼问题，提升“接诉即办”处置能力。选派正科级干部一对一协助社区办件，优化处级办件机制，做好调度研判、分类派单。围绕群众供暖、防汛等周期性问题主动治理、“未诉先办”。全年受理热线诉求6999件，解决率97.21%、满意率97.64%。12345网络答复3100余件。（刘 畅）

【精神文明建设】2022年，西长安街街道做好文明城区创建迎检工作，建立“921”文明城区常态化创建工作机制（组建9个业务工作组，细分街道、社区2个层面工作标准，用好1份清单《文明城区创建工作常态化检查记录表》），明确3大类任务（志愿服务类、新时代文明实践类、宣传环境类），细化11个工作指标，实现一表通查。推出创城快报11期，反馈问题300余个。开展“梨花风起正清明”线上知识问答、“同心抗疫缘来是你”七夕联谊、“社区邻礼节”、“中秋红墙小哥驿家亲”等文明实践活动。发挥文化阵地作用，开展主题活动95场，打造长安古典舞艺术团等品牌项目，开展“红墙”特色文体惠民活动，举办邻里节活动100余场，惠及2万余人次。（刘 畅）

表 25　　2022 年西城区西长安街街道社区居委会一览表

序号	名称	地址
1	义达里社区居委会	义达里 42 号
2	西单北社区居委会	东斜街 53 号二楼
3	黄南社区居委会	灵境胡同 1 号楼
4	府南社区居委会	太仆寺街 33 号院 5 号楼
5	钟声社区居委会	南安里 7 号
6	太仆寺街社区居委会	横二条 2 号 303
7	北新华街社区居委会	东安福 20 号
8	西交民巷社区居委会	东新帘子胡同 2 号
9	六部口社区居委会	小六部口 36 号
10	和平门社区居委会	西绒线胡同甲 8 号
11	未英社区居委会	西绒线 26 号院 2 号楼

（刘　畅）

大栅栏街道

【概况】 大栅栏街道位于西城区东南部，东起前门大街西侧，西至南新华街，南起珠市口西大街，北至前门西大街。面积 1.26 平方千米，有街巷胡同 113 条。截至年底，户籍人口 53874 人、常住人口 28985 人、流动人口 12193 人。有社区 9 个。有中学 1 所、小学 3 所、幼儿园 7 所。有社区卫生服务中心 1 个、社区卫生服务站 3 个。有法人企业 916 家，非法人企业 220 家，其中包括分支机构 25 家、分公司 179 家、合伙企业 16 家。2022 年，街道获评北京市“接诉即办”先进集体、首都城市环境建设管理样板单位、西城区“接诉即办”最美办件集体、西城区安全生产先进街道、西城区征兵工作先进集体。

（王硕　刘猛　代茹）

【党建工作】 2022 年，大栅栏街道开展“红墙先锋在社区，我为群众办实事”结对共建项目，完成 13 个为民办实事清单；基层党组织服务群众经费实施项目 49 个 343 万余元，惠及地区居民 3 万余人次。举行“光荣在党 50 年”纪念章颁发仪式，对 20 名老党员代表颁授纪念章。深化“一核四力四品牌”（一核：“凝心聚力、民生为本、同心守望、传承发展”的一个核心内涵。四力：持续提升基层党组织的政治领导力、思想引领力、群众组织力、社会号召力。四品牌：机关党建“微系列”、社区党建“党建四合院”、区域化党建“红色坊间”、跨区域党建“流动的红墙卫士”等四大特色品牌）基层党建模式，实现物管会向业委会转化率 100%、业委会党组织覆盖率 100%。制定完成 14 条组织工作要点以及 54 条基层党建重点任务清单。前西 5 号楼立体化党建四合院、铁树社区“大家小院·精品四合院”亮相，推进区域化党建“红色坊间”，参与社区治理常态化，推动跨区域党建“流动的红墙卫士”在新冠疫情防控志愿服务、政治中心综合服务保障等多领域实现紧密合作。基层党建工作经验入选西城区基层党建工作优秀案例 4 篇，其中获区级优秀 1 篇。完成党的二十大代表和市党代表推荐提名工作。党建工作协调委员会成员单位积极参与北京冬奥会、全国两会、党的二十大期间服务保障工作，两个专门委员会在“两个关键小事”和老字号文化传播上持续助力。组织“时代新锋”百姓宣讲、市委讲师团理论宣讲；做好“首都精神文明建设奖”“北京榜样”等先进人物推举、“爱在大栅栏”榜样评选表彰、“我们的节日”系列宣传、魅力大栅栏摄影展等活动。处级领导包社区、机关干部包网格，完成地区 10 处新时代文明实践站、所规范化建设；完成“魅力大栅栏”微信公众号改版工作。强化少先队工作支持保障，成立中国少年先锋队大栅栏街道工作委员会。依托三井社区“成长加油站”青少年素质拓展项目品牌，开展冬、夏令营等青少年课余活动。持续推动“五大青年行动”，开展冬奥会残奥会城市志愿服务、文明引导等志愿服务系列活动。组织地区广大团员青年投身疫情防控，组建大栅栏街道防疫志愿者突击队，开展抗疫一线“五·四”特别团日活动。

（徐梦琪）

【平安建设】 2022 年，大栅栏街道完成全国两会、党的二十大等重点时期服务保障。打击“黑三轮”非法运营乱象，查扣“黑三轮”34 辆、集中销毁 25 辆，退还游客费用 1.2 万余元。强化安全检查频次和质量，辖区 849 家生产经营单位，全年检查 2825 家次，实现全覆盖，开具责令整改通知书1022份，消除各类安全隐患5192处，建立街道领导干部安全生产“责任清单”和“年度任务清单”，推动安全生产专项整治三年行动收官，完成87项上账隐患验收整改，整改2项重大隐患。为低收入人群、困难居民家庭换补新国标插线板1487个，为孤寡老人配备灭火毯520个。检修灭火器9457具，完成716个消防箱喷漆及换新、换锁等工作。加强预警体系建设，安装智能烟感报警器2100个，探索构筑辖区防火体系，统筹微型消防站建设，“秒级响应、分钟处置”能力得到显著提升。推进公共法律服务，接待居民500余人次，接待电话咨询100余人次，法律顾问入社区现场解答咨询400余人次、参与“12345”热线案件协调会及社区调解70余次。录入执法检查单18848次，涵盖检查单类型40项，违法行为检查率100%，立案处罚1330起，罚款27.3595万元。（李一璞）

2022年，大栅栏街道与广德楼共同举办“喜迎二十大 同唱梨园春”系列文艺汇演活动

（大栅栏街道 供图）

【市政管理】 2022年，大栅栏街道推进“疏解整治促提升”专项行动，以中轴线申遗保护为契机，全年拆除违建280处4621.68平方米，完成年度拆违任务115.54%，涉及415人。开展背街小巷整治工作，街道110条背街小巷全部通过市级验收达标，对五道街等25条背街小巷实施精细化治理，推进达标类向精治类优化。打造樱桃斜街51号、北火扇胡同27号2处区级最美院落，升级垃圾分类驿站建设，强化移动终端配置。为驿站配备9个积分兑换柜、4个智能垃圾桶站等智能设备，即时掌握驿站内四品类垃圾投放收集情况。深化“一微克”行动。创新机制加强小微工地管控，建立“多维巡查、闭环管理、精准登记”小微工地施工备案工作机制。完成地区15处电动自行车集中充电设施改扩建，结合平房区小商户密集特点推动商户安装简易充电盒，累计为居民提供846个充电接口；开展地区防汛工作，对6处低洼院排水改造工程，开展防汛值守15次，转移紧急避险人员13户20人，处置漏雨房屋779间，紧急苫盖房屋100间；对5000余户居民煤改电电暖气进行巡检，为641余户居民提供应急维修服务，协助235户居民更换采买356台煤改电设备，保障地区城市运行安全。（韩钰莹）

【社区建设】 2022年，大栅栏街道成立心理服务中心，完成2021年开展项目的评估。结合新冠疫情形势和居民需求，开展多项专业心理服务活动。不定期对社区“两委”成员开展“一对一”指导培训。做好厂甸11号院“党群共建欢乐之家”议事厅提升建设，利用社区议事厅，及时了解居民迫切需要解决的热点、难点问题。新建1处室外体育健身活动场地，新增漫步机等8个健身活动设施。完成大安澜营幼儿园30个学位扩充目标，提升适龄儿童入园率。结合迎接庆祝党的二十大，街道与广德楼共同举办“喜迎二十大，同唱梨园春”系列文艺汇演活动。完成以工代赈支出及报销，制订《鼓励中小微企业及个体工商户人员通过以工代赈形式参与大栅栏街道社区疫情防控人员工作补助支出办法》。延寿街、大安澜营、前门西河沿3个社区获评北京市首批无疫社区。（代 茹）

【民生保障】 2022年，大栅栏街道帮扶各类困难群众61367人次，发放救助金2513万余元；慰问各类人群3109人，发放慰问金243万余元。完成公租房备案轮候家庭、市场租补贴家庭、公租房资格复核、合同到期复核、公租房轮候家庭配租共计1676户。指导百顺、西街社区上报防灾减灾示范社区复评材料，指导大安、煤东、西街及延寿社区提交申报材料。11月1日，举办“兢业同心、筑梦芳华”大栅栏街道就业服务联合体大会暨“D360”就业服务体系成果展，建立西城区首个就业服务联合体，设6个委员会，提供党建引领、劳动关系、就业服务、创业创新、社会福利、职业提升服务项目。开展“春芽计划”等特色慈善项目助力地区慈善工作开展，推进基层慈善工作站落地。建立大栅栏街道未成年人保护工作领导小组，打造未成年人保护工作站，扩充“1262”未成年人保护全链条工作模式。劳动（人事）争议调解

中心正式揭牌成立，化解争议纠纷，构建和谐劳动关系。举办劳动政策培训班，提供劳动维权一站式服务。以石头社区为中心创建“一刻钟无障碍便民服务圈”。开展巡视服务、亲情陪伴服务、年节慰问、陪同就医等助老服务，满足老年人多样化需求；构建“一刻钟政务服务圈”，完成136项服务事项全部进驻街道政务服务中心，推动9个社区政务服务站规范化建设；建设1处惠民洗浴综合服务场所；打造“老班长工作室”特色服务品牌，依托煤市街59号退役军人服务站开展各类活动，推动9个社区级退役军人服务站完成“全国示范型服务站”创建任务。（梁亚鹏　张欣欣）

【“接诉即办”事项】 2022年，大栅栏街道围绕区、街中心任务和工作部署，结合地区“接诉即办”工作实际，打造“悉心听、院内办、民满意”工作品牌，办理诉求4621件，市级回访平均响应率99.89%、解决率99.04%、满意率98.3%。以《大栅栏街道“接诉即办”工作指南1.0》为基础，优化完善2.0版本，创新诉求“7天全生命周期”管理模式。完善“圆桌工作法”，形成“社区党建引领、职能部门主动向前、居民共同参与”的氛围，激活“微网格”，健全完善“街道1总、9个社区、60个网格”三级联动服务体系。被《北京日报》《北京青年报》《新京报》等多家媒体宣传报道，《圆桌上的“接诉即办”》纳入北京市首批“接诉即办”典型案例。2022年街道“接诉即办”成绩在西城区综合成绩排名第一，“圆桌工作法”成为新时代基层治理实践样板经验，6月25日在市党代会“市民对话一把手”栏目予以推广；7月23日，受邀参加首都发展高端论坛分享治理经验；8月29日，作为街道层面唯一代表在全市区委书记月度点评会上进行经验介绍，得到市委主要领导充分肯定；12月19日，代表西城区在国家级论坛进行主题发言，连续4个月在不同场合、不同层次推广介绍经验，以“接诉即办”为抓手，提升社会治理效能，成为大栅栏基层治理成果的新名片。撰写报送“接诉即办”案例101件，其中被区中心采纳33件，市中心采纳44件，并被评为北京市“接诉即办”优秀案例。（胡　博）

表26　　2022年西城区大栅栏街道社区居委会一览表

序号	名称	地址
1	大安澜营社区居委会	藏家桥19号
2	前门西河沿社区居委会	前门西河沿224
3	大栅栏西街社区居委会	杨梅竹斜街甲125号
4	铁树斜街社区居委会	樱桃斜街61号
5	煤市街东社区居委会	施家胡同28号、掌扇胡同27号
6	延寿街社区居委会	延寿街49号
7	三井社区居委会	炭儿胡同38号
8	百顺社区居委会	百顺胡同8.11号
9	石头社区居委会	培英胡同25号

（代　茹）

天桥街道

【概况】 天桥街道位于西城区东南部，东起前门大街、天桥南大街、永内大街与东城区天坛为邻；西至虎坊桥、北纬路、太平街与陶然亭街道接壤；南起永定门护城河为界与永外大街相望；北至珠市口大街与大栅栏街道交界。面积2.07平方千米。截至年底，户籍人口54043人，常住人口38215人，出生人口250人，死亡人口84人。有社区9个。有企业1538个，个体户425个。2022年，受理居民诉求4177件，回访866件，解决率97.23%，满意率97.58%。（周　颖）

【党建工作】 2022年，天桥街道学习贯彻党的二十大精神以及习近平总书记系列重要讲话精神，开展集中学习34次。“强国复兴有我”云宣讲线上观看3000余人次，围绕“北京市第十三次党代会精神”“深刻解读党的二十大精神”等专题开展理论宣讲5场。“京韵天桥”微信公众号有粉丝16683人，推送微信255期772条，外宣数量194篇，其中市级以上媒体报道43篇，区级以上媒体报道151篇。完成党员轮训、基层党务工作者入党积极分子等8个班次培训，累计参与1300余人次。完成机关、社区等72个党支部评星定级工作。对接15个区级机关、企事业单位结对党组织，完成14项结对共建为民项目。成立香厂路社区大保吉巷36号楼临时党支部1个、业委会临时党支部3个。依托社区党组织服务群众项目经费，制定服务项目20余个。设立先锋岗、认领责任区，推动党员志愿者、楼门院长、在职党员等2000余人次参与志愿服务。争创典范城区，整改152个问题，督察督办各类问题101件；更新展板414块、公益广告约845平方米，发放海报1500余张，组织开展创城推动日活动30余场。开展理论宣讲、党史学习教育、市民教育等文明实践活动110余场，举荐“北京榜样”候选人9人，报送首都未成年人思想创新案例1个、绿色生活好市民2名。加强基层工会组织建设，工会组织覆盖率98%，其中百人企业12家，建会率100%，在职会员数8788人。（周 颖）

【平安建设】 2022年，天桥街道在北京冬奥会、全国两会、党的二十大等重大活动期间，推动地区单位安全隐患清整，出动检查人员5292次，检查企业2646家次，覆盖率98.82%。发现隐患4127项，核销率99.01%。开展夜查68次、联合执法116次，约谈企业单位68家，工地备案总数99件。对地区燃气非居民用户147家、餐饮单位71家开展执法检查308次，排查一般隐患450个，全部完成整改。拆除占压管线建筑物1处，对剩余7处占压燃气管线点位采取下发隐患告知书、制定应急预案等防控措施，开展对居民液化石油气入户巡检3500余次，发现隐患428项，全部完成整改。开展“六个一”专项行动，走访居民11561户、企业1104家，入户宣传12665家，张贴防火标识1.27万张，发放灭火毯1350条、张贴电动车禁停提示牌850个。在重点平房院落和挂账隐患点位安装便民消防水喉182台，为重点户安装智能联动烟感1451台，发放民用小型烹油灭火器2500个，换补新国标插线板3500个。新装公共充电柜28台，安装太阳能语音提示器320个。投入资金110万元对地区楼宇对讲、防护门进行维修、更换，实现系统正常运转。加大矛盾纠纷解决力度，召开矛盾处理会3次，实办事项12件。开展打击整治养老诈骗专项行动，专题宣传13场。开展线上法律宣传15次，报送法宣案例9篇，发放宣传品2000余份。（周 颖）

【市政管理】 2022年，天桥街道抓好精细化治理和重点区域环境秩序管控，完成市级任务处置91件，动态处理环境秩序问题1850件。推进“疏解整治促提升”专项行动，拆除违法建设6000平方米。出动执法力量440人次开展区域接合部整治，打击天桥南大街无照游商。启动腾退空间再利用，在东经路6号院内规划临时停车位，缓解停车资源紧张。区级治理类整治提升项目启动，有效缓解平房院落雨污合流、积水堵塞问题。强化扬尘治理，清扫第五立面6.1万平方米，精细化管理保洁子站及周边环境1890次，督促整改施工单位151家处，立案72起，罚款44.55万元。新铺设、更新（换）树坑灰毯123块，修复裸露绿地740平方米，治理1平方米以上裸地44块。TSP（粒径在100微米以下的颗粒物）平均浓度81微克/立方米，$PM_{2.5}$平均浓度29微克/立方米。加强对河道、辖区绿化资源巡查整治，水质达标，无土壤污染风险，按计划推进古树复壮。破解低值可回收物回收难题，完善“全品类”回收服务，回收1155吨。开展生活垃圾分类宣传动员，3个小区、1座楼宇获示范称号。设置青少年生活垃圾分类科普室1处，拓宽生活垃圾分类宣传教育、互动体验途径。7月，打造“铺陈市片区”，助力南中轴线申遗，拆除铺陈市胡同违法建设14处562.85平方米，对铺陈市及周边胡同开展立面修缮、绿化景观治理、改善市政基础设施。推进背街小巷精细化长效治理，依托街巷修补专项行动完成修补216处，绿化补植380平方米。（周 颖）

【社区建设】 2022年，天桥街道优化社区工作者队伍，组织8个社区居委会开展补选工作，完成18名居委会主任、副主任、委员补选。做好社会心理服务，开展社区工作者压力调查1次、心理健康讲座48

7月，天桥街道助力南中轴线申遗，拆除铺陈市胡同违建 （天桥街道 供图）

场、团体心理辅导9场、精准化个体心理疏导55人次、心理测评132人次、入户访谈4次、电话关怀146人次，建立心理健康档案223份2087人次。推进社区议事协商建设，指导福长街社区开展议事厅示范点、禄长街社区和先农坛社区开展议事厅推广点建设，开展议事协商99场。统一配置高拍仪、“好差评”评价器等服务设备，统一对外服务标识，9个服务站面向辖区居民提供受理类、代收代办类、咨询预审类等50项服务事项，实现社区政务服务规范化建设全覆盖。加大灭鼠、蚊、蝇、蟑等病媒生物防制工作，开展健康科普宣传12场，通过微信群、“西城家园”转发宣传视频60余次，覆盖居民超过8000余人。张贴宣传海报100余张、折页700余张。（周　颖）

【民生保障】2022年，天桥街道落实多项民生政策，发放残疾人两项补贴资金190.45万元、困境儿童生活资金6.86万元、临时救助资金54.44万元、优抚对象补助金100.67万元、义务兵优待金41.44万元、无军籍职工各类资金120.23万元、知青慰问金18.45万元、特困供养人员经费9.28万元、地退人员各类资金172.18万元。新申请保障房、市场租房补贴、公租房补贴162户，终止办理保障性住房资格190户。走访慰问残疾困难家庭652人次，发放慰问金26.51万元；为36名残疾人办理城乡居民养老保险补贴；为290名残疾人办理自主创业保险补贴；为279名残疾人办理发放残疾人摩托车燃油补贴72540元；为297名残疾人办理自主创业保险补贴，新安置就业5人。疫情期间，对流浪乞讨人员开展7次集中救助专项行动，涉及27人次。（周　颖）

【“接诉即办”事项】2022年，天桥街道12345“接诉即办”有效受理居民诉求5767件，市有效回访1129件，解决率97.61%，满意率97.96%，区综合成绩平均分97.84分，在各街道中列第五位，年终绩效考核“接诉即办”项目，排名全区第三。2022年街道城市管理办公室和街道全响应街区治理中心主任李波分别获评市2020—2021年度“接诉即办”工作先进集体和先进个人称号。（周　颖）

【文体活动】2022年，天桥街道推进地区文化建设，开展“雅韵颂京典、魅力中轴线”系列文化活动，有“曲艺贺新春”“灯谜话冬奥”“春风拂清明”“浓情端午、香漫天桥”“鹊鸣七夕曲、情思绕天桥”“中秋佳节、盈满天桥”等8个主题活动，受益13440余人次。开展天桥文化大讲堂——“百戏讲堂”系列文化活动，受益7.3万余人次。举办以品“阅”经典、探“阅”幕后、享“阅”舞台为主题的“天桥街道阅读湾艺术活动季”系列读书文化活动，受益578382人次。培育8支街道级群众骨干文体团队，线上授课248场次，受益5704人次。开展“共享冬奥会，一起向未来”体育活动，参与3600余人次。开展“传承奥运精神，强健居民体魄”第五届全民健身体育节，参与3万余人次。开展“跳出健康，跳出快乐”第一届“天桥杯”跳绳比赛，参与160余人次。开展第一届“天桥杯”徒步大会活动，参与200余人次；开展街道第一届围棋象棋网络比赛，参与200余人次。梳理辖区全民健身器材使用情况，拆除各社区到达安全使用年限室外健身器材35件，更新室外健身器材31件，其中二代智能室外健身器材10件、一代室外健身器材21件。（周　颖）

表27　2022年西城区天桥街道社区居委会一览表

序号	社区	地址
1	留学路社区居委会	铺陈市35号
2	香厂路社区居委会	仁民路甲8号
3	永安路社区居委会	阡儿胡同71号
4	虎坊路社区居委会	永安路丙104号
5	天桥小区社区居委会	福长街43号
6	禄长街社区居委会	禄长街头条2号楼南侧一层7号
7	先农坛社区居委会	南纬路2号院5号楼北
8	太平街社区居委会	太平街8号院23号楼旁
9	福长街社区居委会	东经路98号

（周　颖）

新街口街道

【概况】 新街口街道位于西城区北部，东至新街口南、北大街，西四北大街，与什刹海街道为邻；西至西直门南、北大街，阜成门北大街，与展览路街道为邻；南至阜成门内大街，与金融街街道为邻；北至德胜门西大街与海淀区北太平庄街道为邻。面积3.72平方千米。截至年底，户籍人口11.1万人、常住人口8.5万人、流动人口2.5万人。出生人口592人、死亡人口153人。有社区21个，综合服务站1个。有中学4所、小学5所、幼儿园10所、特殊教育学校1所、职业教育学校1所、社区教育学校2所、少年宫3所。有医院3家、社区卫生服务中心1个、社区卫生服务站6个。有社会单位2565家，其中中央单位86家、市属单位25家、区属单位120家、其他2334家。北草厂社区获评全国示范性老年友好型社区。街道办事处获2022年首都劳模奖。街道人民调解委员会联合调解室获评2018—2022年度北京市司法行政系统先进集体。宫门口社区获评北京市民主法治示范社区。（陈晓婷）

【党建工作】 2022年，新街口街道升级“北京新街口”微信公众号，增设新街口战“疫”记、文明创建、喜庆党的二十大等专栏，发布文章494条，其中原创154条、转发340条，接受新华社、北京电视台、《北京日报》等主流媒体报道24次。制订《2022年新街口街道党建引领垃圾分类工作实施方案》和党建引领垃圾分类二合一工作清单，成立17个小区业委会临时党支部和2个老旧小区改造项目临时党支部。制订新街口街道党建引领美丽小院（楼门）建设方案，8家中央单位、40家市、区属单位参与基层治理。更新对接三项清单228项，落实“四个双向”（双向需求征集机制，双向提供服务机制，双方沟通反馈机制，双向考核评价机制）工作机制，解决难题96个。开展“红墙先锋在社区，我为群众办实事”活动，完成结对问题清单34项。开展“青春领哨行动”等项目，引入华电煤业、北京建筑大学等辖区单位、高校团队支援参与楼门文化建设。打造西城区党员教育现场教学点，搭建“1+3+21”［1个街道党群服务中心＋3个辖区党群服务中心（育德党群服务中心，成铭大厦党群，新街高和党群服务中心）+21个社区党委］模式党建教育学习阵地。组建“西有青骑”（西城快递小哥志愿服务队参与社区治理）——新街口街道“新新骑士团”队伍。建立“西四北片区楼门文化建设＋白塔寺历史文化街区品牌项目建设＋桃园片区综合改造提升”文化展集，西四北六条37号院挂牌“党建引领居民自治示范院”。制订部署《新街口街道2022年青年干部培养计划》《新街口街道科级领导干部赋能提升培训班方案》《新街口街道干部荣誉退休制度》。制订《新街口街道社区党组织书记“赋能计划”工作方案》，调整8名社区党委书记，建立3层基层党建人才库，成立4个社区书记工作室。（陈晓婷）

【平安建设】 2022年，新街口街道制订《新街口街道领导干部安全生产职责清单及年度任务清单》，指导企业完善各项制度，创建20家安全生产主体责任示范企业。新增30家小微企业，复评321家小微企业安全生产标准化建设，安责险续保企业638家次。重要会议期间出动检查人员1346人次，检查生产经营单位673家次，发现督促整改各类隐患397项。年度检查餐饮单位1577家次，发现督促整改隐患问题1625项。监督、检查有限空间作业553次，开展有限空间夜查12次，消除隐患121项。制定《新街口街道“八五”普法规划》，普法宣传活动5场，发放普法宣传资料1000余份。完成2433个电动自行车充电端口安装工作。为居民换补新国标过载断电保护插线板2979个；配备家用灭火器、灭火毯套装3000套；安装悬挂式灭火器300个。为3个老旧小区自行车棚安装自动灭火弹50套，完成新增240户瓶装液化石油气安全设备更新。完成高层住宅楼电梯安装智能阻车系统40套任务。党的二十大期间，制订安保工作方案和“10+1”工作预案，接待代表团7个，代表311名。发动4000余人次，摸排隐患问题2303个，清理堆物料2426车9000余吨。

（陈晓婷）

【市政管理】 2022年，新街口街道建全裸地、拆迁或拆除工程、“小微工程”台账，落实子站责任人制度，强化空气重污染应对措施。彻底拆除北顺城街11号桥头拉面、中廊下54号等历史遗留违建，全年销账80处11638.89平方米，超额完成年度拆违任务。完成辖区居民三证合一路侧停车认证工作，新增路侧停车位45个，协调辖区单位提供错时共享车位100个，做好辖区共享单车管理工作。推动拆迁区、自建房、未达标厕所整治、燃气安全整治和集中供暖工作。制订《2022年新街口住宅小区物业考评方案》，完成对73家居住小区物业考评工作。发挥社区网格作用，提升背街小巷精细化管理水平。创建5个市级垃圾分类示范小区、8个区级垃圾分类示范小区。完成21处垃圾分类驿站设备升级，自查自纠桶站设施问题300余处。配合做好半壁街1号院和官园5号楼和桃园2号楼老旧小区改造工作，推动央产试点玉桃园二区北院老旧小区改造项目，完成老旧小区加装电梯4部。推进实施桦皮厂8号拆除和阜内北街4号北楼简易楼腾退建设绿地项目，推动解决官园1号楼房产证办理，44户通过产权证办理审核。启动白塔寺周边换租和第五立面治理工作，推进19号线一体化建设，协调配合阜景指挥部推进阜内大街2期改造和“积水潭—西单”线性街区更新，解决中廊下胡同31号公厕改造等历史遗留问题。白塔寺周边实施全市首例申请式换租，宫门口东西岔获评

北京市“最美街巷”。（陈晓婷）

【社区建设】2022年，新街口街道完成基层民主协商标准化试点建设，以安平巷、西四北三条社区为试点，在各社区推广议事协商会标准体系，开展月协商295次，打造西里二区社区议事厅示范点、西四北六条37号院和前桃园1号楼楼门院治理示范点。开展“儿童议事会”活动。利用西城家园线上平台，开展网上议事6次，解决居民诉求75件。完成两批17个小区业委会组建工作。召开街道社区建设工作会，部署19项社区建设重点工作。改造提升玉桃园、半壁街、西里二区、安平巷、前公用社区服务站。加强社区办公用房规范管理，维护32处。完成两批次22名社区工作者和4名专职党务工作者招聘工作。选拔任命社区服务站站长、副站长9人，调整社工岗位14人。发放一线疫情防控人员综合补助685人次41.53万元。建成前公用、安平巷2个社区特色阅读空间，更新维护辖区40处健身器材。开展“白塔新辉”健步走、冰雪体验等文体活动。完成科普宣传24次、心理健康团体辅导活动15场、心理咨询32人次，建立心理健康档案789人次。开展家庭教育会议讲座等活动14次。

（陈晓婷）

【民生保障】2022年，新街口街道“两节”走访慰问30类困难人员4605人次，慰问金额252.345万元；临时救助38人次23.65万元；自主资金救助3人2.14万元；发放慈善救助款34.1万元。“八一”期间慰问125名退伍老兵，发放3.7万元慰问品；慰问部队及优抚对象购慰问品14.86万元。为143名优抚对象调整发放抚恤金、定补金、护理费、补助金369万元。为8名社救对象及12名特困供养人员，发放生活费及报销医药费109.1万元；为540名残疾人发放两项补贴351万元、45名残疾人支出公益性岗位补贴61.11万元。协助38名符合条件残疾人办理退休手续，46名残儿家长申请残疾儿童康复补贴，指标完成率100%。建立21个社区残疾人精准帮扶台账434人，为291名残疾人提供政策性服务，完成率100%。做好失能老年人评估工作，派单553人次，完成458名老人的评估，发放高龄津贴6.02万人次1031.6万元；失能补贴2.48万人次1466.34万元。完成862名养老护理员培训工作。助力1374名失业人员实现充分就业。高井幼儿园新址新增学位270个。“物业+养老”服务试点完成“一键呼”设备安装。开展新生教育救助、“爱心成就未来—慈善助学”、“金色阳光—高中生资助”等项目。备案公租房家庭1646户。新安装无障碍扶手，平房76个、楼房125个；新建无障碍坡道8处，维修坡道22处；安装小区无障碍标识400余个，增设单位和沿街门店无障碍标识、无障碍呼叫按钮700余处。2022年，新街口街道完善社区台账、楼宇底账，加大防疫物资储备。（陈晓婷）

【“接诉即办”事项】2022年，修订《新街口街道“接诉即办”案件办理流程（试行）》，统筹调度，完善机制，细化流程，多维分析，形成“1+2+3”（站稳一个立足点，把《北京市接诉即办工作条例》作为重要立足点，提高政治站位。抓牢两条主干线，把党建引领和“吹哨报到”作为重要引航塔，融入日常办件之中。把紧三方基本面，攻坚克难解难题，未诉先办主动治，案件跟办有人管）工作模式，推进“接诉即办”工作开展。全年调度案件1500余件，组织全员培训2次、业务培训6次，提升干部“接诉即办”水平。全年接诉求案件17309件，街道实际办理14901件（含非主责36件）。根据市考核结果，案件诉求响应率99.96%、解决率98.32%、满意率98.27%。（陈晓婷）

【“小脚丫走胡同”文化研学活动】2022年，新街口街道联合中国儿童中心学前部，挖掘、整合区域文化教育资源，策划开展“小脚丫走胡同”文化研学活动，以古都文化、红色文化、京味文化、创新文化为主题设计4条线路16个研学点。为“双减”（有效减轻义务教育阶段学生过重作业负担和校外培训负担）政策下儿童和家长提供家门口文化教育资源和校外教育活动场所，受到普遍欢迎。全年街道13个社区100余名儿童及其家庭参与北京鲁迅博物馆、国家京剧院、白塔寺、西四北六条社区儿童议事厅等线下研学活动，200余名儿童参与“我是小小英雄讲解员”线上活动。“小脚丫走胡同”文化研学活动受到全国妇联工作指导，搭建起少年儿童学习文化、理解文化、热爱文化、传播文化的社区教育平台，获评2022年度“首都未成年人思想道德建设创新案例”，被《北京日报》报道，“学习强国”学习平台转载。（陈晓婷）

表28　2022年西城区新街口街道社区居委会一览表

序号	名称	地址
1	西四北头条社区居委会	小绒线胡同18号
2	西四北三条社区居委会	赵登禹路140号
3	西四北六条社区居委会	西四北六条胡同35号
4	安平巷社区居委会	大茶叶胡同30号东侧

续表 28

序号	名称	地址
5	宫门口社区居委会	宫门口三条1号（福绥境大楼内）
6	北顺社区居委会	青塔胡同43号
7	官园社区居委会	育强胡同69号
8	富国里社区居委会	西城区玉廊东园5号楼5单元1室
9	前公用社区居委会	西内大街30号
10	育德社区居委会	育德胡同7号
11	冠英园社区居委会	冠英园西区24号楼4单元102室
12	大觉社区居委会	大觉胡同31号
13	半壁街社区居委会	后半壁街56号通信大厦205室
14	南小街社区居委会	国英园7号楼7单元4室
15	中直社区居委会	西直门南大街10号楼105
16	玉桃园社区居委会	前桃园胡同一号楼院内3单元对面
17	北草厂社区居委会	东桃园胡同2号楼南一层
18	西里一区社区居委会	新街口西里一区3号楼西侧底商
19	西里二区社区居委会	新街口西里一区9号楼底商1号
20	西里三区社区居委会	新街口西里三区甲2号楼二、三层
21	西里四区社区居委会	新街口西里三区14号楼一层

（陈晓婷）

金融街街道

【概况】 金融街街道位于西城区中部，东起西四南大街、西单北大街，西至西二环路，南起宣武门西大街，北至阜成门内大街。面积3.78平方千米。有街巷122条。户籍人口11.4万人，常住人口5.47万人，从业人员22.6万人。有社区20个，有高等院校1所，中学4所，小学6所，幼儿园4所。有医疗卫生机构3个。有法人单位2687个，商务楼宇94座。2022年，街道团工委获评北京市“五四红旗团委”，街道办事处获评首都全民义务植树先进单位，民康社区获评首都绿化美化花园式社区。（苏珊珊）

【党建工作】 2022年，金融街街道开展街道理论学习中心组学习17次。开展社区党组织全面从严治党工作考核动态抽查2次，形成问题通报并整改。分类开展党员教育培训1550人次。打造“党建聚合力，赋能金融街”核心品牌，京畿道社区楼门营造和西城晶华党群服务中心“菜单式服务”被列为全区优秀党建品牌。将“红墙先锋工程”与社区、企业、机关重点工作结合，推动党建工作创新和重难点问题破解，“我为群众办实事”结对共建统筹完成29个项目。整合辖区资源，调整街道级党建工作协调委员会成员至18家，组织60个党组织3800名党员到社区“双报到”。推进“两新”领域“两个覆盖”工作，在7个场所设立新业态群体爱心驿站，累计服务500余次，西城晶华党群服务中心实施菜单化、项目化运作模式。完成2名优秀社区党组织书记招考公务员。推荐上报1名正科实职干部参与全区方舱实验室轮值，上报11名街道干部作为全区集中隔离点点长储备人选。（苏珊珊）

【平安建设】 2022年，金融街街道完成全国两会、金融街论坛年会、党的二十大等重大活动和重要会议服务保障任务。集中开展居民电动自行车领域消防安全整治，安装充电桩插口1468个。学习新安全生产法，累计检查978家生产经营单位、399家施工工地、289家高空作业场所1万余次，发现隐患7651余项，全年无事故。对250户家庭安装、升级改造户宇对讲设备，为鳏寡孤独家庭安装独立烟感报警器4600个。围绕“遵守安全生产法，当好第一责任人”主题，通过“点、线、面”相结合方式，推进安全生产宣传，提升公众安全素质。开展安全演练进企业活动，联合专业力量，与企业员工一起作演练、强能力、护安全。获2022年北京市安全宣传“五进”暨“安全生产月”活动优秀组织单位奖。（苏珊珊）

【市政管理】 2022年，金融街街道设置31处大件和装修垃圾投放点，实现大件和装修垃圾投放点全覆盖。每个社区设置1处垃圾分类驿站，18座驿站投入运行，对2座驿站实施改造。通过流动式定时定点收运垃圾和厨余积分奖励方式，探索实践平房区“垃圾不落地”模式。推进垃圾分类全流程精细化系统建设，完成302辆收运车辆的标签安装以及20个社区排放主体的定位。完成91户辖区居民的136台“煤改电”电采暖炉更换，发放2856户居民约244万元煤改电电费补贴。处理无主大件渣土23720处，无主大件14604件，无主渣土9116处8368车8466立方米。清理绿地垃圾40吨，修剪行道树220棵、院内树150棵，伐除危险树、死树47棵，应急抢险倒伏树木5棵，出动作业人员800余人次。拆除旧有违法建设79处4508.21平方米、新生违法建设8处90平方米。疏解人口544人。（苏珊珊）

【社区建设】2022年，金融街街道推进市、区社会工作服务中心试点建设，25℃社会服务中心（25℃气温时人体感最舒适，取名表达为居民和从业人员打造舒适、宜人、温馨社会服务的愿景）示范点，侧重在转介服务、专业督导、人才培养、队伍建设、政策倡导、资源整合等方面发挥作用。整体改造东铁匠胡同甲15号，建成西城区第二批“最美院落”。以“共建和谐美好新家园，喜迎党的二十大召开”为主题，各社区统一开展第四届“邻里节”活动。开展公益心理讲座32场，公益心理团体辅导活动39场，线上、线下总受益6665人次；发放心理科普手册折页1000份；收集居民心理测评1300份，建立居民心理健康档案1300份；编撰并刊印发放《老年期痴呆预防手册》1000册。完成25名非本市户籍适龄儿童入学资料审核，完成对辖区内19家校外培训机构的排查并建立台账。为辖区单位287人进行应急救护培训，组织无偿献血量6.9万毫升。积极开展爱国卫生运动、提升辖区卫生健康水平，完成防制范围覆盖20个社区的春季统一灭鼠工作及重点区域地下管井灭蟑工作。（苏珊珊）

2022年，东铁匠胡同甲15号入选西城区第二批“最美院落”（金融街街道　供图）

【民生保障】2022年，金融街街道兜牢基本民生保障底线，落实各类保障对象政策和福利待遇。为535户低保、低收入和生活困难补助家庭发放“爱心卡生活补助金”26.75万元。为辖区因病、突发性事件等原因造成生活困难群众实施临时救助76户114人，发放救助金27.47万元。办理公租房、公租房补贴、市场租补贴新备案家庭123户，开展公租房轮候家庭、已入住家庭、公租房补贴和市场租补贴复核19个批次1261户。协助区房管局组织地区15户低保、大病、重残困难家庭参加公租房意向登记和选房工作，100%完成地区“七有”“五性”家庭公租房配租工作指标。调解劳动人事争议或工资纠纷19起，涉及42人63.3万元。完成年度残疾人康复辅具配备率100%的目标，创建“一刻钟无障碍服务圈”。为5名困难残疾人家庭学生申请获得社会各界助学资助。与内蒙古自治区鄂伦春自治旗吉文镇，青海省囊谦县东坝乡尕麦村、热拉村展开对口支援工作，购买价值45万余元的扶贫产品。动员辖区爱心企业向对口支援单位捐款11万元。2022年，金融街街道搭建“街道—物业—企业”三级联防联控平台，坚持双楼长制，做好辖区48栋楼宇大厦972家企业单位、355家“七小”门店、397个工地、30个菜场商超的疫情防控工作。（苏珊珊）

【“接诉即办”事项】2022年，金融街街道注重党建引领，压实主体责任，办好惠民实事。每周召开3次热线疑难案件协调会。关口前移、“未诉先办”，由“等诉求”向“找问题”转变，变“被动解决”为“主动作为”。做到听民意、解民忧、办实事、惠民生，把群众诉求作为工作着力点，通过“及时响应”“细致行动”“延伸触手”，将“接诉即办”变成畅民意、解民难的“连心桥”。坚持“五心”+“创新”。建立网格责任制。受理案件10531件，“吹哨报到”208次，响应率99.90%，解决率98.12%，满意率98.53%。（苏珊珊）

【精神文明建设】2022年，金融街街道推进创建全国文明典范城区工作，形成街企联合、上下联动、部门联手、社会联创的“四联”格局。制发宣传品、一封信等2.6万余份，推送创城相关宣传报道30余条。发动志愿者1104人次参与到文明路口引导活动中。制作展示板、卫生应急知识宣传栏各21块，制作公益广告海报、展板1000余块，更换缺失破损的市民公约、居民公约展板92块，围绕理论宣讲、党史学习教育、社会主义核心价值观宣传教育等主题开展新时代文明实践活动100余场。加强新时代文明实践所、站的规范化建设，依托6个区级新时代文明实践基地、街道新时代文明实践所及20个社区新时代文明实践站常态化开展新时代文明实践活动。

（苏珊珊）

【公共服务】 2022年，金融街街道政务服务中心迎接市、区及其他兄弟单位调研5次，接待居民5万余人次，线下、线上办理业务3万余件，延时服务事项5000余件，免费邮寄办理结果2610件，收到表扬信79封，通过12345热线和现场表扬29次。完成20个社区政务服务规范化建设，实现街区政务服务无缝对接，打造一刻钟政务服务圈。为中央单位和驻京部队服务575件次。建立地方级收入20万元以上693家企业（动态）服务台账，定期服务联系。设专人对接72家服务包企业，协调相关职能部门答复涉及减免税费、租金补贴等政策咨询222件，满意率100%。对纳税异常、有外迁意向企业，及时重点关注，进行有效沟通。运行两条免费专线通勤班车，年承运150万余人次，方便金融街从业人员出行。（苏珊珊）

【金融街商务楼宇运营管理服务评价指标体系发布】 11月22日，由中国建筑运营管理研究院、金融街街道办事处共同指导，金融街商务楼宇协会主办的2022楼宇经济发展论坛在中国人寿会议中心举行。区委常委、常务副区长朱国栋出席会议，会上发布《金融街商务楼宇运营管理服务评价指标体系》。依托金融街影响力，吸纳国内外先进评级标准，结合企业特点，调动金融街楼宇参与评级，构建一套具有金融街特色的楼宇运营管理评级体系。

（苏珊珊）

表29　　2022年西城区金融街街道社区居委会一览表

序号	社区	地址
1	民康社区居委会	民康胡同30号2号楼108室
2	华嘉社区居委会	西城区王府仓胡同10号院金城华庭小区1号楼三单元108室
3	砖塔社区居委会	太平桥大街西城晶华底商8单元5室
4	丰盛社区居委会	太平桥大街西城晶华底商8单元7室
5	大院社区居委会	砖塔胡同53号
6	丰汇园社区居委会	丰汇园13号楼甲1号
7	丰融园社区居委会	丰融园小区15号楼底商20号
8	宏汇园社区居委会	宏英园13号楼13单元5室
9	教育部社区居委会	大木仓胡同35号
10	二龙路社区居委会	二龙路甲41号
11	京畿道社区居委会	京畿道小区甲1号
12	中央音乐学院社区居委会	鲍家街43号新7楼1门D101室
13	西太平街社区居委会	鲍家街甲2号
14	文昌社区居委会	闹市口中街33号
15	东太平街社区居委会	新文化街127号楼后院平房
16	新文化街社区居委会	新文化街36号
17	手帕社区居委会	东铁匠胡同甲8号
18	温家街社区居委会	东智义胡同3号
19	新华社社区居委会	佟麟阁路62号
20	受水河社区居委会	头发胡同45号

（苏珊珊）

椿树街道

【概况】 椿树街道位于西城区南部。东至南新华街，与大栅栏街道为邻；西至宣武门外大街，与广安门内街道为邻；南至骡马市大街，与陶然亭街道为邻；北至宣武门东大街，与西长安街街道为邻。南北长约1250米，东西宽约900米。面积1.09平方千米。有主要干道4条，街巷51条。截至年底，户籍人口39602人，常住人口27417人，流动人口2556人。有蒙族、满族、壮族、哈萨克族等11个少数民族，是全区辖区面积最小、人口密度较大的街道之一。有社区7个。有中小学4所、幼儿园1所。有企业1296家。2022年，完成全国示范退役军人服务站创建，6个社区服务站通过市区级验收。街道司法所获评西城区“七五”普法先进集体。（刘　蕾）

【党建工作】 2022年，椿树街道深化“课堂+场景+实践”教育模式，分层分类抓好社区党组织书记、党务工作者、新发展党员、入党积极分子培训。组织北京市培训5期670人次参加。组织西城区培训10期1378人次参加。完成街道培训15期3724人次参加。坚持党建工作例会制度，以会代训。加强对基层党组织党员教育管理、发展党员、两项经费使用等党务知识培训、指导。打造椿树书苑、京报馆“聆听四点钟”红色初心课堂等现场教育点，开展“喜迎二十大，奋斗新征程”为主题的“七一”系列活动，为22名光荣在党50年老党员颁发纪念章。以弘扬社会主义核心价值观为主题，利用春节、清明、端午、中秋、重阳等传统节日，举办线上、线下宣传活动。举办“永远跟党走”主题宣讲活动，邀请20位宣讲员讲述身边榜样事迹，传递社会正能量。以喜迎党的二十大为主题，开设“正青‘椿’”青年干部训练营。组织30名品学兼优的“春蕾”女童，参加天桥印象博物馆主题展览、沉浸式解谜任务、非遗手工拓印等活动。（刘　蕾）

【平安建设】 2022年，椿树街道完成冬奥会冬残奥会、全国两会、党的二十大等活动安保任务。开展居民电气安全专项检查，为居民更换老旧接线板4041个。做好“扫黄打非”、扫黑除恶常态化工作，地区非法出版物、涉黑涉恶线索稳定为零。开展打击整治养老诈骗专项行动，在社区张贴专题海报100张。联合区科信局安装电子设备11处，移动设备20台。增建便民充电点位51处、充电接口980个、停车棚500余平方米。以椿树园小区盗销电动自行车及电瓶刑事案件警情高发为整治重点，完成整治达标。开展小微企业安全生产标准化建设30家，组织企业完成安全风险评估310家，督促企业定期报送隐患自查情况。发现安全隐患878处，整改消除率99.8%。组织企业开展有限空间、消防安全知识网上学习，发放张贴安全生产宣传材料1.2万份。在万豪酒店开展安全生产应急疏散演练，辖区重点企业负责人现场观摩学习。开展“六个一”专项行动。入户宣传防火知识10757次，检查企业631家次，发放安全宣传折页1万张，张贴防火宣传标识1万份。完成河北梆子剧团宿舍楼和南新华街15号院9号楼重点安全隐患消除工作。组织安装“全民反诈”APP 19615人次，清理“三合一”违规现象4起。椿树司法所联合派出所设立调解室，实现两所资源共享、信息互通，为居民办实事、解难题。利用现场宣传、橱窗张贴海报、居民微信群和“幸福椿树”公众号等多种形式，开展国家安全及法治宣传活动14场。利用公共法律服务站、聘请社区法律顾问、线上法治讲座等多种形式，为居民提供“法援惠民生，助力农民工”、维护妇女、残疾人合法权益，关爱未成年人等6项公共法律服务维权活动，开展免费法律咨询126人次。街道司法所获评西城区“七五”普法先进集体。（刘　蕾）

【市政管理】 2022年，椿树街道打造多个微型景观，完成留白增绿年度目标任务。全年$PM_{2.5}$浓度34微克/立方米，优良天数282天，占比77.5%。全年巡河240余次，里程650千米。开展汛前安全隐患排查，治理雨箅子脏乱30处，劝阻倾倒污物42次。开展绿地巡查，做好病虫害防治工作，处置挂网树木20余株，打药120余车次。完成东椿树胡同、教佳胡同路侧停车改造，增加停车位供给，总计审核通过认证居民1400余户。拆除南新华街、和外西里等75处违法建设2538.66平方米。实现“开墙打洞”动态清零。对街巷进行网格化管理，推行数字化管理模式，建立健全采集信息、发现需求、排查隐患、处理问题等工作流程。对施工围挡和非施工围挡进行分类建账规范治理，从设置到拆除实施全周期动态精细化监督。对庄胜拆迁区H、J地块平房内流动人口清理120余人，查封房屋84间。对两栋大屋脊筒子楼进行电气线路改造，加装消防水喉提升安全系数。为单元楼配备灭火器材300个。拆除违规搭建房屋5间200平方米。（刘　蕾）

【社区建设】 2022年，椿树街道举办“喜迎二十大，共筑邻里情”为主题的第四届邻里节活动。7个社区完成“幸福小院”创建，实现“百人百院百事”目标。开展主题议事活动“居民总动员——椿树街道‘幸福小院’陪您过好年送福到家行动”，完成11场，提升居民公共参与意识，培养100名社区——院落两级幸福守望者。加强多居一站建设，侧重强化党务服务、基本公共服务、便民利民服务、公益志愿服务等。打造“百姓会客厅”，为辖区居民提供优质和便捷的政务服务。（刘　蕾）

【民生保障】 2022年，椿树街道做好“七有”“五性”工作。统筹困难群众救助服务所项目，完成个案帮扶25个。落实“2022年65岁以上特扶家庭养老照护服务项目”，为22名特扶家庭成员办理住院护理津贴补助。“两节”走访慰问2334人。办理医疗救助148户198人。安抚慰问帮扶病困退返京知青303人次。为企业、失业人员搭建就业服务平台，拓展线上招聘、直播带岗等招聘活动10场。开展大学毕业生就业情况摸查，建立台账151人，成功就业82人，其中困难大学生实现就业4人。发挥公益性组织作用，托底安置就业12人。全年实现就业528人。对琉璃厂西街社区服务站进行功能升级改造，创建琉璃厂西街“书香”特色服务站。设置宣东地区服务站政务服务综合窗口，打通政务服务最后“一百米”。在街道范围内形成的“一中心两站”“一刻钟政务服务圈”模式，累计接待办事群众1.59万人次。截至11月，新增社会化退休1700人。全年城乡居民医疗保险在保人员4327人、养老保险在保99人，办理大病救助33人365.21万元。全年申报药费482人次21.64万元。组织医保政策宣讲活动15场。为行动不便老年人和残疾群众上门报销医药费30次。办理优待证及建档立卡928人，发放优待证919件。开展《退役军人保障法》宣传活动。春节、“八一”等节日，慰问优抚对象、家庭发生重大变故退役军人、困难退役军人55人。打造宣东大街社区“双拥”标杆社区服务站。针对辖区平房多特点，与水电气热等部门建立应急保供机制，协调环雅丽都做好涉疫垃圾清运、公共环境消杀，做好疫情期间群众基本生活兜底工作。（刘　蕾）

【“接诉即办”事项】2022年，椿树街道制订《椿树街道市民服务热线办理工作方案》《椿树街道“接诉即办”督办考核措施》《疫情防控关键时期接诉即办考评暂行办法》等。落实主要领导主体责任，明确职责划分，压实科室负责人和社区书记“热线办理第一责任人”职责，利用社区通平台，尽早发现解决难题。通过“暖心行动”对长期诉求人实际困难及时化解。通过周调度、“吹哨报到”专题会等形式对热点难点问题，面对面座谈，形成解决方案。把民生放在首位，“未诉先办”，重点攻坚停车难、堆物占道、地下管线修缮、电动车充电桩等问题。解决了梁家园北地下污水管线老化堵塞、东河沿71号东侧道路地面坍塌等一批群众诉求集中的难点问题。全年接办案件5127件，响应率100%，解决率84.18%、满意率87.31%。（刘　蕾）

【为老服务】2022年，椿树街道为基本养老服务对象及80岁以上高龄老人安装“一键呼”应急呼叫智能终端，安装率110.41%。完成街道椿恒雅居·长者餐厅助餐功能升级改造。新建助餐点4个，月平均提供老人用餐约650份。开展老年大学、九九重阳等主题活动39场599人次参与。为60岁以上孤寡、失独、特困、低保低收入、残疾、高龄独居及其他有助浴需求老人提供助浴888人次。完成家庭养老床位建设30张。完成家庭照护者培训290人。签约享受驿站提供服务的基本养老服务对象208人，服务率100%。为养老照料中心增设微型消防站和摄像头。截至年底，街道组建助老志愿服务队16支，社区助老志愿者270余人，关爱点10个，参与助老服务志愿者约2100人，服务8000余人次，时长6200余小时。椿树书苑开展为老服务，包括智慧助老、组织老人读书看报、推广普通话等。举办敬老月活动，包括为老服务、反诈宣传活动，指导社区及养老驿站开展义诊、反诈讲座、DIY做糕点等10余场活动。“两节”走访慰问独居困难老人30人，发放慰问金1.8万元。“两节”和重阳节，慰问辖区90岁以上高龄老人332位。（刘　蕾）

【文体活动】2022年，椿树街道组织开展“椿树杯”北京市社区京剧票友大赛展演活动。颁奖典礼设在台湾高雄分会场，当地同步举办“椿树杯”主题文化项目。以京剧艺术为载体，弘扬传统文化，加深两岸交流，发挥“百姓文化之家”街道社会组织孵化中心作用，培育社会组织发展，搭建“椿之韵”“椿之芽”“椿之艺”等平台，举办“迎冬奥”、庆祝党的二十大召开等系列活动159场，线上、线下4.8万人次参与。打造椿树书苑文化品牌，开辟椿树书苑西城区政务中心阅读空间，丰富书苑阅读功能及阅读种类。举办活动66场，接待读者1.39万人次。开展冬奥知识讲座、妇女节冬奥知识竞赛、青少年“我眼中的冬奥”、冬奥手工折纸“牵手冬奥，冰雪追梦”主题展览、“冬奥椿之梦”广场舞、“一起向未来”表演展示等6场系列活动。（刘　蕾）

2022年，椿恒雅居·长者餐厅助餐功能升级改造完成　（椿树街道　供图）

表 30　　2022 年西城区椿树街道社区居委会一览表

序号	名称	地址
1	宣武门外东大街社区居委会	宣武门外东大街 16 号楼东侧
2	琉璃厂西街社区居委会	前孙公园东夹道 4 号
3	香炉营社区居委会	香炉营东巷 2 号院 3 号楼 5 单元 103 室
4	椿树园社区居委会	椿树园小区 4 号楼 1 层
5	四川营社区居委会	四合上院 5 号楼底商
6	梁家园社区居委会	前孙公园胡同 56 号
7	永光社区居委会	椿树园小区 2 号楼甲 1 号

（刘　蕾）

陶然亭街道

【概况】 陶然亭街道位于西城区东南部，东起太平街、虎坊路一线，西至菜市口大街中心线，南起护城河中心线，北至骡马市大街中心线。面积 2.14 平方千米。有街巷胡同 51 条。截至年底，户籍人口 5.92 万人、常住人口 4.2 万人、流动人口 1.38 万人。有社区 10 个。有中、小学校 7 所，幼儿园 5 所，有医疗卫生机构 2 家。有法人单位 1096 家。2022 年，陶然亭街道 10 个社区完成全国示范型退役军人服务站创建。街道办事处获评节约型机关、北京市节水型单位，街道人民调解委员会获评北京市司法行政系统先进集体。（韩　燕）

【党建工作】 2022 年，陶然亭街道以“党建引领风帆劲，战疫一线党旗红”为主题开展庆祝中国共产党成立 101 周年“十个一”系列活动。通过“听、说、读、写”及时传达学习党的二十大精神，开展示范带动走在前、奋进组工强引领、先锋领跑当模范等“十大系列”主题活动，“观大国外交，鉴世界文明”主题党日活动及“无奋斗不青春”青年座谈会等多样活动。新建党群服务中心 1 处，重点服务辖区单位、“两新组织”和楼宇商户。发起“陶然小哥乐陶然”10 项行动，提供急救知识普及、心理减压调节、暖心服务大集等小哥急难愁盼需求服务；开展我在陶然 @ 你、陶然小哥“我们的节日”系列活动。11 月，街道在快递集中分拣站建成区级首批党员教育现场教学点。落实西城区“红墙先锋工程”，以“建强基层组织、提升治理效能”为主题开展“大走访、大调研”系列活动，形成“陶然名片”社区书记赋能等工作方案。做好文明典范城区常态创建，开展“门前三包”治理、堆物堆料清理整治、非机动车规范停放、重点小区秩序整治、街面秩序专项整治等 9 个专项行动。开展新时代文明实践活动，建成西城区首家新时代文明实践示范站，开展“陶然娃打卡 10 件文明小事”等特色实践活动 200 余场。开展“党建宣讲 +”系列活动，开设“红色陶然，金牌宣讲”微信专栏，牵头组织开展“陶然二十讲”系列活动。做强全媒体主流舆论，编印《定格 2022》宣传画册集，深化“一书一展”工作品牌。完成街道工会、妇联换届选举，成立顺丰快递分拣中心妇工委，顺丰速运有限公司陶然亭分部获评“北京市工人先锋号”。（韩　燕）

【平安建设】 2022 年，陶然亭街道完成冬奥会冬残奥会、党的二十大等重大活动安全保卫任务。落实安全生产“六个一”专项行动，发现并整改隐患 800 余处。精准绘制地区安全风险地图，排查风险点 787 个。落实安全生产专项整治三年行动，发现并整改一般隐患 2784 处，隐患整改率 100%。疏堵结合抓好电动自行车全链条安全管理，建成非机动车停车棚 6 个、充电接口 1549 个，安装高层住宅阻车系统 232 个。联合派出所开展盗窃电动自行车及电瓶专项整治，增设安防摄像头 40 个，新安装楼宇对讲防盗门系统惠及居民 178 户。做好矛盾纠纷排查化解工作，调解矛盾纠纷案件 646 件，调解成功率为 97.3%。（韩　燕）

【市政管理】 2022 年，陶然亭街道拆除违建 138 处 3639.53 平方米，重点拆除粉房琉璃街浴池、黑窑厂糖油饼网红店、南国宾馆等领导关注、居民反映强烈的历史遗留违建，任务完成率 104%。抓好两个“关键小事”，严把筹备关、规则关、推荐关、人选关、选举关“五大关口”，推进 8 个小区物管会向业委会转化，业委会组建率增长至 46.15%，业主参与率均超 70%。倡导垃圾分类新风尚，在南华东街 2 号院试点一户一卡和厨余积分制度，开展线上、线下宣传活动 162 场。推进大气污染治理，$PM_{2.5}$、TSP（粒径大于 10 微米且小于等于 100 微米的颗粒物）累计浓度全区最优。办理路侧停车优惠 1300 户居民，增设车位 50 个、非机动车停车位 30 处。启动儒福里 41 号楼、黑窑厂东街 8 号楼老旧小区综合整治施工，与首开天岳恒公司签订战略合作协议，打造全区首例引入社会资本作

11 月，陶然亭街道在快递集中分拣站建成区级首批党员教育现场教学点　　（陶然亭街道　供图）

为综合服务商参与老旧小区改造试点项目，实现全街道老旧小区改造任务完成率 83.57%。统筹开展新兴里胡同公共空间改造提升项目、陶然亭公园水环境治理项目、里仁东街小区电梯和爬楼代步器加装，完成全年任务的 200%。（韩　燕）

【社区建设】 2022 年，陶然亭街道立足社会工作服务需求，依托陶然书苑建立社会工作服务中心，打造社会资源联动中心、陶然优才培育中心、社会组织孵化中心、社会治理研究智库等综合平台。深化社区服务站转型升级和“社区会客厅”服务模式，依托党组织服务群众项目，在 10 个社区建立各具特色的服务清单，提升服务供给能力。多元协商、共建共治，推进里仁东街 3、5 号楼加装电梯和爬楼器。社区党委、物管会临时党支部牵头开展多轮协商，宣传讲解政策，沟通确定加装电梯方案，实现居民 100% 同意。针对政策调整出现的资金缺口，与产权单位沟通，确定三方出资 + 居民自筹模式解决资金问题。结合“接诉即办”每月一题，“吹哨报到”推进解决管线挪移、热力改造等问题，实现当年立项、开工并完成主体工程。利用“社区议事厅”“小院议事会”等形式组织居民开展各类议事协商活动 100 余次，搭建政民互动平台，推动解决虎坊路甲 15 号等多个治理问题。开展公共卫生宣传，强化居民健康理念，加强与社区卫生服务中心协调联动，开办社区健康大讲堂，开展健康北京宣传周及老年健康周等活动。（韩　燕）

【民生保障】 2022 年，陶然亭街道聚焦“七有”“五性”做好民生保障，7 项为民办实事高质量完成。开展无障碍设施立行立改，为 70 名残疾人办理辅具申请，发放各类救助金 1400 余万元。“五精”（人员摸查精确化、服务台账精细化、信息推送精准化、社区管理精密化、就业专员精心化）工作法推动就业率，全年登记失业人员就业率 69.55%。协助 49 户特困家庭进入住房保障，联合 28 家生活服务业单位定期将便民服务送进小区。优化政务服务，建立“悉心听”窗口，打造 10 处“暖客厅”社区服务站，延伸服务触角。深化养老服务综合改革，签约家庭养老床位 40 张，开展居家巡视探访服务 1000 余次。指导 3 家养老机构同步制定新冠疫情防控应急预案。开展老年餐服务，新建 3 家机构养老助餐点和 3 家社会化助餐点，累计提供餐食服务 7000 余份。受理各类保障性住房申请 127 份，完成 31 户大病重残家庭专项配租。开展无障碍环境建设，整改点位 13 个，整改元素 23 个，完成无障碍监督员体验督察。为地区 50 名困难残疾人免费体检。邀请辖区部队参与文明典范城区创建工作，开展座谈交流，推进军地互动。成立街道未成年人保护工作站，建成 15 中附属幼儿园分园和壹瓶社区文体中心。冬奥冰雪体验中心参与体验活动、冰蹴球比赛等 6000 余人次。2022 年，陶然亭街道根据疫情形势变化不断调整优化工作措施，完善居民信息、物资储备、楼宇地图、志愿力量、特殊人群等各类基础台账。发放健康防疫包 16628 份，帮助居民共同抗疫。做好特殊人群就医保障，建立老年人、基础病等信息底账，做好重点人群兜底服务。（韩　燕）

【“接诉即办”事项】 2022 年，陶然亭街道明确“1 个目标、3 个带头、10 项具体措施”工作机制，强化主要领导统筹、专班运行，全年办理热线诉求 6639 件，“接诉即办”综合成绩稳步提升。以民意民需为导向，对诉求热点区域、难点问题进行系统整治，形成“一社区一方案”，在共享单车、垃圾清运、公共场所防控、公共区域环境秩序等问题上成效显著。街道“吹哨报到”“挂图作业”，推动壹瓶小区新老物业实现平稳交接、陶然北岸业委会顺利换届，物业管理类诉求降低约 23%。开展主动治理，以四平园 1 号楼为试点推动央产小区综合整治，地区房屋修缮类诉求降低约 69%，实现“一个诉求解决一类问题”工作目标。开展“每月一评”，通过“五优”（最优团队、最优办件人、最优案例、最优回复、最优服务）评选，分享优秀经验，发挥示范引领作用，组织“‘接诉即办’，我该怎么办”大讨论，开展业务提升、案例分析、经验交流等活动 86 次。（韩　燕）

【"六德"教育】2022年，陶然亭街道落实"双减"政策，擦亮"六德"（爱心、诚实、好学、礼让、节俭、自强）教育品牌，以"陶李芬芳，少年有为"为主题，通过育桃李、竞芬芳、盈硕果3个阶段总结回顾"六德"教育20周年丰硕成果，开展读书会、情景剧、成长营等系列活动，举办"喜迎二十大，少年新有为"表彰活动，深化家庭、学校、社会"三位一体"育人模式。实施陶然亭街道守护未成年人安全健康全面成长共建计划即"胡桃仁计划"，成立街道、社区两级少工委，整合辖区中小学、教培机构、青少年活动阵地等专业资源，促进青少年全面健康发展。（韩　燕）

【特色地书文化】2022年，陶然亭街道开展第二十届"陶然杯"地书比赛，来自北京市及全国6个省市近千名地书爱好者参加，135名选手进入决赛，评出获奖选手24名。对评选出的20名地书发展时光见证人进行表彰，通过网上投票方式选出10幅最受欢迎的人气奖作品。开展与外国友人文化交流、地书文化进校园、地书文化大课堂地书体验活动及地书文化最美楼门院打造活动。（韩　燕）

表31　西城区陶然亭街道社区居委会一览表

序号	名称	地址
1	福州馆社区居委会	粉房琉璃街160-10号
2	粉房琉璃街社区居委会	粉房琉璃街79号
3	大吉巷社区居委会	果子巷3号院1号楼底商1-1、1-2号
4	米市社区居委会	菜市口大街甲2号院4-8、4-9号
5	新兴里社区居委会	南华东街10号
6	南华里社区居委会	南华里13号
7	黑窑厂社区居委会	黑窑厂西里1号楼平房1号
8	红土店社区居委会	四平园小区9号楼1层
9	壹瓶社区居委会	陶然亭路2号9号楼401
10	龙泉社区居委会	龙泉胡同甲22号

（韩　燕）

展览路街道

【概况】展览路街道位于西城区西北部，东起西直门南大街、阜成门南、北大街与新街口街道、金融街街道相接；西至三里河路、动物园西墙与海淀区甘家口街道相邻；南起月坛北街与月坛街道相连；北至南长河、西直门北大街与海淀区北下关街道相望。面积5.87平方千米。有主要大街11条，胡同街巷85条。截至年底，户籍人口14.75万人，常住人口12.45万人，流动人口4.1万人。出生人口829人，死亡人口241人。有社区23个。有大学2所、中学4所、小学8所、幼儿园9所、职业学校1所、培智学校1所、社区教育学校1所、图书馆1所。2022年，街道获评北京市"接诉即办"工作先进集体，街道办事处办公室获评2018—2022年度北京市保密工作先进集体，街道人民调解委员会获评2018—2022年度北京市司法行政系统先进集体。（于田琼睿）

【党建工作】2022年，展览路街道发挥党建引领作用，推进党的组织体系建设。市委副书记、代市长殷勇到街道德宝党群服务中心宣讲党的二十大精神，实地检查指导。开展党的二十大和市第十三次党代会代表提名推荐，召开动员部署会，党组织覆盖率和党员参与率均100%。组织开展庆祝中国共产党成立101周年系列活动，开展以"喜迎二十大、奋斗新征程"为主题的"八个一"系列活动，包括主题党日、专题党课、红色基因传承教育、走访慰问、共产党员献爱心等多种形式，为辖区131名老党员颁发"光荣在党50年"纪念章。组织地区党员干部群众收看收听党的二十大开幕会，收到党员学习心得体会百余篇，被17家中央、市级、区级媒体宣传报道。街道工委理论学习中心组学习组织开展专题学习研讨18次。组织基层党组织书记、党务工作者、党员参加云课堂线上培训6期。落实"三会一课"制度，发放支部工作手册307本、党小组工作记录本390本。发展新党员30名，预备党员转正35名。申报2个党建教学点，获评区第一批党建示范点。"两节""七一"期间，走访慰问党员2332人次，慰问金、慰问品累计105.69万元。加强社区党务工作者队伍建设，优化社区书记工作室，新建1个党群中心书记工作室，开展“书记大讲堂”、疫情防控经验分享、党代会精神学习、社区治理研讨、红色教育基地参观、心理解压等活动，对社区工作者进行调整并纳入书记人才库17人、副书记人才库28人，街道培树“五型”书记（勇于攻坚型、善于创新型、甘于奉献型、勤于思考型、敢于亮剑型）获评区优秀案例，获奖金5万元。健全基层治理体系，梳理形成街道基层党建工作重点任务清单35项127条，健全在职党员“双报到”机制，纳入街道级党建协调委员会成员单位40家、社区级182家，做实党建引领两个“关键小事”。组织街道297个党组织开展基层党组织党建工作考核。成立全市首家基层马克思主义实践教育基地。加强“两新”组织党建工作，组织开展冬奥主题视频录制、党建知识答题、“诗情花意、魅力巾帼”、“云游红色印迹，汲取奋进力量”等活动。用好党建经费服务党员群众，制订管理办法，审议通过59项工程类项目和3项服务群众类项目，解决“接诉即办”件30余件。在新冠疫情防控中发出2次倡议，号召街道各级党组织发挥战斗堡垒作用和党员先锋模范作用。落实干部下沉机制，制订《展览路街道疫情防控区派干部下沉工作方案》，做好市级64名、区级346名下沉人员分配安排，协助社区开展疫情防控各项工作。街道被选为共青团城市基层团组织改革试点街区，组织动员500多名青年支援抗疫任务32次，招募注册志愿者3300余人。机关第二团支部获北京市优秀团支部。街道政务服务大厅及奇安信网络安全团队入选北京市青年文明号创建活动，奇安信网络安全青年突击队获北京市优秀青年突击队。成立街道少工委，9个社区建成社区少工委。殷勇走访“小哥加油站”，了解街道为小哥提供的各式服务及各类活动。团中央书记处书记徐晓对文兴街社区开创首都核心区青年工作新局面做出高度评价。（于田琼睿）

【平安建设】2022年，展览路街道夯实安全基础工作，开展技防设施维护，入室盗保持零发案。完成984户居民液化石油气安全巡检，更换调压器154个、软管152个，巡检率100%。推进建筑物占压天然气管线消隐工作，消除隐患25处。为失能独居老人家庭配发超功率保护插座12183个、手持灭火器、灭火毯330套，为老旧小区补充更换灭火器238具。人民调解中心开展矛盾纠纷排查700余次，调解矛盾纠纷362件，调解案件成功率100%，街道人民调解委员会获评2018—2022年度北京市依法行政系统先进集体。推进“全民反诈”APP推送注册工作，开展养老诈骗专项整治等警示教育宣传。结合扫黑除恶常态化工作，推进重点行业领域整治，全年整改群租房屋25户。北京北站周边开展交通秩序专项治理10次，联合执法16次，查处违法网约车共21起。开展街道级挂账重点地区——西直门凯德MALL周边盗窃电动自行车及电瓶问题专项整治，全年立案11起，比上年降低8起。办结行政处罚案件433起，罚款金额108.8万元。完善修订3项依法行政相关内控制度。处理行政复议案件8件，处理行政诉讼3起，均胜诉或裁定驳回原告诉讼请求。（于田琼睿）

【市政管理】2022年，展览路街道拆除违法建设164处17706.55平方米。以“开发商自拆+街道助拆”模式，拆除北营房西里拆迁区多年遗留违法建设8处26间410平方米。联手中国地质科学院完成对野外楼和老综合楼环境综合整治，拆除占道违法建设2处30平方米。完成80条精治类、5条维护类背街小巷环境精细化整治提升任务。处理区城管委“西城区市政市容环境综合检查系统”各类案件2082件，治理首都城市环境建设管理办脏乱点75处，办理路侧停车3161件，拆除地锁1168个，完成48次共享单车运维调度工作。完成百万庄2号院旱厕改造。创建垃圾分类示范小区、示范楼宇、示范单位各1个。开展垃圾分类执法检查，检查单位3536份，个人873份，发现问题196个，立案处罚68起，罚款27950元。完成北营房西里小区环境治理，引进专业化物业并签约收费。建立空气监测“1+2+23”子站实名制管理网络，分类开展施工工地治理，试点中小微工地管理办法，完善施工工地全流程管控，对在施工地处罚55起64.34万元，督促整改问题176处，$PM_{2.5}$累积31微克/立方米，比上年下降13.9%，TSP累积80微克/立方米，比上年下降9.1%。夯实河长制工作，全年巡河145人次586.83千米，整修辖区南长河、转河河段，入围2022年度北京市优美河湖。完成42家花园式单位复核、古树体检及古树复壮工作。开展美国白蛾防治，树木打药320棵，修伐树木126棵。开展防汛应急值守抢险工作，出动抢险人员1500余人次，外出巡查5000余人次，处理险情17处。（于田琼睿）

【社区建设】2022年，展览路街道规范社区居委会六大委员会建设，提升党建引领基层治理水平。加强楼门长队伍建设，增强社区基础骨干力量。制定完善《展览路街道社区工作者管理制度汇编》《展览路街道社工考评细则》，以“六维分级赋能”（为民服务能力、群众工作能力、协商议事能力、项目运营能力、统筹协调能力、治理创新能力；区分一般专干、社区骨干、书记站长3个层级）社工培训为抓手，提升社工能力水平。以完善工作流程、扩大居民参与、提升协商效果、做好经验总结为目标，指导社区线上、线下开展议事协商活动，做到“月月有协商、人人会协商”。打造区级议事厅示范点1个（阜外西社区议事厅）、区级楼门院示范点2个。规范社区社会组织发展，新增备案社区社会组织44家，评选街道品牌社区社会组织48家。推进社会工作服务中心建设，重点开展“最美楼门院”“社区金点子项目”，开展各类督导及走访114次。发挥社会心理服务中心在社会治理方面作用，建立辖区帮扶空巢老人、失独家庭等特殊群体心理健康档案，精准对接及服务人群心理需求，在23个社区开展心理健康团体辅导活动26场，心理学科普讲座线上线下34场，惠及辖区居民2053人次。统筹推进业委会组建，定期召开物管会向业委会转化培训会，确保各小区业委会组建工作规范有序，工作落到实处。加强社区公共文体设施建设，投入2.7万元在北营房东里社区建成1处室外健身器材健身园，完善居民文体活动场所功能。围绕“喜迎二十大”“我们的节日”等时代主题开展高品质文艺演出及文化惠民活动，举办“社区风、社区情”太极大赛、“社区邻里节”文艺汇演、第八届“北展风筝节”、第九套广播操培训、线上冰雪知识讲座等活动，丰富群众文化生活。全年开展科教文体活动743场次，惠及居民5.5万人次。推动街居两级社区教育工作开展，依托各资源单位配合区教委完成首都市民学习之星推荐上报工作，推荐候选人1人；完成区市民终身学习服务基地网络均衡布局与建设工作，推荐市民学习品牌1个。完成2022年非京籍儿童入学材料审核工作，审核通过42人。（于田琮睿）

【民生保障】2022年，展览路街道完成开设“展聚饭桌”、打造多元便民餐饮服务点、建设1处社区养老服务驿站等8项为民办实事项目。受理各类保障性住房申请及复核2400余份。“两节”期间街道筹集资金走访慰问2902户次，发放慰问金、物品合计182.94万余元。为低保、低收入家庭发放低保金、低收入家庭补贴1173.51万元。临时救助94户159人54.8万元；绿色押金垫付49人次32.1万元；发放精神障碍患者监护人看护补贴273人62.2万元；大一新生教育救助3人次1.56万元。为困难残疾人和重度残疾人发放生活和护理补贴1.17万人次331.33万元；落实3名特困供养人员结算医疗费、敬老院费用11.99万元；落实散居孤儿救助政策，为9名困境儿童发放生活费和助学金22.07万元。春雨行动大病救助、助医助老救助193人8.63万元，爱心成就未来——慈善助学项目救助20人7.7万元，金色阳光——低保、低收入高中生资助18人1.8万元；发放2229人次优抚伤残人员抚恤金495.07万元，为17名定补对象发放生活补贴和护理费71.27万元，报销医药费5.35万元；为5名困难优抚对象发放“爱心献功臣”款项9000元。集中救助8名流浪乞讨人员。创建无障碍精品街区和一刻钟生活服务圈，为200名困难残疾人进行免费健康体检。开展双拥共建系列活动，“两节”“八一”计慰问部队17万元；举办第九届“立功在军营，家属享荣光”活动，14名“最美战士”和8名“最美军嫂”获得荣誉证书。慰问武警三支队新兵训练大队4.86万元。挂牌成立西城区首家新业态平台调解组织，为调解委员会5名调解员发放调解员证。接报讨薪及变相讨要工程款等突发性群体事件10起，其中协助区人力社保局、区住房城市建设委共同处置6起。街道劳动人事争议调解中心线上、线下调解案件42起，涉及金额333万余元；劳动用工日常巡查辖区单位212家次；专项检查餐饮、物业、在施工地等劳动密集型企业169家次；申报评选和谐劳动关系星级单位5家。完成全国示范性老年友好型社区前期创建工作。在4个社区养老服务驿站、3家养老照料中心，推开“父母食堂”老年助餐试点活动，解决有需求群体就餐问题。为基本养老服务对象和80岁及以上高龄独居老年人安装“一键呼”电话机1170部。23个社区创建充分就业社区，街道“零就业家庭”保持动态脱零。做好疫情防控期间促进就业工作，在线举办“‘就’在民企，‘职’向未来”“‘疫’起努力、促就业、保民生”等线上招聘会，提供岗位1000余个。2022年，展览路街道细化防控操作规范，做好疫情防控工作。定期对商务楼宇、“七小”门店等市场经营主体开展巡查督导。成立生活性服务工作小组，利用地区资源优势建立“物美多点”“每日优鲜”“美团”等防疫服务站，实现“无接触配送”。

（于田琮睿）

【“接诉即办”事项】2022年，展览路街道强化处级领导办件，更新挂图靶向作战，对往年难以解决问题开展“摘旗行动”，集中攻坚。围绕《2022年度北京市接诉即办考评实施办法》解决群众诉求的考评导向，加强统筹谋划，加强跟踪督办，确保件件落实，实现责任闭环。针对群众急难愁盼问题，以北京市“每月一题”机制为抓手，聚焦群众反映量大、职责交叉、亟须改革的问题，分类施策、标本兼治、滚动推进，形成具体办事路径，推动“接诉即办”由“有一办一”向“未诉先办”深化。街道“12345”热线平台接收下派大信访案件19427件，响应率100%，按期办结率100%，“接诉即办”工作在西城区排名第五名。（于田琮睿）

【政务服务】2022年，展览路街道深化“互联网+政务服务”改革，推进“一站式”服务，开放式办公，在政务服务大厅设立8个服务窗口和2个临时窗口，15名综合窗口服务人员，150余项综合业务入驻中心，最高日接待量300件以上。全年接待办事居民15819人次，办件15805件。通过政务服务“好差评”“办不成事”反馈窗口等沟通渠道，建立特色服务清单，探索推出“简单代办、复杂帮办”服务机制，为残疾人、独居老人和其他困难人群提供上门“帮代办”服务。设置工作日延时办公和周六“不打烊”

服务，弥补办事窗口工作8小时以外时间和节假日等非工作日服务盲点。设立“党员先锋岗”暨“团员青年先锋岗”。建立23个社区政务服务站，建立优质服务团队，实现社区政务服务规范化建设全覆盖。构建服务中央单位和驻区部队工作新模式，完善工作方案，建立服务事项台账，及时更新中央单位名录，逐步推进延伸“就近服务”“身边服务”渠道。（于田琼睿）

表32　　2022年西城区展览路街道社区居委会一览表

序号	名称	地址
1	滨河社区居委会	北滨河路2号院9号楼2层
2	德宝社区居委会	德宝新园1甲21号楼1层
3	朝阳庵社区居委会	朝阳庵3号楼前平房
4	文兴街社区居委会	车公庄中里1号楼下平房
5	团结社区居委会	西外团结大院7号楼西侧平房
6	榆树馆社区居委会	车公庄大街北里甲46号永康写字楼南侧
7	新华东社区居委会	北礼士路乙56号楼1层1门011
8	新华里社区居委会	新华里10号院1号楼1门101-102室
9	车公庄社区居委会	车公庄大街北里36号楼101室
10	百万庄西社区居委会	百万庄北里西巷3号院1号楼2层
11	百万庄东社区居委会	百万庄中里甲6号楼东侧平房
12	三塔社区居委会	展览馆路34号东侧平房
13	新华南社区居委会	北礼士路135号23号楼北侧平房
14	黄瓜园社区居委会	阜成门外大街甲41号楼1层甲41-9
15	扣钟社区居委会	扣钟北里2号楼106号
16	露园社区居委会	北露园4号楼楼下平房
17	北营房西里社区居委会	北营房西里11号楼地下室及南侧平房
18	北营房东里社区居委会	北营房东里11楼105室、109室
19	阜外西社区居委会	阜外大街甲40号院3号楼底商1层
20	洪茂沟社区居委会	月坛北街17号楼北侧平房
21	阜外东社区居委会	月坛北小街1号院西门
22	南营房社区居委会	月坛北街5号楼2门103号
23	万明园社区居委会	万明园小区9号楼1层

（于田琼睿）

月坛街道

【概况】月坛街道位于西城区西部，东起复兴门南、北大街及阜成门南大街西侧，与金融街街道相接；西至三里河路中心线东侧，与海淀区羊坊店街道相邻；南到莲花池东路，与广安门外街道相望；北至月坛北街中心线，与展览路街道比邻。面积4.13平方千米，有主要大街11条，胡同43条。截至年底，户籍人口42767户153850人，常住人口97771人，流动人口27888人。有社区26个。有中央单位27个，其中副部级以上22个。有大学1所、中学6所、小学7所、幼儿园7所。有医院2家、社区卫生服务站11个。有大型商场10家、体育场馆2个、文化古迹4处、公园4处。2022年，街道月坛社区获评“全国民主法治示范社区”，街道司法所获评北京市司法行政系统先进集体，街道获评北京市“接诉即办”工作先进集体，街道获北京市火灾防控五星级评价，街道平安建设宣教中心被评为北京市公共安全教育基地。（袁晓慧）

【党建工作】2022年，月坛街道党工委以“红墙先锋”工程为抓手，推进党建基层治理，细化分解基层党建重点任务，明确55项任务清单，以党建工作成效推进各项工作落实。开展党建知识、党史学习教育、党的二十大精神等内容系列学习活动，6000余人次参与。街道依托党建工作协调委员会，完善“大部委牵手小社区”共建模式，协调解决三里河一区违法建设等问题，与3家中央单位签订养老送餐服务合同，与全国总工会“职工之家”合作，拓展“月坛小哥驿站”功能，街道工委《大部委牵手小社区》获评区基层党建工作优秀案例。发挥党群服务中心党建阵地作用，打造直播间，举办展览、讲座、文体类等党群活动30余场，开展法律咨询、心理疏导、节日送温暖等系列活动，“三里月新”党群服务中心和中国职工之家月坛小哥驿站获评西城区党员教育基地。完善街道党组织体系，实施“两个覆盖”集中攻坚行动，新成立业委会52个，制定业委会党组织覆盖工作方案，新建11个物管会临时党支部，成立新就业群体“恒华七月”流动党支部和美团外卖流动党支部。引领新就业群体做基层治理的宣传员、主人翁，深化“捎带手”“文明随手拍”系列活动，22名快递小哥参与上报需治理问题90条。项目化推进基层党组织服务群众工作，征集“两新”组织“为民办实事”项目19个，使用基层党组织服务群众经费完成项目92个。结合新冠疫情防控，加强党员干部队伍锻炼培养，实施社区党组织书记“赋能计划”，举办2期“半月谈”研讨活动和社区书记培训班，培育社区党组织负责人后备力量，有40人进入社区党组织负责人后备干部库。（袁晓慧）

【平安建设】2022年，月坛街道完成北京冬奥会冬残奥会及党的二十大重大活动服务保障任务。妥善处置天泰宾馆地下健身房办卡退款事件，退卡400余人500余万元。健全矛盾纠纷排查化解机制，调解纠纷168件，达成口头协议33份，书面协议120份，司法确认9份。聘请专业律师担任社区法律顾问，7名律师向社区居民提供法律咨询800余次。街道司法所获评北京市司法行政系统先进集体，月坛社区获评全国民主法治示范社区。强化消防安全管理，新增电动自行车集中充电设施接口2000个，为消防安全重点人群更换新国标插线板5210个，排查液化气罐997户，更换软管207户。全年火灾事故比上年下降48%，街道获北京市火灾防控五星级评价。检查并整改各类隐患6378项。强化法治宣传教育，平安建设宣教中心获评北京市公共安全教育基地。（袁晓慧）

【市政管理】2022年，月坛街道实施小微城市公共空间改造提升项目，完成4个点位项目现场主体施工，以及月坛南街沿线项目实施方案和图纸概算编制。开展综合执法251次，出动各类执法力量772人次，拆违6050.17平方米，疏解人口348人。开展物业突出问题专项治理，推动物管会向业委会转化，组建小区业委会52个，超额完成年度任务。开展垃圾分类示范小区和商业楼宇创建活动，广电总局西便门小区、三里河东路甲8号院获评2022年第一批北京市生活垃圾分类示范小区，海峡国际大厦获评“示范商务楼宇”。加强街面环境综合整治，拆除地桩地锁86个、修复人行步道200米、施划自行车停放区域8000米、铺设绿地1120平方米、安装修复路灯40盏，三里河东辅路入选“北京市西城区最美街巷”。开展扬尘治理百日行动，月坛地区$PM_{2.5}$指数年累计平均值为32.53微克/立方米，空气质量持续向好。深化河长制和林长制，完善水污染闭环执法机制，街道级河长巡河499人次，街道和社区林长巡视1290人次。（袁晓慧）

【社区建设】2022年，月坛街道指导各社区综合运用“接诉即办”“吹哨报到”“民意立项”工作机制，创新协商议事方式，激发社区治理活力。推进参与型分层协商机制建设，开辟三里河一区社区协商议事厅和三里河二区社区2个楼门院示范点，各社区确定修订居规民约、物业管理等针对性主题，自主开展分层协商。依托西城家园平台，构建多元参与线上线下共治体系，居民注册“西城家园”APP 50283人，解决诉求70件。打造三里河二区社区健身中心和公安社区小微城市公共空间项目，提升居民幸福指数。整合专业社会服务力量参与社会治理，社区社会组织注册15个。严格社区工作制度和社工队伍管理，推进全科社工培养，储备社工优秀人才，年内新招录社工33人。（袁晓慧）

【民生保障】2022年，月坛街道落实民生保障各项政策，加大主动精准救助力度，开展救助业务培训26次，召开综合救助领导小组会6次，帮扶特困人员416人次，办理“春雨大病救助”80人次，发放慰问金和抚恤金179人，低保救助756人，低保人员医疗救助4500人次，城镇职工医疗保险药费报销781人次，帮助1050名就业困难人员实现就业，为2731名残疾人开展精准服务。办理政务服务窗口业务20143件，办理劳动争议12件，为涉事员工讨回工资45.4万元。制定《月坛街道走访慰问驻辖区患病、经济困难家庭优秀士兵暂行办法》，向驻地部队发放慰问品价值 48 万余元。开展辖区税源企业走访和商务楼宇核查工作，服务中央单位和驻京部队事项进大厅 505 件，争取中央单位支持事项 54 项。向常住居民和“七小门店”发放健康防疫包 43940 个。（袁晓慧）

【“接诉即办”事项】 2022 年，月坛街道优化分类派单、调度分析、处级领导包社区办件等机制，围绕噪声扰民、物业管理、消防安全隐患及停车管理等高频热点问题及供暖、防汛等周期性问题，主动治理、“未诉先办”。全年办理案件 15850 件，市级回访响应率 99.95%，解决率 96.17%，满意率 97.31%，街道获评北京市“接诉即办”工作先进集体。（袁晓慧）

【精神文明建设】 2022 年，月坛街道学习宣传贯彻党的二十大精神，营造良好舆论氛围。完善落实《月坛街道党委意识形态工作责任制实施细则》。贯彻落实《西城区深化文明城区创建三年行动计划（2021—2023 年）》，召开相关部门会议 53 次，细化文明城区常态化创建工作体系，引导市民群众自觉养成文明健康习惯，开展“城市清洁日”等创城常态化活动。开展具有月坛特色的“新时代文明实践活动”共 3200 余场，提升市民文明素质。运用“魅力月坛”微信公众号，反映街道各项工作动态，传播科普知识和生活指南 500 余次。接待媒体 85 次，街道各项工作在中央、市级报纸、电台、电视台被报道合计 35 篇次，网络媒体报道 700 余次（含转载）。（袁晓慧）

【“无围墙”养老】 2022 年，月坛街道深化“无围墙”养老“有限空间，无限服务”理念，推行养老驿站“为老服务总管家”模式，辖区 37 家服务商提供 8 大类 38 小类线上、线下服务，为老服务 146712 人次，站点服务 79613 人次。关爱老年人精神生活，组织线上文化活动 194 场，服务 6040 人次。打造央地一体化养老助餐服务模式，完成与国资委中机农汽服务中心食堂、广电部新 302 餐厅食堂、中国职工之家食堂为老送餐签约工作，协助做好华方配餐中心在长安商场的落地建设。3 月 10 日，中央电视台“经济半小时”栏目对央地一体化养老助餐做法进行专题报道。（袁晓慧）

【文体活动】 2022 年，月坛街道举办街道第十届“白云杯”太极拳比赛。组织社区体育团队参加北京市多项体育赛事，其中广二社区体育团队获得北京市第二届社区杯“八人制”足球赛第二名，月坛街道体育团队代表队获得“社区杯”篮球赛男子青年组亚军。组织居民参与冬奥手势舞活动、社会体育指导员线上线下培训、广播体操培训、国民体质健康检测等活动 404 人次参与。打造“社区邻里节”文化品牌，开展“传递邻里美好，共建和谐家园”“说出心里话，甩掉大鸭梨”“喜迎党的二十大，邻里共绘织党徽”“社区邻里齐参与，共建美好新家园”4 期“社区邻里节”活动。聚焦居民精神文化生活与身心健康，组织 36 堂百姓讲堂课程，打造乐“月”生活、“幸福益家”百姓课堂品牌。（袁晓慧）

表 33　　2022 年西城区月坛街道社区居委会一览表

序号	名称	地址
1	南沙沟社区居委会	南沙沟小区 18 号楼西侧 1 层
2	三里河社区居委会	三里河北街 5 号院西平房
3	三里河一区社区居委会	三里河一区 3 号院 5 号楼半地下 1 层
4	社会路社区居委会	月坛南街甲 49 号
5	月坛社区居委会	南礼士路 46 号院 1 号楼 1 层
6	铁三社区居委会	月坛西街西里 16 号楼 2 单元 1 室
7	三里河二区社区居委会	三里河二区 B 区 6 号楼 105 室
8	三区一社区居委会	三里河南七巷 1 号院东门外南 50 米
9	三区三社区居委会	复外大街 23 号楼 105
10	铁二一社区居委会	二七剧场路东里新 19 楼 205 室
11	铁二二社区居委会	二七剧场路东里新 9 楼 2 门 003 号
12	南礼士路社区居委会	南礼士路三条北里 14 楼 3 门 3 号
13	甲 7 号院社区居委会	复兴门外大街甲 7 号 11 号楼 2 单元 1 室
14	复北社区居委会	复兴门北大街 11 号楼旁

续表 33

序号	名称	地址
15	汽南社区居委会	白云路西里 28 号楼外 1 层
16	汽北社区居委会	白云路西里 3 号楼 2 门
17	木樨地社区居委会	木樨地北里平房甲 2 号
18	公安社区居委会	木樨地南里 29 楼地下室
19	白云观社区居委会	白云观南里 10 号楼 11 单元 103 室
20	真武庙社区居委会	真武庙五里 6 栋西配楼
21	广一社区居委会	真武家园 1 号楼 2 单元西侧
22	广二社区居委会	西便门外大街四号院 4 号楼 2 门地下 101 室
23	西便门社区居委会	西便门外大街 10 号院 26 门 2 号
24	复外社区居委会	复兴门外大街 6 号楼 202 室
25	全总社区居委会	真武庙二里甲 10-2
26	铁四社区居委会	西便门外大街 7 号院 11 楼 2 号

（袁晓慧）

广安门内街道

【概况】 广安门内街道（简称广内街道）位于西城区中部偏西，东至宣武门外大街与椿树街道毗邻，西至广安门北护城河与广外街道相连，南至广安门内大街与牛街街道相邻，北至宣武门西大街与月坛街道、金融街街道为邻。面积 2.43 平方千米。有大街 11 条，胡同街巷 65 条。截至年底，户籍人口 3.13 万户 9 万人，常住人口 2.64 万户 6.03 万人。有社区 18 个。有中、小学校 7 所，幼儿园 8 所，青少年科技馆 1 所，职业学校 1 所。有医疗卫生机构 5 家。有法人单位 2403 个。2022 年，街道统战部获评全国侨联系统“侨胞之家”先进单位，街道劳动调解中心、统计所、司法所获评市级先进集体，长西社区获评北京市民主法治示范社区，老墙根社区获评北京市综合减灾示范社区，街道广艺家市民文化中心图书馆获评“阅读北京，十佳优读空间”。

（俞美玲）

【党建工作】 2022 年，广内街道继续推进“纵向同轴、横向同心”基层党建组织建设，制订街道、社区两级党建重点任务清单，建立楼门、院门微信群 500 个，辖区 100% 全覆盖。巩固“两新”组织党建工作，5 个“两新”组织实事项目纳入区级“两新”组织百件实事项目清单，服务辖区居民 1200 人次。开展“我为群众办实事”实践活动，完成便民服务、社区治理、惠民政策宣传等 31 个项目。落实“双报到”工作，近 70 家单位参与新冠疫情防控工作。1300 余名在职党员参与文明城区创建、重大活动服务保障等志愿活动。学习宣传贯彻党的二十大精神，结合“十进”（进机关、进社区、进企业、进学校、进军营、进“两新”组织、进街巷、进家庭、进新时代文明实践基地、进网络）工作要求，组建“我的广内·我的家”宣讲团。设立便民设施、长者食堂、党群活动站建设等 79 个党组织服务群众项目。围绕楼门院自治、自治公约、环境整治等设立 65 个公益金项目。推动公共图书馆功能建设，广艺家市民文化中心图书馆获评“阅读北京十佳优读空间”。加强社区心理服务站建设，做好重点人群心理疏导工作。

（俞美玲）

【平安建设】 2022 年，广内街道完成冬奥会冬残奥会、全国两会、党的二十大等重大活动服务保障，获评西城区安全生产工作先进单位。开展消防安全专项整治，安装电梯阻车器 92 部，整改自建房消防隐患 1464 处，建设电动车充电接口 1884 个。开展地毯式反诈宣传，地区“全民反诈”APP 下载注册量 46238 人次。贯彻落实《国务院安委会安全生产十五条措施》，签订安全生产、消防安全责任书 954 份，处级领导带队开展安全检查 93 次。开展“百日提升·喜迎二十大”、安全生产大检查等专项工作，出动执法检查人员 8016 人次，检查生产经营单位 5344 家次，查处各类安全隐患 4117 项。开展“六个一”（与辖区企业及居民见一次面、对常住及外来人口房屋出租经营情况进行一次登记、宣传一次防火知识、为居民家中张贴一张防火标识、检查一次火灾隐患、为居民发放一封防诈骗宣传信）活动。以综合减灾示范社区创建为契机，强化社区风险评估、隐患排查、灾害预警、应急演练等工作。落实行政执法“三项制度”和行政许可、行政处罚双公示制度，开展法治学习 28 次。答复信息公开申请14例。联合职能部门成立广内街道调解室，累计接待群众125人次，解决纠纷成功率90.62%。老墙根社区获评北京市综合减灾示范社区，宣西社区、槐北社区通过国家及北京市综合减灾示范社区复评，长西社区获评北京市民主法治示范社区，街道劳动调解中心、统计所、司法所获评市级先进集体。

（俞美玲）

【市政管理】 2022年，广内街道入院拆违220处9500平方米。$PM_{2.5}$年均浓度环比下降13.9%。完成3个腾退空间再利用项目。宣外大街99号院入选西城区“最美院落”。17个小区成立业主委员会，完成“物转业”任务。推进三庙社区综合整治，工作经验被市住房城市建设委推广。加快低效楼宇改造，引入中国移动财务有限公司等7家优质企业进驻，建设移动产业园区。完成831家企业信息核对填报工作。启动公交保修三厂腾退产业升级项目，涉及占地3万平方米。落实“双街巷长”机制，13条街巷通过区级精治类达标验收。打造金井胡同11号“阅读空间”，丰富居民文化生活。北京空竹博物馆东西地块微更新项目获北京市资金支持，成为西城区推优项目。垃圾分类完成160组固定桶站、18处生活垃圾分类驿站、16处大件及装修垃圾日常运行管理维护。建立“居民垃圾分类薄弱清单”，实现上账问题动态更新消除。完成509户居民入户动员回访工作，举办各类宣传活动近300场，增强居民垃圾分类意识。搭建旧物置换、资源回收线上交易平台，促进垃圾减量。西便门东里小区设立全市首个停车收益共管账户。推进大气污染防治工作，深化“一微克”行动，$PM_{2.5}$年均浓度31微克/立方米，环比下降13.9%。落实河长制累计巡河1869千米。清理专用雨水管12.406千米、雨箅子623座。推行林长制，实行社区“一长两员”（林长、绿管员、护绿员）末端管护模式。（俞美玲）

【社区建设】 2022年，广内街道完成西便门东里社区新办公区活动站建设和展览展示，将社区建设成集社区文化、科普特色、综合养老驿站等于一体综合服务平台。成立17个业委会。搭建完成社工赋能中心、社会组织孵化中心、社会心理服务中心、社区调解中心、文化培育中心、社区志愿者发展服务中心等六大平台，完成1000人次社工赋能培训，建立社工档案和人才库，打造“能打善战”全科社工队伍。完成65个公益金项目。建立以“楼门、院门”为单位的微信群500个，实现辖区100%全覆盖，打造“共建共治共享”美好家园。动员居民注册“西城家园”志愿者系统，3165名志愿者完成注册。广安东里社区探索平房社区安全治理方法，以社区消防安全为撬动点，利用社区党组织服务群众经费在喜鹊巷胡同试点开展“自治+智治”的智慧消防增效提升项目；长西社区按照“楼院小自治，社区大治理”工作方向，通过“一委、一会、一队、一阵地”，搭建“党建引领、同向发力、分层协商、共建共治”治理体系；加强文化阵地建设。推进街道文体活动中心和街道公共图书馆两个场馆运营，优化图书馆文化环境，升级视频、阅览设备，优化行走路线，提升公共文化服务身边化、品质化、智能化。街道图书馆总流通2837人次，借书26198册次，接待咨询5429人次，微信公众号访问量1600余人次，开展线上活动48场次，服务读者5000余人次。

（俞美玲）

【民生保障】 2022年，广内街道实现综合窗口“一窗式”受理，提供“一站式”政务服务。支持城乡劳动力就业1316人，社区岗位安置就业困难人员604人。提供养老助餐服务3万人次。为基本养老服务对象安装922台“一键呼”设备。为困难、高龄、失能老人发放补贴8.4万余人次2500余万元。建设以广义街为主辐射周边6个社区68个点位一刻钟无障碍便民服务圈。温馨家园成立家园管理委员会，促进残疾人社会融入感、参与感。开展康复知识普及、手工培训等康复服务100余场，服务残疾人3000余人次。完成无障碍改造4个点位。帮扶救助各类困难群体2400余人次，累计发放各类救助金3900余万元。完成各类保障房复核1560户。完成核桃园西街、下斜街道路路侧电子收费停车，新增车位60个。协调辖区9个单位236个错峰共享停车位。完成建学胡同平房院落透水砖铺装10处，改善平房院落环境。推进老旧小区综合整治项目，完成上下水管道专项改造7处，修缮翻建平房176间，解决居民急难愁盼问题。筹备广内街道未成年人保护站建设。完成退役军人优待证申领2329人。推进退役军人服务站建设，3名退役军人获西城区优秀退役军人称号。2022年，广内街道新冠疫情防控专班完善应急响应预案和处置体系，做好服务保障、环境消杀、就医保障等工作。赠送健康防疫包2.67万份，建立辖区养老机构与卫生服务中心“手拉手”转诊急救机制。

（俞美玲）

【“接诉即办”事项】 2022年，广内街道聚焦居民诉求和民生问题，贯彻《北京市接诉即办工作条例》，落实主要领导“五办”（坚持主要领导每日批办、坚持每日会商办、坚持强化督查督办、坚持挂账盯办）工作法，完善双派发、双反馈、专人包案、单双否案件提级办理（部门、社区在办理案件时，无法使来电人“解决、满意”后，由部门分管领导、社区包片领导办理，仍无法解决的由主要领导办理）、挂账督办等工作机制。用好“吹哨报到”机制，整合各方资源，挂账解决案件37件。针对季节性、周期性问题，坚持“每月一题”，推进共享单车整治、居民议事厅等8个专题研判。“接诉即办”全年排名比上年提高5个名次，5个“考核期”市级排名进入前100名，万人诉求比全区第三。受理市民热线9232件，其中城市管理类2575件、平安建设类337件、民生保障类399件、投诉举报类488件、表扬类案件87件。

（俞美玲）

【广内街道调解中心】 2022年，广内街道调解中心围绕中心服务大局，以“规范、拓展、提升”为抓手，建立健全街道“三级调解网络”，完善以街道、社区、楼门院长为主的人民调解网络。接待群众来访120起145人次，其中调解案件33起，形成《人民调解书》30卷，终止调解3起，调解成功率90.91%。化解12345市民服务热线投诉19起，“未诉先办”12起，收到居民赠送锦旗1面，调解工作得到群众认可和好评。

（俞美玲）

【“广艺+”文体活动中心】 2022年，广内街道利用腾退空间打造“广艺+”市民文化中心，为百姓提供优质文化活动参与、尝试、体验平台。举办民族乐器音乐会、京剧名票演唱会，“舞韵杯”舞蹈展演、“春乐杯”太极拳展演等文体活动，形成文化品牌集中、资源共享运行模式。“广艺+”市民文化中心、富豪大厦2处文化中心全年举办文化惠民活动500余场，受益9.94万人次。线上活动47场，受益5万余人次。

（俞美玲）

【第十三届中国北京广内空竹文化节】 9月7日至9月24日，由北京市西城区广安门内空竹协会主办，区委统战部（区台办）、区文化和旅游局、区体育局、广内街道、北京农村商业银行股份有限公司西城支行共同协办的“海峡两岸舞空竹，中秋佳节庆团圆”第十三届中国北京广内空竹文化节在广内街道举行。活动包括第十三届中国北京广内杯空竹邀请赛、迎中秋文化展演展示活动、海峡两岸暨香港地区文化交流文艺晚会3个板块。邀请赛以线上线下形式开展，线上比赛有来自安徽省、河北省、河南省等17个省市自治区直辖市代表队200余名选手参赛。台湾地区高雄市活力健康扯铃协会伐上空竹表演。线下比赛有北京16支空竹队代表及4支空竹球代表队参赛。近百名选手参加4大项7个动作比赛项目，展示空竹文化魅力，促进空竹技法传承发展。迎中秋文化展演展示活动有非物质文化遗产展示体验，空竹互动体验、灯谜互动、汉服体验和光影赏月，1500余人参与。文化交流文艺晚会有广内空竹文化艺术团、北京杂技团、台湾活力健康扯铃协会演员及香港、台湾同胞表演相声、杂技、京剧等节目。北京空竹博物馆被授予“京台基层交流基地”称号。光明网全程直播文化交流文艺晚会，5000余人观看。

（俞美玲　刘杰）

9月24日，广内街道举办第十三届中国北京广内空竹文化节——海峡两岸暨香港地区文化交流活动

（广内街道　供图）

表34　　2022年西城区广内街道社区居委会一览表

序号	名称	地址
1	西便门内社区居委会	西便门内大街77号
2	长椿街西社区居委会	槐柏树后街23号
3	槐柏树街北里社区居委会	槐柏树街11号楼底商
4	西便门东里社区居委会	西便门东里6号楼东侧
5	西便门西里社区居委会	西便门西里4号楼旁平房
6	报国寺社区居委会	广义街4号（华星大厦）
7	核桃园社区居委会	广义街10号
8	槐柏树街南里社区居委会	槐柏树南里8号楼1门地下室

续表 34

序号	名称	地址
9	长椿里社区居委会	长椿里小区甲 3 号黄楼
10	上斜街社区居委会	达智桥胡同 41 号、45 号、49 号
11	校场社区居委会	校场小七条 15 号
12	宣武门西大街社区居委会	宣西大街 4 号楼（中门）地下室
13	三庙街社区居委会	长椿街东里 24 号楼前平房
14	老墙根社区居委会	西城区老墙根街 63 号
15	长椿街社区居委会	感化胡同 3 号院南门东平房
16	广安东里社区居委会	广安东里 50 号
17	大街东社区居委会	广内大街 223 号
18	康乐里社区居委会	康乐里小区 1 号楼地下一层

（俞美玲）

牛街街道

【概况】 牛街街道位于西城区南部，东起菜市口大街，西至广安门南街，南起南横西街、枣林前街，北至广安门内大街。面积 1.44 平方千米。有街巷胡同 38 条。截至年底，户籍人口 55301 人，常住人口 54902 人，流动人口 5841 人，其中少数民族流动人口 543 人。出生人口 272 人、死亡人口 81 人。有回、满、蒙、维、朝鲜等 28 个少数民族，占街道总人口 22.62%，是北京市重点民族街道之一。有社区 10 个。有中学 1 所、小学 2 所、幼儿园 3 所、特殊教育学校 1 所。有社区卫生服务中心 1 个、社区卫生服务站 3 个。有敬老院 1 所。有法人单位 1616 家。有中国伊斯兰教协会、中国伊斯兰教经学院、中国佛学院，有牛街礼拜寺、法源寺两座千年古寺。2022 年，牛街街道获评北京市卫生街道，南线阁社区获评全国示范性老年友好型社区，牛街东里社区获评北京市民主法治示范社区。（杨志强）

【党建工作】 2022 年，牛街街道学习贯彻习近平新时代中国特色社会主义思想和党的二十大精神，组织专题讲座、微信导学 23 次，举办“党课开到家门口”社区宣讲、线上征文答题等专题活动，开展分级分类培训 23 期，参与 5400 余人次。编制基层党建工作指导手册和重点任务清单，推动 6 类 35 项党建任务落地。打造社区名书记工作室，22 名党务人员纳入“头雁”人才储备库，实施“赋能计划”。红色会客厅党员教育基地正式挂牌，举办红色故事读书会、红色评书、党史学习教育展览等主题活动 75 次。紧贴街情民情打造“一社一特”品牌，完成居民区安全扶手安装、旧车棚改造、破旧窗户更换等 28 个党组织服务群众项目。发挥党建工作协调委员会作用，协调解决门楼巷下水管道疏通等问题，为白广路社区困难家庭开展水电维修免费服务。深入“双报到”活动，48 个党组织 2330 名在职党员到社区注册。“北京牛街”微信公众号推送信息 399 条，阅读量约 34.4 万次，区级以上媒体报道 206 次。开展百姓宣讲、环境清扫、文明引导等新时代文明实践活动 380 场次，参与居民 3200 余人次。（杨志强）

【平安建设】 2022 年，牛街街道完成党的二十大、全国两会、北京 2022 年冬奥会冬残奥会等重要时段服务保障任务。推进智慧社区建设，为春风、牛街东里、牛街西里二区、白广路社区安装 46 个单元技防门 562 个对讲分机；排查出租房 3656 处，整治 4 处群租房；深入宣传动员，完成“全民反诈”APP 安装 31329 人。开展矛盾纠纷排查，事项受理率、办结率均 100%。开展普法活动，接待群众咨询 340 人次，以案释法服务 13 万人次；组织法律进军营、进企业、进社区，发放宣传材料 2900 余份。强化社区安全保障基础设施建设，安装电动自行车充电端口 400 个、电梯阻车器 188 部，增补灭火器 500 具、阻燃剂 1000 瓶、气溶胶式便携灭火器 400 具，为 26 栋高层楼宇配备消防水枪水带、防火门以及烟感器共 5000 余个。开展安全生产大检查和“百日攻坚·喜迎二十大”专项行动，检查单位 5132 家次，整改隐患 3589 项，发放宣传材料 1.04 万份。建立防汛应急指挥体系，组织党员干部、物业企业、社区工作人员 503 人成立应急处置小组，排查隐患 8 类 109 处。牛街街道安全宣教体验中心获评北京市公共安全教育基地综合类一级基地。（杨志强）

【市政管理】 2022 年，牛街街道

落实核心区控规提升城市品质。拆除违法建设2001平方米，西砖胡同15号院获评西城区“最美院落”。推进东部平房区静态交通综合治理，制订《牛街街道居住停车认证办法》，新增永庆、莲花胡同车位60个，协调惠民车位47个，在醋章胡同、西砖胡同北段划定机动车禁停区域，整治小巷“顽疾”。实施牛街四条停车整治工程，开展4轮民意调查，规划机动车车位35个，非机动车临停区3处150平方米。常态化推进牛街大街、输入胡同重点路段综合整治，有效治理车辆乱停乱放、“门前三包”责任制落实不到位等“老大难”问题。开展环境卫生秩序整治专项行动，清除小广告240余处，清理破旧非机动车90余辆，清运堆物堆料120余车、垃圾废品20余吨。加强生态环境治理，$PM_{2.5}$均值31微克/立方米，比上年下降幅度14%，TSP（粒径大于10微米且小于等于100微米的颗粒物）、降尘量持续向好。完成绿化1000平方米，巡河7017.76千米，“清管行动”排查雨水箅子700余处、清理杂物近18吨。推动9个物管会转变为业委会，完成27个物业服务企业综合评价。开展垃圾分类宣传指导24场次，执法立案135起，居民群众参与率和准确投放率90%以上，富明公寓获评北京生活垃圾分类示范小区。（杨志强）

【社区建设】2022年，牛街街道完成10个社区服务站“四务合一”（党务服务、基本公共服务、生活便民服务、公益志愿服务）转型升级，规范47项服务内容。加强社区减负和准入管理，促进居委会职能归位，完善分片包户制度，动态更新居民台账。推进“民生工程民意立项”，开展民主协商120余次，确保街道重点工作及办实事项目全程贯穿民意，接受居民监督。完成南线阁12号、门楼巷15号楼门院示范点，钢院社区议事厅示范点创建。招录社区工作者、专职党务人员10人，组织各类培训45次，培训总时长72.5天，提升社区工作队伍整体素质。为牛街东里、春风等7个社区更新补充室外健身器材113件。开展周末卫生清洁日活动18次，近1万人次参与活动。开展病媒生物消杀11轮次，服务7个社区7791户居民。（杨志强）

【民生保障】2022年，牛街街道挖掘空岗1200个，开展就业创业宣传周、民营企业招聘月等活动，实现就业407人。制订《牛街街道社会救助工作实施规程》，强化困难群众主动发现与精准救助，综合评估、个案服务困难群众104人次，精准对接28户困难家庭，为14名困境青少年提供课业辅导和成长陪伴服务，特困居民保险代缴排名全区第一。关心关爱残障人士，慰问困难家庭378户，举办职业技能培训6场，帮扶就业9人。保障劳动者权益，开展巡查103户次，调处纠纷16起。办理退役军人优待证1500余个，完成10个社区示范型退役军人服务站创建区级验收。打造宜居养老、文化养老、志愿养老特色品牌，南线阁社区成功创建全国示范性老年友好型社区。推进法源寺社区养老服务驿站建设，探索医养融合“照护管理师＋护工＋医生”护理模式，家庭照护技能培训413人。完成牛街东里小区电力增容改造、西里一区道路扩宽等为民办实事项目7个。完成西里二区文化广场便民功能提升及普法长廊加固改造工程。开展“书香牛街”系列活动，组织线上、线下活动107场，服务群众3.2万余人次。依托“企业服务包”解决企业诉求，走访企业263家次，服务企业发展。2022年，牛街街道严格市场餐饮冷链监管，常态化开展高频次、全方位监督检查。关注居民生活需求，开展医药、生活物资代购服务。发放防疫爱心包2.1万个，做好广安体育中心发热门诊外围服务。（杨志强）

【“接诉即办”事项】2022年，牛街街道对标对表市区两级“接诉即办”工作要求、任务清单，集中力量解决好群众诉求。制定“新十条”措施，基于数据分析建立热线办理日通报机制，建立承办人办件榜、处级领导办件榜、部门社区办件榜、街道双率排行榜四大“榜单”，完善激励机制，创立“五心三访”工作法（热心问、耐心听、细心查、诚心劝、贴心办，主动问事儿“日常走访”，深入找事儿“组织来访”，一起议事儿“主动接访”），累计召开调度会、推进会、复盘会204次，运用“吹哨报到”“暖心行动”，有效解决违建拆除、楼道堆物、违章停车等难点诉求。全年受理群众热线诉求7169件，解决率95.65%，满意率96.94%，实现双提升目标。（杨志强）

【民族工作】2022年，牛街街道打造“牛街和合动力空间”新阵地，完善“156”民族团结创建进步工作模式（“1”条核心主线、“5”种模式嵌入、“6”个共同意愿：以铸牢中华民族共同体意识为主线，开展空间、经济、文化、社会、心理5种模式嵌入，实现各族群众共居、共学、共事、共乐、共建、共享的共同意愿），举办设计中的和合之美——“5·6”和合邻里日、铸牢中华民族共同体意识线上答题等各类活动101场，参与1万余人，引导地区各族群众全面认知铸牢中华民族共同体意识。开展民族团结月系列活动，参与人数3500余人。依托少数民族流动人口服务站，开展地区少数民族流动人口大走访大调研活动。深化统战工作，加强团结党外人士，走访慰问宗教人士、侨眷眷属、少数民族困难群众900余人；发挥商会协调功能，引导会员企业履行社会责任，组织169人次参与社区新冠疫情防控，推进统战工作融入基层社会治理。（杨志强）

【群团工作新模式】2022年，牛街街道持续夯实群团工作基层基础，发挥群团阵地实体化和“会站家”资源一体化优势，建立“组织一起建、阵地一起用、活动一起办、公益一起做、成果一起享”的协调联动新模式，围绕重大活动、中心工作和地区特色，举办庆祝党的二十大“笔墨丹青绘画卷·和合牛街谱新篇”书画笔会、“重走长征路，回望来时路”党建沙盘模拟推演，“夏季送清凉”“两节送温暖”服务活动以及“家庭、家教、家风”传统美德教育等系列活动30余次，服务群众1.6万人次。接待全国妇联、北京市总工会等10余家单位团体参观调研，推进群团工作群众化、社会化发展。（杨志强）

【“楼院+”基层治理创新项目】 2022年，牛街街道以楼院为单元、以文化提升为切入推出“楼院+”社区治理党建创新项目，发挥党员带群众、党组织带楼院的“双带”作用，引导居民自我讨论、自我设计、自我打造深度参与社区共建共治。通过“楼院+空间规划”“楼院+居民自治”“楼院+区域共融设计”三大板块，打造春风、牛街东里、钢院社区精细化治理样板间，推进民族特色区域56个“上好佳”院落创建，带动居民党员2000余人次参与，破解基础设施改造、堆物堆料、道路破损等5类27项老旧小区治理“顽疾”。全国、市区媒体报道60余次。（杨志强）

【“牛油果”牛街街道儿童早期发展指导中心新址开业】 3月1日，牛街街道“牛油果”儿童早期发展指导中心在菜市口生活购物广场开业。营业面积342平方米，设置幸福小港湾、巧思实验室、梦幻艺术岛、测评指导室、成长运动馆、亲子阅读、互动游戏吧、七彩糖果屋8个功能空间，可提供音、体、美、创等智力与潜能开发以及发育测评、家庭环境评估、个性化育儿指导等服务。指导中心是服务儿童健康、全面发展的专业化指导平台，成立于2014年，先后经历两次迁址和升级改造，服务理念从关注孩子、以个体服务为主发展到关注家庭、以全方位发展为主，服务群体从0至3岁扩大到0至6岁，累计服务10万余人次，在实现个人、家庭、社会资源共享和优势互补，满足居民群众多元化育儿需求方面发挥了良好作用。（杨志强）

3月1日，牛街街道“牛油果”儿童早期发展指导中心开业　（牛街街道　供图）

表35　2022年西城区牛街街道社区居委会一览表

序号	名称	地址
1	枫桦社区居委会	西砖胡同2号院8-1
2	法源寺社区居委会	南横西街65号后楼
3	牛街东里社区居委会	牛街东里一区18号楼1层
4	春风社区居委会	小寺街6号院
5	牛街西里一区居委会	牛街西里一区2号楼北侧小楼
6	牛街西里二区居委会	牛街西里二区6号楼东侧平房
7	钢院社区居委会	白广路6号院西侧
8	白广路社区居委会	白广路二条4号院西侧
9	南线阁社区居委会	南线里小区4号楼
10	菜园北里社区居委会	枣林前街147号院

（杨志强）

白纸坊街道

【概况】 白纸坊街道位于西城区南部，东起菜市口南大街与陶然亭街道为邻，西至西护城河与广外街道和丰台区交界，南起南护城河与丰台区相望，北至南横西街、枣林前街与牛街街道接壤。面积3.11平方千米，有主要大街12条，胡同76条。截至年底，户籍人口35820户，常住人口105076人，流动人口17499人。有社区19个。有中学（含职高）6所、小学4所、幼儿园7所、成人教育学校3所。有医院5所。有法人单位2773个，其中中央单位53个、市属单位101个、区属单位164个。2022年，街道获评“北京市‘接诉即办’工作先进集体”，街道办事处地区协调服务办公室（统计所）获评北京市统计局、国家统计局北京调查总队、北京市人力资源和社会保障局“2017—2021年度北京市统计系统先进集体”。菜园街社区书记韩玥获评“北京市‘接诉即办’工作先进个人”，赵旭获评“北京市人民满意的公务员”。（吕竺霖）

【党建工作】 2022年，白纸坊街道组织实施90个为民服务项目，涉及环境治理、消防安全隐患、文化氛围营造、社区活动品牌等7大类别，其中万博苑社区党委《“博学苑”夯实基层党组织建设》、樱桃社区党委《“窗帘约定”为老服务法》被区委组织部纳入案例汇编，在全区推广。街道、社区分别召开党建协调委员会议，对接资源、需求和项目清单，完成街道、社区76个需求清单、146个资源清单、39个项目清单对接和落地。征集《2022年“红墙先锋在社区，我为群众办实事”结对共建项目》，形成项目清单40项，并有序开展。做实做好结对共建机制，辖区15家区属单位、3家市属单位450余名下沉干部参与新冠疫情防控。开展“坊间先锋在行动”主题活动，引导党员干部主动亮明身份、冲锋在前、作出表率，贯彻落实党中央决策部署的“最后一公里”。全年发展党员28人，预备党员转正41人。调整社区支部书记4名、支部委员3名。“两节”和“七一”慰问困难党员487人次87.7万元。围绕冬奥、学雷锋日开展“扣好人生第一粒扣子”系列主题教育，开展“榜样传力量，童心永向党”榜样人物宣传活动；以“坊间故事、至臻至诚”为主题开展系列公民思想道德建设实践活动4场。（吕竺霖）

【平安建设】 2022年，白纸坊街道对辖区5226具灭火器进行年检，新购置151具干粉灭火器、30个干粉灭火器箱；为社区居民安装烟感报警器，报警主机43台，烟感报警器324台，安装阻入系统253部。截至年底，安装电动车充电接口2039个。对拆迁遗留项目半步桥46号院老旧线路、设施设备进行更换，为居民安装一户一表智能电表。借助大观园小型消防站专业优势，对辖区企业按照类别，结合行业特点，分批次进行消防培训及演练。建立南横西街小型专职消防站。市级上账单位62家整改完毕，整改完成率100%。检查各类生产经营单位5177家次，出动检查人员1万余人次，发现整改隐患3370处。落实《北京市生产安全事故隐患排查治理办法》《北京市生产安全事故隐患排查治理办法》，推进企业隐患排查治理标准清单编制工作。持续推进安全生产专项整治三年行动。2020年至2022年上账隐患197个整改完毕。进行第二次企业安全生产条件普查，建立企业安全生产基础信息台账。（吕竺霖）

【市政管理】 2022年，白纸坊街道完成“留白增绿”600平方米，建成“海绵城市”项目智慧体育公园1处，创建西城区首批“最美院落”（半步桥13号院）、“首都绿化美化花园式小区”（紫金印象小区）；配合区城管执法队拆违9574.79平方米；封堵“开墙打洞”违法建设，实现动态清零；“留白增绿”600平方米，建成“海绵城市”项目智慧体育公园1处；6项整治提升项目稳步推进；开展加装电梯系统填报和系统上图工作，完成盆儿胡同62号院4号楼电梯安装工作。制订《白纸坊街道遗留拆迁项目集中整治专项治理工作方案》，对拆迁遗留项目半步桥46号院，进行查房工作，建立房屋安全等级台账，开展雨箅清掏、彩钢板更换、安装电表等工作。完成白纸坊东街旁门2号和右安门西街7、8号楼上下水改造专项工程的民意调查，进场施工。协助和推进半步桥胡同6号院北楼1、2单元纳入老旧小区改造。（吕竺霖）

【社区建设】 2022年，白纸坊街道开展月协商240余次。完成菜园街、自新路楼门院治理示范点建设。完成菜园街社区议事厅示范点建设。建立街道社会工作服务中心，指导建设6个社区社工站，通过“专业督导+专业社工+社区工作者”服务模式，每个社区完成5个服务案例；街道社区社会组织联合会开展“坊间拾穗”社区人才培育项目，开展社区创新治理共学研修坊培训5次。指导各社区完成每社区15支社区社会组织目标，备案的社区社会组织总数增至299支。每个社区建立2支品牌社区社会组织。发挥“窗帘约定”志愿者服务组织优势，以“窗帘之约建美好家园，喜迎党的二十大召开”为主题举办第四届社区邻里节主题活动。开展传统文化教育活动5场、家庭教育活动2场、各类学习宣教活动32场，上报文明市民学校终身学习特色课程5门。组织参加西城区第十届市民艺术节舞蹈比赛，获全区第一名。向街属樱桃园幼儿园和南菜园幼儿园及时足额拨付各类补助共计405万元。开展非京籍幼升小审核工作，做好六一儿童节、教师节慰问工作。完成北京市卫生街道创建工作。启动37个物管会转化业委会项目，截至年底完成转化项目29个。对产权单位逐个上门走访，顺利完成建功北里四区2号楼小区专项维修资金归集市级治理类小区试点工作；街道共有物业管理项目100个，实际在管物业企业33家，其中备案项目60个、提供专项服务项目27个、未备案项目13个。（吕竺霖）

【民生保障】2022年，白纸坊街道针对高龄退役军人需求，为辖区高龄退役军人定制四种服务套餐，包括厨房清洁、玻璃清洁、除尘除螨+高温消毒、卧室卫生+卧具清洁和清洗，为82名退役军人上门服务，经费23.59万元，市退役军人宣传平台进行宣传报道。街道温馨家园作为西城区唯一创建北京冬奥会示范温馨家园，发挥“旗舰店”示范作用，组织残疾人参与2022年冬奥各项活动。救助因病、因生活困难人员58户98人次，发放临时救助金282874元；帮助低保人员垫付住院押金（住院周转金）20人次17.79万元，后期周转金还款19.22万元；开展5个慈善救助项目，救助困难群众311人次，发放救助款31.34万余元。为1名罕见病儿童申请西城区慈善救助金1万元、为1名罕见病儿童开通区级“绿色紧急通道”救助2万元。全年入户、电话巡访249人次。完成社区退役军人服务站创建验收。“八一”期间为部分优抚对象、立功受奖人员家庭、荣立二等功以上退役军人、生活困难退役军人等129人，发放价值6.45万元的米、面、油等慰问品。完成176户家庭适老化改造项目。为辖区基本养老服务对象和70岁以上高龄独居老人安装“一键呼”设备1014台。完成688名照护者培训，签约家庭养老床位70张。（吕竺霖）

【“接诉即办”事项】2022年，白纸坊街道“接诉即办”受理热线275件，解决率56.14%，满意率81.23%。参加社区“吹哨报到”会25场次，受理信访2件，参加全区组织“我与‘接诉即办’的故事”巡回宣讲活动。1月至10月，主管领导提级办案件5106件，主要领导组织召开热线相关会议141次，调度热线案件517件。通过区热线系统协同区级部门、单位共计398件次，线下召开“吹哨报到”会14次，强化属地统筹调度职能，汇集多方指挥，市区街三级联动解决疑难复杂办理。4次参加《向前一步》节目录制，平原里小区封管控的优秀经验被《接诉即办》栏目宣传报道，右内西街甲10号院老旧小区改造事例在《北京议事厅》栏目播出。（吕竺霖）

【精神文明建设】2022年，白纸坊街道落实《西城区深化文明城区创建三年行动计划（2021—2023年）》，抓好文明城区常态化创建，提升辖区居民文明素养。巩固新时代文明实践所（站）规范化建设，挖掘、打造、培育文明实践创新项目，开展优秀实践所、站、基地宣传活动，线上线下开展活动60次。领导班子带头学，街道理论学习中心组学习28次。开展“强国复兴有我”群众性主题宣传教育，深化群众性精神文明创建活动。管好用好标语横幅、公益宣传栏等阵地，做好重大宣传环境布置工作。带动青年志愿者、政协委员、人大代表、商会会员单位、民主党派人士等参与“冬奥城市志愿服务”、街道疫情防控等工作；开展“喜迎二十大，永远跟党走，奋进新征程”之“榜样·青春”“迎三八，助冬奥——我与冰墩墩共赴冰雪之约”“外卖小哥领新风”“端午香囊”“护航中高考”“一起向未来、红墙巾帼行”三八节健步走等多项特色活动。健全意识形态工作机制，加强意识形态阵地管理。每季度对辖区意识形态领域形势进行分析研判，每半年进行1次意识形态工作总结。（吕竺霖）

【为老服务】2022年，白纸坊街道优化养老服务体系，形成以老年人需求为出发点的养老服务联合体模式，在库服务商50余家；培育右北社区驿站医养结合、建功南里驿站养老助餐服务、樱桃园驿站文化养老融合服务、信建里驿站物业+养老服务模式，制定养老联合体服务管理细则，对养老服务联合体实施有效监督。全年指导养老服务机构提供58612次为老服务，200余次助医服务。引入5家社会化企业加入助餐点，街道7个自管养老助餐点可实现周边老人就餐、配餐、送餐，基本满足辖区老年人助餐需求。全年为辖区老年人提供71550次助餐服务，其中为养老机构提供4.05万次送餐服务，为辖区老年人提供1.35万次送餐服务，到店就餐人数17550人次。整合小区物业闲置资源，提升改造为养老驿站，多渠道多方式为辖区老年人提供服务，增加居民与物业企业相互信任感，物业费收缴率由30%提升到98%为“物业+养老”搭建市场化运营道路。家庭适老化改造项目完成176户。为辖区基本养老服务对象和70岁以上高龄独居老人安装“一键呼”设备1014台，安装率101%，全区排名第三位。（吕竺霖）

【坊间文体】2022年，白纸坊街道开展“奉献冬奥会，在京过大年”、《冰雪之名》进社区、“我与冰墩墩共赴冰雪之约”等多项冰雪体验活动；开展“双奥之城，发现美丽”等多项系列线上活动，参与人数8200余人。落成街道智能体育公园，总面积1000平方米，构建“布局均衡、开放惠民、科技智慧”体育场馆新格局。白纸坊街道获得西城区2022年“和谐杯”乒乓球比赛团体冠军；9月开展为期5天的冰蹴球体验赛，285人通过学习、交流、体验方式感受冰雪运动快乐。推动智能化体育设施场地建设，对辖区户外健身器材摸底调查，为5个社区更换59件健身器材，其中智能器材24件，智能化率41%。（吕竺霖）

表 36　　2022 年西城区白纸坊街道社区居委会一览表

序号	名称	地址
1	平原里北区社区居委会	平原里 2 号楼西侧一层
2	平原里南区社区居委会	白纸坊东街 3 号楼底商 3-1
3	双槐里社区居委会	白纸坊东街甲 29 号
4	右北大街社区居委会	益民巷益民大楼一层
5	樱桃园社区居委会	樱桃三条新安北里 1 号楼底商
6	菜园街社区居委会	白纸坊西街 17 号院 7 号楼 106 号
7	崇效寺社区居委会	白纸坊西街 17 号院 7 号楼 101 号
8	建功北里社区居委会	南菜园 19-1 底商
9	建功南里社区居委会	南菜园乙 35 号
10	新安中里社区居委会	白纸坊西街 20 号楼底商 -3
11	新安南里社区居委会	白纸坊西街 6 号院 5 号楼 3 门 002 室或白纸坊东街 25 院
12	右内后身社区居委会	右内西街丙 1 号
13	右内西街社区居委会	右内西街乙一号
14	自新路社区居委会	里仁街 3 号院 5 号楼地下室
15	光源里社区居委会	白纸坊东街 31 号院内西配楼二层
16	半步桥社区居委会	北京市西城区右内大街 28 号院 1 号楼北区底商 110 室
17	万博苑社区居委会	半步桥街 60 号华龙美钰小区底商 60-3
18	里仁街社区居委会	里仁街 6 号院外西侧平房
19	清芷园社区居委会	清芷园小区 3 号楼 B 座 IJ 室

（吕竺霖）

广安门外街道

【概况】2022 年，广安门外街道（简称广外街道）位于西城区西南部，东至护城河，与白纸坊街道、牛街街道、广安门内街道隔护城河相望；西至马连道北路、西客站南路，与丰台区太平桥街道相接；南至鸭子桥路、原东西向铁路专用线，与丰台区太平桥街道相邻；北至莲花池东路，与月坛街道、海淀区羊坊店街道毗连。面积 5.49 平方千米。有 2 条过境河流，莲花河由西向南斜穿地区中央，境内流长 2570 米；西护城河从地区东侧流过，境内流长 2640 米。截至年底，户籍人口 17.6 万人，常住人口 19.87 万人，流动人口 6.4 万人。有社区 38 个。有 23 个业主委员会，89 个物业管理委员会。有中学 4 所，小学 9 所，公立幼儿园 8 所，公办养老服务机构 3 所，养老服务驿站 10 家，医院 1 所，社区卫生服务中心 1 个，社区卫生服务站 9 个。有法人单位 8600 家，其中中央、市属单位 91 家，地方单位 259 家，其他 8250 家。“中国茶叶第一街”马连道茶叶街位于辖区西部，有茶城市场 11 个，文化茶室 2 个，商户 1700 余家，从业人员 4000 余人。2022 年，街道获评第五批国家级充分就业社区。（雷　玥）

【党建工作】2022 年，广外街道做好党的二十大代表推荐提名和市党代表选举工作，基层党组织参与率和党员推荐提名率实现 100%。把实施“红墙先锋工程”作为学习贯彻党的二十大精神的重要载体，制订广外街道贯彻落实“红墙先锋工程”实施方案和 52 项工作措施。提升党建引领基层治理效能，巩固深化“红墙先锋在社区，我为群众办实事”实践活动成果，62 家机关企事业单位党组织与 38 个社区党组织结对共建，聚焦群众“急难愁盼”，形成 42 项年度结对共建项目。持续推动“头雁领飞”工程，10 月 28 日，街道举办首期“社区书记理论读书班”暨党的二十大报告学习班。“两新”组织主动申报、认领 34 项为民办实事项目。开展“两个覆盖”集中攻坚行动，辖区非公有制企业党组织覆盖率 94.6%，党的工作覆盖率 100%。严格执纪审查，开展约谈提醒 78 人次。围绕“接诉即办”、办公用房整治、党务外包等重点工作，开展日常专项监督检查 2000 余次。制订《广外街道工委网络意识形态工作责任制实施细则》，落实重大执法决定法制审核制度，重大案件集体讨论3次7件，审核重大案件68件。依法依规办理行政诉讼案件4起。发挥38个社区法律服务站优势，提供律师咨询援助341次405人次。主动接受各方监督，办理区政协提案2件，人大代表意见建议11件，向地区居民通报情况3894次。巩固和深化文明城区常态化创建工作成果，发放张贴宣传海报5000张、创城一封信2万张，更换公益广告围挡1639平方米，制作入户宣传品5万份，制作10处公益广告景观小品，覆盖政务大厅和9个首都文明社区，营造文明创建氛围。完成1个新时代文明实践所、38个实践站规范化建设，制作集成式上墙展板70余块，依托所、站开展理论宣讲、月末清洁日、文化文艺等新时代文明实践活动。以传统节日为载体，构建广外特色文化分馆服务体系，开展线上国学、养生讲座45场，线上书画8班次，促进文化服务云上服务品质再提升。搭建“乐享学区”，以共青团、少先队活动为抓手，结合社区教育活动，充实青少年校外活动，鼓励更多青少年参与到各类志愿服务中。指导38个社区开展各类活动200余场，吸引近6000名居民参与学区科教活动。开展助力冬奥系列活动，组织健身气功八段锦、第九套广播体操、柔力球、广场舞等培训，300余人参与。举办广外街道“红莲杯”社区体育节八段锦风采展示、少儿乒乓球夏令营、北京市全民健身走进广外等活动。（雷　玥）

【平安建设】 2022年，广外街道完成北京冬奥会冬残奥会、全国两会、党的二十大等重大活动服务保障工作。推进智慧平安小区建设，完成地区39个封闭小区、114个开放式小区实地探勘和建设方案制定。为800户居民更换门户C级锁芯。对辖区物技防设备进行全面排查、维护，提高技防设施使用率。深化“平安铁路”建设，落实双段长机制，整治铁路安全问题150余处，推进铁路沿线廊道“消隐促建”工作，拆除市区挂账点位6处3210平方米。落实矛盾化解主体责任，化解重点矛盾案件15件，全国初信初访考核好评率100%。落实安全生产“党政同责、一岗双责”要求，不间断开展安全检查与隐患排查，排查各类生产经营场所9438家次，消除隐患23886处。开展电化学储能电站隐患整治、餐饮燃气安全检查等专项检查行动，保障地区各行业生产安全。完成3880家企业城市安全风险辨识普查工作。完成街道、社区人口疏散图、疏散安置图、就地掩蔽图绘制工作。火灾隐患执法检查4846家，发现隐患1257处，查封90处，处罚36家。建成湾子路口小型消防站，通过电台点名、实地拉动等形式，开展“秒级响应”力量拉动培训980次。开展消防科普基地参观、“消防车进社区”演练等线下活动70余场次，开展网上直播消防宣传23场次，提升全民消防安全意识。加快电动自行车充电设施安装，新增充电柜及充电桩135组、充电口1147个。（雷　玥）

【市政管理】 2022年，广外街道“开墙打洞”、群租房等治理成效明显，地区常住人口减少201人。拆除违法建设169处7800余平方米，超额完成全年拆违目标。以拆违带动一揽子问题解决，拆除白菜湾小区70余处500余平方米违法建设，助力白菜湾老旧小区改造；结合“六个一”行动，拆除存在安全隐患违法建设，治理多处占压燃气管线违建300余平方米，从源头消除隐患；整治楼顶违建，拆除手帕口南街一处规模较大的楼顶违建150余平方米；“见缝插绿”打造城市绿色空间，拆除滨河南路2号、马连道胡同2000余平方米违建，建设两处口袋公园，新增绿化面积4000余平方米。推进灭脏、清障专项整治，清理大件垃圾1300余吨、废旧非机动车1200余辆、“僵尸车”13辆；拆除地桩地锁660个、违规广告牌匾16块。开展各类环保执法检查2300次，查处扬尘问题69起；建立、更新小微工地台账142处，小微工地管理覆盖率85%；苫盖、补植裸地1.6万平方米，苫盖破损树坑3315个。地区$PM_{2.5}$累计浓度比上年改善14.3%、TSP（粒径在100微米以下的颗粒物）累计浓度比上年减少4.6%。以辖区莲花河、通惠河管理为重点，各级河长开展巡河7040次，巡河里程8900余千米，

10月28日，广外街道举办“头雁领飞”工程——首期“社区书记理论读书班”暨党的二十大报告学习班

（广外街道　供图）

处理各类涉河问题180余件。凉水河、通惠河水质4级，均已达标。完成广外南街甲47号楼、广外南街戊26号楼等9个老旧小区改造项目。开展恒昌花园小区污水管线改造及围墙修复、马西里7、8号楼东侧平房雨污水管线改造及地面翻修、红莲路南段精细化提升等13个市级街道整治提升项目，年内全部完工。推进天宁寺东里3号楼等34个老旧楼房上下水改造工程，其中三义里6号楼上下水改造项目已完成，获居民认可。新增天宁寺前街、鸭子桥路等5条道路路侧停车，施划停车泊位147个。（雷　玥）

【社区建设】2022年，广外街道推进社区服务站转型升级，梳理服务站工作事项，制作社区64项基础事项服务清单。指导各社区设置2～3个“全科社工”综合受理岗，制订前后台分办工作流程。细化首问负责、预约服务、一窗受理、限时办结等业务管理制度。完善社会心理服务体系建设，依托“2+N+38”（两个心理服务站点，N个服务领域，38个社区服务需求）社会心理服务构架，面向居民开展心理疏导、心理援助、心理科普、团队辅导等项目，组织团体辅导24次、心理健康知识讲座36次。探索社会心理服务参与社区治理，尝试社会心理服务专业人士参与“接诉即办”过程，适时进行心理疏导。推动“吹哨报到”改革，建立“领哨帮办”机制，制订问题管理台账，动态更新清单内容。“吹哨”区外联办，协调国务院国资委与市自来水公司，解决马中里三区4号楼电梯更换难点问题和马连道五号院7号楼管道更换等因历史原因和产权结构复杂等老大难问题。以点带面，推进社区协商制度化、规范化和程序化，社区治理“五众”（众选、众议、众管、众知、众评）机制，获评北京市“微改革”优秀案例。38个社区开展“月协商”活动，每月围绕1个协商主题进行议事协商。通过“线上+线下”模式，累计开展协商活动538次，3000余人次参与，解决涉及新冠疫情防控、停车自治、垃圾分类、物业管理等群众关心热点、难点问题200余个。完成街道级垃圾分类中转站升级改造，为38处垃圾分类驿站配齐硬件设施，签订非居民厨余垃圾清运合同268份，生活垃圾、建筑垃圾回收体系初步建成。开展垃圾分类宣传、培训活动468场，覆盖居民7.8万人。建立生活垃圾分类薄弱对象清单，开展精准入户指导。推动物管会向业委会转化，制订《广外街道推动业主委员会成立、换届、转化工作方案》，将运转公正高效、条件相对成熟、业主意愿迫切的物管会作为重点转化培养对象，完成京铁和园等11个小区物管会向业委会转化。加强物业企业指导，针对“接诉即办”诉求较多、新冠疫情防控不到位的物业企业，进行约谈指导。

（雷　玥）

【民生保障】2022年，广外街道制作发放《广外街道中央单位和驻京部队服务手册》，实行处级干部包片联系服务中央单位、驻京部队工作机制，为中央单位和驻京部队提供服务359项，提供劳动用工政策咨询服务、环境整治、慰问共建部队等。搭建“红黄蓝”就业服务网络体系，加快推进“数字化就业援助圈”进程，助力1480人成功就业。做好中小微企业帮扶工作，对接辖区内97家中小微企业，参与“以工代赈”工作384人次。开展精准救助帮扶21户54次。开展西城区广外街道慈善工作站试点建设工作，打造基层公益慈善平台，助力慈善事业发展。以创建全国医疗保障服务示范点为契机，成立医保服务小分队，为行动不便、卧病在床群众提供上门服务22次。推行“物业服务+养老服务”模式，在白菜湾养老服务驿站实行套餐制，根据老年人需求调整和完善服务内容，受到周边老人好评。累计签约家庭养老床位630张、基本养老服务对象918人。建成38个社区政务服务站点，构建“1+38”（1个街道政务服务中心+38个社区政务服务站）站点网络布局，优化目标群体服务圈。为辖区公共场所购置117个移动坡道，为23个社区购置27台爬楼机，打通助老助残服务“最后一米”。2022年，广外街道成立转运专班，设置转运热线，建立24小时值守机制，对接属地社区卫生服务中心，两个转运车组满足辖区非紧急医疗需求。建立完善老幼病残孕等特殊人群台账，重点关注孤寡、残疾、失独家庭，发放防疫包87121份。（雷　玥）

【“接诉即办”事项】2022年，制订《广外街道“接诉即办”工作手册》，全年承办热线诉求31327件，其中直派15997件、转派15330件，环比增加130%。实行“一把手”负总责，建立党工委抓总、六办纵向到底、社区党支部横向到边“接诉即办”工作体系。制订《广外街道“接诉即办”工作手册》，编写工作指南。落实“吹哨报到”机制，针对多部门职责交叉、存在争议的疑难诉求建立工作专班协调解决。有效化解远见名苑小区地下车库涨价、广源小区底商设备噪声扰民等多起集中矛盾。制订雨季、供暖季等规律性诉求预案，提高办理质量和效率。建立重点诉求人台账、微信“直通车”，安排专人对接，减少无理诉求发生。学习《2022年度“接诉即办”考评实施办法》，把握考核清单事项，组织培训交流，加强政策解读。开展“‘接诉即办’最美办件”系列评选，表彰“接诉即办”最美办件集体3个、最美办件人30人。（雷　玥）

【功能街区建设服务】2022年，广外街道举办高新技术企业政策宣讲活动，邀请专家讲解高新企业落户政策、税收补贴及贷款政策，组织相关职能部门开展“送服务进企业”宣讲座谈活动15次。召开园区产业发展交流座谈会，探讨企业合作共赢方向。与区发展改革委、区税务局、区财政局、区统计局、区市场监管局、区城市管理委等部门信息交流共享，动态掌握区域经济发展态势，加大重点税源监测、服务力度，为税源企业经营发展提供优良环境。开展企业大走访活动，走访重点单位533家次，协助解决周边环境整治、安全生产隐患排查、税票相关政策咨询、惠企政策对接等各类诉求388个。优化广外地区营商环境，重点打造“马连道国际·茶·数字孪生街区”，保障2022全球数字经济大会西城分论坛在马连道第三区数字经济产业园举办。（雷　玥）

【特色社区政务服务】 2022年，广外街道实现38个社区政务服务站全覆盖。按照“精简、统一、便民、高效”总要求，以“六统一”（统一服务模式、统一服务事项、统一办事指南、统一服务流程、统一上线渠道、统一视觉标识）为抓手，街道政务服务“窗口”向社区前移，确保基层政务服务落地见效，增强政务服务主动性、精准性、便捷性，提高群众办事获得感。（雷　玥）

表37　　2022年西城区广安门外街道社区居委会一览表

序号	名称	地址
1	鸭子桥社区居委会	信德园2号楼一层
2	青年湖社区居委会	广外南街57号底商3-4
3	椿树馆社区居委会	车站东街15号院2-1-102
4	白菜湾社区居委会	广安门外南街甲59号楼底商3号
5	车站东街社区居委会	广外大街6号楼一层
6	京铁和园社区居委会	广安门车站西街2号院17号楼一层
7	手帕口南街社区居委会	南新里四巷（红居街11号楼西侧平房）
8	朗琴园社区居委会	手帕口南街1号院11号楼一层
9	红居街社区居委会	红居街4号楼A1
10	名苑社区居委会	红居街4号楼裙房二层南1号商铺
11	红居南街社区居委会	红居斜街9号楼
12	车站西街15号院社区居委会	车站西街15号院9号楼西侧平房
13	车站西街社区居委会	车站西街17号院1号楼南侧平房
14	乐城社区居委会	红莲南路6号院2号楼110
15	红莲北里社区居委会	红莲北里12-1
16	红莲中里社区居委会	红莲中里28号楼东侧平房院
17	茶马北街社区居委会	马连道路甲10号
18	茶马南街社区居委会	茶马街6号院4号楼西
19	红莲南里社区居委会	红莲南里8号
20	三义东里社区居委会	马连道中街甲3号一层东侧
21	三义里社区居委会	三义里8号楼南侧
22	马连道中里社区居委会	马中街甲三号楼一层西侧
23	马连道社区居委会	马连道路5号院甲7号楼下北侧平房
24	湾子街社区居委会	马连道南街12号院内

续表 37

序号	名称	地址
25	茶源社区居委会	马连道路 15 号院 3-8
26	中新佳园社区居委会	马连道中新佳园二区 10 号楼一层
27	依莲轩社区居委会	马连道 6 号院格调小区 1 号楼 3 单元负一层
28	小马厂东社区居委会	小马厂路 1 号院 1 号楼北侧一层
29	小马厂西社区居委会	小马厂南里 7 号楼 1 层南侧
30	手帕口北街社区居委会	广外大街 201 号广华轩会所南侧二层
31	天宁寺北里社区居委会	天宁寺前街北里 5-1-103 室
32	二热社区居委会	天宁寺东里 1 号
33	天宁寺南里社区居委会	新居东里三号楼外西侧平房
34	莲花河社区居委会	莲花河胡同 2 号院 1 号楼 1 单元
35	荣丰北社区居委会	广外大街 305 号 8 区 5 号楼 G 层
36	荣丰南社区居委会	广外大街 305 号 8 区 12 号楼南侧
37	蝶翠华庭社区居委会	广外大街 305 号 2 区 1 号楼底商
38	广源社区居委会	广外大街 305 号 3 区 2 号楼 1 单元 103 号

（雷　玥）

（责任编辑　张　立**）**

人物　荣誉

先进个人

全国（含系统）先进个人

全国“人民满意的公务员”

郭华刚　北京市西城区住房和城市建设委员会老旧小区综合整治科科长

焦云龙　北京市西城区消防救援支队府右街特勤站站长

全国五一劳动奖章

李京兵　北京市地铁运营有限公司运营二分公司检修调度

焦云龙　北京市西城区消防救援支队府右街特勤站站长

全国优秀共青团干部

宁嘉瑜（女）　北京市西城团区委副书记（兼职）、团教工委书记

全国行政执法先进个人

刘朝晖（女）　北京市西城区月坛街道平安建设办公室科长

全国公安机关爱民模范

李　宁　北京市公安局公安交通管理局西城交通支队广安门大队大队长

全国特级优秀人民警察

沈　琦（女，回族）　北京市公安局西城分局牛街派出所副所长

全国公安机关爱民模范

郭新喜　北京市公安局西城分局大栅栏派出所副队长

全国公安政治工作先进个人

赖威斯　北京市公安局西城分局政治处科长

全国公安机关成绩突出个人

孙　奖　北京市公安局西城分局副局长

全国公安机关成绩突出女民警

谢　冰（女）　北京市公安局西城分局府右街派出所中队长

全国法院先进个人

高　晶（女）　北京市西城区法院机关党委专职副书记

全国法院办案标兵

龚　晶（女）　北京市西城区法院团队长、审判员、四级高级法官

国家统计局执法监督优秀工作人员

李　健（女）　北京市西城区统计局统计执法检查队科长

朱广文　北京市西城区统计局统计执法检查队四级调研员

全国档案工匠型人才（数字化加工领域）

李婉秋（女，蒙古族）　北京市自来水集团公司史志办公室副主任

中国红十字会会员之星

白　旭（女，满族）　北京市西城区新街口街道中直社区社区书记

北京冬奥会、冬残奥会食品供应、工业产品质量和特种设备安全服务保障工作突出贡献个人

袁小龙　北京市西城区市场监管综合执法大队副大队长

2022冬奥会和冬残奥会奥林匹克标志知识产权保护突出贡献个人

王晛昀（女） 北京市西城区市场监管局四级主任科员

北京市（含系统）先进个人

首都劳动奖章

马　跃（女） 北京信沃达海洋科技有限公司市场推广部负责人
刘　琦 北京菜市口百货股份有限公司营业员
杨　雪（女） 居仁堂京瓷（北京）文化有限公司车间主任
闫大伟 北京市惠佳丰劳务服务有限责任公司经理
闫　茹（女） 北京达博有色金属焊料有限责任公司技术部部长、高级工程师
封谊华 北京智博联科技股份有限公司项目经理
段　彬 北京安博通科技股份有限公司CTO，正高级工程师
兰　德 中电建建筑集团有限公司
徐全胜 北京市建筑设计研究院有限公司
安　然（回族） 北京穆德天诚文化传媒发展有限公司设计部经理
李永芳 北京德源什刹海房屋管理有限公司木工工长
李　宁 北京市公安局公安交通管理局西城交通支队广安门大队大队长
陈金龙 北京市地铁运营有限公司机电分公司一级维修师
孟艺兵 北京市地铁运营有限公司供电分公司运检师
张文强 北京市地铁运营有限公司运营服务管理部部长
李　芳（女） 北京市地铁运营有限公司运营二分公司站区长
孙雪峰 北京市地铁运营有限公司线路分公司维修部主任
王　磊 北京地铁建筑设施维护有限公司工区主任
王　征 北京市轨道交通建设管理有限公司
王丽环（女） 北京市西城区育民小学党总支书记、校长，高级教师
李庆元 北京市西城区师范学校附属小学党委书记、校长，正高级教师
石　雷 北京市金属工艺品厂有限责任公司技术部副部长、工艺美术师
佟　云（女） 北京市丰盛中医骨伤专科医院急诊科主任，主任医师
韩　燕（女） 北京市回民医院急诊科主任，主任医师
杨军剑 北京市西城区德胜街道城市管理办公室科长
张谷乔 北京市西城区椿树街道宣武门外东大街社区党委书记、居委会主任

北京老字号工匠

吕永杰 北京京饮马凯餐厅有限责任公司副经理、第四代技艺传承人、集体技艺传承班项目负责人
王鸿庆 北京同春园饭店有限公司副经理、第三代技艺传承人、集体技艺传承班项目负责人

北京市优秀共青团员

郭怡航（女） 北京市西城区住房和城市建设委员会消防验收组一级科员
宋　婕（女） 北京市西城区文化和旅游局文物科一级科员
常静波 北京市公安局西城分局府右街派出所民警
范佳豪 北京市第二医院康复科治疗师
刘　浩 北京市西城区大栅栏社区卫生服务中心护士
刘城玥（女） 北京市西城区天桥街道办事处全响应街区治理中心职员
孙静云（女） 北京市西城区德胜街道办事处综合行政执法队科员
崔晓东 北京聚德华天控股有限公司北京峨嵋酒家楼面部长
孙三慧 奇安信科技集团股份有限公司安全服务工程师
张宇宣 北京市第十四中学学生

北京市优秀共青团干部

高　洋 北京市西城区直机关团工委书记
王　迪（女） 北京市西城团区委组织部（社会部）部长
周　杰（女） 北京市西城区人民法院团委书记
罗李立（女） 北京市西城区团教工委副书记
唐　浩 北京市公安局西城分局团委书记
赵　帅（女） 北京市西城区什刹海街道团工委副书记
李　雯（女） 北京市西城区广外街道党群工作办公室科长
李星宇（女） 北京市西城区新街口街道团工委副书记
李沄沚 北京菜市口百货股份有限公司团委书记
龚　瑾（女） 北京市西城区西长安街街道长安文化之旅社区青年汇社工

北京市妇女儿童工作先进个人

张　阳 西城区委组织部干部一科科长
申　骏（女） 西城区妇联办公室主任、一级主任科员
刘　滨（女） 中国女摄影家协会副主席，西城区妇

联执委、兼职副主席
郑 青（女） 北京市公安局西城分局政治处一级高级警长，西城区妇联执委
魏文博（女） 北京市西城区人民检察院第八检察部副主任
闫娟娟（女） 北京市西城区人力资源和社会保障局就业促进科科长
何骏飞 北京第一实验小学德育干部、高级教师
王 霞（女） 西城区新街口街道妇联主席、一级主任科员
张 建（女） 北京市西城区新街口街道西四北六条社区书记
刘卫东（女） 北京市西城区什刹海街道妇联科长

北京市司法行政系统先进个人

王 喆 北京市西城区司法局基层治理科科长
董建明 北京市西城区人民政府椿树街道办事处、平安建设办公室科长
王 倩（女） 北京市西城区广外街道平安建设办公室科长

北京市公安局个人一等功

郑 磊 北京市公安局公安交通管理局西城交通支队西单大队大队长

北京市公安局个人二等功

李 华 北京市公安局公安交通管理局西城交通支队西外大队大队长
王 焱 北京市公安局公安交通管理局西城交通支队府右街大队大队长

北京市第七次全国人口普查先进个人

吴 珍 北京市西城区统计局党组成员、副局长、三级调研员
邱桂平（女） 北京市西城区统计局工业城建统计科科长，一级主任科员
侯雅龄（女） 北京市西城区统计局普查中心四级主任科员
郭念晗（女） 北京市西城区德胜街道地区协调服务办公室（统计所）科长
董 玫（女） 北京市西城区西长安街街道地区协调办公室（统计所）科长
白 桦 北京市西城区新街口街道地区协调办公室统计所所长
刘继国 北京市西城区人民政府椿树街道办事处、三级主任科员
靳海霞（女） 北京市西城区陶然亭街道地区协调服务办公室（统计所）科长
贡 鸣（女） 北京市西城区人民政府展览路街道办事处地区协调办公室科长
王秀萍（女） 北京市西城区广内街道统计所、四级调研员
刘 芳（女） 北京市西城区白纸坊街道办事处

北京市统计系统先进个人

吴 珍 北京市西城区统计局党组成员、副局长、三级调研员
靳海霞（女） 北京市西城区陶然亭街道地区协调服务办公室（统计所）科长

北京市节能减排先进个人

裴 丽（女） 北京市西城区发展和改革委员会党组成员、副主任
刘淑蕊（女） 北京市西城区发展和改革委员会环境资源科二级主任科员
廖志才 北京市西城区住房和城市建设委员会一级主任科员
李 晨 北京市燃气集团有限责任公司技术信息部主管

首都义务植树 40 周年突出贡献个人

彭 博（满族） 北京市西城区园林绿化局绿化科副科长

首都绿化美化先进个人

王吉顺 北京市西城区园林绿化局法制科四级主任科员
王治锟 北京市西城区金融街街道职员
杨昌林 北京市西城区展览路街道办事处城市管理办公室二级主任科员

首都绿化美化积极分子

施翠玲（女） 北京市西城区广外街道纪工委副书记、监察组副组长

北京市档案系统先进个人

马驰宏（女） 北京市西城区展览路街道综合办公室一级主任科员
李 红（女） 北京市西城区白纸坊街道办事处四级调研员

第二届北京市“人道奖”先进个人

孙 梅（女） 北京市西城区新街口街道办事处三级主任科员

首都最美家庭

陆 琳 华北电网有限公司副总经济师（退休）

2022年冬奥会、冬残奥会北京市先进个人

张学凯　北京市公安局西城分局治安支队四级高级警长
金晓川　北京市公安局西城分局反恐怖和特巡警支队二级警长
闻　茜（女）　北京市公安局西城分局机动处置支队警长
王　代　北京市公安局西城分局政治处副科职干部
钱建华　北京市西城区市场监管局科长
宋　戎　北京市交通运输综合执法总队综合协调处处长、督办
常学富　北京市公安局公安交通管理局西城交通支队西外大队副大队长
杨雨曦（女）　北京市西城区天桥街道办事处四级主任科员

北京冬奥会和冬残奥会优秀城市志愿者（北京市）

武　昉（侗族）　北京市西城区展览路街道党群工作办公室副科长、团工委负责人
马　菡　北京金融街惠泽幼儿园（月坛园）

先进集体

全国（含系统）先进集体

（全国）节约型机关

北京市西城区委党校
北京市西城区市场监督管理局
北京市西城区人力资源和社会保障局
北京市西城区陶然亭街道办事处
北京市西城区广内街道办事处

全国信访工作先进集体

北京市西城区信访办

全国行政执法先进集体

国家税务总局北京市西城区税务局

全国依法治理创建活动先进单位

北京市西城区统计局、北京市西城区经济社会调查队

全国五一劳动奖状

北京有研科技集团有限公司

全国工人先锋号

北京市西城区疾病预防控制中心疫情防控应急队

一星级全国青年文明号

国家税务总局北京市西城区税务局第一税务所
国家税务总局北京市西城区税务局第六税务所

全国五好标杆县级工商联

北京市西城区工商联

全国优秀公安基层单位

北京市公安局西城分局治安支队行动中队

全国公安机关爱民模范集体

北京市公安局西城分局新街口派出所

全国公安机关政治工作成绩突出集体

北京市公安局西城分局团委

调查点工作先进基层单位

北京市西城区工商联

国家食品安全示范城市

北京市西城区

全国住房和城乡建设系统先进集体

北京市西城区住房和城市建设委员会

全国119消防先进集体

北京市地铁运营有限公司

爱国卫生运动70周年先进集体

北京市西城区爱国卫生运动委员会办公室

全国救助工作先进单位

北京市西城区民政局

全国示范性老年友好型社区

北京市西城区什刹海街道柳荫街社区
北京市西城区新街口街道北草厂社区
北京市西城区牛街街道南线阁社区

北京市（含系统）先进集体

北京市保密工作先进集体

北京市地铁运营有限公司保密委员会办公室
北京市西城区展览路街道办事处办公室

首都劳动奖状

北京市西城区新街口街道办事处
首都医科大学附属复兴医院
北京星际荣耀空间科技股份有限公司
北京安博通科技股份有限公司
中国铁路北京局集团有限公司北京北站

北京市工人先锋号

北京元隆雅图文化传播股份有限公司冬奥专项事业群
北京顺丰速运有限公司陶然亭经营分部
北京市西城区教育委员会体育卫生与艺术教育科
北京德源兴业投资管理集团有限公司匠心筑艺文保修缮创新工作室
北京鑫雅市政建设工程有限责任公司应急抢险部
北京华融基础设施投资有限责任公司菜市口西片区申请式退租试点工作团队
中国光大银行股份有限公司北京分行公司金融部
北京市地铁运营有限公司运营二分公司1号线乘务中心

北京市青年突击队

北京元隆雅图冬奥青年突击队

北京市五四红旗团委

中国共产主义青年团北京市西城区委员会
国家税务总局北京市西城区税务局团委
北京市西城区人民检察院团委
中国建设银行北京宣武支行团委
中国铁路北京局集团有限公司北京北站团委
北京中医药大学附属护国寺中医医院团委
北京市西城区金融街街道团工委
北京市西城区陶然亭街道团工委
北京市第八中学团委

北京市五四红旗团支部

北京市公安局西城分局西长安街派出所团支部
北京市西城区财政局团支部
北京市公安局西城分局天桥派出所团支部
北京市西城区黄城根小学教工团支部
北京市第四幼儿园教工团支部
北京市西城区展览路街道机关第二团支部

北京市妇女儿童工作先进集体

北京市西城区统计局
北京市西城区德胜街道裕中东里社区居民委员会
北京市西城区大栅栏街道百顺社区居民委员会

北京市司法行政系统先进集体

北京市西城区司法局
北京市西城区法治促进中心
北京市西城区法律援助中心
北京市西城区阳光中途之家
北京市西城区消费纠纷人民调解委员会
北京市西城区西长安街街道司法所
北京市西城区新街口街道人民调解委员会联合调解室
北京市西城区陶然亭街道人民调解委员会
北京市西城区展览路街道人民调解委员会
北京市西城区月坛街道司法所
北京市西城区广内街道司法所

北京市公安局集体二等功

北京市西城交通支队西外大队
北京市西城交通支队西单大队T02勤务路线保障铁骑突击队

第四届北京市模范法院

北京市西城区人民法院

北京市人民法院先进集体

北京市西城区人民法院民一庭

北京市征兵工作先进单位

北京市西城区人民武装部

北京市统计系统先进集体

北京市西城区广内街道统计所
北京市西城区白纸坊街道

北京市节能减排先进集体

北京市西城区人民政府

首都生态文明建设先进集体

北京市西城区住房和城市建设委员会

首都绿化美化先进集体

北京市西城区人定湖公园
北京市西城区万寿公园

首都绿化美化花园式社区

北京市西城区金融街街道民康社区

首都全民义务植树先进单位

北京市西城区金融街街道办事处

第二届北京市“人道奖”先进集体

北京市西城区红十字会

首都见义勇为权益保护工作先进单位

北京市西城区民政局社会事务管理科

2022年冬奥会、冬残奥会北京市先进集体

北京市公安局西城分局指挥处

（**责任编辑** 陈 艳）

统计资料

说明：
1. 统计资料中“#”表示其中项。
2. “*”表示数据小于等于 2。
3. “—”表示数据不详或没有数据。
4. “…”表示因数据不足最小计算单位而省略。

表 38　　西城区行政区划与土地面积统计表（2022 年）

地区	社区居委会（个）	辖区面积（平方千米）
全区	263	50.70
德胜街道	20	4.14
什刹海街道	22	5.80
西长安街街道	11	4.24
大栅栏街道	9	1.27
天桥街道	9	2.07
新街口街道	21	3.70
金融街街道	20	3.78
椿树街道	7	1.09
陶然亭街道	10	2.14
展览路街道	23	5.87
月坛街道	26	4.13
广安门内街道	18	2.43
牛街街道	10	1.44
白纸坊街道	19	3.11
广安门外街道	38	5.49

资料来源：西城区民政局

表 39

西城区主要经济社会指标统计表

项目	单位	2022 年	2021 年	2022 年比 2021 年 ±（%）
人口				
常住人口	万人	110.0	110.4	-0.4
户籍人口	万人	151.9	150.2	1.2
地区生产总值	亿元	5700.1	5408.1	4.1
第二产业	亿元	293.9	274.7	4.5
第三产业	亿元	5406.2	5133.4	4.1
人均地区生产总值	美元 / 人	76902.0	75862.0	1.4
商业				
社会消费品零售总额	亿元	987.3	1089.4	-9.4
投资				
固定资产投资额（不含农户）	亿元	—	—	—
# 房地产开发投资	亿元	—	—	—
财政				
公共财政预算收入	亿元	415.9	428.1	-2.8
区级税收	亿元	375.3	407.8	-8.0
公共财政预算支出	亿元	435.0	414.4	5.0
劳资				
城镇单位在岗职工期末人数	人	714333.9	943352.0	-24.3
城镇单位从业人员工资总额	万元	21441793.7	22136303.0	-3.1
城镇单位在岗职工工资总额	万元	19614436.1	20083484.0	-2.3
城镇单位在岗职工平均工资	元	274274.0	262874.0	4.3
西城园				
总收入	亿元	4601.0	3834.1	20.0
工业				
工业总产值（现价）	亿元	625.4	592.5	5.6
建筑业				
建筑业总产值	亿元	863.0	842.8	2.4
人民生活				
居民人均可支配收入	元	99275.5	96949.0	2.4
居民人均消费性支出	元	54808.5	57396.0	-4.5
恩格尔系数	%	19.8	19.2	3.1
居民消费价格指数（以上年同期价格为 100 的指数）	%	101.8	101.1	0.7
居民人均住房总建筑面积	平方米	23.0	22.6	1.6
基本单位情况				
法人单位数	个	45832.0	47616.0	-3.7
产业活动单位数	个	10084.0	11258.0	-10.4

续表 39

项目	单位	2022 年	2021 年	2022 年比 2021 年 ±（%）
企业基本情况				
资产总计	亿元	1486052.9	1373574.7	8.2
收入合计	亿元	1246906.5	30208.8	4027.6
利润总额	亿元	12973.1	10390.6	24.9
对外经济贸易				
“三资”企业实际利用外资额	亿美元	13.0	3.1	318.7
城市建设及环境保护				
城市绿化覆盖率	%	32.2	31.8	1.1
人均公园绿地面积	平方米 / 人	5.0	5.0	0.6
可吸入颗粒物（PM_{10}）	微克 / 立方米	56.0	56.0	0.0
细颗粒物（$PM_{2.5}$）年均浓度值	微克 / 立方米	32.0	34.0	−5.9
降尘量	吨 / 平方公里・月	3.6	4.1	−12.2
就业与社会保障				
城镇登记失业率	%	2.2	1.9	21.1
城镇登记失业人员就业率	%	67.2	67.3	−0.1
养老保险基金征缴率	%	—	99.9	—
基本医疗保险基金征缴率	%	99.7	99.2	0.5
失业保险基金征缴率	%	97.5	99.9	−2.4
工伤保险基金征缴率	%	99.8	99.8	上升 0.01 个百分点
民政				
抚恤、补助优抚对象人数	人	1614.0	1551.0	4.1
全区老龄人口数	人	—	—	—
最低生活保障人数	人	13848.0	14018.0	−1.2
各种收养性单位个数	个	41.0	42.0	−2.4
基础教育				
学校个数	个	187.0	191.0	−2.1
# 小学	个	58.0	58.0	0.0
初级中学	个	4.0	4.0	0.0
高级中学	个	1.0	1.0	0.0
在校生数	人	207574.0	193823.0	7.1
# 小学	人	108262.0	101830.0	6.3
初级中学	个	7536.0	6966.0	8.2
高级中学	人	1987.0	1841.0	7.9
毕业生数	人	38246.0	33586.0	13.9
# 小学	人	12797.0	12260.0	4.4
初级中学	个	2079.0	1841.0	12.9
高级中学	人	554.0	513.0	8.0

续表 39

项目	单位	2022 年	2021 年	2022 年比 2021 年 ±（%）
文化				
公共图书馆	个	21.0	26.0	−19.2
总藏量	万册	238.2	294.1	−19.0
# 图书	万册	225.0	282.0	−20.2
文化馆	个	16.0	16.0	0.0
文物保护单位	处	193.0	192.0	0.5
# 全国重点文物保护单位	处	44.0	44.0	0.0
北京市文物保护单位	处	68.0	67.0	1.5
卫生				
卫生机构	个	705.0	700.0	0.7
卫生技术人员	人	41602.0	40789.0	2.0
# 执业（助理）医师	人	14707.0	14476.0	1.6
注册护士	人	18878.0	18357.0	2.8
医疗床位	张	18633.0	17623.0	5.7
平均每千常住人口医院床位数	张	16.9	16.0	6.1
平均每千常住人口拥有职业（助理）医师	人	13.4	13.1	2.0
平均每千常住人口拥有注册护士	人	17.2	16.6	3.2
文明建设情况				
文明机关个数	个	253.0	253.0	0.0
文明社区个数	个	104.0	104.0	0.0

表 40　　西城区地区生产总值统计表（2011—2022 年）　　单位：亿元

年份	地区生产总值	第二产业	工业	第三产业	金融业	人均地区生产总值（美元 / 人）
2011	2421.0	184.7	133.8	2236.2	902.2	30167
2012	2692.5	203.0	148.8	2489.5	1069.3	33639
2013	2966.8	210.4	153.5	2756.4	1202.3	36750
2014	3229.1	225.6	159.5	3003.4	1398.6	40051
2015	3553.2	217.5	156.6	3335.6	1626.3	43515
2016	3881.8	224.3	159.5	3657.4	1820.8	45250
2017	4265.7	242.5	166.8	4023.1	1962.2	50422
2018	4692.3	277.4	188	4414.8	2249.2	58361
2019	5007.3	277.0	185.9	4730.3	2505.8	61775
2020	5002.7	258.5	175	4744.2	2615.5	64214
2021	5408.1	274.7	190.6	5133.4	2872.5	75862
2022	5700.1	293.9	200.2	5406.2	3088.7	76902

注：北京市统计局根据第四次全国经济普查数据，对地区生产总值数据进行修订，本表为修订后的数据。

表 41　西城区法人、产业活动单位数统计表（2022 年）

项目	法人单位	产业活动单位
合计	45832	10084
按国民经济产业分		
第二产业	717	312
第三产业	45109	9770
按国民经济行业分		
工业	315	133
建筑业	429	187
批发和零售业	12967	2431
交通运输、仓储和邮政业	373	181
住宿和餐饮业	2001	1247
信息传输、软件和信息技术服务业	2708	435
金融业	1015	2505
房地产业	1720	705
租赁和商务服务业	9806	911
科学研究和技术服务业	6095	590
水利、环境和公共设施管理业	200	45
居民服务、修理和其他服务业	1504	261
教育	1340	68
卫生和社会工作	462	73
文化、体育和娱乐业	3168	191
公共管理、社会保障和社会组织	1721	118

注：本表数据出自统计基本单位名录库。

表 42　西城区企业基本情况统计表（2022 年）

项目	单位数（个）	收入总计（万元）
合计	45832	318147457.5
按隶属关系分	45832	318147457.5
中央	1822	226831375.8
地方	2396	41003373.5
其他	41614	48516720.1
按注册类型分	45832	318147457.5
内资	45150	303271336.7
国有	2296	15838070.4
集体	689	44747.3
股份合作	763	95126.0
联营	26	2338.9
有限责任公司	4959	175591335.5

续表 42

项目	单位数（个）	收入总计（万元）
股份有限公司	215	103249788.9
私营	34749	7895630.5
其他	1453	554299.2
港澳台商投资	306	8950816.1
与港澳台商合资经营	82	334070.1
与港澳台商合作经营	9	73798.3
港澳台商独资	211	8540230.9
港澳台商投资股份有限公司	*	2716.8
其他港澳台投资	*	—
外商投资	376	5925304.7
中外合资经营	108	2081258.0
中外合作经营	10	11931.1
外资企业	249	3527038.4
外商投资股份有限公司	8	305077.2
其他外商投资	*	—
按国民经济行业分	45832	318147457.5
农、林、牧、渔业	8	—
采矿业	3	—
制造业	274	1286157.1
电力、燃气及水的生产和供应业	38	75100594.0
建筑业	429	9562315.2
批发和零售业	12967	43192403.5
交通运输、仓储和邮政业	373	5586303.7
住宿和餐饮业	2001	899489.8
信息传输、软件和信息技术服务业	2708	9997467.4
金融业	1015	134727539.3
房地产业	1720	4179077.2
租赁和商务服务业	9806	9725123.0
科学研究和技术服务业	6095	12823127.2
水利、环境和公共设施管理业	200	531387.9
居民服务、修理和其他服务业	1504	192172.8
教育	1340	1917030.2
卫生和社会工作	462	5308241.0
文化、体育和娱乐业	3168	3119028.2
公共管理、社会保障和社会组织	1721	—
国际组织	—	—

表 43　　西城区企业主要财务指标（2022 年）　　单位：万元

项目	资产总计	负债总计	利润总额
合计	14860528554.0	12469064869.0	129730805.3
按隶属关系分	14860528554.0	12469064869.0	129730805.3
中央	12974670405.0	11051083915.0	110464151.5
地方	1083660524.0	947839542.0	9024998.1
其他	799166049.9	467810617.2	10257863.3
按注册类型分	14860528554.0	12469064869.0	129730805.3
内资	14553038258.0	12316228100.0	119666009.8
国有	2464496684.0	2372052991.0	39318762.7
集体	104575.0	95785.6	−703.2
股份合作	66114.6	54190.6	791.7
联营	6925.9	7559.3	−567.1
有限责任公司	4390810400.0	3453743436.0	42221132.6
股份有限公司	7669381920.0	6479855194.0	37785865.6
私营	25220104.7	7717619.6	332524.6
其他	2951533.7	2701323.7	8202.9
港澳台商投资	104301833.4	65263853.9	1394721.4
与港澳台商合资经营	2874388.6	746537.6	87904.6
与港澳台商合作经营	288142.0	231736.2	7259.2
港澳台商独资	90468827.6	61497829.6	887028.4
港澳台商投资股份有限公司	10670475.2	2787750.5	412529.2
其他港澳台商投资	—	—	—
外商投资	203188462.5	87572915.0	8670074.1
中外合资经营	25604855.9	17707866.0	582584.5
中外合作经营	248982.8	186188.9	6067.3
外资企业	146080393.2	55610242.6	7486108.4
外商投资股份有限公司	31254230.6	14068617.5	595313.9
其他外商投资	—	—	—
按国民经济行业分	14860528554.0	12469064869.0	129730805.3
农、林、牧、渔业	—	—	—
采矿业	—	—	—
制造业	1714724.0	841037.8	30092.2
电力、燃气及水的生产和供应业	286343116.4	97537120.9	4349184.0
建筑业	20960828.1	16250758.6	103849.7
批发和零售业	54617236.1	38120814.1	1248314.4
交通运输、仓储和邮政业	9204346.7	7712767.8	−134199.4
住宿和餐饮业	1969576.4	1785070.1	−132605.6
信息传输、软件和信息技术服务业	302084880.9	110372806.6	16277298.8

续表 43

项目	资产总计	负债总计	利润总额
金融业	13674875782.0	11982025707.0	60457902.5
房地产业	82755459.4	55086949.7	451971.9
租赁和商务服务业	344855382.8	126065594.0	44761294.2
科学研究和技术服务业	62126805.1	28049482.9	1777084.1
水利、环境和公共设施管理业	1080108.4	377530.3	58709.9
居民服务、修理和其他服务业	222386.9	136015.0	10647.2
教育	2961883.4	266122.0	4954.8
卫生和社会工作	5971723.1	2275127.4	19104.2
文化、体育和娱乐业	8784314.3	2161964.1	447202.4
公共管理、社会保障和社会组织	—	—	—
国际组织	—	—	—

表 44　西城区常住人口统计表

项目	计量单位	2022 年	2021 年
合计	万人	110.0	110.4
常住人口分性别			
男性人口	万人	53.0	53.4
女性人口	万人	57.0	57.0
常住人口分年龄			
0-14 岁人口	万人	15.9	16.1
15-64 岁人口	万人	71.2	72.3
65 岁及以上人口	万人	22.9	22.0
# 60 岁及以上人口	万人	31.0	29.7
出生人数	人	5569	5979
出生率	‰	5.05	5.41
死亡人数	人	10678	10464
死亡率	‰	9.69	9.47

资料来源：常住人口数据由市局反馈所得

表 45　西城区劳动就业基本情况统计表

项目	计量单位	2022 年	2021 年
西城区人力资源服务机构数	家	139	134
城镇登记失业率	%	2.24	1.85
期末实有城镇登记失业人数	人	8778	7826
# 女性	人	3395	2854
城镇登记失业人员就业人数	人	17202	17964
# 女性	人	7067	6855

续表 45

项目	计量单位	2022 年	2021 年
城镇登记失业人员就业率	%	67.17	67.25
# 女性	%	68.76	67.99
城镇登记失业人员参加培训人数	人	2837	0
就业困难人员就业人数	人	13176	13753
职业技能培训人员总量	人	13418	22003
辖区公共职介机构求职登记人次数	人次	11469	11845
辖区公共职介机构职业介绍成功人次数	人次	5148	321
社区岗位安置就业困难人数	人	12757	12615
用人单位招用就业困难人数	人	1286	1296
最低退休金	元	1714	1714

资料来源：西城区人力资源和社会保障局

表 46　　西城区社会保障基本情况统计表

项目	计量单位	2022 年	2021 年
基本养老保险			
参加单位数	个	35380	34775
参加人数	人	1957727	1955471
基金收入	万元	3542107	3194680
基金支出	万元	3198646	2670395
基金征缴率	%	—	99.87
基本医疗保险			
参加单位数	个	31514	54474
参加人数	人	1686349	2583851
基金收入（含生育保险）	万元	2311478	2182321
基金支出	万元	1136826	1669328
基金征缴率	%	99.71	99.17
工伤保险			
参加单位数	个	37526	36896
参加人数	人	1538398	1503293
基金收入	万元	51335	41232
基金支出	万元	39769	37014
基金征缴率	%	99.80	99.79
失业保险			
参加单位数	个	36421	35840
参加人数	人	1451128	1449791
基金收入	万元	161654	139678
基金支出	万元	81018	105786

续表 46

项目	计量单位	2022 年	2021 年
基金征缴率	%	97.54	99.90
生育保险			
参加单位数	个	—	—
参加人数	人	—	—
基金收入	万元	—	—
基金支出	万元	106700	95227
基金征缴率	%	—	—
城乡居民基本医疗保险参保人数	人	280650	260780
城乡居民基本医疗保险报销金额	万元	128827	84598

资料来源：西城区人力资源和社会保障局、西城区医疗保障局

表 47　　西城区城镇单位从业人员平均人数统计表（2022 年）　　单位：人

项目	年平均人数	在岗职工	劳务派遣人员	其他从业人员
合计	865630	715140	63112	87378
农、林、牧、渔业	0	0	0	0
采矿业	0	0	0	0
制造业	6637	6216	288	133
电力、燃气及水的生产和供应业	58872	51059	7235	578
建筑业	24010	20308	3278	425
批发和零售业	32063	29757	1315	990
交通运输、仓储和邮政业	77824	71369	5252	1202
住宿和餐饮业	22997	14966	1732	6298
信息传输、软件和信息技术服务业	47142	46043	609	490
金融业	220323	149898	10935	59489
房地产业	60809	53340	4276	3194
租赁和商务服务业	55638	52808	1433	1398
科学研究和技术服务业	58302	52406	3318	2578
水利、环境和公共设施管理业	13240	10848	2203	189
居民服务、修理和其他服务业	4505	3859	372	274
教育	31173	27547	2112	1514
卫生和社会工作	39344	33001	4399	1943
文化、体育和娱乐业	31156	28862	1135	1159
公共管理、社会保障和社会组织	81595	62853	13217	5524

表 48　　西城区固定资产投资额（不含农户）统计表　　单位：亿元

年份	固定资产投资额（不含农户）		# 房地产开发投资额		# 建安投资	
	绝对量	比上年增长（%）	绝对量	比上年增长（%）	绝对量	比上年增长（%）
2001	314.6	16.6	133.2	—	—	—
2002	337.6	7.3	186.4	—	—	—
2003	222.8	-34.0	120.0	—	—	—
2004	267.5	20.1	155.5	—	—	—
2005	280.1	4.7	155.5	—	—	—
2006	344.7	23.1	165.7	—	—	—
2007	356.2	3.3	171.3	—	—	—
2008	328.6	-7.7	113.2	—	—	—
2009	235.7	-28.3	97.8	—	—	—
2010	181.7	-22.9	83.8	—	—	—
2011	187.3	8.3	101.2	27.2	69.3	—
2012	198.4	6.0	129.9	28.3	62.7	-9.6
2013	213.0	7.3	114.8	-11.6	75.3	20.1
2014	241.2	13.3	153.8	34.0	86.1	14.4
2015	246.0	2.0	109.9	-28.6	71.0	-17.6
2016	252.7	2.7	58.9	-46.3	52.4	-26.1
2017	228.7	-9.5	132.9	125.5	62.4	19.1
2018	—	-20.4	—	-67.0	—	30.7
2019	—	-28.4	—	-2.2	—	-14.9
2020	—	62.0	—	166.9	—	-19.9
2021	—	-4.5	—	-21.8	—	-5.0
2022	—	-6.5	—	0.0	—	22.1

表 49　　西城区房地产开发投资基本情况统计表　　单位：平方米

项目	2022 年	2021 年
房地产开发投资同比 ±（%）	-0.0	-21.8
本年完成投资按构成分同比增减变动（%）		
建筑工程	77.0	-2.7
安装工程	—	-80.7
设备购置	—	—
其他费用	-8.1	-23.3
本年完成投资按用途分同比增减变动（%）		
住宅	-25.5	-22.4
办公楼	1308.5	105.6
商业营业用	1175.1	-80.7

续表 49

项目	2022 年	2021 年
其他	−33.7	−20.9
土地开发情况		
待开发的土地面积	440363	409671
本年购置土地面积	—	—
商品房销售、出租、待售情况		
商品房期房销售面积	—	13612
住宅	—	13612
办公楼	—	—
商业营业用	—	—
其他	—	—
商品房现房销售面积	10383	1445
住宅	4293	951
办公楼	211	—
商业营业用	—	—
其他	5879	494
商品房出租面积	219054	215811
住宅	6165	—
办公楼	97578	97578
商业营业用	70450	73427
其他	44861	44806
待售面积	172056	169868
住宅	75343	84302
办公楼	6997	7208
商业营业用	61865	58370
其他	27851	19988
竣工房屋住宅套数	—	734

表 50　　西城区规模以上工业企业基本情况统计表（2022 年）

项目	单位数（个）	收入合计（万元）
合计	32	6736983.5
按隶属关系分	32	6736983.5
中央	8	961626.0
地方	8	1281747.2
其他	16	4493610.3
按登记注册类型分	32	6736983.5
内资	29	2603242.0
国有	*	14449.0

续表 50

项目	单位数（个）	收入合计（万元）
集体	*	7025.4
股份合作		
联营		
有限责任公司	21	2161044.0
股份有限公司	*	399992.1
私营	4	20731.5
其他		
港澳台商投资	*	4108228.2
外商投资	*	25513.3
按国民经济行业分	32	6736983.5
煤炭开采和洗选业		
石油和天然气开采业		
黑色金属矿采选业		
有色金属矿采选业		
非金属矿采选业		
开采辅助活动		
其他采矿业		
农副食品加工业	*	65023.5
食品制造业		
酒、饮料和精制茶制造业		
烟草制品业		
纺织业		
纺织服装、服饰业		
皮革、毛皮、羽毛（绒）及其制品和制鞋业		
木材加工和木、竹、藤、棕、草制品业		
家具制造业		
造纸及纸制品业		
印刷业和记录媒介的复制业	7	370451.4
文教、工美、体育和娱乐用品制造业	*	78280.5
石油加工、炼焦和核燃料加工业		
化学原料及化学制品制造业		
医药制造业		
化学纤维制造业		
橡胶和塑料制品业	*	25791.2
非金属矿物制品业	*	161881.9
黑色金属冶炼及压延加工业		
有色金属冶炼及压延加工业	*	399992.1

续表 50

项目	单位数（个）	收入合计（万元）
金属制品业	*	5435.4
通用设备制造业	*	48880.5
专用设备制造业	*	17166.2
汽车制造业		
铁路、船舶、航空航天和其他运输设备制造业		
电气机械及器材制造业	*	11654.5
计算机、通信和其他电子设备制造业	*	86216.6
仪器仪表制造业	3	15383.3
其他制造业		
废弃资源综合利用业		
金属制品、机械和设备修理业		
电力、热力的生产和供应业	3	184915.1
燃气生产和供应业	*	4108228.2
水的生产和供应业	3	1157683.1

表 51

西城区建筑业企业主要生产指标统计表（2022 年）

项目	建筑业总产值（万元）	建筑工程产值（万元）	劳动生产率（元/人）	竣工产值（万元）	房屋竣工面积（平方米）	年末自有施工机械设备		
						净值（万元）	总台数（台）	总功率（千瓦）
合计	8630083.2	8528878.5	726444.1	5073179.0	9553791.0	39412.7	4375.0	161943
按隶属关系分								
中央	1179589.2	1165897.5	451361.9	573729.0	2291968.0	848.6	627	32315.0
地方	6527323.7	6513880.7	876315.5	4041105.0	7160117.0	30777.1	1958	115523.0
其他	923170.3	849100.3	507822.4	458345.0	101706.0	7787.0	1790	14105.0
按登记注册类型分								
内资	8603661.2	8502456.5	727182.6	5054506.5	9552991.0	39407.7	4333.0	161925.0
国有	812.4	812.4	812400.0	812.4	0.0	0.0	0	0.0
集体	922.4	922.4	115300.0	922.4	0.0	0.1	1	2.0
股份合作	18709.7	17595.8	290975.1	4515.0	0.0	1.1	30	189.0
有限责任公司	7652676.3	7564759.1	741394.7	4623454.1	9452718.0	29966.4	3063	142409.0
股份有限公司	650670.1	650670.1	816296.7	250880.2	0.0	5328.3	143	13842.0
私营	279870.3	267696.7	437913.2	173922.4	100273.0	4111.8	1096	5483.0
港澳台商投资	18418.4	18418.4	461614.0	18418.4	800.0	5.0	42	18.0
外商投资	8003.6	8003.6	941600.0	254.1	0.0	0.0	0	0.0
按国民经济行业分								
房屋建筑业	5727460.3	5721124.9	740020.2	4166457.8	9552627.0	9906.8	1591	57431.0
土木工程建筑业	1983158.1	1981420.3	821149.5	367427.4	364.0	24044.8	848	60689.0

续表 51

项目	建筑业总产值（万元）	建筑工程产值（万元）	劳动生产率（元/人）	竣工产值（万元）	房屋竣工面积（平方米）	年末自有施工机械设备		
						净值（万元）	总台数（台）	总功率（千瓦）
建筑安装业	642556.2	566293.6	628171.1	386911.4	800.0	5116.3	1101	41735.0
建筑装饰、装修和其他建筑业	276908.6	260039.7	394288.2	152382.4	0.0	344.8	835	2088.0

表 52　西城区规模以上服务业财务状况统计表（2022 年）　单位：个、人、亿元

项目	规模以上单位数（个）	从业人员平均人数（人）	资产总计（位）	收入合计（亿元）	利润总额（亿元）
合计	1698	447831	77180.4	5257.6	6400.2
按国民经济行业分					
交通运输、仓储和邮政业	19	68242	920.4	558.6	−13.4
铁路运输业	*	144	11.3	1.9	−0.2
道路运输业	6	30956	78.0	131.6	1.3
水上运输业	*	96	3.1	4.2	0.1
航空运输业	*	1556	46.3	31.0	0.0
多式联运和运输代理业	7	50	37.1	16.1	0.4
装卸搬运和仓储业	*	61	365.7	100.7	0.7
邮政业	*	35379	378.9	273.0	−15.7
信息传输、软件和信息技术服务业	166	59484	30208.5	999.7	1627.7
电信、广播电视和卫星传输服务	23	27456	29047.7	511.9	1596.4
互联网和相关服务	25	6887	386.1	123.2	16.4
软件和信息技术服务业	118	25141	774.7	364.7	15.0
房地产业	271	62000	3451.2	337.6	78.0
租赁和商务服务业	381	70395	34485.5	972.5	4476.1
租赁业	7	1593	468.1	65.3	24.7
商务服务业	374	68802	34017.4	907.2	4451.4
科学研究和技术服务业	327	66975	6212.7	1282.3	177.7
研究和试验发展	69	9294	367.8	232.5	2.4
专业技术服务业	190	46278	4525.3	917.5	146.0
科技推广和应用服务业	68	11403	1319.6	132.3	29.4
水利、环境和公共设施管理业	27	8689	108.0	53.1	5.9
水利管理业	*	54	2.7	0.5	0.0
生态保护和环境治理业	7	1793	33.2	6.9	0.0
公共设施管理业	18	6842	72.1	45.8	5.8
土地管理业	—	—	—	—	—
居民服务、修理和其他服务业	42	7221	22.2	19.2	1.1
居民服务业	12	1651	9.1	5.5	0.4

续表 52

项目	规模以上单位数（个）	从业人员平均人数（人）	资产总计（位）	收入合计（亿元）	利润总额（亿元）
机动车、电子产品和日用产品修理业	10	1103	8.8	6.1	0.4
其他服务业	20	4467	4.3	7.7	0.3
教育	174	29022	296.2	191.7	0.5
卫生和社会工作	74	47968	597.2	530.8	1.9
卫生	65	47609	585.2	528.7	1.6
社会工作	9	359	12.0	2.1	0.3
文化、体育和娱乐业	217	27835	878.4	311.9	44.7
新闻和出版业	125	17968	664.5	246.3	42.7
广播、电视、电影和录音制作业	25	2061	46.9	18.2	0.2
文化艺术业	49	6862	141.0	40.4	2.2
体育	8	309	1.2	2.0	−0.0
娱乐业	10	635	24.9	5.1	−0.4
公共管理、社会保障和社会组织	—	—	—	—	—
中国共产党机关	—	—	—	—	—
国家机构	—	—	—	—	—
人民政协、民主党派	—	—	—	—	—
社会保障	—	—	—	—	—
群众团体、社会团体和其他成员组织	—	—	—	—	—
基层群众自治组织	—	—	—	—	—

注：该表房地产业相关指标不包含房地产开发经营（2017 年国民经济行业分类，代码 7010）数据。

表 53　　西城区批发零售业财务状况统计表（2022 年）

项目	限上企业单位个数（个）	资产总计（万元）	负债合计（万元）	营业收入（万元）	利润总额（万元）	从事批发和零售业活动的从业人员平均人数（人）
合计	574	53177738	37178046	41878422	1255589	40606
批发业	429	49113982	34523175	38342099	1232420	21149
零售业	145	4063756	2654872	3536323	23168	19457
按登记注册类型分	—	—	—	—	—	—
内资	555	52812800	36931961	41418959	1257612	38983
国有	5	1192068	757910	2523343	107143	516
集体	4	11771	2819	19536	409	153
股份合作	4	7606	6628	10093	33	53
联营	—	—	—	—	—	—
有限责任公司	241	45118937	31559828	29377955	986389	23142
股份有限公司	15	4470770	3252233	5045241	86937	4313
私营	286	2011649	1352544	4442792	76701	10806
其他	—	—	—	—	—	—

续表 53

项目	限上企业单位个数（个）	资产总计（万元）	负债合计（万元）	营业收入（万元）	利润总额（万元）	从事批发和零售业活动的从业人员平均人数（人）
港澳台商投资	6	169119	120331	165693	−15755	896
外商投资	13	195819	125754	293770	13731	727

表 54　　西城区规模以上金融业企业基本情况统计表（2022 年）

项目	单位数（个）	从业人员平均人数（人）	收入合计（万元）
合计	471	215489	134727539
按隶属关系分			
中央	127	107669	101019752
地方	67	77858	20756853
其他	277	29962	12950935
按注册类型分			
内资	420	208019	131089298
国有	11	5005	690954
集体	—	—	—
股份合作	—	—	—
联营	—	—	—
有限责任公司	264	44034	42375390
股份有限公司	63	156195	87127959
私营	74	1812	439680
其他	8	973	455316
港澳台商投资	12	1189	833064
外商投资	39	6281	2805177
按国民经济行业分			
货币金融服务	103	129134	72261493
资本市场服务	219	19731	9967756
保险业	98	58041	50499629
其他金融业	51	8583	1998663

注：非法人非产业单位（证券营业部）只计算经济量指标，不计算单位数。

表 55　　西城区社会消费品零售总额统计表（2011—2022 年）

年份	社会消费品零售额（亿元）	比上年增长（%）
2011	712.3	15.3
2012	773.3	8.6
2013	828.1	7.1
2014	872.6	5.4
2015	922.9	5.8

续表 55

年份	社会消费品零售额	比上年增长
2016	977.5	5.9
2017	1023.4	4.7
2018	1053.7	3.0
2019	1095.5	4.0
2020	993.5	−9.3
2021	1089.4	9.7
2022	987.3	−9.4

表 56　　西城区地方财政收入统计表　　单位：万元

项目	2022 年	2021 年
财政收入	4193370	4338852
一般公共预算收入	4159443	4280655
税收收入	3752734	4077861
增值税	826427	1287791
企业所得税	1701966	1610361
个人所得税	205640	186706
城市维护建设税	248940	265255
房产税	408270	415836
印花税	109155	108141
城镇土地使用税	16399	15521
土地增值税	234965	193167
环境保护税	1078	1193
其他税收收入	−106	−6110
非税收收入	406709	202794
专项收入	137890	115683
行政事业性收费收入	19161	23665
罚没收入	20934	4835
国有资源（资产）有偿使用收入	189651	24842
捐赠收入	705	0
政府住房基金收入	1273	1100
其他收入	37095	32669
政府性基金预算收入	5937	40064
国有资本经营预算收入	27990	18133

资料来源：西城区财政局

表 57　　西城区地方财政支出统计表　　单位：万元

项目	2022 年	2021 年
财政支出	4390965	4219586
一般公共预算支出	4349700	4144461
一般公共服务支出	418523	385814
国防支出	4711	4114
公共安全支出	230909	202254
教育支出	817024	741286
科学技术支出	39693	44180
文化旅游体育与传媒支出	115833	91594
社会保障和就业支出	767774	837566
卫生健康支出	450797	374958
节能环保支出	15820	23680
城乡社区支出	1045185	989051
农林水支出	8401	20191
交通运输支出	90	90
资源勘探信息等支出	2092	2095
金融支出	107789	118815
住房保障支出	282649	261760
粮油物资储备支出	2089	2776
灾害防治及应急管理支出	40041	43509
其他支出	280	728
政府性基金预算支出	27094	58540
国有资本经营预算支出	14171	16585

资料来源：西城区财政局

表 58　　西城区税收收入情况统计表（2022 年）　　单位：万元

项目	各项税收收入	增值税	房产税	印花税	企业所得税	个人所得税	其他
合计	45425138	4871278	453635	192044	36138144	2613771	1156266
农、林、牧、渔业	3433	−10	172	89	1350	1788	44
采矿业	1043940	−15710	488	1209	1037515	19938	500
制造业	408778	102163	11935	2240	258488	21372	12580
电力、热力、燃气及水生产和供应业	925153	53957	27155	18273	560523	43086	222159
建筑业	443758	276714	8969	5996	89717	42120	20242
批发和零售业	1035377	258160	16024	31527	586098	84063	59505
交通运输、仓储和邮政业	−381668	−466014	6003	1203	61431	12825	2884
住宿和餐饮业	36910	10093	10466	293	9261	4907	1890
信息传输、软件和信息技术服务业	731320	105608	19892	9899	398594	185854	11473
金融业	36417659	4111376	98889	90352	30300812	1386603	429627
房地产业	955786	130586	170336	3740	268062	60080	322982

续表 58

项目	各项税收收入	增值税	房产税	印花税	企业所得税	个人所得税	其他
租赁和商务服务业	2426745	−24844	49973	16859	2051158	293041	40558
居民服务、修理和其他服务业	395978	81272	4005	963	290167	13311	6260
教育	44857	6245	455	93	1114	36363	587
卫生和社会工作	139016	5725	432	307	8204	123467	881
文化、体育和娱乐业	198422	63120	6211	818	51212	70119	6942
其他	599674	172837	22230	8183	164438	214834	17152

资料来源：国家税务总局北京市西城区税务局

表 59　　西城区城市园林绿化统计表

项目	计量单位	2022 年	2021 年
绿地面积	公顷	1103.47	1102.24
人均绿地面积	平方米 / 人	10.11	10.04
绿地率	%	22.00	21.98
公园绿地面积	万平方米	551.41	550.59
人均公园绿地面积	平方米 / 人	5.01	4.98
绿化覆盖面积	公顷	1625.29	1608.05
绿化覆盖率	%	32.16	31.82
道路绿地面积	公顷	112.15	112.10
实有树木数	万株	256.47	256.32
# 本年新植	万株	0.15	8.63
实有草坪面积	万平方米	268.72	268.31
# 本年新植	万平方米	0.41	3.75
公园个数	个	90	90
# 市级以上公园	个	5	5
森林覆盖率	%	3	3
城市绿化覆盖率	%	32.16	31.82
公园绿地 500 米服务半径覆盖率	%	97.74	97.73

资料来源：西城区园林局

表 60　　西城区城市环境卫生统计表

项目	计量单位	2022 年	2021 年
机扫车数量	台	147	168
洗地车数量	台	159	129
冲刷车数量	台	122	124
垃圾车数量	台	219	232
真空吸粪车数量	台	17	17
果皮箱数量	个	3158	3205
公共、公用厕所数量	座	1082	1089

续表 60

项目	计量单位	2022 年	2021 年
密闭式清洁站数量	座	72	73
环卫作业道路数量	条	274	274
环卫道路作业面积	万平方米 / 日	858.0	858.0
# 机扫面积	万平方米 / 日	552.5	551.4
# 冲刷面积	万平方米 / 日	535.2	535.2
生活垃圾产生量	万吨	26	27
生活垃圾清运量	万吨	26	27
生活垃圾无害化处理量	万吨	26	27
生活垃圾无害化处理率	%	100	100
粪便清运量	万吨	16	17
粪便无害化处理量	万吨	16	17
粪便无害化处理率	%	100	100

资料来源：北京环雅丽都投资有限公司

表 61　西城区基础教育班数、学生数情况统计表（2022 年）

项目	班数（个）	毕业生数(人)	招生数（人）	在校生数(人)	# 本市生(人)
合计	5911	38246	53614	207574	197032
幼儿园	975	7315	8506	25168	24161
义务教育	4133	24966	34773	155931	146861
小学教育	3055	13427	20420	115516	108580
小学	2838	12797	18838	108262	102130
九年一贯制学校（小学部）	52	59	329	1568	1369
十二年一贯制学校（小学部）	165	571	1253	5686	5081
初中	1078	11539	14353	40415	38281
初级中学	191	2079	2707	7536	7353
九年一贯制学校（初中部）	6	–	206	206	186
十二年一贯制学校（初中部）	138	1398	1789	5245	4758
完全中学	740	8040	9635	27365	25956
其他学校附设初中班	3	22	16	63	28
高中	747	5870	10250	26142	25735
完全中学	557	4644	7942	20390	20109
高级中学	77	554	697	1987	1923
十二年一贯制学校（高中部）	86	606	1200	2978	2933
其他学校附设高中班	27	66	411	787	770
特殊教育	53	87	73	323	275
专门学校	3	8	12	10	–

资料来源：西城区教育委员会

（责任编辑　叶　婷）

附 录

西城区机关企事业单位和部分驻区单位及负责人名录

中共北京市西城区第十三届常务委员会

书 记 孙军民（女，7月免） 孙 硕（7月任）
副书记 孙 硕（7月免） 刘东伟（7月任） 袁海鹏
常 委 朱国栋 翟德罡 牟少华（女） 唐行安
万晓龙 缪剑虹 聂杰英（女） 王 波

北京市西城区第十七届人民代表大会常务委员会

主 任 张立新
副主任 魏建明 陈振海 许晓红 李 华 王效农
钟祖荣
委 员 （按姓名笔画排序）
王玉甫 王彦聪（女） 付新宇（女）
宁 梅（女） 朱建岳 庄文静（女）
刘久泽 刘开平 刘方振
刘立新 刘春峰 汲旺昌
许云杰 孙广俊 孙 静（女）
纪 文 李庆保 李季名
李晓辉 李 新（女） 杨冠军（回族）
汪 涌 沈红群（女） 陈玉芳（女）
陈 燕（女） 周卫青（女） 周冠南（女，回族）
郑 义 赵芙蓉（女） 姚 杰 贾志新
翁乃彤（女） 高兴春 高俊宏
曹亚欧（女） 曹淑琴（女） 演 觉

人大常委会工作机构主要负责人

办公室主任 汲旺昌
法制办公室主任 高兴春
财政经济办公室主任 王彦聪（女）
预算审查办公室主任 陈 燕（女）
教科文卫办公室主任 宁 梅（女）
城建环保办公室主任 孙广俊
代表联络室主任 孙 静（女）
研究室主任 许云杰

北京市西城区人民政府

区 长 孙 硕（7月免）
刘东伟（7月任代区长，11月任区长）
副区长 朱国栋 聂杰英（女） 罗 明（7月免）
朱炳文（7月任） 鲁 征（女，挂职，7月免）
陈朝晖（女） 宋 玫（女） 王中峰 陈大鹏
桑硼飞 李翰阳（挂职，9月任）

中国人民政治协商会议北京市西城区第十五届委员会

主 席 程昌宏
副主席 王志忠 彭秀颖（女） 王 毅 杨 秋（女）
戚 畅（女） 关振鹏 王景兰（女）
秘书长 李高霞（女）
常 委 （按姓氏笔画排序）
马 前 马 震（回族） 王 蕾（女） 王建业
孔 勇 田 迪（女） 付建新 白 洁（女）
冯 奎 台 峰 朱 江 朱继东（回族）
朱静伟 向公伟 刘 滨（女） 刘世春
刘兆平 刘志兵 刘克杰（回族） 刘昊扬
刘承光 刘春春（女） 刘爱中（女） 安 宇
许 畅（女） 苏 健 杜 慧（女）
杜京璇（女） 李凤英（女） 李海潮 李琳光
杨艳青（女） 吴 炎 吴 洁（女）
吴丽光（女，达斡尔族） 吴晶晶（女，满族）
宋 坪（女） 张 玮（女） 张 毅（女）
张鹏程 张新华 陈 楠 陈业进 季 节（女）

金　鑫　周爱峰（女）郑宗晖　赵　蕾（女）
赵一新　赵志刚　赵庆龙　胡　悦　贾旭辉
柴丽敏（女）徐　娜（女）徐　浩（女）
高聪聪　曹　阳　章　卫　梁　云（女）
葛文彤　蒋晓晖（女）程　立（女）曾　伟
曾昭日　曾献亮　谢　静（女）
勤　克（蒙古族）蔡　昱（女）颜全毅

政协西城区委员会工作机构主要负责人

办公室主任　赵志刚
研究室主任　周爱峰（女）
专委会工作一室主任　白　洁（女）
专委会工作二室主任　刘春春（女）
专委会工作三室主任　贾旭辉
专委会工作四室主任　刘承光
专委会工作五室主任　章　卫
专委会工作六室主任　马　震（回族）

中共北京市西城区第十三届纪律检查委员会

书　记　牟少华（女）
副书记　田　迪（女）郝　明　侯　逾

北京市西城区监察委员会

主　任　牟少华（女）
副主任　田　迪（女）郝　明　侯　逾（2月任）

中共西城区委员会工作机构主要负责人

办公室主任　夏淑敏（女）
组织部部长　唐行安
　分管日常工作的副部长　何焕平
宣传部部长　翟德罡
　分管日常工作的副部长　梁　云（女，2月免）
　　杜　慧（女，8月任）
统战部部长　王　波
　分管日常工作的副部长　刘　琪（8月免）
　　郭海龙（8月任）
政法委员会书记　缪剑虹
　分管日常工作的副书记　张晓月
研究室主任　侯丙振（2月免）
　　陈雅芹（女，2月任）
互联网信息办公室（网信办）主任　王希福
机构编制委员会办公室主任
　　关山红（女，满族，8月免）
　　何　景（女，8月任）
老干部局局长　刘开平
区直机关工委书记　袁海鹏
　分管日常工作的副书记　戴卫红（女）
党校校长　袁海鹏
　常务副校长　马维利（8月职务更名）
　分管日常工作的副校（院）长　马维利（8月任）
党史工作办公室（地方志编纂委员会办公室）
　主任　孟红伟（女，2月任）

西城区人民政府工作机构主要负责人

办公室
　党组书记、主任　桑硼飞（2月免）
　　张　丁（2月任）
发展和改革委员会
　党组书记、主任　邴　浩
科学技术和信息化局
　党组书记　刘　倩（女，回族）
　局　长　杨　秋（女）
财政局
　党组书记、副局长　侯丙振
　局　长　刘爱中（女）
人力资源和社会保障局
　党组书记、副局长　彭随心（8月免）
　局　长　王效农（2月免）
　党组书记、局长　梁　云（女，局长2月任，党组书记8月任）
住房和城市建设委员会
　党组书记、主任　刘成东（8月免）
　　左继元（8月任）
城市管理委员会
　党组书记、主任　张　丁（2月免）
　　王　冰（2月任）
民政局（区委社会工委与民政局合署办公）
　区委社会工委书记、区民政局局长
　　李　薇（女，2月免）
　　高　翔（2月任）
审计局
　党组书记、局长　吕青波（女）
北京金融街服务局（区金融办）
　党组书记、区金融办主任
　　聂杰英（女）
　党组成员、副局长（副主任）
　　卢五星
生态环境局
　党组书记、局长　向　前（土家族，9月免）
　　邓焕哲（9月任）
统计局
　党组书记、副局长　孟红伟（女，2月免）

党组书记、局长　　王海鹏（党组书记 2 月任）
政府外事办公室
党组书记、主任　　杜　慧（女，8 月免）
吕世及（8 月任）
信访办公室
党组书记、主任　　邢印良（8 月免）　陈　光（8 月任）
民族宗教事务办公室
党组书记、主任　　韩俊田（9 月免）
李　婕（女，9 月任）
人民防空办公室
党组书记、主任　　周杰臣
市场监督管理局
党组书记、局长　　李志诚
商务局
党组书记、局长　　袁　利（女）
退役军人事务局
党组书记、局长　　高　翔（2 月免）　王书广（2 月任）
国有资产管理委员会
党委书记、副主任　徐　斌（2 月免）
党委书记、主任　　涂云国（女，党委书记 2 月任）
档案馆
馆　长　　李华萍（女）
园林绿化局
党组书记、局长　　吴立军
机关事务服务中心
党组书记、主任　　张宇山
城市管理监督指挥中心
党组书记、主任　　谭高强
对外联络服务办公室
党组书记、主任　　霍利凯
医疗保障局
党组书记、局长　　朱静伟
政务服务管理局
党组书记、局长　　唐　冉（女，2 月任）
中关村科技园区西城园
工委书记、管委会常务副主任
袁　文（8 月免）
工委书记、管委会主任
王爱军（8 月任）
政府投资项目建设中心
主　任　　左继元（8 月任）
文化创意产业促进中心
主　任　　岑运东
房屋管理局
党组书记、副局长　王连杰
局　长　　孔　勇
房屋征收中心
党组书记、主任　　施裕忠
融媒体中心
党组书记、主任　　周　翔
区文物保护管理中心
党组书记、主任　　钮　鑫
市规划和自然资源委西城分局
党组书记、局长　　王　科
烟草专卖局
党组书记、局长　　孟庆伟（12 月免）
姚　燚（12 月任）
税务局
党组书记、局长　　吴玉琦
区军休安置事务中心
党组书记、主任　　高　翔（2 月免）
王书广（2 月任）

西城区各民主党派负责人

中国国民党革命委员会北京市西城区委员会
主任委员　　李　岩
中国民主同盟北京市西城区委员会
主任委员　　钟祖荣
中国民主建国会北京市西城区委员会
主任委员　　刘井坤
中国民主促进会北京市西城区委员会
主任委员　　杨　秋（女）
中国农工民主党北京市西城区委员会
主任委员　　戚　畅（女）
中国致公党北京市西城区委员会
主任委员　　关振鹏
九三学社北京市西城区委员会
主任委员　　王景兰（女）
台湾民主自治同盟北京市西城区委员会
主任委员　　庄文静（女）

西城区政法、军事系统主要负责人

北京市公安局西城分局
局　长　　罗　明（7 月免）　朱炳文（7 月任）
政　委　　陈龙波
人民检察院
党组书记、检察长　祁治国
人民法院
党组书记、院长　　陈立如
司法局
党组书记、局长　　李　程（女）
人民武装部
部　长　　刘　峙
政　委　　万晓龙

西城区消防救援支队
支队长　王双喜
政　委　刘宪文
西城交通支队
支队长　王世峰（8月免）　李振宇（8月任）
政　委　李梓牧

西城区人民团体主要负责人

总工会
党组书记　马光明（9月免）
孙劲松（9月任）
主　席　李会增
团区委
书　记　高　健
妇女联合会
党组书记、主席　王　丹（女，8月免）
王晓谦（女，8月任）
归国华侨联合会
党组书记、主席　付新宇（女）
科学技术协会
党组书记、常务副主席　张　玮（女）
文学艺术界联合会
党组书记、常务副主席　台　峰（9月免）
石　峰（9月任）
社会科学界联合会
党组书记、常务副主席　张新华
残疾人联合会
党组书记、理事长　贾志新
红十字会
党组书记、常务副会长　柴丽敏（女）
区工商联
主席、区商会会长　宋　玫（女）
党组书记　谢　静（女）
常务副主席、区商会副会长
谢　静（女）

西城区街道工委、办事处主要负责人

德胜街道工委书记　李健希
办事处主任　左继元（8月免）
马佩鸿（8月任）
什刹海街道工委书记　毕军东
办事处主任　陈　璐（女）
西长安街街道工委书记　李　婕（女，9月免）
宫　浩（9月任）
办事处主任　左向遥
大栅栏街道工委书记　魏九红
办事处主任　苏继洋
天桥街道工委书记　郭海龙（8月免）
董　伟（8月任）
办事处主任　董　伟（8月免）
张　森（8月任）
新街口街道工委书记　焦　扬（女）
办事处主任　马　达
金融街街道工委书记　许晓红（女，8月免）
袁　文（8月任）
办事处主任　尹一新
椿树街道工委书记　孙晓临（女）
办事处主任　刘军良
陶然亭街道工委书记　史　锋
办事处主任　吕世及（8月免）
周向鹏（9月任）
展览路街道工委书记　张宝生
办事处主任　孙廷俊（2月任）
月坛街道工委书记　宫　浩（9月免）
向　前（9月任）
办事处主任　王　冰（2月免）
马佳颖（女，8月任）
广安门内街道工委书记　彭秀颖（女，8月免）
王　丹（女，8月任）
办事处主任　李松山（2月任）
牛街街道工委书记　李丽京（女，回族）
办事处主任　梅慧勇
白纸坊街道工委书记　李　华
办事处主任　杜春晓（女）
广安门外街道工委书记　王　毅（8月免）
杜洪悦（女，8月任）
办事处主任　杜洪悦（女，8月免）
王学涛（8月任）

功能街区建设指挥部主要负责人

北京天桥演艺区建设指挥部
总指挥　陈大鹏
常务副总指挥　陈国红
北京大栅栏琉璃厂建设指挥部
总指挥　陈朝晖（女）
常务副总指挥　田红领
北京什刹海阜景街建设指挥部
常务副总指挥　刘维岩
北京马连道建设指挥部
总指挥　桑硼飞
常务副总指挥　张　东
北京北展地区建设指挥部
总指挥　聂杰英（女）
北京西城区和谐宜居示范区建设指挥部
总指挥　朱国栋（分管）

西城区文教卫体系统部分主要负责人

教育委员会
　主　任　　　　　　王　攀
区委卫生健康工委
　书　记　　　　　　陈　新
区卫生健康委
　主　任　　　　　　陈　新
文化和旅游局
　党组书记、局长　　靳　真（女）
体育局
　党组书记、局长　　郭家燊

西城区国资委系统部分企业主要负责人

北京金融街投资（集团）有限公司
　党委书记、董事长　　牛明奇
　总经理　　　　　　　刘世春
北京金融街资本运营集团有限公司
　党委书记、董事长、总经理（兼）　程瑞琦
北京市华远集团有限公司
　党委书记、董事长　　王乐斌
　总经理　　　　　　　张玉魁（8月免）
北京天恒置业集团有限公司
　党委书记、董事长　　刘成东（8月任）
北京广安控股集团有限公司
　总经理　　　　　　　张晓阳
北京华方投资有限公司
　党委书记、董事长　　王战荣
　总经理　　　　　　　张志强（1月免）
北京华天饮食控股集团有限公司
　党委书记、董事长　　贾飞跃
北京德源兴业投资管理集团有限公司
　党委书记、董事长　　徐　斌（2月任）
　总经理　　　　　　　吴　航
北京天桥盛世投资集团有限责任公司
　党委书记、董事长　　安朝晖（女）
北京环雅丽都投资有限公司
　党委书记、董事长　　姚尚贵
　总经理　　　　　　　周兴新
北京蓟城山水投资管理集团有限公司
　党委书记、董事长　　高俊宏
　总经理　　　　　　　张玉魁（8月任）
北京市西城区国有资产经营（集团）有限责任公司
　党委书记、董事长、总经理　　易　勇
北京世纪金工投资有限公司
　党委书记、董事长、总经理　　赵　钢
北京金正资产投资经营有限公司
　党支部书记、董事长　程嫣琳（女）
　总经理　　　　　　　贾　强
北京金源投资管理有限公司
　党委书记、董事长　　郑全星
　总经理　　　　　　　宣大祥
北京金座投资管理有限公司
　党委书记　　　　　　张山树
　董事长　　　　　　　薛国强
　总经理　　　　　　　袁瑞音
北京市金工投资管理有限责任公司
　总经理　　　　　　　易　勇
北京翔达投资管理有限公司
　党委书记、董事长　　贾　刚
北京金象复星医药股份有限公司
　党委书记　　　　　　李卫东
　董事长　　　　　　　文德镛
　总经理　　　　　　　李卫东
北京菜市口百货股份有限公司
　党委书记、董事长　　赵志良
　总经理　　　　　　　王春利（女）
北京国华商场有限责任公司
　董事长　　　　　　　邹淑珍（女）
　总经理　　　　　　　王　祎（女）
　党支部书记　　　　　张　伟（女）
北京张一元茶叶有限责任公司
　党支部书记、董事长　杨有成
　总经理　　　　　　　霍文斌（女）
北京新月联合汽车有限公司
　党委书记　　　　　　庞有利
　董事长　　　　　　　刘长青
　总经理　　　　　　　刘长江

部分驻区单位主要负责人

王府井集团北京长安商场有限责任公司
　总经理　　　　　　　李春晖（女）
北京汉光百货有限责任公司
　董事长　　　　　　　王小雨（女）
　总经理　　　　　　　浦嘉嘉（女）
王府井集团股份有限公司北京西单商场
　党委书记、总经理　　高少云
国家开发银行北京市分行
　行长　　　　　　　　刘　进（9月免）
　　　　　　　　　　　王　伟（9月任）
中国工商银行股份有限公司北京市分行
　行长　　　　　　　　黄　力
中国农业银行股份有限公司北京西城支行
　行长　　　　　　　　史永昕
中国银行股份有限公司北京西城支行
　行长　　　　　　　　郭朝晖

中国银行股份有限公司北京宣武支行
　行长　马　文（女，3月免）
　　　　钱连东（3月任，9月免）
　　　　张海涛（9月任）
中国建设银行股份有限公司北京西四支行
　行长　赵　辉（7月免）
　　　　张利松（7月任）
中国建设银行股份有限公司北京西单支行
　行长　张　东（5月免）
　　　　朱　钢（5月主持工作）
中国建设银行股份有限公司北京宣武支行
　行长　霍中广
交通银行股份有限公司北京市分行
　行长　刘建军
中国光大银行股份有限公司北京分行
　行长　王　罡
华夏银行股份有限公司北京分行
　行长　李大营
广发银行股份有限公司北京分行
　行长　徐红霞（女）
招商银行股份有限公司北京分行
　行长　张　诚
中国民生银行股份有限公司北京分行
　行长　杨　毓
北京银行股份有限公司
　董事长　张东宁
北京证券交易所
　董事长　徐　明（5月免）
　　　　　周贵华（5月任）
中国证券监督管理委员会北京监管局
　局长　贾文勤（女）
高盛高华证券有限责任公司
　董事长　范　翔
中国人民财产保险有限公司北京西城支公司
　总经理　侯长磊
中国人民财产保险有限公司北京宣武支公司
　党组书记、总经理　刘文新
中国平安人寿保险股份有限公司北京分公司
　总经理　徐敏彬
中国太平洋财产保险股份有限公司北京分公司
　总经理　武　博
中国太平洋人寿保险股份有限公司北京分公司
　总经理　田　蕊（女）
北京市交通运输综合执法总队
　总队长　黄建军
北京市交通运输综合执法总队四支队
　支队长　周新竹
北京市交通委员会西城运输管理分局
　局长　张永安
北京市地铁运营有限公司
　党委书记、董事长　徐会杰
　总经理　潘秀明
北京北站
　站长　王朝辉
中国邮政集团有限公司北京市西城区分公司
　党委书记、经理　彭虎韬
中国联合网络通信有限公司北京市分公司
　党委书记、总经理　霍海峰

中共北京市西城区委主要文件目录

中共北京市西城区委文件

京西发〔2022〕1号　中共北京市西城区委关于做好北京市出席党的二十大代表候选人推荐提名工作的通知

京西发〔2022〕3号　中共北京市西城区委关于印发《区委常委会2022年工作要点》的通知

京西发〔2022〕4号　中共北京市西城区委关于追授阎德新同志“西城区优秀共产党员”称号的决定

京西发〔2022〕8号　中共北京市西城区委关于印发《中国共产党北京市西城区委员会工作规则》的通知

京西发〔2022〕9号　中共北京市西城区委关于同意召开北京市西城区第十七届人民代表大会第二次会议的批复

京西发〔2022〕10号　中共北京市西城区委印发《关于开展“红墙先锋工程”推动区域高质量发展的实施意见》的通知

京西发〔2022〕11号　中共北京市西城区委印发《关于认真学习宣传贯彻党的二十大精神的实施方案》的通知

京西发〔2022〕12号　中共北京市西城区委关于追授李爱华同志“西城区优秀共产党员”称号的决定

京西发〔2022〕13号　中共北京市西城区委北京市西城区人民政府关于印发《关于服务保障国家金融管理中心建设的意见》的通知

中共北京市西城区委办公室文件

京西办发〔2022〕1号　中共北京市西城区委办公室北京市西城区人民政府办公室关于印发《北京市西城区议事协调机构管理办法》的通知

京西办发〔2022〕3号　中共北京市西城区委办公室关于印发《西城区政协2022年协商工作计划》的通知

京西办发〔2022〕4号　中共北京市西城区委办公室关于印发《2022年西城区政党协商计划》的通知

京西办发〔2022〕5号　中共北京市西城区委办公室北京市西城区人民政府办公室关于印发《区委区政府2022年重点工作任务目标分解》的通知

京西办字〔2022〕1号　中共北京市西城区委办公室北京市西城区人民政府办公室关于完善2022年冬奥会和冬残

奥会西城区运行保障指挥部的通知

京西办字〔2022〕2号 关于印发《中共北京市西城区委中关村科技园区西城园工作委员会中关村科技园区西城园管理委员会职能配置、内设机构和人员编制规定》的通知

京西办字〔2022〕3号 中共北京市西城区委办公室北京市西城区人民政府办公室关于印发《北京市西城区城市管理指挥中心机构职能编制规定》的通知

京西办字〔2022〕4号 中共北京市西城区委办公室关于印发《关于深入学习宣传市第十三次党代会精神的工作方案》的通知

京西办字〔2022〕6号 关于印发《北京市西城区机关事务服务中心机构职能编制规定》的通知

北京市西城区人民政府主要文件目录

西城区人民政府文件

西政任〔2022〕1号 北京市西城区人民政府关于钮鑫等同志职务任免的通知

西政任〔2022〕2号 北京市西城区人民政府关于程瑞琦等同志职务任免的通知

西政任〔2022〕3号 北京市西城区人民政府关于张涛等同志职务任免的通知

西政任〔2022〕4号 北京市西城区人民政府关于张志强等同志免职的通知

西政任〔2022〕5号 北京市西城区人民政府关于张志强同志免职的通知

西政任〔2022〕6号 北京市西城区人民政府关于张丁等同志职务任免的通知

西政任〔2022〕7号 北京市西城区人民政府关于唐冉等同志职务任免的通知

西政任〔2022〕8号 北京市西城区人民政府关于陈雅芹等同志职务任免的通知

西政任〔2022〕9号 北京市西城区人民政府关于吕世及等同志职务任免的通知

西政任〔2022〕10号 北京市西城区人民政府关于张玉魁等同志职务任免的通知

西政任〔2022〕11号 北京市西城区人民政府关于胡戎飞等同志任职的通知

西政任〔2022〕12号 北京市西城区人民政府关于吴惠忠等同志职务任免的通知

西政任〔2022〕13号 北京市西城区人民政府关于许惠龙等同志职务任免的通知

西政任〔2022〕14号 北京市西城区人民政府关于宋青等同志职务任免的通知

西政任〔2022〕15号 北京市西城区人民政府关于朱利等同志职务任免的通知

西政发〔2022〕1号 北京市西城区人民政府关于印发《北京市西城区关于服务北京证券交易所发展和促进创新型中小企业在北京证券交易所上市的若干措施（试行）》的通知

西政发〔2022〕2号 北京市西城区人民政府关于印发《北京市西城区突发事件总体应急预案（2021年修订）》的通知

西政发〔2022〕3号 北京市西城区人民政府关于印发《西城区“十四五”时期生态环境保护规划》的通知

西政发〔2022〕4号 北京市西城区人民政府关于印发《西城区法治政府建设规划（2021—2025年）》的通知

西政发〔2022〕6号 北京市西城区人民政府关于印发《北京市西城区“十四五”时期妇女儿童发展规划》的通知

西政发〔2022〕7号 北京市西城区人民政府关于印发《北京市西城区信息化项目管理办法》的通知

西政发〔2022〕8号 北京市西城区人民政府关于印发《西城区进一步促进老字号传承与创新发展的意见》的通知

西政发〔2022〕10号 北京市西城区人民政府关于印发西城区推进碳达峰实施方案的通知

西政发〔2022〕11号 北京市西城区人民政府关于印发《北京市西城区残疾预防行动计划（2022—2025年）》的通知

西行规发〔2022〕1号 北京市西城区人民政府关于印发《北京市西城区人民政府组织实施房屋征收拆迁强制执行工作规程》的通知

西行规发〔2022〕2号 北京市西城区人民政府关于印发《西城区推动文化产业高质量发展若干措施》的通知

西城区人民政府办公室文件

西政办发〔2022〕1号 北京市西城区人民政府办公室关于印发《北京市西城区建设全球数字经济标杆城市示范区实施方案》的通知

西政办发〔2022〕2号 北京市西城区人民政府办公室关于印发《北京市西城区深入打好污染防治攻坚战2022年行动计划》的通知

西政办发〔2022〕3号 北京市西城区人民政府办公室关于印发《北京市西城区2022年为群众拟办重要实事》的通知

西政办发〔2022〕4号 北京市西城区人民政府办公室关于印发《西城区创新优化营商环境培育和激发市场主体活力实施方案》的通知

西政办发〔2022〕5号 北京市西城区人民政府办公室关于印发《西城区落实改革完善医疗卫生行业综合监管制度实施方案》的通知

西政办发〔2022〕6号 北京市西城区人民政府办公室关于印发《西城区落实〈北京市全民科学素质行动规划纲要（2021—2035年）〉实施方案》的通知

西政办发〔2022〕7号 北京市西城区人民政府办公室关于全面实施行政许可事项清单管理的通知

（**责任编辑** 陈 艳）

索 引

说明：

1. 本索引采取主题索引也称内容分析索引法编纂。主题词（标目）以《北京西城年鉴（2023）》正文中出现的专业名词、名词词组、地名、机构名、人名为主。特载、专文、大事记等栏目内容不在标引范围内。

2. 本索引基本按汉语拼音音序排列，汉字打头的标目按首字的音序音调依次排列，首字相同时，则以第二字排序，依此类推；以阿拉伯数字打头的主题词，排在最前面；以英文字母打头的主题词，列于其后。

3. 本索引的文字部分为标目，标目之后的阿拉伯数字表示该标目所在正文中的页码（地址项），其后的小写英文字母（a、b、c）表示正文（或表格）中的栏别（从左至右）。

4. 部分标目后面有若干个页码或栏别，则表示该标目均在这些地方出现。

数字 / 字母

A

B

C

D

E

F

G

H

J

K

L

M

N

P

Q

R

T

W

X

Y

Z